U0643722

你一定爱读的中国战争史

8

陈峰韬 著

民主与建设出版社
·北京·

© 民主与建设出版社，2022

图书在版编目（CIP）数据

你一定爱读的中国战争史 . 南北朝 / 陈峰韬著 . —
北京 : 民主与建设出版社，2022.3
ISBN 978-7-5139-1995-1

Ⅰ . ①你… Ⅱ . ①陈… Ⅲ . ①战争史 – 中国 – 魏晋南
北朝时代 – 通俗读物 Ⅳ . ① E291-49

中国版本图书馆 CIP 数据核字 (2022) 第 010923 号

你一定爱读的中国战争史：南北朝
NI YIDING AI DU DE ZHONGGUO ZHANZHENGSHI NANBEICHAO

著　　者	陈峰韬
责任编辑	彭　现
封面设计	周　杰
出版发行	民主与建设出版社有限责任公司
电　　话	（010）59417747　59419778
社　　址	北京市海淀区西三环中路 10 号望海楼 E 座 7 层
邮　　编	100142
印　　刷	重庆市联谊印务有限公司
版　　次	2022 年 3 月第 1 版
印　　次	2022 年 3 月第 1 次印刷
开　　本	787 毫米 × 1092 毫米　1/16
印　　张	34.5
字　　数	460 千字
书　　号	ISBN 978-7-5139-1995-1
定　　价	159.80 元

注：如有印、装质量问题，请与出版社联系。

目录

目录

目录

目录

目录

目录

第一章

拓跋珪兴魏

魏晋以来，古代中国的统一秩序，在三国鼎立的局面下逐步解构，没有哪一个政权能够将乱之极矣的中华大地复归一统。与此同时，东北、华北、西北的游牧民族逐渐成长起来，匈奴之后又有羯（jié）、氐（dī）、羌及鲜卑等部族逐步南迁，大乱造极于南北，竟成十六国纷乱迭出的局面。

然而天下大势分久必合，数十年纷争之中，并不是没有章法可循。当匈奴汉国、后赵、前燕和后燕等国家不断努力统一北方，且与东晋不断交战之时，新兴于代北的鲜卑拓跋部，已然完成了部族进化，开始露出狰狞的獠牙。谁也没有想到，五胡打得你死我活、筋疲力尽也没能真正夺得中原霸权，反而是鲜卑诸部中最为弱小的拓跋部后来居上，入主中原。

拓跋珪复国

兴起于东北大兴安岭一带的拓跋鲜卑部，在西晋时代已经逐渐西迁，分布在西至代北、东至辽东的广袤区域。

鲜卑族在五胡时代，已有慕容部、宇文部、段部、贺兰部等先后兴起，拓跋部也建立了自己的国家——代国。仿佛冥冥中自有天意，虽然塞北鲜卑部落繁多，但唯有拓跋部留下了最古老的考古证据。北魏立国后，曾于太平真君四年（443年）三月壬戌，派中书侍郎李敞率使团赴辽东极北的拓跋先祖石室祭祀，李敞于当年七月到达石室，并在那里的石壁上刻下了一篇祝文。该石室在1980年7月30日被发现，这就是著名的嘎仙洞，在今内蒙古自治区呼伦春自治旗阿里河镇。而其他部落，无论是其开基建国，抑或是雄极一时，都已湮没于历史长河之中，无法追寻其祖源之地。

关于拓跋部早期的活动，《魏书》虽然有诸多记载，但大多失于荒疏，中间夹杂了很多传说与臆测甚至编造之事，故而不作多叙。大概在永嘉二年（308年），也就是西晋未亡、匈奴汉兴起之时，拓跋部首领拓跋猗（yī）卢出兵协助晋军抵抗匈奴大军，因功获封代公，拓跋猗卢趁热打铁，向西晋并州刺史刘琨求取陉岭以北的土地作为立国之资本。

陉岭即勾注山，今天的雁门山，在今山西代县以西二十五里。刘琨为了笼络猗卢，以坚其抵抗匈奴之心，于是故作慷慨地把陉北五县的居民都徙入塞内，将陉北五县划给拓跋猗卢，拓跋代国由此建立（陉岭以北自东汉以来就是游牧民族的居住之地，魏晋都以陉岭为塞内、塞外的分界线）。

此后拓跋部不断积蓄力量，国力逐渐强大起来。但当时部族林立，五胡争雄于中原，拓跋代国只能在陉北发展力量，无法南下发展。到拓跋什翼犍时代，前秦基本完成北方统一，前秦天王苻坚志在混一宇内、并吞八荒，借口代国打击鲜卑独孤部，于太元元年（376年）出兵攻灭代国，拓跋什翼犍率众退避云中，部族发生内乱。据传，拓跋什翼犍被儿子拓跋寔（shí）君率兵杀死。

代国灭亡后，拓跋部宗族人物大都被俘虏到长安，部众也分散在各地不能聚集。时年六岁的拓跋珪（guī）和其母贺兰氏侥幸逃脱，避居于独孤部刘库仁的部落中。

有识者未免会问，苻坚既然灭了代国，为何不把拓跋王族斩尽杀绝?把一个遗孤留在代北草原，岂不是养虎遗患?事实上苻坚并不是不想，而是不能。前秦固然实力强大，但其主体民族氐人人口不多，没有足够的力量彻底消灭并占领像代国这样的草原国家。苻坚采用了分而制之的办法，让匈奴铁弗部刘卫辰和独孤部刘库仁分领代国故地，这两个部落有世仇，都想吞灭对方。苻坚担心日后两部力量发展失衡，还留了一招后手——把代国正嫡拓跋珪留下，用他的号召力制约刘卫辰和刘库仁。如此心思，可以说是老谋深算了。

拓跋珪起初在独孤部生活得很好，刘库仁是拓跋什翼犍的外甥兼女婿，对拓跋部还有一点亲族情谊，很照顾拓跋珪。但好景不长，太元八年（383 年），鲜卑慕容部起兵反抗前秦，刘库仁出兵替前秦进攻慕容氏，结果被袭杀。刘库仁之弟刘眷接任部落首领，后来刘库仁之子刘显又袭杀刘眷夺位。刘显自感位置不稳，又担心异己势力反抗自己，特别是寄身于独孤部的拓跋部，凝聚力一直很强，长孙嵩、穆崇等人一直跟在少主拓跋珪左右，这些人就是后来《魏书》所谓的"元从二十一人"。毕竟拓跋部祖上也风光过，万一死灰复燃、乱自内生，后果简直不堪设想，因此刘显一反父亲刘库仁的怀柔政策，动了杀心。

贺兰氏得知这一消息，赶忙带着宗族家人逃跑，投奔了娘家贺兰部。贺兰氏的弟弟贺讷接纳了狼狈的拓跋部。贺兰部也是代北不可忽视的一大部族，独孤部外有死仇铁弗，内有新抚之众，不敢贸然对贺兰部动粗，也不再穷追拓跋部。

此时天下形势已变，铁了心充当前秦打手的独孤部内外矛盾丛生，已无力继续统治拓跋部，中原也形成姚秦与慕容燕并立之势。草原上诸部势力各霸一方，称王建国的不在少数。拓跋珪十六岁，在其元从心腹的支持下，于北魏登国元年（东晋太元十一年，后燕建兴元年，386 年）正月在牛川（今内蒙古呼和浩特市西南）即代王位，建元登国，正式宣告恢复代国。不久，拓跋珪又自称魏王，从政治上与当年西晋的颁赐割裂开来。

但拓跋珪毕竟还是寄人篱下，贺兰部染干忌惮拓跋珪深得人心，担心其有朝一日鸠占鹊巢，于是密谋杀害拓跋珪。贺兰氏挺身而出，怒斥染干，贺讷的母亲是拓跋珪的姑母，也极力保护拓跋珪的安全，这才使得拓跋族人侥幸逃过一劫。

拓跋珪知道靠别人保护不是长久之计，于是率领部众离开贺兰部，回到代国故地盛乐（今内蒙古和林格尔县西北土城子），躲开了是非之地。

消灭窟咄

拓跋珪占据代国故地，最受威胁的便是独孤部。刘显自忖硬攻拓跋珪力量不足，便请来了拓跋窟咄，立其为拓跋部之主。拓跋珪闻讯大惊，诸部人心骚动，一时间叛亡相继。

那么这位拓跋窟咄是何许人也，竟然能有这么大能量?原来，当年前秦灭代，将拓跋什翼犍诸子俘虏到长安，拓跋窟咄便是其中之一。前秦崩溃后，拓跋窟咄随慕容永东迁，慕容永任命其为新兴太守。拓跋窟咄是拓跋珪的叔父，从法统上来说，与拓跋珪旗鼓相当，加上他比拓跋珪年长，又为拓跋珪受过难，自然号召力非凡。

登国元年八月，刘显借兵帮助拓跋窟咄进攻拓跋珪，拓跋珪统治下的诸部落中有不少人因为害怕心生叛意。莫那娄部落首领莫题送了一支箭给拓跋窟咄，向他表态说："三岁犊岂胜重载?"拥护拓跋窟咄取代拓跋珪。

拓跋珪的近臣于桓等人图谋叛逃，投奔拓跋窟咄，同行之人向拓跋珪告发。按理说拓跋珪应该立即将其处死，但当时人心浮动，如果再行杀戮只怕会乱上加乱，拓跋珪沉吟再三隐而不发。过了三天，于桓又向其舅父穆崇说起叛逃之事，穆崇再次告发。拓跋珪终于下定决心，将于桓同谋五人诛杀。

拓跋珪担心内乱加剧，于是率众翻越阴山，再次投奔贺兰部，想依靠外家力量暂渡难关。与此同时，拓跋珪还遣使到慕容氏后燕求助。慕容垂作为当世英杰，立刻判明了代国一带的形势。

独孤部近年来独大于代北，铁弗部已然衰弱，贺兰部也无法对独孤部构成威胁，唯有拓跋代国有潜力与独孤部抗衡。从后燕的战略利益角度出发，代北继续维持多方并立无疑是最优选择，慕容垂于是派其子慕容麟率步骑兵六千人前去助战。

就在拓跋珪苦等慕容麟救兵之际，贺兰部的老相识贺兰染干又动了贼心。他率兵假借拓跋窟咄的旗号，进攻拓跋氏的北部诸部落。诸部闻讯大惊，拓跋珪亲封的北部大人叔孙普洛率本部及乌丸诸部，一同投奔铁弗刘卫辰。

慕容麟听说拓跋珪部众大乱，赶忙派使者昼夜兼程前去报信，拓跋珪得到实信，这才稍微定了定心神。双方后来在牛川会师，与拓跋窟咄、独孤部联军展开激战。拓跋窟咄本就没什么作战经验，又是初来乍到，手下没有可靠可用的兵马，甫一交战，见拓跋珪和后燕大军气势汹汹，还没怎么打便溃逃了。拓跋珪眼光敏锐，见此机会，率兵穷追不舍，不给拓跋窟咄任何喘息的机会，把沿路逃散的敌人部众通通收归己有。

拓跋窟咄的算盘打得很好，希望通过这一战收复代国，借以摆脱独孤部的控制。谁承想事与愿违，复国已是黄粱一梦，接下来怎么办？逃回独孤部估计没什么好下场，于是他掉头西窜，投奔独孤部的死敌——铁弗刘卫辰。可叹这位代国王子，全无其父亲拓跋什翼犍的见识，离了狼窝又入虎穴。铁弗部常年与独孤部为敌，刘卫辰如果接纳拓跋窟咄，那不就是与独孤、拓跋二部反目成仇？所以拓跋窟咄刚到铁弗部，刘卫辰二话不说便下令将其杀死。

至此，独孤部挑起的这场以叔夺侄的大乱，以拓跋珪的胜利收兵收尾。慕容麟收兵班师，临行前与拓跋珪依依相别，两国欢好之态溢于言表。拓跋珪有了后燕这个强援，立国的底气更足了。

此后，拓跋珪又与慕容垂会兵，不断进攻独孤部。刘显西有铁弗进逼，北有拓跋珪、东有慕容后燕，左支右绌，无力自持，在代、燕两家的联合攻逼之下，不得已向南退缩。北魏登国二年（387年）七月，刘显被拓跋珪打得无法在代北立足，率其部众南逃，投奔西燕慕容永。强盛一时的独孤部，从此被降维打击，沦落为一般部族，迄至北朝之终，再也没有掀起什么水花，完全受控于鲜卑拓跋部势力。

独霸代北

渡过了复国之初最大的难关后，拓跋部人心越来越齐。随后拓跋珪便展开了紧锣密鼓的对外扩张。彼时拓跋部势力虽说不上强，但遍观代北及漠南诸部，并没有足够强大的敌手。铁弗部遭独孤部多年打击，实力已经大衰。周边的高车、库莫奚、贺兰诸部，实力或与拓跋部不相上下，或是内部零乱无强力核心，所以拓跋珪出兵诸部，往往能取得大胜。

北魏登国二年至登国八年（后燕建兴八年，西燕中兴八年，393年），拓跋珪先后对铁弗、高车、贺兰等部开战，其间慕容燕屡次出兵助战，代（魏）国取得了东北至库莫奚、西至河套、向北深入大漠等广大区域的控制权，实力跃居阴山南北之首。

特别是对铁弗部斩尽杀绝式的打击，极大地震慑了代北、漠南诸部。独孤部被打散之后，铁弗部刘卫辰野心膨胀，企图趁拓跋部初起之时与其争锋。大概在北魏登国六年（391年），铁弗部与拓跋珪争夺对贺兰、柔然等部的控制权，矛盾激化到无法共处。刘卫辰先下手为强，派其儿子直力鞮（dī）率领八九万人进攻代（魏）国南部。拓跋珪当时仅率六千步骑，猝不及防，被铁弗部团团包围。

拓跋珪临危不乱，胸有成竹，根本不把铁弗人当回事。当初他率精锐骑兵大战柔然人，柔然人死战不降，退向大漠深处。拓跋骑兵粮草不继，诸将不敢追击。拓跋珪估算柔然人没有走远，于是当机立断，下令将骑兵的副马（骑兵部队中备乘之马）杀掉吃了，全力追击了三天，果然抓住了柔然主力，一战将其击溃，虏获了柔然半个部族的部众和牲畜。

铁弗人此时虽然拥有多达十余倍的兵力，但刘卫辰没有亲自前来，而是派其儿子挂帅，军队必胜之志锐减。而拓跋部人虽少，但六千人都是百战百胜的精锐之师，打起仗来心里有底。

拓跋珪下令，将军中的车都放在外围当屏障，阻止铁弗骑兵突击。以武刚车阻挡骑兵冲撞，本是汉人步兵针对游牧骑兵的经典战法，拓跋珪部下以骑兵为主，居然也使出这一招，可见其战术相当灵活。

铁弗骑兵没料到拓跋珪会使出这一招，缺乏应对之策，两军大战三天，铁弗军屡屡进攻都没得手，越战越没自信。拓跋珪乘机以骑兵猛冲，将铁弗大军打散。直力鞮关键时刻掉链子，不敢收拢败兵继续作战，直接脱离大军单骑逃回。

拓跋珪乘胜急追，从五原金津渡过黄河，杀入朔方郡一带刘卫辰的部落聚居之地。直力鞮所率之兵几乎是刘卫辰的全部家底，国内十分空虚，拓跋大军杀来，铁弗人毫无招架之力，刘卫辰吓得率其亲近家人出逃。拓跋珪遣轻骑穷追不舍，大将拓跋虔追至白盐池，抓获刘卫辰家属；将军伊谓至木根山，生擒直力鞮，俘虏其部众。刘卫辰慌慌张张如丧家之犬，单骑逃走，结果在路上被部下杀死，将其首级送到拓跋珪大营献功。铁弗部落大乱，拓跋大军四处抢掠，虏获马、牛、羊四百余万头。

铁弗人和代国世代为仇。前秦灭代国时，铁弗人为虎作伥，害得拓跋部国破家亡。如今一报还一报，拓跋珪毫不留情，下令诛杀刘卫辰全族，尸体都扔到黄河里，铁弗部至此步了独孤部的后尘，沦为拓跋部兴起的牺牲品。不过刘卫辰家族也不是一个不剩，刘卫辰年仅十一岁的第三子屈孑（jié）成功逃亡，隐伏于薛干部，由此引发了一段铁弗复国、称雄关中的故事，这都是后话。

独孤、铁弗两部被打垮之后，贺兰部成了唯一一个有实力的部族。虽然贺兰部首领贺讷对拓跋珪一向不错，但私谊代替不了利益。拓跋部的迅速崛起威胁了贺兰部的利益，贺讷和兄弟染干都不愿意看到这种形势。拓跋珪率兵征伐叱突邻部，贺讷率兵救援叱突邻部，双方刀兵相向。拓跋珪在事关本族根本利益的问题上寸步不让，率军痛击贺兰部。贺讷经此一战实力大衰，不敢再与拓跋珪为敌。

贺兰部迭遭打击，实力不断下降，居于猛虎之侧已无自存之道。于是贺讷率众归降拓跋珪，拓跋珪将贺兰部徙居其国之东界，以便就近控制。染干不服兄长贺讷，也不愿一直寄人篱下，何况还是当年准备杀掉的拓跋珪，于是起兵意图谋杀贺讷抢班夺权，两人各自举兵，相互攻伐。

后燕慕容垂早已有心染指代北诸部，乘此机会派慕容麟出兵，以平息叛乱为由进攻贺兰部，将贺讷、染干兄弟击败。

贺兰部已是拓跋珪的口中食，此时后燕插手贺兰部事务，公然挑衅拓跋珪。拓跋珪向来不吃这一套，也不顾当年慕容麟率兵解围的恩义，发兵与燕军对峙。慕容麟见拓跋珪来者不善，灰溜溜地退军了。

十年征战，拓跋珪迅速消灭了阴山南北的对手，以耀日之光，独照于代北，其声势之壮，已远超当年的拓跋猗卢。这股摄人心魄的声势，很快引起了更为强大的敌人的关注，拓跋珪即将迎来真正的考验。

代、燕交恶

代（魏）国铲平代北诸部后，北方形成代（魏）、西燕、后燕三足鼎立的局面。西燕慕容永与后燕慕容垂本系同宗，但两家素来仇怨相对，没有形成联盟。三家以后燕实力最强，西燕最弱，代国居中，但因其自立于北方，背靠大漠，跨据黄河，国防形势反而更优。慕容垂占据河北、山东、辽东，自感北方也应归他统治，因而对拓跋珪产生了敌意。不过这也是必然之理，代、后燕两国接壤，战略利益存在直接矛盾，迟早会爆发冲突。

事实上，早在后燕立国之初，后燕成武帝慕容垂就没把代（魏）国当成抗礼之国。北魏登国元年十月高柳之战，代燕联军击败拓跋窟咄之后，拓跋珪刚刚渡过建国第一道难关，慕容垂就做了一件故意恶心人的事。

当时慕容氏也才刚刚在河北站稳脚跟，慕容垂却自以为宇内无敌，把拓跋珪当作后生小子，封了一方"西单于之印"送去，还煞有介事地封拓跋珪为上谷王。拓跋珪虽是初出茅庐，肚里却有大智量。他由代王改称魏王，已经表现出不受别国册封、决意自立的雄心壮志，此时岂能再受慕容氏的册封，把好不容易甩出去的锅再背回来？因此两国虽是友好邻邦，慕容氏又正当强盛，他也敢于驳斥慕容垂的面子，拒受西单于、上谷王之封。这无疑为两国关系埋下了一颗不愉快的种子。

但慕容垂没敢立刻与拓跋珪撕破脸。毕竟当时北方高车、柔然等部的力量对辽东根本之地存在威胁，西燕又志在与后燕一争高下，后燕绝没有力量与三方同时开战。慕容垂当时需要通过贸易获得代国所产的战马，代国也需要后燕的生活物资，双方心照不宣，继续维持着表面的和谐。

建兴八年五月，后燕灭西燕之战，把双方推向了战争边缘。

慕容永占据北至晋阳（今山西太原），南至黄河的晋中、晋南一带，扪太行山之背，严重威胁河北。慕容垂不顾群臣反对，发动了灭亡西燕之战。慕容垂威震天下，亲自率军进攻，很快便将慕容永打得全无招架之力，退守老巢长子城。

拓跋珪不愿见到后燕独大，派大将拓跋虔、庾岳率五万骑兵渡黄河南下救援慕容永。或许是畏惧慕容垂兵威，拓跋虔渡河后进至秀容川，还没到达晋阳便止步不前，坐观慕容永被慕容垂生擒。拓跋虔见长子城决出胜负，便将秀容川附近的山胡部落掳掠一空，撤回了本国。代、燕两军虽然没有直接交锋，但经此一役，双方矛盾便再也没有缓和的余地。

拓跋珪和慕容垂虽然从未见面，但神交已久，彼此都视对方为重要敌人。早在北魏登国三年（388年），拓跋珪遣大将兼重要助手拓跋仪出使后燕，慕容垂质问拓跋仪："为什么拓跋珪不亲自来？"拓跋仪说："代王和燕王以前都是晋朝的藩属，地位平等，如今代王派臣子出使，合乎情理和规矩。"慕容垂表现得却很傲慢："我如今威加四海，和以往不一样了。"言下之意，燕是上国，代是藩属，下国之主理当来拜见上国之君。拓跋仪的回答也很强硬："如果燕国凭借兵威欺负小国，那就只能兵戎相见了。"

这次充满火药味的出使活动结束后，拓跋仪根据他的观察向拓跋珪汇报：

"燕主慕容垂已经年老，太子慕容宝为人暗弱，不是继任的好人选；范阳王慕容德自恃才气无双，过于骄傲，也不是当国君的料。等慕容垂一死，燕国必然会发生内乱，到时便是进攻燕国的好时机。"拓跋珪深以为然。

两雄相遇，两国相争，无论从什么角度衡量，代、燕之间的矛盾，都只有战争这一手段能解决了。

参合陂大战

后燕建兴十年（北魏登国十年，395 年）七月，慕容垂决定先下手为强，派太子慕容宝挂帅，让辽西王慕容农、赵王慕容麟（当年出兵救过拓跋珪）等率八万余人出击代国。慕容垂的两个弟弟范阳王慕容德、陈留王慕容绍率一万八千人为后继。

后燕此次出兵，国内意见并不统一。慕容垂自后燕燕元元年（前秦建元二十年，384 年）叛前秦立国以来，连年征伐从未停歇。其崛起时间大致与拓跋珪相同，但实力扩张的速度远超拓跋珪，主要原因在于慕容氏有前燕的基础，以及慕容垂军事水平极高，一生征战罕逢对手。

全据河北、河东之后，慕容垂年纪已老，他知道太子慕容宝才能一般，故而想在有生之年加快节奏解决燕国的一切敌手。后燕大臣高湖劝阻慕容垂："陛下不要穷兵黩武，拓跋珪一代雄才，派太子前去恐怕不利。"慕容垂闻言大怒，将高湖罢免，执意兴师出征。

一般来说，太子是国之储贰，是维系国家政治安全的关键人物，绝对不能轻动。慕容垂何尝不知道这一道理，但十余年来，儿子慕容农、慕容麟等不断率兵征战，威信和人心都有一定积累，慕容宝却无甚建树，让他挂帅出征，也是为他积攒政治资本。在慕容垂看来，拓跋珪虽然甚有才能，但毕竟代国实力远远不如后燕，以大燕新胜之精锐，打败拓跋珪想来也不成问题。

另外，慕容垂年老体衰，不能远途出征，以太子代之也算合适。派慕容宝挂帅出征，以太子之尊领导、统合各方面力量，有政治上的方便。

拓跋珪闻知后燕大军来攻，丝毫不敢有轻敌之心，采取了三个方面的措施：

其一，转移部落。当时代国仍是较为原始的部族状态，分布于黄河沿线的草原，如果在战争中受到损失，国力将很难恢复。拓跋珪采纳左长史张衮的建议，将其部众、畜产向西撤至黄河以西千余里的朔方一带。这么做，既保存了实力，还拉长了后燕大军的补给线，不给其持久作战的机会。

其二，求救后秦。姚苌建立的后秦活动于关中、陇右、河西一带，与后燕分立东西。从更宏观的角度看，代国如果灭亡，由后燕统一东方，将对后秦构成极大威胁。拓跋珪请后秦出兵相助，或许也没真正寄希望于后秦能出多少兵马助战，而在于将后秦推向后燕的对立面，使后燕有所顾忌。

其三，部署兵力迎击。后燕大军攻击方向在五原（今内蒙古包头市西哈德门沟口古城堡），拓跋珪亲率主力进至黄河一线。当时代国动员总兵力达十七万，其中拓跋仪率五万骑在黄河之北，威胁后燕军后侧；拓跋虔率五万骑在河东，威胁后燕军左翼；拓跋遵率七万骑迂回到后燕军的归路，断绝其与本国的联系。

拓跋仪、拓跋虔、拓跋遵都是能征惯战的勇将，三路大军都很好地贯彻了拓跋珪的意图，不与敌军正面交战，而是慢慢将其拖住，使之在本国境内慢慢消耗。拓跋遵所部沿路擒捉后燕使者，掐断了慕容宝与后燕都城的联系。这一招相当厉害。后燕军马出征时，皇帝慕容垂已经有病在身，此时久久得不到都城消息，再加上代国不断散布慕容垂已死的谣言，后燕大军未经一战，军心已有所动摇。

建兴十年九月，慕容宝大军进军临河，正准备渡河，突然刮起了大风，将其收集的数十艘船吹到了南岸，船上的三百余名将士尽数被代国军队俘虏。拓跋珪下令将他们全部放归，还把抓获的后燕使者拉到河边，故意让他们向对岸喊道："皇上已经病死，兄弟们早点回家吧！"

对岸后燕军听见，人心浮动，再无战心。慕容宝的压力最大，既怕战败，又怕几个兄弟争夺储位，对慕容宝来说，当务之急已不是击败代国军队，而是回都城中山（今河北定州市）确认消息，以顺利继承皇位。

军中术士靳安对慕容宝说："天时不利，燕军可能会大败，不如速退。"慕容宝心中忧急，却仍希望孤注一掷，击败拓跋珪后再退兵。靳安退下之后对身边的人说道："我们将死无葬身之地了。"

赵王慕容麟的部将慕舆嵩利用慕容垂生死未明的形势，打算起兵作乱，拥立慕容麟取代慕容宝。不料事情泄露，慕舆嵩等同谋之人都被处死。慕容宝虽然明面上没有怪罪慕容麟，但兄弟阋墙，各自心里都揣着一分忐忑。

十月，慕容宝不顾"当敌之面不宜急退"的忌讳，烧毁船只，匆忙班师回国。当时是初冬，黄河尚未结冰，慕容宝认为拓跋珪无法迅速渡河追击，因此没在大军殿后及侦察上投入太多。

后燕军一路狂奔，退至参合陂（在今山西阳高县境内），这里已是后燕国境，慕容宝稍稍放松了一些，下令让大军在参合陂短暂休整。此时西面刮来大风，天上卷积起浓浓的黑云，覆盖在后燕军上空。

僧人支昙猛对慕容宝说："上天这是在警示我们，追兵快来了，我建议速速整顿兵马，做好迎战的准备。"

慕容宝却说："代国军马此时应该正在想怎么渡河，哪能这么快就到。"

支昙猛哭着劝慕容宝："当年苻坚百万大军败于淮南，导致全局崩溃，原因就是轻敌，现在万万不能轻视拓跋珪啊！"

在支昙猛的再三劝说下，慕容宝才命慕容麟率三万骑兵殿后。慕容麟当年屡次出兵代北，并不惧怕拓跋珪，也没太把殿后一事放在心上。他率三万骑随意游猎，将全军的殿后重任抛到了九霄云外。慕容宝又派出斥候去侦察，结果这些斥候也轻敌大意，刚走出去十几里，便解鞍下马就地休息了。

就在后燕全军上下都毫不设防之时，拓跋珪的追兵到了。

原来后燕军刚撤没几天，黄河一带突然大幅度降温，一夜之间河面封冻。拓跋珪精简两万铁骑立即踏冰过河，昼夜兼程向后燕大军追来。仅用了六天，在参合陂之西赶上慕容宝大军。

拓跋珪连夜指挥大军抢占有利地形，趁后燕军没有防备，连夜爬上山。当时天气非常不好，黄雾遮天，能见度非常低，加上代国军队人人衔枚、马各束口，两万人马上山，后燕军居然毫无察觉。

十一月乙酉，天亮后，后燕军收拾好行装，正准备出发，大队代国人马突然呼啸着从山上冲杀下来。后燕军顿时大乱，被拓跋铁骑冲得七零八落，狼狈奔逃，自相践踏，当场死伤万余。慕容宝和军中高级将领无法控制部队，只能带着亲信落荒而逃。

此时拓跋遵率领军马也赶到战场，堵住后燕军的去路，后燕军主力虽然尚有四五万人，但大乱之下无人指挥，竟然当场放下武器投降。慕容宝、慕容德、慕容麟、慕容农等人仅率数千骑逃走。

后燕陈留王慕容绍被杀于阵上，鲁阳王慕容倭奴、桂林王慕容道成、济阴公尹国等数千文武将吏被生俘，数以巨万计的兵器、甲仗、粮草等物资被代军尽数缴获。

战神之怒

参合陂之战，是后燕复国以来前所未有的大败。慕容垂在有生之年解决强敌的愿望落空，后燕军事实力经此一役遭受重大损失，而后燕国内原本掩盖的问题也暴露出来。慕容氏除慕容垂之外，无人具备统摄大局的能力与威望，即便是受敌国重视的慕容德，在此次伐代过程中也没有发挥出良好作用。

慕容垂对此役之败，既有震惊，也有恐惧，但更多的是对拓跋珪及代国的切齿之恨。后燕正当复兴之际，绝不能容忍这样一个强硬的邻国存在。慕容垂本可以从容应对，等国力、军力稍稍恢复后再发动战争，但他年已七十，老病缠身，已不是当年意气风发的鲜卑少年，上天留给他的时间不多了。

在太子慕容宝和范阳王慕容德的反复劝说下，慕容垂决定再度对代国用兵。下令封慕容会为清河郡公，拜录留台事，领幽州刺史，代高阳王隆镇龙城；以阳城王慕容兰汗为北中郎将，代长乐公慕容盛镇蓟州；命慕容隆、慕容盛率辽东精兵到都城中山集结，准备在次年大举击代。后燕建兴十一年（北魏皇始元年，396 年）正月，慕容隆率龙城精兵到达中山，兵精甲严，后燕士气大振。

慕容垂于建兴十一年三月，发动大军誓师出军，再次进攻代国。

慕容垂指挥作战的风格十分鲜明：谋定后动，出其不意，迅若雷霆，一旦大军发动，会在最短的时间内解决问题。后燕大军秘密行动，从中山出发，翻越青岭、经天门取捷径直入代国境内。后燕大军一边行军，一边沿路开凿山道，所行之路，完全出乎敌方预料，所以大军迅速进逼代国的南部重镇平城（今山西大同），代军竟然毫无察觉。

当时拓跋珪留大将拓跋虔率三万余部落留守平城。拓跋虔是拓跋什翼犍的孙子，与拓跋珪是堂兄弟，是一位膂（lǚ）力过人的勇将。拓跋虔常用的武器马槊，比一般人用的重好几倍，作战时以力量取胜，刺中敌人后还常常会把敌人的尸体扎在马槊上举起来，令人望而生畏。拓跋虔有一手绝活，他把马槊刺入地中，引骑假装败退，敌人来抢他的槊，却怎么也拔不出，拓跋虔引弓回射，一箭能杀两三个人。当时以膂力雄健著称的还有拓跋仪，他用的弓拉力将近十石，时人称誉："卫王弓，桓王槊。"（卫、桓之称都是死后追封。）

拓跋虔闻听后燕大军悄无声息地杀到城下，大吃一惊。当时拓跋珪及代军主力都在后方，搬救兵已是来不及了，拓跋虔便率领城中比较寡弱的留守兵力出城迎战。彼时拓跋部军队以骑兵为主，不仅不善于攻城作战，也不善于防守，反倒是出城野战更加娴熟。

参合陂之战后，代燕双方士气一长一消，后燕军士卒普遍对骁锐如雷霆的拓跋部士兵心存畏惧，唯有慕容隆从龙城带来的精兵不怕。平城城外的这场大战，后燕军显然是有备而来，而且人数上占有绝对优势。拓跋虔虽然勇猛非凡，却无济于事，拓跋虔所部全数被杀，拓跋虔本人战死。

后燕军顺利拿下平城，尽俘平城拓跋部三万余家。此战大获全胜，依稀又见当年慕容垂襄国大破桓温的影子，从战略到战术，慕容垂犀利无比的气势令人无法阻挡。拓跋珪真正领略到了五胡十六国时代来去如风、凶狠果决的战斗遗风，跟着慕容垂上了惨烈的一课，他也终于发现，在真正的战略战术大师面前，自己还稚嫩得很。

平城之役，真正作用不在于斩杀拓跋珪一员大将，以及带给拓跋珪本人的震动。真正的战略作用在于，打下平城之后，代国失去南部重镇，其腹地豁然洞开。拓跋部的发展形态远逊于当年慕容部初起时，仍是半游牧半定居的状态，没有稳固的农业社会来支撑军事与战略，体现到军事层面，就是担当防御重任的城池不够多。而且，拓跋部背后的柔然、高车等部族没有真正铲除，大漠深处仍是敌对区域。也就是说，拓跋部的战略纵深其实很浅，平城一破，往北、往西再也没有较大的核心城市，其部落散居于草原，很容易被犁庭扫穴。

因此，拓跋珪非常害怕，面对战略战术大师慕容垂，他根本不知道应该如何组织防御，也完全抓不住慕容垂的漏洞。照这个形势发展下去，拓跋部很可能要重现当年拓跋什翼犍被杀、拓跋族人被俘虏的命运。然而，人算不如天算，在如此一边倒的形势下，代燕之争突然发生了戏剧性的转变。

慕容垂打下平城之后，继续向北推进，途经几个月前的参合陂战场。双方军队撤走后，并未清扫战场，后燕军看见被杀的士兵尸骸堆积如山，其中不少是自己的父亲、兄弟，三军设祭恸哭，声震山谷。慕容垂本已病重，见此情景，又急又气，导致疾病发作，口吐鲜血，从此无法处理军务。

慕容垂乃是一国之主，突发如此情况，已经无法继续征进。后燕军撤退至平城西北，慕容垂在此停留了十九天，病情没有好转，无奈之下只好放弃消灭代国的战略意图。他又下令在平城旁边修筑燕昌城，寄托了消灭拓跋氏、昌盛光大后燕的美好希望，而后乘坐马车徐徐退兵。

时间耗尽了这位十六国战神的所有活力，归国途中，慕容垂黯然病逝。慕容垂之死，也意味着新旧时代的交替。

兴兵伐燕

登国十一年七月，拓跋珪称帝，改元皇始，魏之国号正式确立。为示与三国曹魏的区别，史家称之为后魏，近现代史学界统称之为北魏。

慕容垂死后，燕、魏对峙的形势出现了新变化。慕容宝在中山顺利继承帝位，但后燕的局势并没有因为新君即位发生改变。

慕容垂在军事方面固然是举世一人，但在教育下一代方面却不怎么明智。慕容垂起事时，把战争当作第一要务。为了有效控制军队，他大量委任自己的儿子和宗室带兵。这本是乱世，情况特殊，开国时尚可理解，但及至后燕政权逐渐成形，慕容垂仍然没对掌握军权的儿子们和宗室加以约束。同时，诸子的伦理纲常教育也没跟上，致使诸子对权力的欲望超出了正常范围，这也为日后诸子争权埋下了祸根。慕容垂的皇后段氏曾劝慕容垂："太子慕容宝为政荒怠，不是太子的最佳人选；赵王慕容麟奸诈阴险，将来是国之祸患，应早做处理；唯有高阳王慕容隆、辽西王慕容农人才上佳，可以在他们二人之中选择一人立为太子。"段氏并不是隆、农二子的生母，却能有此见识，着实令人敬佩。谁知慕容垂却下不了废长立幼的决心，听信左右谗言，一直信任慕容宝。

范阳王慕容德的妻子是段氏的妹妹，姐妹二人私下里常说一些闲话，有时不免过界，言称"慕容宝成不了大器，慕容氏的希望或许要寄托在范阳王身上"云云。慕容宝、慕容麟得知这些话，竟对叔父慕容德产生了怨恨。

慕容宝是典型的无能二代。他没有足够的威望与领导能力，在后燕新败之际，不知道当务之急是稳定形势，加强战备，反而把精力放在以严刑峻法巩固自己的权威上，导致"上下离德，百姓思乱者十室而九焉"。

慕容宝教育下一代比他的父亲还要差。他的庶长子清河公慕容会很有才能，人品也不错，本来是最佳继承人选。慕容垂在世时也很喜欢这个长孙，让慕容会总摄东宫庶务，礼遇如同太子。慕容垂临死时嘱咐慕容宝立慕容会为储君，但慕容宝更喜欢幼子濮阳公慕容策。此子年方十一岁，人事未省，也没显露出什么过人之处，宗室、朝野对此都颇有微词。慕容麟知道自己争不上储位，就和慕容宝的另外一个庶子慕容盛一同撺掇慕容宝立慕容策为太子，慕容宝欣然照办。慕容会虽然晋爵为王，还被派到辽东龙城镇守一方，但内心怨念日甚一日。

在慕容氏统治高层内部矛盾逐渐激化之际，北魏启动了对后燕的战争。皇始元年六月，拓跋珪发兵攻取广宁（今河北涿鹿县）、上谷（今北京延庆），这次试探性的攻击异常顺利，几乎没受什么损失便全取二地。拓跋珪随即调集四十余万大军，于当年八月发兵攻燕。

后燕的军事力量分为两大部分，一部分在辽东，那里是后燕的龙兴之地，一直驻有重兵（即清河王慕容会所部）。另一部分，也即主要力量，分布在河北、河东区域，主要在中山、信都（今河北衡水市冀州区）、邺城（今河北临漳县）、晋阳等核心城市。

对北魏而言，自然应该先攻取河北、河东部分。这里是后燕的核心地带，击其腹心、迅速解决战争，是北魏的上佳之选。如果先攻辽东，那么后燕便可依托河北提供源源不断的支撑，并可从晋阳威胁北魏。所以，虽然进攻河北、河东难度较大，但这样可以一劳永逸，更彻底地解决问题。

拓跋珪率主力自代北南下，将矛头指向并州晋阳城，这是后燕在河东的中心城市。此地由后燕辽西王慕容农镇守。慕容农早前与慕容宝离心离德，出镇并州时，便把他的数万部曲都带到晋阳。后燕在并州经营的时间不长，军资储备不多，数万张吃饭的嘴一来，晋阳城的窘况很快便显露出来。慕容农没办法，只好把诸部分散开，让他们以护军的身份到诸胡部落中去，实际上就是夺取这些部落的口粮。这一不负责任的举动招致诸胡部落埋怨，不少人暗地里向北魏通风报信，请求他们来攻打慕容农。

拓跋珪得知这一消息，立即大举出兵进攻晋阳。为防止后燕辽东兵马偷袭侧翼，拓跋珪遣一部分兵力出太行山军都陉，以迅雷不及掩耳之势攻占居庸关，随后袭击幽州，包围蓟城（今北京市），牵制辽东燕军，使其不能西进南下。

晋阳守将慕容农本是慕容垂诸子中比较出色的，慕容垂复辟燕国的战争中，慕容农每场战斗都充当前锋，一向攻无不克，战无不胜。北魏大军此番倾国而来，第一战在晋阳打响，本来是火星撞地球般的大阵势。谁知北魏大军过阳曲、登西山，到达晋阳外围，慕容农率军出战，竟然一战而败。这大概与民心尽丧、慕容农无法组织起有效的军事力量有关。

慕容农率败兵回城，司马慕舆嵩闭城不纳（参合陂之战时慕容麟的部下名叫慕舆嵩，已被慕容宝诛杀，此时又有一个慕舆嵩，不知是重名还是史料有误），慕容农只好率残兵逃往中山。拓跋珪派大将长孙肥率骑兵穷追，在潞川再次大破慕容农，擒获其妻小，慕容农受了重伤，跟仅剩的三骑逃归中山。

北魏军随即夺占晋阳，发兵沿汾河向南进攻。河东原是西燕的领土，慕容垂灭西燕才过去几年，后燕的统治并不稳固，因此北魏大军一路进攻，后燕诸郡县全然抵挡不住。仅仅一个多月，北魏便全取并州之地，为进攻河北创造了条件。

拓跋珪令诸军从井陉穿越太行山，迅速进入河北，进攻后燕腹地。北魏骑兵剽悍异常，后燕各地闻风丧胆，纷纷弃城投降。慕容宝召集王公大臣共商抵抗之策，大家都认为："拓跋鲜卑军队以骑兵为主，利于野战，短于攻城，而且他们带的粮食有限，只能支撑十几天。各郡县应将军民集中起来，聚集千余家共守一个堡垒，深沟高垒，与敌人打持久战，迫使其野无所掠、粮草断绝，进而使其退兵。"

千家守一堡，后燕的设想虽然很好，但由于民心已乱，很难组织起来，民间聚集据守堡垒没能实现，后燕只能依托中山、信都、邺城等大城市进行固守。北魏大军得以肆意掠夺各郡县粮草、军备，继续支持作战所需。燕魏战争，此后便围绕进攻三大城展开。

北魏骑兵缺乏攻城技术与装备，竭力诱使三城的后燕军出城，拓跋珪甚至有意放松对中山城的围困，做出退却的姿态，但后燕军不上当，始终坚持守城策略，不给魏军机会。长围久困之下，燕军无法打退魏军围攻，纵使是防守条件较好的坚城，随着时间的推移，也慢慢出现了问题。

北魏皇始二年（后燕永康二年，397年），拓跋珪分派诸军同时进攻各城，主力在中山一带围攻并抢掠物资。拓跋仪率五万人南攻邺城，将军王建率五万人进攻信都，拓跋珪亲率主力进攻中山城。

后燕慕容隆在南城防守，率众力战，从早至晚，杀伤魏军数千人。拓跋珪无计可施，考虑到急于攻城伤亡太大，加上粮草补给无法持久，于是将大部队从中山撤走，南进至鲁口（今河北饶阳县）进行休整，补充粮草。慕容宝为争取主动，派左卫将军慕容腾率军截击北魏军后路，北魏留在常山（今河北石家庄市）等地的少量守军被后燕军全部消灭。

但这些小胜没能扭转局面。北魏军对信都发动了六十余天的猛攻，因为魏军缺乏攻城器械，虽然城池勉强完好无损，但随着时间的推移，城中守军的信心越来越弱。拓跋珪亲率主力抵达信都后，信都守军崩溃，守将宜都王慕容凤弃城逃走，其辅国将军张骧、护军将军徐超率残兵投降。

邺城方面后燕的抵抗更加激烈。范阳王慕容德毕竟经验老到，趁拓跋仪大军立足未稳，遣精兵趁夜突袭魏军。拓跋仪兵败，不敢逼城驻扎，退守至新城，拓跋珪复遣辽西王贺赖卢率贺兰部铁骑两万余人增援拓跋仪。贺赖卢是贺兰部首领贺讷的弟弟、拓跋珪的舅父，他自认为其地位不亚于拓跋仪，不肯接受拓跋仪的指挥。慕容德趁二将不和，再次发兵七千猛攻魏军，拓跋仪、贺赖卢再度退兵。

取三城，灭后燕

邺城的胜利如一剂强心针，使慕容宝增强了自信，认为魏军并没有那么可怕。同时，因为贺兰部与拓跋部人心不齐，特别是贺赖卢等部私自撤军，导致北魏军心在一定程度上有所动摇。因为供应不足以及疫病影响，北魏大军出现了大面积非战斗性减员，据闻死伤高达四五成。许多将领都想撤回本国，暂时休整。于是拓跋珪遣使与后燕讲和。

慕容宝认为击败北魏的时机到了，于是让中山大军十二万步兵、三万七千骑兵悉数尽发，在曲阳柏肆与魏军决战。燕军在滹沱河以北扎营列阵，魏军在河南。慕容宝一反之前的畏敌如虎，趁魏军才到河岸，当夜率军徒涉滹沱河，还组织了一支万余人的敢死队偷袭魏军大营。

拓跋珪也是过于托大，整个大营的防备都比较松懈，后燕军敢死队迅速突入大营，到处顺风放火。睡梦中的魏军士兵大乱，来不及穿上衣甲便四散逃走。敢死队一路冲到中军帐，拓跋珪从睡梦中惊醒，连鞋都来不及穿，光脚跑出大帐，混在乱军中逃出大营。后燕军冲到帐中，只见拓跋珪的衣物，不见其人。

拓跋珪和众军逃出之后，作为久经战阵的优秀统帅，他稍稍定了下心神，发现后燕军没有扩大追击，还在大营中东西乱冲。他敏锐地意识到突袭的后燕军数量并不多，于是立马鸣鼓召集士兵，约束部队。魏军士兵见主帅无恙，又听到明确的号令，也很快稳定了心神，迅速向拓跋珪靠拢。

夜间突袭，要诀就是出其不意，迅速击垮对方指挥中枢，破坏对方正常的组织状态，令其即使兵力占据优势也发挥不出来。相比之下，拓跋珪显然比后燕军更懂得这个要诀，他先是脱离乱局，而后迅速稳定部队，后燕军敢死队瞬间就失了先机。

拓跋珪判明形势，令骑兵调整好队伍，迅速向营中发起反击。后燕军敢死队见战机已失，不得不败回本阵。慕容宝在敢死队突入魏军大营时没有抓住战机，此时魏军发动反击，只好退过北岸与之相持。

天亮后，拓跋珪指挥大军渡河与燕军决战，慕容宝心中没底，不敢开战，竟然被吓得率军撤还中山，拓跋珪一路追击。慕容宝很清楚，论打野战，他绝不是拓跋珪的敌手，于是率两万骑兵先行退还中山。余下的后燕军部队见皇帝都跑了，哪还有心思作战，一路丢盔弃甲，狼狈逃窜，数十万兵器、甲仗全部白白扔给了魏军。可即便后燕军轻装逃跑，仍然跑不过魏军骑兵，沿路被俘者无数。

拓跋珪经此一战信心大涨，不再提议和、撤兵之事，直接率大军赶到中山，将城池团团包围起来。

此时后燕城中尚有数万军马，而且城池坚固，倒也能坚守住。慕容宝一则对守城有信心，二则野战彻底被拓跋珪打怕了，再不敢出一兵一卒交战，于是紧闭城门坐困城中。

慕容隆、慕容农等都是有见识的人，知道这么被动等下去解决不了问题。后燕军虽然屡败，但现在到了亡国灭种的关键时刻，还是有许多有血性的人愿意站出来和魏军战斗。慕容隆屡屡劝说慕容宝出城一战，参照邺城慕容德背城而战击败魏军的例子，也不是没有取胜的可能。慕容宝屡屡被说得动心，可士兵们都已列好阵准备出城了，他又怕野战不能取胜反致败辱，又收回成命。如此数次，将士们怨声载道。

慕容氏宗室内部此时也发生了内讧——慕容麟竟然丧心病狂地企图趁乱刺杀慕容宝夺取帝位。事情败露后，他率一部分人马开城逃走。

这件事对后燕军民又是一个沉重的打击，大敌当前，皇族居然还如此内斗，着实叫人寒心。慕容宝此时想的不是振作精神反击魏军，而是在担心慕容麟夺取慕容会的军权，在龙城自立为帝。因此这个废物皇帝打算放弃中山城，与诸王奔还龙城。即使慕容隆等人强烈反对，也无法阻止慕容宝。于是慕容宝率太子、慕容农、慕容隆、慕容盛等人及万余骑兵弃城北走。

魏军见中山城已经弃守，正要趁夜进入，大将王建怕大军一拥而入乱抢府库，他就无法缴获太多财物，于是说入人之都，如果士兵乱抢恐怕会有损国家威信。拓跋珪鬼使神差地信了王建的话。

此时城中一片混乱，军民找不到皇帝，于是共同推举没来得及逃走的开封公慕容详为主。慕容详当了临时皇帝，志气大增，立即命令残存的军队紧闭城门，严守城垣。拓跋珪天亮后发现城中恢复了防守，立即发兵进攻，一边打一边派人向城中劝降："你们的皇帝都逃了，你们何苦还替他坚守？"

城上的后燕士兵说："以往你们在参合陂屠杀我们的士兵，我们现在坚守，只不过为了活命。"拓跋珪无言以对，悔不迭地把王建叫来，一口唾沫吐到他脸上，责骂他提出如此愚蠢的建议。此后，拓跋珪不得不继续在城下苦战，中山城虽然逃走两万士兵，但城墙依然巍然矗立，无论如何也攻不进。

慕容详屡派步卒出城反击魏军，小有斩获。但这位慕容详也不是什么英明之主，小胜之后自以为威德能伏强敌，在城中威刑自专，杀了五百余名官员，弄得天怒人怨。躲在丁零部落中的慕容麟乘机率兵混入中山城，杀了慕容详，自立为帝。

慕容麟跟慕容详比起来真可谓一蟹不如一蟹，入城后也没有良策退敌。苦守到第七个月，城中发生饥荒，由于迟迟得不到粮食补给，慕容麟被迫率兵离开中山城改屯新市。

北魏大军当时也已经快到极限，人马损失惨重。就在这比拼意志的关头，拓跋珪等来了胜机，迅速率领大军追击包围慕容麟，消灭了中山城最后两万军队。至此，中山再也无法抵抗，后燕都城沦陷。攻占中山后，拓跋珪命全军一鼓作气，继续进攻燕国在河北仅存的重镇邺城。慕容德探知中山陷落，自感难以抵抗，便放弃邺城南撤至滑台（今河南滑县）。

逃至龙城的慕容宝也没能善终。慕容宝、慕容会、慕容隆、慕容农等父子兄弟互相残杀，稍稍稳定局势之后与慕容德南北合势，意图夹攻河北。然而慕容氏的统治阶层已然腐败透顶，又发生了连环政变，慕容宝、慕容会、慕容隆等人相继被杀，残存的辽东政权被北燕继承。慕容德在滑台立足不稳，举兵转入山东，开创了南燕一系，后燕至此灭亡。

第二章

混一北方

拓跋部的兴起，与十六国其他部族的轨迹大致相同：实力壮大、建国开基、对外扩张。但拓跋北魏面对的内部条件和外部条件都与其他国家有很大的不同，这就导致北魏的扩张较为顺利，扩张得到的领土也比十六国更为稳固。

有什么不同呢？一者，拓跋部的汉化基础较其他部族更深入。拓跋珪的治国理念与官员成分构成，虽不比苻坚更加全面和系统，但贵在一切自然而然，与慕容部当年天生倾向汉化有些类似，内部阻力不大。这样的好处是北魏的政治架构比较富有生机和活力，具有一定的广泛适应性和稳定性，可以防范其他部族屡屡出现的二代崩溃现象。二者，英雄也靠时势。当拓跋珪在代北草原急剧崛起时，北方各部族进入一段较长的人才匮乏期，诸如刘渊、石勒、苻坚、慕容恪等杰出的领袖人物长时间未再出现，慕容垂逝世后，北方已无可以与拓跋珪匹敌的强力部族领袖。

故而在北魏道武帝拓跋珪、明元帝时代，北魏的对外扩张几乎每战必胜，每胜必能夺取部分领土。本节兹选取几次具有代表性的扩张之战，回望北魏初期的扩张之路。

魏、秦柴壁之战

北魏灭亡后燕、掠取河北和并州之时，后秦也处于扩张阶段。皇初六年（东晋隆安三年，北魏天兴二年，399 年），后秦皇帝姚兴发兵进攻东晋占据的洛阳一带，东晋与北魏联合，请求出兵共伐姚兴。当时姚兴接纳了拓跋部仇人的儿子刘屈子（即后来的赫连勃勃，子音 jié），拓跋珪非常恼怒，于是借机发兵六千，由太尉穆崇率领，配合东晋进攻洛阳。适值东晋兵败，魏军还未到达洛阳，当即便在野王（今河南沁阳）停下了。这次出兵虽未直接交锋，但也宣告魏秦两国关系已到了破裂边缘。

后秦消灭西秦以后，后方形势基本稳定，姚兴意图进一步掠取河东，扩大疆域。北魏获得并州之后，也对汾河谷地有强烈的领土需求。而河东南部缺乏足够的地理屏障将两家隔开，魏秦两国便在河东以南、汾河入黄河一线，爆发了战争。

这场战争的起因，还要从刘屈子说起。拓跋珪实力壮大之后，对姚兴纵容庇护刘屈子相当不满，发兵袭击后秦高平（今宁夏固原），企图抓获刘屈子。后秦守军撤退，魏军从西北方向追击，一直杀到关中附近的瓦亭，俘获当地府库储存的物资，抢掠马匹四万，其他杂畜九万余，将当地居民都掳掠到代北。同时，北魏平阳（今山西临汾市）驻军也跃跃欲试，进攻后秦边境州郡。长安大震，诸郡县白天都不敢开城门。姚兴被惹怒，遂决定发兵进攻河东，对北魏实施惩戒性打击。

弘始四年（北魏天兴五年，402 年）五月，姚兴遣其弟义阳公姚平率军四万进攻平阳，姚兴自率大军为后继。姚兴做出这样的决策，其实心里也没有足够的底气。北魏在灭亡后燕的战争中，军队骁勇善战、吃苦耐劳的特点展现无遗，特别是其来去如风的特点，是后秦军队没有的优势。后秦近些年虽然独霸关中、陇右，但多年作战，连前秦残余兵马都无法干净利落地解决，无论是姚苌还是姚兴，都打不出参合陂之战和柏肆之战那种出奇制胜的战斗。后秦以往的胜利，基本是靠力量上的优势取胜。换言之，后秦欺负河西陇右的小国不在话下，但遇上实力相侔（móu）如北魏这样的大国，如果战略战术不够强硬，难有取胜的把握。

姚平率军先发，进攻平阳的侧翼乾壁（今山西襄汾县）。拓跋珪对后秦入侵早有防备，早在当年年初，他就下令在平阳一带整顿兵马，并在乾壁调配储存了大批粮草，为战争做准备。但拓跋珪没有想到，后秦军来得这么快，打得还这么精准。乾壁守军较少，在抵抗了六十多天后，被秦军攻陷，乾壁所储粮草尽数落入姚平之手。拓跋珪意识到了问题的严重性，后秦这是要击一点破全局，他必须亲自出马，才能遏制住后秦对并州南部地带的威胁。

同年七月，拓跋珪率军出发，先遣毗陵王拓跋顺、长孙肥等人率六万骑兵为先锋进兵。八月，北魏军抵达永安（今山西霍州市）。姚平遣两百精骑抵近侦察魏军情况，长孙肥反应极快，立即命轻骑围攻，后秦两百骑被全数歼灭。

魏军如此凌厉，人数又占有极大优势，姚平不敢继续驻守乾壁，率众后撤至柴壁（今山西襄汾县南十五里柴庄），据险固守，等待姚兴的主力部队来援。

姚兴发四万七千人进至襄汾一线，因为对北魏大军有所畏惧，一再推迟进军速度。拓跋珪采纳部下的建议，派兵西渡汾河，在西岸筑起营垒，占据与柴壁隔河相望的天渡（今山西襄汾县西南、汾河西岸），隔绝后秦两军的通路。又在汾河上架起浮桥，方便两岸交通。

姚兴大军推进至柴壁附近，果然被汾河西岸的魏军营垒阻遏，无法靠近姚平。正当其无计可施之时，拓跋珪率大军掩杀而至，大将拓跋顺率精锐骑兵发起猛烈冲击，俘虏后秦数百骑兵，斩首数千级。后秦大军站不住脚，被迫后撤四十里安营。

由于拓跋珪部署得当，两岸都有坚固可靠的包围设施及兵力，姚平在两军交战之际，竟无法派出兵力过河配合姚兴作战，只是派出部分兵力袭扰魏军设置的长围，烧了数百步。

随后，拓跋珪分兵据守蒙坑（今山西襄汾）、新坂、天渡、贾山，这些要点都在柴壁周围，对固守柴壁的姚平大军形成四面围堵之势。水陆交通咽喉都被扼住，姚平所部凶多吉少。

姚兴稍稍整顿军马，绕到魏军北侧，在汾河西岸筑垒对峙。姚兴命士兵在上游砍伐树木丢入河中，顺流而下撞击魏军浮桥，试图将其撞毁以孤立汾河西岸魏军。魏军士兵沿河用大钩将树木钩出，拿去当柴火用。姚兴一计不成，又生一计，命诸军准备梯子，趁夜进攻西岸的魏军营垒。拓跋珪让军士紧急挖宽堑壕，后秦军来攻时，因为梯子不够长无法越过堑沟，偷袭失败。

无奈之下，姚兴只好选了一个条件不是很好的河岸下寨，企图渡河为姚平输送粮食。拓跋珪针锋相对，在河中堵截，绝不放一兵一卒过河。

姚平被包围到粮草彻底吃光，于是拼死一搏，率军向西南突围。姚兴让大军在西岸列队鼓噪，为姚平助威。魏军在四面据点都部署了精兵，有力地阻挡了姚平的冲击。姚平左冲右突无法突围，开始指望对岸姚兴大军进攻西岸魏军接应，对面却是雷声大雨点小，根本没有派兵进攻。

姚平几番冲击都无法得手，绝望之下，领着两个小妾跳汾河自杀。后秦士兵也纷纷跳河，魏军马上用大钩抓获。姚平手下三万余士兵彻底绝望，不再反抗，全部束手就缚。

对面的姚兴大军眼睁睁看着自家人被杀被俘，急得干跳脚，营中将士莫不放声痛哭，声震山谷，与当年参合陂慕容垂大军恸哭颇为相似。

此战姚兴彻底领教了北魏的强大战斗力，一改昔年的骄傲，频频遣使求和，都被拓跋珪拒绝。拓跋珪本欲乘胜追击，考虑到北方柔然的威胁与日俱增，便各自罢兵而去。此后北魏将主要精力用于北方，未再与后秦发生冲突。

闪击淮北

后燕灭亡后，北魏势力深入黄河流域，与处在风雨飘摇中的东晋政权直接相对。

东晋当时爆发了孙恩、卢循起义，桓玄野心勃勃，治兵积粟，意图重振桓氏。天兴四年（东晋隆安五年，401年）七月，拓跋珪趁东晋内乱，派长孙肥出兵对河南进行试探性攻击，骚扰许昌、彭城（今江苏徐州）。这次进攻各家史料都记录得很简略，北魏军队似乎只是一击即退，并没有做好进占两城的准备。

元兴二年（403年）五月，桓玄之乱爆发，东晋王朝被暂时推翻，刘裕起兵反攻桓玄，南朝政局发生较大动荡。处于东晋北部边疆的北青州、兖州等地发生动乱，支持桓玄的北青州刺史刘该举兵造反，遣使勾连北魏，引其入寇。清河、阳平（今河北大名）二郡太守孙全聚众响应，兖州刺史辛禺假称引兵平定刘该叛乱，到达淮阴（今江苏淮阴）后也一同反水。辛禺的长史羊穆之不愿造反，杀了辛禺，驻军彭城。东晋朝廷擢（zhuó）升羊穆之为宁朔将军，令其率众继续北进平叛。

当时的北青州区域，位于北魏、南燕、东晋三国交界处，刘该反晋没有引距离更近的南燕为援，而是与北魏勾结，很明显是看中了北魏更强大的战斗力。

拓跋珪遣豫州刺史索度真、大将军斛斯兰率军接应刘该，进攻相县（今安徽淮北相山区）。晋军没料到北魏军来得这么快，钜（jù）鹿太守贺申应对不力，被北魏军生俘。北魏军进围驻军于彭城的羊穆之所部。羊穆之所部兵力较少，对付北魏骑兵甚感吃力，遣使向刘裕求援，刘裕派其弟刘道怜率军北上救援。

五胡十六国时代，东晋与北方胡人军队多有交战，总的来说情况尚好，南北各有胜负。东晋军队挟西晋的余威，将士又多是中原人，对胡人军队并没有太多畏惧之心。所以石勒、石虎、苻坚等部虽能深入两淮，东晋军队也能反推到黄河一线，收复洛阳，与北军打得不分轩轾（zhì），并不是后来宋魏大战时的全面落下风。

刘道怜北进至陵栅，与叛军孙全所部交战，一战斩杀孙全，又进至彭城，与羊穆之会合。北魏军大概是初次与东晋军交战，摸不清实底，未经大规模交战，索度真、斛斯兰便引兵急退。刘道怜以步兵猛追，进至相城再度大战，刘该叛军被击溃，本人被当场斩杀。北魏军也被打得毫无还手之力，据《宋书·长沙王道怜传》记载，北魏军被杀及跳河而死者无数，几乎全军覆没。

索度真、斛斯兰在北魏是无名之辈，仗打成这样，无法代表北魏军的真正实力。从战前部署来看，北魏军大将长孙肥虽是南进总指挥，但他并没有出战，索度真、斛斯兰进攻淮北，也不像是处心积虑到南朝抢夺土地，更像是受东晋叛将招诱而被动做出的接应行动。再加上北魏对东晋军队的作战特点一无所知，遇到的对手是东晋当时数一数二的硬手刘道怜，又是深入地理不熟的山东作战，失败在所难免。

事实上，拓跋珪在山东、中原真正的敌人，是偏居山东一隅的南燕。慕容德虽然志向不大，但低调务实，把青州数郡打理得井井有条，也不妄自兴兵起衅，倚仗山河之固，实力不容小觑。

燕、魏两家有尸山血海、破国灭家之仇，慕容德一旦在山东扎深了根，异日向西进攻，与北魏争夺中原，并非不可能。特别是淮北一战，慕容德居然能忍住仇恨，没有乘机从山东出兵半路抄袭魏军后路，而是泰然安处，坐观晋魏之争，此子看来颇得慕容垂遗风，这是拓跋珪要真正提防的。

闪击淮北只不过是一场意外的遭遇战，魏晋双方都没有出全力，真正见成色的战争，还在后面。

北魏进犯河南

从北魏的战略利益看，迅速发起对南燕的征服战争是最迫切的任务。北魏毕竟是新生国家，虽然全据后燕河北之地，人口、地盘迅速扩大，但实力在连年征战中损耗也很大，不足以再发起规模庞大的灭国战争。拓跋珪数年间都把精力用到整顿内部、消化占领地上。

永兴元年（409 年）十月，北魏意外爆发宫廷政变，导致北魏对外战争再度停止。道武帝拓跋珪在立储制度上制定了一个残忍的规矩：凡被立为太子者，其生母必须处死，即历史上臭名昭著的子贵母死制度。这倒不是拓跋珪灵机一动随意发明的，其根源在于拓跋部历史上屡屡被外家牵制的历史渊源。特别是拓跋珪少年时受过贺兰部的迫害，征服贺兰部后，拓跋珪实施了部落离散政策，不断削弱贺兰部势力，但该部弱而不散，依旧维持着相当实力，对拓跋部和北魏帝室构成了一定威胁。

拓跋珪为防止后族干政，决定效法汉武帝当年立昭帝而杀其母钩弋夫人的故事，立太子拓跋嗣前，将其母刘贵人赐死。拓跋嗣无法接受这一事实，整日哭泣，后来干脆躲了出去。拓跋珪大怒，要舍长立幼，立次子清河王拓跋绍为太子，这样一来拓跋绍的母亲贺氏也要被赐死。贺氏急召拓跋绍入宫相救，结果爆发了兵变，拓跋绍率众冲入宫中，杀了拓跋珪。可怜一代开国雄主，居然横遭不测，死于自己亲儿子之手，年仅三十九岁。

拓跋嗣闻变潜回京城，以嫡长子的身份号召军民平叛捕逆，在开国功臣北新侯安同的支持下，策动京师禁卫军逮捕并迅速杀死拓跋绍母子及其党羽十余人。拓跋嗣在群臣拥护下即位，这就是北魏明元帝。

明元帝跟他父亲比起来，军事水平显然要低一个档次。其即位之初，周围的军事形势很复杂：北方的柔然屡击而不死，在其兼并高车、威逼库莫奚等部族之后，竟然有复兴的趋势，对北魏北方构成极大威胁；西方的后秦国力渐衰，基本不足为惧，但姚兴扶植的赫连勃勃却在关中北部渐渐崛起；更远的西方，在河西及西域还有诸凉政权；东北方的北燕、东南方的南燕，国力虽不强，但一直处于敌对状态；南方与东晋接壤，刘裕取得大权之后，屡屡表现出要北侵的姿态。强邻环伺，任何一个方向都不敢轻启战端，因此明元帝基本上采取守势，没有发动什么战争。

但随着义熙六年（410 年）刘裕北伐消灭南燕，不断向黄河流域拓展疆土，北魏南部的国防形势骤然紧张起来。义熙十二年（416 年），刘裕亲率大军数路并进，矛头直指发生内乱的后秦。其中刘裕亲自率领的水军自淮泗入黄河，向北魏提出借道西进，这引起北魏朝野的极大恐慌。

刘裕的能力毋庸置疑，是东晋百余年来毫无争议的第一人。北魏君臣害怕到无法揣测刘裕的真实意图，许多人认为："刘裕没有道理舍近求远不打河北而打关中，难道他不怕我朝在河南截断其归路?或许其真正意图是假道伐虢，挥师北进袭击河北。"唯有名臣崔浩反对过早与东晋兵戎相见。

明元帝最终听取了大部分人的意见，盲目出兵，在畔城（今山东聊城西）与晋军大战一场，结果被刘裕以却月阵痛击。（此战将在刘裕北伐专章叙述，此处暂不多论。）魏军失利后收缩兵力，按照崔浩的意见以防守为主。

后来刘裕灭后秦虎头蛇尾，因为急于返回建康篡位，被赫连勃勃进袭关中，北伐成果沦丧殆尽。东晋、刘宋易代后，还没等巩固黄河流域的国防形势，刘裕于永初三年（北魏泰常七年，422 年）五月便病亡，明元帝乘机发动了对黄河沿线的进攻。

发兵进攻之前，明元帝举行朝议商量大计。大臣崔浩竭力反对趁刘宋国丧之际南征，理由是于礼不合。明元帝大怒，质问崔浩为何当年刘裕可以趁后秦姚兴国丧之际北伐，崔浩强辩说当年姚氏二子相争，是北伐的时机。这种辩解显然是苍白无力的，刘宋其实也有义符、义隆之争。

不少史家认为，崔浩这样说大概是民族感情起主导作用，他不忍让鲜卑人进攻汉人正朔所在的南朝。其实这种说法没什么价值。如果真有这层原因，当年刘裕西攻后秦时，他断然不会劝明元帝放刘裕西进，而后兴兵塞其归路。崔浩之所以阻止南征，大概与当年王猛临终前告诫苻坚不要贸然伐晋一样，对南朝整体实力还有一定忌惮，担心全面开战打成消耗战，以贫瘠的北魏与富庶的南朝相抗，长远来看没有什么好处。

明元帝铁了心要南征，对崔浩的建议做了冷处理。泰常七年十月，明元帝亲率大军南进至方城（今河北固安县），命诸军渡黄河对刘宋沿河的重镇滑台、虎牢（今河南荥阳）、洛阳等城发起攻击。

崔浩虽然反对南征，但大军发动之后，他也没有再执意反对，而是积极为明元帝出谋划策。他建议明元帝先不要攻城，而应该发挥骑兵优势，四处攻掠、占领淮河以北的广大区域，沿淮河设置州镇，把滑台、虎牢等要塞隔绝于后，使其不攻自破。

明元帝又不听从，命大将奚斤、公孙表率步骑两万余人，于滑台石济津（今河南延津东北）渡黄河后，围攻滑台城。

刘宋滑台守将王景度迅速遣使搬兵，其上司司州刺史毛德祖一面加强虎牢关的防守，一面派司马翟广、上党太守刘谈之率三千人增援滑台城，又让弘农（今河南灵宝）太守窦应明、建武将军窦霸率水军七百余人沿黄河水道入援滑台。见敌方援军到达滑台城下，北魏军暂避其锋，将大营移至滑台城东二里，大造进攻器具围攻城池。翟广挑选军中八十余名壮士，让宁远将军刘芳之率队，突破北魏军包围圈杀到城中，告知诸路援军正在靠拢，守军胆气为之一振。

奚斤指挥大军围攻滑台，守军激烈抵抗，久攻不克。攻城一向不是北魏军队的强项，奚斤见战事胶着，心里没底，怕宋军诸路援军会集，于是请示明元帝将大军撤回。明元帝坚决不从，大骂他们不听崔浩的意见先掠地后攻城，再率大军进至中山，坚持命令前锋继续想办法进攻。

此时原东晋亡臣司马楚之逃亡于陈留县一带，不断给宋军制造麻烦。奚斤见有机可乘，便命滑稽率军急进至陈留一带，抄掠宋军后路，攻陷了仓垣城（今河南开封市东北），将刘宋从建康台城远道送来的补给物资全部截获。这么一来，滑台便真如崔浩事前所料，成了隔在敌后的孤城。

滑台的攻守战仍在继续，其东北角城垣终于被攻破。守将王景度见无法坚守，率众出城南逃，其部下司马阳瓒（zàn）继续坚守，被突入城中的魏军擒杀，滑台失陷。宋将窦应明等人虽于水路击破魏军辎重兵，但也无法改变滑台陷落的事实，诸军相继南奔。

魏军攻城打得艰难，一旦到了野外，便是予取予求。奚斤指挥兵马全力追击，将刘宋援军翟广、刘谈之等部全部歼灭，诸宋将仅以身免。

自刘裕北伐以来，南朝疆域空前扩大。即使关中败退，南朝仍控制着西至潼关、北界黄河、东极青齐的广大区域。南朝兵力本来不多，东晋历年北伐，能够调发的军队通常都是数万人规模。取得河南、山东等地，南朝没有足够的兵力派到北方边境守备。滑台之战打响后，兵力短缺的劣势立刻暴露出来，根本无力应对北魏大军的围攻。这是南朝人力资源不足导致的，也是东晋百余年与五胡沿淮对抗的基本形势，刘宋勉强推进至黄河沿线实属超水平发挥，面对实力强大的北魏军，失利是正常的，也将是后来几十年的常态。

激战虎牢关

奚斤大军攻陷滑台后，立即向西南前进，目标直指黄河沿线另一座重要枢纽——虎牢关。

据守虎牢关的是宋司州刺史毛德祖。毛德祖，荥阳人，早年南下投奔刘裕，参与了平定孙恩、卢循起义，北伐后秦等战争，是刘裕部下一名能征惯战的大将。此时他率领一万多不到两万的兵力——在刘宋北疆诸州中，这个规模已经相当庞大了。

北魏吸取了滑台之战单一攻城导致时间拖长的教训，没有着急组织攻城，而是继续执行掠地战略，让名将于栗磾（dī）率三千人自河内出发，首先进攻洛阳的金墉城（今河南洛阳市东北汉魏故城西北隅），试图从西面建立一条战线，对虎牢关构成两面包围。毛德祖也不是好对付的，立即调动洛阳周边河阴（今河南省孟津县）、缑氏（治今河南洛阳市东北汉魏故城，缑音gōu）、巩县（今河南省巩义市）及洛阳四个县的县令，率各自守军会集于洛阳，共同抵抗魏军，又调两百骑兵在洛阳黄河沿线机动。但尴尬的是，宋军的实力实现不了毛德祖的安排，四县合兵，总兵力也就两千余人，虽然初战击败于栗磾，但奚斤随即向洛阳增援了五千人，宋军不敌，被击溃。泰常八年（景平元年，423 年）正月，刘宋河南太守、洛阳防守主将王涓之放弃金墉城，洛阳失陷。

趁奚斤分兵增援洛阳，毛德祖率兵出城反击，屡屡击败魏军。明元帝担心前线兵力不足，亲率大军前进至邺城，以壮虎牢前线声势。破洛阳后，诸军回到虎牢关下。毛德祖也不惧怕，在城内挖了地道，深入地下七丈，挖到城外分为六道，绕到魏军阵后，选敢死之士出地道发动突袭。魏军没料到还有这种战法，仓促之间无法抵挡，被斩杀数百人，攻城器械也被宋军破坏。

明元帝自邺城继续向虎牢关增兵，奚斤虽然屡屡被毛德祖击退，但兵力上有保障，每次短暂撤退都能卷土重来。他还行有余力地分兵扫荡颍川（今河南许昌）、许昌等地，不断破坏宋军在河南诸州郡的整体防御。对方的这招釜底抽薪，虽然让毛德祖意识到问题的严重性，但苦于兵力不足，他无法抽身反击，只好拼命攻击城下的魏军。

魏将公孙表留守城下，毛德祖率军开城进攻，双方从早上战至傍晚，宋军才杀魏军数百人——可见宋军野战破敌的能力着实有限。奚斤恰好从许昌赶回，立即投入战斗。毛德祖没料到敌军主力回来得这么快，留的后手不足，被魏军击败，损失精兵一千余人。宋军数量本就不多，此役损失如此重大，基本丧失了主动出击的能力。

魏军并州方面的援兵到达城下，在奚斤的指挥下，把重点转向破坏虎牢关的防御设施，填平了城墙外的两道堑壕。毛德祖发兵进行反制，但杀伤力有限，并且己方伤亡逐渐增多。

魏明元帝没料到虎牢关这么难打，率主力渡河南下，亲自到虎牢关下督战。皇帝亲临虽然鼓舞了魏军士气，然而攻城仍然迟迟没能取得进展，明元帝不敢在险地久停，留下三千人马，率领大军返回洛阳，并从那里北返。

魏军围城两百余日，几乎无日不战。城内毛德祖得不到任何兵力补充，虽仍能维持城防不破，然而战死的士卒越来越多，剩下的士卒不敢出城，只在城内坚守抵抗。

奚斤令魏军造出巨大的冲车，用巨木撞击虎牢外城，毛德祖便在城内又筑起四道城墙。魏军人多力量大，接连撞毁三道城墙，毛德祖率残兵据守最后一道城墙，仍然誓死不降。将士们不眠不休昼夜死战，许多人的眼睛都生了疮，他们深受毛德祖的恩德，坚持不退，表现出可贵的民族气节。

奚斤苦战良久不能得手，探知城内只剩一口水井，便命人挖地道打通这口井，使井水泄出。由于魏军是从城外开挖，井下又深达四十丈，毛德祖无计反制，只能眼睁睁地看着井水泄完。水源一断，生存便不能维持了。

景平元年四月，毛德祖麾下将士战至最后时刻，人跟马都渴得无法再战，战斗中被杀伤的甚至连血都流不出来了。奚斤命诸军发起最后总攻，虎牢关破防，毛德祖率领的数千残兵大部分被歼灭，唯有上党太守刘谈之、参军范道基率两百人溃围南逃。最后时刻，将士们本欲掩护毛德祖逃走，但毛德祖大义凛然地说："我与虎牢关共存亡，绝不能失城而存身！"结果被魏军生擒。明元帝钦佩他的忠节，曾下令城破之日不得伤害毛德祖，毛德祖得以幸存。

在滑台、虎牢关、洛阳三镇激战时，魏军一部渡过黄河进攻青齐诸州。宋将竺夔（zhú kuí）誓死抵抗，加上刘宋名将檀道济、王仲德火速增援，终于击退魏军，保住了山东诸州郡。

总体而言，明元帝发动的这场进攻刘宋的战争，基本达到了试探虚实、击破刘宋防线、开启向南掠地序幕的目的。刘宋兵力不足、防线稀松、前线经营不得力等问题都暴露出来，双方之优劣高下，其实已经明了。

北魏道武、明元二帝两代，军事水平固然有高下，但都保持了向外扩张的态势，特别是明元帝，自身并不太懂军事，也持续保持了扩张的基调。这是北魏王朝能够不断取得对外胜利的基础，也是其子太武帝拓跋焘统一北方、取得对刘宋压倒性胜利的根源所在。

柔然的源起

柔然兴起于四世纪下半叶，是继匈奴西迁、鲜卑南迁之后称霸漠北的强盛部族。北魏于登国元年立国，与此同时，柔然部族也在积蓄力量，至天兴五年形成汗国，从此与北魏的战争连绵不断。北魏初代君主都是好战之君，双方的对抗史不绝书。

柔然的最早活动记录，大概在拓跋鲜卑神元力微时代。约在西晋统一全国之前，拓跋鲜卑虏斥漠北部落，掠得一个少年奴隶，头发刚刚齐眉，拓跋族人见他生得盛壮，便命名为木骨闾，鲜卑语的意思是"秃头"。事实上，秃头之状，绝非这个奴隶自己不长头发，而是拓跋族实施的髡刑（一种剃去罪人毛发的羞辱刑，髡音 kūn），以标记奴隶身份。

木骨闾长大后理解了这个名号的侮辱性含义，于是改称与之发音相近的郁久闾，这个姓氏后来成了柔然人的族姓。到拓跋猗卢时代，郁久闾的奴隶身份被豁免，充任拓跋鲜卑的骑兵，某次因为耽误了出兵之期获罪，郁久闾逃亡到大漠深处，聚集了数百个同样获罪潜逃的族人，逐渐形成了自己的部落。

郁久闾死后，其子车鹿会雄健过人，部落发展壮大起来，成为一个单独的部族，自号柔然。弱小的柔然部落像大漠其他部落一样，依附于强大的拓跋代国，每年向拓跋鲜卑进贡牛马、貂豽（nà）皮等物产。拓跋鲜卑一向非常歧视大漠诸族，后来魏太武帝认为柔然野蛮没有文化，状类于虫，改其名号为"蠕蠕"。

拓跋鲜卑南迁漠南，在代北建立代国，基本上让出了大漠以北的控制权。柔然不受拓跋鲜卑控制后，部落发展得非常快，自由地生活在大漠。冬季他们迁徙到漠南，夏天则又迁回漠北。

车鹿会死后，部落首领传了四代。大概由于部落繁茂、人丁众多，分裂为两个大的部落，分别由车鹿会的子孙匹候跋、缊纥提掌管，大哥匹候跋在东边柔然本部，二弟缊纥提在西部。

代国被前秦灭亡后，独孤部和匈奴铁弗部控制了代国故地，柔然人不再臣服于拓跋鲜卑，缊纥提部倒向了铁弗刘卫辰。铁弗部与拓跋鲜卑是万世宿敌，缊纥提的这一举动，埋下了拓跋鲜卑与柔然百余年仇恨的种子，从此再也没有化解开。

拓跋珪建国后好勇斗狠，对漠北漠南诸族一直奉行武力打击政策。柔然人与铁弗部沆瀣一气，更是被拓跋珪列为重点打击对象。

北魏登国六年，道武帝拓跋珪发动了对柔然有史以来规模最大的一次攻击。拓跋珪亲率主力，长孙肥、长孙嵩等大将随军征战。

魏军的作战目标是扫荡高车、柔然等漠北部族。高车在前些年已经被魏军收拾过几次，在强大的军事压力下向道武帝示弱投降。柔然却始终强硬地对抗北魏，让拓跋珪更加痛恨，打击力度也尤其强烈。

柔然实力弱于北魏，闻知拓跋珪亲征，整个部落仓皇向漠北逃去，魏军穷追五六百里也没赶上。拓跋珪的左长史张衮建议："柔然人已经逃远，我军粮尽，不宜继续深入大漠追击。"拓跋珪召集诸部将帅询问："如果我们杀了副马当军粮，能再支撑三天吗？"诸将帅都说能，拓跋珪便下令杀马充粮。

副马是骑兵远道奔袭的力量之基，拓跋珪竟然不计后果地要把副马当粮食吃了，可见其决心之大。魏军继续向北追袭，不到三天，果然在大漠深处的南床山（今蒙古国南部诺木冈山）追上了柔然东部匹候跋的部落。军民混杂的柔然人没料到魏军来得这么快，一时间组织不起抵抗，半个部落的人马被魏军俘虏。

匹候跋和其部帅屋击各自收集败残部落继续北逃，拓跋珪见胜势已定，大军不再全部向北追击，而是派遣大将长孙嵩和长孙肥率轻骑继续前进，长孙嵩在平望川（其地不详，当在蒙古国境内）追上屋击，消灭屋击部落，斩杀屋击。长孙肥则在涿邪山（今蒙古国古尔班赛汗山）追上了匹候跋，逼降其余众。

当时缊纥提的部众也一起北逃，缊纥提的儿子曷多汗、诘归之、社仑、斛律等人被俘虏，缊纥提不愿投降，率其余众西逃。魏军迅猛追击，抓获缊纥提的部众，并将柔然部落全部强行迁徙到云中。

拓跋珪出于分化离解柔然与铁弗部关系的原因，不仅对缊纥提与铁弗勾结之事既往不咎，反而抚慰有加。但缊纥提部落上下终究内不自安，没多久，缊纥提的几个儿子率众逃脱。拓跋珪闻讯大怒，派长孙肥以轻骑追击。长孙肥在跋那山（在今内蒙古乌拉特前旗东南）追上，斩杀曷多汗，并屠杀其部众。

曷多汗的弟弟社仑率残部转而投奔大伯匹候跋。匹候跋屡遭打击，虽然心里不服，但表面上不敢再兴风作浪，潜身缩首地苟延日月，社仑对伯父这种态度非常不满。匹候跋也担心性如烈火的侄子再生是非，于是分出一部分部落到大漠西南让社仑掌管，实际上是把他发配到极远之地，让他无法扩大力量。为防万一，匹候跋还派了四个儿子到社仑部落中监视。

社仑性格极为强硬，不愿仰人鼻息，于是抓了四个堂兄弟，起兵袭杀匹候跋。匹候跋的儿子启拔、吴颉等十五人投奔北魏，泣告内乱，道武帝拓跋珪乐见柔然人自相残杀，便顺水推舟命启拔、吴颉为将，率兵平定叛乱。社仑惧怕北魏大军的威势，在五原大肆抢掠一番后，率其部落逃到漠北，从此天高皇帝远，开创了自己的汗国。

社仑不仅强硬，在长期的斗争中，锻炼得富有权略和计谋，眼界也异常开阔，一改历代柔然首领只知掳掠生息的低层次循环，开始有计划、有步骤地发展力量。他先是趁高车部落屡被北魏打击，发兵击溃高车余部，兼并了许多力量弱小的部落，逐渐扩大本部实力，随后又继续向北迁徙，避开漠南北魏的威胁，扩大生存空间。

随着实力扩大、部族人口增多，社仑开始模仿北魏建立法度。他规定：千人为军，每军置将一人；百人为幢，每幢置帅一人；作战时率先冲入敌阵并有斩获的，所有缴获的财物都归其所有，退后者则以石头击首杀之，或于阵前当场捶打惩罚。柔然人没有文字，不会记数，便以羊屎球记录兵员数量，后来发展为刻木记数。这种原始记录方式，标志着社仑在与北魏的接触中，认识到有效控制部落人力的重要性，开始摆脱以往落后的自发式、无组织控制的状态，有序、有力地建设部众力量。

这时候，北魏正逢与后燕交恶，双方兵戎相见，无力顾及漠北的柔然。社仑敏锐地抓住这个时机，也不主动南下招惹北魏，而是向东西两翼发展势力。柔然人在这一时期主动向西发展，击溃了大漠西部的匈奴余部，进一步向河西发展，控制了河西走廊。柔然人与远走西域的丁零、铁勒发生接触，交流手段以战争为主，经济为辅，其极西之地甚至到了焉耆国故地，西域诸小国对这个空前强大的漠北部族感到陌生而恐惧，在强大的军事压力之下不得不向柔然进贡、臣服。

柔然实力空前扩张，其核心部落区从漠北转移到河西，常居于敦煌、张掖之北。社仑遂于北魏天兴五年自称丘豆伐可汗。

道武帝闻讯，不无遗憾地对崔玄伯（时任北魏尚书）说："当年柔然人野蛮无知，行军打仗都没摆脱游牧生产的旧习，所以每次都被我们击败。现在社仑居然模仿我们立法度、建军队，成了北边的大患。道家言'圣人生、大盗起'，果然很准。"

道武帝言下之意是把自己比作当时的圣人，自吹之余，以没能犁庭扫穴以致社仑死灰复燃为一大憾事。

柔然南犯

柔然与北魏的关系比较特殊。两者族源相近，崛起的时间也大致相似。但北魏由于地处漠南代北，与中原诸国有更多更密切的接触。后燕灭亡之后北魏入主河北河东，迅速融入中原农耕文明，大量汉人加入北魏政权，使其进化发展更为迅速，国力也空前提高。

柔然在社仑可汗的带领下，也对中原农耕文明表现出极大的好奇与仰慕，但受北魏阻隔，一直未能如愿。北魏与后秦为敌，社仑便与后秦结盟、通婚，通过汉化程度较深的后秦了解中原文化。后秦与北魏在领土上存在直接矛盾，柴壁之战鲜明地体现了北魏对关中政权的态度。柔然不仅与后秦交好，还趁北魏在南线作战时不断出兵侵扰北魏边境，激化了柔然与北魏的矛盾。

双方的生存方式也存在着根本冲突。北魏虽然进入中原，但政治、经济中心一直在代北，畜牧业始终是北魏经济重心之一。柔然人居于大漠之北，对草原的需求不亚于北魏，双方每每发生战争，抢掠人口、牲畜都是主要手段。

道武帝拓跋珪去世后，明元帝拓跋嗣在位期间，主要精力用于对付南方，对柔然只是被动防御，其间只有过一次规模不大的主动出击，没能有效改善柔然主攻、北魏主防的局面。

社仑死后，斛律、步鹿真相继成为可汗，后来社仑的堂弟大檀崛起，发兵杀了步鹿真自立为汗，号牟汗纥升盖可汗，鲜卑语意为"制胜"。大檀比之开国可汗社仑不遑多让，为人机智敏锐且富有胆略，在他的治理下，柔然的发展又向前推进了一步，对北魏的威胁也越来越大。

魏明元帝忌惮大檀新立，发兵北击柔然，大檀率部北走，引诱魏军追击。北魏大将奚斤率众深入大漠，结果天气突然转冷，大漠上飘起雨雪，魏军士兵准备不足，冻死冻伤者达十之二三。一场大战被草原上无情的天气化解了。

魏明元帝去世后，太武帝以十六岁之龄即位。大檀闻讯大喜，认为北魏主少国疑，正是南侵的大好时机。

始光元年（424年）八月，秋高马肥，大檀可汗率其部众穿越大漠，来到漠南，肆无忌惮地在北魏国境之北游牧。大檀亲率六万骑兵攻入云中（今内蒙古和林格尔县西北土城子），乘虚攻陷拓跋鲜卑的起家之地盛乐，杀掠北魏官吏百姓。

太武帝年少气盛，在当太子时就对柔然屡屡南犯掠夺耿耿于怀。此时柔然人胆敢在盛乐猖狂，太武帝视其为奇耻大辱，亲率大军出击，三天两夜便从平城赶到盛乐。然而此时的太武帝毕竟还太年轻，出军征战准备不足，又憋着一口恶气前来，难免仓促草率。

大檀以逸待劳，趁魏军新至立足未稳，率骑兵迅速包围了魏太武帝。柔然骑兵一拨又一拨地攻至魏太武帝马前，将魏军围得密不透风，魏军士卒无不大惧。魏太武帝镇定自若，指挥大军奋力抵抗。

北魏和柔然的军队都以骑兵为主体，战斗力没有明显的高下之分。魏太武帝稳住了局面，柔然军队无计可施，双方陷入僵持。激战中，大檀的亲侄子于涉斤被魏军射死。于涉斤是柔然军中大将，他的阵亡极大地影响了柔然军士气，大檀见局面不利，收兵退还。

魏太武帝无力追击，便也引兵撤回平城。始光二年（425年）十月，魏军再发大军北上，企图一雪盛乐被攻陷、皇帝被包围的耻辱。北魏在战前做了扎实的准备。太武帝亲自在平城西郊校阅大军，集结兵力，令全国每十家献牛一头，向漠南边境运送军粮。

魏军分为东西五道分头前进。其中平阳王长孙翰等出黑漠，汝阴公长孙道生出白黑两漠间［长川（今内蒙古兴和县西北）有白、黑两漠，黑在东，白在西］，太武帝的主力居中，东平公娥清出栗园（今内蒙古呼和浩特市境内），宜城王奚斤、将军安原等西道出尔寒山（今内蒙古包头市西北、乌拉特前旗东之乌拉山）。诸军杀到漠南，放下辎重，携带十五日的粮草，轻骑向大漠深处发动急袭。大檀没料到魏军来得这么快，惊骇之下仓皇北逃。

柔然人跑得非常快，魏军携粮有限无法再追，在柔然部落抢掠一番，收其畜产后班师。大檀在漠北休养生息数年，见北魏没有再发动大规模进攻，于北魏神䴥元年（䴥音jiā，428年）再次派其子率万余骑兵入塞侵扰，北魏边境守军反击，柔然人迅速退还。

一直这样你来我往，显然不利于北疆的安全。神䴥二年（429年），太武帝组织朝议，关于是否应该调集主力进攻柔然，北魏朝臣产生了激烈的争论。

北魏的国防形势不是很好：南面刘宋一直盯着河南之地，北伐的意图越来越明显；宋文帝刘义隆公然对北魏叫板，要求速速归还河南的土地，否则将出兵攻讨；西方赫连夏敌意突出，也是劲敌；北面柔然与北燕相互勾连，与北魏都是敌对关系。因此不少人认为应先易后难，先打辽东一隅的北燕，再集中力量打柔然。

尚书令刘洁是反对派的代表，屡屡劝阻太武帝不要贸然动兵。保太后窦氏也出面劝止北击柔然之事。窦氏是太武帝的乳母，当年明元帝立嗣时沿用子贵母死之制，赐死了太武帝的生母杜氏，窦氏便承担起抚育幼年拓跋焘的重任。拓跋焘与窦氏感情非常深厚，待其犹如生母，即位后便尊窦氏为保太后。这样一个有分量的人出言劝阻，太武帝的决心开始动摇了。

唯一支持北击柔然的，只有汉臣崔浩。崔浩对太武帝分析说："当下南北两寇同时为害，如果不先解除柔然的威胁，便无法专心对付宋人。客观来看，宋人的进攻目标有限，他们只是想要回河南之地，河北自古以来便与宋人没关系，谅他们也不敢过河北犯。柔然则敌意不改，与我朝在根本利益上有冲突，一旦魏军主力南下，柔然必然会乘机入塞侵扰。而且柔然骑兵速度极快，前些年直接打到盛乐，现在更有可能直接打到京师平城。柔然人自以为他们有大漠作为屏障，我军无法重创或真正消灭他们，如今正好反其道而行之，先暂时不顾河南之敌，出敌不意地北击大漠，必能一举消灭柔然主力。"

太武帝对崔浩之议击节叫好，朝中反对出兵者继续阻挠，太武帝便让崔浩与他们当面论理。尚书令刘洁把太史令张渊、徐辩推到前台，借天星、术数问难崔浩。两人声称："目前正值己巳之岁，岁星袭月（木星掠过月亮，古人以为不吉、大凶），太白在西方（太白即金星，太白主吉，在西方则主西方吉，代指西北的柔然占据天时），不能举兵北伐，若北伐则必败，就算侥幸违背天意，也会对皇帝不利。"

张渊、徐辩等人早年在前秦劝阻苻坚南征东晋，理由也是天象不利，北魏群臣引述这段典故，企图使太武帝知难而退。谁知崔浩也引用天象说："历年来观测天象，月亮运行掩过昴（mǎo）宿，至今仍然如此。按照你们太史官占天的理论，昴宿又称旄（máo），意味着三年内天子将大破旄头之国。柔然、高车就是旄头之国，陛下此时出兵，正是大吉大利。"

崔浩思维敏捷，说话论理富有逻辑，以人之矛攻人之盾，张渊、徐辩无话可答。太武帝见朝议平息，终于下定决心，先北后南，集中力量攻打柔然。

太武帝北伐

神䴥二年四月，太武帝兵分两路，亲率主力从东路出发，直指黑山（今内蒙古巴林右旗北罕山），平阳王长孙翰率军出西路，直指大娥山（今地不详）。

五月，魏军进至漠南，太武帝又用上了他的经典战术：留下大军辎重，率轻骑发动急袭。这一招太武帝在统一北方的战争中屡屡使用，包括两次袭击大夏首都统万城（今陕西靖边县北白城子），都是丢弃辎重，纯以轻骑兵千里奔袭。素以用兵艺术高超著称的道武帝拓跋珪都不敢轻易使用这种战法，太武帝能够青出于蓝，着实不易。

轻兵奇袭收到了立竿见影的效果，柔然人没做防备，草原上的部落散布在各处悠然放牧，兵员也没有集中——柔然人虽然建立了基本的军队制度，但规范程度远不如北魏，历次作战中都没有看出柔然人建立了稳定、成型的军队，柔然的军队制度大概还处于寓兵于民、全民皆兵的状态。

大檀闻讯大惧，来不及聚集兵力，率其部众慌忙向西逃窜。大檀的弟弟匹黎先掌管东面部落，率众投奔大檀，半路遭遇了魏军西路长孙翰，一场大战，柔然人损失惨重，其诸部大人被杀数百。

大檀跑得实在太快，魏军侦察兵也不知其逃向何方。太武帝便放慢了速度，让大军在大漠四处掳掠柔然余众，"东西扫荡五千余里，南北三千余里"。《魏书》和《资治通鉴》中用的这个数字，大概是虚指，短短数月时间，北魏军队怎能走遍如此广大的区域？

　　失去可汗领导的柔然部落任北魏大军宰割，投降、被俘者多达三十余万落（"落"大概与汉地的"户"相当），缴获戎马百余万匹，其余牛羊、车庐遍布山泽，数以百万计，北魏大军赚了个盆满钵满。柔然汗国经此一役，丧失了核心地域的部众，元气大伤。

　　太武帝还想派兵四处搜剿，企图抓获大檀可汗。但魏军诸将虏获大批人口、畜产、财物，不愿再深入极西贫瘠之地吃苦受累，纷纷劝太武帝不要再作徒劳之征，应该见好就收，万一柔然人在深山之中设下伏兵，那就前功尽弃了。

　　太武帝架不住众将一起劝阻，便于当年七月收兵退还平城。太武帝信任的道士寇谦之出征前问崔浩对战争结局的态度，崔浩回答说："进攻柔然必然大获全胜，但恐怕诸将不愿深入大漠，大概不能收获全功。"言下之意是魏军无法彻底消灭大檀。寇谦之把这话告诉太武帝，想劝他再奋余勇，试着追击一下。太武帝被众将的话迷惑，没听寇谦之的。

　　后来魏军俘虏的柔然降者说："大檀可汗早前得了病，闻知太武帝亲征，又忧又惧，无计可施，他连马都不能骑，躺在车上遁入山中，距离魏军只有一百八十多里。"后来又有凉州胡人商贾说："大檀与魏军近在咫尺，如果魏军继续进攻两天，大檀必然被擒获。"太武帝得知后懊悔不已。

　　大檀经此一役再难振作，羞愤交加而死。其子吴提即位，是为敕连可汗。敕连可汗畏惧北魏声威，主动提出与北魏和亲。

　　柔然此时虽在漠北被重创，但在河西及西域还保有相当实力，尤其还掌握了西北丝绸之路。北魏扫平漠北虽然行有余力，但要再向西进攻，一来赫连大夏的残余势力仍盘踞在关西、陇右；二来西北距离实在太过遥远，柔然又不是传统的城居之国，一打就散，无法彻底消灭。太武帝出于种种考虑，答应了柔然的和亲请求，娶了敕连可汗之妹，嫁西海公主给敕连可汗，双方进入了短暂的和平时期。

和亲历来只是战与和关系的点缀，柔然人散而不聚、极难除根的特点，决定其只要得到几年休养生息的时间，便能恢复人口（主要是收拢战败逃散的部落），增长畜产。敕连可汗低调恢复了几年，实力有所上升，便又产生了敌意。而此时的北魏仍在多面出击，把矛头对准了河西的北凉，吴提便打算借北魏主力西进之机入塞袭扰。

太武帝对柔然和北凉互有来往早有耳闻，因此出征之际对柔然也有所提防。太延五年（439 年）六月，魏军主力行至云中。在渡黄河之前，太武帝召集侍中兼中书监穆寿、司徒崔浩、尚书李顺等核心重臣，在密室商议留守策略，重点只有一个——留足后手防备柔然乘虚进犯。

太武帝的思路是，在漠南埋伏重兵，分别把守要害，若柔然人来犯，则诱敌深入，以精兵截其后路。

当时穆寿受命辅佐太子拓跋晃留守平城，总摄后方军政大权，故而太武帝反复叮嘱穆寿，让他一定听令行事，小心提防、小心应对。

穆寿是北魏开国功臣穆崇的孙子，娶了乐陵公主，年纪轻轻便身居高位，一步步升至中书监、南部尚书，深受太武帝信任。长期生活得顺风顺水，穆寿没有培养出什么眼界和见识，倒是养出了一派慵懒散漫的贵人心态，他根本没把太武帝的千叮咛万嘱咐放在心上。大军开拔后，穆寿又听信术士的鬼话，认为柔然人绝不敢来送死，便没有分布重兵守卫要害，北部边境防守十分松懈。

柔然可汗吴提闻知魏军西征，昔年国破父死之仇又涌上心头，遂率大军南下入塞，一口气打到善无（今山西右玉县），前锋候骑直至平城城下。魏军没有防备，顿时乱作一团，平城的达官贵人纷纷逃往中城以避柔然人的锋芒。穆寿傻眼了，完全不知道应该如何应对柔然人，便劝太子拓跋晃出奔南山。

保太后窦氏坚决反对弃城南逃，北魏开国元老长孙道生和大司农张黎指挥平城守军誓死抵抗。柔然人常年居于大漠，从未攻打过坚固的城池，一时间无法攻入城中。

太武帝出发前，在边境留了两万人马，以嵇（jī）敬、拓跋崇为首将负责防边，幸好还有这支部队，在关键时刻发挥了重要作用。柔然人入塞时也注意到了这支部队，吴提留下其兄乞列归率军与之缠斗。嵇敬、拓跋崇率军击败柔然军，生擒乞列归和大小将帅五百余人，斩首万余。柔然人迟迟没能攻克平城，又闻后军被歼灭，担心后路被断，便收军退还大漠。

太武帝消灭北凉后还军，对穆寿没有依令行事非常恼怒，但念在亲戚之情，加之损失也不是很大，便没有追究穆寿的罪过。

太武帝深知柔然人是死敌，绝不能任其在大漠草原发展壮大，于太平真君四年至太平真君十年（449年）又发动了五次北伐，除了第一次因准备不足损失较大外，其余几次要么因为柔然人北逃躲避决战，要么进军不力，连柔然大军的主力都没找到。

在此期间，吴提去世，其子吐贺真继承汗位。太武帝于太平真君十年发动最后一次北伐，志在必得。吐贺真倾其主力来战，一度将魏军东路主力拓跋那团团包围。后来魏军发动反击，吐贺真拿不下拓跋那，引军解围而去，拓跋那率军穷追，一口气追了九天九夜，吐贺真不敢与之交战，穿过穹隆岭（今蒙古国杭爱山额金达巴山口）逃向漠北。太武帝指挥大军掳掠柔然人的部民，再次获得人口、畜产百余万，重现当年击溃大檀的辉煌。柔然汗国经过这次重创，国力彻底衰弱，不复当年盛况。

此后北魏逐渐向南方发展力量，农耕经济成为主流经济形态，大漠草原的重要性急剧下降。因此太武帝之后的几任皇帝都不再把柔然视作主要威胁，没有兴趣发动得不偿失的大战，对柔然的军事动作，降格为修建坚固的城镇，阻滞柔然骑兵南下。北魏的北方边境得以拥有数十年的安宁。

然而事情远远没有结束，北魏北方边境以拱卫平城为重心的一系列军镇，也就是所谓的六镇，随着常驻军事力量不断增加，逐渐成为北魏新兴军事贵族的起家之地。伴随六镇产生的种种问题，居然一直影响了北魏近百年的政治军事局势，这是北魏皇族和柔然人都万万没有想到的。

两袭统万城

泰常八年，北魏攻取河南得胜后，明元帝大概是在虎牢关外染上瘟疫，回到平城后不久去世，太子拓跋焘即位，是为魏太武帝。太武帝为人雄武有韬略，继承祖父和父亲积极扩张的国策，刚即位就召集大臣商议对外扩张的先后顺序。

当时，南方是刘宋，北方则是北魏、北燕、柔然、大夏及河西诸凉并存，其中对北魏威胁最大的是柔然和大夏。长孙嵩、长孙翰、奚斤等人都主张先攻柔然，能击溃柔然主力最好，即使没能击溃，掠夺他们的牲口、部落，也能补充军实。

太常崔浩持反对意见，他认为柔然人来去如风，用兵少不能击灭，用兵多又追不上，事倍功半。赫连氏大夏疆域只有千余里，赫连氏为政暴虐不得人心，可以迅速攻灭。尚书刘洁、武京侯安原则建议先捡最弱的打，出兵灭掉北燕。

几种意见都有理由，太武帝一时拿不定主意。直到始光二年（胡夏承光元年）赫连勃勃去世，诸子因为争位大打出手，大夏国内内耗严重，太武帝见时机已到，决意伐夏。

赫连勃勃是匈奴铁弗部首领。拓跋珪复国后尽杀刘卫辰族人，唯有屈子——也就是后来的赫连勃勃逃走，托付于高车部族薛干氏部落。之后他归附后秦，被姚兴任命为将领，统铁弗余众为后秦戍守北方边境。

赫连勃勃的势力逐渐壮大，建立了大夏，连年与后秦开战，极大地消耗了后秦国力。刘裕北伐消灭后秦，赫连勃勃发兵南下，消灭了刘裕留守关中的军队，占领潼关以西的后秦领土。

赫连勃勃虽有军事天才，在治理国家方面却无过人之处。攻下长安之后，于情于理，赫连勃勃都应该将都城迁到关中。但他顾念朔方是铁弗部的起家之地，建都于统万城更符合部族利益，因而舍关中不去，仍以统万城为都城。

赫连勃勃对统万城的感情很深，他建元称帝时曾说："朕方统一天下，君临万邦，可以统万为名。"还命名四门东为招魏门，南为朝宋门，西为服凉门，北为平朔门，寄托了他试图混一天下的狂妄政治理想。群臣劝他迁都长安时，他认为长安虽有累世旧都之名，但离赫连氏的根本之地太远。北魏的都城平城与朔方一带距离很近，只有他亲自坐镇统万城，才能威慑魏军不渡过黄河来攻。这种想法只着眼于军事，却忽视了国家的长远建设，可见赫连勃勃终究只是个粗人。

赫连勃勃以武力起家，这种价值观也传递给了儿子们。长子赫连璝（guī）奉命镇守长安，赫连勃勃不喜欢这个儿子，准备将其废掉。赫连璝当年率兵征战关中，击败刘裕的留守军队，夺占长安，立下了汗马功劳。史书虽未明言赫连勃勃废赫连璝的原因，但根据当时的形势推断，大概是赫连璝以太子之尊久居长安，形成了独立的势力。从后来的交战情况看，赫连璝手下有近十万人马，而大夏全部兵力也就二十万左右，太子占了一半，这严重威胁到了赫连勃勃的权威。同时，太子久在外镇，储位必然不稳，何况赫连勃勃当时最喜欢的是另一个儿子赫连伦。多种因素交织，赫连勃勃与长子的矛盾便逐渐产生了。

赫连璝不甘心受制，便在长安发兵进攻统万城，以武力对抗赫连勃勃。赫连勃勃派赫连伦率兵镇压，双方战于高平，赫连伦不敌被杀。赫连勃勃又派第三子赫连昌出击，赫连昌率一万骑兵突袭，阵斩赫连璝，吞并其部众八万余人。赫连勃勃便立赫连昌为太子。

父子兄弟间大打出手，赫连勃勃非但没有反思自己在德行上的过错，反而鼓励暴力，起了非常坏的导向作用。承光元年，赫连勃勃病死，太子赫连昌即位。据《魏书》《北史》等史料记载，关中还发生了变乱，诸子相攻。大概是赫连昌德不服众，赫连勃勃的其他儿子（抑或是赫连璝留在关中的余部）发动了叛乱。

魏太武帝拓跋焘决定趁乱攻打大夏，消灭这个与自己拥有漫长国境线和根本利益冲突的野蛮国家。

　　始光三年（胡夏承光二年，426年）十月，太武帝亲率大军西征。大军到达君子津（在今内蒙古托克托县南河口镇附近）时，天气骤降，黄河结冰，太武帝认为机不可失，遂挑选两万精骑踏冰过河，向统万城发起急袭。

　　过河之后，魏军急速奔跑，只用了三四天时间便杀到统万城下。当时正值冬至，大概当时大夏也受到汉化的影响，视冬节为一年中最重要的节日，赫连昌正在大宴群臣庆贺冬节，因此放松了戒备。魏军杀至黑水河，距统万城三十余里。赫连昌惊慌失措，来不及进行有力的调度便直接率军出城迎战，企图一战击退魏军。

　　魏军有备而来，野战正是其所长，故而两军相交，赫连昌被击败，狼狈逃回统万城。败退时军心散乱，连城门都忘了关。魏将豆代田发现战机，率麾下将士拼死追入城中，纵火焚烧宫城西门，城中守军这才急忙关闭城门捉敌，豆代田率众翻墙逃出。

　　太武帝乘胜追至城下，夜宿于城北，次日分兵在统万城外四处掳掠，杀获数万，抢得牛、马十余万头。赫连昌经此一击，躲在城中，再也不敢出战，但这恰恰救了他。统万城坚固无比，即使拥有完备的技术手段、充足的攻城器械，以及经验丰富的步兵，想拿下这样一座坚城，也必然要付出极大的伤亡代价。太武帝带来的全是骑兵，野战冲锋不在话下，想进攻有大军驻守的坚城，难度堪比登天。于是太武帝对诸将说："现在还不是攻打统万城的时候，待来年春天，再与大家一同攻取它。"随后徙走数万大夏百姓，撤兵回本国。

　　在太武帝率军偷袭统万城之际，北魏大将奚斤率兵从河东进攻关中，逼近长安，赫连昌遣其弟平原公赫连定率两万兵马急赴长安，以解关中之危。

　　魏太武帝趁大夏南北不能兼顾之际，于始光四年（胡夏承光三年，427年）四月再发大军，以司徒长孙翰、廷尉长孙道生、宗正娥清等率三万骑兵为前锋，常山王拓跋素、太仆丘堆、将军拓跋太毗率三万步兵为后继，南阳王拓跋伏真、执金吾桓贷、将军姚黄眉（后秦遗臣，赫连氏的死敌）等率步兵三万携带攻城器械等待后续进发，另遣将军多罗率精骑三千前驱负责侦察和开路任务。

从这一部署看，太武帝吸取了上次袭击统万胜而不克的教训，重点准备了用以攻城的步兵，兵力占比达三分之二，可见其决心在于彻底拿下统万城，毁灭大夏国的统治中枢。

同年五月，北魏大军从君子津渡黄河，到达拔邻山。太武帝虽然做好了打攻坚战的准备，但用兵不拘定法，他仍决意先击败夏军主力，把攻城难度降到最低。像上次进攻统万一样，太武帝率三万骑兵兼程急进，直逼统万城，向赫连昌发起挑战。

为了削弱统万一带的抵抗潜力，太武帝令娥清率五千骑兵在统万城外围骚扰抢掠，逼散四周军民。太武帝军中一个因事获罪的士兵逃亡到统万城中，告诉赫连昌说魏军远道而来，军粮无法接济，士兵都吃野菜充饥，此时应迅速出兵反击。赫连昌居然信了这番鬼话——魏军新到，所谓缺粮大概不实，这很有可能是魏太武帝的诈敌之计，诱使赫连昌出城决战。

夏军三万人出城进攻魏军，列成步骑混杂的大阵。夏军往年进攻后秦无往不胜，军队的战斗力也相当强，此时又是有备而来，确实不容易对付。北魏司徒长孙翰有些畏怯，向太武帝建议，等自家步兵到达后，再与之决战。

太武帝对魏军的战斗力极其自信，他率轻骑来的目的就是击溃夏军主力，此时赫连昌主动出城，正应抓住时机一战败之，于是指挥诸军立即投入战斗。

太武帝发挥骑兵机动性强的优势，交战不久，就令大军假装后退，引诱夏军来追。赫连昌虽然追了上去，但也没有放松警惕，将大阵分成左右两翼，缓缓攻击前击。太武帝见夏军来追，率骑兵反过来冲击。夏军步兵大阵布置得相当严密，防御也很周密，魏军的冲击没有效果，便又掉头往前跑。太武帝也把大军分成左右两翼，以两翼对两翼，中军对中军，企图通过迅猛的冲锋击破夏军的指挥中枢。

两军阵面全线碰撞，全部投入激烈的搏斗。太武帝在混战中一不留神掉下了马，夏军围逼向前，几乎要刺中太武帝。魏军将领拓跋齐挡在太武帝身前，拼命厮杀，太武帝这才得以上马逃开。

此时有大风从东南吹来，扬起沙尘，遮天蔽日。宦官赵倪稍懂方术，惊慌地对太武帝说："这是天不助我啊！不如收军退还，等来日再战。"崔浩大骂赵倪误事，太武帝也没听赵倪的话，继续率军大战。

激战良久，夏军越打越乱，被魏军骑兵冲得七零八落，溃不成军。赫连昌率左右脱离战场，不敢回统万城，狼狈不堪地逃往上邽城（今甘肃清水，邽音 guī），太武帝亲自率众突入统万城。城内发觉有敌军进入，慌忙将城门关闭。此时跟在太武帝身边的只有几个人，大军被隔在城外，随行的拓跋齐、卢鲁元等人叫苦不迭，于是杀到夏国皇宫，找来一堆女人的衣裙，把马槊连成一条长杆，众人顺着杆越城而出，这才捡回一条命。

太武帝派轻骑追击赫连昌，追至高平，不及而还。统万城中残余夏军不敢抵抗，弃城西逃。魏军用来攻城的六万步卒还没到，统万城就被骑兵拿下，足见太武帝军事水平之高超。

进占陇右

统万城被攻陷的过程中，大夏由于统驭失策，南部战线也严重失利。赫连定率两万人南援长安，但没有抵挡住魏军的攻势。奚斤指挥大军连克蒲阪（今山西永济）、陕城（今河南三门峡市陕州区），进入关中。

魏太武帝于统万之战后，派娥清、丘堆率五千骑南下支援奚斤。夏军无力招架，退出长安，西撤至安定（今甘肃泾川县）。

始光四年九月，魏军向陇右穷追，赫连定在安定无法立足，再次退回上邽。

神䴥元年二月，魏军在安定停军。此时魏军因为长时间追袭，粮草补给跟不上，疫病丛生，战马损失也很大。奚斤遣丘堆在安定强征粮食、马匹、甲仗，因为过于横暴，遭到当地人抵制。

赫连昌乘机率军来袭，魏军无力抵挡，只能在安定城死守。当初太武帝平定统万城后，急于收兵应付北面的柔然，曾下诏让奚斤见好就收，返回平城。但奚斤认为赫连昌已是穷途之寇，应当趁热打铁将其彻底消灭。太武帝不许，奚斤执意上表请求继续进军。太武帝看在他是开国老臣的面子上同意，并增拨一万匹战马开赴陇右，希望他能顺利消灭赫连昌残部。谁知到了安定却发生如此情况，奚斤骑虎难下，拿不出什么良策击破赫连昌，只好坐等后方运来战马再作打算。

奚斤当时已经五十九岁，作战经验虽然丰富，冲劲儿却已大不如年轻人。监军御史安颉对奚斤的暮气沉沉十分看不惯，反复要求出城与赫连昌决战，奚斤总是以战马不足为由拒绝。安颉认为："就算战马不多，但全军将帅的坐骑至少也有两百余匹，士卒们都知道他的模样，趁赫连昌没有防备时伏击他，可当场将其擒获。纵使没成功，也能挫挫敌军锐气，总好过坐困城中。"

奚斤仍然不肯同意。安颉便不再和他多说，暗中与大将尉眷商议，集中全军能出战的战马，挑选精锐骑兵，等赫连昌再来时伏击他。赫连昌见魏军不敢出城，胆子越来越大，某日又来骚扰魏军营垒，安颉率军迅速开城迎战，打了赫连昌一个措手不及。魏军士兵目标明确地抓住赫连昌猛打。此时突然狂风大作，黄沙漫天，对面不能见人，赫连昌被一顿猛打，部伍渐乱，于是下令撤退。安颉率军紧追不舍，赫连昌从马上摔了下来，竟然被魏军生擒。赫连定闻知赫连昌被擒，西奔平凉，在那里即位为帝，改年号为胜光。

安颉是北魏开国名臣安同的儿子，年轻有为，英气逼人，悄无声息地策划了这么一场奇袭，还活捉了连太武帝都没捉到的敌国皇帝，一时间声名鹊起。奚斤虽然对安颉不经他同意私自出兵这件事感到非常生气，但安颉立下一桩天大的功劳，他也不好说什么。

奚斤耻于首功被年轻后辈夺取，憋着一口气要挽回面子，也不再等援军，只带三天的粮草，舍弃全军辎重，令诸军轻装前进，急速奔袭平凉。将军娥清劝奚斤不要意气用事，最好沿水路前往，留好退路。奚斤不听，自旱路疾进。

赫连定闻知魏军来攻，本欲退走，却又意外通过魏军逃亡的有罪士兵中获知，魏军食少无水，支撑不了太久，于是掉头迎击奚斤，还派出一部兵力截断奚斤后路。魏军长途奔袭已是强弩之末，结果一战大败，奚斤、娥清、刘拔等首将都被生擒。

平凉之战是北魏开国以来最耻辱的一战。魏军舍弃骑兵的速度优势，原因固然是长期作战损耗甚大，但也与奚斤的盲目轻敌有关系。在具体指挥层面，奚斤不顾实际一味蛮干，也极大地违背了北魏开国以来高度灵活、不盲目浪战的战场风格。在魏军占尽兵力、士气等优势的情况下，这场失利是绝不应该也绝对无法接受的。所以魏太武帝极为恼怒，后来攻陷平凉，将奚斤等人解救回来，太武帝不顾奚斤硕德耆年，像当年魏文帝曹丕羞辱于禁一样，让奚斤当了个宫廷宰人（类似于司务长），负责押运酒食，从驾还京。

赫连定战胜后稳定了岌岌可危的形势，一面试图与北魏讲和，一面与南朝刘宋联系，约定共同进攻北魏。两国暗通款曲，约定灭亡北魏后，自恒山以东的领土全归刘宋，恒山以西全归大夏。

对于这个可笑的、略带有糊弄人性质的约定，赫连定并未真当回事，这历来是赫连勃勃父子的强盗思路，一时兴起，想怎么干便怎么干，至于长远打算，通通不管。但刘宋新即位的皇帝刘义隆却当了真，于元嘉七年（430年）发动北伐，水军直指明元帝时代魏军夺走的黄河三镇滑台、虎牢、洛阳。宋军势大，太武帝同时面临柔然、大夏和刘宋的夹攻，不免有些狼狈，于是对南实施收缩战略，集中精力对最弱的大夏发起最后一击。

灭亡赫连夏

太武帝提出进攻赫连定之计时，北魏朝中意见其实并不一致。毕竟刘宋北伐的威胁看起来更大，距离北魏腹心之地也最近，许多人认为当务之急是抵御刘宋，而非到西边无关紧要的陇右去打基本没有威胁的大夏。太武帝也开始犹豫，于是又问崔浩。

书史至此，关于北魏重要军国大事，已经屡见崔浩的身影，有必要介绍一下崔浩相关情况。

崔浩，郡望河北清河，其先祖自汉末三国时代就已成为名门望族。天兴四年，魏道武帝拓跋珪大量起用河北汉人，素以经学见长的崔浩被任用为秘书郎，从此开启了长达五十年的政治生涯。崔浩与一般腐儒不同，他虽然研究经学，却着重研究学习史传，具有过人的政治素养和宏阔的战略眼光。魏明元帝时，崔浩就曾多次参与军国大事的决策。前文已叙述过魏明元帝曾就是否出兵阻止刘裕北伐借道之事，征求过崔浩的意见。崔浩的分析动中肯綮，并且往往能够准确预测战争结局。

特别是太武帝继承皇位，崔浩还发挥过重要作用。当年明元帝即位之初，得了一场病，花了几年时间都没治好。明元帝担心自己早死，几个儿子幼弱，朝中会发生大乱，问崔浩该怎么办。王朝立嗣是非常敏感的大事，一般来说皇帝的询问对象要么是宗室重臣，要么是德高望重的老臣。特别是北朝胡人建立的王朝，囿于胡汉之防的落后观念，胡人皇帝大都不愿和汉臣商议立嗣问题。崔浩能有此际遇，可见其能力着实高人一筹。

崔浩建议，为防万一，应让太子拓跋焘监国，并建议明元帝"选公卿忠贤陛下素所委仗者使为师傅，左右信臣简在圣心者以充宾友"。选太子监国并非没有先例，但在五胡十六国时期大多是反例，最为典型的便是后赵石虎让太子石邃提前监国，酿成监国抢班夺权、诸子并争、后赵从此衰落的惨剧。

崔浩敢提出此议，是着眼于北魏国势蒸蒸日上、主贤臣明的形势，诸子夺位的危险相对较小。同时他又提出组建强大的辅政班子，保证君权过渡稳定。明元帝这才放心地同意让太子监国。拓跋焘虽说是正嫡冢嗣，不久后继承皇位是大概率事件，但能够提前监国，相当于给未来继位上了道"保险"，他从崔浩的建议中获了利，自然对崔浩充满了感激。

太武帝又询问崔浩："刘宋、赫连夏究竟该先对付谁？"

崔浩认为："刘宋、赫连氏与柔然、北燕都是我国的敌人，他们现在同恶相济，表面上看声势很大，其实都不愿意先与我朝决战。特别是刘宋与赫连夏，都盼着对方先进兵，从这个层面看，敌人的联盟完全不用怕。至于刘宋的威胁，也不必太当回事。刘宋若是真的志在灭亡北魏，他的主力就应该深入河北，一路向邺城，一路向冀州（郡治在历城，今山东济南），抓住河北这两个要点，进而破击河北腹地。但现在宋军却沿黄河千里并进，看似是点多面广、分路出击，其实兵分力散，每个具体方向只有数千人，如此可怜的兵力，形成不了强有力的后续突击。以此观之，刘宋的目标只是攻下黄河以南的土地，志不在过河决战。所以，只需暂避其锋，将主力用于进攻赫连夏。赫连夏屡经打击，已是残根易摧，我军一出，定能战胜。到时再以新胜之军，从关中出兵直扑洛阳、虎牢，宋人在淮北恐怕都难以立足。"

崔浩的这段分析，掐中了几个要害：

第一，宋、夏、柔然、北燕几家联盟并不托底，都有以邻为壑的思想，与当年三国孙吴、蜀汉相约伐魏大致相同，表面上是同盟，实际上却达不成战略合作；

第二，刘宋的进攻目标有限，且兵力部署也构不成太大威胁，有黄河天险作为北魏南部之堑，北魏有足够的时间和空间将主力投入攻夏之战；

第三，赫连夏的力量已经衰朽至极，应乘机置之死地，不能给其留下喘息的机会。

太武帝非常赞同崔浩的意见，决议发主力大军西进。在进攻大夏的同时，还令安颉、杜超、拓跋太毗等人率兵屯于黄河一线，并战略性地放弃了黄河以南，避免过早与宋军展开决战。

神䴥三年（胡夏胜光三年）九月，太武帝部署的南面防线已定，遂出师西征，经统万城、过横山，南下至陇右，进围平凉。

当时夏主赫连定正率兵袭扰关中北部，在鄜（fū）州和魏军相持，闻知魏军主力西进，慌忙率军三万西返救援平凉。

魏军到达平凉城下，让被俘虏的赫连昌招降大夏将士，没有奏效。魏将古弼率军进攻安定，此时赫连定大军也撤至安定，与魏军大战。古弼令诸军假装败退，引诱夏军冲击。太武帝令高车、敕勒骑兵从两翼夹击，大破赫连定。赫连定引败军屯于鹑觚原（在今陕西长武县北浅水村一带，觚音 gū），魏军将赫连定团团围住。鹑觚原是高地，没有水，夏军苦苦支撑了十二天，饥渴难耐，冒险下原。魏军武卫将军丘眷等率众发起进攻，杀伤夏军一万余人。赫连定受了重伤，与几个亲近随从狼狈逃走。

赫连定主力大败，平凉城中人心几乎崩溃。魏太武帝率军返回平城，掘长堑置鹿角，俨然一副长围久困的样子。城中夏军无心再抵抗，赫连定的弟弟赫连社干、赫连度洛孤等人率臣僚、军民出降。

魏军俘获城中全部赫连氏残余宗室，将城中财物掳掠一空。随后，据守在长安、临晋、武功等地的大夏余众也都弃城而逃，关中陇右归入北魏版图。

赫连定侥幸逃得一命，但仍然很不安分，率其余众骚扰西秦，一度陷人之城、执人之君。这个残暴无信的末路之君招致河西诸股势力的众怒，后来吐谷浑慕瓌发兵击败赫连定，活捉并将其执送北魏。

起初赫连昌被俘，太武帝不仅没杀他，还封其为秦王，出游宴饮也常带着他。魏臣都劝太武帝不要大意，毕竟赫连昌颇有勇力，万一突然起了变故，怕是无法挽救的祸患。太武帝一笑了之，从未把这个亡国之君当回事。延和元年（432 年）三月，赫连定被送至平城，太武帝却当即下令将其处死，未再假以辞色。大抵是当时夏国的残余势力已经被吐谷浑扫荡干净，赫连氏宗室就没什么留下的价值了。

延和三年（434 年），一度颇受宠遇的赫连昌，突然莫名其妙叛逃，被太武帝以谋反之名处死。其他投降、被俘的赫连氏宗室子弟全部被株连杀死。

至此，匈奴铁弗部族势力，终于被死敌拓跋鲜卑全部消灭，只剩赫连勃勃的几个女儿，还在宫中继续当太武帝的嫔妃。有趣的是，三位赫连氏女儿，最年长者颇受太武帝宠爱，在魏宫中生活了二十七年，其中二十一年时间在皇后之位，后来活得比太武帝还久，甚至当了一年皇太后、太皇太后。这些余响，在政治上已经没有什么影响力了。

从前凉到北凉：蜗角上的争衡

北魏太武帝灭赫连夏之后，对河西政权提出了领土要求。河西自五胡乱华之始，便进入诸凉争霸的局面，前凉、后凉相继，其后南凉、北凉、西凉一时并起，又与黄河南岸的西秦互相攻伐，群雄争霸好不热闹。我们在叙述北魏统一河西战争之前，有必要简要了解一下几个凉国的始末。

前凉是五凉中建国时间最早、持续时间最长的一个国家。前凉建都于姑臧（今甘肃武威），其疆域包括今甘肃、青海、宁夏西部以及新疆大部。前凉的创始人张轨在西晋末年目睹了中原政乱，自请到凉州任职。永宁元年（301年）他进入凉州，以打击河西鲜卑、氐、羌等部族叛乱起家，逐渐控制了凉州。自张轨起，到建元十二年（前凉升平二十年）前秦统一北方，前凉政权共存在了七十六年，国祚之长，居十六国之冠。

前凉的长寿，初看与其地盘和实力是不相称的，河西一带，大部分是牧区，面积虽大，但土地贫瘠，供养不起足够的人口。那么张氏是如何维持其存在呢？

其一是尊奉晋朝。张轨、张寔父子起初经营凉州，当时西晋在北方还有很多残余势力。张轨父子作为传统儒家思想培养出来的汉人官僚，政治上有相当强大的尊奉正朔的惯性。也正是这一惯性，使得关中和河西的许多汉人大姓豪强，纷纷投奔凉州，庇托于张氏。大量汉人精英的集聚，也为张氏提供了厚实的人才基础。这种政策一直持续到张轨的重孙张重华时代（346—353 年）。前凉以穷僻之国，坚持奉万里之外的东晋王朝，与强大的前赵和后赵对抗，其间前凉杰出的将领谢艾还打出过荡气回肠的临河之战，打得石虎哀叹"彼有人焉"，从此断了灭亡前凉的念想。

其二是收服西域。西域之地，在西晋鼎盛时也未能有效控制，特别是羌乱屡兴，河西之路断绝，西晋基本放弃了西域之地。但张轨经营凉州后，使西晋意外地在河西有了一个稳定而强大的基地，中原对西域的优势又重新建立起来。张骏在位期间（324—346 年），派兵攻下高昌国，龟兹（qiū cí）、鄯（shàn）善、于阗（tián）、焉耆（qí）都归附。张骏将其境内的西边诸郡设置为河州，东边诸郡设立凉州，大大拓展了战略纵深，国防形势更加安全。

其三是政权体制稳定。前凉的传统汉式政权模式，有效避免了同时期五胡国家政权不稳的通病。五胡国祚不长，一大原因是政权体制不成熟，汉赵、诸燕、秦等国家，强力君主一旦逝世，皇室内部大都会陷入惨烈的权力争夺战，区别只是发生时间的早晚。而且不论其体制内怎样防范，都会被野心家突破。这就只能归结到文化底蕴上，皇室内部没有嫡长继承的观念，其权力高层也没有维护这种制度精神的共识，故而问题屡发，但无人能制。

前凉享国七十余年，在其存续的大部分时间里，都能基本保持王权接替的平稳性。张轨之子张寔在位期间被近侍刺杀，指使者是妄图霸占凉州的刘弘。张寔死后，其弟张茂辅佐张寔年幼的儿子张骏继位。这种情况若放在五胡国家，必然会引发叔夺侄位，但张茂极力维护嫡长继承制，兢兢业业地辅政五年，到死的时候才还政于张骏。

张骏在位二十二年，他死后，其子张重华平稳交接，在位十一年。张重华之子张耀灵年方十岁，结果被伯父张祚夺位杀死。随后张祚因为政暴虐被推翻，张重华的另一个儿子张玄靓被推为凉王，其后年少的张玄靓又被张天锡夺位，张天锡系张骏之子。这种皇位争夺战的诱因，更多是张重华在位期间政权开始紊乱，前凉政权步入末世，王位不稳只是诸多末世绝症之一。

张天锡在位期间，境内矛盾丛生，末世之主，无从解救，最终成就了前秦统一北方的辉煌事业。

如果要为前凉的存在找一个历史意义，重点倒不在保存了汉文明的火种，毕竟主流在东晋。从长远的历史维度看，大概在于其保持了河西地区的区域完整性，并且加强了中原政权与西域的联系。事实上，前秦对西域的经营，几乎就是前凉的翻版。而接下来的后凉政权，也正是从前秦经略西域开始的。

前秦灭前凉数年之后，刚把土著势力摆平，符坚就于建元十九年遣大将吕光率步兵七万、骑兵五千，经河西走廊出阳关，攻伐前凉灭亡后再次独立的西域诸国。吕光在西域取得的军事胜利远比前凉要大，军事征战取得的彻底控制权，甚至一度让吕光产生留居龟兹做西域王的念头。

建元二十一年（385年），吕光率军东归，途经河西，与前秦凉州刺史梁熙发生冲突。两人都知道前秦濒临灭亡，都想占据姑臧自立。最终，吕光打败颟顸（mān hān）的梁熙，成为凉州一带的主人。太安四年（389年）二月，吕光自称三河王，至神鼎三年（后秦弘始五年），吕隆率众投降后秦，首尾仅十四年，史称后凉。

为何说吕光开历史倒车呢？主要是对比张氏前凉而言。

前凉虽也割据一方，但实行的完全是传统汉人王朝的体制。张氏是王族，但不同于中原其他胡族建立的国家，张氏王族人员并没有遍布朝野，把所有大政、庶政全收归己有，而是很开明地将庶政让渡给豪强。这可以说是一种相对健康的政治模式，给所有社会阶层，都留了政治上的通路，故而能最大限度地凝聚政治力量。

吕氏后凉则不然。吕光刚以武力平定河西走廊，就逐步清除西征大军中的心腹部将，如杜进、彭晃、康宁。这些人都是吕氏的创业之臣，结果都被屠杀了，显然后凉政权只能由吕氏族人来支撑了。

吕光封其宗族子弟二十余人为公，让他们执掌兵权，到各个军镇当长官。这固然吸取了前秦过分相信异族而致国亡的教训，但未免令人齿冷，吃相太过难看，引起河西土著势力的集体痛恨。吕光的军力并不比张氏前凉弱，前凉时代很少见到武装叛乱，后凉十余年间，叛乱却此起彼伏，根源就在其不健康的家族政治。

《晋书·吕光载记》中记载了一件令人发指的事。后凉龙飞二年，散骑常侍郭麐（xiāng）因不满吕光的统治，在姑臧城东苑发动了叛乱，结果失败了。叛乱中，郭麐俘虏了吕光的八个孙子，愤怒的郭麐把吕氏八孙全部肢解，与其党羽喝了他们的鲜血盟誓。这多少反映出，河西土著力量对吕氏的恨有多切齿。

放眼更广泛的社会基础，后凉的统治策略出的问题更大。吕光不切实际地要建立以氐人为主导的部族政权，而河西历来是多民族共居之地，处理不好民族问题就没法稳定统治。前凉虽以汉人为主体，统治策略却相对开明包容，实力最强的河西鲜卑和匈奴沮渠部自始至终都没有掀起什么风波。

吕光的统治思路与前凉注重与民休息、保境安民的风格相反，一味恃强好战，其中尤以与盘踞在黄河南岸的西秦政权的互相厮杀最为无谓和丧气。西秦乞伏氏据有金城（今甘肃兰州）至天水之间狭小的地带，是后凉与后秦之间良好的隔离带。西秦的存在，本来可以有效隔绝后秦的军事压力，为后凉提供绝佳的发展机会，并且西秦没有挑战后凉的实力，但吕光欲望膨胀，总想着灭后秦而后快，甚至想进一步经略陇东。

不得不说，这就是个一厢情愿、近乎天真的战略。龙飞二年，吕光发动三路大军进攻西秦。后凉军队虽然一度攻占金城和临洮等主要城池，但西秦乞伏乾归采取各个击破的战术，击杀后凉西路军主帅吕延，后凉军惊惧而退。

后凉大败后，其国内高官、高级武将纷纷发动叛乱，后凉陷入四分五裂的局面，吕光在忧惧中死去。匈奴沮渠蒙逊建立北凉；鲜卑秃发乌孤建立南凉，把后凉东部打成筛子；李暠（hào）又在西面建立西凉——多如牛毛的吕氏诸子又走上了互相残杀的老路。好在末代君主吕隆自知无力招架三个凉国的夹击，干脆归降后秦，换来了一个体面的终结方式。

前凉的失败，不在于其统治政策，而在于统治集团的腐坏。后凉采取野蛮落后的部族式统治，打断了河西甚至西域民族融合的进程，故而后凉不仅国祚短，还直接激化了河西地区各民族、部族的矛盾，把好端端的河西搞得乌烟瘴气。

我们从南凉和北凉说起。南凉和北凉建国的直接诱因，是吕光伐西秦战败后国内矛盾激化。

北凉沮渠蒙逊族属卢水胡，是匈奴的一支。沮渠蒙逊的祖上本没有姓，因为世代担任匈奴沮渠这一官职，遂以官为姓。吕光征服河西，沮渠部向吕光投降，并一直以忠孝自居。忠孝观念是儒家文化特有的，可见沮渠部经前凉七十余年的融合教化，汉化程度已经很深了。这样一个部族，按理说驾驭起来应该不难。但吕光攻西秦失败后，迁怒于沮渠部首领，杀害了沮渠麹(qū)粥与沮渠罗仇，沮渠蒙逊遂举兵造反。

北凉神玺元年，沮渠蒙逊和堂兄沮渠男成拥立后凉建康太守段业为主，这就是北凉建国的开始。由于北凉兵权掌握在沮渠氏手中，段业与沮渠蒙逊渐生嫌隙。天玺三年，双方火并，沮渠蒙逊杀段业而自立，从此开始了他长达三十二年的统治。

南凉秃发乌孤，是鲜卑迁入河西的一部，其先祖秃发树机能在魏晋时代屡屡兴风作浪，后被晋朝打击，才逐渐安分下来。秃发部在前凉时深受前凉汉式文明的影响，汉化程度较深。吕光建立后凉后，秃发部势力变强，秃发乌孤对吕光一直虚与委蛇。龙飞二年，吕光征西秦失败，秃发乌孤遂乘势脱离后凉，建都于西平（今青海西宁）、乐都。

南凉397年立国，414年亡国，秃发乌孤、秃发利鹿孤和秃发傉(nù)檀三兄弟相继称王，说是一国，其实只相当于一州。但在河西大乱的形势下，即使是小国之主，也萌生出称霸一方、自高其位的骄傲意识。南凉秃发傉檀好战，起初虽然攻下后凉首都姑臧，但他四面树敌，越打越弱，后来被北凉沮渠蒙逊逼回乐都，又遭西秦袭击，最终亡于西秦之手。

西凉李暠，是河西三凉中唯一由汉人建立的政权。李暠原为敦煌效谷县令，段业建立北凉后，李暠在敦煌当地汉人豪强宋氏、唐氏、郭氏、索氏等人的支持下，先升为敦煌太守，后又开创霸府，庚子元年（400 年）建都于敦煌，后迁都于酒泉，史称西凉。西凉盛时控制玉门以西近千里的土地，高昌等国亦曾受其控制。

李暠是儒生出身，非常重视文化事业，他将内地的经学引入西域，设置了五经博士。他自知国力微弱，国策以保境自守为主，很少主动进攻毗邻的北凉和南凉。至玄始十年（西凉永建二年，421 年），北凉大军进逼酒泉，引水灌城，西凉被灭。

三凉政权地域彼此距离非常近，再加上东部西秦国的挑拨，三凉政权的关系非常紧张，常年处于互相攻伐之中。最终还是北凉棋高一着，沮渠蒙逊数十年东征西讨，灭西凉、夺河湟、逼西秦，基本恢复了前凉时代的疆域，西域三十六国都向其称臣。

北凉与北魏的关系

北魏灭赫连夏之后，凉、魏之间直接接壤。北凉不敢与北魏争锋，只求自保于河西，于是遣使向北魏称藩。北凉王沮渠蒙逊还把一个儿子送到平城，作为人质，以维持双方和平关系。

义和三年（433 年），沮渠蒙逊去世，他的儿子沮渠牧犍继承王位，改元承和。为了表示自己不愿与周围国家兵戎相见，沮渠牧犍不仅也像父亲一样送质子到北魏，还把妹妹送到平城嫁与太武帝为妃，太武帝也把妹妹武威公主嫁给了沮渠牧犍。当时双方关系还比较融洽。

太武帝穷兵黩武，恨不得天下的土地都归自己所有。之所以忍着强烈的扩张欲望与北凉虚与委蛇，不过是因为南朝不断发兵北侵，无暇西顾。

即使在短暂的政治蜜月期间，太武帝也一直以鄙视加挑衅的态度对待北凉。沮渠蒙逊没死时，太武帝遣太常李顺出使姑臧，要求沮渠蒙逊执藩王之礼，到平城朝见北魏皇帝。沮渠蒙逊当然知道这是北魏故意恶心自己，他毕竟是一方霸主，明知不能表示出敌意，还是按捺不住胸中郁结，在接见李顺时故意又开腿在案几后坐着，一副大刺刺的无礼姿态。

一国之主接待异国使者，且不说是北魏这种强横霸道的大国，哪怕是抗礼之国，又或是下邦使者，也不能箕坐，这是对人的侮辱。李顺不吃这一套，厉声斥责沮渠蒙逊无礼，手持使者符节转身就走。沮渠蒙逊见让魏使气得七窍生烟的目的达到，便"换了张脸"，又是温言致歉又是以礼下拜，李顺这才罢休。

归国后李顺对太武帝说，沮渠蒙逊专制河西三十余年，固然不可随意凌辱侵犯，但他年事已高，活不了多久，他的嗣子沮渠牧犍并非才俊，不足为虑。太武帝便放下心来，认为再等三五年消灭北凉也不晚。

沮渠牧犍也一直提防着北魏，表面上恭顺无比，实则四处结交盟友，与仇池氏、柔然、吐谷浑都有来往，暗中约定共同对抗北魏。世上没有不透风的墙，北凉这些举动，北魏都知道，只是没有捅破。

沮渠牧犍积极与北魏贵臣结交。特别是出使河西十三次的李顺，被北凉以重礼贿赂，李顺逐渐改变了态度，把维持宗藩体系当成自己功业的压舱石。太武帝询问征伐北凉的意见时，他屡屡说时机还不成熟。后来与李顺一道出使北凉的古弼，大概也受了重贿，与李顺合起来唱双簧，说北凉暂不可伐。

恰在此时，北凉做出的一些无礼举动，给太武帝出兵送上了绝佳借口。沮渠氏家风不正，在沮渠蒙逊时代，家族就有乱伦的秽闻。沮渠牧犍继位后，奸淫嫂子李氏，还无耻地兄弟三人传嬖（bì）。太武帝听说此事，以导正礼教的名义命令北凉交出这个不祥之女，沮渠牧犍内心无比抗拒，把李氏送到酒泉养了起来。太武帝非常恼怒。

沮渠牧犍与武威公主的夫妻关系不好，便用药毒害公主。太武帝闻讯，派了一名解毒神医不远千里到河西救治，公主才幸免于难。

北魏每次派使者出使西域诸国时，都要求北凉引路护送。北魏使者年年来来回回，不免听到一些闲言碎语。北凉有传言说，北魏北击柔然遭到大败，柔然可汗炫耀生擒北魏皇帝的弟弟拓跋丕（并无此事）。凉王把这事当作喜事在国中宣扬，还号令西域诸国，说魏国已经衰弱，让西域各国以后不要再尊奉魏使。

这些事，桩桩件件都被北魏记在了小本本上，后来成了北魏出兵讨伐的理由。

太延四年（438年），北魏灭北燕，北方又少了一个敌人。次年，太武帝便想进攻河西消灭北凉。按惯例，在进行如此重大的军事行动之前，必然要举行朝议。太武帝事先已经预料到，远征河西必然会有一些朝臣不同意，可他没想到的是，带头反对的竟然是多次出使北凉、一度提出北凉可灭论断的李顺。

李顺说："凉州缺乏水、草，姑臧城外土地都是枯石、戈壁，没有水源地。姑臧城南天梯山上有积雪，春天积雪融化，水流下来汇成河，百姓才能取水灌溉。若我军进攻，北凉把水口拦住，环城百里之内无水无草，人与马都无法生存，根本打不了仗。"

以奚斤为首的三十多名朝臣跟李顺持相同意见，认为北凉偏处一隅，且没有什么出格的举动，不宜在攻打柔然、士马疲惫的情况下，再贸然兴师远征。而且如李顺所说，姑臧城外无水无草，大军前去就是自陷死地。

太武帝举行朝议前，已经询问过崔浩。崔浩估算了一下进军的损耗，与日常驻军消耗差不多，攻下北凉后也可以补充损失。太武帝已经做好了进兵的打算，见这么多人反对，不由得勃然大怒，让崔浩与李顺、奚斤等人辩论，自己拂袖而去。

崔浩引经据典："据《汉书·地理志》记载，'凉州之畜，为天下饶。'要是无水无草，怎么放牧？当年前凉就在凉州立国，汉人城居素来在水边，怎么会在无水无草之地建筑城郭呢?雪山上的水就算化冻，也只不过湿一湿地皮，绝不可能多到开漕引流，也不会多到灌溉数百万顷田地。"

李顺与崔浩关系不好，联合古弼反驳说:"耳闻不如目睹，我们都是亲眼所见，还不如你个只会耍嘴皮子的?"奚斤等持反对意见的，也随声附和。

崔浩也不给他们留面子，说:"你们收受北凉的贿赂，以为别人不知道?我虽没有亲眼看见凉州，但也不是任由你们欺骗的。"

太武帝其实并没有走远，在殿后听到崔浩这番话，忍不住又上殿来，对李顺、奚斤等人辞色严厉地训斥了一顿，强行压制了反对意见。进攻北凉，就这么定了下来。

关于这场争论，李顺、古弼接受北凉的贿赂，为其屈情掩饰是真，但他们的说法也并非全无道理。姑臧地处河西走廊，水资源较为匮乏，年均水蒸发量远大于降水量，虽然有河流，但能灌溉的地域也有限。如果遇上亢旱之年，甚至不用亢旱，只需一般的干旱少雨之年，姑臧就会出现比较严重的旱情。据《晋书·秃发利鹿孤载记》记载，沮渠蒙逊在位时曾发生过不止一次旱灾，沮渠蒙孙下罪己诏提到"顷自春炎旱，害及时苗，碧原青野，倏为枯壤。"在如此脆弱的生态环境下，李顺说的"百里之内水草皆无"倒也不全是虚言。奚斤等三十余人也持反对意见，大概是因为他们中有许多人都参与了消灭赫连夏的战争，亲眼见过河西东段的干旱之景。但太武帝已经被愤怒冲昏了头，根本不理会那么多。

攻灭北凉

大计已定，太武帝令崔浩起草了一道伐罪之诏，列举了北凉的十二大罪状:第一，表面上是北魏藩国，却在自己国内私自使用年号;第二，不向北魏缴纳府库、民籍、赋税;第三，与北魏的敌国(如刘宋)往来，并接受敌国的册封；第四，阻挠北魏与西域通使、通商；第五，威逼西域诸国，企图压北魏一头；第六，沮渠牧犍父子聚敛财富，从不入朝；第七，与柔然、仇池等国狼狈为奸，共同对付北魏；第八，打着朝廷的旗号，动不动就出兵镇压异己；第九，对北魏军事失利幸灾乐祸，接待使者傲慢无礼；第十，家风淫坏，叔嫂通奸；第十一，毒害公主；第十二，出兵把守要隘，视北魏如仇敌。

太延五年六月，魏军从平城出发，自云中渡过黄河西进。七月七日，到达上郡属国城（今陕西榆林），停驻十三天后，太武帝决定留下辎重，将大军分为两路，轻装前进，一路由永昌王拓跋健、尚书令刘洁率领，一路由常山王拓跋素率领，两路大军分头向姑臧进发。骠骑大将军乐平王拓跋丕、太宰阳平王杜超督率平凉、鄜城之众为后继，大将源贺为向导。

源贺原名秃发破羌，南凉国王秃发傉檀之子。南凉当年归降西秦，秃发傉檀被西秦国王乞伏炽磐毒害，秃发破羌的哥哥秃发虎台，与姐姐秃发王后（西秦王后）密谋刺杀乞伏炽磐，事情败露之后被杀，秃发破羌便和兄弟秃发保周逃到了北魏。魏明元帝赏识秃发破羌，赐姓源，又因每每随军征讨，荣获"直勤"的封号，视作拓跋氏的编外宗室。

秃发氏本是鲜卑的一支，"秃发"的发音与"拓跋"很像，其历史渊源相近，因此拓跋氏视其为宗室。太武帝向源贺征求意见，源贺表示，姑臧城外尚有四部鲜卑，是当年南凉辖下的部众，由他出面可以将其收服，斩断姑臧城的外援。太武帝听了他的建议，源贺果然成功招降四部鲜卑，控制了姑臧周围三万余落部民，获杂畜十余万头。让后来北魏大军围城免除了周边部落的牵制，得以专力攻城。

由永昌王拓跋健率领的一路大军沿路破降北凉部众，获得河西畜产二十余万。

沮渠牧犍不愿投降，派使者请柔然出兵袭扰北魏后方。北魏军拓跋健、刘洁率军进抵姑臧附近，沮渠牧犍派弟弟沮渠董来出城迎击，大战后凉军败退。如果魏军乘势逼城进攻，或许可以一举破城，谁知道尚书令刘洁听信卜者之言，认为日辰不吉利，不宜进兵，让全军暂时停下，结果错失战机。

大概在这场遭遇战进行了两天后，太武帝率主力军到达姑臧城下，得知刘洁愚蠢的举动后气得破口大骂。等他亲眼见到姑臧城外丰茂的水草，太武帝不由得又想起李顺、古弼说的话，对两人更加嫌弃。

沮渠牧犍打听到柔然人已经出兵，便打定主意闭城死守，耗到魏军主动退兵。沮渠牧犍的侄子沮渠祖越城出降，这个不争气的软骨头把城中的情况和盘托出。

沮渠祖到底说了什么，史料中已无处查证。但不管怎么说，太武帝远征千里，对敌情的渴望是毋庸置疑的，多掌握一分消息，对战争就多一分帮助。沮渠祖提供的信息，并不会影响沮渠牧犍坚持抵抗的信心，他的信心不是建立在本国强大的军事实力和充实的战争准备上，而是柔然人的配合。单从这一点来说，魏军已经拥有了足够的获胜希望。

太武帝绕城察看，发现城东、城南有两条河流绕出城北，汇成一条相当规模的河流（应该是指现在的石羊河或其支流），还有一些枝杈沟渠流入戈壁中，姑臧城周边没有太多干旱得超出认知的土地。这更加印证了崔浩建议征伐北凉策略的正确性，太武帝非常高兴，想起出兵前太子拓跋晃也怀疑李顺所言有假，于是专门给远在平城的太子写了一道诏书，嘉许他的意见。

河西诸郡县呈点状分布，以汉武帝开河西设立的四个郡城为中心，散落在河西走廊。姑臧被围，其余各郡均无力救援。沮渠牧犍死守了五十多天，没有得到任何救援，柔然方向也没有胜利的消息传来，坐困危城，走投无路，沮渠牧犍的侄子沮渠万年率其所领部曲投降，姑臧城中军心崩溃，沮渠牧犍率其文武、军民共五千人出城请降，太武帝准其投降，率军入城接管，收城内户口二十余万。

北凉的酒泉、张掖、乐都、敦煌四郡仍各自坚守，太武帝分遣诸将进讨，由于北魏轻敌，沮渠氏残余势力一直盘踞在河西走廊西段，北魏大军撤走后，一度抓获了北魏留守凉州的弋阳王拓跋洁。北魏不得不再派大军进攻，直到太平真君二年（441 年），才将沮渠氏残余势力驱逐。但北魏在西部的扩张也达到了极限：敦煌成了北魏能够实际控制的最西端的大郡；西域的鄯善、焉耆、伊吾等国只是表面上称藩，地处极边瀚海之地，北魏鞭长莫及。

太武帝灭北凉后，将其核心部民三万余家迁至代北，以防止沮渠氏死灰复燃。沮渠氏王族陆续被处死，五胡十六国的残余政权，至此悉数被北魏消灭，北方基本恢复到西晋灭吴前的统一状态（没有河南和淮北的土地）。

起初反对西征北凉的李顺，战后遭到清算。凉州平定后，太武帝让太常寺核定出征将帅大臣的功劳，众官为了多受封赏，纷纷贿赂李顺。李顺也未加注意，品定功劳时有失偏颇，凉州人徐桀受人指使揭发李顺。崔浩又乘机提起之前李顺所说的凉州无水草一事，太武帝新账旧账一起算，于太平真君三年（442 年）将其论罪处斩。

第三章

宋魏大战

北魏接连发动扩张战争时，南朝政局也在悄悄发生变化。永初三年（422年）六月，宋武帝刘裕去世，其长子刘义符继承帝位。然而这位少帝昏暴无能，德不配位，元嘉元年被辅政大臣徐羡之、傅亮、谢晦、檀道济等人联手废杀，改立刘裕第三子、宜都王刘义隆为帝，是为宋文帝。

宋文帝是南朝比较有作为的皇帝之一，在位期间创造了元嘉之治的准盛世。他在位的第七年，即元嘉七年，发动了规模浩大的北伐战争，史称元嘉北伐，宋、魏之间的大规模战争从此揭开序幕。

宋文帝的心机

魏明元帝在位时，曾趁刘裕去世对河南发动北伐，夺取了洛阳、虎牢、滑台三个大镇。青、齐诸郡虽也发生了激烈战斗，但因檀道济等将领救援及时，北魏的进攻未能得手。

战争中，宋军野战能力不足、指挥调度失灵、河南前线补给调动不力等弱点不同程度地暴露出来。特别是北魏军予取予求的强势战斗力，使南朝军队印象深刻。

所以南朝在数年之后贸然发动北伐，在河南黄河沿线作战，并非上策。宋文帝也不是庸碌暗弱之主，为何要发动一场胜算并不是很大的北伐战争呢？揆情度理，大概有以下原因：

其一，收复河南失地，这是最直接的原因。刘宋王朝承自东晋，中原土地历来是晋朝的旧地。东晋时代，尽管在军事上屡屡失败，晋朝仍然对河南乃至河北、关中都保持着道义上的管领，因此刘裕北伐南燕、后秦，在政治上是对正朔的充分诠释。后来刘裕北伐的成果部分沦丧，刘义隆作为继统之主，必须表达他对收复中原失地的态度。

刘义隆遣殿中将军田奇出使北魏，递国书说："河南原本是我大宋国的土地，后来被你们侵占。如今我朝进兵只为恢复旧土，不会威胁你们河北。"明确表达了要收复河南的战略意图。

以刘宋的国力，自东晋南渡以来，当时尚处于鼎盛时期，虽与刘裕时代无法比拟，但与北魏相比，劣势也并非不可弥补。一旦补全黄河沿线的版图缺失，以黄河为界与北魏对峙，保护淮河流域不受威胁，进而使长江以南稳如泰山，对南朝来说是笔划算的买卖。

其二，提升威望。徐、傅、檀、谢四位大臣废昏立明、又连杀刘义符、刘义真两个不成器的皇室子弟，对巩固文帝的继承权固然有利，没有他们的果决行动，文帝也很难在宗社新立、险象环生的条件下坐稳皇位。

但诸臣擅自废立，特别是杀刘义真的行为，让文帝不寒而栗。其实徐、傅、檀、谢四人都不是乘险徼利之辈，特别是为首的徐羡之、傅亮，都是有格局、有操守的文臣，绝非桓温式的枭雄。然而徐、傅、檀、谢等人干的事，从本质上威胁到了君权的绝对权威，造成主弱臣强的客观现实，打破了权力结构的稳定性。

故而文帝从听说他们来荆州迎接自己入京即位时，便十分警惕与提防。文帝从荆州出发时，害怕有人沿路谋害，护兵全是荆州兵马，从建康过来的官员与护兵一律不得靠近，还让中兵参军朱容子抱着刀坐守于座船之外，可见其内心的担忧。

文帝即位后，徐、傅二人建议任命时任南蛮校尉到彦之为雍州刺史。到彦之在荆州为官将近二十年，文帝镇守荆州期间以他为军事方面的头号心腹，此时来到建康更是将其视为柱石，坚决不同意他出镇外州，于是任命他为中领军，总管朝中军事大权。

后来文帝发动政变，诛杀在朝的徐羡之、傅亮，又出兵镇压在荆州掌兵的谢晦，帝位更加稳固。但文帝也明白，刘宋建朝不久，自己还是因为政变上位，威望很难说有多高。而东晋以来，执政者不管是门阀士族还是皇帝，提升威望的最佳途径便是对外用兵。文帝急需通过外战的胜利，特别是恢复中原这样的大事，来积累自己的权威，震慑国中的异己势力，制压刘裕时代的老臣，以防再次出现废立之事。

其三，整肃军事。刘宋的武力基本盘，是刘裕当年重建的北府军。北府军既成名于两次北伐，也毁于北伐。朱龄石兄弟、王镇恶、沈田子、傅弘之等一大批北府旧将死于赫连夏的进攻，仅存的战将，以高平檀氏的杰出代表檀道济为主。

文帝的体己势力是荆州系人物，他自然不愿意让以檀道济为首的老将继续把持朝中军事。但檀道济对文帝表现出很大的善意，没有徐、傅、谢等人那么不知避忌。要继续通过肉体消灭来实现军权的转移，未免给人落下不容旧臣的口实；而借助北伐调整国内军事秩序，是一个绝佳的借口。

文帝命弟弟彭城王刘义康出镇荆州，彻底清除谢晦等人在荆州的残余势力；又以江夏王刘义恭为南徐州（州治在京口，今江苏镇江）刺史，掌握近畿防卫兵力；文帝的心腹、江州刺史王弘，改任司徒、扬州刺史，成为首屈一指的大州军政长官；而檀道济则由征北大将军、南兖州刺史改任征南大将军、江州刺史。

刘宋军力的精华在北不在南，特别是京口一带，是精兵聚集之地。通过这一系列运作，檀道济基本被排除出权力的核心层，对军队的掌控亦大不如前。

总而言之，从政治角度分析，元嘉七年的北伐绝非宋文帝的一时兴起，而是蕴含了许多政治考量以及深远意义的综合性行动，体现了刘宋由开国向守成转变的政治努力。然而，这一努力方向是否正确、时机是否妥当，以及终极目标的定位是否合理，还要通过强大的对手——北魏来检验。

出师北伐

元嘉七年三月，宋文帝正式下达北伐诏书，命诸军相继出师北伐。

宋军北伐共分三路：第一路，由中领军到彦之率主力五万人，统安北将军王仲德、兖州刺史竺灵秀等，乘船由淮泗入黄河；第二路，骁骑将军段宏率精骑八千，由陆路直指虎牢，豫州刺史刘德武率步卒一万为后继；第三路，长沙王刘义欣率兵三万进驻彭城，作为诸路军马的总指挥和总预备队。诸路大军合计九万八千人，规模虽说比不上当年刘裕北伐，却也声势浩大，令魏军震撼。

宋使田奇去平城献国书，向北魏索要河南之地。魏太武帝轻蔑地说："我从生下来胎发未干之时，就听说河南是我家土地，你们宋国怎么颠倒黑白？无理至极！宋国若真要进军，那魏国当暂时躲避锋芒，到冬天黄河封冻时，再派铁骑南下，决一死战。"

此时北魏北边有柔然、赫连夏、北凉、北燕等国的牵制，特别是赫连夏与柔然，威胁极大。太武帝不敢在各种条件均不利的情况下，急于和宋军决战。他口头上说暂避宋军锋芒，实际也是这么做的，他下令让黄河以南的诸州镇放弃城池，悉数过河防守。滑台、虎牢、洛阳等城转眼成了不设防之地。

此时正是春至水涨，利于舟师前进。然而宋军的行进速度却非常缓慢，四月出发，七月才到达黄河一线。这又是为什么呢？

原来中原雨季来得晚，由淮入泗后，当地水位不高，舟行极缓。到彦之的军事经验不够全面，显然没有考虑到北方水浅的实际，既没有开凿水道引水通行，也没有因地制宜改为陆行，因此动作极其缓慢。既给了北魏从容撤退的时间，也耽误了早日进驻黄河诸镇，做好防守工作的时间。

到彦之的军事指挥能力本就不怎么样，当年宋文帝命他率军平定谢晦，可他连一个末路军阀都打不过，屡吃败仗，后来多亏檀道济出马，才勉强平定。宋文帝手上的人才中，以到彦之资格最老也最为忠心，宋文帝急于树立一个能征惯战的典型，便把他派到前线。然而到彦之却着实不给主子争气，仗还没开始打，自己倒先把屁股露了出来，窝窝囊囊，完全没有当年刘裕北伐气吞万里如虎的气势。

北魏方面对宋军的进攻，反应态度也是上下不一。朝中诸将以为宋军势大，因此必须严阵以待，出动主击，像明元帝时期一样大败宋军，才能保证黄河南岸的安全。崔浩反对，他认为当下最主要的敌人还有柔然和赫连夏，不宜两面开战。而且宋军锐气正盛，此时与之决战胜算不高，不如等到秋高马肥、冬至河封时，再以铁骑南下决战，宋人绝对抵挡不了。

太武帝最初同意了崔浩的意见。但随着宋军不断接近黄河沿线，北魏在黄河南北的守将纷纷上书请战，请求朝廷拨幽州以南的精锐兵马来助战，并资助司马楚之等南朝叛臣在河南发动反攻。

崔浩再度建议不可，一则司马楚之是东晋宗室旧人，如果资助他去和宋人作战，宋人必然以为北魏将扶立司马氏复辟晋朝。南人一向重内寇甚于外敌，能不能打败北魏先不说，如果司马楚之被当作旗号来复辟，宋人肯定会死战到底。二则宋军新到河南，粮草、物资都没有消耗，不如再等一段时间，待其士气疲沓、粮草告竭，再以骑兵袭扰之、蹂践之，必能击败宋人。

太武帝一向对崔浩言听计从，但这次宋军来势汹汹，他不敢大意，于是令幽冀诸州兵马纷纷向南集结，还调集工匠器械造大船三千艘，在黄河北岸待命。

到彦之进驻黄河四镇最东端的碻磝津（在今山东茌平县西南古黄河岸边，碻音 qiāo，磝音 áo），而后向西沿河进军，到滑台城后，留下朱修之戍守；顺流而下，到达虎牢关，又留尹冲戍守；最后到达洛阳城，派建武将军杜骥守金墉。一时间，司州、兖州等大片疆土重回刘宋版图，北伐诸将立下旷世之功，无不喜形于色。

然而喜中之忧，却没有几个人意识到。

疆场争锋，将帅的素养历来是一个重要因素，在敌我军力相差不大、或者说各有长短的情况下，将帅的能力可以说是决定胜负最关键的因素。然而刘宋派出的将帅班底，着实令人不敢持以积极评价。

到彦之是刘宋开国功臣集团"楚子集团"中的元老成员，但这位元老的履历，着实令人不忍直视。当年刘裕京口起事反桓玄，作为镇压孙恩起义的旧人，到彦之虽然家在广陵（今江苏扬州），与京口相距不远，却没有赶上北府旧将结盟。直到刘裕已经发兵直奔建康，到彦之才慢悠悠地赶到京口。刘裕后来对此事耿耿于怀，没有给到彦之加官。

后来刘裕北伐南燕时，卢循率起义军攻至建康，到彦之迎战大败，被免去官职。此后到彦之再也没有随军征战的记载，长期在荆州刺史府担任军政兼管。宋文帝义熙十二年到荆州担任刺史后，到彦之才以旧将的身份担任南蛮校尉，专任军职的时间不过八年。相比朱龄石、王镇恶、王仲德、沈田子、毛修之等大将，到彦之的军事能力并不高，充其量是一位熟悉军事、但更善于打理内政的人物。

委派这样一位不长于大规模战役指挥的人担任主帅，缺点有二：

其一是主帅不了解战争特点、不了解对手特点，也没有一套比较拿手的军事经验，因此无法有效地根据形势变化制定出最佳策略；

其二是主帅不会充分、合理地调度军事力量，发挥宋军的强项，打击魏军的弱点。特别是像宋魏双方军队，各自的长处和短处都很明显，只要充分发挥己方优势，因地制宜地采取合适的策略，宋魏双方其实都有取胜的可能。很遗憾，以到彦之的水平，根本驾驭不了这种级别的战役。

到彦之的水平也就这样了，那么参战诸将呢？我们逐个看一看。

到彦之一路主力军中的两个首将王仲德、竺灵秀。王仲德，名懿，东晋时因避晋宣帝司马懿之讳，故称呼其字。王仲德原籍是太原祁县，世代在后赵、前秦为将。前秦在淝水之战后崩溃，王仲德与其兄王睿起兵对抗慕容垂，结果大败南逃，流亡彭城。王仲德本打算投奔东晋大臣——同是太原王氏一脉的王愉，结果王愉不待见他，他便投奔了桓玄。桓玄废晋自立，王仲德看出这位倒行逆施之徒不是成大事的人，于是转投刘裕，在刘裕灭桓玄的战争中立了功，从此成为刘裕的爱将。后来刘裕两次北伐，王仲德都作为大将领军出战，特别是第二次北伐，王仲德受命为都督前锋诸军事，檀道济、王镇恶、刘遵考、朱超石等三路前锋兵马，都受王仲德指挥。王仲德在刘裕阵营中的资历不高，能有此地位，与其过人的军事才能分不开。

之所以不厌其烦地讲述王仲德的早年经历，意在对比宋文帝时代诸将。特别是与其一起统兵前进的竺灵秀，此人在《宋书》《南史》中都没有传记，单这一条就足以佐证，此人能力、名望大概都凡庸至极。通过一些散碎的材料可知，他也参加了刘裕北伐之战，曾隶于王仲德麾下，开钜野渠入黄河，没有参与任何重要的战斗。

率骑兵攻虎牢的段宏，是南燕鲜卑人，早年与燕主慕容超关系不睦，投奔了北魏，后来刘裕北伐时又向南朝投降。因为他善于骑兵作战，刘裕北伐后秦时也带上了他。后来赫连夏袭陷关中，镇守关中的刘义真南逃，部众死伤殆尽，幸亏段宏单骑将刘裕带回。如此看来，段宏也算有胆有识之人。

朱修之是江东土著，祖父朱序曾是东晋襄阳刺史，在著名的淝水之战中反水大喊，使前秦军队崩溃。朱修之论资格也是世代将门，但江东顾、陆、朱、张受制于北来士族王、谢、庾、桓，身份地位并不高。朱修之没有什么作战经验，随队出征是第一次与北方军队接触。

杜骥出身于北方名门京兆杜陵的杜氏，高祖是西晋灭吴功臣杜预。西晋大乱时，杜氏一族避乱于凉州，前秦灭前凉后被迁还关中，后来刘裕北伐，又被带到江南。可见杜骥资历甚浅，在军事方面也不是很突出，故而杜氏兄弟虽然为自己的高贵出身而骄傲，却没有得到朝廷的认可。

除了几位主将之外，守虎牢关的尹冲是从后秦逃入南朝的；以殿中将军身份参与北伐的垣护之，是刘裕北伐南燕时从广固（今山东青州）重围中逃出来投降的。这位垣护之此前没有什么事迹，寂寂无闻，但他的家族世代出仕，伯、父都做过大官，数代积累。他本人也是个有眼界、有见识的人，以降人身份，竟然能在南朝做大，成了望重一时的宿将，着实令人称奇。

宋文帝派出的阵容，对比北魏一班久历万国、征战多年的猛将，实在有点寒酸。除了王仲德，其余要么没经验，要么欠缺资历，这两点对于一支征伐异国的大军来说都是要命的。宋文帝舍弃檀道济这种能征惯战的大将，起用诸多北国降将，不过是想积恩树信，培养一个新的、完全听命于自己的班底，在开疆拓土的同时，彻底从刘裕向自己的时代过渡。用心如此之深，也算难为这位年方二十三岁的年轻皇帝了。

洛阳、虎牢之战

这样一场大规模的战争，双方的最高统帅在总战略指导上，却一个比一个实诚，过早地表达了目的。

宋文帝在到彦之出兵前夕，告诫他说："如果北魏出兵，那么一定要抢在他们之前进入黄河一线，确保南岸的安全；如果北魏不动，那么大军主力停驻于彭城，不要太靠前，以免惹怒魏军南下。"

魏太武帝也毫无保留地对宋使说："春夏收兵北返，冬天再南下夺回河南。"不光如此，魏太武帝还放着河南战事不管，率主力西进，对赫连夏发起最后的打击。河南方向，只有安颉、叔孙建、长孙道生几个将领镇守，让杜超、拓跋太毗以宗室、外戚的身份督率。

北魏兵力收缩河北之际，太武帝又令东晋遗臣司马楚之率军进驻黄河以南的汝、颍诸郡，牵制宋军沿河兵力。

元嘉七年夏秋之间，黄河沿线一派祥和，丝毫看不出大战将至。到彦之辖下诸军大部分做着巩固城守、分配兵力的战备工作，简直令北魏军啧啧称奇。北魏出军征战，从来都是以彻底消灭敌方有生力量、攻下敌方城池为主要目的，哪有这样刚取得一点成绩就裹足不前的。看来宋文帝之前的宣战书确实没有说谎，他们的目的只是占领河南，而对黄河以北没有兴趣。

北魏朝内之前就宋军的真实作战目的讨论过。崔浩力排众议，坚定地认为宋军不会渡河向北发动进攻。看来这位崔司徒的预言是对的。

太武帝留在黄河北岸的几位将军，都是出军就要斩将夺地的虎狼之将，他们暂时退守，有且只有一个目的——渡河进攻，将河南之地牢牢控制在自家手中。

安颉在前节进攻赫连夏的部分我们已有所了解，战争嗅觉极为敏锐，极会把握战机，又正值盛年，富有进取、敢战之心。叔孙建是道武帝时代的开国元勋，刘裕当年北伐时便率军与锋芒正盛的北府军交战，他常年在北魏南部镇守，是一位极难对付的老将。长孙道生与叔孙建是一个时代的人物，从军征伐柔然、赫连夏，立下无数战功，论经验、功劳、能力，都是北魏顶级名将。这三个人组合在一起，率领的虽然不是北魏主力，却也足以令南朝人胆寒。

同年八月，到彦之试图扩大战果，派出部分兵力自孟津县的冶坂渡河，打到黄河北岸。魏将安颉率军反击，大破宋军，斩首五千余级，宋军败退，不少人掉入河中淹死。这次行动显然超出了宋文帝之前部署战略时的预判，其胜败固然无关战争全局，但也充分反映出，前线将领的观察与判断，与远在建康情报滞后的宋文帝还是有一定程度的不同。

可惜这种积极的观察与判断并没有深入和持续，到彦之震恐于魏军的战斗力，一击即退，不敢再发动进攻，率军东下东平（今山东东平）。史书虽未明言这一行动的意图，但目的已是昭然若揭，东平地近泗水，一旦战败，方便退入淮河。元帅都这样想了，士卒也不是傻子，大战当前自己先把自己吓着了，真是自丧士气。

同年十月，北方已进入严冬，黄河虽未结冰，但北魏骑兵已进入马肥人壮的节奏，是时候舒活一下筋骨了。

北魏大将安颉率先发动反攻。安颉率军自委粟津过河，将首攻目标指向了洛阳西北的金墉城。该城历来是洛阳用以捍御本城的一座小军城，明元帝南攻时将其夺走，宋军此次失而复得，杜骥在此镇守。然而宋军七月入驻后，并没有加紧整修城防设施，不知是过于蔑视北魏军的攻城能力，还是自家压根儿就没当一回事。后勤补给也相当糟糕，城内始终处于缺粮状态，到彦之随军携带了大批粮草、辎重，但没有往这个极西之镇运送多少，大概到彦之认为洛阳宋军单靠勇气便能支撑下来。

杜骥闻知魏军过河，顿时惊慌失措，他以为魏军怎么也要等到十一月以后黄河封冻才会有所动作，谁知魏军竟然乘船过河了。慌乱之中，杜骥想弃城退走。但朝廷法度极严，丧师失地者要处以重罚，特别是洛阳这种大城，不战而失，他大概率会被处死。正值束手无策之际，这位世家出身、善于谋略的杜将军，突然找到了一个"救星"——姚耸夫。

姚耸夫此时职任中军将领，率领一千五百禁军到洛阳公干。刘裕当年北伐时，从后秦手中缴获了不少从西晋、后赵、前秦、后秦一脉传下来的礼器，便令大军悉数带去建康。不料过黄河时，一口大钟不慎掉入河中，当时没有捞出。宋文帝便想趁此次大军北伐顺道打捞带回，这项任务没麻烦前线战兵，而是委派了禁军将领。

姚耸夫曾随刘裕北伐，虽然只是偏裨之将，但勇武之名为时人所重。杜骥骗他说洛阳城池修缮一新，粮食充足，只是兵少，希望他留下来助战，日后也是一份功劳。姚耸夫觉得杜骥说得有道理，当即允诺助战，率队进入金墉城。可刚进城就发现不对劲，城隍废弛，池干堑浅，还缺少粮草，根本无法防守。姚耸夫大怒，径自率其部伍南撤。

杜骥只好勉力坚守。姚耸夫走的次日，安颉率军杀到金墉城下，没费什么力气便攻下城池，斩杀宋军五千有余，杜骥仓皇南逃。回去后，杜骥向宋文帝上奏说:"本来我军打算与洛阳共存亡,奈何姚耸夫率队擅自南逃,导致军心大乱。"宋文帝勃然大怒,不辨真假便派人到寿阳城(今安徽寿县)杀了姚耸夫。

安颉随后率军沿河东下,直趋虎牢关。五天后,魏军进抵虎牢关。虎牢关的防守与金墉城一样薄弱,主将尹冲在激战中坠城而死,荥阳太守崔模向魏军投降,北魏轻而易举又夺一镇。

两镇沦陷,让宋军极为震骇。到彦之惊恐异常,然而坏消息不断传来——河北方向的魏军不断向南运动,正在七女津(今河南范县东古黄河西北岸)准备渡河。到彦之想起宋文帝抢据黄河的部署,慌忙派裨将王蟠龙率军入河,溯流西进,试图毁坏魏军船只,阻止其过河。

毁船行动看起来只是一般的战术行动,实际却事关全局,于情于理都应该派足够强大的兵力和足以应对危局的大将前去执行。到彦之见事不明,到此时仍然抓不住要领,失败也是理所当然。

宋军漫不经心地派小部队毁船,北魏方面却高度紧张,严阵以待。坐镇南境的北魏大臣杜超亲自指挥大军迎击,以狮子搏兔之势,将王蟠龙所部生吞活剥。魏军保住了渡口和船只,即将悉众南下。

到彦之自毁前程

坏消息接连不断,身处建康的宋文帝忧急万分,即位后的第一场大战,绝不能就这么失败。此时他也顾不上提防老臣宿将,立即提拔檀道济为都督征军事,率众火速北进,支援到彦之诸军。

然而远水解不了近渴,檀道济筹措兵力、向北进发还需要一定时间,黄河沿岸只能靠到彦之。

毁船行动失败后,宋军已无力阻挡魏军南下。十一月初,长孙道生、叔孙建顺利渡河，向青、齐诸州发起反击。安颉率部沿河继续东进，将滑台城包围起来。到彦之畏敌如虎，不积极指挥大军防御，反而率主力由清河入济水，向青州方向撤退。

宋军中也有明智之士。殿中将军垣护之于危局中提出一条积极的建议，他认为："当下还没到不可挽救的地步，滑台城尚在我军手中，应当加强滑台兵力，让竺灵秀率军与朱修之会合，形成一个坚固的支点，牵制和吸引北魏主力。到彦之则依托青州充足的粮草储备，率军进攻河北，攻敌必救，则河南之围必解，主客之势易位，我军可胜。"

垣护之的策略，与崔浩分析宋军不会北进的论断高度一致，都切中了宋魏对峙的要害。宋军是否北进，决定了北伐战争的成败。崔浩预料宋军不会北进，但他只是出于主观判断，在对具体形势的认知上，垣护之更深入。北进与否，取决于双方的力量对比和形势特点。

魏军长于野战短于攻城，宋军在滑台以强兵固守，虽然已是四面受敌之势，但只要坚守数月，为宋军主力争取时间，其战略意义就算达到。

渡河北进，直指北魏腹心之地，在战役战术上有条件有机会，并非无稽之谈。从齐郡西北入河北，距离并不远（陆路只有三百里），如果能就近直取信都，将会产生两种效果：

较积极的效果是，趁北魏在河北兵力空虚，攻下信都坚守，作为战役支点，一举斩断信都、邺城等重镇与中山的联系，使魏军不得不整体缩回，无力向黄河沿线进犯。当然，这一战略设想需要宋军有极强的大局观与执行力，包括极强的战斗力。总体来说不易实现。

较次要的效果是，吸引魏军在邺城、滑台一线的注意力，攻其必救，使滑台转危为安，巩固黄河防线。

垣护之的设想并非空穴来风、坐而论道。他随父祖早年在南燕为官，长期与北魏对峙，燕魏就是以黄河故道为界。由于南燕防御得力，北魏始终没有发动对青州诸郡的攻击。垣护之对齐、冀交界处的认知，有坚实的实践支撑。可惜到彦之虑不及此，没有采纳。

到彦之打算烧船退走，王仲德再次苦谏："虎牢、洛阳这两镇的兵力本来就少，物资也不充分，被魏军攻陷，这是自然之理，不用过于害怕。如今魏军主力与我军距离尚有千里之远，滑台尚有坚城可守，如果就此南撤，前方将士军心瓦解，恐怕不合适。"

到彦之之前患有眼病，此时病情发作，忧惧交加，再加上军中疾疫开始流行，于是拒绝了王仲德的建议，自济水撤至历城后，焚毁所有船只，沿陆路向彭城撤退。

叔孙建、长孙道生率军进至须昌（今山东东平州城镇西北），竺灵秀见主力已退，无心抵抗，弃城退至湖陆（今山东鱼台）。魏军尾随而至，趁宋军立足未稳时发起攻击，斩杀五千余人，竺灵秀再次弃城南逃。

魏军随即对济南城发起攻击。济南守将萧承之手下只有数百人，但城中气势汹汹，全无畏惧之色。萧承之下令把城头的旗号、兵士都撤下来，又下令大开城门。部下将士非常奇怪，这不是找死吗?萧承之说："我们若是紧闭城门、摆出一副不敢出战的样子，魏人说不定一个冲锋就攻入城中。与其如此，倒不如示之以强，吓退敌军。"魏军见状，果然怀疑城中有埋伏，引兵退走。

另一边，安颉督率众军进攻滑台，宋将朱修之拼死抵抗，战事胶着，一时间无法分出胜负。

檀道济率王仲德、段宏等人于元嘉八年（北魏神䴥四年，431年）正月进至清水，长孙道生、叔孙建等人率兵与战。两军在寿张发生一场遭遇战，负气而来的宋军击败魏军；转战至高梁亭，宋军再次击败魏军，阵斩魏将济州刺史悉颊库结。

檀道济在二十多天内与魏军连战三十多场，北府军最后的荣光于此时尽显无遗，檀道济把有限的骑兵运用得炉火纯青，在强大的魏军骑兵面前来去自如。叔孙建等人正面交锋无法击败檀道济，便让轻骑兵深入宋军后侧，袭扰宋军的补给基地，烧毁宋军大量粮草。檀道济粮草不济，无法再战，引兵西进救滑台已不可能，只好狼狈败逃。

眼明者不免会有疑问，檀道济这么轻易地就被断了粮道，那么之前垣护之所谓的从齐郡西北进攻河北，岂不是痴人说梦？这还真不是垣护之吹牛。

到彦之主力大军驻扎东平时，形势绝没有檀道济时这么恶劣。其主力五万余人，足以分守要点，在黄河沿线构成互为掎角的防线，屏蔽齐郡东面的青州诸郡。这样一来，青齐诸州郡便可以成为完整的战役体系，支撑前方作战。慕容氏南燕能以数州之地、几十万百姓的规模，力抗北魏十几年，秘诀便在于此。

而檀氏北进时，沿黄诸郡县已成不设防状态，以自然之理，檀道济到前线后应该立即着手稳固诸郡的防御，为之后的反击积蓄力量。但当时形势危急，滑台城受攻，檀道济没有胆量将滑台置之度外，按部就班地经营防线，他对建康城中那位年轻皇帝的畏惧，远胜于如狼似虎的魏军。故而只能豁出命去与魏军主力决战，胜则西进救滑台，败则自身难保。从这个意义上说，檀道济的几场胜利，在战术上胜了，在战略上却败了。

这种拼命三郎式的打法，遇到年轻的魏将，或许还真能吓破他们的胆。但偏偏太武帝派来的两位都是老成持重之将——被萧承之空城计吓退即是其例，几场战斗的失败丝毫不能动摇他们阻挡宋军、保障安颉围攻滑台的决心。

檀道济无可奈何，只好继续南退。退军途中，有军士逃亡，对魏军说宋军缺粮，叔孙建、长孙道生率军急追，死死咬住檀道济。檀道济情知魏军敢追，关键就在粮食。于是他命士兵在夜里唱筹量沙，把剩余不多的大米，覆盖在沙土堆上。魏军果然上当，以为逃亡的宋军士兵故意欺骗他们，将其杀死。

檀道济命所有士卒披甲待战，自己却穿上白袍素衣，坐在板舆上悠然巡行。魏军见状，以为宋军准备充分，怕有伏兵，于是不再紧追，檀道济得以全军南返。

主力退走，引发刘宋青州诸郡恐慌，青州刺史萧思话弃城南逃，镇守下邳

（今江苏睢宁）的参军刘振之也弃城逃走。檀道济虚虚实实，又打又骗，魏军已不敢深入宋境追击，几座城池得以保存。

元嘉北伐，至此只余滑台城的战斗还在继续。自元嘉七年十一月魏军围城，到元嘉八年二月，宋军能坚持如此之久，简直是个奇迹。滑台城地处华北平原，周围无山无水，一派平坦之地，无险可守。滑台城周围仅数里之长，城不高池不深，作为一个战术性的要点勉强还说得过去，并不适合作为大军攻防的战役支点。

魏军虽然攻城能力不佳，但胜在兵力雄厚。安颉所部到达滑台后，太武帝担心兵力不够，又调司马楚之、王慧龙两个南朝降将，各率所部到滑台助战。朱修之在敌众我寡的情况下一直据城坚守，坚决不投降，展现了北伐诸将中少见的气节。

魏军的攻城手段及伤亡数字，诸史都找不到详细资料。宋军坚守到最后，粮食吃尽，不得不挖地熏鼠为食。魏军当时已尽破沿黄诸镇，朱修之没等来援兵，最后力尽城破。魏军生俘朱修之、东郡太守申谟及其兵士一万余人。

诸军奔退之时，后方基地彭城亦是人心惶惶。城中诸将都劝长沙王刘义欣退还建康，刘义欣严词拒绝，继续坐镇。因而诸镇狼狈之余，彭城仍然发挥着强大的支援调度作用，稳定了前线形势，使得失败没有形成雪崩效应。

正是因为檀道济的搏命出击、朱修之的拼死抵抗以及刘义欣的镇定，魏军也感受到南朝并非赫连夏式的国家，才不敢深入南犯。司马楚之上表请求太武帝继续南伐，太武帝以连年动兵，不宜再起大战为由拒绝了。宋魏之间第一次大规模战役结束。北伐失败的相关责任人都受到严惩。

弃城而逃的竺灵秀与姚耸夫均被杀；萧思话虽然也弃城而逃，但因为没有造成多大损失，再加上他是宗室子弟（刘裕继母萧太后的娘家侄儿），所以只是被免了官。后来战事又起，宋文帝便将其罪责全免了，令其继续率军征战。萧氏在第二、第三次元嘉北伐中还有事迹，容待后叙。

王仲德自彭城退还后被免官，但退兵主责不在他，之后檀道济领兵北救滑台，他又起复与将军一同北征。战后被任命为徐州刺史，率军镇守彭城。但这位刘裕时代屡立战功的名将，经此一役失了所有锐气，再也没能延续早年荣光，元嘉十五年黯然卒于任上。

到彦之对元嘉第一次北伐失败负有不可推卸的主要责任。退兵后宋文帝将其免官下狱，但迟迟没有定罪。过了一年，宋文帝便将其释放、复官，任命为护军，重掌中枢军权，甚至还要恢复他之前封侯所得的食邑。到彦之自知北伐大败无法向世人交代，没敢接受，于元嘉十年郁郁而卒，文帝宣布尽复其封邑。随着时间推移，到彦之的罪责居然逐渐淡化。宋孝武帝时议定宋文帝的配飨之臣，居然又把这位丧师失地的无能之辈，与王华、王昙首一同列入配飨名单，表面看起来算是生荣死哀，然而文帝以此凡庸之才配飨，于皇帝名望而言，无疑是大大的嘲讽。

朱修之被俘，魏太武帝嘉其忠于王事，授官为侍中。后来魏军进攻北燕，有在魏的刘宋降官密谋起事刺杀太武帝，事泄被杀。朱修之与另一位刘宋俘虏邢怀明逃往北燕。在北燕一年，燕王冯弘不怎么重视他。后来宋使从建康泛海至辽东，恰巧碰见朱修之，冯弘才知道他是南朝重臣，于是派他回南朝，请宋军出兵救燕。朱修之返回宋国后受到礼遇，后来官至尚书、太仆。

垣护之建言得当，撤军后受到宋文帝赞许，升任为太守。垣护之有胆有识，后来的北伐战争中亦两次随军征战，在主将畏敌如虎的情况下全师而返。

檀道济三十余战大胜，文帝虽然对他颇为忌惮，却不得不为了堵住悠悠众口，提升他为司空，持节、常侍、都督、刺史等原有官职依旧，让他领兵重回江州（今江西九江）镇守。檀道济虽然忠于王事，竭尽全力稳定形势，文帝对他却始终有所猜疑。后来第二次元嘉北伐举行廷议，文帝居然说檀道济两次率军北征不胜而还，是其"养寇自资"，让檀道济甚是寒心。

长沙王刘义欣战后调任豫州（今河南汝南），总管司、豫、雍并诸州军事，在寿阳镇守。这位年轻的宗王既有才能，又有担当，可惜天不假年，于元嘉十六年逝世，年仅三十六岁，令人叹惜。

汝南之战

元嘉八年，第一次元嘉北伐结束后，魏军连年动兵，国力需要恢复，没有乘胜向河南纵深发起进攻，两国分界线维持在今河南中部一带。直至元嘉二十七年（北魏太平真君十一年，450 年），宋、魏重燃战火。

太平真君十一年春，魏太武帝巡幸洛阳，决定在南部边境举行一场盛大的狩猎活动。北魏还向刘宋发了一道带有侮辱意味的文书，说魏军只是狩猎，请宋军不要大惊小怪。魏军的真实意图大概是掠夺刘宋边境，以补给大军后勤，在此基础上或有继续南进的意图。

惩于十九年前那场痛彻心扉的惨败，刘宋方面对北魏的行动保持高度警惕。宋文帝对边境诸州镇下诏：如果魏军小规模出动，则紧闭城门执行坚壁战略；如果魏军大股兵力到来，则弃城保民，率沿边军民向寿阳退却。

为什么向寿阳退却呢? 黄河防线失守后，自荥、洛向南，几乎无险可守。洛、汝、颍、涡、濉、泗等诸条水系，根本起不了阻挡魏军的作用。只有再向南退，到达淮河主干流的汝南、弋阳、寿阳一线，方能达成阻水为险的有利防守态势。

同年二月，魏太武帝率十万步骑从洛阳出发，经汝州，向汝南一线进军，声势浩大，自元嘉七、八年以来达到极点。刘宋南顿（今河南项城）、颍川、汝南、新蔡等地的郡守手下兵少，自感无力抵挡，纷纷率郡民向寿阳撤退。魏军在淮西六郡（即河南境内淮河上游诸郡，包括汝南、南顿、汝阳、颍川、新蔡、陈郡）大肆烧杀抢掠，消耗刘宋的储备，掠夺刘宋的人口，极大压缩了刘宋在河南的防守力量。

魏军南进至汝南郡城悬瓠城（今河南汝南，瓠音 hù），才遭到有力抵抗。当时宋文帝第四子、南平王刘铄以豫州刺史的身份出镇寿阳，都督豫、司、雍、秦并诸州诸军事，刘铄派右军行参军陈宪到悬瓠城暂代郡守之职，意在加强汝南的防务。

　　谁知魏军行动极快，陈宪刚到城中，魏太武帝便率大军杀到城下，迅速将该城包围起来。悬瓠城士兵不满千人，陈宪没有畏惧，迅速措置防务加紧守备，与魏军展开了一场血战。

　　魏军经过几十年扩张战争，攻城技术逐渐提高，此时已能造出冲车和楼车，并训练出一批操作技术较为娴熟的步兵，进攻城池有条不紊，效率相当高。以十万之众攻不满千人据守之城，看似是一边倒的局面，然而魏军却感到越来越难打。

　　陈宪在女墙内修筑了新栅墙，使得魏军在以冲车、大钩破坏了南城墙体的情况下仍然攻不进去。魏军的楼车造好之后，开始向城内射箭，矢如雨下，打得宋军抬不起头。陈宪亲自上城督战，死死守住城头。爬城仰攻的魏军被杀万余人，城内宋军也死伤过半。陈宪虽知坚持下去也没什么希望，但仍死战不降，大有当年毛德祖死守虎牢关之风。

　　悬瓠城激战之时，建康方面也时刻关注着局势。宋文帝得知悬瓠城内只有数百残兵，知道这么打下去不是办法，于是令镇守彭城的武陵王刘骏出兵袭击汝阳，以解汝南之围。一个名叫吴香炉的台城禁军队长，亲自带着敕命从建康驰赴彭城，当面把命令交给了武陵王刘骏。

　　刘骏，字休龙，小字道民，文帝第三子，爵封武陵王。当时的官职是都督南兖、北兖、徐、青、冀、幽六州及豫州梁郡诸军事、安北将军、徐州刺史，所部兵马都在彭城。按理来说，彭城在北，离汝阳更远，文帝为何如此安排呢？

　　原来魏太武帝一直对寿阳比较提防，对彭城方向反而不甚在意，宋文帝虑及于此，便想让彭城兵马打魏军一个措手不及。刘骏立刻行动起来，征发彭城百里以内的战马，共收集一千五百匹。按照文帝的诏命，刘骏要以一千骑人马，携带三日的粮草，轻兵奇袭汝阳城，迫使魏军解围。

　　刘骏本打算以别驾刘延孙为首将，但宋军素来没有骑兵作战的经验，远驰八百里，这也是破天荒头一遭，到底怎么打、能打成什么样，刘骏手下谁也没底。刘延孙胆怯不敢出战，于是举荐参军刘泰之出战。刘骏便任命刘泰之为主将，以安北将军府骑兵行参军垣谦之、田曹行参军臧肇之、集曹行参军尹定、武陵国左常侍杜幼文为副将，五个将军各领三百骑兵，向汝阳发起攻击。

为什么要打汝阳呢?当时汝阳是北魏的后勤补给中心，由永昌王拓跋仁率一万人驻守，城内有从淮西六郡劫掠来的百姓，以及大量辎重。汝阳在汝南之北，不到四百里，正好在魏军能顾及的范围之外。如果宋军掐断这个战略要点，汝南魏军后路被断，必然全军北返，悬瓠城之围不战而解。

刘泰之率军狂奔至谯城，精简战马，余下一千一百匹，而后继续向汝阳突袭。骑兵远距离奔袭，最要紧的便是要备足副马，以便激战后能以生力之马迅速脱离战场，这是轻骑兵击敌全己的不二法门，宋军与魏军作战数十年，这个常识岂能不知?既然知道，仍这么不要命地进攻，全然不给自己留条后路，只能说，宋军这是准备以命换取一场胜利。可叹，可嘉，可悲!

魏军完全没有想到彭城方向会有宋军杀到。刘泰之奔袭至城下，见其城北三里扎着一座大营，营外没有哨兵，防守十分松懈。刘泰之即令众军杀入大营，一时间手起刀落、血流成河，魏军被杀三千余人。

营内鲜卑高官居住的毡屋，帐中器物、甲仗精美，餐饮具都是金器，宋军料知是北国大官，将几座毡屋里的虏酋都杀死，营中辎重也付之一炬。

魏军大营崩溃，士卒抱头鼠窜。被掳掠的刘宋百姓趁乱向东逃跑，边跑边向宋军将士大喊:"官军痛与手（官军狠狠地打）!"刘泰之等刘宋将领在百姓的鼓舞下，忍着连日奔波的疲劳，不断追击魏军。

追击持续了一个白天，宋军疲劳至极，于是带着战利品向汝南撤退，结果途中被一部魏军截击。该部魏军只有五百余骑，宋军激战之余，人员困乏，战马又严重不足，无力应战。刘泰之本打算指挥众军结阵应战，结果垣谦之率本部逃离战场，引得其他几部全部溃散，纷纷向东南逃去。途中又迷了路，被溵水拦住去路，军士纷纷下马渡河，刘泰之不愿逃走，毅然下马坐地（马已经跑不动了），拼尽最后的力气与追兵厮杀，结果当场阵亡。

另一位将军臧肇之渡河时落水淹死，其余人逃脱，回到彭城时仅剩残兵九百余人、马四百匹。宋文帝对这次奇袭行动失败非常恼怒，下令诛杀先退兵的垣谦之，其余人等各自受到相应处分，武陵王刘骏的军号也由安北将军降为镇北将军。

史书中对此战记录的口吻也是失败的，但若从实际效果来看，宋军以两百余人、一千余匹战马的代价，斩杀魏军三千余人、烧毁一座大营、解救被掳的六郡百姓、捣毁魏军后方辎重补给中心，这样的战略意义是不可估量的。

魏太武帝拓跋焘也被这次惊心动魄的奇袭打得心惊肉跳，对部下说："一直提防寿阳方向的兵，谁料彭城竟然还有此奇兵，差点中了南朝的计！"此时悬瓠城的战斗已经持续了四十多天，魏军死伤万余，仍然攻不下城池，太武帝失了信心，率大军北返，途中闻知刘泰之被杀、骑兵惨败，又停驻在汝阳观望情况。

刘宋又遣大将臧质、刘康祖率寿阳之军增援悬瓠。魏军任城公拓跋乞地真率军迎战，结果被宋军击败，拓跋乞地真被杀。太武帝见大势已去，只好烧营北走，结束了这次南攻作战。宋军不敢追击，各自收兵而还。

悬瓠大战陈宪立下奇功，宋文帝下诏任命其为汝南、新蔡两郡太守，赐军号龙骧将军。又赐给悬瓠城一万匹布帛，分别颁赏给城内文武吏员及守城有功者。

这场战争就像是刘宋第二次元嘉北伐的前哨战。从总体上看，宋文帝对战争的走势判断基本正确，其"小寇守、大寇走"的策略，在一定程度上避免了丧师失地的困难局面，并且发挥了淮西诸郡的防守作用。

奇袭汝阳是整个战役中的神来之笔，宋军以决死之心和强大的执行力，完成了一次不可能的任务，生生把战术行动打成了战略行动，这说明宋军还具有相当强的战略能力。从某种程度上说，宋文帝之所以敢发动第二次大规模北伐，与这些战役透露出的信息有直接关系。

北伐之议

北魏大军撤还后，宋文帝立即准备发动北伐。关于这次北伐，刘宋朝中的意见不一致。

支持者大概有吏部尚书江湛、太子詹事徐湛之等人。江湛出身寒门，对政事颇有见解；徐湛之是宋文帝长姐会稽公主的儿子，既是皇家亲贵，又历任中书令、丹阳尹等职，十分了解宋文帝的心思。他们的意见，可以说是宋文帝意志的反映。最坚定的支持者，也是直接让文帝决定北伐的是王玄谟。

王玄谟出身自太原祁县王氏，其祖辈转迁南燕，刘裕伐南燕后随例迁到江东。王玄谟为人颇有见识，谈吐不凡。刘裕曾与他接触过，交谈后认为他非常不错。王玄谟后来在汝阴镇守，对河南的人文地理颇有了解。第一次元嘉北伐失败后，他曾向文帝上书分析败因："黄河三镇陷落，原因不在于将领不善战，而在于根本不固。所谓根本，即是兵力运用问题。到彦之北伐，用的都是江东士马，远道北进，拔离本乡，难免十分劳苦，千里转运粮饷也非常困难。如果北伐目标是恢复河南，不如就近选用襄阳、南阳一带的兵力，直指崤函，则可稳定进占这一地区。"

这番见识倒也有几分道理，当年桓温北伐便是以荆、襄为基地，就近进攻洛阳、关中，取得辉煌战果。宋文帝感到十分受用。此后王玄谟又屡屡就北伐问题奏陈意见，宋文帝对左右近臣说："听了王玄谟的陈说，使人有封狼居胥之意。"

反对者以太子刘劭、太子步兵校尉沈庆之、护军将军萧思话、镇守寿阳的南平王安蛮府校尉刘康祖为首。除了太子刘劭，其余几位都是军事经验非常丰富的将领。萧思话常年在青、齐诸郡驻扎，十分了解宋魏双方的军事形势对比，认为北伐胜算不大。

沈庆之的反对意见最具代表性。沈庆之是吴兴著姓沈氏人物，刘宋建国时，沈氏兄弟先后进入雍州（今湖北襄阳）刺史府，沈庆之甚有谋略，在镇压剿捕雍州一带的蛮民时立了很多功劳，后来积功转为太子步兵校尉。

沈庆之认为："马步不敌是宋魏最突出的形势。檀道济两次出兵北征（指明元帝时救青州和第一次元嘉北伐），到彦之率精兵北伐，都无功而返。如今若是让王玄谟率军北伐（文帝当时信任王玄谟已是人尽皆知），此人未必比檀道济和到彦之高明（沈庆之也真是敢说，要知道檀道济已经以谋反大罪伏诛，早被文帝打入'冷宫'），军队的规模也和元嘉七年差不多，勉强出兵北伐，恐怕又要丧败。"

宋文帝当庭说出了自己的考虑："魏人倚仗的只有骑兵，如果我军趁夏季水涨，以水军大举北进，自淮入泗、清、河（黄河），恢复碻磝津易如反掌；而后乘船西进，必然能轻易拿下滑台城。根据这两个要点整军集粮、壮大军力，虎牢、洛阳悬在河上，早晚是囊中之物。等秋冬时节，我军已经巩固了诸城防守，魏人就算过了河也于事无补。"

这样的战略，与第一次北伐并没有什么区别，沈庆之认为不妥，反复与文帝争论。文帝怫然不悦，不愿多费唇舌，便叫徐湛之、江湛出来与沈庆之争论。沈庆之气愤地说："耕当问奴，纺当问婢。如今陛下打算出兵北伐，却与白面书生谋议，岂不是胡闹？"文帝尴尬地笑了笑，没再说话。

刘康祖位卑言轻，不敢直接反对北伐，只是请文帝不要太急，淮西诸郡新遭大掠，民力衰疲，不是举兵的时候。文帝仍然没有听从。

魏太武帝北撤时料到宋文帝会出兵反攻，便写了封国书交给南朝。书中言道："南朝一向不讲道义，此前盖吴在关中作乱，南朝各种招诱。有胆量的话，怎么不直接出兵攻取呢？我往淮西劫掠大量人口财富，比你们招诱进展快多了！你们之前与柔然、赫连、冯氏、高丽私相勾结，如今诸股敌人都已被我消灭，只剩江南苟延残喘，速速准备好各种供应之物，来年秋天我一定来取。"

一番编排嘲笑之后，书中开始指斥刘宋内部的各种乱象。突出的有两条：其一，刘义隆嫉贤妒能，裴方明攻取仇池（今甘肃陇南仇池山一带），乃是敢战之将，刘义隆却容不得他，一刀将其杀了；其二，刘裕时代留下的老臣，不乏有勇有谋之辈，现在已被诛杀殆尽（概指文帝上位后诛杀徐羡之、傅亮、谢晦以及元嘉十三年杀檀道济等）。

与此同时，魏太武帝还有恃无恐地指出了双方战术上的优劣。南人有一手绝活：夜间袭营。百余年来北军屡屡中计，如今魏军已经识破了这个伎俩，并且已经探索出了应对之策。魏军营外白天让骑兵来回巡逻，使南兵无法靠近；晚上则拔营后退百余里，与南军隔开。就算南军趁夜前来，也不过行进五十里，如果天亮被魏军发现，以骑杀步，南兵岂有生还之理？

魏太武帝的国书写得不伦不类，好似乡间农夫对骂，宋文帝看得心里一惊，却也不回一字。后来魏太武帝听说南朝北伐决策已定，又致书宋文帝，言道："南北两国和好日久，我今年春天出兵南巡，只不过是把属于我的百姓接回北国。你们南朝居然又兴无名之师，贪图我朝土地。如果有本事来，能走到桑干河、平城，那就随意来，来也不迎，去也不送。如果厌烦了在南方居住，可以来平城，我搬到扬州去住。你南朝皇帝都五十多岁了（刘义隆当时四十四岁，拓跋焘这是胡搅蛮缠），还能出远门吗？我如今送你十二匹好马，以及毛毡、药等物品，好让你在路上舒服一点，如果半路得了病，也能救个急。"

宋文帝见书又是恼怒又是好笑，两国大战，君主之间斗嘴算怎么回事？元嘉二十七年七月，宋文帝正式下诏北伐。

为了这次出兵，宋文帝开始全国动员，上至王公、妃主及在朝官员、各地刺史郡守，下至民间富户，各自捐献金帛、杂物以补充军费。文帝本人以身作则，减少膳食以及日常所用，以示态度。

又因现有兵力不足，于是全面征发青、冀、徐、豫、南兖、北兖六州的民夫，采取三五检发的方式，扩充兵力。令下之日，十天之内要征召、装束完毕。因为涉及的地域广大，朝廷索性连集中检发都取消了，长江南北的五个郡，士兵都到广陵集合，淮河南北三郡的都到盱眙（xū yí）集合。同时还以厚赏招募了一批马步武艺高强的力士，使之充当战斗骨干和低层将领。

随着战争准备工作的广泛展开，刘宋国库接连告急。宋文帝没办法，又下令让扬、南徐、兖、江四州的富民，家产满五十万的、僧尼满二十万的，统一强制借四分之一，待北伐战争结束再退还。

古怪的部署

宋文帝派出的兵力，分为东、中、西三个方向，每个方向又分为前后梯队。

东路是宋军进攻的主力，目的如宋文帝所说，要攻下碻磝、滑台一线，从东南方向构成敌方河北腹地的威胁，同时牵制魏军主力，使其无法兼顾虎牢、洛阳一线。以青冀二州刺史萧斌为一线统帅，率青冀诸州军马进攻碻磝、滑台一线，宁朔将军王玄谟、太子步兵校尉沈庆之为前趋，率一万水军入河，直指碻磝，这是第一梯队。武陵王刘骏率徐兖诸州兵马为后继，这是第二梯队。

中路，以太子左卫臧质率东宫禁兵，统骁骑将军王方回、建武将军刘康祖、右军参军梁坦，步骑兵共十万人，进攻许昌、洛阳一线，这是第一梯队主力。都督豫、司、雍、秦、并五州诸军事，南平王刘铄率雍州兵马（主要是襄阳、南阳一线）作为第二梯队。

西路，雍州刺史随郡王刘诞，率雍州兵马及荆州一部兵力，进攻武关（今陕西商洛），这是第一梯队。护军将军萧思话率龙骧将军杜坦、宁远将军刘德愿（时任竟陵太守）进攻武关，这是第二梯队。西戎校尉史秀之，率辅国将军杨文德，宣威将军兼巴西、梓潼二郡太守刘弘宗，自汉中方向进攻关中西部，这是第三梯队。

此次北伐的居中总调度是皇弟江夏王刘义恭，他以使持节、侍中、都督扬南徐二州诸军事、太尉、领司徒、录尚书事、太子太傅、国子祭酒的身份，率领部分京师禁卫军主力，出屯徐州，作为诸路军马的总指挥。

北伐的总布局，吸取了第一次元嘉北伐的失败教训，以及王玄谟等人的建议，总体上以分进合击的战略，迫使北魏分路应对，达到分散其兵力的目的。宋军的兵力，既有京师兵力，也有前线各州镇的驻防兵，这在一定程度上避免了王玄谟所说的"民惮劳役之苦"。

然而其中也有一些令人不解之处。

宋文帝的主攻目标显然是黄河下游，即滑台以下的河防线。这一战略部署总体上看是正确的，此段黄河的东南侧是青、齐、冀诸州，粮食储备、人力储备以及城池防守都比较完善、充实，可以提供坚实的进攻基础。同时，此地泗、清诸水直贯黄河，交通发达，进可攻退可守。既然主攻方向如此，就应该把最强的兵力放在碻磝方向。但王玄谟麾下兵力仅有一万人，而且都是步兵，缺乏必要的陆上机动能力以及充沛的攻坚能力。

此路兵力的将帅搭配也不太合理。王玄谟就是个靠嘴博出位的草包，类似于马谡，但没有马谡那么高的水平。因此当年刘裕虽然被他的言论吸引，却没有大用他，就是嫌他言过其实、不堪大用。王玄谟的副手沈庆之无论军事经验还是胆识勇气，都比王玄谟高很多，虽然没有参与指挥过重大战役，但作为具体战术方向上的领军之将，无疑要比王玄谟更出色。

作为整个东路的实际统帅，青、冀二州刺史萧斌的能力与他的职位不匹配。萧斌与萧思话同是外戚子弟，宋文帝非常器重他。此人先前在彭城王刘义康帐下任谘（zī）议参军、豫章太守、南蛮校尉，没有任何出军作战的记录。这样的将帅班底，使得本来有可能取得最大突破的东路军方向，战斗力大打折扣。

元嘉二十七年七月乙亥，宋军沿河进至乐安（今山东广饶），北魏在乐安置青州，但兵力不多，见刘宋大军前来，魏军守将张淮之弃城逃走。

与此同时，建武司马申元吉率步骑万余人进至碻磝。北魏的济州治所就在碻磝城，守将王买德据城抵抗，不敌，王买德无心久战，弃城逃跑。申元吉俘获奴婢一百四十口，马两百余匹，驴、骡两百，牛、羊各千余头，毡七百领，鹿细车三百五十乘，地仓四十二所，粟五十余万斛，城内居民家藏粮食二十万斛，野田待收的庄稼三百顷，铁器达三万斤，大小铁器九千余件。

收复碻磝是此次北伐的第一场胜利，刘宋方面显然非常高兴，因此缴获物资记录得如此清楚。萧斌率主力进至碻磝，见城守物资比较丰富，便与沈庆之留驻，令王玄谟率前锋沿河西进直取滑台。

将领的能力如何，只有经过实战才能看得出来。萧斌长居南方幕府，此前未与北魏交过手，对河南的军事形势、地理概况完全不了解。宋军攻克碻磝以后，下一步的进攻方向有二：一是攻取滑台，与中路虎牢、洛阳方面遥相呼应；二是渡河后继续向河北方向进攻，以牵制魏军主力南下。过碻磝再向西不到三百里，就是河北重镇邺城。前者是相对保守的方法，后者相对激进。如果后续宋军像当年刘裕伐后秦一样迅速跟进，那么进取邺城将是此次北伐的拐点，魏军主力被强行留在黄河以北，这又是一番局面。然而宋文帝将十万大军置于中路，东路大概只有数万人，进取邺城的激进策略根本无法实施。

萧斌派兵进攻滑台，看似是扩大战果的正确之举，但这背后是极大的战略失误。最关键的失误是将主力留居碻磝、广饶一线，过于看重与后方青、齐、冀诸州的联系，不敢太靠前。而王玄谟的主力又过少，构不成一个方向上的强点，扩大战果孰非易事。

王玄谟沿水路进至滑台，兵力虽然不多，但器甲精良，军容甚盛。王玄谟从纸上谈兵进化到独掌一军之后，没有自思责任之重，反倒先摆起了当主将的架子。他事事刚愎自用，听不进部下的意见，又喜欢靠刑杀来树立威信，与部下的关系十分紧张。

北魏在滑台的守军不多，只能据城坚守。宋军初到城下，筑台向城内瞭望，发现城内有许多茅顶屋，诸将请求向城内射火箭将之焚烧，以消耗敌人的防守力量。王玄谟却认为滑台城是囊中之物，烧了太过可惜。城内很快也反应了过来，迅速将茅屋撤掉，挖地以建窟室，以避火焚。

王玄谟根本没把攻城作战放在心上，攻城之余，还在军营中贩卖物资，一匹布索要八百只梨，如此贪婪鄙琐，大失人心。

王玄谟漫不经心地围城时，北魏方面也展开了反攻。魏太武帝亲率大军来救滑台，号称百万之众，鞞鼓之声震天动地，宋军听后军心大动。当时滑台已经打了十几天，迟迟没打下，王玄谟自感无法支持，便想南撤，以躲避魏军的锋锐。

当时垣护之正率一百只小舸前出石济津，负责切断滑台与上游的联系。垣护之听闻魏军主力前来，生怕王玄谟不战而走，致书劝其速速集中精力、不惜代价攻破滑台，然后入城据守，这才是抵御魏军的正道。王玄谟没有听从。帐下诸将请求将战车列到营外，以作固守之计，王玄谟仍然不听，还没等魏军前来，也没向垣护之通报情况，匆忙引兵撤退。魏军开城追击，宋军死伤无数。

垣护之闻知主力败退，立即率本部沿河撤退。魏军用王玄谟败退时留下的大船，几艘船连起来，中间用三重铁索拦起来，阻断黄河河道，想把垣护之拦在滑台。当时正值丰水季节，黄河水量充沛，水势迅疾，垣护之令大船疾速前进，碰到铁索，便用长柄大斧砍断。魏军没有水军，无法阻止。垣护之顺利冲破阻碍，只损失了一条船，其余兵力全部安然回到宋境。

萧斌这位公子哥没跟魏军交过战，听说魏军来救，派沈庆之率五千精兵增援滑台城下的王玄谟所部。敢以五千兵马阻挡魏军百万之众，也算得上无知无畏了。幸好沈庆之头脑清醒，言称没有数万兵力绝不能轻易去送死，萧斌固执地命令沈庆之迅速出兵。正争执不下时，王玄谟已经退回碻磝。萧斌气得令人逮捕王玄谟，要在军前处斩。

王玄谟从败退开始便觉得心惊肉跳、寝食难安。晚上梦见有人告诉他，诵《观音经》一千遍就能免死，上刑场前他还一直絮絮叨叨念个不停。最后因为沈庆之认为大敌当前不宜自斩上将，反复苦劝，王玄谟总算保下了一条命。

萧斌本打算坚守碻磝城，沈庆之认为："敌军势大，不可作无谓的牺牲，否则将重现当年朱修之的悲剧。为今之计，应当退回历城，以确保青、齐、冀诸州的安全。"此时朝廷的圣旨也发至前线，严令萧斌不得随意弃守。王玄谟自请将功补过，留守碻磝，垣护之和申坦之据守清口。其后魏军主力来攻，东路宋军再也坚守不住，只能眼睁睁看着魏军主力南下。

孤掌难鸣

东路大败的时候，中路军还在积极进攻。

南平王刘铄发兵出汝南，遣中兵参军胡盛之进攻长社（今河南长葛）。长社离魏境太远，又处于平地，易攻难守，魏军守将鲁爽弃城北逃。鲁爽的祖父鲁宗之原本是晋臣，曾跟随刘裕灭桓玄，立过战功。但鲁宗之自认为不是刘裕的北府嫡系，君臣互有嫌隙，后来跟随司马休之背叛南朝投奔了北朝。鲁宗之死后，其子鲁轨似乎有些后悔，频频与刘宋沟通，但因为他曾杀了刘虔之、徐逵之，最终没有归顺。鲁爽也有意归顺，只是未得其时。此时不战而退，难说没有这一层因素。

刘铄又遣幢主王阳儿、张略进军小索（今河南荥阳市北），并击败北魏豫州刺史仆兰。另一位将军到坦之，在荥阳当地豪强郑德玄、张和的武装策应下，进攻大索，占据了虎牢关外围的两个重要据点。

魏将拓跋仁率军南下救援，到坦之没能取胜，向南败退。拓跋仁乘胜追击，在尉氏津与北上增援的宋将刘康祖打了一场遭遇战。拓跋仁有兵八万余人，刘康祖部下仅有八千人，于是下令把战车结成方阵，且战且退。刘康祖抱定必死之心，下令军中，有回头望南者斩首，向后退一步者斩足。魏军以骑兵四面围攻，从早上打到傍晚，魏兵死者达万余，宋兵也死伤惨重，活着的人无不流血至踝。刘康祖受十处创伤，仍然壮气勃发，死战不降。

拓跋仁见实在打不下去，便把部队分为三部分，轮流进攻。此时天晚起风，魏军骑兵把草扔到宋军战车上，顺风放火。刘康祖根据缺损加以补充，防线始终没被突破。在魏军的箭雨中，刘康祖脖子上不幸中了一箭，坠马而死。宋军残兵丧失斗志，终于溃败逃跑，魏军继续追击，将宋军残兵掩杀殆尽。

据史料记载，中路宋军有十万人，但战斗情况极少。且一战即败后，南平王刘铄立即转到了寿阳方向，大概宋军此路兵马的实际数量不多，进攻乏力，退守也抵挡不住魏军。

唯有西路军进攻取得了不错的战绩。随郡王刘诞以其中兵参军柳元景为统帅，指挥诸郡兵经鲁阳（今河南省三门峡市卢氏县）向卢氏县（今河南鲁山）一带进攻。

柳元景，字孝仁，河东解（今山西运城）人，自其曾祖父柳卓在两晋北人南迁大潮中，南迁至襄阳，此后世代为官。柳元景通晓军事，骁勇善战，在襄阳屡随其父征伐蛮人。宋初荆州刺史谢晦、宗室刘道产、刘义恭以及宋文帝都非常欣赏他，刘骏、刘铄相继镇守雍州，引他为重要军事僚佐，在镇压群蛮暴乱中发挥了很好的作用。

元嘉二十七年八月，柳元景指挥振威将军尹显祖、奋武将军鲁方平、建武将军薛安都、略阳太守庞法起四将，率众攻卢氏县，广威将军田义仁攻鲁阳，作为大军的侧翼掩护。

刘铄的后军参军庞季明年已七十三岁，本是后秦大族（大概是秦州南安庞氏人物，南安在今甘肃陇西县），在后秦时对西北羌人很有号召力，自告奋勇要入旧秦之境招诱当地人。刘铄嘉其壮心，令其率一部兵力进入卢氏县一带。卢氏县人赵难果然接纳了庞季明，弘农人强门此前有意南投宋朝，此时也投奔庞季明。

至十月，尹显祖、鲁方平、薛安都、庞法起各率所部进至卢氏县，尹显祖屯于卢氏县南的赀谷，其他三位攻至卢氏县。北魏永昌王拓跋仁进至弘农，得知卢氏县告急，立即加强戒备与诸路宋军对峙。

柳元景率雍州本部大军兼程进发，进至卢氏县。卢氏县以北皆是山区，大军深入敌境，军粮转运不易，必须尽快决战，攻克敌人的重镇，以解决粮食问题。因此柳元景督率诸路军马倍道兼行，很快进至弘农城外的方伯堆。

两千余魏军抵近宋军大营观察，宋将庞法起迅速令左右翼大军展开队形，远程射箭，魏军兵少未战，迅速退走。宋军随即制造攻城器械，进围弘农城。

弘农守将李初古拔率军上城防守，宋将庞法起、薛安都、鲁方平各率所部鼓噪攻城。大概是庞季明的招诱政策起了作用，弘农城内的百姓有心归顺南朝。李初古拔在南城上指挥战斗，城内三千余人纷纷跑上北城楼，有的竖起白旗，有的士兵射箭把箭镞去掉，城下宋军薛安都所部轻松攻进北城，李初古拔被生擒。

宋军乘胜向西进攻，庞法起进逼潼关。一部宋军在进军途中攻陷金门坞并屠城，该坞守将李买得被杀。李买得是李初古拔的儿子，拓跋仁的长史，骁勇善战，在北魏十分有名。拓跋仁闻知李买得战死，如丧左右手。

但拓跋仁的防守重点并不是弘农，而是洛阳。且东路、中路宋军被击退后，魏太武帝拓跋焘迅速把进军重点确定为淮北。拓跋仁把李买得留在弘农一线，自己率大军东奔洛阳，与太武帝会合进攻寿阳一线。弘农、陕城、潼关一线，只能依靠当地驻军组织抵抗。

柳元景夺得弘农城后，察觉到魏军主力向东转移，因此改变了既定的坚守弘农、同步西进的策略，令原驻弘农的猛将薛安都率主力东进，与庞季明、赵南等人共同进攻陕城。自己则率主力在弘农督收租税，以补充军用。薛安都等进至陕城，立即攻入罗城，扎下军营与内城魏军对峙。同时赶制攻城器械，准备攻城。

陕城兵力寡弱，任由宋军进攻可不成。北魏洛州刺史张是连提率两万兵马前来救援，薛安都、鲁安平率兵在城南列阵迎击。为防止城内魏军出城合击，宋军还分出一部分兵力在南门堵截，形势十分危急。

张是连提欺负宋军步多骑少，纵骑兵冲击。宋军不敢轻易分散迎击，只能以相对呆板的步兵阵列迎击。薛安都本是河北汾阴人，世代将家，长于骑射，见魏军如此盛气凌人，他单枪匹马突入魏军骑兵阵中，四面刺杀，所到之处敌人无不落马。宋军在主将的带领下勇气倍增，鼓噪向前。

魏军骑兵仍然死战不退，薛安都脱掉盔甲，只穿一件两当衫（没有袖子的上衣，只有前后两片，易于穿脱，衬在铁甲里面以防止铁甲与身体的摩擦），马也去除具装（披在马躯干上的铁甲，有一定重量），轻装突阵，来去如风。魏军引弓射之又射不中，被杀者甚多。薛安都反复冲入敌阵四次，始终毫发无伤。

两军激战之际，宋将鲁元保率一部军马到达陕城城下。这种时候任何一方增加生力军，哪怕只是千余人，都足以扭转形势。魏军越打越丧气，宋军不仅打不死，还越打越多，自明元帝南进以来，哪里发生过这种事？

其实不光魏军纳闷，薛安都他们也纳闷：柳元景的主力正在弘农城里收集粮草，不可能来得这么快，鲁元保是从天而降的吗？

鲁元保受命据守函谷关（在陕城西面），但魏军大队人马救援陕城，周边局势一变再变，鲁元保所部兵少，这点兵力不足以扼守函谷关方向，鲁元保思索之后便率所部人马结成函箱阵（可防骑兵冲突），多列旗帜，从山中徐徐退出。

魏军被鲁元保这一小股兵马吓得心胆俱裂，将漫山遍野的旌旗当作柳元景的主力军，张是连提丧失信心，率兵逃入城中。

鲁元保此举虽是抗命，但他是根据实际形势的变化主动改变不利处境，与陕城主力会合，在局部形成兵力强点。看似阴差阳错，实则打出了主动性与灵活性，与当年刘裕北伐后秦时有相似之处。如果诸部宋军都有这样的战术灵活性与主动执行力，何愁不能与北魏大军抗衡呢？

次日魏军饱食后再战，宋将薛安都与鲁方平率骑、步兵各成一阵，形成掎角之势，与魏军相持。交战前，鲁方平对薛安都说："今强敌在前，坚城在后，若不胜就是死。如果你不勇猛向前，我先斩你！如果我不向前，你也先斩我。"薛安都是个粗爽刚直的汉子，辞气慷慨地答道："我岂是惜命之人？！"

两人各率所部，与魏军又展开拼杀。正在激战之时，魏军后侧突然又出现一支军马。与昨日鲁元保虚张声势不同，这支宋军悄无声息，偃旗息鼓，直到快到战场时才突然竖起旗鼓，以极快的速度投入战斗。

这股生力军又是从哪里来的呢? 原来围攻陕城时，鲁方平自感兵力不足，遣使向柳元景求援。柳元景遣其副将柳元怙率两千精兵连夜赶来，一夜时间赶至陕城。此时突然投入战斗，瞬间摧毁了魏军的抵抗意志。

柳元怙和幢主宗越率领骑兵冲入魏军阵中，薛安都也再次施展轻骑突阵的功夫，杀得魏军节节败退，薛安都手上的血凝到了肘部，矛也折了，换一支再战。从早上战至日昃，魏军大溃，张是连提阵亡，魏军战死的有三千余人，被生擒的有两千余人。

陕城守军随即崩溃，宋军终于占据弘农、陕城一线。此役是第二次元嘉北伐中，宋军取得的最辉煌的一次胜利，洛阳以西、潼关以东基本被宋军控制，魏军关中、河东受到极大威胁。

柳元景查问俘虏的兵众，发现有不少是河内的汉人，与河东离得很近。旧土的民心偏向北魏，柳元景感到十分不解，诘问他们为何不心向正朔，反而帮助胡虏。这些汉人士兵叫苦不迭，说魏军铁骑驱使汉兵向前，不向前便会被杀，都是被逼无奈。诸将请求杀了这些人以儆效尤，柳元景虽然也很恼怒，但顾及感化关西的旗号，下令尽数释放。

其后，柳元景率诸军继续进攻函谷、潼关一线，大军前锋行经当年王镇恶、檀道济入关时屯驻的故垒。遥想三十多年前关中父老见到刘裕大军，感动得流涕迎接，此时宋军又至关中，恢复关中似乎遥遥在望了。

关中自盖吴起义以来，旧日秦、夏遗民诸胡人心浮动，响应宋军的有很多。北魏河东部队纷纷经风陵渡向潼关一线进击，企图截断宋军后路。柳元景虽然想尽办法在弘农筹粮，但征得的粮食不多，加上后援距离太远，军中粮食已经渐渐接续不上了。虽然又打了几场胜仗，仍能有效控制弘农、陕城、函谷一线，却再也无力扩大战果。

此时东路、中路宋军都已经失败，宋文帝怕西路大军再有闪失，急诏柳元景退兵。柳元景令薛安都殿后，率诸路军马退回襄阳。弘农诸城一时间又落入北魏之手，第二次元嘉北伐的成果至此全部沦丧。

纵观第二次北伐，刘宋的失误主要有四个方面：

其一，兵力统筹失当。主攻方向兵力配置过少，不管是统帅水平还是兵力数量，都不足以支撑青、齐、冀入河北方向的战争强度。以当时的局面而论，至少应该将中路所谓的十万大军（这也只是宋文帝诏书中的一面之词，不知是否夸张），分出绝大部分压到滑台方向，使碻磝和滑台形成两路钳击之势，让魏军不能左右相顾。魏太武帝之所以敢肆无忌惮地率主力进攻滑台，就是吃准了碻磝方向的兵力不足以对其构成威胁。

其二，缺乏有力的统帅。除了西路一线统帅柳元景基本处于上风，其余诸路大将，要么没有大局观，要么没有积极进取、主动作为的意识。以中路诸军为例，虎牢关离滑台、卢氏都没有多远，当其他两路兵不断得胜时，可供中路军选择的战略有很多，比如右入滑台，与王玄谟配合，拿下滑台城。毕竟王玄谟在城下长达十几天，虎牢距滑台不到三百里，形成战役支援完全有可能。

其三，战争的发起过于仓促。第二次元嘉北伐的时机，选在太武帝攻掠淮西后不久。淮西六郡是宋军中路发起进攻的前进基地，也是刘宋国防线上的一个软肋。按理说，前方刚刚经历过毁灭性打击，应当抓紧时间修复，使汝颍一线诸城尽快修筑城守设施，积聚粮草，筑起城垒保护百姓，起码要先增强自保能力，再议向北进攻之事。宋文帝却本末倒置，企图通过以攻代守，把战线引向黄河，完全忽视了战争准备的客观规律，也毫无疑问地超出了宋军能力。

其四，撤退过快。宋军历经数次大战，过于害怕魏军的战斗力，一旦某个局部有失，往往就是大溃败、总退却。第一次元嘉北伐虽然杀了不少弃城失地的主将，但震慑力度不够，类似朱修之、毛德祖这样的纯臣太少，一线将领不敢组织坚强的防御。就连精通军事的沈庆之，当滑台奔退之时，也不敢放手一搏固守碻磝。要知道，此时正值夏秋水涨之际，清、济、河、泗诸水通畅，足以提供强大的粮秣支撑。宋文帝在总体战略上也顾此失彼、前紧后松，起初一再强令萧斌不得退却，其后西线取得辉煌胜绩之时，连魏军都以为宋军要深入关中、直捣长安，文帝却仓皇地命令大军撤退。西线形势并没有到非撤不可的时候，毕竟弘农、函谷、潼关一线已经被宋军牢牢掌握，该地地势险要，前出潼关进入富庶的关中，粮食问题很好解决，即使不继续扩大战果，守住关东至洛阳一线，至少能在战略上牵制魏军，也不会有后来魏军深入淮南的恶果。

后来的事实也证明，刘宋对汝颍六郡的忽视，使自己陷入更加被动的境地，魏军从淮西、淮北两道入侵江北，寿阳、盱眙等重镇直接暴露在魏军的铁蹄下。刘宋看似深厚的国防体系骤然洞穿，招致瓜步之辱，宋文帝后悔不迭，可又去哪里找后悔药呢？

太武南进

刘宋第二次元嘉北伐失败的同时，北魏太武帝拓跋焘率其主力大军，分两个方向对刘宋发动了猛烈的进攻。战前准备不足、败后调度无方的宋文帝，很快就尝到了苦涩的滋味。

自太平真君十一年三月汝南攻城失败、魏军北返后，太武帝暂时把精力转向了打理内政。同年四月，太武帝对南征诸将帅进行了赏赐。六月，发生了崔浩国史之狱。

崔浩是河北汉人大族的代表人物，他历事道武、明元、太武帝三朝。当时因为编修北魏国史，秉笔直书拓跋鲜卑早年的黑料，受到太武帝猜忌。再加上朝中佛道两教斗争、崔浩与鲜卑族大臣的矛盾，种种原因叠加在一起，太武帝下令处死崔浩。

此事在河北的汉人政治力量中掀起滔天巨浪，汉族与鲜卑族的矛盾空前激化，太武帝本想大开杀戒，然而考虑到汉人的力量已不可忽视，于是借高允力谏的机会，没有大肆杀伐。

至当年九月，太武帝派太子出兵屯驻漠南，以防止柔然借机南犯，而后亲率主力自平城出发，展开了规模和力度空前强大的南伐战争。

魏军主力分为四路——这是魏太武帝向来惯用的分进合击式打法：太武帝率中路自滑台攻清水以东青、齐、冀诸州，永昌王拓跋仁率军出洛阳攻寿阳一线，尚书长孙真进攻淮河沿线要津马头戍（今安徽怀远县马头城）、高凉王拓跋那自青州（北魏所置青州，治所在历城，今济南市）进攻下邳。

同年十月，魏太武帝率主力经过枋头（今河南浚县，枋音 fāng）、滑台，渡河后东进到达碻磝津，宋将萧斌不敢抵抗，弃碻磝城退保历城。太武帝没有继续东进，而是南下东平，向彭城方向发起攻击。

十一月，太武帝率军进抵邹山（今山东邹城市），刘宋鲁阳、阳平二郡太守崔邪利不战而降。鲁阳郡曲阜县是儒教圣人孔子的陵墓所在，太武帝虽然残暴，但他对孔子倒也不失敬意，遣使以天子之礼祭祀孔子。太武帝又登邹山，见秦始皇所刻颂秦德之石碑，于是推倒秦碑，顾盼睥睨，雄心奋发，似乎要效仿秦始皇统一六国。

此去经兖州南下，直抵彭城，已无任何阻碍。登邹山后的二十多天，魏军主力便分别占领了萧城（今安徽萧县）、留城（今江苏沛县），直接进逼刘宋淮北的战略枢纽彭城。

彭城本由武陵王刘骏镇守，刘泰之袭汝阳失败后，刘骏由安北将军降为镇军将军，后来再降为中郎将。第二次元嘉北伐，宋文帝派皇弟江夏王刘义恭出镇彭城，作为前线诸军的统帅。当时自青齐诸州退还的诸路军马，都暂时屯于彭城，兵力倒无缺少之虞，但彭城军粮不足，无力久守。刘义恭畏敌如虎，不仅没有派兵出城反击魏军，反而打算弃城南逃。

当时沈庆之在彭城（从碻磝退回彭城），坚决反对撤走，反而极力主张用战车结成函箱阵，护送二王及妃子们去历城。他主要考虑到两点：一方面，彭城容不下太多兵力，人多粮少会有崩溃之虞，而历城粮多兵少，可以分担部分压力；另一方面，若历城添兵，可威胁魏军后路，彭城、历城一南一北互为战略掎角，魏军首尾不得兼顾，彭城至少可保万全。

临敌之际能有如此主动之谋，沈庆之不愧为时之名将。但刘义恭不敢如此冒险，仍然坚持去意。刘义恭的太尉府长史何勖（xù）见风使舵，建议出彭城走郁洲（今江苏连云港市区），从海道南下逃奔建康。

刘义恭内心七上八下，虽然恨不得立刻逃离险地，却又害怕皇兄动怒治罪，召集群僚讨论。安北将军府长史张畅分析说："如果历城、郁洲能够到达，我绝不敢多说。但如今城内缺粮，军民都想逃跑，只是城关把守极严走不了。如果现在一走了之，不管是北进还是东逃，城内都会崩溃，何谈远走？现下虽然缺粮，但还能支持一段时间，何不再坚守一段时间，视军情变化而定呢？"

彭城是个大城，比虎牢、滑台、金墉、悬瓠更加坚固，防守一段时间不成问题，张畅所言确实有一定道理。武陵王刘骏也发表了相同的意见，认为绝不应随便弃城而走。刘骏长期镇守彭城，他的意见分量极重。刘义恭迫于众议，只好定计坚守。

但刘义恭心里憋着一股气，对让他北上历城的沈庆之尤其嫌恶，刘义恭命令沈庆之率三千人出城截击魏军。沈庆之多年领兵，知道个中深浅，不留情面地拒绝了这道命令。好在刘义恭也只是想恶心沈庆之一下，倒也没有什么后续举动。

魏军高凉王拓跋那一路，深入青州，进攻州治东阳城（今山东青州市阳水之北）。萧斌在历城遣解荣之、垣护之率军回救东阳。魏军大队骑兵攻城不敢逼得太紧，早上来攻城，晚上便离城池"八丈"远，以防宋军步兵夜间袭营。

城内宋军抓住魏军弱点，派出战车到北门结营，营外又挖了一圈壕沟。魏军不敢逼近，如此相持五天，魏军攻城不得，野无所掠，只好弃攻南下，转道经东安（今山东沂源县东南）、东莞（今山东莒县），一路南进攻至下邳一线。

沿线宋军都闭城不战，魏军见状也不随意进攻城池，按既定部署向南一边劫掠一边行进，很快便渡过淮河杀到盱眙城下。

魏军西路军永昌王拓跋仁所部，在尉武击杀刘康祖一路兵马后，沿途再未遭到抵抗。进至悬瓠城。宋军几个月前尚能坚守，但自陈宪升迁调走，加上诸军败退、刘康祖惨死，守军无心固守。魏军很快将其攻破，生擒守将赵淮。大概是前次围攻悬瓠城伤亡惨重的怒气未消，拓跋仁将赵淮送到平城，当众处斩以示军威。随后拓跋仁进至寿阳，寿阳守将是南平王刘铄，刘铄让诸军紧闭城门，烧毁城外庐舍，令拓跋仁野无所掠。拓跋仁下令把斩下的刘康祖所部的人头用绳子串起来，绕城堆放，竟然绕了三圈，惨无人道。宋军大骇，更加不敢出城作战。拓跋仁见威吓的目的达到，得意扬扬地率军继续前进，与太武帝主力于盱眙城下会合。

宋将臧质率军北救彭城，此时刚刚到达盱眙。臧质是刘裕发妻臧氏的娘家侄子，其父臧熹是刘裕开国时的重要将领，死于征蜀之役。臧质喜欢谈论军事，宋文帝很看重他。王玄谟兵败滑台时，他毛遂自荐请求北上代为掌兵，文帝想留他在后主持大计，没有答应。

等到彭城告急时，文帝派他领兵一万人火速北上救援，没想到刚走到盱眙便与敌军遇上了。臧质锐气勃发，没有选择闭城固守，而是分遣两部兵马占据城外的高地，臧质列营于城南，试图在城外击退魏军。

臧质率领的兵马包含部分北府兵，由建威将军毛熙祚统领。两军交战，据守高地的胡崇之、臧澄之被击败，两人都被魏军斩杀。毛熙祚统领的北府兵，起初交战很是尽心，队主、外监等人率兵引弓乱射，杀伤不少魏军。局面相持不下，结果毛熙祚在厮杀中重伤而亡，部下士卒军心大乱，被魏军击溃。

臧质本来对击败魏军信心满满，再不济也能打个平手，谁知道竟然败得如此迅速。臧质眼睁睁看着两部兵马被消灭，不敢发一兵一卒去救，后来自己手下的兵马也没管住，不战自溃，最后只剩七百人，狼狈逃入盱眙城中。盱眙城中有兵三千人，粮食也非常充足，臧质当即决定闭城坚守，与魏军死抗到底。

魏军乘胜攻城，结果发现宋军的防守竟然出奇的强，全不似淮北诸城。魏人一打听，原来城中有位叫沈璞的太守，也是个硬手。太武帝便令诸军不要纠缠，留下大将韩茂驻守城外，自率大军主力数十万，继续南进。

太平真君十一年十二月底，魏军主力进抵江北，沿江警讯如雪花一般飞入建康台城，刘宋京师大震。

瓜步山之会

魏军主力分为三个方向进逼长江。太武帝拓跋焘一路进逼瓜步（在今江苏南京市六合区），永昌王拓跋仁一路进抵历阳（今安徽和县，与南京隔断江相望），高凉王拓跋那一部进抵广陵。

宋军立即做出相应部署：

领军将军刘遵考、左军将军尹弘守横江（历阳段长江北岸），扼守渡江要隘；少府刘兴祖守白下（今南京市幕府山麓）；建威将军、黄门侍郎萧元邕守褚洲（系南京段长江江面上的小洲）；羽林左监孟宗嗣守新洲（南京段江面上的小洲）上，建武将军秦容守新洲下；征北将军府中兵参军事向柳守贵洲（镇江段江面上的小洲）；征北将军府司马到元度守蒜山（镇江市西面）；谘议参军沈昙庆守北固（江苏镇江市北江南岸北固山）；尚书褚湛之守京陵（江苏镇江市丹徒区东南），兼顾西津（今地不详）；徐州刺史府从事史萧尚之守练壁（在京陵之北）；征北将军府参军管法祖守谯山（今镇江段长江中的焦山）；徐州从事武仲河守博落（今地不详）；尚书左丞刘伯龙守采石（即采石矶，今安徽马鞍山）。

总体来看，防守相当严密，兵力也充足。宋军水军巡游江面，旱陆营寨相接，掩护长江两岸。自历阳至暨阳（今江苏江阴）六七百里，兵力的密集程度是东晋以来从来没有过的。宋文帝还遣太子刘劭出兵镇守石头城，前将军徐湛之守石头城的仓城（储粮的小城），两城一起拱卫台城。

即使这样，刘义隆仍然不放心，亲自带兵巡视石头城、幕府山，观察防守形势。在皇帝的感染下，京师军民空前紧张，全副武装，昼夜提防魏军渡江来攻。宋文帝下旨悬赏，斩杀魏主拓跋焘者，封八千户开国县公，赏布、绢各万匹，金、银各百斤；斩其子及弟、伪相、大将者，封四百户开国县侯，布、绢各五千匹；自此以下赏格依次递减。又派人将冶葛酒放置于没有人的村落中，试图毒杀魏兵，但魏军士兵都比较警惕，因此没有产生大面积中毒。

魏太武帝登上瓜步山（今南京瓜埠山），在山顶搭起毡屋。太武帝喝的是河北的水，由随军的骆驼载来，一驼可载三十斗水。之所以不喝江南的水，一是怕水土不服，二是怕中了南人的奸计。

宋文帝登石头城北望瓜步，见魏军势大，担忧都摆在了脸上："这次北伐确实打得不合时宜，招致如此重大的兵祸，都怪我当初不听人劝，一意孤行。"刘劭在旁怒道："不杀江湛、徐湛之不足以谢天下。"意指二人极力撺掇文帝北伐之罪。文帝内心苦闷："北伐是我自己定下的大计，与江湛、徐湛之无关。"又自言自语道，"如果檀道济尚在，胡人怎敢到此耀武扬威？"

行义至此，我们不得不提一下檀道济之死。

檀道济，祖贯高平金乡（今山东金乡县），与刘裕一样，都是晋末北来的流寓武人。刘裕起兵反桓玄时，同谋者共二十七将，檀道济便是其中之一。檀道济精于武事，刘裕开国的所有重大战役他都参与过，立下汗马功劳，故而刘裕去世时将其列为顾命大臣。

檀道济知世情，明进退。少帝刘义符行为荒暴，檀道济虽然参与了徐羡之、傅亮、谢晦废立之事，但以臣废君终究与君臣伦理有悖，故而他竭力淡化自己在废立事件中的存在感。徐羡之、傅亮、谢晦要废杀刘裕的二儿子刘义真，这是对皇族极大的欺压与蔑视，檀道济坚决不同意。正因为如此，文帝即位后才没有把他和徐、傅二人一锅端，当然，这也与檀道济掌握着一定兵权有关系。文帝征伐荆州刺史谢晦，檀道济为示与谢氏无私情，亲自率兵进攻荆州，并将谢晦逼死，给文帝交上了一份"投名状"。

这样一位不愿参与政治纠纷、一直低调在外领兵的纯臣，文帝却始终提防猜忌。檀道济是刘裕时代仅存的名将，在军中威望极高。他的几个儿子都极富才气，各个在朝中都担任要职；手下僚佐薛彤、高进之骁勇善战，时人将其比作关羽、张飞。这样的武人群体，难免令朝廷侧目。

文帝自元嘉七、八年后，屡屡生病。彭城王刘义康当时受命总领朝政，担心一旦文帝病危，朝中无人能镇住檀道济，在文帝生病期间进了不少谗言，想找机会除去檀道济。元嘉十二年（435年），文帝病情加重，正好又赶上魏军犯边，于是刘义康召檀道济自江州入朝，假名备虏，实则将其调离本部，以备万一要杀，不至于引起江州叛乱。

元嘉十三年（436年）春，文帝于重病之中下令，逮捕檀道济，及其儿子给事黄门侍郎檀植、司徒从事中郎檀粲、太子舍人檀隰（xí）、征北主簿檀承伯、秘书郎檀遵，暂无官职的儿子檀夷、檀邕、檀演，以及僚属薛彤、高进之一并抓捕治罪。檀道济知道文帝对自己心存芥蒂，对兔死狗烹的下场也早有预料，此时见朝廷来抓，虽然并不意外，却仍忍不住悲从中来。大敌当前，朝廷却要自斩大将，檀道济脱下头上的巾帻狠狠地掷于地上，怒斥："这是在自取灭亡呀！"北魏听说檀道济被杀，军中诸将大喜过望，檀道济一死，其余宋将都不足为惧了。

以文帝的威望足以震慑檀氏，或许文帝并不是真心要杀檀氏。而且檀道济的表现也确实传递出忠心事主的诚意，加上宋初诸王都握有较大权柄，一个檀道济翻不起多大的浪。但累年寝疾，文帝的心态发生较大变化，檀道济这块心病遂逐渐增大。加上刘义康的谋主刘湛意图独自秉政，怂恿刘义康对檀道济下死手，又利用文帝病重的特殊时刻，这才造成一桩冤案。

　　然而自毁长城的大错已然铸成，文帝虽然痛惜后悔，倒也没消极应对。长江防线毕竟不同于河、淮，北魏大军远道来，缺乏必要的渡江工具。且建康百余年来都是京师，城大而坚，兵粮足备，背后是人口密集的江东腹地，宋军有足够的兵力和潜力应对。只要朝廷始终保持坚定的抵抗意志，把胡马挡在江外不成问题。

　　魏太武帝也清醒地认识到敌我之优劣短长，并不敢贸然过江。长江江面一般宽三到六里，水深且急，绝无泅渡的可能，一般小船也不敢随意过江，否则会被宋军的水师大船撞沉。宋军在魏军将至时，把江北大船悉数烧毁，魏太武帝无法，只能暂驻瓜步，望南兴叹。

　　两家均不敢过江进攻，彼此心知肚明，这场大战绝对打不起来，于是转向了政治捭阖。《宋书·索虏传》与《魏书·岛夷传》互相以对方为虏、夷，记录瓜步之会时，都说是对方先求和。但观其大势，双方都有讲和之意，至于谁先派的使者，只是无关紧要的细节。

　　魏使过江，送给宋文帝骆驼和北地名马。宋文帝也遣田奇（就是北伐前曾出使魏国的那位）送给太武帝珍馐和江南特产。太武帝当着田奇的面，剥开一个黄柑，吃得有滋有味，又连喝了几大口酃（líng）酒。左右耳语劝太武帝小心提防，太武帝仰天大笑，不以为意。

　　双方随即进行和议，魏太武帝要求宋朝嫁公主于其孙，又请嫁女于宋文帝。刘宋视之为耻，拒绝此议。

　　至元嘉二十八年（北魏太平真君十二年，451年）正月初一，太武帝在江上大会诸臣，班赐封爵，受爵者有两百余人，当夜沿江大举烽火。宋军中的有识者认为，这不过是虚张声势，对方一定是要撤兵了。果然，正月初二，太武帝率军北返，在广陵一带烧杀掠夺一番，向北徐徐退回。

坚不可摧的盱眙城

刘宋方面执行了坚决的坚壁清野之策，魏军粮少，所到之处无不以劫粮为要义。刘宋山阳郡（今江苏淮安市）太守萧僧珍将百姓全部迁入城中，城中有百姓万余户，兵五千。起初刘宋发放了一批甲仗以助盱眙防守，还没来得及送到，魏军就已经南下，于是甲仗留在了山阳城中。萧僧珍在下游白米陂附近起堰拦河蓄水，准备诱使魏军前来，再决河淹敌。魏军探知其情，不敢打山阳城的主意，绕过城池继续北走。

行至盱眙城，魏军借前面作战胜利的信心，将城池包围起来，试图夺城取粮，以资北还。

此时回过头来，我们讲一讲盱眙太守沈璞。正是这位硬手的出现，改变了盱眙城的命运，也让刘宋在一系列反击魏军的作战中，留下唯一一抹亮色。

沈璞，出身吴兴沈氏，伯父沈田子、父亲沈林子都是宋初名将，《宋书》的作者沈约就是他儿子。沈璞初到盱眙城当太守时，北伐诸军还在黄河一线，淮河沿岸没有任何敌情。沈璞却认为，盱眙城正当淮河沿线的冲要，于是积极整修、加固城池，积储武器和粮草。沈璞的部下都认为没什么必要，朝廷也对沈璞屡次伸手要粮要物感到不满。等到北伐失败，魏军主力侵入两淮，许多城池的长官都弃城逃跑，盱眙众官无不佩服沈璞的先见之明。但当时敌我数量悬殊，下属都劝沈璞一走了之，反正大乱之下法不责众。沈璞坚决反对："哪有十万之众聚于小城之下而不败的？昔年新莽围昆阳、孙权围合肥，无不丧败，今日正是诸公封侯扬名的机会。敌人不来也就罢了，来了只有死路一条。"

后来臧质兵败求入城，城内军将大多不愿接纳这位丧家之犬，怕他以高官入城，抢走守城的功劳，又是沈璞力排众议，坚持团结为上，放臧质入城共守。沈璞可以说是一位有胆识、有格局、有手段的真汉子。虽然后世史家指责沈约为其父作传，多有夸张粉饰之言，但沈璞在盱眙城的战备贡献的确不容忽视。

臧质入城后，沈璞接受其领导，共同指挥防守。魏太武帝使人送信到城内，向宋军索要美酒。太武帝言行素来戏谑无礼，经常在大军征战之际给敌国主帅送信，要么"调戏"对方，要么侮辱对方，占嘴皮上的便宜。谁料臧质这方面的功夫也不弱，他见信不气也不恼，煞有介事地用酒坛子封了一坛尿送过去。

太武帝大怒，这么多年只有他"调戏"别人，哪里容得了别人以彼之道还施彼身，于是下令让诸军筑长围，堆积土山进攻城墙。为防止宋军从水路出入淮河，他又在君山搭上浮桥截断水道。城内水军虽然一度攻破了这道浮桥，但魏军随即又用船只横在河面，以重兵扼守，宋军无法破坏，至此水陆道路均断绝。

太武帝一边指挥诸军全力攻城，一边仍然不忘打嘴仗，又射书入城，说道："现在攻城的士兵，都不是我鲜卑族之人。城东北面是丁零人与匈奴胡，城南是三秦的氐、羌族人。你们杀伤这些人，正好帮助我大魏消灭敌人。"

臧质全然不理这茬，回书把太武帝结结实实编排了一顿，大概意思是："你的奸计我都知道了，你难道没有听过'虏马饮江水，佛狸死卯年'？（佛狸是太武帝拓跋焘的小名，元嘉二十八年是辛卯兔年，按这个所谓的童谣，很有可能是魏军渡淮后，宋军在敌后散布的谣言。）我本来想到白登去捉你，可你自己送上门，现在不是你死，就是我活。你捉住我，随便你屠我裂我打成齑粉；我若捉住你，用一头驴驮着送到建康一刀砍了。就你那点脑子和胆量，能比得过当年的苻坚？你务必要好好留在这里攻城，如果粮食不够吃尽管告诉我，我拿出军粮给你。你还送我刀剑，这是要请我往你身上砍？"

太武帝暴跳如雷，令军士在城下摆了一条铁胡床（胡床即凳子或椅子），上面插上铁签，宣称破城后要让臧质坐在这铁胡床上享受一下。

魏军用钩车攻城，试图毁坏城头雉堞（zhì dié，城墙上修筑的矮而短的墙）。城上宋军用绳索缠住钩子，城内数百人死死拉住。到晚上魏军暂退，宋军用木桶盛人，潜下城砍断钩子拽到城中。

魏军次日又用冲车撞城墙，可是盱眙城非常坚固，土夯得十分密实，冲车撞一次，才掉下来数升土，效率太低。太武帝让各族兵丁搭梯子舍命进攻，宋军在城头用各种方法击杀，占尽地利之便。魏兵死伤无数，但在残酷的军令的逼迫下，只能如蚂蚁一般接连不断地轮番进攻。在付出万余人阵亡的惨重代价后，仍然没能攻进去。

宋军在作战中还射杀了一位魏军大将。据刘宋方面宣称是魏高凉王拓跋那，此说不实，拓跋那于元嘉二十八年六月就在平城被赐死。而另一位统军大将长孙真死在南征途中，是否就是他，尚且存疑。

魏军舍生忘死地进攻了三十多天，随着春至雨增，盱眙城下的环境越来越湿，瘟疫开始大规模流行，造成越来越多的非战斗性减员。宋军驻守彭城的部队正在积极运动，企图截断魏军的归路。传闻建康方面还派出增援部队，打算从海道北上包围魏军。

太武帝懊丧不已，遂于二月初二撤围北走，惊心动魄的盱眙大战以宋军全胜告终。

魏军北返至彭城，太武帝遣使威胁宋军，声称现在军粮不足，等到麦熟后再来，言外之意是到时候劫掠彭城野外的粮食。江夏王刘义恭继续奉行闭城保守的政策，不敢出兵截击。当时魏军随军掳掠了一万多名广陵百姓，诸将请求出城袭击，解救百姓于水火，刘义恭怕袭击不成反招失败，坚决不许出兵。

没过多久，建康来的使者带来诏令，让江夏王出兵攻击。刘义恭不敢不从，派镇军司马檀和之率兵前出萧城。魏太武帝担心大军携带的俘虏太多，耽误行军速度，于是残忍地杀害了这万余名百姓，大军轻装急驰而去。

刘义恭又怕魏军真的等麦熟后再来骚扰，打算提前把庄稼全毁掉，把城外百姓都收拢到城中。敌人已经退去，只不过随便丢下一句聊胜于无的威胁，居然能把方面之镇帅吓成这样，宋军历次北伐都以惨败告终，可知其原因了。

如果刘义恭的想法真的付诸行动，那么彭城这座淮北重镇将在次年春天陷入严重的饥荒，不用等魏军来攻，自身的实力就先弱了一大截，这是何等颠顸之举！幸好彭城的文武僚吏尚存胆气，据理力争，竭力反对，方使彭城百姓免去一场饥荒之祸。

至此，自元嘉二十七年春，太武帝南攻淮西、刘宋发起第二次元嘉北伐，至元嘉二十八年太武帝南侵瓜步，这场规模浩大的拉锯战终于告一段落。那么这场战争到底谁赢了呢？

从场面上看，北魏方面两次出兵南进，都攻克了一些城池，对宋军造成大量杀伤，特别是烽火燃至长江北岸，直接威胁刘宋首都建康，占尽主动。但魏军其实并未取得多少实利，除了收复滑台、碻磝两镇，其余历次战斗，或是攻下来不守，或是攻不下绕道走。宋军在魏军后方依然控制着大量坚城，特别是青、齐诸州，宋军在历城的防守始终比较稳定。

从宋魏对峙的总体形势上看，双方拉锯的范围一如当年东晋与五胡十六国对峙，北界黄河、南至淮河，黄河以北是南朝步兵能到达的极限，淮河以南则利步利水而不利骑。刘宋虽然攻不过黄河一线，甚至连建立稳定的防线都很困难，但坚守淮河沿线却行有余力。淮河南北几大重镇，如彭城、盱眙、寿阳，都牢牢掌握在宋军手中，魏军围城、进攻相当吃力。纵然魏军通过历年战争积累了步兵攻城的技术与经验，但淮河之南水网交叉纵横，一座大城往往可以通过水道联结附近许多城戍，把魏军拖入旷日持久的围攻作战，结果肯定是利主而不利客。从这个意义上讲，魏军深入淮南，只不过是利用骑兵机动性强的优势，穿州过郡打了个速度差，并没有从根本上破坏刘宋的防御体系。

瓜步、盱眙之战，只不过是魏太武帝好大喜功、穷兵黩武的又一次具体体现，除了试探刘宋的国防实力，此外没有太大收获。

但战争毕竟发生在刘宋的国土上，两次北伐、魏军两次入侵，大量民众被裹挟着参加了战争，死亡、流离者无数。刘宋为了支撑规模浩大的战争，不仅耗空了元嘉之治的积蓄，还增加赋税徭役，使江东民众的负担越来越重。

沈约在《宋书·良吏传》中评说，"宋氏之盛自此衰矣"。沈约之父沈璞及其族人都是宋初战争的亲历者，沈约又亲眼见证了宋孝武帝以后屡战屡败、丧师失地，他的言论可以说非常客观地反映了历次大战后刘宋的情况，可信度较高。

魏太武帝南征对淮南江北民众惨无人道的杀伤与掠夺，直到三十多年后的南齐时代犹有阴影。据《南齐书·魏虏传》记载，太和九年（485年），魏军南侵，在淮阳击败齐军并打算进一步南犯，江北百姓听说魏人又要来了，想起当年佛狸南侵时的惨剧，都吓得逃离本乡，官军竭力安抚禁止，仍然挡不住。

太武之死与宋军北伐

太武帝一生好征好杀，瓜步、盱眙之战是其最后一战。返回平城后，太武帝迅速卷入一场宫廷阴谋，被贴身宦官刺杀。

此事还要从皇太子拓跋晃监国说起。北魏的太子监国始于当年明元帝病重，在崔浩的建议下，以太子拓跋焘监国，以防万一。拓跋焘即位后，由于常年御驾亲征，也效法当年，以太子拓跋晃监国。拓跋晃第一次监国是在太延五年太武帝征北凉，当时他才十二岁。拓跋晃为人精明审察，继承了曾祖道武帝以来聪明能干的传统。

太武帝起初非常喜爱长子。征北凉时，李顺、古弼、奚斤等人说凉州无水无草，年方十二的拓跋晃察觉到大臣们所说有悖常理。太武帝非常欣赏儿子的聪慧，到凉州看到真实情况后，还专门发回诏旨褒奖。

但随着监国时间越来越长——至太平真君十二年太武帝南征瓜步，已经十二年之久，太子东宫集团开始形成了派系势力，据种种情况看，似乎已经强大到令太武帝不满的地步。太武帝有一个非常宠信的宦官宗爱，利用职位之便狐假虎威，攫取私利，所作所为多触犯法律。太子拓跋晃监国，不给宗爱面子，经常惩治他的手下人，两人产生了矛盾。

拓跋晃虽然贵为太子、监国，但他的权威一直不是很高。重臣崔浩曾多次与他产生矛盾，矛盾的原因既有政务、宗教方面的分歧，也有个人意气之争，似乎年轻幼弱的太子，根本不配和崔浩这等重臣、老臣争夺话语权。大臣敢和太子相持，背后似乎也有太武帝的默许，出发点大概是制约太子，以免他过早产生权力欲望进而抢班夺权。

宗爱对太子的态度也是如此。他感受到太子的压力后，第一选择不是屈服、收敛，而是向太武帝进谗言，说太子东宫结党营私，其手下仇尼道盛、任平城等人擅权，太武帝一怒之下处死了仇尼道盛和任平城。根据《魏书》《北史》及《资治通鉴》的说法，没过多久，太子拓跋晃居然忧惧而死。

此事大概发生于太平真君十二年太武帝南征班师后，拓跋晃死得非常蹊跷，且诸史说法不一，各家对此事的看法也颇有分歧。据《宋书》《齐书》等史料记载，太武帝似乎对太子拓跋晃早有猜忌。太平真君十一年南征前，太武帝让太子出镇漠北防备柔然，而以吴王拓跋余留守平城，此时已有征兆。《宋书·索虏传》内记载，太武帝下令将太子关到铁笼子里处死，颇为荒诞。后来史家据此推断，太子拓跋晃是被父亲太武帝下诏赐死的。

不管怎么说，拓跋晃之死是因为其扩大政治势力、结党营私，引起了太武帝的不满，也许是被杀，也许是忧惧自杀。

太武帝也是明事理的，太子死后没多久，他便觉察到事情不对，经常追念儿子，还想册立拓跋晃的世子拓跋浚为太孙。

宗爱终究只是个宠臣，拓跋晃不管怎样也是太武帝的儿子，等到太武帝回过神来，届时宗爱必然逃不过一死。就算太武帝不追究，以后拓跋浚即位为帝，宗爱必然还是难逃公道。种种考虑之下，宗爱铤而走险，利用日常侍奉的便利，居然刺杀了太武帝。随后矫赫连皇后之命，杀了秦王拓跋翰，立南安王（自吴王改封）拓跋余为帝。

　　此事发生在元嘉二十九年（太平真君十三年，452年）二月。消息传到南朝，引起巨大震动。几个月前，魏太武帝还登瓜步山、打盱眙城，生龙活虎，吓得江北百姓闻佛狸之名便遁逃，现在竟然就这么死了。笼罩在南朝头上的阴云一散，宋文帝本来已经消沉下去的心，瞬间又高涨起来。既然佛狸暴死，正是趁乱伐敌的好时机，再搞一次北伐，说不定能恢复河南故土。

　　群臣闻听宋文帝这一想法，简直炸开了锅。刚刚打了败仗，而且被魏军大肆抢掠了一番，宋军哪里还具备再度北伐的条件？朝中持反对意见的，以何偃、沈庆之、臧质等人为代表。

　　何偃反对理由有三："其一，军队刚遭失败，战斗力不强，且沿边诸镇，兵力充实的不多；其二，淮泗诸州被魏军破坏后，至今仍未恢复，不足以支撑大战；其三，守易攻难，硬攻魏国的城池很难，围困则旷日持久，变数太多。此时最好趁北魏发生内乱，抓紧时间休养生息，恢复实力。"

　　但宋文帝下定决心，听不进任何反对意见，之前下诏征求大臣意见，只是通知他们一下。宋文帝当然知道这些情况，但他作为皇帝，考虑的事情更多。首先，黄河四镇、河南的土地是他即位以来就一直宣称要夺回来的，此事关乎政治正义。其次，趁太武帝之丧伐其国，以恶济恶，对敌国进行军事报复，也可提振本国士气。

　　元嘉二十九年五月，宋文帝正式下诏北伐，出动三路大军，分别进攻碻磝、虎牢、关城（今陕西宁强县西北阳平关）。

　　东路由萧思话统领张永、王玄谟、申坦等将领，发青州、冀州之众进攻碻磝城。相比萧、王、申诸将，张永是个后出之将。

　　张永家族累世为官，其父张茂度曾官至都督益宁梁诸州军事，位居西陲，封疆一方。张永从州郡主簿、从事干起，一步步升到中枢高官。他做事肯用心肯钻研，干什么都触类旁通。遍涉书史，能写一手好文章，在书法上也颇有造诣，还通晓音律、骑射之术。平日用的纸、墨都是自己制作，宋文帝每每看到他的表章，都会细细把玩，赞叹其技术高超。宋文帝改建华林园和玄武湖，也让张永负责督造，两项工程完成得非常好。

这样的一个人，放在内政上绝对有用处。但略一思考便知，人的精力有限，样样通但不一定样样精。宋文帝却凭自己喜好，认定张永是可用之才，让他出去领兵必然也会像修华林园一样出色。元嘉二十九年北伐前夕，张永出任冀州刺史，都督冀州和青州边郡诸军事。

张永毫无军事经验，临敌之际只能因循守旧，按照前人的办法发动进攻。萧思话和建康来的督战官徐爰都到碻磝城下督战，张永指挥诸军堆起三条坡道，试图从坡道上直接杀到城头。宋军还制造了楼车、虾蟆车等攻城器械，围攻碻磝城十八天。

大战方兴之时，青州刺史刘兴祖上书建议："当前河南诸郡被魏人劫掠破坏，无法支持大军围城作战。一味依靠后方转运粮草，代价高而且难以持久。不如发青、冀二州七千劲兵，过黄河直取河北，西拒太行山，北塞军都陉，阻断魏军南下之路。现今北国新遭大丧，必然无力远征。而且冀州刚好是麦熟的季节，大军可以就地取粮，没有后顾之忧，张永诸军可以一鼓作气过河。如此一来，河北诸州郡将为我国所有，而河南之地隔绝于后，自然崩溃。"

刘兴祖之议，与当年第一次元嘉北伐垣护之所言一致，具有一定合理性。但宋文帝自忖军队绝无此战略能力，仍然将目标定为攻下黄河四镇，拿回河南之地。

魏军坚守一段时间，见宋军疲软下来，不断积极反制。他们挖地道偷偷出城，毁了宋军两条攻城土道，还烧了攻城器械。照理说攻强守弱，宋军即使小有挫败，如果是有经验的主将，只需整顿军马卷土重来，针对性地防住守军的破坏措施即可。偏偏张永没有军事经验，表面上虽然什么都知道，但在实战中就马上露了怯，连诸路友军都没通知，就自行率本部人马连夜撤走，这个无脑举动引得全军崩溃。魏军乘机出城追击，宋军死伤甚多。这一路进攻就这么耻辱地失败了。

中路领军大将是鲁爽、鲁秀兄弟。鲁氏兄弟获罪于魏太武帝拓跋焘，于元嘉二十八年密谋投降南朝。临行前诳骗北魏长社守将分兵到汝南边境察看敌情，而后引军把长社余兵杀得干干净净，随后投奔驻扎在寿阳的南平王刘铄，为南朝带来部曲六千六百八十三人。

鲁氏兄弟长在河南镇守，熟悉敌情，宋文帝便令鲁氏兄弟和程天祚（汝阳奇袭之战，程天祚战败被魏军俘虏，也于元嘉二十八年逃回南朝）率四万荆州军，进攻许昌、洛阳一线。该路兵六月出发，八月攻击长社，北魏守军弃城北逃。又进攻大索戍，大破魏将跋仆兰的诱敌之计，攻至虎牢城下。

原本鲁爽是想他攻虎牢关一线的陆路，张永攻下碻磝城后水师西进，合力掐断虎牢关的退路。谁知噩耗传来，张永一路已经溃败。鲁爽心知虎牢关再难攻下，于是引军撤退。

西路军由雍州刺史臧质统领，但臧质对北伐毫无信心，只让司马柳元景屯兵边境，磨蹭了很久才出兵。柳元景待鲁氏兄弟出兵攻长社后才发兵北进，攻至阳平关，想等鲁爽拿下虎牢关后，再北进渡河，攻打河东重镇蒲阪。谁知鲁爽攻虎牢不克而还，柳元景也没有复制上次连克四城的奇迹，黯然收兵退还。

与此同时，从梁州汉中出兵的梁州刺史刘秀之、辅国将军杨文德，刚刚艰难地穿过子午谷到达关中，便被魏将长孙兰率骑兵突袭，刘秀之大败，仅以身免。

至此，宋军发动的这场反击——也有称作第三次元嘉北伐，宣告失败，宋魏之间第一阶段的大规模对抗到此告一段落。

宋文帝发动三次北伐、太武帝发动两次南侵，双方互有胜负，但魏强宋弱的局面已初步形成。形成这种局面的原因是多方面的。

一、刘宋缺少英明的统帅。宋文帝少年即位，见识与本事都很一般，北伐也只是循规蹈矩，不善于出奇制胜。垣护之、刘兴祖先后提出的直捣河北之策，难说必能成功，但起码可以起到扰乱北魏部署、将战线引入敌境的效果。宋文帝是要夺哪里便只在哪里打，这样的格局当然不可能取胜。

二、北魏封建国家体制逐渐成熟。北魏继承了五胡时代汉化的部分成果，统治集团政治思想已经足够多元、足够全面，可以自我消化极端的统治思想，统治相对稳定自洽，社会秩序相对公平，各种机制运行顺畅，北魏封建国家具备了抵御激烈社会矛盾的能力，使其成为一个有民族底蕴、有战争潜力、有动员能力的成熟国家，不会像前秦那样因军事失败引发全国总崩溃。

三、河南特殊的地理条件。几次北伐失败，都在于宋文帝的主攻方向选择有误。三次北伐都只着眼于恢复河南，对关中、河北似乎毫无欲望。宋军应当尽量寻求在平原地区固守，而在山地条件下与敌决战。这也是河南方向屡战屡败，而崤、函地区一路高歌的原因。

四、刘宋人才群体转型过快。宋文帝时，起初北府军的猛将集团还在，但四辅臣废立、荆州藩王系统入居中央，原有的军事集团人才被边缘化；又经元嘉十几年间退逝废杀，以檀道济为代表的北府旧将逐渐凋零，而宗室中无论是宋文帝诸弟还是诸子，都没有出色的军事统帅，导致中枢无帅、疆场无将。刘宋的人才群体过急过快地转型为文士集团，在战争频繁的情况下，显然不足以应对北方强大的鲜卑铁骑。

总体而言，宋文帝与太武帝出生年月相当，在位时间也惊人的一致，都是 423 年即位。两位年纪相仿、国力相当的皇帝进行了近三十年的缠斗，毕生都没能分出上下。魏太武帝被宦官刺杀的次年，宋文帝也被儿子叛乱弑杀身亡，真是冥冥中自有天数。可叹，宋魏大战竟然以这样的方式画上了终止符，真是戏谑至极。

第四章

淮北争夺战

124

魏太武帝、宋文帝相继死于非命后，其继承人也莫名其妙被废杀。北魏南安王拓跋余死于宗爱之手，随即由前太子拓跋晃之子拓跋濬继掌大位，是为魏文成帝；刘宋太子刘劭（shào）武力夺位后，又被其弟刘骏举兵推翻杀死，是为宋孝武帝。这两位皇帝上承元嘉年间三次大战之创痛，不约而同地把注意力转向安抚国内，除在边境上偶有冲突，宋魏基本保持均势，直到宋孝武帝死后刘宋大内乱，这样的局面才被彻底打破。

薛安都之叛

刘彧起兵推翻前废帝，引起诸方不满，薛安都亦是其一。薛安都早年曾领兵参加第二次元嘉北伐，表现十分突出，是南朝为数不多的精于骑射的猛将，他一直忠于宋孝武帝。孝武帝死后，诸藩内斗，他又站在孝武帝之子晋安王刘子勋一方，与宋明帝刘彧不共戴天。

当时薛安都以宿将之重，出镇北方重镇徐州。刘彧即位为帝后，急于安抚拉拢徐州、兖州等边镇的武将势力，假装不计前嫌，晋升薛安都为安北将军，赐鼓吹（一套鼓吹乐器，是皇帝给予高规格待遇的象征）一部，但薛安都不领情，仍然支持晋安王刘子勋。

薛安都的侄子薛索儿之前一直在建康担任前军将军、直阁，是皇帝身边的重要将官。宋明帝向他示好，进位为左将军，仍然让他担任直阁。

薛安都秘密派人到建康让薛索儿带领家人北逃，又派兵马船只在瓜步接应，薛索儿遂携其族人过江北去，这并不代表建康城失控了。当时各地反对宋明帝的人，其子弟亲属遍布京城，宋明帝不敢大开杀戒，而是听从建议故意装得很开明，以示罪不及亲人，来收买人心。因此薛索儿逃跑，宋明帝压根儿就没管。

家人到达彭城后，薛安都没有了后顾之忧，于是公开举兵向南进攻。徐州是刘宋最强大的北方要塞，兵力之多、地位之关键，是各地方镇之望。镇守青州的沈文秀、镇守冀州的崔道固一同响应，派兵南下与薛氏会合。

当时天下大乱，各州郡之间叛顺不一，青、冀二州虽然派兵南下，但青州部将刘弥之中途变卦，归顺宋明帝，倒戈攻击薛安都的部将裴祖隆于下邳。薛索儿率兵转攻刘弥之，将其击败杀死。

宋明帝当时已经基本平定四方叛乱，派申令孙为徐州刺史，领兵北上征讨薛安都。没想到这位申令孙是个厥包，对战胜威名远扬的薛安都没有任何信心，大军北上还未交阵，就遣人告诉薛索儿，说他早有响应薛安都之意，只是家人都在建康为质，不敢轻易投降。申令孙请薛索儿进攻，自己假装战败被擒，薛索儿依言行事。宋明帝派出去的这拨军队，就这样被申令孙出卖了。不过这个软骨头并没有好下场。

申令孙的弟弟申阐在济阴郡抵抗薛安都军队的围攻，薛索儿让申令孙劝降，申阐开城投降。此前申阐抵抗得非常激烈，让薛索儿吃了不少苦头，薛索儿怀恨在心，申氏兄弟投降后，薛索儿将其都杀了泄愤。

薛索儿随即引兵渡过淮河向南进攻。宋明帝后悔不已，只能再发兵迎战。这次平叛大军的主帅是张永，此人虽说在第三次元嘉北伐时出了大洋相，却依然受朝廷信任。元凶弑文帝之乱，他为孝武帝刘骏效力，参与了攻灭刘劭；臧质之乱时，他出兵平定；宋明帝争夺帝位，他摇身一变，又成了朝廷忠臣，受命领兵征讨四方反对派。

青、冀二州起兵反叛，宋明帝取消了沈文秀、崔道固的官职，委任张永为都督青、冀二州诸军事，率兵北上消灭薛安都及其同党。

　　泰始二年（北魏天安元年，466 年）三月，薛索儿率其万余名部下渡过淮河后，在睢陵渡与张永大军遭遇，薛索儿击败张永，杀了台城禁军将军孙耿。张永向建康告急，宋明帝遣右将军萧道成率军北上接应。

　　萧道成的手段非比寻常。其父萧承之元嘉年间就一直在北部重镇历城镇守，可谓是世代将家。萧道成常年活动于淮北诸镇，与当地豪强和武人势力有一定联系，长久的军事生涯使得他具备远超张永之流的军事能力。萧道成率军到盱眙与张永部将王宽会合，截断薛索儿归路。薛军缺粮，屡次劫掠民间粮食，此时掠无可掠，已不能持久。萧道成看出其弱点，专门打消耗战，不拼一时之锐。薛索儿想引兵急退，萧道成不急不缓地追击并保持接触，薛索儿进无法速胜、退又甩不脱敌人，打得非常难受。

　　薛索儿退至石梁涧，萧道成追至葛冢，把骑兵部队分为两部分，在大营外驻扎，以备薛军突袭。薛索儿果然率众来袭，还推来装满引火之物的车子，打算火烧萧道成大营。萧道成沉着应对，与其相持拒战一天。待敌士气稍衰，萧道成分出一部分轻骑进攻薛军后侧，薛军力不能支，溃退回石梁涧北。

　　当晚，薛索儿又遣千余精兵劫营，萧道成营中没有防备，营内士兵纷纷狼狈奔逃。萧道成镇定自若，令左右诸将收拢自己部下的兵马。趁夜袭营是南朝军队的拿手好戏，萧道成对袭营非常熟悉，但凡斫营都不会派太多兵，否则容易走漏消息，且部队行动慢，达不到突袭效果。被袭一方，首要是保持镇定，敌方兵少，破坏力度没那么大，只要自己不乱，很快便能把敌人突袭的主攻方向以及主要兵力找出来，届时再以优势兵力围攻，自能破敌。

　　果然，薛军的袭击在萧道成镇定的指挥下失败。萧道成又建起一道堡垒，堵住薛军后退的道路，薛索儿率军来破坏，没有成功。面对这个稳如泰石、步步紧逼的超强对手，薛索儿无计可施，只好率军退走。萧道成乘机追击，斩获无数。薛索儿落荒而逃，在乐平县（今山东聊城市西南）被申令孙之子申孝叔擒杀。

　　薛索儿这一路失败后，薛安都之子薛道智、大将范双逃到合肥，向南汝阴太守裴季投降。山阳内史程天祚起兵原本是要响应薛安都，在官军的围攻下也重新归顺了建康朝廷。

薛安都见势不妙，自感无力支持，于泰始二年九月，向曾经的敌人北魏投降。

宋军孱弱的反击

北魏方面对此事非常重视，临朝听政的冯太后立即决定任北部尚书尉元为镇东大将军，镇东将军孔伯恭为副手，率众到彭城接应薛安都。

以彭城为中心的徐州区域万万丢不得，宋明帝立即派张永、沈攸之二将领兵北征，并任命张永为新的徐州刺史、都督诸州军事。张永此前进攻薛索儿连连战败，可以看出此人能力一般。

沈攸之倒是个能征惯战之将，他是文帝朝名将沈庆之的族侄，年少时孤贫不能自立，元嘉二十七年，刘宋大举北伐，大规模征发江东百姓从军，沈攸之参军。此人上进心非常强，自负其勇，找到当时的领军大将刘遵考，毛遂自荐要当队主。刘遵考并不认识他，见他长得形貌短小，没有什么过人之处，于是拒绝了他。到元嘉二十九年征伐西阳蛮民时，因为作战勇敢，沈攸之才被提拔为队主。后来跟随族叔沈庆之作战，屡立战功。

按理说既能打又是亲族，沈庆之应该好好提拔他才是，谁知沈庆之却故意压制他。沈庆之作为一名久经战争的将领，识人无数，大概已经看出沈攸之功名心太盛，有意压一压他，沈攸之从此怀恨在心。沈攸之历经文帝、孝武、前废、明帝诸朝，政治形势变化剧烈，他凭借敏锐的政治嗅觉和出色的军事能力，逐渐进入高层视野。特别是在宋明帝四面受敌之际，沈攸之拼死苦战，赢得了宋明帝的高度信任。所以宋明帝发兵北征，派了这位后起之秀与年高宿将张永一同带兵。

张永与沈攸之一庸一精、一懦一狠，这样的将帅搭配似乎并不合理。如果足够重视，应当以萧道成为主将。

当时薛安都见宋明帝四方基本平定，心中也有回头之意，遣使到建康表示愿意归顺。宋明帝很有自信，对薛安都的善意不屑一顾，表面上同意了他的归降，但派张永、沈攸之大军北进的部署仍然没改。

尚书右仆射蔡兴宗提出反对意见，认为薛安都是累世宿将，统兵于边州要郡，只能示以宽广，遣使者来回通消息，绝不能派重兵去迎接，否则必然会引起薛安都的疑惧甚至重新叛变。以大军围城，彭城坚固难攻，到时再招致北魏来援，局面将不可收拾。萧道成也持反对意见，理由大致与蔡兴宗一样。但宋明帝自恃新胜，执意派张永、沈攸之二人率兵前往。

宋明帝之所以如此托大，是因为他认为薛安都势孤，就算找北魏求救，以北魏不太稳定的中枢政局，也拿不出强有力的支援。

北魏出现什么变化了？和平六年（465 年），北魏文成帝青春正盛时去世，年方十一岁的太子拓跋弘即位，是为献文帝，文成皇后冯氏被尊为皇太后。北魏政局不稳，症结就在这对母子身上。

冯太后是北燕王族之女，北燕末代君主冯弘是冯太后的祖父。冯太后不是献文帝的生母。献文帝被立为太子时，因循子贵母死之制，生母李氏被无情赐死。冯氏贵为正宫，没有生下一男半女——当然，有阴谋论者据此推断，冯氏大概是为了避免生子被杀才故意不孕。献文帝即位后，因为年少不能理政，冯氏便临朝听政，成为北魏的当家人。

文成帝遗命太原王乙浑以丞相身份辅政。乙浑权欲熏天，先后矫诏诛杀尚书杨保年、平阳公贾爱仁、南阳公张天度，以及从汤泉入朝的侍中、司徒、平原王陆丽等重臣，独揽大权，势凌主上。冯太后巧妙利用朝野对乙浑的不满，以宗室疏属拓跋丕、乐部尚书陆馛为心腹，发动政变诛杀乙浑，收回大权。

冯氏本来在后宫默默无闻，数年之内跃居正宫、临朝称制，特别是在诛杀乙浑的过程中积累了空前的威信，对献文帝拓跋弘构成了事实上的压制。

历来女主临朝都被视为非常之事，献文帝虽然懵懂无知，但朝中自有一班大臣想匡正治道，把冯太后手中的权力夺过来。

冯太后对献文帝存的戒心也不少。当年杀献文帝之母李氏，固然是保太后常氏下的命令，但冯氏因此得利，独擅后宫，是李氏被杀的既得利益者，谁知道献文帝长大后会不会迁怒冯氏。冯氏的位置特殊，连保太后都不如，保太后毕竟与皇帝有养育之亲，而且与他的生母没有椒房争宠之恨。因此，太后、皇帝的关系错综复杂，时间久了必定会有冲突。

就在刘宋诸藩为了争皇位打得不可开交之际，北魏宫廷中也满是暗流。冯氏在为稳定日后权位做着种种准备，年少的皇帝周边聚拢了越来越多的朝臣势力。冯氏为了抓住未来——毕竟天安元年时她才二十五岁，下令杀了献文帝的妃子李氏，把李氏生的皇子拓跋宏接到自己宫中抚养，这位皇子就是日后的孝文帝。冯太后为示对权力并无太大野心，于皇兴元年（南朝宋泰始三年，467 年）八月宣布归政于献文帝，自己专心养育太子拓跋宏。但冯太后归政后，她提拔起来的拓跋丕、陆馛、高允、高闾等人都活跃在决策层，献文帝受到的限制也很多。

在这种情况下，宋明帝有理由相信北魏没有精力兼顾南方战事。事实上，和平六年刘宋义阳王刘昶（chǎng）出逃北魏，辅政大臣乙浑计划发兵三十万人，分五道入侵南朝，因其政局不稳，这次规模庞大的入侵无疾而终。此时又是这样的情况，宋明帝敢任命张永率军北征，也就可以理解了。

天安元年十二月，北魏救兵与南朝平叛大军几乎同时到达彭城。薛安都率其文武部众出城迎接尉元，尉元傲慢无礼，薛安都极为失望。他在南朝也是呼风唤雨、镇守一方的封疆大吏，而且性如烈火，哪里受得了这种羞辱，回城后便密谋重归南朝。

只是此时南、北两方都有重兵在城下，确实容不得自己摇摆不定。薛安都稍一思量便明白了其中利害，无奈又向北魏低头，花重金贿赂尉元，把谋归刘宋的罪名甩给女婿裴祖隆，杀了他向尉元谢罪。尉元随后接管彭城，占据了这座自明元帝以来数十年刘宋垂涎三尺而始终不可得的重镇。

张永、沈攸之驻兵于下磕（今江苏徐州市东南），张永遣羽林监率兵五千守护辎重于武原（今江苏邳州市西北泇口镇），龙骧将军谢善居率两千人屯于吕梁（今江苏徐州铜山区东南吕梁镇），散骑侍郎张引率两千人屯于茱萸（在吕梁东北）。张永之所以这样布阵，一在于分居守险，分散薛安都和魏军的注意力；二在于征收税粮，保障供给。

尉元进入彭城当晚，张永发动了攻城战斗，但没有什么进展，随即引兵退还下磕。尉元留孔伯恭两千余人守城，自率主力出城寻求与宋军决战。张永龟缩在下磕城中守险不出，尉元率众攻击吕梁、武原等宋军屯粮的地方，所到之处宋军无不望风披靡。尉元乘胜进攻下磕城，宋军师老兵疲，根本无力应对。当时正值隆冬，彭城一带出现罕见的低温，宋军士兵御寒准备不足，许多人冻得指头都断了。

下磕只是彭城周边的一个小戍，城池不大，张永预计抵挡不了魏军的围攻，于是开城南逃。尉元早已料到张永要逃，令彭城的孔伯恭追蹑宋军之后，自己则率骑兵快速向前包抄。城外的泗河已经结冰，无法行船，张永只能弃船步行逃跑。步行当然跑不过魏军的骑兵，尉元在吕梁城东成功阻截宋军，宋军被拦头击尾，无力招架，大队人马被杀散，伤亡上万。宋将垣恭祖、沈承伯等人被生擒，张永的第四子死于乱军之中，张永本人也被冻断了一根脚趾。

沈攸之留下长水校尉王玄载守下邳，积射将军沈韶守宿豫，睢陵、淮阳等城都留下士兵防守，其余败兵退还淮阴。

张永败还建康，从此结束了戎马生涯，郁郁而终。沈攸之驻兵于淮河一线，于泰始三年春一度请求出兵，企图趁北魏在彭城立足未稳攻而夺之，宋明帝惩于大军新败未同意。

泰始三年秋，宋明帝又派陈显达等将军率兵进抵淮阴一线，命沈攸之率兵北征。沈攸之发现泗水、沂水河干水枯，无法支持水军航行，请求暂缓北进。宋明帝不许，强令诸军进发。这次准备仓促的进兵，又是惨败。

魏将孔伯恭率军反击宋军，在睢口大败陈显达，宋将龙骧将军姜道产之、司徒参军高遵世战死，沈攸之在撤退过程中被魏军用矟（shuò，即长矛）击伤，幸好当时天色已晚，沈攸之逃入陈显达的营垒中，才侥幸逃过一死。魏军乘胜杀到淮阳，占据了淮北大片领土。

这一系列战斗，参战将领不算出名，战斗规模亦不是很大，宋军损失的军队也就一万余人，但战斗影响十分深远。

当宋文帝、孝武帝之世，刘宋虽然屡屡战败，但淮北有彭城作为荫蔽，防线始终比较稳定，除了太武帝舍命一击，淮河南北基本不会受到北方骚扰。

宋明帝夺位战争，给北魏提供了一个前所未有的大好机会，刘宋徐兖军事集团的离心倾向，被宋明帝不切实际的自信增强、扩大，形成了战略上的割裂。北魏派出几个名不见经传的将军便轻易拿下彭城及淮北诸州，倒不是北魏军队的战斗力突然暴涨，而是刘宋的内耗已经把自己折腾得半死了。

从此之后，刘宋再也没有一座像彭城的大城能担负淮北战役的支点作用，北军但凡出兵，便直接威胁到淮河流域。南北战争的焦点，开始转移到淮河流域的寿阳、盱眙等城。唯一能在短时间内对北魏构成威胁的，是山东半岛尚控制在刘宋手中的青、冀诸州。

青齐易主

彭城沦丧后，宋明帝一度积极谋划夺回该地。泰始三年，刘宋遣将渡淮北进，假装进攻彭城。北魏方面应彭城守将尉元的请求，任命慕容白曜为都督诸军事、征南大将军，率五万骑兵自碻磝津渡黄河，准备南下增援彭城。

慕容白曜是慕容燕王族后人，此前没有什么事迹，一直在中朝担任文官。乙浑受命辅佐献文帝，此人升为尚书右仆射，与乙浑共同执掌大政。大概属于文成皇帝身边的亲近人员，因为特殊的机缘迅速蹿升。谁也没想到，这个受到火速提拔的后进者，居然给北魏带来了惊喜。

泰始三年二月，慕容白曜第一仗开始进攻刘宋的无盐城（今山东东平），该城守将是申纂。魏军从机动进攻迅速转为攻城作战，很多准备工作都没做。军中诸将都建议慕容白曜不要草率进攻，待后方步兵携带攻城器械到达后再打。

唯有左司马郦范坚持迅速发起进攻，理由有三：一、宋军在淮北刚经历了大败，青、齐诸州已是风声鹤唳，正是趁乱打他们的好时机；二、魏军深入敌境不可久留，迟则生变；三、宋将认为骑不利攻，守城没有太大问题。趁其思想松懈没有准备，急速进攻，可达到出其不意的效果。

慕容白曜深以为然，于是命令大军假装后退，令宋将更加确信敌军已退，然后趁夜部署诸军，等到天快亮的时候，迅速发起攻城战斗。历来防备偷袭，最怕黎明时分，这个时候人将醒未醒，反应很慢。宋军又被魏军迷惑得没有加派警戒兵力，结果措手不及，没到日头高升，城池便被魏军攻占了。

申纂开东门逃走，魏军骑兵追上将其生擒。此战魏军俘虏无盐军民数千口，慕容白曜本打算把他们当成奴隶押往后方，强征城中财富为军用物资。郦范建议他不要施行这种暴虐、不得人心的政策，否则激起各地宋人的反抗就得不偿失了。慕容白曜采纳了这一建议，果然在后续进攻过程中减少了很多阻力。

慕容白曜接着向历城方向进攻，进至肥城戍（今山东肥城），准备拉开架子进攻，郦范建议先招降。无盐城之战宋军一败涂地，肥城戍的守军比无盐还少，他们有什么信心坚守？慕容白曜觉得郦范说得有道理，于是派使者过去招降，宋军果然无心坚守，开城投降。肥城戍易手，魏军缴获粮食三十多万斛，军需得到极大补充。慕容白曜高兴地说："此次出军有郦范随行，平定三齐之地不在话下！"

肥城戍之北便是刘宋冀州的州治历城。此城在宋军历次北伐中发挥了重要的堡垒作用，是屏蔽青州、支援黄河防线的重要枢纽。历城外围已无大城，只剩垣苗（今山东济南市长清区东南）、麋沟（即长清区，麋音 lì）、升城（在长清西南）三个戍城。

这几个戍城紧靠历城，魏军招降之计没有奏效，慕容白曜发兵硬攻，连克两城，不费吹灰之力便杀得宋军丢盔弃甲。只有升城遇到一点像样的抵抗，但也没有坚持多久，宋军被杀数百人，守将连夜弃城逃跑。

刘宋冀州刺史崔道固、青州刺史沈文秀之前曾向北魏递交降书，但刘宋在建康形势稳定、宋明帝基本掌握了大局后，派人到青、冀二州劝崔道固、沈文秀回归。当时魏军势力还未深入山东，崔、沈二人权衡利害，又闭城坚守，不再投降北魏。

此时慕容白曜大军气势汹汹地杀到，崔道固忐忑不安。慕容白曜不愧为政治型官员出身，对人心、形势的把握非常准确。大军进围历城后，慕容白曜没有急于进攻，也不谴责崔道固首鼠两端，而是发了一封招降信，以薛安都降魏而荣、申纂抵抗而死（大概是无盐城破后被魏军处死）为现实例子，同时警告他，宋明帝无力出兵救援，如果坐守抵抗，下场只有死路一条。

崔道固有心坚守，又担心打不过魏军，将士们紧张地上城防守。慕容白曜军粮充足，士气高涨，也不怕跟宋军耗时间，于是令大军筑起土围墙把历城包围起来。

双方军队在一些局部地段甚至展开了厮杀，崔道固派去接洽投降事务的济南太守崔季柔被魏军乱兵擒杀。崔道固左思右想，实在是走投无路，只好开城投降。

历城是青州的门户，城池易手与彭城失陷有着几乎相同的影响。历城背后的梁邹城（今山东邹平）、东阳纷纷不战而降，魏军兵锋深入青州腹地。

至此，北魏在东部的国境线推进至徐州一线，彻底解除了刘宋对黄河沿线的威胁，在南北军事对抗上，魏强宋弱的态势基本形成。

第五章

孝文南伐

南北朝对峙自宋明帝时代丢失淮北、青、齐诸州后，从军事上看，北强南弱的局面已经形成。南北两方国势正经历着相反的历程，刘宋明帝以后国力日衰，至后废帝时亡兆已现。北魏在冯太后与孝文帝的接力治理之下，逐渐走上国力巅峰，南北之间的冲突，在孝文南迁之后进入一个新高峰。

孝文南迁的真正用意

魏孝文帝拓跋宏，献文帝长子。他虽生在帝王家，却自小命苦。尚在襁褓之时，生母李夫人被冯太后以子贵母死之祖制赐死。献文帝与冯太后没有血缘关系，却不得不尊奉冯氏为皇太后，权力被冯太后明里暗里地侵夺。

献文帝气不过，一度有意将皇位传给皇叔拓跋子推。拓跋子推是文成帝的亲弟弟，把皇位让给他，冯太后成了皇嫂，从法统上讲无法再临朝听政。冯太后策动群臣制止了这件明显有悖宗法秩序的事，随后又逼得十八岁的献文帝做出惊天之举——禅位给四岁的太子拓跋宏。此举的意义在于保住文成一脉的正统地位，冯太后可以名正言顺地掌握一部分权力。

但帝后之间的权力矛盾始终没有解除。延兴六年（476年），献文帝突然驾崩，时年二十二岁，九岁的小皇帝拓跋宏成了孤儿。

随后，冯太后被尊为太皇太后，因孝文帝拓跋宏年幼不能理政，冯氏不得不第二次临朝听政。冯氏听政期间，北魏许多成熟的政治探索转化成制度成果，均田制、三长制最终在北魏确立下来，北魏的汉化进程在冯氏执政期间得以加快。

冯氏对孝文帝的培养教导十分尽力。她曾亲手撰写《劝诫歌》三百余章、《皇诰》十八篇，让孝文帝学习。在冯氏的教导下，孝文帝与汉人少年一样，从小就十分用功地学习儒家经典，任城王元澄曾说："臣每于侍坐，先帝（孝文帝）未尝不以《书》《典》在怀，《礼经》为事，周旋之则，不辍于时。"

但冯氏对这位与自己没有血缘关系的嫡孙，也不是没有防备。孝文帝之母是冯氏下令杀死的，所以冯氏严令宫中谁也不能透露此事，直到冯氏去世后，才有人告知孝文帝此事。

大约在太和四年至六年间，越来越聪明的少年皇帝，引起了冯氏的猜忌与不安，她害怕孝文帝有朝一日像他父亲一样，对自己的权威发起挑战。于是在十月天气转冷之时，随便找了个借口，让孝文帝穿着单衣待在一间静室，三天不给饮食，又召咸阳王拓跋禧入宫，想废长立幼。

平城农历十月，天气已经非常寒冷了，穿单衣根本受不了，还三天不吃不喝，冯氏的心狠程度可见一斑。幸亏大臣拓跋丕、穆泰、李冲等人强烈反对，孝文帝的皇位才得以保住。

太和十四年（490 年），冯氏去世，孝文帝的最高权力全面恢复。太和十八年（494 年），孝文帝将首都迁至洛阳，同时下令断胡服、改汉姓、禁胡语，北魏的汉化进程走上制度化层面。历来胡人汉化总会遇到许多问题，不光是改姓氏、学汉文、用汉官，很多利益群体也要重新定位。汉化改革前享受到的权利，改革后可能会大幅缩减甚至被取消。孝文帝迁都洛阳，真正用意不光是迁居中原王朝正朔所在，也有靠近南朝、便于进行军事征服的目的。但北魏王朝内部起伏不断的抵制暗流严重牵扯了孝文帝的精力，使其无法专心组织南下征服的大事。

太和二十一年（497 年）发生的恒代叛乱事件，将北魏内部政治矛盾公开化、表面化、激烈化，反对改革的宗室、勋贵势力甚至要威胁孝文帝的皇位。此事直接影响到孝文帝乘迁都之势进行南伐。

孝文帝推行汉化改革，其中有一条是实行五等爵位，并重新厘定拓跋氏皇族的支脉，将一些远枝宗室排除于拓跋珪正嫡一系之外，将他们从王、爵降为公、侯，此举触犯了鲜卑代性贵族的利益。恒州刺史穆泰、定州刺史陆叡、安乐侯元隆、抚冥镇守将元业、骁骑将军元超、阳平侯贺头、射声校尉元乐平、前彭城镇将元拔、代郡太守元珍、镇北将军乐陵王元思誉等人，或是代北旧姓贵族，或是被疏远的宗室，一直想找合适的机会推翻孝文帝，另立阳平王元颐为帝。

他们把突破口放在了太子元恂身上。元恂于太和十七年（齐武帝永明十一年，493 年）被立为太子，太和十八年孝文帝决定南迁，虽然他强行压制了包括元恂在内的许多宗室大臣的反对意见，但对一些年龄很大、威望很高的宗室老臣，也作了一些妥协，允许他们冬天居住在洛阳，夏天返回平城避暑。太子元恂身体肥硕，很怕势，而且自幼不喜欢读汉人诗书，不喜欢宽袍大袖的汉服，内心非常抵触汉化和南迁。但他错误地把孝文帝的宽容当成纵容，迁到洛阳之后一直谋求重归平城。太和二十年（496 年），太师冯诞死于平城，孝文帝准备遣太子元恂作为代表前去吊丧。穆泰等人听说后，便想借此机会，打着太子的旗号举兵反叛。

但天不赐其便。元恂性格粗暴，打算去了平城就不再回来，走之前与部下商议，想把洛阳的官马都带走。太子中庶子高道悦苦苦劝说元恂不要行此大逆不道之事，元恂一怒之下，亲手将高道悦杀了。孝文帝当时正在嵩山，闻讯大惊，他对代地诸勋贵蠢蠢欲动早已有所察觉，没想到是要借太子来发难。孝文帝紧急赶回洛阳，召来咸阳王元禧等亲贵宗室，当场数说元恂反对南迁、勾结奸人作乱的罪过，孝文帝亲自杖责元恂，打累了又让元禧打，一连打了一百多下，元恂被打得一个多月起不了床。次年正月，孝文帝下旨废元恂为庶人，数月后赐死。

穆泰等人在代北听说此事，聚兵守城，控制恒山以北诸郡，以武力对抗孝文帝。他们还打算立阳平王元颐为帝，但元颐并不想蹚浑水，向朝廷上书告发。孝文帝立即派任城王元澄率军北上镇压，围住了恒州州治平城。穆泰率麾下数百人向外突击，结果被轻松镇压。

恒代叛乱及之前的一系列反对浪潮，虽说最终都有惊无险，但也严重分散了孝文帝南伐的注意力。特别是太和十八年至太和十九年（495年）孝文帝亲自指挥的南伐行动，没有取得较大战果，与内部暗流不能说没有关系。

义阳之战

孝文帝于太和十八年十二月发动第一次南伐。

选择在此时进攻南朝，是要借南齐萧鸾武力夺位、南朝国内震荡之势。魏军北伐分为四路，第一路征南将军薛真度率军出襄阳，接应南齐雍州刺史曹虎的投降；第二路大将军刘昶出义阳（今河南信阳）；第三路徐州刺史元衍出钟离（今安徽凤阳临淮关）；第四路平南将军刘藻出南郑（今陕西汉中）。孝文帝自率大军作为后继。

薛真度是刘宋末年投降北魏的大将薛安都的族弟，他率兵驻守荆州（北魏的荆州，范围在南阳一带）。荆州当时是个很小的侨置州，薛真度手下实力很弱，孝文帝派这一支偏师南下，原本只是想"摘桃"——取南朝的襄阳。谁知曹虎只是诈降，薛真度这点兵力去打襄阳根本不够曹虎吃的，这一路基本没有取得什么战绩。

刘昶一路发生了较大的战斗。刘昶是宋文帝刘义隆第九子，爵封义阳王，宋前废帝刘子业在位时大杀宗室，刘昶惧祸逃奔北魏，开了南朝皇子奔北的先河。北魏方面很重视，封他为丹阳王，还让他娶了北魏公主，以他作为牵制南朝的一枚政治棋子。刘昶一直心念故国，萧道成篡宋自立后，刘昶屡屡请兵南伐报仇。早在太和三年（479年），他就受命率军进攻南朝彭城以南地区，但由于当时萧道成指挥大军坚决抵抗，他的进攻没有取得什么成果。

北魏朝臣对这位异国投降者并不尊重，他们每每听见刘昶的南方口音，都会肆无忌惮地嘲笑。一些粗鲁的武人，有时还会一拥而上拉扯刘昶的胳膊，甚至啃咬出血。刘昶因此更憋着一口气，想在征伐南齐的过程中建立功业，让北魏朝臣改变看法。他号称率军二十万，包围了义阳城。齐军不敢出城野战，闭城加强防守。刘昶指挥大军筑起长围、栅栏和沟堑，对城池构成三重包围。城外的百姓民居被杀掠焚烧一空，义阳城外瞬间成为修罗场。

魏军这次是有备而来，步、骑兵都有，因而包围城池后立即发起了攻城战斗。义阳当时是南齐防御北魏的边城，常年处于高度警戒状态，守军在司州刺史萧诞的率领下，全力防守，城中军民都拿着盾牌抵挡魏军飞蝗般的箭雨。

萧诞之弟萧谌，是齐明帝萧鸾两度废立最终夺位的功臣，在杀郁林、海陵二王，诛杀齐高帝、武帝子孙时出了很多力，因此萧谌的哥哥萧诞、弟弟萧诔（lěi）都颇受重用，特别是萧谌在朝中对很多重大事务都有发言权，甚至尚书省推荐官吏，他都敢横加插手。这种不知收敛、嚣张跋扈的作风终于招致多疑的齐明帝猜忌，后来满门被诛，这是后话。当萧诞任司州刺史时，齐明帝对萧谌尚能容忍，故而萧诞也尽心尽力地守城。

魏军在义阳城久攻不下，分出一部分兵力，扫荡义阳外围。齐明帝遣太子右率萧季敞率军出援，屯兵下梁（在义阳城东南）。魏军三万人截断义阳、下梁的联系，并与萧季敞大战一场，齐军战败，无法前进。

南齐又遣老将王广之率江州兵力、荆州军主鲁休烈率荆襄兵力、太子右率萧诔率台城禁军，再度出师援救义阳城。当此之时，义阳已成南朝在淮河上游最后的屏障，南朝退无可退，因此必须出大兵争之。

王广之遣军主黄门侍郎萧衍、太子右率萧诔、辅国将军徐玄庆和鲁休烈率前锋倍道兼行，快速推进至贤首山（在义阳西南七里），已经与魏军城外屯营相接。这下义阳城中彻底安下心来，只要城外有救兵，城里防守就更不成问题。

据《梁书·武帝纪》记载，出击贤首山是萧衍主动提出的建议，而且齐军诸将都不敢前进。赞扬传主抹黑其他人是史书一向的手法，但萧衍有此勇气却不需质疑。

这一行动带来的效果非常明显，齐军一夜之间登上贤首山，魏军竟然没有发现。到天明时突然见山上竖起南朝旗帜，魏军明显有点慌了，不知道齐军有多少人、指挥官是谁，也不知道这么突然而迅捷的行动意味着什么。

刘昶虽然一直主张积极进攻南朝，治军打仗却没什么本事。他本人性格粗戾横暴，此次出军大概太想出成绩，因此治军非常严苛，部下敢怒不敢言。参军阳固当面直谏，希望他不要这么蛮横。刘昶大怒，要行军法斩了阳固，众将力劝，才免了阳固死罪，让阳固率众沿攻城土道进攻城头。意思再明白不过，要么戴罪立功，要么直接死在南朝人的刀枪之下。

参军是一军主将帐下非常重要的职事人员，是参谋长史、司马各种部署并直接督率落实的执行者，随便把参军扔到战斗一线，刘昶虽然出了口恶气，但未免示人以短，影响内部团结。然而阳固也并非泛泛之辈，坦然率众攻击，丝毫不惧，后来反而赢得包括刘昶在内所有人的尊重。

显而易见，这种状态下的魏军，很容易受到外界因素干扰。打顺风仗还勉强能维持，一旦遇到意外情况，很容易打击战斗力。义阳城内的齐军反应也很迅捷，一则城外有援军，胆气壮了；二则大概感受到了魏军攻势迟缓背后的暗流涌动。萧诞立即遣长史王伯瑜、军主崔恭祖开城出击，烧毁魏军设下的栅栏，顺风纵火，鼓噪呐喊，制造出大反攻的声势。

萧衍是何等人物，还没等城内的人前来通报，便明白了萧诞的意图，乘势发兵下山冲击魏军营垒。刘昶见势不妙，只好撤围退走。

其实萧诞守军并没有对魏军围城部队造成多大冲击，只不过声势造得大，吓住了刘昶。如果换作老臣宿将，只需分出兵力各自挡住城内守军与城外援军，魏军拥有力量上的优势，完全能应付两线作战。

义阳是魏齐对峙线面上的中线枢纽，刘昶打成这个样子，丧失大好局面，一是他本人指挥能力严重缺失；二是魏孝文帝对中线重视程度不够，没有形成绝对优势兵力，也没有考虑南齐方面的救援。南齐的荆州与北魏荆州密迩相接，快速救援本就理所当然，孝文帝却虑不及此、无所作为，或许他的思想还停留在平城时代，没有真正把义阳当作南征首先要解决的问题。

南郑之战

与刘昶颟顸无能导致败北相比，西线南郑方向打得比较持久而激烈。

刘藻也是南朝北逃者，此人没有刘昶身份的负累，到北魏后凭借过人的能力，在州郡长官上做出了成绩，得到北魏高层的认可。特别是在镇压、缉抚秦陇氐、羌作乱方面，既有手段又有恩德，为北魏安定西方立下大功。

此次南征，刘藻时任秦州刺史，孝文帝加封其为东道都督，让他率军南下进攻汉中。这一任命有点突然，因为秦州（今甘肃天水）的形势并不十分稳定，刘藻也才刚抚平当地激烈的矛盾，此时将他抽离本州不合时宜。

孝文帝不可能不知道这一情况，之所以还让刘藻出兵，大概是想让刘藻牵制南齐，在西路方向以攻为守，令齐人东西不能兼顾。总体战略还是颇为积极，但孝文帝对秦州的形势过于乐观。刘藻刚率兵出发，秦地羌、氐豪强便又乘势作乱，孝文帝没办法，只好让刘藻撤回本镇，秦州这才恢复稳定。

但这个方向不能就此罢休，否则岂不是把自己的弱点暴露给齐人，让他们乘势反攻?当时孝文帝正率兵进攻淮河沿线，为了稳定西线形势，孝文帝又加强了兵力，令宗室元英担任梁益宁三州都督、安南将军、领护西戎校尉、仇池镇都大将、梁州刺史，率领部众从汉中出发，进攻南郑。

元英是拓跋晃的孙子、南安王拓跋桢之子，是孝文帝的族叔。元英是北魏中后期顶级名将，在后来的南北大战中颇有威名。

元英虽然被加了许多官职，但并没有掌握多少兵力，只是以本州兵马会同刘藻共同出击。孝文帝的用意还是在于，让他们牵制南齐，使对方不敢轻举妄动。元英颇有见识，他并不认为南齐在梁汉一带有什么实力，而且当前南齐主力都集中在东线战场，汉中必然空虚，不仅无力发动反击，连防守都很吃力，不如乘势进攻，掠取实地。

这个建议上报后，得到孝文帝的认可。于是元英率众深入汉中，全力向南郑方向发起进攻。孝文帝对元英的军事行动极为乐观，认为取胜的概率相当大，为此还在雍、泾、岐三州征调了六千兵力，待元英打下汉中就派过去接防。

南齐方面的守将是梁州刺史萧懿。萧懿兄弟十人，其为长兄。萧懿与文才武功俱臻妙境的萧衍不同，更长于军事。他常年在梁州镇守，熟悉当地地理民情，而且与当地氐人豪强关系较为亲近。所以萧懿对汉中的防守颇为自信，元英大军南进之时，他只是派将军韩嵩率军进剿作乱的獠人（大约是今川甘交界处山中的少数民族）。

萧懿遣军主姜山安、赵超宗等率军两万，分别据守角弩（今陕西略阳县西）、白马（即阳平关，在今陕西勉县），在沮水（汉江的北源黑河）一线抵挡魏军。

别小看这两万兵力，反映出了很多典型问题。

历来南朝防御北朝进攻，喜欢搞点状防守，越是搞点状防守，本就不多的总兵力就越分散，平均每个城只有一两千兵力。而且迫于北魏军队机动速度快、野战能力强的压力，各城之间往往不敢救援，敌我兵力对比总是居于弱势。当年刘宋元嘉北伐打下黄河诸镇，其总兵力虽有近十万人，但这些兵力布列东西近千里，进攻不够有力，防守无法发挥应有作用。

梁州的防守，无意中改变了这种被动局面。萧懿手中到底掌握多少兵力，限于史料缺失，我们不得而知，但从其能派出两万兵力去前线布防，又派出数千兵出去剿獠，再加上后文说萧懿率两千兵力留守南郑城，其总兵力大概有三万。

三万不是个小数，南齐交给萧懿的防守任务是区域性的，不是只守一个南郑城，而是梁州和南秦州的整体防务。但萧懿一改之前南朝军队惯用的点状防御态势，把兵力有重点地分散开，凭险据守，把三万人打出了六万人的效果。萧懿的本事，着实高人一筹。

集中优势兵力，分散守险抵抗，看来是劣势条件下南朝军队抵抗北朝的有效法门。这一做法，后来在梁朝淮河流域的几场大战中似乎得到了传承，诸如合肥、钟离之战等。

萧懿的这种排兵布阵，极大地消耗了魏军的战斗力。

据《南齐书·魏虏传》记载，元英的兵力有十万人，但是这种记载一般来说都有夸张的嫌疑，把敌人说得越多、自己说得越少，越能证明打得有多艰难、传主有多厉害。何况《南齐书》作于梁朝，作者自然不会放过这种动动笔就能讨好皇帝的机会。

不过即使没有十万人，总兵力比齐军多无可厚非。魏军集中绝对优势兵力，对把守沮水对岸的齐军兵营发动进攻。齐军分为四营，大概是其部署比较分散，被元英看出其互相救援较难的死穴，魏军看似是全面进攻，实际上只攻一点。很快齐军一营崩溃，接着引发全面混乱。魏军生擒齐将梁季群，斩首三千余级，生俘七百人，白马城守军连夜逃回南郑。

南齐军这次失利并没有引发整个梁州崩溃的连锁效应，萧懿在南郑城中仍旧稳如泰山。从这个角度也可推知，《南齐书·魏虏传》记载的萧懿在南郑城中只留下两千兵力肯定不实，一位具有基本军事水平的将帅，绝不会搞出来一套主次颠倒、强枝弱干的阵形，否则一旦出现不利如何补救?萧懿一边遣人去召剿獠的韩嵩撤兵回救，一边部署南郑城防务。

此时，梁州境内的氏人豪强李天干等人投降魏军，到元英军前请求派兵接其家属。元英自料本军新胜，便十分托大地派出一部分兵力前去接人。萧懿随即派姜修率兵沿路截击魏军。

这本是一个很小的战术行动，无关战场大局，但萧懿却看得很重，没有放过这种能消灭魏军有生力量的机会。姜修所部兵力不够，和魏军打成了遭遇战，双方谁都奈何不了谁，萧懿随后又派兵前去合击魏军。

元英没想到萧懿的招数居然如此出奇，他的战场嗅觉也非常灵敏，马上判断出萧懿的意图。你想小口吃、得实惠，我偏不让你如意。战场上就是这样，有时只要知晓对方意图就是得胜的机会。元英不想白白给对方这样的机会，亲率一千精锐骑兵倍道兼行，赶去救援。

在他的预想中，这支骑兵足以击溃对方，让萧懿知道自己的厉害。可谁知投入战场后，萧懿居然又派了一路兵马投入战斗。这真是北魏开国以来与南朝作战从未发生过的情况，南朝人不仅敢打，而且还留了这么多后手。一支又一支的军队派过来，真不知道萧懿后面还藏着多少人马。魏军越打越绝望，眼看就要崩溃。

危急关头，元英展现出大将风度，他内心也十分忐忑，如果萧懿这时真的再派一强大兵力，自己连同手下这几千军马恐怕只能交代在这战场上了。当下的最优选择肯定是迅速逃跑，但两军正在交战，敌前退却是兵家大忌，弄不好就会全军溃散。元英强自镇定，刻意装出一副成竹在胸的样子，勒马徐徐行进，登高四处眺望，用马鞭四处指点，仿佛在部署伏兵。

这一招既稳定了军心，又让齐军士兵误以为魏军真的埋伏了重兵。两军都已战至筋疲力尽，齐军便撤出战斗回至南郑城。

齐军一系列灵活的战术行动，可见萧懿的过人之处。总兵力虽然四处分散，但保持着一个强有力的防守核心；而以各路分枝兵力不断消耗敌军，虽不能逆转战局，却能使敌人受到牵制，无法集中所有兵力攻城。当然，萧懿的招数可不止这些，后面还有出其不意的招数。

元英经历了这一场有惊无险的战斗，感觉颜面无光。好在齐军总兵力较弱，无力趁乱反攻，魏军得以整顿军马，从容进至南郑城下。元英指挥大军立即包围城池，四面堆起土山，开始强攻州城。

战斗此时已进入南朝人熟悉的节奏，魏军野战强而攻城弱。南郑是汉中首府，历朝历代都十分重视此地防务，齐军防守起来自然是得心应手。

魏军施展各种进攻手段，都被齐军针对性地化解了。攻城战斗大概打了两个多月，魏军士卒伤亡较大。随着时间的推移，粮草也逐渐供应不足，士兵们开始吃菜叶，一斤菜叶居然价值千钱。

当然，南郑城中的情况也在恶化。由于得不到补给，粮草越来越少。为了稳定军心，录事参军庾域将数十座已经空了的粮仓封起来，对军士们说这些粮仓中的粟米足够支用两年，士兵们这才打消顾虑。

正在此时，萧懿先前派出去剿獠的韩嵩，率军返回南郑，在城外与魏军发生激战。韩嵩先胜后败，军主范洁虽然破了魏军的围攻，但在就要攻到城下时被魏军骑兵大败，韩嵩所部三千余人被击溃逃散。

然而南郑城仍然岿然不动，魏军久战而疲，还要时刻提防萧懿变幻莫测的分兵牵制之术，已经攻不动了。萧懿又遣氐人豪强杨元秀到仇池氐人故地，召集群氐支援南齐，截断魏军归路。杨元秀果然成功煽动氐人部落，相继攻破北魏的历城、皋兰、骆谷、仇池、平洛、苏勒六个城戍，并阵斩魏军北梁州刺史辛黑。

城池久攻不下，后路还被截断，魏军支撑不住了。元英遣同是氐人豪强出身的仇池公杨灵珍占住泥公山，以保护大军班师之路的安全。但氐人势力甚为浩大，元英立即率军退入斜谷。撤军前，元英故意遣使到南郑城中向萧懿告别，做出一副诱敌追击的样子。又将全军分为两部分，老弱先走，精壮殿后，元英也留在后队。萧懿打了两个多月的防守战，其实也已筋疲力尽，只派了小股部队出城骚扰了一下。

魏军脱离战场，向斜谷退走，正好赶上连绵大雨，魏军无处躲雨，好不狼狈。存米的袋子不防潮，士兵们便砍伐竹子，把米放到竹筒里，饿了便直接用火把烤竹筒蒸米吃。大军勉强行至下辨（在今甘肃成县），杨灵珍之弟婆罗阿卜珍叛魏，举兵袭击魏军，元英部下四散而逃，元英脸上中了流矢，但他忍着痛不敢声张，收拢败兵，徐徐退回关中。

南郑之战，齐、魏双方投入的兵力都不是很多，仗却打得一波三折，攻城与防御、偷袭与反偷袭、互相切断后路，无论是双方主将的指挥水平还是军队的反应速度，都是此次南北大战中最为出色的。

钟离之战

淮南方向打得更为持久。

太和十九年正月，孝文帝亲临汝南悬瓠城，在那里召见参与南征的群臣、大将，并颁布诏令：寿阳、钟离、马头戍等地出击的魏军，不能像以往一样劫掠南朝百姓作为奴隶，要把他们放回南朝；所有进入南朝的军队一概不许烧杀抢掠，违者以大辟（一种死刑）论处。

这是北魏对南战争划时代的改变。自魏道武帝立国以来，一直视敌国之人为牛羊，劫掠之后轻则为奴、重则虐杀，完全不顾政治形象，因此立国百余年来，周边诸国无论大小都对北魏怀有很深的仇恨与恐惧。孝文帝此举可视作是其汉化改革的一部分，不仅要在文化习俗、生活形态上全面转轨，在政治法统上也开始标榜正义，试图与偏居江东一百八十年的南朝争夺正朔，可谓是雄心勃勃。

当年二月，孝文帝亲率大军（据说有三十万），进抵寿阳城下。孝文帝遣使叫城中人出来作答。寿阳守将是南齐丰城公萧遥昌，萧遥昌已做好应战准备，不知孝文帝此举何意，便遣参军崔庆远出迎。这段记录挺有意思，故而择其要叙之。

崔庆远到魏军营中，问道："敢问陛下为何兴兵南犯？"

孝文帝说："兴兵南至是要问罪于齐主萧鸾，他为何要废帝自立？"

崔庆远答："古往今来废昏立明多了去了，这有什么好稀奇的？"

孝文帝问："齐武帝的子孙如今何在？"

崔庆远答："七个宗王阴谋作乱，已经伏诛，其余还有二十多位宗室子弟，

148

在各自的藩国。"

萧鸾废郁林、海陵二王的同时，大杀齐高帝、齐武帝子孙，其中包括高帝萧道成儿子七人、齐武帝儿子十五人，以及其他子孙，共计二十七人，诛戮之惨古今未有，即使南齐国内也不忍心多言。孝文帝此问甚是厉害，崔庆远倒是辞气不弱，将被诛杀的高武子孙比作管、蔡。言下之意萧鸾是至贤至圣的周公。

孝文帝讽刺崔庆远是一派胡言，但没有继续斥责，而是出人意料地问："如果两国和亲怎么样？"

崔庆远应付自如，表示："两国和亲自然皆大欢喜，如果不和那就继续打，遭殃的是百姓。"

孝文帝很聪明地及时结束了这个话题，设宴款待崔庆远，席间又捡起萧鸾废主自立的话头，问："萧鸾废昏主固然有道理，但是为何不按周公辅成王的旧例，选择近支宗室当皇帝呢？"

崔庆远答："成王有亚圣之贤，所以周公能辅佐他，可是我朝高武子孙没有这样的贤人，所以当今圣上自立。当年霍光立宣帝，也是考虑到近支汉室子弟没有合适人选，才立了远支的宣帝。"

孝文帝又问："依此理说，霍光比宣帝贤明，废海昏侯之后应该自立为主，那他还是汉朝的忠臣吗？"

这话问得夹枪带棒，废昏之后立新君的原则到底是什么？如果以忠为上，那么萧鸾绝不能自立；如果以贤为上，那么霍光就应该自立。可是以霍光之贤都没有贸然自立，萧鸾难道比霍光还要贤明？孝文帝这话，怎么说都避不开萧鸾是乱臣贼子的结果。

崔庆远察觉到孝文帝的语言陷阱，内心惊讶于这个胡人皇帝的文化修养和理论储备，实在不亚于汉人，想来想去，只能跳开这个话题，答道："这个类比不妥当，如果这样比，那当年武王灭纣就不该自立，而应该选商朝后人当天子。"

孝文帝大笑，不再"调戏"这位耿直且言词锋锐的使者。这一系列问答，从场面上看崔庆远没给南齐丢脸，其实暗里他已经着了孝文帝的道。孝文帝现在争的是两国抗礼相交，和亲是否有结果倒在其次（事实上南北朝直到结束也没能实现和亲），关键是令南朝认同这一外交手段，在政治形式上完成北朝正统化的跃变。崔庆远不过是一介参军，这层含义他自然体会不到，他的回答虽强硬有余，但有些话说得欠缺考量。

结束了这一场嘴仗，孝文帝没有在寿阳过多纠缠，而是登上八公山赋诗，感叹了一下当年苻坚草木皆兵的狼狈，然后乘坐黑毡车，铁骑前呼后拥，沿淮河东行。南齐军马远无当年东晋北府军的威力，守城有余，也能派出小股部队袭扰，但北魏大军远远强于前秦七拼八凑的百万大军，萧遥昌根本不敢出城追击。

孝文帝一行到达重镇钟离。寿阳与钟离同为扼淮重镇，不就近打寿阳而转攻钟离，孝文帝大概也觉得寿阳城防守严密，无隙可乘。不过钟离城也没留给魏军多少机会。

南齐的应对之策主要有三：

其一，以徐州刺史萧惠休、辅国将军申希祖为首，加强钟离城的守备。萧惠休是刘宋外戚萧思话之子，与其兄萧惠基并为南齐开国功臣，担任过广州刺史、南海太守、徐州刺史；申希祖诸史无传，大概是魏郡诸申子弟，长期在淮河南北活动，是南朝淮北武人的中坚力量代表。这两人一内一外主持防守，能很好地协调台城兵力与淮北本地武人力量。

其二，派都督青冀二州诸军事张冲率兵进攻徐州以东方向，牵制魏军兵力，使其无法并兵南下。张冲帐下军马接连攻占建陵、驿马、厚丘、虎阬（kēng）、冯时、即丘、纪城等城，这些小城大多在今江苏沭阳至连云港一带，是南朝能控制的最北端的领土。从此地向西，可直接威胁彭城一带，魏军不得不抽调出部分兵力加以戒备。

其三，遣左卫将军崔慧景、军主裴叔业等率台城禁兵增援钟离城。裴叔业是北来武人的后代，曾隶属于萧鸾的豫州刺史府，萧鸾废主自立，他立下了很多功劳，特别是在剿杀各地宗室时出了大力，被萧鸾视作心腹。崔慧景是南齐宿将，这两个人统禁兵到钟离，可见南齐志在必得的决心。

魏军包围钟离后，对攻城战斗颇感头疼，士卒死伤众多，却仍找不到城防的破绽。孝文帝这次进攻淮河沿岸诸城，重点本就未放在攻克重镇上，见钟离城池坚固，难以攻克，便率骑兵向南进攻，企图重现当年太武帝饮马长江的壮举。然而在淮河诸城仍然稳稳地把握在齐人手中，并且南齐建康军马源源不断开向淮北的形势下，魏军极有可能半路被截击。孝文帝行军途中大概发现力有未逮，便借司徒冯诞去世之机，中止了这一行动，返回钟离大营。

魏军迟迟打不开局面，便在城外邵阳洲上筑起木栅城，截断钟离城水路，又在两岸筑起小城，扼守陆上要道。齐军没有坐以待毙，裴叔业率军击破魏军两个小城，摧毁了木栅城，重新打通水路。

孝文帝改变主意，想留下一部分兵马在淮河以南占领城池，准备长期固守，蚕食淮南。他赐玺书给相州刺史高闾，询问意见。高闾是历经太武、文成、献文、孝文的四朝元老，乙浑专权时他受文明太后冯氏之诏，入中枢辅助幼帝诛杀乙浑，见过大世面，对军政大事都颇有见解。面对孝文帝的询问，他没留一点情面，全面批评了此次南征的失误：

其一，魏军兵力不够雄厚，没有专攻一点，而是沿淮河四处用力，这当然难以取胜。（从高闾之言可知，魏军主力动不动就说有二十万、三十万，全是虚指。）

其二，天时对魏军不利。春至水涨，雨多河盈，反而有利于南朝水军发挥。

其三，留兵置戍绝对不可行。当年太武帝以排山倒海之力，南临瓜步，席卷江北，如此强大的兵力，既攻不下盱眙这种弹丸小城，也不敢留兵在淮南占领城池，原因就在于魏军无力在江南长驻。为什么不能长驻？一来是其孤悬敌后，易遭围攻，只要寿阳、钟离、淮阴等大城没打下来，魏军就休想过淮河南进；二来是留兵多则无粮，少则支持不住；三来是人情恋土怀乡，让北方人长期驻扎在淮南，军心不稳，早晚溃散。

孝文帝认为高闾所言有理，于是放弃了进攻淮河诸镇的打算，御驾返回彭城，结束了这场没有希望的南征。

孝文帝的志向

北魏建国以来，虽然稳住阵脚之后便开始向南发展，明元帝时代与东晋短暂交兵（畔城之战），进攻刘宋河南三镇，太武帝大规模南伐，令南朝恐惧异常，但总的来说，北魏的进取没有形成体系。一方面，南北的实力并未出现明显的此优彼劣现象，南朝的正朔法统优势以及黄淮之间的空间缓冲，都足以抵消北魏的军力优势。另一方面，北魏的政治军事中心处于代北，对经略中原及江淮汉沔战略缓冲区并无强烈压力，君主有雄心则进攻，无雄心则搁置。第三则是北部柔然屡击不灭，直到献文帝时代仍然是北魏的强大威胁，北魏不得不把军事重心放在解决北部边患上。

然而这些问题，到孝文帝南迁洛阳时已经不称其为问题了。早在刘宋明帝时期，南朝已经逐渐丧失对中原、山东的控制权，国境线退至淮河一线，南朝控制的人口减少，国力进一步削弱。南迁洛阳之后，北魏基本摆脱了柔然边患的影响，设置于平城以北的六镇防御线可以有效隔绝柔然人的影响，使其降格为一般的边境威胁。

随着迁都洛阳，北魏统治层尤其是孝文帝，感受到南朝汉水流域诸郡及淮河沿岸诸郡的强大威胁，上节我们引述高闾反对在淮南置戍的建议，已可窥知孝文帝急于前推防线、稳固占领淮河北岸防线的心情。南朝司州（主要是义阳一带）、荆雍二州（襄阳、南阳一带）对河洛之地威胁极大，南阳郡（今河南南阳）离洛阳只有四百余里，东晋及刘宋北伐时，从荆襄出发，轻而易举便可进至洛阳一线。

南迁洛阳避开了北部威胁，却又略去缓冲与南朝直接对抗。孝文帝并非心血来潮到洛阳宣示政治正确，他对南朝的认识已经突破了北魏建国以来诸帝，不再视其为南北对立的抗礼之国，而是要更进一步，将南朝纳入北魏的统治下。

第一次南征结束后，老臣高闾一反之前直斥南征之非的语调，盛情赞扬孝文帝迁都洛阳的正确性，并劝孝文帝到泰山封禅，以示正统。孝文帝没有接下这个政治献礼，理由是荆州、扬州还未收服，天下尚未一统，封禅有名无实。

高闾又劝："当年齐桓公只不过是称霸诸侯，他都想进行封禅，何况魏国已经进占中原，南方那些没平定的小贼并不影响魏国之威；以后以德化之，南人定能归附。"孝文帝仍然没同意，他既不满足于齐桓公式的一方霸主，谋求秦皇汉高式的天下共主之地位，又不认为只凭德就能化服南朝。

一些有见识的大臣，都意识到迁都后国防形势的重大变化，逐渐倾向于对南朝发动更大规模的进攻，保护京师的安全。李冲曾建议迅速扩大军队规模，准备向南进取，以荡平江表。从南朝投降来的王肃，因持有积极进攻南朝的战略思想，大受孝文帝赏识。

王肃是东晋丞相王导之后，其家在刘宋时与刘氏皇族结亲。齐武帝时，王肃之父王奂因为动用酷刑杀死同僚，受齐武帝猜忌，被迫举兵叛乱。齐武帝遣台城禁兵镇压，杀死王奂及诸子，只有王肃逃到北朝。此事发生在永明十一年。

王肃深明治道，他敏锐地看出南北对峙形势的变化，也察觉到孝文帝逐渐变化的基本国策。他身为南朝叛降之人，想在北国立足，要么迅速立功，要么亲近皇帝。王肃就以劝说孝文帝趁乱南征为引子，屡屡向其建言，并沟通对南朝内乱的看法（永明十一年齐武帝崩，萧鸾已开始诛除宗室）。孝文帝和他言语相投，政见一致，二人经常谈至半夜，孝文帝的南征之意越来越强烈。王肃也顺着孝文帝的思路，经常在朝中宣传，孝文帝对自己的知遇之恩犹如刘玄德与孔明。这种以伐己之国邀宠的行径虽不可取，但在北魏却不断统一了南征的政治导向。

定下南伐的基本国策后，孝文帝认识到河南诸郡久经战乱，特别是汉人对鲜卑人的统治尚不够顺从，于是对河东、河南以及新攻取的青冀诸州民众进行抚慰，按照汉人的传统办法，给年老之人赐爵。

太和二十一年，孝文帝废掉太子元恂，改立第二子元恪为太子，稳定了政局。打理好内部事务，孝文帝便迫不及待地踏上了南征之路。这一次，孝文帝的准备可比上次充分多了。

攻陷沔北五郡

如高闾所言，上一次南征的一大错误在于平均用力，高估了己方力量，低估了南朝的实力和决心，虽然数路进兵声势浩大，却没能取得重点突破。有了上一次的经验，孝文帝这次改变了战略，不再搞分进合击，而是采取以主力大军直出襄邓，进攻沔北诸郡，优先解决对洛阳威胁最大的战略方向。

沔北就是如今襄阳段汉江以北的区域，重要的郡县有南阳郡、新野县（今新野）、穰县（今河南邓州）、扶风郡（今湖北谷城）、义成郡（今湖北均县）、广昌郡（今湖北枣阳）、襄阳。

对南朝来说，雍州（南齐侨立之州，辖区主要在沔北）是长江防线的门户，特别是襄阳，乃江北水陆之会，与荆州水路相连，而且地居长江中游，是捍卫长江防线的堡垒，其作用不亚于彭城之于淮北，是南朝必争之地。

太和二十一年八月，孝文帝自洛阳出发，携咸阳王元禧、彭城王元勰（xié）及宗室元嵩、元英、元遥、元珍、元龙等，以及刘昶、王肃、杨大眼、奚康生、长孙稚等文武官员，大军二十余万，共分三十六军，对外号称有百万大军。诸王所部兵马都用朱红色鼓、公侯所部兵马用绿色鼓、伯子男用黑色鼓，人马喧嚣，吹唇沸地。

进入南齐境内，孝文帝留下一部分兵力包围赭阳（今河南方城，赭音zhě），大军继续南下。第一次南伐襄阳一路的主将薛真度，力劝孝文帝集中力量进取樊邓一带。大概因为在南伐结束后不久又率军出击南阳，结果被南齐南阳守将房伯玉击败。孝文帝忿于这个小城竟然如此顽强，此战一开始就发誓要攻破南阳。

南阳城外有宛城，兵少力弱，魏军趁夜攻破外城，占领该城。房伯玉将败兵收入南阳城中，婴城固守。孝文帝率领数万骑兵，直抵南阳城下。遣其中书舍人公孙云数说房伯玉的三大罪，内容无烦详叙，不过是指责房伯玉事主不忠（指反覆于齐武、齐明两帝）、抵抗魏军导致士卒死伤。

房伯玉倒也不卑不亢，声称守土有责，能够与魏国皇帝相抗是自己的荣幸，摆出一副死战到底的样子。

孝文帝率骑兵在城南一处寺庙前停了一会儿，房伯玉从其出行规模判断必是勋贵高官甚是孝文帝本人，派出几个身穿绣着虎斑衣帽的勇士，潜伏在城东南角沟桥下。孝文帝返回时果然从桥上经过，南齐勇士突然杀出，吓得孝文帝身边人马惊退，不过好在骑兵反应迅速，孝文帝帐下善射者原灵度引弓射之，杀了几个人，孝文帝这才全身而退。

孝文帝见城池一时半会儿打不下来，便留下元禧率兵围攻，自己则率领部众继续南下，于当年十月进至新野郡，新野守将刘思忌同样坚持抵抗。此时魏军已经包围赭阳、南阳两郡，如果再留下部分兵力包围新野，剩下的继续南下，一来夜长梦多，二来深入敌境不敢留下太多隐患，孝文帝决定先把新野打下来。魏军连日攻城，战斗不息，双方均有不同程度的伤亡。魏军在城下大呼，说南阳房伯玉已经投降，大魏的百万之师已经兵临城下，劝他们早点投降，否则就是自取灭亡。刘思忌不为所动，继续坚持战斗。

魏军见劝降不成，便筑起长围包围城池。城外有万余家新野郡民，他们也结栅抵抗魏军，魏军攻而克之，新野城的形势进一步恶化。至建武五年（498

年）正月，新野城被攻破，魏军生俘新野太守刘思忌。魏人劝刘思忌投降，刘思忌辞气慷慨："宁为南鬼，不为北臣!"随后，孝文帝下令斩杀刘思忌。

新野城破之时，远在后方的赭阳城也支撑不住了。南齐派去增援的军队被魏军击破，赭阳、舞阳（今河南泌阳县北）二城的齐军弃城南逃。魏军追奔生擒舞阴城主黄瑶起，残暴的魏军士兵将黄瑶起碎剐并吃肉。

诸城皆溃，困守南阳城中苦苦待援的房伯玉也丧失了抵抗意志，数日后投降。至此，北襄城郡、南阳郡以及西汝南、北义阳二郡（均是实土丧失后，就近侨置的新州，治所都在舞阴城）、新野郡五个郡落入北魏之手，南齐方面称此事为沔北五郡陷落，算实土实际只有四个郡。沔北五郡是雍州人口最稠密、防守责任最重的地区，人口约占雍州的三分之一，五郡的陷落，意味着南齐的西北防线被撕开一个巨大的缺口。

新野郡南距雍州治所襄阳郡只有百里之遥，孝文帝率骑兵南临沔水，耀兵于襄阳城下，南齐大震。

南齐方面也一直积极谋求增兵解围，但其内部矛盾重重，严重影响了军事行动。

雍州刺史曹虎都督诸州军事，所属郡县有警，他理应出兵救援。雍州历来是南朝精兵聚集的地方，如果他积极救援，沔北诸郡绝不会轻易落入北魏之手。但曹虎与房伯玉关系不好，不愿相助，在齐明帝的屡次催促下，他才磨磨蹭蹭地出了樊城，之后就再也不听诏命，坐观诸城失陷。

齐明帝又遣崔慧景率中军两万、骑兵一千，从建康远道赴救。建武五年二月，崔慧景率萧衍、刘山阳、傅法宪等将进至穰城，当时齐军救城心切，到达穰城只有五千余人，携带粮食也不多，意在先占领要地，以便防守。魏军探知齐军来援，发数万精骑迅速扑向穰城，齐军立足未稳，被困在城中。

萧衍主张立即出城反击，以快制快，把魏军赶跑。崔慧景有点害怕，认为魏军害怕南朝军队趁夜斫营，历来都是白天围城、晚上远离，出去反击固然能把魏军赶跑，但不反击他们同样也会走，不必浪费力气。结果齐军白白失去了主动改变形势的机会。当天晚上，魏军后续步兵部队赶到，将城池包围起来。崔慧景傻眼了，径自率军从南门撤走。诸军没有互通情况，有的还在城上防守，闻知主将撤退，乱作一团。刘山阳所部数百人殿后死战，魏军百余骑兵发动突击，刘山阳令射手射杀三人，又手杀十几人，仍然无法阻挡魏军的攻势。崔慧景从南门逃跑经过一座桥，军士争路，桥被踏坏，军主傅法宪被魏军乱箭射死。

义阳、涡阳之战

北魏进攻沔北五郡时，太和二十一年十月，孝文帝遣王肃率大军进攻南齐司州。司州同样是南朝侨州郡县，州治在义阳，辖境包括今河南信阳至湖北孝感、随州、麻城这些区域，是捍蔽郢州（今湖北武汉，郢音 ying）的重镇。

司州方向并非北魏主攻方向，投入的兵力不是很足。孝文帝下令，允许王肃自行招募兵士，还可以假皇帝之节任命五品以下的官员，这权力可以说是相当大了。

王肃本身的职务不过是暂摄平南将军，之前从来没有过统军带队的经验，咸阳王元禧不太放心，向孝文帝建议派一个有本事的武将，孝文帝便任命傅永为平南将军长史，协助王肃指挥作战。

傅永祖籍清河，宋魏交战时曾到南方，后来宋明帝时失青、冀二州，时任参军的傅永又投降北魏。傅永年少时勇力绝伦，骑马时能双手按马鞍倒立。长大后因为不识字被叔父笑话，又发愤读书，深通文典，在北魏做上了中书博士、尚书考功郎中、任城王长史兼尚书左丞，是个颇为聪慧且有毅力的人。

孝文帝组的这个南征班子很巧妙，两名主将都有南朝背景，却都对南齐没什么好感——傅永在青州时的主将崔道固曾起兵反对宋明帝。再加上两人在北魏的地位都比较低，凑在一起正好抱团奋斗，以军功谋取进步。

王肃率军进抵义阳城下，义阳军中一名叫张伏护的大将登城大骂魏军。魏将奚康生领军士用强弓大箭射向城头，竟然洞穿城楼上的阁门，将张伏护射死。城中军民看见魏军竟用这么大的箭矢，大惊，称之为"狂弩"。

义阳城守军进行了反击，魏军与之缠斗，虽然将齐军打回城中，但无力强攻城池。此时南齐又派鲁康祚、赵公政率一万余人前来救援，进至太仓口（在今河南息县淮河南岸）一线。

魏军面临内外夹击的危险，傅永率三千甲士进据太仓口北岸。他在南朝多年，知道南朝兵习惯夜间斫营，于是玩了一手空城计，虚设大寨，精兵分为两部埋伏在营外。又判断齐兵夜间渡河，必然会在水浅处做记号，以便回撤时徒涉，于是令魏军偷偷渡到南岸，待齐兵渡河后，改在水深处做记号。

当天夜里，鲁康祚、赵公政果然率军偷渡淮河前来斫营，傅永指挥伏兵东西夹击，齐军着了道，匆忙往回赶。到淮河边慌乱得不辨真假，原来在水浅处做的记号，被魏军改在了水深处，齐军大部分人都掉到水里淹死。主将鲁康祚也落水溺亡，魏军将其打捞出来斩首，赵公政被生擒，其余被斩首者达千人。

南齐又令豫州刺史裴叔业出兵救司州之急，裴叔业便率王茂先、李定等人进至楚王戍（即今河南信阳楚王城附近）。裴叔业长年驻扎于淮南，是朝廷最为倚重的宿将，所部兵力有数万人，实力相当强劲。这次来袭，楚王戍的兵力不详，但至少一万以上，比司州的魏军兵力多。傅永只带一名心腹连夜赶奔楚王戍，当时情况紧急，傅永无法加固城池展开防守，于是连夜填平城外沟堑，又分出一半兵力埋伏在城外。

次日天亮裴叔业率兵杀到，不由分说便筑长围包围这座小城。傅永的伏兵在齐军背后发起突袭，一时间打得裴叔业措手不及。裴叔业也很有经验，当即下令让前军继续筑围防守，自己则率数千精锐到后队交战。

傅永在城上望见，立即率城中仅有的一千多人杀出城外，突袭齐军。齐军一时分辨不出魏军到底有多少人马，前后军同时大乱。裴叔业进退失据，丢弃营寨、甲仗撤走。魏军要乘胜追击，傅永却止住众军。楚王戊这一战只不过打了裴叔业一个出其不意，裴叔业可不是一般人物，若是以几千人马追击，肯定会露馅，到时裴叔业再杀回来，傅永施什么奇计也无力回天了。

裴叔业一击即退，其实只想试探一下魏军实力，结果正好碰上傅永这个硬茬，于是果断撤回军马，转而围攻涡阳（今安徽蒙城）。

事实上，在南阳、新野等郡被围攻时，齐明帝下令让裴叔业出兵救援，裴叔业以距离过远推辞了。但他也没有完全不理会朝廷，而是建议就近出兵进攻淮北，以分魏军之势。

裴叔业自义阳返回寿春，立即率领五万大军投入对涡阳的进攻。涡阳在太和十九年孝文帝南征时划入北魏，北魏在此设立了南兖州、马头郡，南与南齐的马头郡、豫州寿阳城相对，是压迫南齐淮河防线的桥头堡，对北魏来说具有前进性意义，可对南齐来说却是如鲠在喉、如芒在背，故而裴叔业选择此地作为进攻重点。

北魏留在此处镇守的是老将孟表（435 年出生，时年六十三岁），所部兵力不多，完全抵挡不住裴叔业的猛攻，许多魏军士兵被捕杀。裴叔业把砍下的敌军首级堆在城下，高达五丈，情形甚是骇人。齐军围攻城池六十多天，虽然一直未能攻破，但城中魏军的粮草慢慢耗尽，士兵们不得不以吃破皮革、草叶和树皮度日，守城守得万分艰难。这是历年南北战争中，南朝唯一一次取得如此大的优势。

孟表遣使到沔北告急，但魏军主力刚占领沔北五郡，还要留下来稳固形势，抽不出太多兵力，孝文帝便命在义阳围城的王肃分出兵力救援涡阳。王肃遣傅永会合刘藻（第一次南伐会同元英进攻汉中那位秦州刺史）、高聪、成道益、任莫问等将领，率领一部分兵力救援涡阳。这一部分兵力有多少无法判定，但可以肯定的是，孝文帝率魏军主力在沔北，王肃又率一部主力在义阳，分出来的兵力肯定不多。

傅永等人到达涡阳城外，刘藻等人严重低估了裴叔业的战斗力，想立即发起战斗解决齐军。傅永建议不如先深沟高垒做好防守，再和齐军决战，刘藻不同意，刚把辎重安顿好就匆忙发起进攻。裴叔业以逸待劳，打了个反冲击，把魏军冲散。刘藻等人站不住脚，被杀得丢盔弃甲，直接逃回了悬瓠城。唯独傅永早有准备，指挥所部人马徐徐退走，裴叔业派兵来追，傅永设伏阻击，保全了本部人马。此战裴叔业斩首万余级，生俘三千余人，缴获器甲、粮草无数。

这一场仗败得太不应该，孝文帝气得将刘藻、高聪、傅永等人贬为庶民，刘、高二将临阵无谋，流放至边城。傅永临难有方略，不至于败得很狼狈，只免官不加罚。

王肃闻败大惊，东线战场他是负责人，涡阳有失不好交代。可是义阳围城仍无结果，打又打不下，退又舍不得，没办法，他只好上表请孝文帝再拨军马，到涡阳与齐军决一死战。孝文帝也不是很高兴，责备王肃没有掌控好局面，并明示："义阳的得失由王将军看着办，打得下就打，打不下就干脆撤走去救涡阳。涡阳的得失事关淮北战局，不可轻视。我不会派一名豫州的主力，能不能救下涡阳，就看你的本事了。"

王肃理解了孝文帝的意图，当即弃义阳不攻，全军进攻涡阳。史载王肃手下有十万兵力，大概是虚指，不过即使没有十万人那么多，声势也很惊人。裴叔业见魏军来势汹汹，不敢硬抗，当夜抛弃大军逃回涡口。次日，失去统帅的齐军被魏军击溃，死伤无数。

以裴叔业之能，手下五万之众，而且挟新胜之威，不可能还未交战就弃军而逃，这绝非大将所为。观裴叔业后来的举动，东昏侯时期他受猜忌，率众投降北魏，致使重镇寿春平白落入北朝之手，南朝人对他恨得咬牙切齿，《南齐书》大概正是由此才故意抹黑裴叔业。

事实上，裴叔业围攻涡阳城，本就是为解义阳之围，这个目的已然达成，在魏军主力悉至的情况下，撤围回到大本营是非常正确的。

马圈之战

经过一系列复杂的战斗，南齐巩固了司州，没有出现更多领土失陷。但沔北五郡的损失实在太过严重，特别是崔慧景救援失败，对南朝士气影响很大。

建武五年正月，齐明帝萧鸾不顾自己身患重病，在内部不安稳的情况下，命太尉陈显达整顿兵马，准备出兵雍州收复五郡。

陈显达可是南朝了不得的人物。他生于刘宋初年，宋孝武帝时曾在大将张永帐下担任幢主，泰始二年薛安都在彭城叛降北魏，他曾随沈攸之北上平叛。后来归入萧道成集团，成为南齐的开国功臣。齐武帝萧颐十分器重他，明帝萧鸾废二王夺位，他又倾力辅佐，赢得明帝信任。

陈显达受领夺回沔北的命令后，明帝病情加重，死前不放心高武诸子，终于大开杀戒，连诛二十多位宗室。与陈显达齐名的另一位老将王敬则，屡受明帝猜忌，建武五年四月，王敬则在会稽举兵叛乱。齐明帝内外交困，调兵平灭叛乱后，于当年七月病死。太子萧宝卷随后即位，是为东昏侯。

南齐动荡的政局直到永元元年（北魏太和二十三年，499年）年初才大致结束，陈显达于当年正月，率四万禁旅出征。

陈显达率兵进至襄阳，此时魏军主力已随孝文帝撤回洛阳，陈显达审时度势，没有从沔北五郡最南面的新野开始进攻，而是率兵直取马圈城（今河南镇平）。

马圈城越过北魏占据的新野郡、穰县，在沔北五郡的西面，从马圈城可直指南阳郡，将淯（yù）、泚（bǐ）、湟三条河流向南的流域全部切断。如果司州兵力可以从东南面协助进攻，则能更快夺回沔北五郡中的三个郡。

至于新野、穰县的魏军会不会抄断后路，也无须多虑，毕竟南齐在雍州、襄阳还驻有部分兵力，足以威胁新野之兵。

魏军方面没料到陈显达会突然进攻马圈这个小城，应对不是很得力。马圈城被围攻四十余日，城中粮食吃尽，魏军不得不吃死人肉和树皮。打到最后，连死人都没得吃了，残兵只好开城逃走，陈显达率众进据马圈城。

魏将元英率众南下救援，敌不过陈显达。孝文帝不顾身有重病，亲率十余万大军南下救援沔北。

孝文帝时年三十二岁，不知得了什么病，两年多来一直没有恢复好，状态越来越糟糕，经常对近侍发脾气，有时甚至杀近侍发泄。彭城王元勰以亲王之尊亲自在御帐中侍疾，孝文帝吃的药都是他先试过之后再让孝文帝服用。元勰是孝文帝的弟弟，深得孝文帝信任，这次南下征战，孝文帝的病情已经不允许他亲自指挥，于是他让元勰负责军中大事。元勰曾说："我既要侍候皇帝之疾，又要外决大事，一身难以兼顾，请陛下再派一位亲王主持大计。"孝文帝却说："侍疾靠你，主持大计也要靠你，我的病估计好不了了，现在能帮我的只有你一个人。"元勰看着病骨支离的皇帝，不由得悲从中来。

魏军急速攻至马圈城，马圈城小无法防守，陈显达便率众军退过湟水，一连退至鹰子山（在今河南淅川县南）扎下营寨。鹰子山靠近沔水，一旦形势不利，可以从水路撤回襄阳。但在敌前撤退毕竟是被动之举，那么陈显达占领马圈城后，为何没有继续向北向东进攻，而是停留于小小的马圈城呢？

陈显达犯了两个严重错误：一是没有乘胜进攻南阳郡，占据形胜之地，反而纵容军士争夺魏军留下的绢匹财物；二是分出崔慧景所部万余兵力进攻顺阳郡南乡县（现没入南丹江水库中），导致本就不充裕的兵力进一步分散。当然分兵控制南乡县，确保退回沔水的道路畅通也是应该的，未料胜先料败，虽然考虑很周全，但未免显得南齐军队太无志气。

果然，退屯鹰子山，齐军军心大乱，与魏军打了几场，屡战屡败，最后不得不再次放弃城池，继续向沔水退去。

七十一岁的老将陈显达年老力衰，不要说收拢败军，连自己骑马走路都做不到。军主崔恭祖、胡松用乌布幔做了个简易担架，几个人抬着陈显达，侥幸从分碛山（在今湖北谷城县西北，碛音qì）逃到均口。南齐军队溃散，沿路被魏军骑兵追杀，四万人马死伤三万多，陈显达一世英名尽丧于此。

魏军乘胜南下，包围樊城，但因孝文帝病情加重，短暂示威后便撤军了。

孝文帝病逝

经过两番大战，魏军最终彻底控制了沔北诸郡，这是孝文帝时代南征的最大成果。孝文帝在这场战争后也走向了人生终点，太和二十三年四月，病逝于班师途中。

孝文帝一生文治武功俱佳，北魏诸帝中称得上顶尖。他强行将北魏的统治重心推向中原，彻底改变了鲜卑部族的发展方向，从制度层面到文化层面，都极大地推动了魏晋以来民族融合的进程。更值得注意的是，北魏扩张战略在孝文一代发生根本性变化，具体表现有三。

其一，中心发生变化。此前诸帝对外扩张，重心在北而不在南，消灭北方小国、压制柔然汗国是其主要任务，因此太武帝南征失败后，并没有什么怨恨后悔之意，与宋文帝刘义隆憋着一口气、宁可冒着再次失败的风险也要北伐泄愤截然不同。概言之，就是打或者不打，胜利或者失败，对北魏的核心利益影响并不大。即使攻占黄河四镇、触角深入河南腹地，也没有积极向南侵略。迁都洛阳之后，社会生产模式从半农半牧转为农业主导，整个国家的关注点转移到经营中原。因此，保卫中原领土，扩大农业生产范围，积累更多人口成为北魏国家的中心主题。北魏与柔然基本脱离接触的原因在此，与南朝的矛盾骤然激化亦在于此。从这个意义上说，五胡国家与东晋之所以征战不休，就是因为生存空间的矛盾，而北魏统一北方后南朝短暂地减轻压力，还一度出现元嘉之治的盛世图景，根本原因也在于此。

北魏此时再行南伐，不是皇帝穷兵黩武的问题，也不是朝野百官愿不愿意的问题，同质化、同位面的国家，没有庞大的不可逾越的地理障碍阻隔，早晚都要互相杀伐吞灭。

其二，战略指导观念发生变化。北魏诸帝好战这是不争的事实，但仗怎么打则千差万别。这方面的原因，就要从皇帝自身找了。北魏诸帝的性格特点，总体而言越来越温和。特别到了孝文帝，自幼受汉文化浸染，胡人蛮勇横暴的气质几乎没有了，变得踏实、精明、温和，这种性格特点体现到战略指导上，就是务实、不贪功。孝文帝虽然也像列祖列宗一样，喜欢御驾亲征，但他从不冒险，打仗基本都是四平八稳，不追求当年太武帝式的雷霆万钧。正常的国与国之间的战争模式都应该这样。特别是对体量相同、有一定战争潜力的国家，靠猛打猛冲或许能暂时取得胜利，但真正的较量是旷日持久的，战争形态通常是零敲碎打式的，动辄拓地千里、杀人盈野、伏尸百万的战争，虽然对敌国伤害巨大，但对本国也容易造成全方位影响。苻坚失败后全国崩溃是触发了积存已久的民族矛盾，拓跋焘南征后被刺杀也是触发了内部矛盾。而孝文帝小口慢吞式的征伐，即使是在刚刚南迁、鲜卑勋贵反对声浪犹存的情况下，即使皇帝本人重病身亡，北魏国家政权仍然保持绝对稳定，皇位代际传承非常顺利，这得归因于孝文帝良好的政治、军事统筹。

其三，战法发生变化。孝文帝两次南伐——包括马圈之战，战斗类型大部分围绕城池展开，持续时间极长的攻城战斗给人留下深刻印象，南阳、新野、涡阳、义阳、马圈等，都经过长时间对峙与围攻。尤其值得注意的是，魏军不仅学会了攻城，更学会了守城，并在南朝地盘上运用得风生水起，几乎与南朝人无二。这既是因为大量南朝人投降北魏，带领北人学会了南人的套路，也有北魏统治区开始有大量汉人从军，从而改变了北魏军队的性质，也改变了北魏军队战斗力的原因。孝文帝本人也意识到技术手段的变化将对战争形态产生直接影响，他提出的置戍于淮南的动议，就是基于魏军步兵守城技术的大幅进步。

从以上几个角度看，孝文帝汉化改革，不仅从政治、经济上对南朝构成极大挑战，在军事上亦有了根本改变，南朝拥有的技术优势不断被北朝追上，而北朝拥有的优势，南朝却一点儿也没有学会，这喻示着南北对抗的天平将越来越倾斜。

第六章

最后的南征

太和二十三年孝文帝于鲁阳去世，十六岁的太子元恪赶到鲁阳行宫，在彭城王元勰、任城王元澄等人的拥护下即位，是为北魏宣武帝。经过孝文帝全面汉化改革的积累，北魏形成了更大的优势。偏偏在这个时候，南朝再次发生内乱——南齐东昏侯萧宝卷倒行逆施，诛杀老臣宿将，最终逼反雍州萧衍。北魏历来喜欢趁火打劫，一场规模更大的南北战争拉开了序幕。

寿春之战

孝文帝死前对朝政有一些担心，对弟弟彭城王元勰等人说："如果我的儿子可以担当大任，那么就请几位弟弟好好辅佐；如果不行，就请诸弟取而代之，千万不能让旁人夺了江山！"

孝文帝临终前命六位亲王、大臣为辅政大臣。这六人以及新的职务分别是：北海王元祥为司空、镇南将军王肃为尚书令、广阳王元嘉为尚书左仆射、宋弁（biàn）为吏部尚书、咸阳王元禧为与太尉、任城王元澄为尚书右仆射。

但孝文帝尸骨未寒，几位辅臣就有了矛盾，互相争斗厮杀，北魏军事上最有能力的彭城王元勰在争斗中丧命。宣武帝经历一番波折之后，将大权收归己有。

宗室相杀向来不是什么好事，况且在没有什么原则性问题的情况下发生流血冲突，更是显露了北魏王朝的末世之相。彭城王元勰论人才、眼光、能力，都是宗室诸王中的一流人物。孝文帝第二次南征，他居中调度、指挥作战，发挥了不可或缺的作用；孝文帝在鲁阳驾崩时，又是他一人主持大局，保证了宣武帝顺利即位。故而元勰身死之日，京师士庶无不悲叹。

皇族自相残杀，对宣武帝朝的对外战争起到很消极的影响。

北魏取得较大进展的历次战争，都是趁南朝内乱之时，如宋明帝即位、齐明帝诛宗室。而此时正当东昏侯大杀老臣宿将、萧衍起兵之际，北魏也乘机发动了战争。可惜，因为种种不测，声势浩大、战略设计全面的南侵战争，取得的成就并不大。

东昏侯萧宝卷于建武五年即位，牢记其父明帝萧鸾"做事不可在人后"的歪理，即位后异常昏暴，以屠杀树立威信，接连诛杀顾命大臣江祏（shí）、徐孝嗣、萧坦之、刘暄、萧遥光等人。为南齐立下过重要功劳的七旬老将陈显达，莫名其妙被东昏侯盯上，被迫起兵造反，造成南齐内部发生极为严重的政治撕裂。各大州手握兵权的军政长官人人自危，唯恐祸及己身。

时任豫州刺史的裴叔业天天生活在恐惧之中，特别是陈显达发兵造反让他极为震撼。论地位、功劳、资历，陈显达都是南齐的头一号，连这位行将就木的枯槁老人都免不了被猜忌，不得不走上绝路，他又有什么能比得过陈显达的呢？

裴叔业镇守的豫州寿春城，是当时南齐北部防线的门户重镇，掌握的精兵在南齐即使不是首屈一指，也是诸州前列。裴叔业当年是萧鸾的夺位功臣，萧宝卷对他没有太明显的猜忌，但也不是很信任，于是下令将他调任南兖州刺史，从寿春移镇广陵。

裴叔业不想到离建康太近的地方，以免跟皇帝接触太多惹来灾祸。但是裴氏家族有不少子弟在建康朝中任职，裴叔业担心抗拒朝廷命令给家人引来麻烦。两难之际，朝廷也怕逼得太急把他赶上陈显达造反的老路，于是优诏准许他留任豫州。

如此一来，裴叔业与东昏侯的隔阂便公开化了，朝野关于裴叔业不安于豫州、谋降北魏的说法不胫而走。裴叔业想替自己辩解但不知道该怎么做，只好写信询问雍州刺史萧衍向朝廷表明自己无意谋叛的方法。萧衍建议他把家属子孙都送回建康，这样自然能表明心迹。裴叔业便让儿子裴芬之带一部分家属返回建康居住，意即给皇帝留下人质。

然而匹夫无罪，怀璧其罪。寿春地处边境，常年与北魏交战；双方使者来往，也经常从寿春路过；各种势力混杂，又是南北双方争夺的焦点。裴叔业手下掌握着四五万精兵，实力甚至比陈显达造反时还要强盛。此种情况下要自证清白很难，除非彻底把手中权力交出来。可是这在南朝根本行不通，手中有兵有城，命运就掌握在自己手里；一旦交出去，那就是涸辙之鲋，倒持太阿，对于饱经世事的裴叔业，绝对做不出来。所以裴叔业送儿子回去当人质，依旧免不了谣言满天飞。裴叔业心中郁闷，登城北望淝水，对其部下说："你们想富贵吗？富贵可以争取。"永元二年（北魏景明元年，500 年）正月，裴叔业终于无法再忍受无穷的煎熬，举城叛降北魏。

这一举动不是偶然，也不是病急乱投医。早在太和十九年北魏大军进攻寿春时，孝文帝就曾说："此城不劳动兵，久后自然归顺。"孝文帝之所以做出这样的判断，大概是借鉴当年宋明帝内难时，徐州彭城不战而降的故事。

裴叔业去信询问萧衍如何自证清白时，萧衍亦曾说："就算朝廷真的不信任你，走到撕破脸那一步，以豫州的兵力也没什么好怕的。裴公派两万人马南临横江，朝廷岂能不惧？"

话中的利害，明眼人都能听出来，意思是劝裴叔业靠实力自立，与朝廷抗衡。但裴叔业没有萧衍的胆气，不敢以下犯上，成为众矢之的。但不管怎么说，萧衍的这番话，让裴叔业看清了他的危险处境，客观上加剧了他的危机感。

北朝方面早已有意策反裴叔业。孝文帝曾派裴氏族人裴聿到寿春试探裴叔业态度，当时尚是齐明帝在位，裴叔业没有受猜忌，故作骄矜地夸说自己的地位和富贵。裴聿说："公虽然富贵，却恨未能昼游。"此语典出项羽富贵不归故乡，如衣锦夜行，暗示北朝有意接纳裴叔业归降，到老家河东看看。

及至东昏即位，裴叔业日夜忧虑，遣使到北魏豫州薛真度处，询问他投降是否可行。薛真度作为北逃降将，力劝裴叔业投降要趁早，不可首鼠两端。

裴叔业可以说是反复权衡了多方利弊，深思熟虑后才决定投降。他本想借豫州地位之重，到北魏邀一个河南公的爵位，虽说有点异想天开，但也不是全无可能。南北双方征战之际，接纳寿春以及如何任用降将，既代表着北魏的诚意，也是日后吸引更多南朝降将的标杆，北魏大概率会重用之。

果然，北魏宣武帝得知裴叔业投降，立即做出了热烈的回应。宣武帝下了一通明诏，褒奖裴叔业弃暗投明，赐官使持节，散骑常侍，都督豫、雍、兖、徐、司五州诸军事，征南将军，豫州刺史，封兰陵郡开国公，食邑三千户。裴叔业盼望的公爵如愿到手。

与此同时，宣武帝命大将奚康生、杨大眼率五千骑兵迅速奔向寿春，代表北魏朝廷接管。彭城王元勰（此事在元勰被诛之前）、王肃率十万大军为后继，力求在南齐没有反应过来之前，彻底占领寿春。不过裴叔业并没有品尝到晋爵封公的喜悦，魏军还未渡过淮河，他便去世了，享年六十二岁。

南齐无法承受寿春沦陷带来的严重后果，立即派出两路军队北上，试图夺回寿春。第一路由新任豫州刺史萧懿率胡松、李居士、陈伯之等人，从水陆两道进攻寿春。第二路由侍中、护军、平西将军崔慧景率领，从建康出发进攻寿春。

寿春向来由南朝控制，城中士民也心向南朝，不愿入北，因此不断有人逃出城投奔萧懿大军。魏将奚康生入城后，巡抚内外，镇住裴氏诸子弟手中的数万精兵，闭城不与萧懿作战，静待彭城王元勰和王肃的主力大军到来。

一个月后，元勰率大军进至寿春，击败南齐胡松、李居士部，斩首达九千，俘获一万人。又出兵西攻建安戍，生擒南齐守将胡景略。陈伯之从淮河率水军来攻，也被魏军击败。

萧懿正准备整军再战时，建康城突然遣使告急——崔慧景造反。东昏侯命令萧懿率兵回救京师，暂时不管寿春，萧懿不得不率兵撤回。

萧懿平定崔慧景叛乱，不久后也被东昏侯害死。萧懿的弟弟雍州刺史萧衍起兵东下，席卷荆扬，南齐国祚倾覆。萧衍先是拥立萧宝融，政权稳定后废之，自立为帝，从此开启有梁一朝。北魏与南朝的对抗，进入一个新高潮。

趁火打劫

萧衍代齐与当年萧道成建立齐朝的形势很不一样：萧道成靠京师政变夺得天下，南朝并未出现大的兵祸；萧衍则是由荆州入长江，一路攻城拔寨打到建康城，战火遍及南朝腹心地区。北魏虎视眈眈，不少人向宣武帝提出趁火打劫的建议。

魏将元英向宣武帝上书建议趁乱南征。此人常年在南北朝边境作战，虽然曾被萧懿、陈显达击败，但总体来说对南朝情况非常熟悉，特别是对萧衍镇守的襄阳一带的形势有一定判断。他认为南朝的千里防线，以淮南最为难打，该地区水网纵横，不利于北朝骑兵行动，而且又是重兵屯聚之处，易守难攻。而荆襄汉沔一带，地处大江中游，襟带三吴（泛指会稽、吴兴、吴郡，即今苏南浙北一带），西接巴蜀，地理位置非常重要。南朝投入的防守兵力并不多，如果趁萧衍率兵东下之际，出兵进攻襄阳，一举深入荆州，"则三楚之地，一朝可收；岷蜀之道，自成断绝。"元英自告奋勇，请求亲率三万步骑兵，从沔北诸郡出发，急速进军襄阳。宣武帝没有回应。

车骑将军源怀也上书建议："萧衍举兵内侮，南朝形势还未稳定，何不趁此良机进攻淮南？如果等萧衍坐稳了江山，从建康出兵进攻寿春，那我们就不占优势了。"宣武帝大概觉得时机尚未成熟，准备尚不充分，仍然没有回应。

元英觉得或许是南征目标提得太大，宣武帝一时接受不了，便又上书建议加强义阳方向诸州镇的防守力量。宣武帝倒也明白其中的关键，于是命羊灵引为豫州军司，不久后又命元英为镇南将军，总领义阳征讨诸军事，开始为南征做准备。

任城王元澄上表请先发制人，从寿春进攻淮南重镇钟离城。元澄被排挤出中朝后，雄心犹在，希望在进攻南朝的战争中大展身手，他屡屡上书请求南征，宣武帝都没有允许。一来元澄曾是宣武帝敌视的辅政力量，身份尴尬；二来南征准备不是朝夕之事，宣武帝有意稳一下节奏。

但形势比人强，北朝南征并非急务，南朝夺回寿春却事关生存。萧衍长期镇守边境，深知沿淮诸镇的重要性，国内形势还未稳定时，他便连连调遣小股兵力，不断向边境发动试探性攻击。这种攻击的真正用意或许并非夺回失地，而在于表态——以强硬的态度，阻止北魏趁乱南下。景明三年（502 年）至景明四年（503 年），双方相继在夷陵（今河南新县）、长风（今湖北麻城）、阴山戍（在麻城附近）、白蒿戍（在麻城附近）发生战斗，魏梁各有胜负。

北魏方面意识到，淮南之地不可再等闲视之，必须拿出足够的力量回击梁朝的频频动作。此时，又有两起叛降事件，进一步坚定北魏南伐的决心。

其一是齐宗室萧宝寅（yín）北逃。萧宝寅，字昭亮，齐明帝萧鸾第六子。萧衍攻克建康后，为报杀兄之仇，把南齐宗室都关起来准备杀掉。萧宝卷手下的阉官颜文智与左右麻拱、黄神，趁士兵防守不是很严密，偷偷在墙上挖了个洞，将萧宝寅送了出去。萧宝寅穿着土布衣服，光着脚，腰里拴着一千多个铜钱，步行逃到江边。

看守士兵到天亮才发现人不见了，到江边捉拿。萧宝寅虽然才十六岁，却临事不慌，假扮成江边钓鱼的，坐在小船上任其漂流来回，追兵也没认出来。萧宝寅等到追兵散了，才渡江到西岸，向北逃到寿春城。

北魏很重视这位故齐亲王，封他为齐王，一如当年刘昶的政治待遇。萧宝寅与当年刘昶不拘小节，经常被北魏勋贵嘲笑不同，他始终保持着贵族风范，与北魏勋贵来往不卑不亢，赢得了尊重。为报国仇家恨，萧宝寅天天在宫外哭泣请兵。宣武帝打算借他南朝宗王的政治号召力，对梁朝发动进攻。

其二是南朝大将陈伯之投降。陈伯之名显于齐明帝时代，长期在淮南驻守。萧衍起兵进攻建康，陈伯之起初并不愿归顺，萧衍恩威并施，又施展诡计哄骗陈伯之，才勉强使其归顺，令其驻守江州。

陈伯之粗鲁不文，州中事务都交给邓缮、褚胃、戴永、朱龙符几个佐吏负责。几人都是轻薄无行、出身底层的寒门人物，齐梁兴替之际，想借助陈伯之的名声求取富贵，但建康的高门贵人都不屑于和陈伯之及其属下交往。梁武帝萧衍觉察到邓缮等人的威胁，派人到江州代其为官。陈伯之早年与萧衍并非一派，此时骤然被朝廷清算，难免心生猜疑。邓缮等人便怂恿陈伯之举兵造反，打着建安王（即萧宝夤）的旗号，发兵进攻豫章（今江西南昌）等郡，后在梁朝官军的前后夹击下溃散，陈伯之率残部北逃寿春，向北魏投降。

陈伯之到北魏后也力陈趁乱进攻南朝，由于他常年在淮南一带活动，熟知当地情况，宣武帝见各方面条件都已成熟，便决定南伐。

此时寿春方面传来消息，梁武帝萧衍在东关（今安徽巢县）频频发动攻击，似乎要堵住巢湖入江之口，使巢湖泛滥，淹没淮南诸州镇。这样做一方面是对北魏在淮南驻军的直接攻击，另一方面也能创造对南军行动有利的水网环境，使魏军形势进一步恶化。

任城王元澄建议，应抢在梁朝人断东关水口之前，于秋季发动大军进攻。宣武帝于是急令冀、定、瀛、相、并、济六州发兵两万人，马一千五百匹，调赴淮南，与寿春的三万兵马会合，加上萧宝夤、陈伯之帐下的一万余人，并受任城王元澄节度，发动南征之战。

一波三折的钟离大战

北魏进攻淮南的兵力总数才五六万人，看起来与宣武帝的决心并不相符，实际上北魏此时已经全面开启南征大战，同时在西线益州、中线义阳三关以及淮南大举进攻，饶是北魏兵力雄厚，也拿不出足够多的兵力单独进攻淮南。

三条战线的战役交错进行，我们先从最东面的淮南战场说起。

任城王元澄率众进攻淮南诸州郡，进攻方向主要是大岘（今安徽含山，岘音 xiàn）、东关、九山（今江苏盱眙县东北古淮河北）、淮陵（今安徽明光市东北）等地。为什么进攻这些城池呢？元澄一方面是想掐住东关、合肥方向的水道，自东关方向进攻寿春；另一方面则是想卡住大岘、小岘要害，防止南朝走历阳方向的陆路，阻断南军另一条进攻通道。梁军在这一片区域布防不是很得力，相继丧失了大江西北一大片城池，东关水口上游诸城都被魏军夺取，北魏朝廷一片欢欣。

那么梁朝怎么应对呢？梁武帝最关注的是钟离和寿春。元澄率军南进之后，梁将姜庆真乘虚偷袭寿春城，一度占领了寿春外城。如果寿春被拿下，南军重新封锁淮河水道，魏军数年间在淮河沿岸的努力将付诸流水。想当年，以太武帝兵力之强，都没有占领淮河诸镇，即使打到江北，仍不免狼狈北归，元澄区区数万之众，又能有什么作为？

姜庆真诸史无传，与韦睿、曹景宗、昌义之、马仙䏶等梁初名将不能相提并论，只是一介小城守将。他能以局部小规模兵力打出具有战略意义的袭击战斗，本人的战争意识十分可嘉，从中也能看出梁武帝对前线诸将统一思想的工作做得极好，最高战略意图贯彻到了一线部队。

姜庆真正要乘势打进寿春城，不料两个人搅了他的计划，这两人便是任城王元澄之母孟氏，以及齐王萧宝夤。

孟氏随儿子南下，居于寿春城中，梁兵攻城时，这位老夫人亲自上城，激励文武将吏奋勇作战，奖赏有功将士，上下感动不已，拼命抵抗，挡住了梁军攻势。

恰在此时，萧宝夤率军从汝阴南下，屯驻在寿春城外，见城中发生战斗，立即率军合击。姜庆真兵力不足，无法应付内外夹击的梁军，无奈只能退走。

元澄稳定了淮南诸城形势后，率军继续进攻钟离。梁武帝遣将军张惠绍等人率兵五千运送粮食、物资到钟离，魏军在城下截击，梁军大败，梁将张惠绍、殷暹、张景仁及其屯骑校尉史文渊等二十七人被俘。

此时已是正始元年（504 年）的三、四月之交，元澄所部魏军已持续作战数月之久。魏宣武帝之前降诏，提醒元澄要适可而止，不要在军队已是强弩之末时还和梁军硬拼。特别是四月将至，淮水将涨，南朝水军出入江淮极为便利，此时应暂时回军停战。但元澄正打得兴起，没把宣武帝的诏令放在心上。结果四月果然下大雨，淮水大涨，魏军无法在钟离城下立足，加之南朝援军已经准备出动，元澄只好撤兵返回寿春。梁军乘机发动追击，击杀魏军四五千人。

这是南北双方围绕淮南诸镇——特别是钟离——进行的第一阶段较量。这一阶段魏军主攻，梁军防守，魏军在淮南方向取得小胜，连占合肥等城，但意义有限。合肥在当时的地位远不如现在，在南朝豫州的防御体系中，其重要性远不如寿春。三国时魏吴屡战于合肥，是因为东吴无法占有淮河防线，不得不以合肥遮蔽长江防线，故而合肥的地位甚是重要。而梁朝时以防守淮河一线为主要战略目标，合肥只是豫州一郡，只要盱眙、钟离诸郡仍在南朝手中，魏军取合肥并不能影响大局。

正始二年（505 年）十月，梁武帝为扭转淮南地区敌我态势，谋求收复寿春，以巩固淮河防线，下诏出师北伐，目标直指寿春。

梁军主帅是梁武帝萧衍第六弟萧宏，副手是尚书右仆射柳惔（dàn）。萧宏本职是都督南兖、北兖、北徐、青、冀、豫、司、霍八州北讨诸军事，职权范围大得吓人，江北大部分州郡的军队都归其调遣，从建康带出的禁兵也不少，器械精良，军容盛壮。魏人对南朝这次北伐有思想准备，不过没想到萧衍竟然下了如此大的决心，称南军团为"百数十年所未之有"。此言未免夸张，单是东晋末年刘裕北伐的规模，梁朝这次北伐也比不上。

北魏扬州刺史已由元澄改为元嵩。此前元澄攻钟离不利而还，损兵四千余人引起朝廷不满，因此让元嵩顶上。元嵩也非等闲之辈，孝文帝当年两度率兵南伐，他都参与战斗，冲锋陷阵，有"猛将"之称。

梁军推进至寿春外围，元嵩指挥魏军进行反击，魏军先后在寿阳外围的洛口、首陂、陆城、硖石等地击退梁军。萧宏所统大军并不能靠近寿春城。

但梁军的攻势并不止于寿春一地，萧衍另派大将昌义之进攻梁城（寿春城外之戍城），韦睿攻合肥，分路进取寿春外围。另外，梁朝冀州刺史桓和还率部进攻北魏的南青州，以牵制东方魏军主力。这样一来，尽管萧宏在寿春城下的进展不是很顺利，却为外围诸城的攻势起到战略遮障作用，使魏军主力无法支援。

昌义之初攻梁城不利，被投降北魏的陈伯之击败。萧宏的记室丘迟奉主帅之命，向陈伯之写了一封劝降书，此书文辞优美，入情入理，后世奉之为南朝散文之佳品，其名句如"暮春三月，江南草长，杂花生树，群莺乱飞"，既是文学上的经典，亦是劝降书少见的直入人心之辞。

丘迟的劝降书既勾起了陈伯之的思乡之情，又申明了梁武帝"吞舟是漏"的政治宽容态度，陈伯之竟然在敌我重兵交战之时，于阵前倒戈归南。昌义之率众进入梁城，占据了这个要点。萧宏也将大本营移入梁城，指挥诸军进攻寿春城。

梁军打得最出色的是合肥之战。

合肥之战的梁军主将是南朝数一数二的名将韦睿。韦睿，字怀文，关中杜陵人，世代为官，家族人才辈出，其祖上于宋初迁入南朝。韦睿在南齐时担任地方郡守，颇识当世之士，对朝中显贵陈显达、崔慧景都看不上，唯独欣赏雍州刺史萧衍。萧衍起事时，他率本郡人马一同举义，深得萧衍信任。

韦睿都督众军北伐，先攻小岘，城尚未打下，韦睿驻兵于城下，来往巡视。此时魏军突然开城冲击。诸将都认为己方准备不足，不如暂且退兵，徐徐攻之。韦睿却认为魏军城中只有两千人，进攻不足，自守有余。如今突然出城求战，估计是其精锐之众出城死战，希望毕其功于一役，只要击破这股敌军，便能使其城中的敌军崩溃。

梁军诸将仍然犹疑，韦睿大怒，手持朝廷所赐节杖，厉声说："朝廷将此物授予我，不是用来装点门面的。如果犯了我的法度，定斩不饶！"众将畏惧其威，麾下众人殊死战斗。魏军人数不多，被梁军击败后，果然城中士气大沮。梁军接着发动攻城战斗，于半夜时分攻下小岘戍。

韦睿率众进攻合肥。当其围攻小岘时，韦睿已遣右军司马胡略率军进攻合肥城，牵制城中军马不能外出。韦睿到达城下，没有选择强攻，而是巧妙地利用雨水增多、合肥城外淝河水涨的条件，在淝河上筑起大堰堵住下游。没过多久，堰成水涨，韦睿调水军开大船入淝河，包围合肥城。魏军先在合肥城外筑了两座小城拱卫，淝水上涨后，小城无法防守，魏军便派兵出城破坏河堰。

韦睿先前派部将王怀静在河堰旁筑城守卫，留下千余名守军。魏军精锐猛攻这个小城，王怀静及其千余士兵都被消灭。随后魏军进至堤下，一副不毁堤不后退的样子。《梁书·韦睿传》中记载，梁军诸将被来势汹汹的魏军吓坏了，纷纷劝韦睿率水军退还巢湖，或是退保于三叉，然后又说韦睿大怒，把大将麾盖立于堤下，以示死战之志。突出传主之高明历来是史家通用手法，但此处未免过于贬低梁将。当时梁军挟开国之威，萧衍又是治军高手，梁军的精神面貌绝非宋齐末世可比，稍有小败就如此消极懦弱，绝非梁军的真正面貌，否则单靠韦睿一人的决死意志，怎么可能击败魏军？

韦睿身体羸弱，素来不能骑马，出战时乘坐人抬的板舆。他身为主将坚持待在一线，极大地激发了将士们的斗志，魏军屡屡上前破坏堤堰，都被赶退。随着时间的推移，魏军一直未能破堤，淝河的水位越来越高，合肥城外已能行驶大船，城外魏军无处安身，狼狈退还城中。

有了水，南军的战斗力便添了八分。韦睿率水军大舰进逼城下，四面围攻，大舰与城墙一样高，魏军虽然有救兵赶来，但都被河水阻隔，眼睁睁看着城被围攻却无计可施。北魏立国以来，经历了数百场战斗，从来没遇到过这样的情况。面对城外的一片汪洋，士兵们不知道应该如何退敌，纷纷抱成一团痛哭不已。

魏军合肥守将杜元伦亲自到城头督战，试图提振士气，梁军在船上设弩射之，竟然将其射死，城中顿时大溃。梁军冲入城中，俘、斩达一万人，缴获的绢匹堆满了十间屋。

攻下合肥的梁军十分兴奋，韦睿一边巩固城池防守，一边奏请朝廷，把豫州治所从历阳西迁到合肥。

梁朝北伐的第一阶段作战到此告一段落，梁军取得了较大的胜利。然而正当诸部军马准备继续围攻寿春时，谁也没料到，主帅萧宏的一个低级失误，就此葬送了南朝的大好局面。

败家子萧宏

梁武帝派弟弟萧宏主持北伐，是其最大的失策。

萧宏率军自洛水进至洛口屯扎，前军攻下梁城后，大军主力久驻不进，军中渐生怨言。当时萧宏帐下诸将刚经过开国之战，锐气正盛，并不惧怕北魏，许多将领要求乘胜进军，打下寿春城。

但萧宏未经战阵，畏敌如虎。又闻北魏派大将邢峦、中山王元英领兵来救寿春，更加胆怯，想见好就收。萧宏召集诸将商议，却遭到众将坚决抵制。时任左卫将军的吕僧珍素来对梁武帝十分恭敬，出言维护萧宏权威，声言"知难而退，不亦善乎"。

吕僧珍，与萧衍家族渊源极深。此人早在宋末时便追随萧衍的父亲萧顺之，在其丹阳尹府中担任书佐。后来萧懿、萧衍兄弟在南齐为将，吕僧珍曾随萧衍参与了救援义阳之战。萧衍在襄阳暗谋反齐，吕僧珍是其得力干将，谋划积聚兵器、粮秣、船只，办事极为得力，深得萧衍信任。进攻建康的战斗中，吕僧珍又率前锋先行，击破东昏侯的军队，为萧衍立下大功。梁朝建国后，吕僧珍文武兼总，入值秘书省，兼管台城宿卫兵马，是梁朝炙手可热、首屈一指的贵臣。此次萧宏北伐，他率台城羽林随军征战，在北伐军中的地位虽不如柳惔，但也代表了梁武帝的意见。吕僧珍深知萧宏性格懦弱、不善治军，但梁武帝对这个弟弟极为看重，因此必须维护他的威严，于是事事照萧宏的安排做，结果使大军滞留不前，无法扩大战果。

北魏方面了解到萧宏、吕僧珍的秉性，编排段子嘲笑："不畏萧娘与吕姥，但畏合肥有韦虎（指韦睿）。"

柳惔听吕僧珍如此说，气不打一处来，反诘道："我大军北伐，所向克捷，哪座城不是望风归附，眼下又有什么难处呢？"

南朝名将裴邃道："此次大军出击，就是为了与敌人决战，就算有难，也不应该退避！"

马仙琕道："临川王何出此亡国之言？天子派出倾国之兵、发倾国之资，交给你是信任你，宁可前进一尺而死，也不能后退一寸而生！"

众将越说越激烈。大将昌义之气得须发皆张，按剑大喝："吕僧珍可斩！哪有百万之众出师，未见敌人就自行撤退的？！"

朱僧勇、胡辛生拔剑而起，怒道："要退你们自己退，我们去和敌军决一死战！"

萧宏被诸将激烈的言行吓坏了，灰溜溜地结束了会议，也不敢再提退兵的事，但也没有进行行军部署。待萧宏退帐后，吕僧珍向诸将致歉打圆场，说临川王见风吹来，唯恐对大军不利，只不过是想全师而返。又私下里对裴邃吐槽说，萧宏不但对大军征战一窍不通，还太过怯懦，只想保住自己小命，和他商议军事，纯属对牛弹琴，简直是油盐不进，这样的主帅，根本不能带兵打仗。

诸将请求派裴邃率一部分兵力前去进攻寿春，其余兵马仍屯驻在洛口。这个折中方案仍然没有得到萧宏批准。萧宏对敌害怕之极，对自家人倒是挺硬气，直接下了命令，军中人马胆敢前进的，一律处斩。军中士气大沮，将士们敢怒不敢言。

福无双至，祸不单行。对梁军来说，麻烦不仅来自懦弱的主帅，北魏方面也施加了压力。魏宣帝元恪见合肥、梁城都被南朝攻陷，寿春城中的兵力已不足以应付南朝的虎狼之师，于是增派元英率军到淮南，与梁军决战。

正始三年（506年）四月，北魏以中山王元英为征南将军，都督扬、徐二州诸军事，统十余万人南下。后来又派元遥、元诠等宗室率十万军马再赴淮南，可见宣武帝的决心之大。

当时梁军一些别部将领仍在率部北攻。宿预（今江苏宿迁）方向，大将张惠绍与冠军长史胡辛生、宁朔将军张豹子攻城，生擒魏军守将马成龙，送俘于京师。张惠绍又令部将蓝怀恭于淮水南岸立城，与宿预城形成掎角之势。不久北魏援兵大至，魏将邢峦率军击败蓝怀恭，毁其城，张惠绍不敢对敌，趁夜撤回淮阴。张惠绍又进攻下邳，暂时与魏军相持。张惠绍原本被魏军生俘，梁朝与北魏交换俘虏时将他换了回来。

元英此前一直有进攻淮南的想法，此时总领扬、徐二州军事，正可谓宏图大展。正始三年七月，元英率军在阴陵（今安徽定远）大败梁将徐州刺史王伯敖所部，生擒梁将二十五人，俘、斩梁军五千有余。

宣武帝还不断在给元英施加压力，派中书舍人、步兵校尉王云前赴军中帮助元英参赞机要，其实就是督战。寿春城守将奚康生也遣使到元英军中建议说："梁军驻扎于洛口迟迟不进，必然畏惧我军，应当迅速进至洛口，梁军必退。"

元英对梁军的情况还不是很了解，认为萧宏虽然看起来怯懦，但梁军中尚有裴邃、韦睿等名将，不能逼得过紧。望气者说梁军到九月会自行撤退，不如暂且观望。

事实上，元英还真的高估了梁军。萧宏把军中弄得上下离心，早已丧失了继续进攻的能力，就算有裴邃在军中也无可奈何。

裴邃是河东闻喜人，自祖父裴寿孙时便流寓寿春，裴寿孙担任过宋武帝的前军长史，裴邃之父裴仲穆曾任骁骑将军。裴邃世居寿阳，文武双全，为时人所重。裴叔业投降北魏时，他被裹挟至北魏。王肃、元英等人都非常器重裴邃，但他不久后便随王肃重新回到寿春，表面上是帮忙镇守，其实一直在寻机南逃。梁朝建国后，他找了个机会逃回南朝，梁武帝对他颇为嘉赏，任命他为庐江太守。元澄率军进攻淮南时，裴邃所在的庐江郡受到魏军五万人的攻击，裴邃将其击退。

裴邃的特点不在于将略奇谋，而在于忠节坚定，胸襟宽广。这种人才非常适于凝聚军心，相当于军中的压舱石。梁军内部之所以想推裴邃单独领军打寿阳，元英之所以把他与韦睿相提并论，原因正在于此。

但元英不知道的是，萧宏已经怯懦到了极点，足以抵消军中任何压舱石的作用。

萧宏闻知元英率十万大军在旁虎视眈眈，越来越不安，唯恐魏军袭击洛口，把自己的小命夺走。九月己丑夜，洛口突然暴风大雨，数十里内如闻马蹄阵阵，军中惊惧。萧宏在帐中也淋得像落汤鸡一般，他抖抖索索，惊恐异常，再也不顾什么百万大军、什么朝廷命令，带了几个亲信，自顾自地逃走了。

等到将士们发现主帅逃离，一时间人心大乱，四散奔逃。裴邃、柳惔等人无法约束部队，只得各自收拢一些残兵，顺淮河往东逃走。军械、粮草及各种物资丢弃殆尽，病弱之人都被遗弃在路上，死者多达五万。昌义之原本驻守梁城，闻讯也不得不率军撤退。张惠绍亦从下邳撤退。

一场暴风雨居然摧毁了梁朝声势浩大的北伐，着实令人痛惜。

萧宏逃到长江边的白石垒（今江苏南京金川门外幕府山南麓），请求城内守将开城门让他避难。白石垒守将是梁宗室萧渊猷，他义愤填膺地登城怒斥萧宏，说百万大军一朝散亡，国家存亡未知，要提防奸人乘虚生变，城门不能轻易开启。萧宏被说得满脸通红，恨不得找地缝钻进去。萧渊猷让人从城墙上缒绳子放下来一些食物，再不搭理萧宏。

梁武帝虽然后悔，但他也没有过分责怪萧宏，只是象征性地罢了他的官，其爵位、俸禄一仍其旧。梁武帝惩于宋齐两朝宗室自相残杀的惨状，决心一定要善待自己的亲属，把几位去世弟弟的后人照顾得很好，经济、政治待遇都很高，就算犯了错一般也不会重罚。萧宏被暂时解除扬州刺史的职务，但又迁任司徒，领太子太傅。几年后又恢复扬州刺史之职，担任京师地区的军政长官，仍然备受器重。不过萧宏也承受了很大压力。当时建康有许多盗贼，被捕之后都说受萧宏指使，声称他遭武帝猜忌嫌弃，总想谋反。但总的来说，萧宏的日子过得还是很舒心的，至于那些祸国殃民的败军责任，他才不用去承担什么。

一夜暴风雨过后，魏军惊讶地发现数十万梁军居然都撤走了，这场胜利简直令魏军不敢相信。元英率军南进，不费吹灰之力便收复梁城、洛口，又攻克马头戍。元英下令将梁军丢弃的粮食、军械都收走，悉数运往北方。

钟离战和之议

洛口大撤退后，北魏军只攻占了马头戍，并未乘胜向淮南腹地进犯。梁朝一时间以为魏军无意南犯，战略目标只在于保寿春。但梁武帝不以为然，魏军志不在寿春一城，之所以把物资运往北方，只不过是迷惑南朝，于是下令让昌义之驻守钟离城，加紧修整城防设施，防备魏军来攻。

梁武帝的眼光着实毒辣。揆情度理，宣武帝大动干戈，调动二十万人南下，耗费粮草军饷无数，怎会满足于一场轻而易举的胜利？果然，正始三年十月，魏中山王元英迅速率军进至钟离城下，发动围攻。

事实上北魏关于进攻钟离，前线将领和朝中大臣意见很不一致。元英对南朝的态度一向强硬，锐志于强攻破敌。而宣武帝元恪和邢峦、范绍等大臣却认为大军久战，士气已疲，不堪再战。

大将邢峦对元英围攻钟离之战极为反对。邢峦是北魏后期的名将，其人博览经史，学富五车，又深通谋略，对南北对峙大局有很全面的见解。先前他率军在汉中、益州一带征进，为宣武帝进献了全面的进攻之策，并且率军一度攻取汉中、深入益州腹地涪城（今四川绵阳），相关情况下文有述。

合肥、梁城被梁军夺取后，宣武帝将其调到东线战线，反击梁军在淮东的进攻，邢峦收复了淮阳、宿预等地，消灭梁军一万余人。当元英率军疾进钟离时，宣武帝下诏调邢峦所部会合元英，会攻钟离。邢峦拒不受令，上书解释说："伐人之国，后勤保障很重要，现我军久战淮南，士众疲惫，粮食供应逐渐吃力，纵使梁人主动献出钟离城，我军也不能久守，何况还要以兵攻之？不如休兵养力，等江南有隙可乘之时，再进攻也不晚。"

宣武帝很是不悦，再下诏言："之前命你渡淮配合元英，形成掎角之势，这都是事先商量好的，怎么到关键时刻你又变卦？"

邢峦再次上书分析形势，大意是："第一，萧衍是南朝雄主，不能小看他，为今之计，应当整军、积粮、修城，以逸待劳，防备南军再次北伐，不能冒险南进，白白消耗军力。第二，以淮南军马现有的力量，突袭广陵，威胁大江，或许还能有一丝胜机。但现在梁军精兵屯于钟离，我军只带了八十日的粮草，进攻坚城，岂不是取败之道？任城王元澄之前没能攻克钟离，原因就在于此，同样的错误怎能再犯呢？第三，钟离城坚水险，无法围困，我军空坐一冬，粮草根本不够用，再遣军马到淮南，粮食危机更大。第四，我军夏季前来，没有带冬服，如果遇到冰雪天气，士兵怎么受得了？"

邢峦激烈地提出反对意见，不是怕出征送死，而是怕白白葬送前方将士的性命，浪费国家财力。为今之计，要么全军撤还，要么把手下的兵力都调归中山王元英调遣，自己以个人身份随军征战。

宣武帝自然知道邢峦素来见识超凡，他说得也十分客观，但当时元英坚持说能攻下钟离城，大军征战之际，朝廷绝不能表现得太过犹疑。宣武帝便将邢峦调回洛阳，另派萧宝夤率军渡淮，会同元英进攻钟离。

宣武帝也拿不准进攻钟离到底有几分胜算，屡次发书询问，把邢峦的疑惑都抛过去问元英。针对钟离的情况，元英也上表作了详细回答。在他的计划中，钟离城原本在二月至三月便能攻克，谁知入冬以来连月阴雨，无法进攻，待三月之后，天气稍好，便能攻城。为防再下雨影响进攻，已令军士加高了钟离城外邵阳洲上的桥，保证士兵通行。晴天攻城，雨天围守，进退有据，必能攻克。

元英说得信誓旦旦，宣武帝仍不放心，派步兵校尉范绍到钟离前线察看情况。范绍当年参与过任城王元澄进攻钟离之战，主要负责为元澄提供后勤供应。元澄提出至少要准备一百天的军粮，才能保证攻下钟离。范绍认为，寿春城有大军十万，准备一百天的粮食，一时半会儿办不到，必须进行长时间的准备。当时元澄仓促出战，结果因为准备不足，只能退还。

如今情况类似，元英却提出只需八十日的粮食便能结束战斗，未免太过孟浪。范绍实地察看了钟离城的防守，感到尤胜元澄之时，于是反复向元英说此战胜算不大，元英仍然坚持己见。将在外，君命有所不受。宣武帝得报，也只好听从元英的意见。

元英对他即将发起的战斗，未必没有认识，之所以坚持作战，信心大概来源于之前萧宏率领的北伐军无故自退，认为梁朝军中虽然有裴邃、韦睿之辈，战斗力也不过尔尔，只要魏军尽力一战，赢面至少比当年元澄大。然而他万万没想到，钟离之战，魏军的对手，竟是南朝三位最会打仗的顶尖高手。

鏖战钟离

元英面对的第一个强有力的对手是昌义之。

梁武帝预估魏军不久后将会南攻，派北徐州刺史昌义之留镇钟离城。梁军新败之后，大军悉数南奔，昌义之虽为一州刺史，但手中现兵只有三千余人。身为开国功臣、有梁名将的昌义之自然不会因为手中兵少而气馁，他指挥部队全面加强钟离城的防守，四处添置加高城上雉堞，深挖沟堑，以等待魏军的到来。

正始四年（507 年）正月，元英信心满满地率二十余万大军杀至城下。魏军先在钟离城外的邵阳洲上架设一道浮桥，跨据淮河两岸，大将杨大眼据桥之西岸，元英率众据东岸，督军攻城。

攻城之要，先在填平堑沟。元英让众军士以车载土填堑，又以铁骑在后压阵。很快堑被填平，魏军开始爬城强攻。元英与杨大眼亲自在城下督战，魏军士兵昼夜不断地进攻，分批轮流上城，死一批又上一批，打得非常惨烈。

元英又命人架起飞楼和冲车，撞击城墙。当时稍好一些的城墙才有条件用砖包土，钟离城无此条件，又是赶工抢修，墙体都是泥土，一撞就往下掉，城上梁军赶忙用泥土补上。魏军冲车虽能撞透墙体，却始终攻不进去。

城头厮杀之时，昌义之骑马来回巡视指挥，他本身善射，每每哪里战况危急，他便弯弓射击，魏军无不应弦而倒。昌义之的悍勇与身先士卒，极大地激励了守城梁军。魏军反复强攻始终不能得手，反而死伤一万多人。

钟离城攻守大战正在进行中，梁武帝又遣曹景宗和韦睿分别率兵，大军共计二十万，直扑钟离城。正是这两位名将的救援，给北魏带来了一场空前的惨败。

救急如救火，梁武帝这次没有再派什么宗室子弟当统帅，派出了两位能打的大将，一切以快速救援为首要。二将之中，曹景宗是主，韦睿是辅。大军临发之际，梁武帝特意嘱咐曹景宗一定要待韦睿以礼。曹景宗是时之名将，虽然精鄙少文，却也懂得和则两利的道理，对韦睿十分尊敬。梁武帝听说后欣慰地说："二将和，师必济矣。"

韦睿心里可没那么多无聊的讲究，他素来颇有胸襟，根本没把谁主谁次放在心里，一心只想尽快到达钟离城下。他自合肥出发，逢山开路遇水架桥，昼夜兼程往北飞奔。部下将领有些私心，劝韦睿不必那么匆忙。韦睿以大局为重，并不理会，大军只花了十天便赶至钟离城外。

曹景宗先至钟离外围，请求先进攻邵阳洲一角。出军前，梁武帝的命令是让他先占据道人洲，等诸军会齐后再进军。曹景宗想独占头功，上书请求先进，梁武帝不许。

曹景宗为人鲁莽，不够稳重，在南齐时就曾有过违反命令之举，往严重了说几乎是劣迹斑斑。萧衍起兵之初，不愿立即立齐宗室为主，曹景宗却固执请立，这是其一。他久在边地，不怎么重视法度，所部兵士经常抢掠民财，曹景宗从来不管。后来梁朝建国，曹景宗担任郢州刺史，在州里大建府第，耀武扬威，部下将吏士卒贪财害民，弄得州中老百姓很讨厌他，这是其二。景明四年，北魏发兵进攻义阳，司州刺史蔡道恭被围于城中，朝廷下令让曹景宗求援，曹景宗却只带兵在城外巡行，没出一兵一卒与魏军交战，这是其三。梁武帝因其是开国功臣，又是襄阳故旧，因此一直没治他的罪。

此次曹景宗仍然没把梁武帝的诏命当回事，认为只要打了胜仗就一切好说，于是遣兵进据邵阳洲一隅，试图在洲上立足。邵阳洲是淮河南北魏军的交通命脉，当然不会轻易让梁军占据，魏军立即组织兵力反攻。正好当时狂风大作，曹景宗率领的水军无法发挥优势，被魏军击退。

梁武帝对前线情况十分关注，奏报都是以最快的速度送到建康台城。闻知曹景宗在邵阳洲吃了亏，梁武帝没计较曹景宗违令冒进，反而放了心。他自信，只要梁军主力进至邵阳洲，魏军绝对抵挡不住。

从这个角度看，曹景宗之所以对韦睿态度良好，大概也是吃了亏，收敛了一些狂傲之心。

兵贵神速，韦睿在曹景宗营前二十里下寨，趁天黑魏军不备，一夜之间立起壁垒营寨。等天亮时，魏军突然发现一座完整的大寨，将邵阳洲一截为二，鹿角、堑壕无不毕具，对面梁军器甲鲜明，士气旺盛。魏中山王元英以杖击地叹道："是何神也！"

曹景宗怕城中久战而惧，派勇士言文达从淮河水底潜入城中送信。城中军民得知二十万大军已到城外，无不欢欣鼓舞，勇气倍增。魏军起初派兵来攻营寨，屡攻不克，死伤十之二三，魏将杨大眼便亲率万余骑兵来攻梁军营寨。

杨大眼是仇池氐人豪强出身，祖父是氐酋杨难当。杨大眼天赋异禀，跳走如飞。孝文帝南征时令李冲选将，杨大眼毛遂自荐要当将军。李冲不知他的底细，杨大眼便露了一手绝活，他在脑后发髻上系了一条三丈长的绳子，然后飞奔起来，绳子飘起来居然成一条直线，可见其速度之快。李冲看得目瞪口呆，当场就提拔他为军主。

杨大眼的妻子潘氏也会骑射，经常到军营中看望杨大眼，杨大眼带着她一起上阵，夫妻并镳（biāo）勒马，好不威风。杨大眼常常指着妻子潘氏对部下笑说："这位是潘将军。"

杨大眼常年在南方边境与南朝作战，钟离之战前，他隶属邢峦，攻陷宿预城。邢峦因反对进围钟离而调回洛阳，杨大眼率部与萧宝夤一起，会同元英进攻钟离。

杨大眼亲自出马，势头自非寻常。梁军抵挡不住，前锋纷纷溃败。韦睿便下令把军中的战车都推出来结成车阵，以抵挡魏军铁骑。自东晋以来，南方军队抵挡北方骑兵冲击，大多取汉朝武刚车之遗法，降低敌骑兵的冲击速度，同时配以长槊和弓弩制造杀伤。

这种战斗场面见得多了，杨大眼倒也不惧，率骑兵围住车阵，频繁发动冲锋。在这种快节奏高强度对战的情况下，谁都有取胜的机会，关键点在于如何指挥。以步兵车阵一方来说，为将者必须稳住心神，稳住大阵，不能频繁移动，也不能猛冲猛打和骑兵拼消耗，特别是箭矢要保持稳定输出，不能消耗过快；同时还要保持高度敏锐，及时根据骑兵攻势变化出动机动兵力追击。掌握得好，如当年刘裕的却月阵，可以杀伤大量敌骑；掌握得不好，如刘康祖以车阵御敌，打得过快过猛，八千多人的实力并不算少，却在与敌人拼消耗中迅速崩溃。

韦睿是稳与敏兼而有之，他明白魏军的核心目的在于击破己方营寨，不使梁军在邵阳洲立足，因此以稳为先，布置了两千张强弩保持远射，不贸然出兵搏战。魏军急于攻进车阵，结果被梁军箭雨大量杀伤，杨大眼右臂也中了箭，久攻不下，只好退回。

次日元英又率军来战，气势汹汹，志在必得。韦睿又如在合肥时一样，乘坐素木舆，手执白角如意，在军前指挥，气度雍容，镇定自若。梁军士兵见主将如此镇定，打起仗来十分勇敢。一日之中，魏梁两军交了好几次手，真可谓铁刷帚刷铜锅——家家挺硬，双方打得不分胜负。元英只好暂时退走，到了晚上，又派兵来攻梁军营垒。

三军连轴转，精神压力、生理压力都非常大，极限时刻，最考验一军之帅的担当。韦睿唯恐有失，亲自到寨墙上指挥。魏军箭如雨下，好多士兵都中箭了，韦睿之子韦黯怕父亲受伤，劝他暂时下来避一避，韦睿坚持顶着箭雨继续指挥。打到激烈时分，有的士兵惊哗欲散，韦睿厉声喝止。元英昼夜连续攻击，始终无法取得突破，渐渐对梁军产生畏惧。

曹景宗也打得很顽强。起初他部下的士兵出去樵采，一到淮河北岸，就被杨大眼的兵抓获。曹景宗便挑选一千精锐士卒，渡河在杨大眼寨外建造了一座营垒，让部将赵草驻扎，曹景宗亲自过河筑垒，杨大眼派兵来战，被曹景宗击败。筑垒成功后，梁军也有样学样，将出营采伐草木的魏军士卒抓获，双方斗得旗鼓相当。

魏军几战不胜，士气渐渐衰疲，宣武帝和邢峦担心的情形终于出现了，可是元英仍然没有好办法。二十万南梁大军驻扎在对面，他绝对不敢在敌前撤退，甚至连基本的战术移动也不敢，当年苻坚就是这么败的。用骑虎难下来形容元英的现状再恰当不过，然而这是他自己一手从宣武帝那里争取过来的，再难也只能自己承受。

梁军稳住阵形后，越来越得心应手。上天也在帮助梁军，三月进入雨季，淮水水位一天天上涨。元英之前信心满满，在邵阳洲上建起两座高桥，不论旱涝都能应付，此时已成了一厢情愿的笑话。梁军准备了高大的舰船，趁水位高涨发动对邵阳洲桥的攻击，魏军竖在桥两侧的木栅都被拔出。韦睿遣小船装满引火之物，冲到桥边放火烧桥，一时间烟焰涨天，桥断寨燃。魏军乱了阵脚，完全无力抵挡梁军随之而来的攻杀。被元英视作命脉的两座桥被烧毁，邵阳洲上的营垒也被梁军攻破，被逼落水淹死的魏军不计其数。元英、杨大眼弃营逃走，一路被梁军追杀，随行的士兵死伤殆尽，元、杨二人一直奔至梁城才勉强立住脚。

昌义之被围数月，出城之后握住韦睿的手，感动得连连说："更生！更生！"意思是感谢韦睿让他逃出生天。昌义之憋着一口恶气，一直追杀魏军到洛口才撤回去。梁军大获全胜，杀死、击溃魏兵十余万人，生擒五万人（不全是士兵，包含魏军掳掠的百姓，也就是所谓的"生口"），其余器甲、衣、粮不计其数。萧宏北伐失败的耻辱，至此全部洗雪。

钟离之战，是北魏建国以来最惨重的失败，损失兵力近二十万，北魏军心遭到沉重打击。从战略意义上看，钟离之战宣告了北魏南进策略的失败，魏军在淮河流域还不具备绝对的军事优势。

具体来讲，北魏虽然占领了寿春，形成了有利的战略突出部，但如何看待寿春地位、如何发挥其军事地理作用、如何配置和使用前线兵力，以及如何应对南朝最拿手的水军战术，北魏上下没有形成统一的认识，统军主将的对南作战策略存在根本分歧，导致战役战术层面出现严重失误。元英、杨大眼都为钟离惨败付出了代价，元英被免去一切官爵，杨大眼则被罚为戍兵到营州守边。

北魏此后在寿春老老实实地采取了守势，派朝中重臣李崇出任扬州刺史，把主要精力放在消化吸收寿春上，一直到北魏灭亡都未与梁朝发生大的征战。自魏太武帝南征瓜步以来，历五代皇帝、半个多世纪不断南进，只取得占据寿春的成果，北强南弱的整体形势虽然越来越明朗，却没有在局部形成突破。历史走向之变幻莫测，实在令人叹为观止！

再战义阳

梁朝建国之初与北魏发生的战事，淮南方向是主体，义阳方向和益州方向也陆续发生了激战。

自孝文帝末年（对应南齐明帝、东昏时代），南北双方在沔北、马圈、义阳一带发生战事以来，总体上南朝不断退却，彻底丧失了对沔北的控制，义阳三关暴露在魏军的直接进攻之下。

义阳三关的地理位置很重要，是捍蔽淮河上流的中心要塞。所谓三关，是指三座互相联系的坚城，分别是平靖关（西关，在今河南信阳市平桥区西南）、黄岘关（东关，今河南罗山县西南）和武阳关（中关，又称武胜关）。义阳三关地处大别山与桐柏山的交界处，三关各自处在山脉隘口之间，扼守交通要道。北魏不管是向南进攻襄汉地区，还是向东南进攻淮南江北，都要先解决义阳三关，否则侧翼被牵制，难以继续向南推进。特别是当魏军占领沔北五郡和寿春城后，东西两片新领土中间被义阳隔开，无法形成呼应，故而北魏对义阳一直有强烈的占领欲望。

第一次较大的战事发生在景明四年至正始元年。

景明四年八月，宣武帝任命元英为都督征义阳诸军事，具体兵力不详，目标直指义阳三关。

梁军守将是蔡道恭，城中士卒不满五千人，粮食仅能支撑半年，形势非常不妙。蔡道恭没有坐以待毙，他派骁骑将军杨由将义阳城外三千余家百姓迁走，坚壁清野以防北魏利用。随后杨由开进到城西南十里贤首山据守，建起三个寨栅，与义阳城互相呼应、支援。

十月，元英大军杀到，先攻贤首山下的梁军，纵火焚烧寨门。杨由大开寨门，先放出一大群水牛，逼退魏军；继而又追杀一阵，暂时击退魏军。但魏军兵力占据优势，随后将寨栅围住。大概由于寨中军民混杂，在魏军的强大压力之下出了叛徒，城民任马驹率人杀了杨由，开寨投降魏军。

魏军随后进至城下，一边攻城，一边企图填平城外的绥（ruí）水。蔡道恭派出水军进入河中，逼得魏军不敢临近。魏军又在远处掘开分流河道，要把河水引空，蔡道恭派人屯土塞住。如此相持百余日，魏军付出较大伤亡代价，也没有彻底扫清城外的障碍。元英又令众军制造云梯冲车，不惜代价地发动攻城战斗。蔡道恭在城内屯起二十多丈厚的土山，以防魏军撞塌城墙；又用二丈五尺长的大槊，在城头刺杀爬城的魏军士兵。

一方死战不退，一方死战不降，义阳城打得十分激烈。梁武帝遣郢州刺史曹景宗率众赴义阳解围，曹景宗进至凿岘，见魏军势大，只敢在外围来往游弋，不敢与魏军交战。

自景明四年十月战至正始元年五月，蔡道恭苦盼救兵不至，又连月劳累，心力交瘁，不幸染病而亡。其族弟蔡灵恩受蔡道恭之托，继续统领士卒抵抗魏兵。蔡道恭临死前召集众将，悲叹："我深受国恩，不能击退贼寇，死也不能瞑目啊！希望你们能继续坚持抵抗，固守为臣的忠节，别让我在九泉之下留有遗憾！"至死不忘国事，令人敬佩。

元英得知蔡道恭病亡，督励士卒加紧攻城。梁武帝虽恼曹景宗逗留不进，但也深知临阵不可换将的忌讳，于是不管曹景宗，又遣马仙琕率领一万兵将星夜兼程前去救义阳。

马仙琕率援军杀到，与曹景宗会合后，兵力增加至约三万人，迫于梁武帝的严令，曹、马二将连续发动攻击，一天之内猛冲三阵，都无法取胜。反而是魏军越打越有状态，已经七十多岁的魏军老将傅永带头冲锋陷阵，大腿被箭射穿仍然死战不退，魏军士气大涨。

城外援军连连败北，导致义阳城中士气崩溃。正始元年八月，蔡灵恩开城投降，三个险关的梁军都弃城逃跑。义阳第一次落入北魏手中。宣武帝非常高兴，把元英在马圈之战败于齐将陈显达的失利责任一笔勾销，封元英为中山王。

正始五年（南梁天监七年，508年），魏将王神念逃奔梁朝，引发魏、梁两国对义阳的新一轮争夺。

王神念是太原祁人，文武兼备，深通儒术，又擅骑射之术，降梁前任北魏颍川郡太守。王神念究竟为何南逃，而且是在距离梁尚有一段距离的河南腹地投降，其中的原因肯定不简单，但诸史已经没有明确记载。联系当年北魏南部不断发生叛乱，或可猜想，也许是北魏统治边民的政策过激，抑或是长期战争使河南边民不堪重负，而梁朝又恰到好处地进行了策反，进而诱发了一批叛乱潮。

同年九月，北魏郢州（州治即新占领的义阳城）司马彭珍、治中督荣祖等人举兵叛归梁朝，梁军大队人马随即攻入城中。北魏郢州刺史娄悦迅速组织反击，将梁军驱逐。北魏唯恐义阳有失，派将军胡季智、屈祖等人率兵南下义阳接应。

义阳三关的守将，侯登、阳凤省等人举城响应梁军，对义阳城形成围逼之势，娄悦闭城坚守，以待朝中援兵。夺占义阳的功臣中山王元英，率三万人马南下救援。

谁料一波未平一波又起，豫州悬瓠城民白早生造反，杀了北魏豫州刺史司马悦，把城池送给了梁军。魏将邢峦又率一路军马到豫州救急。

豫州、义阳离洛阳都不算远，离梁朝核心区却不近，故而形势利于魏而不利于梁。元英、邢峦各自击败了义阳、悬瓠城的乱军，收复了这两个城；梁朝方面虽然派出马仙琕出击，但没取得什么实利。

义阳战线的战事都比较琐碎，梁朝没有投入足够多的兵力，也没有打出什么曲折吸引人的战斗。究其原因，还是梁朝经历了萧宏北伐的惨烈失败，以及合肥、钟离等战斗的消耗，力有不逮。梁朝的当务之急是稳住钟离、寿阳一带防线，不使魏军继续南犯，故而主要兵力都集中在淮南江北方向，不敢再分兵在义阳展开高强度战事。

益州战事

益州方向，北魏走了一条抛物线，先胜后败。

北魏和南朝，起初以秦岭为分界线，南朝自宋灭谯蜀以来，基本上保持了对汉中以南地区的控制。而且秦岭西段还有仇池氐人部落势力横亘其中，南北双方谁也不敢贸然掀起战端，都没有越过秦岭征服对方的自信。

北魏起初向汉中进军，还得从南朝降将夏侯道迁说起。

夏侯道迁是谯国人，其家族与北来士人交往颇多，他的姐姐是裴氏家族中裴植的母亲。夏侯道迁父母起初与韦氏家族约亲，虽然因夏侯道迁不愿过早结婚没能成功，但也反映出夏侯氏与裴氏、韦氏等家族的亲密关系。

夏侯道迁在南北朝之前叛服不定，起初随裴叔业镇守寿春，但夏侯氏与裴氏的姻亲关系并不好，夏侯道迁与裴叔业不和，在其之前便投降北魏，归附于王肃门下。王肃死后，夏侯道迁失去了庇荫，又逃归南朝。这大概是当时南北朝交界地带士族人士的常规操作，南朝也没有太过计较。

梁朝建国后，夏侯道迁跟随庄丘黑到梁、秦二州做了长史，并当了汉中郡太守。庄丘黑病死后，夏侯道迁以为梁朝会提拔他，结果梁朝又派王珍国为梁、秦二州刺史。夏侯道迁不切实际的政治幻想使得他内心无比愤怒，他再次选择背叛，将汉中一带白白送给北魏。

此事发生在正始元年闰十二月，寿春失陷、北魏加紧进攻淮南之际。夏侯道迁自己也觉得三番五次地背叛，道义上不能容于世人，没过多久，便上表辞去了北魏授予的梁秦二州刺史之职，当了个空头濮阳县侯。

夺取汉中具有重要战略意义，北朝力量从此可以跨越秦岭天岭，把势力伸向益州腹心之地。这对于扩大北魏疆土、占领长江上游，进而建立顺流而下的战略优势，都具有非凡意义。然而令人遗憾的是，魏宣武帝元恪对汉中的认识远远没有达到这个高度，虽然很快采取了措施，派名将邢峦负责经略西南，但重视程度远远不如寿春、淮南方向，这是北魏没有取得大的进展的根本原因。

汉中易手，梁朝益州诸郡纷纷向益州刺史邓元起告急，要他出兵救助汉中城周边的镇戍。

这位邓元起颇有来头。当梁朝开国之战时，南齐益州刺史刘季连据益州自立，不肯归降萧衍，萧衍便遣邓元起入益州讨伐刘季连。邓元起本是南郡当阳人，勇武过人，早年一直在雍州任职，萧衍起兵时他毅然举义跟随，参与了郢州大战，后来一路沿江进攻建康，为梁朝开国立下汗马功劳。讨平刘季连之战，他率兵接连在涪县、郫县、成都等地苦战，最终迫使刘季连投降，为梁朝收复了益州，梁武帝实授邓元起为益州刺史。

邓元起出身贫寒，从未想过能当上大州长官。他率部经过江陵时想把母亲接到益州，其母甚有自知之明，怕儿子突然得到的富贵不能长久，拒绝前去。或许受母亲影响，邓元起也觉得自己的名位不太稳当，找人卜筮，得了个蹇卦，蹇卦在《易经》中释义为"蹇，难也，险在前也。见险而能止。知矣哉。"邓元起越发觉得此行不畅，或许会像魏灭蜀的功臣邓艾一样下场不好。

正是因为这些摇摆不定的心理，邓元起镇守益州后变得愈加保守。汉中诸镇戍来求救时，邓元起任满两年，刚刚获得朝廷批准，准备离开益州。邓元起一心想避开邓艾的下场，把州中财物宝货收拾一空，也不问公私，一律贪为己有。即使朝廷遣使督命邓元起去救汉中，邓元起仍然慢吞吞地不肯动身，借口说朝廷在万里之外，救兵旦夕难至，自己的职责是保全益州，不能因为救别的州郡而使本州有失。

接着听说朝廷已派宗室萧渊藻持节到益州接任刺史，邓元起如蒙大赦，再也不提率兵北上的事，在州中静待萧渊藻。萧渊藻时年二十一岁，单车莅任，没有立什么功劳，邓元起没太把他当回事。萧渊藻见州中物资被扫荡一空，不免有些生气，便故意向邓元起索求好马。邓元起轻蔑地说："你一个年轻公子哥儿，要好马干什么？"萧渊藻大怒，以邓元起逗留不进、贻误军机为由，逮捕下狱。后来邓元起自杀于狱中。

邓元起本没有大罪，竟然被萧渊藻逼死，他的老部下愤愤不平，起兵将成都围住。萧渊藻倒也敢做敢当，指挥城中守军坚决抵抗，还亲自冒着箭雨坐着平肩舆（一种简易坐具，由两人扛抬行走，由于是扛在肩上，故称平肩舆）上城巡查，终于将叛乱平定。

邓元起旧部广汉人罗研到建康告状，梁武帝也为邓元起之死感到惋惜，遣使斥责萧渊藻："邓元起当年攻入台城捉东昏侯，为你报了父仇（萧渊藻之父萧懿被东昏侯害死），你却杀了邓元起给仇人报仇。"下旨贬萧渊藻为冠军将军。

益州发生内乱之际，萧渊藻自然无暇顾及汉中，此时北魏已经派大军南下，一步步向益州北面逼来。

梁将王景胤、鲁方达率军抵御魏军，结果都败给了邢峦的部将王足。魏军乘胜进抵剑阁，王足则率前锋深入涪城。朝廷褒奖王足的功劳，任命他为代理益州刺史，等攻下成都、全取益州，实授刺史自然水到渠成。然而正当王足率军攻城时，北魏却任命泰山郡人羊祉为正牌益州刺史，王足闻言不忿，也不再打涪城了，率军撤回。

这个出人意料的行动，严重影响了攻蜀进度，邢峦所部兵马不多，赶紧上书宣武帝，请求再发两万多兵马，乘虚进攻成都。此次上奏，邢峦提出了著名的经略西南之议。

邢峦认为，益州有五可图："第一，扬州离成都那么远，萧渊藻自去年（指梁天监二年）四月十三日从扬州出发，今年四月四日才到成都（将敌人的行止日期掌握得如此精准，可见邢峦用心之深），以此推之，扬州就算发救兵来战，大概也要一年。第二，益州相继发生了刘季连割据、邓元起攻战以及萧渊藻激起叛乱等事，连年征战，州内民力疲困，无力对抗我军。第三，萧渊藻就是个公子哥儿，不通军事，驭下无方，一上任就逼死邓元起，屏退益州旧将，任用的都是左右亲近少年，既没有民心支持，对部下也缺乏信任。第四，蜀地北部门户剑阁已入我手，益州无险可守，成都很快就能变成我们的。第五，蜀地自来不易坚守，魏灭蜀、前秦取蜀、桓温平蜀，都是大军一进益州腹地，便即投降。萧渊藻是宗室子弟，萧衍历来偏爱宗室，即使丧师失地也不会惩罚，萧渊藻绝不会死守，等我们的大军一到，他肯定望风而走。"

宣武帝还没有做好一举征服蜀地的准备，因此没有同意邢峦的请求，只是说条件不成熟，等朝廷再做一些准备再说。邢峦反复上书，始终得不到回复，只能坐守于梁州治中郡。

高肇攻蜀：北魏最后的南征

北魏末年的战略家邢峦于延昌三年（514年）去世，至死也没等到朝廷准备成熟。然而就在他去世的这一年年底，宣武帝却派大司徒高肇，率领十万步骑，发动攻蜀之役。

高肇，字首文，孝文帝高皇后的哥哥、宣武帝元恪的亲舅父。高肇这一支高氏原本是高句丽人，十六国时期进入中原，攀附渤海高氏。宣武帝元恪杀咸阳王元禧后亲政，自感宗室诸王都不可信，于是把舅族高氏子弟提拔起来，作为自己的亲信。高肇的政治地位在短时间内迅速抬升，成为炙手可热的亲贵大臣。

高肇在朝中没有根基，宗族子弟中也没有十分有才能的人物，于是他大结朋党，极力扩充集团势力。宣武帝不以为忤，因为宣武帝本就想让他制衡宗室王，彻底消除诸王对皇位的威胁。

高肇顺风承旨，不断进言削夺宗室诸王的权力。当时皇叔北海王元详位尊权大，宣武帝虽然表面对其很尊重，实际却很忌惮。高忘肇便想方设法诬陷元详要谋反，宣武帝下令将元详逮捕，终身禁锢。元详的家奴密谋劫狱救出元详，事情败露，元详被杀。

其后，皇弟京兆王元愉被排挤出京师到冀州任刺史。元愉对高肇欺负宗室不满，打着清君侧、诛高肇的旗号举兵造反，结果很快被镇压，元愉被杀。

元愉造反一事，又把彭城王元勰牵连进去。原来元愉造反队伍中有一个叫潘僧固的人，此人是元勰的舅父，在元勰的推荐下出任冀州下属的乐陵郡太守。高肇素来与元勰政见不合，便以此为突破口，凭空捏造说元勰与元愉早有密谋，冀州造反元勰也有责任。宣武帝便下令将元勰也杀了。

此后，宣武帝强化了对宗室的防范，在高肇的建议下，把京师羽林兵分派开去，围守诸王府第，严密监视他们的行动。诸王简直如同囚犯一般，对高肇怨念极大。

延昌三年十一月，高肇率都督甄琛等二十余名文武，面辞宣武帝于皇宫东堂，接受宣武帝的诏旨。随后各路兵马陆续出发，兵锋直指益州。

具体兵力部署为：平南将军羊祉率步骑三万出剑阁，攻涪城；安西将军奚康生出散关，攻绵竹；甄琛率四万人先出发，作为高肇主力部队的前驱。

以当时的魏梁力量对比，梁朝对益州方面的增援并不多，决然抵挡不住十万大军的攻击。然而正当魏军各路兵马向益州推进时，洛阳城中突然传来噩耗——宣武帝元恪去世了。

宣武帝亡年三十二岁。北魏诸帝的寿命都不长：道武帝三十八岁（被弑），明元帝三十一岁，太武帝四十四岁（被弑），文成帝二十五岁，献文帝二十二岁，孝文帝三十二岁。宣武帝也没能逃脱这个短命魔咒。

高肇根本没料到宣武帝会死这么快，得讯后他立即按旨退兵，停止攻蜀。

皇帝死后为何要退兵？一来国有大丧不宜兴师。二来高肇自己也不敢拥兵在外，毕竟京师中对他有敌意的人太多，宣武帝一死，心怀怨念的诸王和被排挤的大臣估计会结连起来对付他。考虑到这些，高肇迅速回到京师。

宣武帝死得突然，没来得及安排后事，年幼的太子元诩继承皇位，是为孝明帝。孝明帝年方四岁，需要有人辅政。高肇必须第一时间赶回京师，抢在各股势力谋变之前，建构有利于自己的辅政班子，换言之，就是要争夺首席辅政大臣的位置。与这个一人之下、万人之上的权位相比，攻蜀之役自然不能相提并论。

高肇回到京师后，无奈局势已经发生变化。在禁卫军首领于忠的支持下，高阳王元雍、任城王元澄入掌大权。趁高肇入宫哭灵时，将其拉入西庑（wǔ）勒死。

梁武帝得知北魏内乱，乘机发兵从益州方向反攻，但因兵力有限，只在剑阁关外袭扰，魏军一反击，就撤退了。北魏忙于形成新的权力格局，将西征军队尽数召回，一场规模浩大的征蜀之役，就此流产。从此之后，北魏政局逐渐呈现紊乱之势，孝文帝汉化改革留下的种种隐患，已经酝酿成不可调和的矛盾，北魏不得不把主要精力放到镇压内部叛乱上，对南朝的大规模进攻至此终结。

纵观太武帝以来对南朝发动的历次战争，北魏总体战略保持了连贯性，并且力量投入、战争意志都保持得非常好，所以能屡屡抓住南朝内乱的机会，不断拓展版图。宣武帝一朝十五年间，只有一年多的时间没有进攻南朝，其余时间双方一直处于交战状态。

但不幸的是，宣武帝时代的主要敌人是南朝杰出的帝王梁武帝，而且还处在梁武帝刚刚即位、年富力强的阶段。北魏虽然奉行正确的战略，战术、战法有所改进，兵种结构也有所调整，但即使在成功夺取寿春城、突破南朝淮河防线的情况下，依然未能取得压倒性的胜利，真可谓时也命也。

长期战争给北魏的政权形态带来深刻影响。

由于南部战争日益吃重，北魏最优秀的军事人才都在往南部流动。早前北魏放在南部州郡的长官良莠不齐，统治理念野蛮落后，视南朝边民如奴隶，统治酷烈，故而经常发生南朝降人南逃事件。为了稳固边防，北魏逐渐把一些有操守、熟悉南朝情况的能臣名将放到徐、豫、荆、扬等州。同时，频繁战争的事功，也成就了一大批武将，使他们能充分发挥自己的才能。

对南朝征战需要大量步兵以及攻城、水战等技术，中原汉人逐渐成为北魏的主要兵力来源。军队整体面貌的变化，使得北魏政治逐渐与南朝趋同。

传统儒法统治观念成为朝廷统治的主流，鲜卑贵族的"老一套"越来越吃不开，军政通吃的显贵人物逐渐减少，官僚队伍变得专业化，分工分途成为潮流。后文我们将提到的清浊分途，就是这种大形势下的产物。

而北魏起家之地的恒代地区，日益成为政治荒漠，鲜卑和其他鲜卑化的胡族因为不提供兵员，不再被国家重视；因为所居之地远离战争，远离政治中心，那里的州镇长官几乎没有上升空间，矛盾也在逐步积累。

这一切，都是北魏皇帝们不曾看到，也未曾预料到的。年幼的孝明帝和暮气深重的北魏帝国，即将迎来巨大的挑战。

第七章

六镇起义与北魏灭亡

　　魏宣武帝死后，孝明帝元诩即位，因年幼不能理政，由其母胡太后临朝听政。胡太后政治才能低劣，人品智识皆属凡庸，与文明太后冯氏完全没有可比性。北魏积累多年的社会矛盾骤然激化，六镇起义轰然爆发，北魏帝国从对外扩张转入狼狈的对内镇抚中。

胡太后乱政

　　延昌四年（515 年）宣武帝去世，太子元诩幼弱，由胡太后临朝听政，这位胡太后可不是一般人。说她不一般，倒不是和上文低劣凡庸之说矛盾，而是指她竟然在宫闱险流中生存了下来。

　　北魏皇家历来有立子杀母的制度。胡氏入宫时，后宫妃妇都不愿生子，她们经常私下里祷祝，只愿生诸王（即不生老大、不当正嫡）、生公主，不愿生嫡长子，以免自己被赐死。胡氏出身低微，天生有一股为了改变命运不惜一切代价的悍勇之气，她一反众人之常，祷祝说要生就生嫡长子，哪怕为此被赐死也不怕。

　　胡氏怀孕时，已经有多名妃子故意打掉胎儿，有的生了皇子也没养大。宣武帝察觉到了这种情况，对胡氏加以保护，生怕她也步其他人的后尘。胡氏产子后，宣武帝亲自选乳母和保育之人，把婴儿元诩保护起来。元诩后来成了宣武帝唯一的子嗣。

　　胡氏在后宫一直受皇后高氏欺负，高皇后是权臣高肇的族人。宣武帝死后，高皇后重提子贵母死之制，命领军将军于忠把胡氏处死。如果高氏当了太后，像冯太后一样临朝称制，高肇一党势必会更加猖獗，无人能制。于忠便阳奉阴违，把胡氏藏了起来，并向其表了忠心。胡氏正是利用这个机会才逃过一死，后来被尊为皇太妃、皇太后。

孝明帝即位的前十年，朝中发生剧烈而持续的乱政，主导力量就是胡太后。先是于忠利用掌握皇宫军权的便利，独揽朝政大权，但因不懂政治，很快被宗室力量和胡太后联手赶下台。胡太后临朝听政后，政由己出，大事全由自己决断。但此人性情乖戾，没有大局观，主要精力都投入到争权夺利上，没有采取调解社会矛盾的措施。她还和清河王元怿通奸，秽闻遍及朝野，导致皇帝威严沦丧殆尽。

胡太后任人唯亲，一味信任远枝宗室元叉，认为元叉是自己的妹夫，关系可靠，因而她不加约束地授予元叉权力。元叉野心膨胀，发动政变，软禁胡太后，不让孝明帝和母亲见面。元叉眼高手低，政变并不彻底，而且也没有足以掌握朝局的政治班底，后来顶不住逐渐长大的孝明帝的压力，被迫让出权力，胡太后又重新取得临朝称制之权。

自孝文帝汉化改革以后，北魏国内已经开始出现种种乱象，这个势头本应在孝明帝时代得到改善，却因为连绵不断的政治斗争愈加恶化。

首先是汉化派与胡化派的分裂。当年孝文帝大力推动改革，拓跋氏皇族内部有很多反对的声音，其他鲜卑贵族也并不完全赞同这种冒进的改革，孝文帝完全靠个人权威压服了反对派。其继任者宣武帝元恪在军事上颇有作为，但在政治上基本毫无建树，没有拿出深化汉化推行的对策，无法弥合汉化带来的族群分裂，这为后来六镇武人因受冷落对中央积恨埋下了伏笔。

其次是政治腐败。汉化的元氏贵族在洛阳沾染上了"富贵病"，这也是所有王朝末世都有的通病，宣武帝有所察觉，但并没有采取有力措施去整治。原因在于宣武帝一朝的政治再次陷入了寡头政治模式，动不动就是诸王辅政，或者宗王、外戚秉政，既有的制度无法正常发挥作用。而北魏宗王诸贵徒有汉化之绚丽，却无汉人的品行操守，故而一旦出现政治寡头，必然带来贪污和政治腐败。

这才是胡太后真正面临的矛盾，而非几个朝臣作梗这种疥癣之疾。她在这些大方向大问题上并没有什么远见，反而一味纵容个人欲望。

佞佛是她一大败笔。她自幼便接触佛教，临朝称制后把对佛教的崇信发挥到了极致。在她的提倡下，诸州兴建佛寺、浮屠，亲王诸贵也在洛阳大肆兴建寺庙，以谁家寺大塔高竞夸。胡太后对僧人赏赐无度，动辄数以万计，将国库折腾得空乏枯竭。

最令人不齿的是淫乱。她年轻守寡，登上尊位后肆无忌惮地纵其淫欲。起初她贪恋名将杨大眼的儿子杨白花，逼迫他通奸，杨白花惧祸南逃。胡太后追思不已，作《杨白花歌》，让宫女们唱咏。重新掌权的胡太后非但没有吸取教训，收敛丑行，反而肆意宣淫，又相继与郑俨、徐纥、李神轨等人通奸，弄得朝中秽乱不堪。

六镇起义

与朝中乱局相对应，北魏的社会矛盾也越积越深，在六镇率先爆发。

所谓六镇，是指北魏初年在平城以北设置的六个军镇，自西向东分别是沃野镇（今内蒙古五原）、怀朔镇（今内蒙古固阳）、武川镇（今内蒙古武川县西）、抚冥镇（今内蒙古四子王旗）、柔玄镇（今内蒙古兴和）、怀荒镇（今河北张北）。

六镇与平城的距离都不远，地位非常重要，北魏派出担任六镇镇将的，都是被视为"国之肺腑"的鲜卑勋贵。北魏前期战争频繁，以军功起家是很多鲜卑贵族踏入仕途的第一选择。镇将受重视，六镇世代当兵的军户地位也相对较高。随着孝文帝南迁洛阳，柔然与北魏关系趋缓，六镇的地位开始发生变化。

汉化改革以后北魏实行清浊分途，也就是将文官和武官的培养路径分开，武将一直是武将，文官一直是文官，这就等于把六镇守将的仕途断了。后来参与镇压六镇起义的广阳王元渊向朝廷上书，分析起义原因："六镇的将军们干一辈子也就是个级别低得可怜的军主，很难再回到洛阳；而他们那些原来留在洛阳没有到边镇当将军的亲戚，却能安安稳稳地享受和平生活，隔几年就升一次官，所以六镇军官们难免心生怨恨。"

其次是军事形势趋缓。自从鲜卑诸部南入代北、中原，柔然便占领了漠北草原，并不断南下侵扰北魏。即使北魏不断发兵打击，也只能做到远远驱逐，不能彻底消灭。但到了5世纪末，柔然连连遭遇灾荒，实力大衰，被迫与北魏改善关系。

而北魏方面，都城迁到洛阳后，对柔然侵略的频率大大降低，导致洛阳朝廷对六镇也不再高看一眼、厚爱一分。之前有人提议把六镇从镇城提升为州，以安抚诸镇的镇将们，但朝廷始终没有同意，甚至连镇将的任命也越来越漫不经心，有的军镇连镇将都没有，由别的镇将兼任。因为鲜卑子弟都不愿意去六镇，于是兵员改用罪犯、杂胡等，兵员构成鱼龙混杂。六镇的军人之前还享受的免除赋税的特权，此时也都不再享受，镇兵们的日子越来越难过。在日复一日的刺激中，正光四年（523年），随着一个偶然的矛盾，六镇军民终于轰轰烈烈地爆发了。

事情是由怀荒镇将于景激起来的。于景是孝明帝初年权臣于忠的弟弟。元叉政变后，于景意图废黜元叉，结果反被元叉贬到怀荒镇当了镇将。于景本就爱贪污，到怀荒就任又带着怨气，在镇中更是胡作非为，民心大失。

当时塞北气候不好，发生大面积饥荒，柔然可汗阿那瓌率兵南下劫掠，六镇出兵应付。然而六镇本身也经受着饥荒，镇兵们便请求于景开粮仓赈济灾民，但于景蛮横地拒绝了。这下终于引起了众怒，愤怒的镇兵们起义反抗，抓了于景一家人，剥了衣服，只给于景穿一件破皮裘，过了一个多月将其杀掉。

怀荒镇事件成了北魏末年六镇大起义的引线。正光四年，沃野镇民破六韩拔陵率众起兵，杀了高阙戍的镇将，公然建号称王，改元真王，附近诸镇的鲜卑及诸胡饥民纷纷响应。破六韩拔陵是居住在六镇的匈奴部落酋长，所以他发动武装反抗后，让附近军民大为震惊。乱军依附甚多，很快就攻陷怀朔镇，杀死怀朔镇将杨钧。乱军卫可孤所部包围了武川镇，六镇一时大乱。

应对失策

自太武帝时关中盖吴起义以来，北魏已经近百年没有出现过带有政治意义的武装叛乱。破六韩拔陵的叛乱令北魏朝廷大吃一惊，毕竟六镇是北疆藩屏，如果这里乱了，北方边境豁然洞开，形势很不妙。胡太后派临淮王元彧率兵北上平叛。

元彧是远枝宗室，向来以文学方面的本事著称，并不懂军事。他率军出征进至五原，一直逗留不进。怀朔镇被卫可孤围攻数月，没有一个援兵到来，镇将杨钧派勇士贺拔胜等十余骑溃围而出，找临淮王元彧告急。元彧满口答应，却始终没出兵救援。

正光五年（524年）五月，破六韩拔陵相继攻陷怀朔镇、武川镇，率兵南下五原，击败元彧。元彧狼狈逃还，被罢官削爵。之后安将军李叔仁被起义军击败于白道，北边形势危急。北魏不得不派重臣李崇率兵北上。

李崇堪称北魏当时的"活化石"，自献文帝时便以十四岁的年纪官拜主文中散，五十五年的政治资历在北魏无人能敌。钟离之役北魏战败后，寿春形势岌岌可危，北魏便派李崇出镇扬州（即北魏侨立之州，州治寿春）。李崇在寿春励精图治，训练水军，积聚粮草，培养出一支拥有无数壮士的私兵，人称"卧虎"。他还针对寿春城濒临淮河易受洪水侵袭的实际，在八公山东南造了一座名为魏昌城的新城，为防守留后手。十年时间，寿春稳如磐石。梁武帝先后遣赵祖悦、昌义之、王神念等发动反击，企图夺回寿春城，都被李崇击退。派李崇出兵镇压六镇乱兵，足见北魏朝廷的担忧之重。

李崇率军进至五原，结果部将崔遭为了争功，不遵从李崇的节度，擅自出兵白道，与破六韩拔陵交战，惨败了一场，被杀得单枪匹马逃回。破六韩拔陵遂乘胜来攻李崇，李崇战不能胜，引兵退还平城，与之相持。北魏朝廷对这件事十分生气，降诏逮捕崔遭治罪。

李崇在南方能顶得住梁朝精兵攻击，在北方却对六镇乱军无能力为，绝非是因为他年近古稀、志力衰迈，而是北魏长久疏于对北方军事的经略与考察，军事体系过于松弛，丧失了应急和应变的能力。

广阳王元渊为人精明有智识，看出六镇起义的关键，向朝廷上书，暂时不要以大军和乱军争锋，应当扼守重要城池，以待后图。所谓后图，就是给朝廷一定军事动员和准备的时间，或者从南方战线调来精兵，积蓄足够的军事力量，再与乱军决战。

李崇大军与破六韩拔陵相持一冬后退军，留部将费穆驻扎于云州，阻挡破六韩拔陵南下。但六镇之众日渐增多，费穆孤城当道，完全抵挡不住，不久也弃城南逃，投奔秀容川尔朱荣部落。

几乎就在破六韩拔陵起事的同时，高平镇胡琛、秦州莫折太提分别举事起义。北魏虽然接连派出北海王元颢、京兆王元继等人率兵进剿，都没能挡住起义军的攻势，乱势蔓延至关中一带。关陇地区本就胡汉混杂、民族形势错综复杂，人心思乱，纷纷响应，北魏的统治几乎在一夜之间就被乱军冲垮。

孝昌元年（525年）八月，柔玄镇人杜洛周率众在上谷起事，聚众进攻燕州（今河北涿鹿），当年十月，又攻陷幽州。

孝昌二年（526年）正月，五原降户鲜于修礼在定州举事，部众多达十万，与杜洛周遥相呼应。八月，鲜于修礼被叛徒元洪业刺杀，其部将葛荣接掌义军。不久后，葛荣势力扩大，火并杜洛周，将两部义军合二为一，实力空前增强，对河北地区的北魏官军造成极大威胁。

魏广阳王元渊、章武王元融分别率兵进击，元渊实力不济，对击败葛荣毫无信心。章武王元融在作战中被义军斩杀，元渊被打得丧魂落魄，向葛荣投降。葛荣对元渊颇为忌惮，处死了元渊。

这两位宗王之死，令北魏朝廷极为震惊，孝明帝一度要御驾亲征，但河北局势危急，孝明帝也只是做做样子，并不敢真的出兵征讨。

关陇方面情况也越来越坏，莫折太提死后，其子莫折念生继续进攻关中诸郡，一度拿下潼关。由于北魏朝廷始终拿不出有力的应对措施，原本率军平叛的萧宝夤乘机在长安据州造反，自立为帝，建号大齐。萧宝夤后来被北魏官军击败，加入了义军，与胡琛部将万俟丑奴合为一股。莫折念生虽然在官军的进攻下内外交困，最后被灭，但万俟丑奴势力崛起，占领了整个关中。

北魏单靠自身军事力量已经难以招架四方乱军的围攻了。就在此时，秀容川的契胡部落，依靠其强大的武力与六镇义军对抗，骤然崛起。

尔朱荣横空出世

尔朱荣，契胡部落酋长。契胡大概是匈奴族后裔之一，北魏道武帝时，尔朱荣的先祖尔朱羽健率一千七百名契胡兵参与了开国之战。道武帝为酬答契胡的功劳，割秀容川附近三百里土地，作为契胡部落的安身之地。

秀容川在今山西西北部，大概在朔州市以北，地处汾河、桑干河流域，水草丰茂，当时是极好的游牧区。北魏太武帝时，尔朱荣的祖父尔朱代勤经营有方，契胡部落人口增加，财富滋盛，尔朱代勤的外甥女入宫为太武帝皇后（即敬哀皇后贺氏），尔朱勤得以荣任肆州刺史，受爵梁郡公，家族部落势力进一步强大。尔朱荣之父尔朱新兴时，势力更加强大，部落中的马、驼多到以颜色为群、以山谷为数来计算。朝廷每每要出兵，尔朱新兴都贡献战马、捐献军粮，皇帝十分高兴。后来尔朱荣继承官爵，成为契胡部落的新酋长。

可以说，契胡部落是借助北魏兴旺的国运强大起来的，这个部落天然有着维持正统秩序，进而长保本族繁荣的政治诉求。所以当六镇乱兵荼毒代北、河北时，尔朱荣的本能反应便是顺应朝廷号召，出兵镇压叛乱。

尔朱荣为人精明，头脑敏锐，平时喜欢射猎，部落每每参用军队之法，故而部众战斗力很强。尔朱荣率众先后消灭秀容叛胡乞伏莫于、万子乞真等，又击败敕勒族斛律洛阳。孝明帝降诏任命尔朱荣为武卫将军、安北将军，都督恒朔讨虏诸军事。

尔朱荣见北魏官军被六镇乱军打得狼狈不堪，逐渐产生轻蔑之意。率军经过肆州（今山西忻州市）时，因刺史尉庆宾闭门不开，尔朱荣一怒之下攻破州城，任命叔父尔朱羽生为肆州刺史。朝廷倚重契胡武力，敢怒不敢言。

肆州事件是尔朱荣对朝廷态度的转折点，他认清了北魏朝廷的虚弱本质，从此开始对军政大事指手画脚。朝廷也慢慢意识到尔朱荣的变化，逐渐产生戒心，尔朱荣屡次建议率兵深入河北腹地剿杀六镇义军，朝廷都没有同意。

葛荣部义军向定州以南攻略，逐渐逼近相州。尔朱荣再次上书朝廷，提出了南北紧逼、中路突破的战略，即以北海王元颢所部扼守相州，防止葛荣突破黄河进入中原；结连柔然人，引柔然可汗阿那瑰之兵进入代北，威胁葛荣后路，迫使其回援；尔朱荣率契胡兵直出滏口关（今河北峰峰矿区，太行八陉之一，从山西入河北的重要交通孔道，滏音 fǔ），以精兵摧破葛荣主力。

这是一个很有大局观和操作性的战略计划，尔朱荣满心以为朝廷能够迅速应允，谁知北魏朝廷内部突然爆发严重内讧，孝明帝暴疾去世，无暇顾及剿杀葛荣了。

原来孝明帝长大后，不齿于胡太后秽闻，力图夺回政权，左右渐渐聚集了一些朝臣。胡太后知道后，担心孝明帝武力夺权，不顾母子之情，残忍地杀害了孝明帝身边几个心腹之臣。孝明帝恼怒异常，母子之间嫌隙加深。

胡太后的情夫郑俨、徐纥怕日后孝明帝夺权，日夜劝胡太后速下狠心。孝明帝一直未能亲政，对胡太后的党羽戒心甚重，但又没有力量夺权，于是饥不择食地给尔朱荣下密诏，要其率兵到洛阳勤王。尔朱荣得报大喜，立即派大将高欢为前锋，率兵直趋洛阳。行至上党（今山西长治），孝明帝又后悔了，于是下诏让尔朱荣不要再来。

如此反复，尔朱荣对洛阳的内讧情况一清二楚，对朝廷更加轻视。高欢前锋兵马虽然暂时停滞不前，但尔朱荣已然以董卓自拟，时刻准备再找借口南下。

当此风雨飘摇之际，胡太后正该端正作风，斥退奸邪，和儿子孝明帝同心同德，共渡难关。然而德不配位之人，越到关键时刻越不会走正道。胡太后只想巩固自己的统治权，对任何潜在威胁者都视作仇雠，即使亲生儿子也不例外。高欢兵马进驻上党一事，令胡太后如芒在背，在郑俨、徐纥的撺掇下，竟然毒死了孝明帝，对外则称孝文帝因病暴崩，找了一个女孩假冒孝明帝儿子，扶立即位。随后，胡太后又下诏称所立者实为皇女，另立宗室临洮王之子元钊为帝。元钊才两岁多，胡太后欲长久专权的野心暴露于天下。

孝明帝亡年十八，正值青春年少，能有什么暴病。纸里包不住火，胡太后和郑俨、徐纥狼狈为奸谋杀皇帝之事，很快就传遍天下。尔朱荣得此消息，立即发兵南下进攻洛阳。

河阴之难

秀容川契胡部族虽然富庶，但户口数量很少，部落兵还不到一万人，尔朱荣大概明白自己的实力。以这样微小的实力，政局稳定时，很难对朝廷有什么威胁。如今朝廷发生巨大变故，四方州郡陷入混乱，此时正是浑水摸鱼的大好时机。

武泰元年（528年）三月，尔朱荣决定拥立孝文帝之弟彭城王元勰的儿子元子攸为帝。大军进至河阳（今河南孟津），元子攸从洛阳城中逃出，在河阳受尔朱荣拥戴即位，是为魏庄帝。庄帝随即任命尔朱荣为侍中、都督中外诸军事、大将军、尚书令、领军将军、领左右，封太原王。

胡太后与宗室及诸大臣商议，众人早已对胡太后厌恶至极，没有一个人出言相助。唯有徐纥等人仍然打肿脸充胖子，没把尔朱荣放在眼里。于是遣李神轨等人率兵北守洛阳河桥，企图阻止尔朱荣入洛。谁知诸军都无战心，尔朱荣不费一兵一卒便渡过黄河。

常言道，树倒猢狲散，大难临头，徐纥和郑俨偷偷跑回老家避难。胡太后无可奈何，于是命孝明帝后宫嫔妃落发出家，自己也剃了光头准备到寺里当尼姑。

尔朱荣完全不理会胡太后立的幼帝元钊，命令百官出城迎接庄帝。之后，将胡太后和幼帝抓到兵营中。胡太后此时满口谦辞，絮絮不止，还希望能打消尔朱荣的怒气，以求逃过一死。尔朱荣拂衣而起，下令将胡太后和元钊沉入黄河淹死。

北魏宫中虽也有过政变，但仅限于皇家父子残杀。自孝文帝迁洛以来，三十余年斯文鼎盛，哪里见过这般杀气腾腾的情形。洛阳朝中百官议论纷纷，对尔朱荣产生抵制之意。

尔朱荣手下奸人费穆劝说："明公手下只有万余人马，如今京师军队数量可不少，诸王群公众意纷纭，如果时间久了知道您的底数，恐生变故。不如大行诛罚，杀一批人立威。"费穆所说，大概是希望尔朱荣杀几个位尊望重的王公大臣，朝野自然慑服。只是他没想到一旦引出尔朱荣的恶性，将会造成多大的灾难。尔朱荣和其亲信慕容绍宗商议，按费穆说的办，只不过他加了码，要设计把朝野百官都杀了。

历来政变杀人，杀几个政敌，甚至株连九族也并不鲜见，然而集体屠杀朝中官员却是旷古未闻。慕容绍宗连忙劝阻，尔朱荣不听，拥庄帝西出洛阳到淘渚，命百官随同皇帝到行宫祭天。

百官虽然对尔朱荣不甚认同，但对于出席礼仪性场合没有丝毫怀疑，当时到达河岸边的官员多达两千人。尔朱荣悍然下令，骑兵四出，将群官包围。而后尔朱荣当众斥责，说天下变乱、孝明帝无辜暴死，责任全在于百官不能匡正朝纲，于是下令让骑兵屠杀。可怜自北魏迁洛以来，三十年英华，一朝尽丧于此，许多官员甚至还不知道怎么回事便化作刀下亡魂。

自高阳王元雍、司空元钦、义阳王元略以下，朝官两千多人死于非命。之后又有一百余名官员到达，尔朱荣从中挑出一个会写禅位诏书的赵元则，其余又都杀死。尔朱荣此时已经打定主意要夺位为帝，于是遣兵到庄帝帐中，将其余随从都杀死，挟持了庄帝。

古老的黄河默默注视着这一切，浊黄的河水中混入北魏两千多名高级官员的鲜血，无情地向东流去。这场事变，因地点在河阴县，史称河阴之变。

河阴之变的惨烈，是北魏开国以来从来没有过的。两千多名朝官突然死亡，使北魏中枢政权陷入瘫痪，地方政府失去主心骨，混乱程度进一步加深。从长远来看，更使得北魏孝文帝掀起的汉化浪潮遭遇强烈的回潮反弹。这场屠杀，军中除了慕容绍宗外没有人反对，这等残忍的手段、人性的沦丧，固然出于契胡骑兵的落后、野蛮与残暴，但多年之后，当尔朱荣帐下大将如高欢、贺拔岳、宇文泰等人，或为一方豪帅，或开基建国，对河阴之变这桩人间惨剧，都没有表现出什么，这是极不正常的。

一般来说，重大灾难对后人起到的作用，大多是教人反省，避免类似错误再次发生，然而河阴之变却对当世北地诸豪强起到更为恶劣的作用，六镇武人对北魏朝廷进行了疯狂而持久的武力报复。北魏朝廷因此分裂，元氏皇族遭到惨烈屠杀，河南及关陇地区汉化成果丧失殆尽，后来的西魏北周政权在文化上塌陷为"人文荒漠"，被时人视作蛮荒之国。即使对北朝汉化做出重大贡献的周文帝宇文泰，也不得不采取对勋臣赐胡姓、变易北魏既有国策的措施，这无疑是中古文明演进中极为悲壮的一幕。

尔朱荣也为自己的野蛮罪行付出了代价。

魏庄帝被河阴大屠杀吓得心胆俱裂，彻底看清了尔朱荣的丑恶嘴脸。他表示："尔朱将军有大功于社稷，我对帝位本无多大期望，将军大可以自取帝位。"

尔朱荣也有此意，询问部下将领。大将高欢居心不良，侥名图幸，劝尔朱荣自立为帝。贺拔岳看出高欢只是为自己考虑，力劝尔朱荣不要贸然称帝，否则将成为众矢之的。贺拔岳据此还劝尔朱荣杀了高欢以谢天下，这个不起眼的争议，后来成了武川镇集团和高欢集团分裂的导火索，后文会有详叙。

胡人素来有铸金像以观其人能否当皇帝的习惯，尔朱荣秘密为自己铸像，铸造四次都没能成功。尔朱荣自觉没有天命，又有术士占卜说唯有长乐王（指魏庄帝即位前的王爵）是天命之人，尔朱荣便打消了称帝的想法。

河阴大屠杀的惨烈景象，令尔朱荣不敢安居洛阳，怕多行不义遭到反噬。起初他想挟持魏庄帝迁都晋阳，庄帝身处暴风之眼，性命时刻有危险，并不敢多说什么。但当尔朱荣向朝臣征求意见时，宗室元谌表示出激烈的反对态度，即使尔朱荣以河阴之难威胁，元谌仍然面无惧色。

河阴之难发生得太过突然，猝死的北魏政治高层并没有机会展现贵族气节，元谌替他们展现了出来，并且收到应有的效果。尔朱荣虽然震怒，却也感受到天下人心不可侮的力量，于是打消了挟天子迁都的念头。

尔朱荣毕竟是部落酋长出身，性子中还带着些许质朴。决定不迁都之后，他急于向庄帝表达自己的心迹，竟然毫不设防地进宫诉说，还指天立誓，君臣二人在宫中畅饮，尔朱荣大醉，宿于宫中。庄帝和这头猛虎共处一室，此刻觉得天赐良机，想就此了结尔朱荣性命，左右近侍苦劝他才停手。庄帝怕二人距离太近发生意外，便把自己的床舆搬到中常侍省。尔朱荣半夜睡醒，吓得再未睡着，从此再也不敢在宫中过夜。

之后，尔朱荣自还晋阳，行前，留党羽元天穆在洛阳执掌兵权，所有要津均是他的心腹，魏庄帝基本被架空了。

尔朱荣之死

洛阳发生重大事变的同时，葛荣大军逐渐南下，攻破沧州，逼近相州，前锋已过汲郡（今河南卫辉）。同时，关陇万俟丑奴势力越发强盛，基本覆盖到潼关以西。尔朱荣和洛阳的矛盾暂时退居次要。武泰元年九月，尔朱荣亲率精兵七千余骑，每骑都准备副马，出滏口入河北，准备与葛荣决一死战。

葛荣当时横行于河北，官军无人能制，都是望风归附。听说尔朱荣人马不足万人，居然敢来征战，葛荣狂妄地令诸军准备长绳，一到阵前便索拿朝廷军兵。

尔朱荣充分发挥骑兵优势，奉行快速决战原则，到达邺城外围后，把全军督将以上的将领三个人分为一处，每处驻骑兵数百人，战马来回扬尘，令葛荣军不知虚实。考虑到骑兵利在速战，速战则刀不如棒，于是让士兵人手一杆大棒，交战时不要争着斩首级，只要把敌兵击退便可，目标就是冲溃葛荣的中军。

葛荣久战而骄，没做什么准备，他把全军列成散漫的步兵大阵，箕张而进。尔朱荣将全军分为数队，再分别冲入葛荣阵中。果然如尔朱荣事前所料，经过他们的冲击，葛荣军的阵形很快就被冲散了。尔朱荣亲自率领精锐骑兵绕出阵后，生擒葛荣。葛荣大军虽号称百万之众，但能作战的兵力不多，军中分不清是士兵还是平民的不在少数，大阵一乱，又失去主帅，葛荣大军立即陷入混乱。

尔朱荣明白，仅凭手中这点可怜的兵力，想控制数十万乱军绝非易事，于是下令：首恶葛荣已经被擒，其余的人皆不问罪，愿意回哪，任凭己愿，朝廷不加约束。葛荣部众就此散去，不再和官军对抗。等他们回到各州郡之后，尔朱荣又令部将们分道收服，把他们安置在河东、河北。一场滔天大乱，被尔朱荣就此消弭，时人无不称赞尔朱荣聪敏。

然而尔朱荣只是暂时压服了六镇流民，并没有从根本上解决问题。尔朱荣也没有意识到这支数量庞大的乱民的潜在力量，这可能是他壮大部族力量，进而取代北魏元氏皇族的唯一机会，可惜他错过了。

其后，尔朱荣常居晋阳遥控洛阳朝政。他先后出兵剿灭葛荣余部叛乱，击退梁朝陈庆之，派兵出关中镇压万俟丑奴，威势越来越大，朝中重要官员的任免都由尔朱荣说了算。洛阳的傀儡天子庄帝及其亲信朝臣日夜切齿，企图杀了尔朱荣。左右城阳王元徽、临淮王元彧、侍中杨侃、尚书右仆射元罗为庄帝出谋划策，秘闻渐渐传出宫外。

不过尔朱荣自恃兵强，并没把年轻的庄帝放在眼里。永安三年（530年）九月，尔朱荣率五千骑南下洛阳，时人皆以为尔朱荣要行废立之事，庄帝要杀尔朱荣的谣言更是满天飞。

尔朱荣每次入洛阳宫，身边都只带几十人，而且故意不带兵器，唯独尔朱荣自己带一柄刀防身。庄帝见其无备，想趁其入宫时刺杀，但又怕弄成当年王允杀董卓之惨祸，便下旨召元天穆入洛阳。

元天穆何许人也？他本是远枝皇族，平六镇起义时与尔朱荣相交，两人一个汲汲于权力，企图借外镇豪强扩充实力，一个迫切与朝中大员结交以抬高身价，于是一拍即合，成了死党。尔朱荣南下洛阳时，让元天穆在晋阳率兵留守。庄帝怕杀了尔朱荣后元天穆拥兵作乱，所以先把他调来。元天穆倒也坦然不疑，欣然入洛。

庄帝于是加速谋划杀政变。庄帝娶尔朱荣之女为后，尔朱皇后孕满九月，庄帝假称皇后产子，请国丈入内看视。尔朱荣携其子元菩提和元天穆同时入明光殿，城阳王元徽引兵杀入，乱刀将尔朱荣砍死。

庄帝随后下发敕文，宣布赦免尔朱荣余党。但显然庄帝和他的政治班底都严重缺乏经验，高估了朝廷的公信力，根本没有留后手。尔朱荣余党尔朱世隆、尔朱兆等人引兵反攻洛阳，击溃庄帝临时拼凑起来的军队，俘虏庄帝，将其带出洛阳后杀害。

北魏从此进入最后四年的混乱期，尔朱氏凡立两帝——长广王元晔、节闵帝元恭，尔朱氏帐下大将高欢又立安定王元朗、孝武帝元修，至永熙三年（534年）十二月，北魏分别被东魏、西魏取代，北魏至此而亡。

高欢起家

六镇起义敲响了北魏的丧钟，尔朱荣是北魏帝国的掘墓人。但尔朱荣被刺杀后，北魏帝国的政治军事遗产没能找到一个合适的人来继承，尔朱荣的兄弟子侄们互相争夺，散布于各方。尔朱氏部将高欢和宇文泰乘势而起，意外地崛起为一方首领，开启了一段双雄争霸的精彩篇章。

高欢，怀朔镇兵，乃是鲜卑化的汉人。高氏郡望出自渤海蓚（tiáo）县，是河北有名望的大族，自西晋时便出仕至郡守，其家族历代仕于后燕、北魏。高欢的祖父高谧在北魏时犯法徙至怀朔镇，至于高欢一代，已沦落至一般镇兵。

高欢为人行事与众不同，爱结交英才，处事落落大方。魏末的六镇，由于朝廷历年刻意的忽视与打压，许多英杰潜龙藏踪。西魏北周八柱国、十二大将军以及东魏北齐诸贵，绝大多数出自六镇，高欢能从中脱颖而出，可见其确有过人之能。

高欢的妻子娄昭君是当地豪强。娄昭君从镇城经过，路遇高欢在城上执役，见他一表非凡，宁可倒贴钱财，也要嫁给高欢。娄昭君父母无可奈何，只好顺从。姑妄推之，高欢外形固然卓荦（luò）非凡，但娄昭君恐怕不光看中这一点。高欢素来名声在外，来往之人都是怀朔镇的能人志士，这才是值得托付终身的潜力值。

高欢得到娄昭君的资助后，才有能力自备马匹、兵仗，逐步升迁至队主（也就是一般小头目）。随着平台升高，高欢更加如鱼得水，司马子如、孙腾、刘贵、贾显智、侯景等人就是在此时与高欢结成死党，成为日后高欢开国的得力助手。

高欢曾作为函使去过洛阳，亲眼见证洛阳与六镇的差距。换作常人，可能谩骂朝廷对六镇不公，发发牢骚就算了。高欢却从中观察出北魏帝国行将大乱的征兆，足见其能。

特别是洛阳宿卫羽林兵火烧张彝家宅事件，令高欢尤为震动。张彝是河北清河人，世代习儒，通经博史，是河北汉人硕儒的头面人物。孝明帝时期的功臣崔光备受灵太后信任，但他自以为文才学识均不及张彝，足见张彝的才能。张彝一直致力推动官制改革，希望效法魏晋，实行清浊分途，改革北魏立国以来文武不分、清浊混流的状态。张彝之子张仲瑀（yǔ）便上了一道奏书，请求实行清浊分途。

这个出发点是好的，也是改易北魏末年腐败盛行之重疴的良方。但张彝没有充分评估魏末的形势，特别是对武将群体能量的认识不够清醒，他拿出的改革方案与武将群体利益形成巨大的冲突。

清浊分品、文武分途，其核心是把懂得治国理政的文臣列为朝臣首选，而武将只能从事武职，这其实是文官政治本来应有的状态，也是帝国最应倚重的政治模式。但北魏是以征战立国，即使孝文帝推行汉化改革，政治体制向汉晋之制转变，仍有大量勋贵后代和武将通过荫袭、战功占据大量文官岗位，造成政治混乱，使得治理效率低下。

现在张彝要搞清浊分途，等于变相剥夺绝大多数武将的政治权益。但动人饭碗哪有那么容易，六镇教训就在眼前，朝中武将们岂能答应？

张彝和张仲瑀的出发点虽好，但态度太强硬，上书建言也过于直接，遭到大量武将的反对。洛阳宿卫、羽林兵们为了维护自己的利益，聚众大闹尚书省，要省中把张彝的长子张始均交出来。后来又到张彝家中，将张彝痛殴一顿。张始均跪地求羽林兵们饶老父一死，乱兵们又将张始均痛打一顿，烧了张家宅院，把张始均扔到火中烧死。

张彝虽然侥幸逃出，但因为身受重伤，不久后便去世。北魏朝廷事后只是杀了几个带头的羽林兵，其余人一概不追究，清浊分途之议也就不了了之。

在一般人看来，此事大概就是文武官员的意气之争。高欢当时在洛阳得知此事，虽然不清楚清浊分途的政治意义，却也敏锐地察觉到朝廷的怯懦与无能，以及朝中畸形的权力分野。回到怀朔镇后，他便与孙腾、司马子如等人密议，断定天下行将大乱。

六镇乱兵起事后，高欢便投入杜洛周的义军里。六镇起事，首领大多是凭血气之勇，靠无知的乱民拥戴才能成事，本身并无多高的素质。高欢入其帐中，如在一片智慧荒漠之中，杜洛周行事处处不如高欢之意，高欢便逃亡至葛荣军中。不久，他又看不上葛荣的为人，转投秀容川尔朱荣。

高欢眼光极为敏锐，见到尔朱荣后，试探性地发问："听说尔朱将军养了十二谷的马，以颜色分群，不知将来干什么用？"谷即两山之间有水草的凉爽之地，长数百里，一谷可养数万匹马。尔朱荣听出他话里有话，叫他有话直说。高欢便劝尔朱荣趁灵太后专权，朝廷满是奸佞之辈，起兵夺了元氏江山。

这话正合尔朱荣心意。与高欢密议半天，尔朱荣从此相中了这位抱负不凡的年轻人，让高欢在自己身边做督将。后来尔朱荣应孝明帝之请南下洛阳，便派高欢为前锋。

尔朱荣在世时，曾与手下诸将品评人物，问自己百年之后，谁能接掌契胡军队。众人知道尔朱荣属意侄子尔朱兆，纷纷顺口承附。谁料尔朱荣却说："尔朱兆只能当一个骑将，统领三千人马。真正有大将之才的只有高欢。尔朱氏诸子，日后只能给高欢穿鼻。"

高欢自此才知道尔朱荣对自己怀有戒心，于是大肆贪污受贿，自污形象，以求减少尔朱荣的猜忌。纵观北朝末期人物，能让高欢如此戒惧的，也只有尔朱荣一人而已。这不单在于尔朱荣当时处于上位，更在于尔朱荣的眼光与智识与高欢旗鼓相当。可惜天不假年，不然哪能有高欢的天下。

尔朱荣父子死后，尔朱兆当上了晋阳的首领，尔朱世隆、尔朱度律、尔朱彦伯在洛阳控制傀儡皇帝，尔朱仲远在东郡，尔朱天光在关中，尔朱氏诸子各自拥兵称霸一方。尔朱兆为人勇猛有余，智术不足，没有很好地把各部势力统一起来。

河西费也头部落纥豆陵步蕃趁契胡势力散居各地之机，兴兵侵夺秀容川，进犯晋阳。尔朱兆屡战不胜，晋阳岌岌可危。尔朱兆遣使令高欢率兵来救，高欢有心不救，故意缓行。

尔朱兆先前率兵南下洛阳，曾邀高欢一同前往，结果被后者拒绝，双方那时便心生嫌隙。此时高欢意借纥豆陵步蕃之手，攻灭尔朱兆，彻底毁灭尔朱氏共主。但高欢也注意到，费也头部落的战斗力着实不容小觑，居然能击败强大的契胡骑兵，如果纵容费也头部落灭掉尔朱兆，仅凭自己手中的一州之兵也抵挡不住。两害相较取其轻，高欢还是选择了帮助尔朱兆。

高欢率兵北上，与尔朱兆合兵一处，迅速击败并斩杀纥豆陵步蕃，解了尔朱兆的燃眉之急。尔朱兆感念高欢援手大德，与其把酒言欢，约誓为兄弟。高欢当时是尔朱氏任命的晋州刺史，论德望、实力都远不是尔朱兆的对手，不敢公开与尔朱兆决裂。但久在尔朱氏手下也不是办法，高欢瞄上了葛荣起义后留下的六镇乱民。

尔朱荣消灭葛荣后，寄居在并、肆两州的六镇乱民有二十余万。契胡族以胜利者自居，欺压者有之，掠夺者有之，乱民无以为生，只能以武装反抗，大小叛乱多达二十六次。因为没有解决六镇乱民的生计问题，尔朱兆屡次出兵镇压之后还有人反，让他非常头疼。

高欢建议，不如挑选心腹将领，让他们分别统领乱民，再有反叛则治军主之罪，军主畏威，自然能收束乱民。尔朱兆早想把这个包袱推出去，于是顺水推舟地让高欢去管理乱民。

过了不久，高欢又建议，乱民居于河东，与契胡人分粮食吃，负担太大，不如将他们迁去河北。尔朱兆也没多想，同意高欢带他们东出太行。

尔朱兆这等粗莽之辈，根本不懂得理政治民之法。以六镇乱民之现状，高欢所说只是下策。若要平乱，首要任务是置州立镇安置流民，分配给他们土地，解决生计问题，自然不会有人再反。分将统兵，只不过是军事化管理，见效虽快，但不是长远办法。

尔朱兆虽然虑不及此，但帐下也有高人。部将慕容绍宗，是慕容燕皇族后裔，为人颇为明敏。他一眼看出高欢玩这些障眼法，不过是想把六镇乱民据为己有，变成武装力量，于是力谏尔朱兆不要放虎归山。尔朱兆不听。

高欢顺利地率众东出滏口，来到尔朱氏统治力量相对薄弱的河北，从此海阔天空，开启了称王制霸之路。

东出滏口之后，生计问题基本解决了，高欢顺利地把乱民转化为自己的武装力量。随后进至信都，与河北望族高乾、封隆之等合为一股。

高欢这个选择颇有前瞻性。尔朱氏窃据北魏大权后，四方势力不服。河北所在的汉人豪强很多，高乾、封隆之皆是头面人物。特别是高乾，系出渤海蓨县，与高欢祖上同源。高乾、高慎、高昂、高季式四兄弟并有大名。高乾家族势力一向看不上契胡，尔朱荣起兵时，高乾甚至一度加入葛荣乱军，与北魏官军对抗。

尔朱兆遣尔朱羽生率兵进入河北，占据了殷州（今河北隆尧），高乾与赵郡李元忠起兵攻杀尔朱羽生，彻底与尔朱氏决裂。高欢选择与高乾等河北豪强合作，减少许多天然阻力，很快形成反尔朱氏同盟。普泰元年（531 年）十月，高欢、高乾共同拥立魏渤海太守，宗室元朗为帝，打出诛灭尔朱氏的政治旗号。

尔朱兆闻讯大怒，联合尔朱世隆、尔朱仲远，三处出兵，共同来攻高欢。尔朱兆兵出太原，进至殷州广阿一线，尔朱仲远和尔朱世隆兵出阳平，对高欢形成南北夹击。

大战将起，两军尚未交战，谁知风云突变，尔朱氏内部发生内讧。原来尔朱兆素来不能服众，从未真正控制另外几家尔朱势力。特别是尔朱世隆，于亲，他是尔朱兆父亲的朋友；于政，他作为中枢，不想屈居尔朱兆之下。尔朱兆留他在洛阳控制皇帝，却不知拉拢。尔朱荣被刺后，尔朱兆竟然将刀架在了尔朱世隆脖子上，斥责其没能保护尔朱荣的安全。其后虽经调解，两人心里终究落下了刺。尔朱世隆并未亲自到前线，而是派尔朱度律代劳。

此时虽然联兵作战，但尔朱氏三家彼此都有戒心。高欢此时尚不具备消灭尔朱氏三家的实力，于是采纳参军窦泰之计，散布尔朱兆要吞并另外两家的谣言。尔朱氏内部貌合神离，尔朱仲远和尔朱度律居然径自引兵退走，只剩下尔朱兆留在广阿。

尔朱兆气得暴跳如雷，也没法追回，只好硬着头皮迎战。军心离沮之时最忌轻出决战，尔朱荣当年说尔朱兆只堪带三千兵，看来说得很准。高欢趁其军心不稳，急速出兵进攻，斩俘五千余人，尔朱兆败回晋阳。

一向得胜不让人的高欢，击败尔朱兆之后趁军心可用，立即率兵南攻相州邺城。邺城刺史刘诞本是北魏任命的，可当时魏氏失统，尔朱氏和高欢两方并立，刘诞大概也存了据州自立的心，既不接受高欢六镇部兵就食于邺城的请求，也不出兵会攻高欢。

人贵有自知之明，尤其是在乱世之中。河北豪强势力虽然雄厚，但大多有处世之智，自知并非命世之才，像河北赵氏、李氏、崔氏、封氏等辈，都表示出鲜明的政治倾向，在诸股政治势力中明智地选择了最优解，后来得以长保家族兴旺正在于此。

反观刘诞，并无自立之资，却偏要孤注一掷，只能自食其果。高欢大兵进攻邺城，要刘诞归降，被拒后四面围城，架云梯冲车，穴地进攻，大战六十二日，终于破城而入。

邺城一破，高欢的身价立马变了。当初入河北、进信都，借的是高乾、封隆之、李元忠等人的光，一直是客。此时拿下邺城，占据河北首屈一指的大城，高欢自此有了立足之地。

韩陵之战

尔朱氏不甘失败，中兴二年（532 年）闰三月，尔朱氏在共同的敌人面前再次团结起来，纠合大军号称二十万，进攻邺城。

当时高欢只有两千骑兵和三万余名步兵，实力远在尔朱氏之下。但大敌当前，唯有死战才能抓住一线生机。

高欢没有据城死守，留封隆之在邺城，自率主力分为三路，在城西韩陵山列阵。高欢自率中军，族弟高岳在右军，大将高昂在左军。为示有前无后之志，高欢命人在后路驱赶牛、驴，激励将士与尔朱大军死战。

高岳之父高翻是高欢的族叔。高岳家起初在洛阳，高欢当年做函使时，每次去洛阳都在高岳家住宿。后来高欢在信都起事反尔朱氏，高岳从洛阳奔至，被委以重任。

高昂，字敖曹，高乾的三弟。高氏兄弟虽是河北汉人大族，却没有走学儒通经的传统出仕之路，当时河北受北魏尚武风气浸染，豪强大族子弟多倾心武事，高昂即是其中代表。他胆力过人，龙眉豹颈，体貌雄异，父亲给他延请名师，他百般抵抗，对人说："大丈夫当横行天下自取富贵，哪里能端坐读书当个老博士。"

高昂和兄长高乾召聚壮士剑客，在州中横行霸道，屡屡率众劫掠，魏末州郡失统，刺史郡守只能睁一只眼闭一只眼。高乾在信都开门迎接高欢，高昂心中甚是不平，认为高乾无故把自己打下的地盘送人，是妇人之举，于是派人给兄长送去一套布裙羞辱他。高欢听说后，为了结揽人心，派长子高澄以子孙之礼前去拜见高昂，高昂这才归顺高欢。高昂在兄弟中最有武略，高欢识人明敏，便叫他当了领兵大将。

高昂所部三千人都是河北汉兵，高欢战前担心汉兵不足以抵挡尔朱氏的骑兵，询问高昂能否派一千鲜卑兵混入其中，以提高战斗力。高昂拒绝，自称部下士卒习练配合已久，战斗力不比鲜卑人弱，若是两军相杂，反倒坏了事。高欢知道他心中尚有隔阂，也不再多说。

尔朱兆大军夹洹水列阵，趁高欢大军前出作战，派三千轻骑偷袭邺城。封隆之的防守极为严密，尔朱军无功而返。

尔朱兆率大军与高欢对阵，在众军面前责怪高欢背信弃义另立皇帝。高欢毫不示弱，反问尔朱兆："本来你我兄弟立誓共辅王室，而今皇帝何在（指庄帝）？"尔朱兆答："庄帝无辜冤杀天柱大将军（尔朱荣），所以要杀了他为将军报仇。"高欢责之曰："以君杀臣，天经地义，你报的是什么仇？"

二人你一言我一语，尔朱兆是个直肠子，词锋不及高欢锐利，说不到一起，那就只好动手了。两军自寅时战至午时，换算成现在的计时方法，大约是凌晨四点至中午十二点。两军三次接战，三次暂歇。战到渐深处，高欢军队人数不足的劣势显现出来，中军尉景所部力不能支，被尔朱军冲散。高欢止不住败兵，被打得连连后退。

关键时刻，高岳突然率五百骑兵冲击尔朱兆前阵，大将斛律金率骑兵冲击后阵。高昂率左军从栗园杀出，冲进尔朱兆阵中。三路兵如猛虎下山，顿时冲乱尔朱兆阵形。

其实高岳、斛律金和高昂所部兵力并不多，如果能顶住一拨攻击，尔朱兆未必会输。可是大军恶战，无法辨别对方人数，有时声势大便能主导战事。尔朱大军不知道敌军到底有多少人，愣是被三路兵马吓得崩溃后退。高欢乘胜发动反击，于阵上生擒尔朱兆大将贺拔胜、徐州刺史杜德等人。

尔朱兆、尔朱仲远、尔朱度律等各自退还。高欢穷追不舍，进兵晋阳，尔朱兆站不住脚，在太原大肆掠夺一番，退回秀容川。高欢用疲兵之计，屡屡声称要进攻秀容川，却只说不做。如此四次，尔朱兆认为高欢不敢来攻，慢慢松懈下来。岁首之际，尔朱兆举行盛大宴会。高欢揣准此情，派大将窦泰率轻骑昼夜奔行三百余里，突袭其大本营，尔朱兆来不及集合部队，狼狈逃走。后来走投无路，在荒山中自缢。与此同时，洛阳、东郡两股尔朱系势力也被群起而攻之，尔朱世隆、尔朱天光、尔朱度律被杀，尔朱仲远逃亡南朝，煊赫一时的契胡尔朱集团就此土崩瓦解。

尔朱氏以精锐骑兵起家，为何反被高欢以其人之道还治其人之身呢？大概在于尔朱氏根基不深，未能有效控制政权，一直以军事恐怖逼迫朝廷听命，而在其军事威力不能到达之地，州郡政权并不买尔朱氏的账。高欢准确地判明形势，抓住了要害，所以才能毕其功于一役，骤然了结了尔朱氏集团的生命。

222

灭掉尔朱氏后，高欢随即率军进入晋阳，将其作为大本营。此后四十年间，晋阳太原城一直都是东魏北齐的政治、军事中心。

高欢为巩固自己的威望，废掉尔朱氏立的节闵帝，又将自己立的安定王废掉，改立平阳王元修为新帝，是为孝武帝。

高欢的本意是找一个性格软弱的人当皇帝，以便于自己控制。谁知北魏季年，国势虽衰，皇族人物却一个比一个强硬。孝明帝、孝庄帝作为傀儡，竟然敢于和强势人物对抗，节闵帝被废也是由于其神采明秀，过于常人。新帝元修，一上位就对最高权力表现出非同寻常的热情，身边也迅速聚集了一批心腹大臣，如长孙稚、斛斯椿、王思政等。在他们的劝说下，孝武帝决意依靠在关中平乱的贺拔岳来抗衡高欢。同时，孝武帝还在洛阳高调征发新兵，组建了一支万余人的队伍，试图重振中央权威。

高欢被封为丞相、天柱大将军、太师，极尽人臣之荣宠，面对孝武帝高调揽权的举动，他当然不能容忍！毕竟他以曹操、司马懿自况，处心积虑要夺取魏朝天下，岂能容忍自己扶植的傀儡喧宾夺主?!

高欢有心起兵南下洛阳，像当年尔朱荣一样，灭了孝武帝。但毕竟当时贺拔岳尚在关中，高欢必须先解决掉这一股势力，才能兵下洛阳。

宇文泰独占关陇

贺拔岳，鲜卑人，胡名阿斗泥，武川镇人，与其大哥贺拔允、二哥贺拔胜都是武川镇豪强。六镇起义时，贺拔氏兄弟站在朝廷一边，参与镇压六镇乱军。后来辗转会入尔朱荣麾下，永安三年辅佐尔朱天光率兵进入关中，镇压万俟丑奴起义军。进入关中后，很快便擒斩万俟丑奴，平定关陇一带。

尔朱天光率兵回洛阳参加韩陵会战，贺拔岳知道他此去必会败给高欢，于是起兵杀了留守长安的尔朱显寿，自领关西军政大权。

贺拔岳深通兵法，眼光、智识与高欢不相上下，所以高欢非常忌惮他。高欢一时间无力出兵关中兼并贺拔岳，便施行挑拨离间之计，唆使与贺拔岳一同进兵关中的大将侯莫陈悦，刺杀贺拔岳。

在高欢看来，贺拔岳一死，部众必定大乱，侯莫陈悦又是个扶不上墙的软弱之辈，到时派一介之使，到关中接收兵权，关陇大地必然传檄而定。

谁知局势风云突变，贺拔岳帐下诸将并没有乱，而是紧紧抱成一团，侯莫陈悦无从下手。随后，贺拔岳大将、夏州刺史宇文泰迅速赶赴平凉大本营，在大将赵贵、念贤等人的拥戴下接掌大权。

宇文泰，鲜卑宇文部之后，世居武川。六镇起义时，其父宇文肱、大哥宇文颢、二哥宇文连在武川镇袭杀破六韩拔陵的部将卫可孤，后来逃跑不及，被起义军杀死。宇文泰和三哥宇文洛生投入尔朱荣麾下，尔朱荣忌惮宇文洛生豪杰雄武又深得人心，将其诛杀。父子兄弟五人，只剩下宇文泰一根独苗。

宇文泰和贺拔岳是同乡，于是求托于贺拔岳，跟随他入关征战。宇文泰虽然只有二十来岁，但为人聪慧，沉稳有度量，备受贺拔岳赏识。入关后屡献奇谋，被贺拔岳提升为行台左丞，参与机密大事的决断。

宇文泰既心细如发，又胆大包天。中兴二年，高欢大破尔朱氏，又立了新君，风头正盛。贺拔岳认为日后他将成为自己的劲敌，非常想了解晋阳的情况，宇文泰便自告奋勇前去查探。到了晋阳，高欢接见宇文泰，询问关西事务，宇文泰年轻气盛，对答如流。高欢此前并不知道宇文泰，此刻见他卓荦不凡，顿时起了惜才之心，想把他留在身边。

宇文泰固请返回，高欢一时也没再强留。宇文泰预感事情不妙，骑马飞奔逃出太原城。果然高欢随后便反悔了，认为自己没能留住的人，不能放他回去便宜了贺拔岳，于是派骑兵前去追拿。还好宇文泰速度快，侥幸逃脱高欢的魔掌。

这次太原之会，是日后的东西双雄的唯一一次会面。如果高欢未卜先知，肯定后悔不迭，若是当时把宇文泰关起来或者直接杀死，哪会有后来无穷无尽的失败与耻辱。

宇文泰接掌大权后，立即出兵讨伐侯莫陈悦。

二雄相争，众人看戏。关陇一带猝然失去最高首领，绝大多数都在观望形势，根据两家的临场表现决断下一步该归顺谁。看形势的关键点又在何处？一看反应速度，二看决断能力，三看行军打仗。

侯莫陈悦首先在反应速度上失了着。贺拔岳刚死时，就应该趁其部下心惊，迅速发动大兵袭击。侯莫陈悦却慢腾腾地不肯出兵，放任赵贵等人拥立新主。

决断能力方面，侯莫陈悦也不及格。杀了贺拔岳之后，两家势必水火不容，不会再有和解共存的空间。侯莫陈悦却仍幻想着与贺拔岳军团分关陇而治中，割据一方。如此天真的想法，令各州郡的实力派看尽笑话。

行军打仗方面，侯莫陈悦更是不敌贺拔岳手下诸将。进入关中以来，与万俟丑奴的几场恶仗几乎都是贺拔岳、宇文泰打的，侯莫陈悦几乎是个影子将军。他之所以能独领一部兵马，也是因为当初贺拔岳为了自洗专兵之嫌，建议尔朱天光委任侯莫陈悦领右军。

所以，宇文泰举兵开战，立即赢得了原州（今宁夏固原）李贤、李远、李穆三兄弟的支持，拿下原州城。侯莫陈悦不敢抵挡，一路退走，接连丧失水洛城、略阳城、上邽城，宇文泰招降侯莫陈悦手下大将李弼，侯莫陈悦兵力土崩瓦解，弃城逃跑，后被宇文泰追兵逼得自缢身亡。

除了灵州、渭州等地尚有个别不服的势力，贺拔岳的军事、政治遗产基本上被宇文泰吞并，成为关陇一带的主人。高欢需要面对的，是一个全新的、战斗力异常凶悍的关陇军事集团。

北魏分裂

贺拔岳死后，孝武帝、高欢不约而同地派人到关中，想接收这部分兵力，但都没有宇文泰快。高欢明白，宇文泰集团远隔关中，一时半会儿无法征服，不如先解决洛阳的孝武帝势力。

孝武帝也想先下手为强，下诏让宇文泰东出潼关，保卫洛阳朝廷。宇文泰虽知东西并峙，早晚都有一战，但关陇后方都是新得之地，人心不稳，宇文泰不愿立即与高欢撕破脸，于是派了两千人屯于东雍州（今陕西华县）做个样子，只要高欢不进攻，他就不再东进。孝武帝屡屡下诏催促宇文泰继续东进，宇文泰稳坐钓鱼台，只把部队往东移了几十里，在黄河、渭河交叉口一带又停了下来。实际上，若非高欢的部队虎视眈眈，已进至蒲津渡（今山西永济），准备渡河入关，宇文泰怕是连这一点距离都不舍得推进。

孝武帝干着急，他是个性格倔强的人，不愿服软，也不愿坐看高欢经营后方、逐渐侵夺朝廷权力，于是扬言说要出兵进攻梁朝，在洛阳大集士马，实际上是想北攻晋阳，用武力消灭高欢。

高欢见这个毫无力量的皇帝居然敢武力恫吓，干脆以其人之道，还治其人之身，上书孝武帝，声称要发四路大军南下讨伐梁朝，不劳皇帝御驾亲动。他口中的四路大军，人数多达二十四万。

这件事发生在永熙三年上半年，距离高欢消灭尔朱氏刚刚两年，高欢无论如何也扩充不了这么多军队。事实上直到北齐灭亡，军队总数也只有二十万左右。

很明显高欢在虚张声势。孝武帝大概也看出了这一点，虽然高欢立即付诸行动，数路军马全面向黄河一线进犯，但孝武帝并未惧怕，下令让新招募的军队加强对黄河沿线东郡、荥阳、河阴等地的守备。

但是明智之士都看出，即使高欢只是虚张声势，其主力军队的数量和战斗力仍不容小觑。孝武帝的心腹将领王思政建议，提前留好后手，万一顶不住高欢，下一步也好有准备。孝武帝向他询问有何后手，王思政建议到关中投奔宇文泰，孝武帝含含糊糊地答应了。前门驱虎，后门入狼，孝武帝并非不懂这个道理，没到万不得已，他并不想放弃洛阳。

孝武帝见宇文泰不可靠，又向驻扎在荆州的贺拔胜下诏，让他率部到洛阳勤王保驾。贺拔胜兵微将寡，自忖不是高欢的对手，率兵进至广州（在今河南鲁山）便止步不前。孝武帝无奈，只好把希望寄托在扼守滑台、石济、虎牢关的军队上。

永熙三年五月，高欢大军南下，先破滑台，杀孝武帝的大将侯几绍。石济守将汝阳王元暹（xiān）不战而逃，白白将城池送给高欢。

力主以武力讨伐高欢的斛斯椿向孝武帝上书，建议以两千精骑渡河北攻，趁高欢的部队立足未稳时将其击退。

孝武帝当皇帝之前，是个不问世事的悠闲王子，根本没有经历过复杂政治军务的锤炼，当初下令以武力讨伐纯粹是逞一时血气之勇，对战局可能会发生的变化根本没有概念，更别说及时采取措施。此时军队连连失败，各方传来的都是负面消息，孝武帝已经心神大乱。

若按斛斯椿所说，确有击退高欢的可能。但又有人说："斛斯椿也非善类，如果让他领军击退高欢，那他不就成了下一个高欢？"孝武帝昏昏然不知所以，否决了渡河突袭的建议，遣斛斯椿与行台长孙稚、颍川王元斌共同率兵镇守虎牢关，这样的安排，无疑是为了防范斛斯椿。此时高欢大军已经南进至野王郡。

平心而论，斛斯椿渡河反攻的作战构想具有一定的合理性。高欢的主力军从晋阳到野王郡，长途跋涉近八百里，人困马乏，魏军中央军以逸待劳突然袭击，即使不能大获全胜，也能有效阻止高欢的前进。不论是提振魏军士气，还是为关中、荆州两方做出示范，都有极大好处。可惜，孝武帝丧失了改变自己命运的最后一次机会。

虎牢前线的部队没能坚持多久。高欢的前锋军在成皋与魏军激战，后者毫无悬念地再次被击溃，斛斯椿匆忙率残兵西返洛阳与孝武帝会合。高欢大军以迅雷不及掩耳之势渡过黄河，洛阳城内外的军民早已逃散，高欢一路上几乎没遇到像样的抵抗。紧迫的形势让孝武帝别无选择，只能率领军民臣子，狼狈地逃出洛阳城西门，奔向关中。

高欢派兵追击，出其不意地攻克关中东大门潼关，前锋进入华阴长城。因宇文泰之前派兵驻扎在此地，高欢不知关中虚实，不敢再悬军深入。与此同时，河东和洛阳、弘农一带的豪强纷纷起兵对抗高欢，高欢的后路受到严重威胁。高欢见好就收，留下兵力据守潼关、风陵渡等重要据点，自己则率主力返回洛阳。

同年十月，高欢在洛阳扶立清河王元亶的世子元善见为新帝，是为孝静帝。随后，高欢下令迁都邺城，将洛阳宫室全部拆毁，木材、石料、器物、礼乐，以及四十余万洛阳军民全部迁往邺城。

孝武帝虽然暂时逃离高欢的魔掌，但在关中仍以天子自居，对宇文泰不甚恭敬。宇文泰也是个决断如流、手段狠辣的政治家，见到这种情况，也明白了高欢为何急于武力解决。三个月后，宇文泰命人毒杀孝武帝，另立南阳王元宝炬为帝，是为魏文帝。

至此，北魏中央政权分裂为二，邺城政权被后世称为东魏，长安政权则为西魏。南北朝从此进入三国对峙时代。元氏皇族唯一值得安慰的是，北魏一百四十余年的皇统余威尚在，高欢、宇文泰虽然各自窃取大权，却仍要扶立元氏人物为帝，借助元氏法统凝聚力量。

第八章

双雄鏖战

北魏政权分立后，东魏实力明显强于西魏。高欢做事一向不喜欢拖泥带水，迁都邺城之事还未安置妥当，他便发动大军进攻关中。然而谁也没想到，曾经屡战屡胜、所向无前的高欢，居然在占尽天时地利的条件下，输给了宇文泰。

八柱国、十二大将军

控制西魏帝国的，是以武川鲜卑、关中陇右豪强为主体的关陇集团。叙述宇文泰如何战胜高欢之前，我们有必要了解一下关陇集团的大致构成。

关陇集团的核心人物是八柱国、十二大将军，也就是西魏北周军中地位最高的二十位大将。柱国的全称是柱国大将军，是宇文泰创立的府兵制系统中军阶最高的将军，大将军则是柱国之下的军阶。府兵制的全面创制要比小关之战晚十几年，柱国大将军这一官职的出现时间也晚于小关之战，这里不多作解释。这二十位将军虽然没有全部被实授这些官职，但他们大都在军队要津，正是他们担当起击败高欢的重任。

八柱国分别是宇文泰、元欣、李虎、李弼、独孤信、赵贵、于谨、侯莫陈崇，十二大将军分别是元赞、元育、元廓、宇文导、宇文贵、达奚武、王雄、贺兰祥、侯莫陈顺、李远、杨忠、豆卢宁。

这个集团涵盖了北周、隋、唐三朝皇族和开国功臣集团，且一一简说之。

八位柱国大将军，宇文泰是西魏军统帅；元欣是西魏宗室，只挂名，不领兵；其余六位在宇文泰的统领下，分别统领西魏军队。

或许有人会怀疑，宇文泰和六位柱国大将军军阶一样，为什么能统领他们?其实宇文泰不只是柱国大将军，他还担任丞相、都督中外诸军事、录尚书事、大行台。丞相是百官之长；录尚书事则是尚书省首脑，主管中央行政事务；都督中外诸军事则是名副其实的三军总帅，地位比柱国大将军还高；至于大行台，这个官职较为复杂，可以简单理解为中央政府派驻机构的长官。宇文泰实际上是西魏帝国的掌门人，之所以还拿了个柱国大将军的军阶，可以理解为对军队有天然的感情。

六位实领兵的柱国大将军，《周书》排在首位的是李虎。李虎本没有这么高的功劳，军事才能也远不如于谨、李弼等人，能排在高位，是因为《周书》作于唐朝，有李唐皇族的面子在。李虎家在武川镇，和贺拔岳是同乡，六镇起义时随贺拔岳出军。贺拔岳死后，他并不怎么买宇文泰的账，一度跑到荆州投奔贺拔岳的哥哥贺拔胜。后来受贺拔胜之托到平凉接受贺拔岳余众，途中被高欢大军俘虏后送到洛阳。由于北魏孝武帝意图拉拢宇文泰，又把李虎带到平凉。宇文泰危难时刻也没有计较李虎有二心，继续委其以重任。命运就是如此变幻莫测，如果高欢、孝武帝、宇文泰，任何一方手下一紧，李虎就此丧命，那么后来那个辉煌的大唐帝国可能就不会出现了。

李弼是辽东襄平人，贺拔岳平万俟丑奴时进入关中，隶属于侯莫陈悦。侯莫陈悦才能一般，和宇文泰武力对抗一度落于下风，李弼不愿白白送死，便带着秦州城归顺宇文泰。李弼骁勇善战，很快得到宇文泰的赏识，委以方面之任。（隋末时揭竿而起的瓦岗军首领李密就是李弼的后裔。）

赵贵是武川人，没有过人的本领，因为拥戴宇文泰获得"政治加分"，也得到重用。他是八大柱国中存在感最低的一位。

独孤信也是武川人，他的经历比较曲折。独孤信起初随贺拔胜镇守荆州，与贺拔氏的关系非常亲密。后来高欢派侯景等人率军进攻荆州，贺拔胜、独孤信抵挡不住，逃到南梁，颇受梁武帝看重。西魏立国后，贺拔胜、独孤信屡次上书梁武帝请求回北国。梁武帝不想与西魏交恶，索性把贺拔胜、独孤信当作建交之礼，礼送他们回国。独孤信面子大、人情活，后来和宇文泰、杨忠、李虎都结了亲，三个女儿分别是周明帝皇后、隋文帝皇后、唐高祖生母元贞皇后。

于谨是八柱国中最有谋略、最善于用兵的一位。他年纪较长，早在六镇起义之初，就以将军身份随广阳王元渊出征，智计百出，格局过人。只可惜时运不齐，广阳王元渊投敌被杀后，于谨地位一落千丈，一直活动在边缘州郡。尔朱天光、贺拔岳率军进入关中，于谨随之一同征进。尔朱天光东返洛阳，到邺城进攻高欢，于谨还参加了韩陵之战，大败后无路可去，只好又逃到长安。可怜这位一肚子谋略的将军，当年一度是北魏郡守、征北大将军、散骑常侍、金紫光禄大夫，到关中后只做了个夏州长史，成了年纪轻轻的宇文泰的手下（于谨生于493年，比宇文泰足足大了十四岁）。

侯莫陈崇同是武川出身。贺拔岳进击万俟丑奴，正是这位勇武过人的将军，在阵上生擒了贼首万俟丑奴。

十二大将军中可说者不多，元赞、元育、元廓三位都是魏朝宗室，宇文泰赐予他们军职，只是为了照顾皇室脸面，实际领兵的是另外九位大将。

九将中功劳最大的分别是宇文导、王雄、达奚武、杨忠。宇文导是宇文泰长兄宇文颢之子，是宇文泰的得力助手兼京师禁卫军首领；王雄、达奚武、杨忠常年活跃于战斗一线，后来分别率军攻城略地，为北周帝国扩大版图做出过重要贡献；杨忠就是隋文帝杨坚的父亲，隋朝国号的来历，正是杨忠的爵位随国公；侯莫陈顺能成为大将军，得益于其弟侯莫陈崇。

八柱国、十二大将军普遍都是饱经战火洗礼，对时势有着清醒认识的英杰，故而当高欢以绝对优势兵力发动进攻时，他们做出了较为正确且有力的应对，使刚刚诞生的西魏帝国免于覆亡之难。

三路分兵

东魏天平三年（西魏大统二年，536年）十二月，高欢起大兵进攻西魏，大军分为三路：高欢率主力为北路出蒲津渡；前锋大将窦泰率一万人为中路出潼关；大将高敖曹率南路军马大约三万人，出上洛（今陕西商洛），进攻关中的南大门蓝田。

高欢在永熙三年追击孝武帝时，曾短暂地攻取过潼关，但他撤兵不久便被宇文泰夺回。此次高欢的意图便是以主力示形于蒲津渡，吸引宇文泰主力，而以窦泰所部精锐一万人攻破潼关，打开宇文泰防线的缺口。

高欢在蒲津渡示形示得很逼真，在黄河上架了三座浮桥，假装时刻准备渡河。宇文泰确实被高欢的意图牵制，亲率主力军北出广阳（今陕西铜川），防范高欢主力渡河进犯。

西魏军队此时力量极为弱小。西魏军的主力是当年贺拔岳带入关的，当年仅有一两千人。后来尔朱荣又补了千余兵马，规模仍然极小。贺拔岳杀尔朱显寿在关中称霸时，扩充了一些部众，但与侯莫陈悦又分部统领，上限顶多一万。

宇文泰接过关中大权，当时尚有灵州曹泥没有归顺，兵力又有减损，可能一万都不到，以这样可怜的兵力应对高欢重兵压境，不可能处处防备，只能扼守重点。潼关和上洛方向，宇文泰只能让现有驻军防守，至于哪路先破防，主动权基本在敌人手上。开国就遭遇如此重大的考验，宇文泰压力巨大。

既然双方形势差距这么大，高欢为何不一鼓而进，反而要在蒲津渡虚虚实实、持重不进呢？

高欢其实是有前车之鉴的，这还要从前两次对关中的进攻说起。此次进兵之前，高欢分别在天平二年（535年）正月和天平三年正月发动过两次奇袭，当时高欢自恃兵力强盛，不屑于和宇文泰直接大战，而是寄希望于奇袭，像当年消灭尔朱兆一样，迅速灭掉宇文泰。

天平二年正月，高欢派大将司马子如、窦泰、韩轨率精兵进攻潼关，宇

234

文泰严兵守备，无隙可乘，司马子如等便改换方向，到蒲津渡渡过黄河，攻入西魏华州（今陕西大荔）。

华州守将是老将王罴（pí）。王罴是个善于守城的老将，当年在荆州被数万梁军包围，梁将曹义宗动用各种手段攻城，北魏朝廷没有一兵一卒来救，王罴硬是坚持三年之久，打得曹义宗无奈而退。

东魏军打到华州城下时，华州正在修补城墙，夜晚停工，梯子靠在城墙外没来得及收拾。东魏军杀到，正好爬梯而入。当时天刚亮，王罴闻讯，连衣服都没来得及穿，赤膊率兵反击，东魏军站不住脚，居然被打出了城。司马子如等人见西魏守御严密，只好撤走。这是高欢第一次奇袭失败。

天平三年正月，高欢又生一计，异想天开地以奇兵袭击夏州（今陕西靖边）。高欢具体的意图史书中找不到现成的表述，但可以猜想，此举有两重意义。其一，夏州是宇文泰的起家之地，他曾在该州当过刺史，进攻夏州政治意义非同一般，能极大地震慑关陇群雄。其二，夏州距离晋阳比长安更近，如果拿下夏州，像当年赫连勃勃一样南下骚扰关中，可以避开关中东面险关，达到事半功倍的效果。

为实现这一目的，高欢亲自上阵，率一万精锐骑兵直扑夏州。这次动兵非常快，西魏方面根本没有任何戒备。高欢一路狂奔，中途只吃干粮，马累了换副马，只花了四天时间，便跑了九百里直抵夏州城下。到城下后也没有拉开架子准备器械，而是直接把大槊绑起来当梯子，迅速攻入城内。西魏夏州守军还没明白是怎么回事，便被高欢击败，刺史斛拔弥娥突被生擒。

但是打下夏州之后，高欢意识到一个严峻的问题：夏州太穷了，人口稀少，物资匮乏。当年赫连勃勃之所以能以夏州为基地向南进攻，在于他已经经营多年，有足够的铁弗部落（匈奴的别部）作为基础。自北魏灭大夏以后，夏州多年抛荒，已沦为荒蛮小城，没什么军事价值。如果要从夏州方向进攻关中，就要从河东源源不断地补充兵力、粮草，而长达九百里的运输线和恶劣的交通条件，会使运输成本大大增加。权衡之下，高欢最终放弃了从夏州南攻。

这里还要顺带夸宇文泰一句。宇文泰当时离开贺拔岳中军左丞的重要位置，远赴夏州当刺史，就是为了防范高欢从关中北部突袭。宇文泰能以一介镇兵崛起为西魏北周帝国的创始人，并非没有缘由。

高欢虽然靠乘虚而入取得过胜利，但两个成熟的军事集团决斗，最终还是要回到堂堂正正的实力较量上。进攻关中，如果不从潼关这个正门突防，终究无法取得胜利。兜兜转转，问题还是回到潼关了。

袭杀窦泰

时间越往后推，形势对西魏越不利。换言之，高欢待在蒲津渡的时间越久，窦泰前锋军进展就越大。宇文泰如果坐视窦泰进攻，不采取措施，关中大门一破，高欢大军南过风陵渡进入潼关，关中形势就崩溃了。

关于接下来应该怎么做，西魏军内部产生了较大争论。

许多人认为，应当把大军一分为三，分别守御广阳、潼关和上洛。毫无疑问，这是一种自杀式的防守战略，分兵守御，表面看着是不错，但结局必然是全面破防。宇文泰打心眼里看不上这种被动策略，连高欢都兵分三路、有所侧重，自己的大军怎能平均用力呢？

宇文泰判断："高欢示形于蒲津，大军持重不动，说明他并不想从此地渡河。之所以做出这样的判断，一方面是前年进攻华州不克的教训，另一方面则是因为高欢担心我军重兵扼守，怕轻易进军吃亏。"

这个判断其实大多数人也能得出。但判断得到又怎样，敌不动，我不敢动。万一我动，敌渡河而击之，照样破防。

宇文泰军中有能人，关西行台左丞苏绰、大将达奚武、宇文深都提出了应对之策——出奇兵打窦泰。这正合宇文泰的心意。理由如下：

第一，高欢三路分兵，窦泰所部兵最少，只有一万多人，兵力规模与西魏军总兵力相当。如果突然袭击，打他个措手不及，应该有胜利的可能。

第二，高欢过于托大，其主力虽然雄厚，但窦泰所部已经脱离主力大军，与高欢大营相距八十多里，中间还有黄河天险。而高敖曹的南路军更远，距离潼关将近两百里，一路都是山路。两路部队向中间靠拢需要一定时间，在此期间，快打快撤，有把握吃掉窦部。

第三，窦泰所部常做先锋，屡胜而骄，又自恃有北路高欢的战役支援，完全不把西魏军放在眼里，打完潼关后骄横异常，竟然目中无人地在潼关外休整。以奇兵打骄兵，胜利把握相当大。

第四，伤敌十指不如断敌一指，对付分进合击的有效方法就是抓住其弱点并歼灭。窦泰一灭，高欢南北两路大军，都有天险未克，绝不敢继续前进。如此，则全局逆转。

但诸将也没有太大的底气，万一高欢提前得知了他们的计谋，乘机渡河进攻怎么办?宇文泰的对策只有两条：保密，快速。此时已是西魏大统三年（东魏天平四年，537年）正月，形势不容再拖。

宇文泰计议已定，放出消息说要退保陇右，向魏文帝告知了真实意图后，率六千精锐骑兵，于正月辛亥秘密出兵，两天时间狂奔两百四十余里（两地直线距离两百四十余里，实际路线更长)，杀到潼关外的小关城下。

果然如宇文泰所料，窦泰这些年来一向充当高欢的前锋，屡胜而骄，攻克潼关后以为西魏军不堪一击，没有急速进兵，而是在小关外休整了数日，丝毫没料到西魏军会反扑，更没料到远在广阳的宇文泰会率主力前来。因此，窦泰并没有做任何准备。宇文泰大军在天明之际杀至，窦泰军还没来得及列队便被击溃，窦泰引败兵向风陵渡撤退，结果被西魏军全部歼灭，窦泰当场被擒杀。为鼓舞士气，宇文泰下令砍下窦泰首级，送到长安城邀功。

中路军大败，窦泰身亡，高欢大吃一惊，迅速令大军撤退。宇文泰引得胜之兵北上蒲津渡，过河追击高欢。高欢部将薛孤延率部殿后，与西魏军激战，一天之中，砍断十五把刀，可见战况之激烈。

南路高敖曹大军也不得不退。在此之前，高敖曹其实打得相当顺利。高敖曹率军渡河南下，在河边设祭祭拜河伯，高昂亲自读祭词："河伯，水中之神；高敖曹，地上之虎。行经君所，故相决醉。"辞气慷慨，意气壮烈。高敖曹存心要以战立威，为河北汉人争气。

从洛阳向西攻打商洛山区，实在不是一件容易的事，那里绵延着数百里的熊耳山。洛州豪强泉企长期担任刺史，在西魏中央的支持下，天时地利兼而有之的洛州，是摆在高昂部队面前的一道难关。

洛州城中有泉氏、杜氏等大姓，北魏分裂之时，泉企靠宇文泰的支持当上了刺史，与其势力不相上下的杜氏不服。杜氏首领杜窋勾结泉氏内部的异己势力泉岳、泉猛兄弟，企图开城投降。泉企得知消息先发制人，杀了泉岳、泉猛，杜窋逃出城外，投到高敖曹军中当了向导。

高敖曹在其引导下发起强攻，遭到强烈抵抗。高敖曹骑马在城下督战，城上矢如雨下，高敖曹三次中箭，仍死战不退。苦战十余天，城中粮食、武器全部耗尽，泉企之子泉仲遵重伤，无力再战。最终城池告破，高敖曹生俘泉氏父子三人，以杜窋为洛州刺史，率众继续向蓝田关进发。

泉企虽然丢了洛州，但他以偏师数千人马，内无余粮，外无救兵，硬生生扛住了东魏十余天的强攻，也算条汉子。从战役层面看，这有效迟滞了东魏南路军进攻，为宇文泰实施"断其一指"策略提供了有力的侧翼保障，可谓虽败犹荣。

高敖曹下一个目标是蓝田关。蓝田关是关中的南大门，距长安仅八十里，此关一克，宇文泰南北不能兼顾，势必弃长安而退。正当高敖曹信心满满之际，高欢命人传令退兵。

三路大军已亡其一，若是高敖曹孤军冒进，前临坚城，极有可能被西魏军包围。窦泰之死已经够惨，若再丢掉这支大军，高欢将无法承受。

高敖曹陷入两难之地。进兵如上山，退兵如下山，上山容易下山难。关中的情况，远不如他进攻之前预料的那样简单。自十六国以来，关中一直战乱不休，只在前秦苻坚时代有过短暂的和平，其余时间一直是各国、各豪强争夺之地。多战则民习战，习战则悍而难驭。宇文泰入主关中，显然也意识到了这个问题。对于各州，他聪明地进行了权力共享，把各州主官的位置让出来，让当地豪强的头面人物担任。不得不说，宇文泰这个办法很妙，暂时稳住了关中豪强，和他们结成了利益联盟。

东魏军虽然战斗力强悍，但关中豪强力量也不弱。洛州一战，显示出豪强们保卫乡土的强烈愿望。高敖曹此时正可谓虎入狼群，单对单作战他丝毫不惧，但时间长了，必然敌不过关中诸州郡的"群殴"。至此他也悟出，东魏的胜机在于速战速决，窦泰破潼关后没有快速攻取长安，自己打洛州也打得十分吃力，战略上已处劣势。

在敌前撤退，历来是兵家之忌。高敖曹不敢贸然撤走，于是下令烧掉辎重，留下杜窋打理洛州，泉企及其子泉元礼都随军带走，以免他们勾结本地豪强势力再度为乱。

高昂虽然前期连战连胜，此时也不免狼狈。撤退途中果然遭到西魏军的追击，高敖曹不忍丢下部队自己逃跑，亲自率军殿后，战况虽无细节可查，但从高敖曹身受重伤来看，打得必然很激烈。高敖曹重伤之后，怕无法生还，派人向高欢送信，如果战死，请求高欢封其四弟高季式为一州刺史。高欢得讯不胜伤感，立即允准高敖曹的请求。

至此，小关之战基本结束。东魏遭遇开国以来第一场惨败，宇文泰成功扛住了生存考验，在西魏进一步稳住了自己的权威。

战前形势

大统三年正月，宇文泰取得小关之战胜利后，关中又遭遇了严重的春旱。到当年夏天，旱情仍然没有得到缓解，关中出现大饥荒。宇文泰不得不冒险率兵出潼关，进攻东魏陕州弘农郡，以夺取粮食。东魏陕州守军全军覆没，损失八千余人，刺史李徽伯被生擒。

消息传到晋阳，高欢怒不可遏。于当年十月发动重兵二十余万，再次进攻关中。

小关之战固然看起来以少胜多、意义重大，但对东魏没有造成太大损失，只死了一位大将，损折了万余人马。高欢没有太当回事，只归因于部署不当，偶然失误，内心深处依然非常蔑视宇文泰的实力，认为只要自己好好打，灭掉宇文泰、收取关陇是迟早的事。

这种思维是十六国君主争霸思想的残余，其鲜明特点是过早将国家实力耗费在对外征战上，忽视协理国内、积蓄力量，致使国家元气慢慢耗散。宇文泰由于实力弱小，未兴灭国之念，专注于制度建设和内部改革，反而以弱小之众后来居上，当然这都是后话。

高欢决意发动进攻时，东魏有能人看出不合适。行台郎中杜弼向高欢建议："若要伐国，先除内贼！"高欢惊讶地问道："内贼是谁？"杜弼说："鲜卑诸勋贵贪污成性，掠害百姓，这不是内贼是什么？"

自北魏末年以来，贪污、垄断渐渐成为勋贵阶层的"不治之症"，北魏之所以灭亡与此脱不了干系。高欢集团虽然起自代北，按说不会像洛阳权贵一样好财贪货、荼毒百姓。然而这些六镇镇兵、豪强受尽欺压，大都产生了严重的代偿心理，一旦跃居高位，贪污掠夺更是变本加厉，比北魏末年有过之而无不及。

东魏有四贵，分别是侍中孙腾、侍中高岳、太尉司马子如、右仆射高隆之，政治地位高，权力大，成为高欢集团骨干也不过五六年时间，个个横征暴敛，浮华骄奢，田产无数，迅速从落魄穷人变得富可敌国。像四贵这样的，只是其中代表，其余大大小小的贪官污吏不计其数，对东魏社会风气造成严重破坏。所以杜弼才痛心疾首地称他们为内贼。

但高欢不以为然，振振有词地对杜弼说："天下贪污由来已久，不是什么奇怪的事。如今西有宇文泰，南有萧衍，都是国之大敌。宇文泰在关西常常以故旧之情招诱我们的将士，南朝萧衍专事衣冠礼乐，标榜正朔。若是我们急于肃正纲纪，弄得勋贵们无法立足，岂不是逼他们投敌？"

240

杜弼又固执地请求治贪，高欢便叫士兵搭起刀枪阵，举刀、抬槊、张弓，叫杜弼从中走过。杜弼战战兢兢抖作一团，汗出如浆。众士兵哈哈大笑，无不嘲笑杜弼胆小。高欢半是嘲弄半是威吓地说："士兵们只是虚张声势，就把你吓成这样，勋贵大将们九死一生，出入刀林箭丛，就算贪一些占一些，也是舍小取大。"杜弼从此不敢再言语。

贪污腐败并不是东魏唯一的政治问题，胡汉之争、权贵政治等方面也存在不同程度的问题。高欢凭借一己之力，强行压制住诸多问题，居然能让东魏这艘大船稳稳地行驶，其能力确实非同一般。

高欢这次调集的兵力比小关之战时更多，总数多达二十万。为了避免分兵被歼，高欢吸取前次教训，兵分两路。高欢率主力从蒲津渡过河，进攻华州；西南道大都督高敖曹统七十六督将，率三万人出洛阳攻弘农。两路大军虽是分进合击，但高敖曹一路的目的只为牵制宇文泰，使其不得返回关中。高欢率领的二十万人意图一举突破关中，直取长安。

进兵之前，有不少人反对仓促出兵。

高欢的右长史薛琡（chù）分析形势，认为："宇文泰急于出关攻弘农，不过是饥荒所致，不会对东魏造成太大威胁。高敖曹在虎牢关练兵，其力量已足以遏制宇文泰继续向洛阳进攻。为今之计，宇文泰利在速战，而东魏军粮多，利在持久，不如分兵扼守关东各条要道，使宇文泰无机可乘，到今年秋天，西人定当饿死，东魏可不战而胜。"高欢不屑一顾。

侯景又建议："二十万大军聚集在一处似有不妥，万一失利，大兵团移动困难。不如把大军一分为二，前军接战，后军接应，即使一军不利，也能互相照应，以免大败。"

侯景是羯人，也是六镇镇兵出身。骁勇有膂力，长于骑射。六镇起义时纠合乡兵，加入葛荣军中，率兵攻杀鲜于修礼。后又投奔尔朱荣，尔朱荣识人甚准，看中侯景是个人才，便命其为大将。邺城战葛荣，正是侯景率部前驱，阵上生擒葛荣。

尔朱氏灭亡后，侯景又归入高欢帐下。高欢部众能人甚多，侯景虚心地向名将慕容绍宗学习兵法，没学多久便隐约与慕容绍宗不分伯仲。高欢也知道侯景的本事，委其以重任。当年贺拔岳遇刺，高欢便派侯景前去关中查探情况，因为兵力过少，被宇文泰吓了回来。

总的来说，侯景跟高欢、宇文泰比起来，在气势上可能稍逊，但眼光智识与统兵能力，不亚于高欢、宇文泰。高欢一向对侯景十分信任，但这次居然没有同意其建议。或许是小关之战失利犹在昨日，高欢不想再重蹈覆辙了。

西魏方面的形势更加危急。关中大旱，粮食短缺，宇文泰不得不把军队分散，到陇右各州就食。宇文泰只率中军精锐，东出潼关打到弘农。攻下弘农后，一口气驻扎五十余日，搜集粮食、壮大力量。东魏大军出兵，宇文泰手中只有万余人马，不敢大意，立即弃弘农撤回关中。

生死瞬间

高欢大军进至华州，西魏华州刺史王罴严阵以待。

宇文泰遣使急入华州慰劳王罴，王罴拍胸表态：“老罴当道卧，貆子安得过！”宇文泰闻而壮之。高欢大军到达城下，对着王罴大喊：“何不早降？”王罴在城上高声回道：“此城是我葬身之所，欲死者来攻城！”高欢知道这位老将不好惹，加上华州城坚池深，不想在这里损耗锐气，于是绕城而过，渡洛水西进，至许原、沙苑一线，闻宇文泰已率兵前来，便就此停军准备决战。

此洛水为陕西境内的北洛水，全长约六百八十公里，发源自陕北，向南流入关中平原，在沙苑以南、华山郡以东向东南注入黄河。洛水入黄河的河口，距离渭河入河口不远，由于黄河淤积，洛口、渭口时分时合，洛水历年改道，洛、渭两河之间形成不少泥沙地，华州之南的沙苑，大概就因此得名。

宇文泰从弘农昼夜兼程赶回沙苑一带，一面急令诸州兵赶快集结，一面商量迎敌之策。

诸将大多以为众寡不敌，不可贸然决战，不如撤回长安，以空间换时间，等大军集结起来再战高欢。宇文泰不以为然，若是任由高欢大军进至长安、咸阳，关中人心涣散，那就坏了大事了。

宇文深力排众议，点出了高欢此次进兵的本质。年初高欢新失窦泰，不整顿恢复锐气，反而忿气再战，这本就违反了军事规律，失败的概率极高。宇文深虽不是将领，却自告奋勇，请宇文泰授其节仗，到华州调遣王罴的部队，切断高欢蒲津渡这条退路，一定能够战胜对方。

宇文泰嘉其勇气与见识，赞赏其为宇文家的陈平，不过赞赏归赞赏，宇文泰此时高度紧张，并没有派宇文深去华州动兵。一来王罴这员老将并不是很服宇文泰，守城能行野战一般，调其离防反倒不易发挥其优势。二来高欢兵力优势太大，主力对决根本没有胜算，事有缓急，王罴这股兵力还能作为潜在的支援。宇文深只是出奇策没有考虑太多，宇文泰是主帅，方方面面都要顾全，特别是保底手段不可不留，主帅不是谁都能当，也不是那么好当的。

宇文泰命部队把辎重留在渭河南岸，全军只带三日之粮。大军北渡渭河，在沙苑布阵，

宇文泰派达奚武侦察东魏军情况，达奚武只带三名候骑，改换东魏的骑兵服，慢慢靠近东魏大营，偷听到东魏营中的口令后，大摇大摆地绕营巡视，遇到站岗松懈的东魏士卒，还装模作样地以马鞭挞之。

高欢大军待发之际，帐下都督斛律羌举建议："大军在此持重不战，吸引宇文泰主力，派奇兵绕到他后面进攻长安，使其前后不能兼顾，敌方必然大乱。"

这条计策点中了西魏的死穴。胡三省注《资治通鉴》时，惋惜地在斛律羌举的这条计策后批了一句话："使斛律羌举之计行，西魏殆哉。"不知出于何种原因，高欢仍然没采纳。大军整体开动，缓缓向沙苑进逼。

西魏方面仍在紧张地调整阵形，敌众我寡，硬拼必无胜算。李弼向宇文泰建议，不可平地布阵，应利用渭曲（今陕西大荔）沼泽、葭芦草多的有利

地形，隐伏袭击敌军。宇文泰依言采纳，将人数不多的部队分为左、中、右三部分，宇文泰自率中军，赵贵率左军，李弼率右军，全部藏到葭芦之中，以鼓声为号进攻。

高欢大军进至渭曲，望见前面一派沙草茫茫。高欢预料草中定有古怪，问左右大将用火攻如何，顿时有不少人赞同。

大军前进，最怕的是战场有林木、高草、山峦，此类地形极易遭到伏击，破解林木、草地伏兵之法，最简单的就是纵火焚烧，使敌之伏兵无处可藏。

如果这把火真烧起来，将会烧死宇文泰、杨忠、李弼、李虎等名臣大将，北周、隋、唐三朝皇室也将不复存在。无法想象，周、隋、唐三百年盛世，命运竟会走到这段历史独木桥上，一个不小心，整个中古时代都有可能发生根本性的变化。历史的吊诡与魅力，真叫后人如醉如痴。

正准备举火焚草，侯景却突然劝止："以众击寡无不克之理，正当在众军面前生擒宇文泰，以示威于天下，若是他在火中被烧死，辨别不出面目，那不是很遗憾吗？"猛将彭乐也在一旁撺掇："以百擒一，没有战败的理由。"高欢一时昏了头，于是放弃火攻之计，命全军发动冲锋。

但是一冲，马上就发觉不对。沙苑渭曲环境太恶劣了，这里沼泽太多，草又遮挡了视线，进攻速度受限。各军主将指挥部队全靠眼睛，一旦视线被阻断，部队进攻的队形就不好控制。等高欢发现这一情况，已经来不及控制了。

宇文泰的战场嗅觉何等灵敏，见东魏军进攻阵形散乱，立即下令擂鼓，三军同时出击。

二十万人对一万，兵力悬殊，看起来会是一边倒，其实不然。

古代战争双方厮杀，不是现代人臆想的那样，两军全部混在一起，单对单的拼杀。当然这种情况也会发生，只是极少出现。任何具备基本战术水平的将领，都不会放任士兵全部散开，毕竟作战靠的是集体协作，由数名士兵编成的战斗小组，战斗力绝对大于单兵数量累加。因此，战场兵力优势，取决于单位时间、单位距离内，能够有效与敌兵接触的兵力数量。而那些接触不到敌人的兵力，只能作为后备兵力，等前面的士兵阵亡后顶上去。

人数多的一方，在信心和力量方面固然拥有优势，但是战场信息盲区导致的风险也不可忽视。处于阵后的士兵无法得知一线交战的情况，也无法判断整场战斗的胜负。他们判断形势的唯一依据，就是前面士兵的情况，如果前面士兵崩溃或者集体向后奔跑，在主将命令无法迅速传递的情况下，后方士兵大多数会盲目地往后撤，最恶劣的情况就是引发全军崩溃。太元八年前秦大军之所以在寿阳城下崩溃，正是因为前秦大阵暂时后撤时，朱序在关键时刻大喊"秦军败矣"，进而引起大撤退。所以，人数少的一方，只要保持足够精锐的突击兵力与足够快的速度，就有以少胜多的可能。

宇文泰只有一万兵力，仍要分成左、中、右三阵，用意就在于有效控制部队，在短时间内发挥全军最大的突击效能。

西魏军鼓声大作，突然杀出，东魏军见敌军人数不多，越发轻视，队伍更加散乱。东魏军的进攻矛头指向西魏军左翼，宇文导从长安带来的精锐禁卫军都在左军，双方激战，骑兵与步兵打成一团。西魏禁卫军统领王励命所部骑士下马步战，王励奋勇冲杀，最后重伤死于阵中。

西魏中军也遭受着严峻的考验，宇文泰的亲近护卫将领个个杀得浑身鲜血。曾在洛州和高敖曹激战过的泉氏豪强泉元礼，此次随军参战，不幸阵亡。眼看这一万人马就要被强大的东魏军吞没，危急关头，大将李弼站了出来。他的右军受到的冲击较少，而且阵中还有重甲骑兵一直没有发力。李弼与其弟李标率六十骑重骑兵，从东魏军大阵中部冲杀进去。这六十骑人数虽少，却踔厉风发，势若奔雷，所到之处，东魏军人仰马翻，挡者立死。李标身材矮小，伏于马鞍上远看好像无人，但跨马运矛却威猛无比，东魏军吓得连连大呼："避此小儿！避此小儿！"

李弼六十骑一通猛冲，竟将东魏大战横绝为前后两部分。西魏军无不欢声雷动，乘势发动反攻，东魏军大败，当场被杀六千余人，大阵散乱不堪，高欢无法有效控制军阵，二十万人的大阵崩溃了。

形势一边倒，西魏军越战越勇，当场降服东魏军两万余人。高欢率败兵向洛水岸边撤，军中所携兵器、铠甲十八万副尽数丢弃。高欢气得瞋目切齿，死死勒住马不肯撤走。大将斛律金使劲鞭打战马，这才引高欢逃离险地。

逃至蒲津渡，渡船尚在河中，高欢骑一匹骆驼涉水上船。西魏邵郡太守杨标追来截杀，又击杀一部分东魏殿后军马。侯景率败兵逃到河桥，桥上有一队西魏士兵把守，领头的一名大力士身穿铁甲，手持一柄大棒，奋力守住桥头。东魏士兵被打得无法近身，引弓远射又射不透铁甲。侯景部下大将贺拔仁是个神射手，待大力士转身，一箭射中了大力士的脸，这才驱散守兵，冲过河去。高敖曹一直在弘农停军未进，闻听沙苑战败，退兵入洛阳。

三国鼎立

沙苑之战，高欢二十万大军损失多达八万，粮草、辎重丢弃一空，军队伤了元气。

宇文泰以一万人击败二十万人，还获得数万俘虏，盛况空前，一扫战前恐慌的气氛。宇文泰令参战士兵一人在渭河边种一棵树以旌其功。八万俘虏不能全留，因为军粮不够，留多了有隐患。宇文泰留下两万人，其余人悉数释放。

战斗结束后，宇文泰所征各州之兵才陆续到达华州一带，宇文泰乘胜发动对东魏的反攻。这场大反攻主要有三个方向：河东南部汾绛一带、河南洛阳一带、荆州。

俗话说，内行看门道。宇文泰的这场反攻，筹划得很精明。

第一，没有形成足够强的主力军，这意味着宇文泰不准备像高欢一样，以灭国为目的，出动绝对主力。这么做的好处是，不会过度损耗实力，也不会招致东魏的全面反击。沙苑的战斗结束后，大将李穆就建议发兵追击，彻底击破高欢主力。宇文泰没有同意，他心里有数，东魏实力在西魏之上，自己的实力远未达到消灭对手的地步。

第二，进攻的都是要害。汾绛诸郡，核心是蒲津渡，如果攻下来并稳固控制，就能有效阻隔东魏进攻的捷径；洛阳一线则是潼关的外围屏障，深入河南腹地，以攻代守，防守效果极佳；东南方向的荆州则是威胁梁朝、钳制东魏南方的要地。

宇文泰务实精明的战略头脑，在这场反击中体现得淋漓尽致。

大统三年十月至十二月，西魏大军先后攻占了河东郡、新安、洛阳、颍川、汝南、穰城等地，取得不少实地。特别是河东郡的易手，意义尤为重要。

汾绛是汾州和绛州的概称，这里地处晋阳西南，是南汾河谷地和太行山余脉交错的地方。其西南两面以黄河为界，与关中相望，从北至南分布着龙门、蒲津、风陵等重要渡口，是河东进攻关中的前沿要津。向北则是河东重镇晋州平阳城，向北可威胁东魏军事首都晋阳太原城。东魏、西魏并峙之初，汾绛一带一直被东魏占有，高欢历次南侵，均是自晋阳南下过汾河从此入侵，给西魏带来极大威胁，其战略地位可见一斑。宇文泰派大将李弼和贺拔胜统军进攻，在河东豪强裴果、敬珍等人的配合下，拿下河东郡，从此此城再未被东魏攻占，宇文泰顺利为关中关上了河东方向的大门，迫使高欢再进攻必须从弘农、潼关方向，西魏的国防安全系数大大提升。

沙苑之战后，东、西魏在军事上基本变成东西对峙状态，高欢和宇文泰都意识到无法在短时间内消灭对方，战争形态从此转入长期相持。

宇文泰高超的战略指挥艺术，通过沙苑之战的辉煌胜利发挥得淋漓尽致，对东魏和南梁都产生了极大的震慑作用，两家都不敢再以看地方军阀的眼光看待这个鲜卑年轻人。尤其是梁朝，沙苑之战期间，梁武帝没有像当年六镇之乱时，趁乱派出陈庆之北伐，而是一直保持沉默，虽然其间也在汉中进行了小规模的试探，但并未上升到国家间的战争。三个国家形成了相互制衡的稳定形态，在一些史家看来，这是自魏、蜀、吴三国鼎立以后，再一次出现的较为典型的三国对峙。从这个角度来说，沙苑之战无疑有了划时代的意义。

侯景统兵与反攻河南

若有读史者看《资治通鉴》至东魏元象元年（西魏大统四年，538年），也就是东、西魏河桥大战这一段，可能会有一点疑惑。这场规模极大、双方尽出主力，西魏八柱国、十二大将军被轮流暴打的战役，似乎是突然爆发的，没有任何征兆。这显然不符合任何规模庞大的战役，都有必要的准备期和发展期的基本军事规律。《资治通鉴》重在记录重大史实，忽略了河桥之战前的铺垫。若是重新观摩这场发生在一千五百年前的大战，必须从一些关键细节入手。

自大统三年沙苑之战结束后，西魏持续向东魏发动蚕食式的进攻，不断夺取边境州郡。东、西魏士气此消彼长，宇文泰志得意满，高欢却不得不站出来为战争失利承担责任。

元象元年三月，高欢向东魏孝静帝元善见上书，自请辞去大丞相之职。皇帝允许，但不久后又恢复。四月，高欢又以朝拜皇帝之名，去了一趟邺城，实则是察看邺城情况，防止大战失利，邺城发生什么对他不利的事情。当年孝武帝在洛阳壮大势力，企图与高欢分庭抗礼，教训犹在昨日，高欢不得不防。

高欢在稳定朝局的同时，对边境军事力量作了调整与加强。之前东魏大军主力集中于晋阳，实行的是大兵团作战，疏于对边境城镇的守备。特别是东、西魏分立以来，河东以黄河为界，河南以伏牛山脉为界，出现一条南北向的分界线，宇文泰的蚕食策略对东魏产生极大威胁。高欢派侯景、高敖曹到虎牢关练兵，制定了以洛阳、荥阳为轴的河南边境防守计划，以反制宇文泰的蚕食。

东魏实力本就比西魏强，在广大的战线上，兵力数量是战场实力硬指标。西魏大军虽然趁东魏士气低落蚕食了不少州郡，但当东魏军重新发力，战场天平便迅速一边倒了。

有趣的是，侯景初任河南方向练兵时，曾向高欢建议，率两万精兵直捣关中，可取宇文泰首级。高欢本想同意，其妻娄昭君却说："侯景非泛泛之辈，如果真的让他灭了宇文泰，岂不是又多了一个更强的对手？"高欢便没同意。

但高欢也没让侯景的军事天才闲置。侯景到河南之后，一边整顿兵力，一边对被西魏攻占的广州、颍州（今河南许昌）、豫州发动反攻。

西魏攻占诸州后，已经把主要将领召回，只留下少量部队驻守，闻知侯景率军反攻，大都不敢抵抗，把兵力往后收缩。已经深入河南中南部的韦孝宽，被迫远涉数百里撤回宜阳（今江西宜春）。

韦孝宽是西魏北周名将，京兆杜陵人，是关中有名的豪强大族，北魏时就曾率乡兵帮助官军平乱。不过由于他是汉人，在以鲜卑贵族为主体的西魏统治阶层中，此时还没有很高的地位，率领的军队数量也不多。因此听闻侯景大军到来，他只能快速退兵。

河南诸州，如西魏一度占领的豫州、广州、颍州，都被东魏军夺回，只剩洛阳还在西魏掌握之中。

这次失利可以理解。西魏方面以之抵抗的将领，都是凡庸之辈，唯一一位稍有本事的韦孝宽，能调动的兵力有限，巧妇难为无米之炊，失败也很正常。何况他们面对的是东魏数一数二的名将侯景。

但在河东方向，东魏却没有占到多少便宜。

河东方向，宇文泰派出有"边境之狐"之称的大将杨标。此人是河东本地豪强，自幼生长在河东。在乱世之际，地方被各种势力往来骚扰，豪强往往颇有自保之心与自保之术。河阴之难时，北魏宗室城阳王元徽逃到杨标老家正平郡高凉县（今山西新绛），尔朱荣虽然威震天下，杨标也不害怕，冒险把元徽藏了起来。高欢把洛阳帝室一锅端，迁往邺城，杨标受宇文泰委派查看情况，居然一路跟随至邺城。

史载这位杨标颇有权略，深得当地豪强之心。河东邵郡本来受东魏控制，杨标利用自己的个人影响力，单枪匹马潜入邵郡，发动当地豪强袭占城池，又连续攻陷数座边城。宇文泰可谓喜出望外，任命其为大行台丞（当然只是挂名，并未实到长安任职），让他继续率领本地豪强和义兵攻掠河东诸郡。

此次东魏发兵反击，在贺拔仁已经攻陷高凉郡（今山西稷山）、边境大震的情况下，杨标连施诡计，诱使东魏军来夺汾河河桥，他率主力绕出其后，攻陷正平、南绛诸城，稳定了河东形势。

东魏在进攻势头正盛之际，被杨标连连挫败，极大挫伤了锐气。自此之后，河东南部城池始终被西魏控制，这是宇文泰经略边境的一大亮眼成果。其中关键之处就在于高度信任边郡豪强势力，毫不吝啬地给其招兵买马的权力，在满足豪强捍卫个人利益的基础上，让他们替西魏捍御边疆。

当然，宇文泰识人用人的能力也不弱。同样是边郡豪强，宇文泰对汾阴薛氏就不怎么看得上。汾阴薛氏自北魏时就屡出名士勇将，宋魏之际的大将薛安都就是这个家族的人物。也正是因为家大业大，当东、西魏分立之际，薛氏家族投奔各方，政治态度很驳杂，不易形成合力，反不如杨标这种小城豪强。

高欢用人重名份地位，任用汾阴薛氏经营河东，结果屡屡受挫，正平之战被杨标击败的就是薛氏子弟薛荣祖。从这件事也可看出高欢、宇文泰两位统帅在用人政策上的差别，一个务虚名，一个重实用，一时半刻固然看不出什么好坏，就长远来说，却无疑导致了不同的国策走向。

河桥大战

最激烈的战事发生在洛阳。

沙苑战后，西魏大将独孤信等人率两万兵马杀进洛阳，在金墉城整修城池。金墉城是洛阳西北的小城，历来是洛阳防御的重点。高欢将大城搬空后，金墉城成了洛阳实际的中心。

北魏自孝文帝以后，帝陵便设置在邙山一带。西魏文帝元宝炬为了彰显自己的法统正义，意图到洛阳拜祖陵。但还没等他出发，东魏大将侯景已率军进抵洛阳一线，准备发动攻城战斗。西魏文帝御驾亲征，与丞相宇文泰率领诸军向洛阳进发。长安城中，留下李虎与尚书仆射周惠达、宇文泰舅父王盟镇守。这三位留守大臣，王盟名义上只是行雍州事（代理雍州刺史），但实际职务是留后大都督，节度关中诸军，比开府大将军李虎更有实权。

王盟没什么才能，只因为是宇文泰的外戚才总领留守军权，这个不合理的分工在大军出动后引起骚动，差点酿成大乱，这个后文再讲。

所谓御驾亲征，其实是宇文泰要求的。在洛阳与东魏决战非比寻常，小关、沙苑之战都在关中，宇文泰可以随时保持对皇室的震慑，而洛阳远离长安，容易脱离控制。这样的安排险些导致西魏皇室全军覆没。谁也无法预料还没发生的事，宇文泰只是按照政治本能安排诸事，不能因此对他过多臧否。

东魏方面，高欢没有亲自统兵前来，令侯景、高敖曹率军进攻洛阳。具体兵力不详，但相较西魏洛阳守军，优势应当不小。东魏军进至洛阳外围，毁坏、焚烧城外民居和官署建筑，大火之后残存者不过十之二三。独孤信兵少，不敢出城迎击，固守城中等待救援。

宇文泰率相府十二军昼夜兼程奔向洛阳，侯景闻讯，令大军在洛阳城外结阵以待。毕竟小关、沙苑两战宇文泰打得太过神鬼难测，既能打阵地战，又能百里奇袭。侯景也是沙场宿将，自然明白战场上不宜过分高调张狂。既然自家拥有兵力优势，最好的办法就是严阵以待、以逸待劳。

八月庚寅，宇文泰大军进至谷城（今河南新安）。高欢也率大军进至孟津，派大将厍（shè）狄干、韩轨、可朱浑元、莫多娄贷文等人，率前锋先行过河，与侯景合击宇文泰大军。

高欢不在前线，军中情况发生了很有趣的变化。侯景虽然能战，但威望不高，他提出以逸待劳之策，遭到莫多娄贷文的反对。莫多娄贷文一向以高欢亲信勇将自居，并不把侯景放在眼里，反对过于持重，要求率精锐骑兵前出谷城，趁西魏人立足未稳将其击退。

莫多娄贷文说这番话是有底气的。当年袭击秀容川，把契胡骑兵打得狼狈逃窜，并逼得尔朱兆自杀的，正是这位勇将。

侯景苦劝不听，用军令也压不住，只好放任莫多娄贷文自行出兵。不过侯景也不是软柿子，莫多娄贷文率一千骑兵前出作战，侯景并不按惯例给他调拨后续兵马，存心要他好看。

宇文泰派大将李弼、达奚武率一千骑开路，在洛阳外孝水岸边遇上了莫多娄贷文。

可以说，双方都遭遇了意料之外的情况，虽然都知道前锋有可能先作战，但按惯例，前锋只需打接触式的战斗，通常是一击即退，并不会马上陷入缠斗。但这两股兵力、实力旗鼓相当的骑兵碰上，阵前撤退反而对自己更加不利。所以，打也得打，不打也得打。这种情况下，非常考验主将的临场反应能力。

李弼望见对方兵力相当，迅速抓住关键，令骑兵在阵后拉起大树枝来回奔走，扬起漫天尘土，造成大军已至的假象。莫多娄贷文没有判明敌人情况，以为碰上了宇文泰的主力大军，仓促之间慌乱不堪，没有组织起有效的防御行动，令全军后退。善于抓住机会的李弼见状马上率众突袭，于阵上斩杀莫多娄贷文，一千骑兵大部被歼灭。李弼把俘虏送往后方弘农城安置。

此战胜利，极大提振了西魏军的士气，宇文泰屡胜之下，不由得有些轻敌了。他认为东魏主帅龟缩在黄河以北不敢过来，只派了两个大将统兵，肯定还不如沙苑之战时的战斗力，解围洛阳、再败东魏，似乎是水到渠成之事。一旦统帅出现这种思想，离失败就不远了。

宇文泰率军加速东进，到达瀍（chán）河一线。侯景新败，不敢再围城，撤离大军，在黄河桥与邙山之间布成大阵，后军据守河桥以备随时北撤，前军在邙山列阵，准备与宇文泰决战。

宇文泰为提高进军速度，只率骑兵东进追击，在邙山下与东魏军合战。

侯景的部队有力遏制住西军的攻势，冲散宇文泰的大军，宇文泰首尾不能相顾，猝然大乱，连中军都被冲得七零八落。宇文泰的战马被流矢射中受惊而逃，自己掉下马来，差点被东魏骑兵杀死，幸亏李穆急中生智，拿着马鞭抽打宇文泰，说道："还不快去救护你的主将！"东魏兵听到，以为宇文泰只是个小兵，舍之不追。李穆赶忙把自己的战马让给宇文泰，宇文泰这才侥幸逃得一命。

稍稍恢复了一下，宇文泰招引独孤信所部兵力和后军，对阵形又作了调整，他自率中军，赵贵为主将领左军，独孤信为主将领右军，李虎、念贤为主将领后军。这时步兵也跟了上来，双方又混战到一起。东魏大将高敖曹自恃所部士兵勇猛善战，论硬碰硬没有谁是对手，他便高调地把标志大将身份的旌旗和伞盖打起来，堂而皇之地入阵冲击。西军见有大将，便集中兵力攻击高敖曹。

高敖曹是个盛气凌人的汉人将领，仗着自己本事高强，不把鲜卑勋贵放在眼里，对高欢也不够谦恭。高欢胸襟广阔，不和高敖曹计较。但其他鲜卑勋贵却不惯着高敖曹的脾气，经常与高敖曹发生冲突。高敖曹这种过于刚猛的为人处世方式，在东魏强烈的胡汉民族矛盾中显得非常不合时宜，使本就不容易压服的民族矛盾更加尖锐。这些账，都将算到他自己头上，而河桥之战，不幸变成了算总账的时候。

高敖曹之死

西魏军尽力拼杀，高敖曹的部队被杀散，其部下李猛、宋显等大将当场阵亡，士兵被俘一万五千余人。

高敖曹只率几个亲近随从逃往河阳南城。守城的是高欢的本族侄子高永乐。高永乐与高敖曹素来不和，见高敖曹狼狈而来，幸灾乐祸地不开城门。高敖曹求城上放下绳子吊他上去，高永乐仍然不肯。眼见追兵马上就到，高敖曹急得没办法，拔刀去砍城门，但是这哪来得及。走投无路，他只好逃到河桥下藏了起来。西魏大将达奚武率追兵赶到，见城下站着一个手持金带的奴仆，便问高敖曹跑到哪里去了，奴仆一抬手便把高敖曹卖了。

在河桥之战发生的前一夜，高敖曹梦见自己被这个贴身奴仆杀了，醒后要杀了这个奴仆，经部下劝解放过了他，不料这梦竟真的应验。高敖曹自知逃不过，便从桥下走出来，指着脑袋对追兵大喊："来吧，送给你一个开国公！"西魏追兵一拥而上，当场砍杀高敖曹。

作为东魏方面元帅级别的顶级将领，高敖曹之死让双方都极为震撼。高欢虽对高敖曹兄弟心存猜忌，但高敖曹素来担当方面统帅之任，统兵作战胜多败少，他的死对东魏而言，总体是弊大于利的。他的死，无疑是东魏军界——特别是河南方面军事形势的重大损失。史言高欢闻之"如丧肝胆"，得知高永乐拒不开城的事，他气得亲自把高永乐摁倒在地，足足打了两百棍。

西魏军杀敌一帅，自然高兴非凡，宇文泰下令重赏斩获高敖曹首级的士兵一万段布绢。由于国库一时没有这么多东西，只好每年给一点，直到北周被隋灭亡时，这一万段布绢还没有发完。

高敖曹一军虽被西军歼灭，但侯景所部兵力仍然很多。东魏老将万俟普拔（当初从河西逃亡到东魏的那位）的儿子万俟受洛干，由于高欢对其父亲非常尊敬，还曾亲自扶之上马，因此他对高欢非常忠心。高敖曹所部被歼后，领军大将厍狄干不敢抵敌，率部经河桥逃向黄河北岸，万余名士兵被挤进黄河淹死。厍狄干作为晋阳来的前锋主将，如此表现，受到高欢的指责。万俟受洛干率部在桥南拼死抵抗，他大声呼喝："万俟受洛干在此，想死的来战！"西军不敢硬攻，稍稍退却。侯景乘机重整部队，发起反攻。

经过一天的惨烈对攻，西魏兵力不足的劣势慢慢显现出来。这场战斗从早打到晚，一直未停，战场也逐渐拉开。夜幕下的黄河南岸升起大雾，西军不知主帅所在，只好各自为战，在敌军持续不断的攻击下，人心开始散乱。赵贵与怡峰所部左军大战不利；独孤信与李远所领右军也顶不住敌军的攻击，于是主将丢下部队仓皇西逃；李虎、念贤两人见独孤信和李远逃了，未发一矢便率军撤退。念贤也是老将，常年在外征战，在陇右颇有威名，这样的表现令人大跌眼镜。主将们一逃，西魏两翼顿时大乱，东魏军的压力全部集中到宇文泰中军。

大将李弼率所部骑兵抵死苦战，身边士兵逐渐被杀散，他身上受了七处重伤，最后力不能支，被东魏军生俘。好在东魏军全力进攻，对俘虏的看守不严，李弼趁看守者不注意，突然跳上一匹马，向西狂奔逃脱。宇文泰帐内的武士杨忠带五名大力士守住河桥南面的桥头，稍稍遏制住东魏军的攻势。

猛将窦炽也差点遭遇不测。混战中窦炽左右死伤殆尽，只带着两名骑兵向南逃跑，在邙山下被包围。东魏追兵将窦炽团团围住，张弓射击，矢下如雨。窦炽的两个骑兵引弓还击，架不住追兵人多，手中拿的弓都被敌人射破。窦炽把敌兵射来的箭收集起来，与敌对射。他射术甚精，一箭一个，杀伤多人。东魏骑兵不敢逼近，不想在这三个人身上牺牲太多人，便舍之而去。窦炽侥幸活了下来。

骠骑将军王思政从洛阳城中杀出，然而兵力有限，也陷入重围。他下马步战，手执长矛横击，挥一下便击倒数名敌军。无奈敌军围困太深，王思政部下死伤惨重，他本人也被打得晕死过去。

宇文泰的亲军战况更惨，东魏兵四面猬集，把西军分割包围起来。宇文泰帐下猛士蔡佑率中军卫士下马步战，亲手砍死数人。此时他们已陷入重围，左右兵劝他上马，以便随时逃跑。蔡佑辞气悲壮："宇文丞相养我如子，今天正是尽忠报效的时候，哪还顾得上性命。"

东魏军见此人不要命地拼杀，有些佩服，便想招降他："看你也是个勇士，只要你弃甲投降，保你不失富贵。"蔡佑大骂："你们这些死人，我砍了你们的脑袋回去还能封开国公，谁稀罕你们的富贵！"他与左右十多名卫士结成圆阵四面开弓，东魏军一时不敢逼近，便找了一个身着厚甲手执长刀的士兵，下马入阵，想直接砍死蔡佑。走到离蔡佑约三十步的时候，左右劝开弓射之，蔡佑说："我们的性命就在这一箭，不能轻发。"等敌兵走到离蔡佑十步左右，蔡佑一箭射中其面，敌兵应弦而倒，蔡佑众军齐上将其乱矛刺死。如此来回数次，蔡佑手下只死了一人，东魏兵始终不能得手，便慢慢退去。

蔡佑因此得以冲出重围，向西撤退。宇文泰已败退撤向弘农，午夜时分，宇文泰看到蔡佑，哭丧着脸说："承先（蔡佑的字），你来了我就不怕了。"当天的战斗实在太惨烈，宇文泰本人也打得胆战心惊，因为担心有追兵，夜里不能入睡。蔡佑便让宇文泰枕着自己的大腿，以示贴身保护，宇文泰才惊魂稍定。

蔡佑与宇文泰同岁（蔡佑魏正光年间十四岁，至周明帝年间去世，时年五十四岁，以最大值计算的话，生于正光元年，明帝在位最后一年去世，刚好五十四年。古人论岁多说虚岁，故其出生年当在507年，宇文泰亦出生于507年），宇文泰当年在夏州决定接收贺拔岳余部时，为了笼络人心，对蔡佑说："我拿你当我儿子，你也要拿我当爹！"蔡佑由此真以父事宇文泰。

半夜时分，两军都已撤出战场，只余一片死尸。西魏王思政的部将雷五安返回战场，想找回王思政的尸首，但战场一片狼藉，都不知应该去哪儿找。雷五安悲从中来，放声大哭。不料哭了几声，却听见王思政的呼唤声。雷五安寻声救起王思政，割下军旗包裹王思政的伤处。

原来王思政只是晕死过去，东魏人打扫战场时，见他身着破衣敝甲，不像是贵人，就没把他首级割去报功。到半夜他已经缓过劲来，侥幸逃得一命。王思政多年从军打仗，每次上战场厮杀从不穿鲜明漂亮的衣甲，就是想隐藏身份，没想到这次起了作用。

叛乱与反思

大军败后，西魏军完全撤出洛阳一线，向弘农方向撤退。高欢率军渡河与侯景等人会合，驱逐了西魏留在金墉城中的残兵。不过慑于西魏军在小关、沙苑两次战役中表现出的强大的战斗力以及变幻莫测的战术，高欢没敢穷追，暂时留在洛阳稳定形势。

情况似乎趋于平静了，但宇文泰没想到的是，大本营突然发生了两起叛乱事件。

叛乱的主角是宇文泰在前几次战役中俘获的东魏士兵，特别是沙苑之战，俘获数万人，留下两万人。毕竟自沙苑之战结束，到河桥之战爆发，时间很短，有的工作还未完成。这些俘虏兵似乎没有立即补入西魏军队序列，而是安置在长安附近，或是整训，或是等待分割配属到各领兵大将手中。

李弼与莫多娄贷文的遭遇战中，俘虏的东魏兵暂时安置在弘农城中，这些人听说宇文泰大败撤兵，趁弘农城空虚，联合起来关闭城门，准备据城响应东魏主力大军。

叛乱人数虽然不多，但影响太坏。西魏大军刚刚遭遇惨败，如果弘农事件传到洛阳，两地距离不到三百里，高欢派轻骑来追杀旦夕可至，宇文泰新败之兵，将死无葬身之地。

好在宇文泰决断极快，没有因为突然的叛乱乱了阵脚，立即率兵攻城。东魏降兵毕竟没有足够的武器和准备，城门迅速被突破，宇文泰率军杀入，把叛乱降兵剿杀干净。

宇文泰留下大将王思政镇守弘农，率军继续向关中退兵时，又接到一起叛乱的报告。这次叛乱是留在长安的降兵发起的，因为人数多，准备时间长，叛乱的规模远比弘农要大，宇文泰留在长安镇守的兵力，完全镇压不住。

叛乱的首领叫赵青雀，原是东魏军中的督将，率领众多降兵，突然之间占据了长安城。由于前线情况不明，民心汹汹，城内百姓聚众自保，胆子大的开始肆行劫盗。周惠达、李虎、王盟等人无力阻止，便护着监国太子出屯渭河之北，以避一时之难。

监国太子是国家的象征，他这一跑，引发了更大的变乱。雍州城民于伏德趁乱起事，组织起一批乱民，进入咸阳城抢占官府，接管城防，太守慕容思庆在乱民的裹挟下也一同造反。

宇文泰闻报，倒也不怎么担心，想等一等，让军队休整一下，恢复元气后再回兵长安消灭叛军。帐内都督陆通建议说："乱兵虽弱，但绝对不可忽视。他们假称东魏大军已经入关，如果我们的主力迟迟不回长安，岂不是坐实了他们的谣传？人心一乱，就不好收拾了。我军虽然疲惫，但瘦死的骆驼比马大，大军一到，不须苦战，群贼自乱。"

宇文泰最大的优点就是从谏如流。他接受了陆通的建议，命全军加速前进，率大军杀到长安，同时令华州的宇文导率骑兵奔袭咸阳。

以正御邪，无往不胜。关中大部分人更倾向于稳定，如果东魏人杀过来，他们也得不到什么好处。两股正规军杀到，叛乱立马平定，赵青雀、于伏德、慕容思庆，以及与叛军勾结的西魏太傅梁景睿被擒杀。长安百姓激动地说："没想到我们还能活着见到丞相。"

河桥之战给了宇文泰重重一击，虚惊一场后引起反思。小关、沙苑两战胜利，并没有从根本上改变东强西弱的局面，过早进行主力决战，利于东魏而不利于西魏。

洛阳的地形也十分不利于决战，背山临水，四周镇戍极多，如果没有足够多的兵力扼守，很难站住脚。日后洛阳多次成为西魏北周的苦手，就在于兵力优势始终没有建立起来。

吸取教训之后，宇文泰决意把防守范围收缩于弘农一线，保住崤函走廊、保卫关中东大门潼关的安全即可。

高仲密叛降

在东、西魏分立之初，东魏丞相高欢对西魏一直保持主动进攻的态度，偷袭夏州、接应灵州、小关之战、沙苑之战，无不带着强烈的消灭西魏的意愿。

但小关、沙苑两次惨败之后，高欢不敢再小瞧宇文泰，即使在河桥大战胜利后，也没有乘胜发动反攻。反观宇文泰，经过小关、沙苑两战，自信心迅速建立起来，竟然以劣势兵力，向洛阳一线发动反击。

力量不足的教训，令宇文泰暂时收敛了野心，自大统四年战争结束，一直到大统九年（东魏武定元年，543年），双方都未再发动大的战争。但宇文泰并不甘心，只要有机会，他仍想向东扩张。直到大统九年高仲密叛降西魏，宇文泰意识到机会来了。

高仲密，名慎，猛将高敖曹的兄长，河北高氏四兄弟中的老二。武定元年二月，时任东魏北豫州刺史的高仲密，在多方的压力下，举虎牢关向西魏投降，此事迅速在两国掀起轩然大波。

高氏四兄弟是河北豪强的头面人物，高仲密以刺史之贵投降敌国。从史书记载的直接原因来看，是高仲密的妻子被高欢的长子高澄调戏，且高仲密与高澄的头号心腹崔暹个人矛盾激化，间接造成高仲密与高澄关系紧张。再加上高仲密屡受高欢嫌责，又从御史中丞的显要位置上被外放到北豫州前线当刺史，高仲密这才投降西魏。

其实真实原因远不止于此。高氏地位剧烈下降早有征兆，其原因也绝非个人矛盾，而是高欢对河北汉人豪强势力的态度变化。

高仲密之叛，是引发东魏军事力量分野、西魏府兵制创制的标志性事件。

高欢立国之初，很倚重河北汉人力量。初进河北时，如果不是高乾、封隆之、李元忠等人开信都城迎接，高欢绝不可能这么快就在河北立足。韩陵山之战，若不是高敖曹率汉人骑兵相救，高欢集团很可能被尔朱氏击溃。

小关之战、沙苑之战乃至河桥之战，高欢都让高敖曹单独领军。汉人豪强的势力可谓相当强大，高欢的许多鲜卑勋贵元从，地位都比不上高敖曹。高欢一直没动高敖曹，一来是因为他有相当强大的部曲，可以为高欢效力；二来河北汉人豪强势力根深势大，贸然诛除他们的代表人物对高欢不利。

但河桥之战后，随着高敖曹阵亡，河北汉人豪强骤然失去了领军人物。

加上军事形势逐渐稳定，高欢萌生了解构豪强的想法。

兴和三年（西魏大统七年，541年），高欢在河北司、冀、瀛、定、齐、青、胶、兖、殷、沧十州征发了十万军队，都交给豫州刺史尧雄率领，分散部署到豫州西面诸州。高欢的这一做法，表面上是为了加强西线防务，应对宇文泰的军事威胁，实则暗藏心术。

这十万兵马看似新征发，实际上早就变相存在于河北豪强的手上。高欢对这股未被国家掌握的力量心存忌惮，但是又不敢采取过激的行动，以防河北豪强群起反对。以加强边境守备为名义，可以减少许多阻力。

为示大度，高欢还专门下令：在边境守卫有功的各级将领，可以破例带家属到防地。从表面看是为下属们着想，其实这是要把河北豪强们连根拔起，让他们和本乡脱离关系。

河北豪强们当然清楚高欢的真实用意。征兵、调离一系列行动展开后，引发一片怨声，他们都不愿意去河南。冀州的豪强高法雄、封子元因为不愿到边地戍守举兵反叛，后被东魏镇压。

在这一背景下，高仲密的政治处境自然越来越尴尬。虽然他与高欢本人并无矛盾，但他根本躲不开政治大潮的冲击。高澄虽然是好色之徒，但一般不会贸然对臣子的家室下手，因此高澄调戏李氏夫人，大概是服务于解决河北豪强这个政治大势。

高仲密被迫出镇河北豫州。高欢仍然对其不放心，另派了一位军主奚寿兴掌管该州军队，只让高仲密管理民政。高仲密非常气愤，大哥高乾为高欢尽忠到底，三弟高敖曹刚刚为国捐躯，高氏一族对东魏也算是尽忠职守，却无端被这样对待。高仲密越想越生气，最终决定铤而走险。武定元年二月，高慎设鸿门宴计擒奚寿兴，夺取虎牢关的军队控制权，接着派遣使者到西魏，表示愿意归降西魏。

宇文泰闻讯大喜，他东出略地的雄心重新燃起来了。虎牢关虽然远在东魏腹心之地，但距离西魏的前哨基地弘农并不远，如果以精兵前出控制虎牢关，扼守住黄河一线，便可以阻止东魏河北方向的部队南下，并对洛阳城构成战略包围，使其不攻自破。

骑兵集团对飙

西魏内部对是否出兵其实也有一些争论，大体上讨论的是河桥新败之后，军心不够稳定，实力尚未恢复等。宇文泰更倾向于出兵。十二大将军之一、时任太子少傅的李远，强烈建议立即东出接应高仲密。宇文泰便令李远率骑兵先发，去虎牢关把高仲密接回来，另外派镇守玉璧城（在今山西稷县境内）的大将王思政，立即率本部兵马出屯虎牢关，发挥其战略钉子的作用。

宇文泰随后调发大军，这次他吸取了河桥之战失败的教训，在兵力分配上作了一定调整，不再把所有兵力集中到一处。总体上分为三路：第一路是中军主力；第二路是中军分出的一部分兵力，以于谨为主将，协同杨标的邵郡乡兵拔除洛阳外围据点；第三路是大行台左丞赵刚，率军赴颍川方向，进攻河南腹地。据《周书·赵刚传》记载，赵刚的一项职责是持节节度东南义军。

从第三路的情况来看，高慎西奔后，东魏河南州郡又出现了河桥之战后的恐慌情绪，各地出现了一连串响应西魏的豪强势力。宇文泰的侄子宇文导担任留守任务，率禁军镇守华州。

李远任务完成得非常快，率骑兵迅速奔入东魏境内，几乎是在侯景主力大军的眼皮子底下，将高仲密顺利从虎牢关带回西魏。李远留下部将魏光，接管了虎牢关。

东魏反应也非常迅速。高欢得知高仲密叛变，担心河南会引起连锁反应，又探知宇文泰大举出兵，迅速调集兵力从晋阳南下，支援洛阳一线；又派遣妹夫厍狄干率前锋兵马渡过黄河，入洛阳增援；自己则率领大军驻扎在洛阳黄河北岸，以待来日大战。如此一来，王思政镇守的玉璧城受到的威胁更大，不敢出兵进河南，宇文泰控制虎牢关的计划便落了空。

宇文泰率主力向洛阳城一带推进。于谨和杨标都是西魏赫赫有名的大将，进攻兵力空虚的洛阳外围自然是手到擒来，他们合兵攻陷柏谷坞（今河南偃师南），杨标留下镇守，于谨则率部与宇文泰会合。

赵刚率军与侯景大战，击败侯景的前锋，经过一个月的激战，打破阳城，生俘阳城守将陆腾。由于陆腾忠于职守，宇文泰对他很是嘉许，留用为帐内都督。后来陆腾感念宇文泰的信任，为北周出了不少力，成了镇压叛乱的"专业户"。

外围的战事比较简单，双方的注意力都集中在黄河两岸。

宇文泰本已进至黄河南岸，围攻河桥南城。高欢大军进逼河桥后，西魏军撤围后退至瀍河一线，派人在河桥的上游施放火船，企图把大桥烧毁，阻止东魏大军南下。东魏行台郎中张亮放出百余艘小船，船上有长铁链系在北岸，船头有长钉，小船与西魏火船相遇钉在一起，北岸便把船拉回，避免了火船烧桥。

东魏大军顺利上桥过河，在邙山之北列阵，连续数天没有进攻。术士綦毋（wú）怀文向高欢建议："西魏旗帜服色都是黑色，我军是红色，黑色代表水，红色代表火，水克火，这对我军来说不吉利。不如将我军的旗帜服色改为赭（zhě）黄色，取以土克水之义。"高欢便让全军易色。綦毋怀文是宿铁刀的发明者，他造出来的刀异常锋利，能砍透三十札甲。

宇文泰把辎重留在瀍河，连夜率轻骑登上邙山，准备袭击东魏军。东魏侦察兵将情况报告给了高欢，高欢轻蔑地说："渴死他们。"这话说得很奇怪，邙山与黄河近在咫尺，地下水源丰富，宇文泰虽然轻装上阵，但也不至于渴死。

天还没亮，西魏军便发起了攻击。东魏提前列好的大阵起到了很好的防范作用，敌方突袭时他们迅速做出反应。东魏猛将彭乐率数千重甲骑兵突入西军大阵，像一块巨大的礁石，把汹涌的西军大潮撕开一道口子，随后没入西军的汪洋之中。

东魏军望见彭乐没入敌阵，惊恐万分，以为彭乐投降了敌军。沙苑之战时，勇猛的彭乐将军就是这样杀进敌阵，然后被西军划开了肚子，这次莫不是害怕再遭大败，所以先冲过去投降西魏?有人向高欢报告彭乐叛逃，高欢大怒："这个彭乐当初背叛韩楼投降尔朱荣，后来又背叛尔朱氏逃到我这。我打天下原不在乎这一个人，只是痛恨这人反复无常！"

彭乐杀进西军大阵，冲开数重兵力直接杀进中军，从当时的战况看，彭乐带去的很可能是名震一时的甲骑具装。

甲骑具装，就是装备了重甲的骑兵，骑兵身穿明光铠之类的全身性铠甲。明光铠对人体的遮护面积相当大，胸部、背部各有一片圆甲，俗称"护心镜"；颈部有盆领，能避免流矢射中咽喉要害；肩部和上臂有披膊；大腿有膝裙。这种优质铠甲可以最大限度地保护士兵。同时，战马也装配了马铠，由面帘（护马头）、鸡颈（护颈）、当胸（护胸）、马身甲（护躯干）、搭后（护臀）和竖在马臀上的"寄生"（遮挡来自后面的流矢）组成。骑士一般配备马稍和弓，马稍也叫马矟，是加长版的单兵用矛。一个骑兵配备如此齐全的装具，防护和冲击能力都大幅提高，冲进步兵阵中，就像一个移动的堡垒，步兵想正面击杀，必须付出几倍的伤亡代价。而当几千甲骑具装组成冲锋队伍突入阵中时，对面的西军只好祈求上天不要让自己死得太惨了。

彭乐杀进西魏中军，连杀带砍端了宇文泰的大营。宇文泰这次出征带上了西魏皇太子元钦以及部分元魏宗室，彭乐抓获了西魏临洮王元东、蜀郡王元荣宗、江夏王元升、钜鹿王元阐、谯郡王元亮、詹事赵善，以及督将僚佐四十余人。这些俘虏全被系着脖子，手连着手排成队押回东魏阵中，东魏士兵用刀押着他们，一边走一边大声唱名，浩浩荡荡地杀回本阵。

东魏大军受彭乐鼓舞，迅速发起全面攻击，临阵俘斩西魏三万余人。高欢命彭乐乘胜追击，彭乐再度率骑兵杀出，追上了宇文泰。宇文泰身边的护卫人员早已溃不成军，没有能力抵抗彭乐。情急之下，宇文泰对彭乐说："你真是个傻子，杀了我，高欢留你还有什么用?还不赶快去阵前抢我们丢下的金银财宝，晚了可就没了。"彭乐一想也是，于是让部队停止追击，返回西军的前营，抢了一堆金珠宝贝返回本阵。

彭乐向高欢报告："宇文泰从我的刀下侥幸逃跑，已经吓破了胆，以后不足为患了。"高欢感觉他说得有问题，便诘问彭乐怎么没活捉宇文泰。彭乐是个直脑筋，认为宇文泰在阵前对自己说的话瞒不过高欢，便把宇文泰的原话向高欢说了一遍。说完了还自作聪明地补了一句："我可不是因为他说这话才放他的。"言下之意是自己对高欢的忠诚是不以高欢的态度为转移的，只不过宇文泰这条"黑獭"已经失去了价值，杀不杀没什么区别。

高欢差点气得吐血，大家殚精竭虑打了七八年仗，死了十几万人，目的就是消灭宇文泰和西魏，现在终于逮到绝世良机，你说放就放了!高欢怒不可遏，亲自把彭乐撂翻在地，抓着他的发髻向地上猛磕，一边打一边痛骂："当初沙苑大战就是因为你上阵前醉酒导致大败!"光摔还不解恨，高欢甚至抽出刀来要砍掉彭乐脑袋，但顾念彭乐立有大功，刀往下虚砍了三次，最终还是不舍得杀他。

高欢在部下面前向来都把自己情绪控制得很好，从无失态。这次用这么狂暴的行为当众责打大将，反映出他内心的恨意是多么强烈。彭乐侥幸逃得一死，立即向高欢请命，再率五千骑兵追赶并活捉宇文泰。高欢盛怒之下大骂："你都把他放走了，现在还说什么再去捉来。"又命人拿来三千匹绢布压到彭乐身上，以奖励他冲破西魏大阵的功劳。

西魏大军后撤，稍事休整，重新编成大阵。第二天，宇文泰以赵贵为左军主将，若干惠为右军主将，再次向东魏军发起冲击。这次冲击，与第一天的阵形有所区别。擅长骑兵作战的将领集中在中军和右军，据此推断，宇文泰的精锐骑兵应当全在这两部分。这种战术安排收到了明显成效，东魏军抵挡不住西魏精锐骑兵的冲击，阵势大乱。特别是步兵队伍，完全丧失了抵抗能力，被打得四散奔逃，多数被西魏俘虏。西魏将窦炽率军追击，竟一直追

264

到石济关。

高欢的中军突然遭遇敌人猛攻，也被打散，连座下的马都逃跑了。高欢帐内的武士赫连阳顺将马让给了高欢，只有七个人近身保护。眼看西魏骑兵追至，高欢的亲信都督尉兴庆站了出来。

尉兴庆与綦连猛、谢猥馢以射术高明并称，他们都是从尔朱氏阵营转投高欢，对高欢非常忠诚，深得高欢信赖。此战只有尉兴庆跟在身边，他对高欢说："大王快跑，我留下殿后，我身上这百来支箭足以射死西军百八十人"。西军追兵已经赶上来，尉兴庆这么说，摆明是要牺牲自己以给高欢争取逃跑的时间。高欢非常感动："你要活着回来，我就让你当怀州刺史；如若不幸，就让你儿子当。"尉兴庆说："我儿子太小，请大王把官位给我哥哥。"这番话说得可谓悲壮。尉兴庆转身与西军恶斗，最终矢尽而死，高欢侥幸得以逃脱。战后高欢不忘尉兴庆以死相救的大功，派人回来找尸首。尉兴庆每次上阵，都会在背后写上自己的名字，所以很容易便找到了。高欢便命人在尉兴庆战死之处建起一座塔，后人称之为高王塔。

此战之前，东魏军中有士兵违禁杀驴，按军令应斩首，高欢暂时没杀，准备等回到晋阳再处理。这些士兵自知回到晋阳难逃一死，便投降西魏，并告知高欢的中军所在。宇文泰大喜，立即选出三千名勇士，由大都督贺拔胜率领，追杀高欢。贺拔胜的长兄贺拔允被高欢杀害，三弟贺拔岳也是因为高欢挑唆侯莫陈悦才惨遭杀害，他与高欢有不共戴天之仇。贺拔胜带的敢死队以步兵为主，带的都是短兵器。贺拔胜在阵中看到高欢，便领十三骑狂奔直追，边跑边大呼："贺六浑（高欢鲜卑名，后世记为高欢的字），我贺拔破胡（破胡是贺拔胜的鲜卑名）今天一定要杀了你！"最近的时候，贺拔胜的矛尖几乎要扎到高欢背上。

高欢没命地奔逃，气都快喘不上来了。危急时刻，东魏河州刺史刘丰开弓射箭，射死两名追骑。后来被誉为北齐三大名将之一的段韶奋死冲上，一箭射倒了贺拔胜的马。贺拔胜赶紧让人把副马牵来，等他上马再追，高欢已在众军的簇拥下跑远了。贺拔胜带来的敢死队都没带弓，气得他仰天悲叹：
"今天没带弓来，真是天意不让高欢死在我手里！"此前，贺拔胜的几个儿
子与贺拔允一同在晋阳，贺拔允被诛时他们并未受到牵累，邙山之战后，高
欢记恨被贺拔胜追杀，一口气把他的儿子全杀了。贺拔胜闻知，气得生了场
大病，在战后第二年去世。

仗打到这里，颇具戏剧性。双方的中军都因为骑兵战术的运用被敌方摧
毁一次，主帅也都遭遇了被追杀的厄运。这反映出双方主帅对大兵团作战的
控制和运用都还存在一些缺陷，也令双方开始反思这种主帅亲自上阵的作战
模式是否妥当。当然，高欢、宇文泰可能都觉得自己作为当世枭雄，必须亲
自上阵督战才能确保胜利，交给方面之帅可能会吃亏。这场战斗之后，高欢、
宇文泰的反思程度是不一样的，宇文泰几乎被生擒的经历让他心有余悸，其
后的几次大战，很难再见到他亲自出现在第一线。而高欢自恃东魏军力强盛，
这位自负的统帅仍然把战争的统筹安排以及具体实施权牢牢抓在自己手里，
直到再也没有后悔的余地。

东、西魏各有胜负，战斗还没有结束。

东魏大军短暂慌乱后又整队发起反击。由赵贵等五将军主持的西魏左军
首先顶不住，发生溃乱，中军失去左翼屏障也跟着溃败。与河桥之战一样，
宇文泰的中军再次陷入危险。史言东魏军排着密集的进攻队形，像墙一样逼
过来。西魏将军元定拿着长矛冲击，势如疯虎，杀得敌军不敢向前。勇将王
雅率本部骑兵反向冲杀，亲手砍死九人。东魏人见他孤军无援，步兵骑兵一
起冲上前去，但即使围住也杀不过，王雅大杀一阵后安然回归本军，宇文泰
赞叹："王雅浑身都是胆！"

中军禁卫队武士王勇率三百勇士，手持短兵器，摧锋直进，反复冲杀，
杀伤甚多。另外两名武士王杰、耿豪也奋勇作战。耿豪右手拿刀，左手持矛，
直杀直砍，冲入东魏军中。诸将都以为耿豪要战死在敌军阵中，不料过了一
会儿，耿豪浑身是血地拿着刀又冲杀回来。战后这三人都被宇文泰赐名（王

杰本名王文达，耿豪本名耿令贵），奖给他们三人两千匹布，并直接授予上等州刺史的官职。

西魏左军、中军大部溃败，引发全阵总崩溃，诸军左右不能相顾，前后不能相接，死伤惨重。独孤信、于谨两将被隔在前阵不能返回，东魏军冲杀过来，他们便率部立于道旁，假装是降兵。东魏军见是降人便不再理会，继续追击。等他们过去后，独孤信、于谨立即从后方进攻东魏军，打得他们措手不及，这才使得中军的撤退又安全了一些。

右军以骑兵为主，情况稍微好一些，在主力溃败后，又坚持战到了天黑。东魏军屡次进攻，若干惠指挥骑兵部队反击，始终保持阵形不败。一直战到半夜，东魏军的攻势才慢慢停下来。若干惠刚要退军，东魏人又开始追，他便下马慢慢走，让炊事兵做饭。眼见局势不利，他对士兵们说："我们在这里打到底是死；打不过逃到长安，败军之罪也是死，都是死，有什么不同吗?还不如拼死一搏，或许还能有条生路。"西军都被他鼓舞，迸发出杀红眼后不顾一切的豪气，又把大军旗鼓竖起来。各股败残军兵都向若干惠靠拢，若干惠让大军徐徐而行。东魏追兵见若干惠部有恃无恐，不像败逃而归的丧家之犬，疑心有伏兵，不敢追赶，西魏右军才得以安全撤兵而返。宇文泰留李远为殿军，各部败军纷纷向西撤退，洛阳、宜阳各地也纷纷弃守，河南战局又恢复成东强西弱的形态。

至此，西魏军完败，邙山大战的基本过程结束。

西魏创立府兵制

邙山战场的主要战事结束后，高欢主力也十分疲惫，诸将虽然极力劝说追击，但高欢不敢行险，只派大将刘丰率军追击。追至弘农城时，王思政恰好率兵从玉璧返回，于是据城坚守，刘丰不明虚实，加上野无所掠，粮草不好保障，便就此退兵了。

虎牢关隔在洛阳之后，虽然兵少，却也一直坚守到底。宇文泰派人到虎牢城中传令，要守将魏光坚守。侯景的部队截获使者，把命令改为速速撤回。魏光果然撤走，侯景乘势攻破城池，抓获高仲密妻儿老小。

西魏这场失利非常严重，兵力损耗极大，特别是从六镇迁来的鲜卑兵损失殆尽，宇文泰不得不另寻兵源，闻名后世的西魏府兵制，于此发端。大统九年，宇文泰在征召汉人豪强力量的同时，逐步开始建立府兵机制。

所谓府兵制，是指在系统架构上，采取"柱国大将军—大将军—开府大将军—仪同大将军"的系统模式，六名实领兵的柱国大将军，每军统两位大将军，每位大将军统两位开府大将军，每位开府又统两位仪同将军。

府兵制采取定向征兵，全国划分若干军府，军府辖下有许多军府户，军府户都是经济力量较厚实的家庭。按照三五检发的制度，军府户负责提供兵员，这些兵员按周期担任番上服役的任务。若是战争不是很频繁，全体府兵划为十二批，每批兵负责一个月的服役任务，或是担任京师和各州郡驻防，或是直接参战。番下退出役期，恢复农民身份，由军府郎将进行常态军事训练，以保持其武备水平。

当然，如果兵员足够多，还可以再降低府兵番上周期，改为一年二十天甚至更少。但这种情况终西魏北周之世都没有出现，因为战争实在太多，府兵征战的时间越来越久，在役时间一再延长，最长的时候延长到一年四十五天。

府兵制有一套与之配套的经济制度。西魏北周实行均田制，军府户能分得相应数量的田地，府兵的家庭可以免除部分赋役。但与此同时，府兵需要自备一部分从军的物资，如粮草、马匹、铠甲、军衣等。当然，如果大军远道征伐，府兵们离开本乡了，不能自备那么多衣粮怎么办呢?许多人在看这段历史时都有一种误区，认为府兵自己包办了所有粮草器甲。其实用常理推想一下就知道不可能。任何集团化行动的军队，最终依靠的都是国家统一提供的后勤保障。

宇文泰还推出了相应的政治制度，例如赐胡姓。宇文泰大量地改大将之姓为鲜卑姓，比如十二大将军之一杨坚，被赐姓普六茹；八柱国之一李虎被赐姓大野；另外一位柱国李弼则被赐姓徒河。除此之外，实行府兵同主将之姓的制度。

这似乎与孝文帝当年改胡姓为汉姓恰好相反，但其实对胡汉分野不必太过看重，宇文泰只不过做了点表面文章，稍稍抚慰了一下鲜卑贵族对孝文帝施行汉化政策的怨气。改姓之后，勋贵们都不涉及重新划分地望、田产等攸关利益之事，只不过是称呼变了，所以关陇本地的汉人豪强们也都没有表现出抵制。

这一系列改革，从大统八、九年间开始，一直持续了八九年。可以肯定地说，府兵制的建立，由于体制相对健全完善，从经济到政治再到军事，都充分适应了西魏北周的社会实际，故而很顺利地把关陇汉人豪强力量纳入西魏的统治中，几乎不存在胡汉融合的问题。

西魏在邙山之战后，主力军队从八九万人锐减至两三万人，国防形势极度危险。但万幸的是高欢没有再发动大的攻势，西魏得以有时间进行府兵的建置工作。府兵制基本建立起来后，大统十七年（南梁大宝二年，551年）至承圣三年（554年），西魏趁南梁内乱连续对南方用兵，其中进攻汉中、上庸（今湖北竹山）用兵规模在三万多，平蜀动用兵两万多，平江陵用兵五万，总计出动兵力十万多。西魏禅代后，北周于保定三年（北齐河清二年，563年）发动四万人分两路夹攻河东，保定四年（北齐河清三年，564年）更是空前地集结起二十万大军进攻洛阳，在总兵力上已超越北齐，这种强大的兵力输出加上常年训练出的战斗力，为因乱制敌提供了坚实的军事基础，这在邙山之战前无论如何是办不到的。可以说，府兵制日益成熟后的北周，在三国对峙形势中隐然居于优势地位。

玉璧城

邙山之战西魏虽败，但似乎并没有对国力造成严重打击。恢复了一年多，宇文泰又积极谋划对东魏进行军事反制。大统十一年（东魏武定三年，545年），西魏一度打算联合柔然头兵可汗，共同出兵进攻东魏。高欢惧怕两家联手，抢先遣使与柔然通好，请求与其通婚。

在史书记载中，柔然人变成了见风使舵的墙头草，头兵可汗当即答应嫁公主到高家。但从政治规律来看，东魏很可能早就联络了柔然，柔然人衡量东、西魏开出的价码，最终倒向了态度更加诚恳的东魏。

高欢本想给世子高澄求婚，但头兵可汗要求高欢自娶。高欢无奈，只好以垂暮之年娶了年方十四岁的柔然小公主。头兵可汗派其弟秃突佳亲自护送公主至晋阳，并声称要见了外孙才回去。高欢当时已有病，又要照顾正妻娄昭君的面子，一直不肯与柔然公主圆房。娄昭君倒是深明大义，劝高欢顾全大局。可怜高欢一个苍颜老汉，勉强忍病又做了新郎官。

严肃的历史中见此喜感场景，倒可解枯燥之味。不过对高欢来说，他的命运并未因此增添多少喜感。西魏方向不断传来不好的消息，令他坐卧难安。

自大统四年河桥之战以来，西魏抢得先机，不断在河东晋南扩张，并且在晋南悄无声息地建立了一连串的堡垒。高欢对此耿耿于怀，因为这些堡垒阻断了他从河东进攻关中的通路。

这是西魏一向务实策略的体现。在晋南构筑堡垒，目的在于保卫晋南黄河渡口。从河东进攻关中，要过黄河天险。晋南段的黄河有三个渡口，分别是潼关外的风陵渡、河东郡的蒲津渡以及龙门渡（在今陕西韩城）。

三大渡口中，以风陵渡最为便捷，但潼关已被西魏牢牢控制，左有潼关，右有弘农，东魏军绝不敢从这里渡河。龙门渡靠北，渡河后与长安距离近，极易打草惊蛇。相对来说，蒲津渡的安全性、快捷性都较为适中，是进攻关中的最优通道。西魏在玉璧城一带构筑堡垒，就是为了遮蔽、保卫渡口。提出这一设想并付诸实践的是西魏大将王思政。

王思政在河桥大战后，受宇文泰委托担任弘农郡守。前文我们提到过，王思政由于出身和阵营问题，一直有很强烈的危机感，力图通过战功以证明他的忠诚，求取宇文泰的信任。到任弘农后，他本来只需老老实实地守住这个关门要塞，扼守崤函通道的最东端，就完成使命了。但王思政进取心极强，进驻弘农后，他敏锐地意识到河东方向的重要性，上书请求在玉璧城建筑要塞。获准后，他率兵进驻玉璧，扩建城池，并将州治移驻至玉璧。

玉璧西南距蒲津渡约一百六十里，正南距弘农约一百八十里，正西距龙门渡约七十里，可谓一城矗立，捍蔽三地。玉璧城地处汾河谷地的台地上，周回八里，城池并不大，但由于地形特殊，城墙与地面高差大，极难围攻。又因处于汾河岸边，城中汲水便利，是易守难攻的险关。

玉璧城往东北约一百六十里，就是东魏重镇晋州平阳郡。这是东魏向南发起进攻的前方堡垒，沙苑之战结束后，西魏曾对此城发动攻击，未能得手。但高欢对此地显然没有投入太多注意力，当年河东豪强建议高欢着力营建平阳城，高欢没有同意。正是由于东魏疏于防范，才给了王思政移兵北上，把堡垒建到平阳眼皮底下的机会。

兴和四年（西魏大统八年，542 年）玉璧城建成后，高欢立即意识到这座坚城的危害性，于当年九月调集重兵，从晋阳南下进攻玉璧城。进攻之前，高欢还遣封子绘率众，在霍山以南旧千里径旁边，沿山开凿了一条新的通道，以方便大军南下通行。

仿佛一切都在掌握之中，高欢率兵抵达玉璧城下，并没有做太多攻城准备，仗着兵力优势，迅速发起强攻。直到此时，他都没有意识到，如此一个弹丸小城，竟然改变了东魏进攻西魏的战争模式。

如果只是为了扫平玉璧城，高欢并无必要集结重兵，或许此次出兵的真正目的在于发起一场全面进攻，然而玉璧城扼杀了一切可能。东魏士兵舍命仰攻，由于缺乏攻城器械，几番进攻不能得手，徒然在城下丢下无数尸体，玉璧城依旧岿然不动。

高欢派人向城中招降，王思政守有余力，断然拒绝。以坚城消耗敌人的锐气，是堡垒战术的主要目的，守城拖的时间越长，给敌军造成的消耗越大，为主力赢得的时间就越多。

东魏军又攻了一段时间。到当年十一月，天气转冷，玉璧城降下大雪，东魏军难以支撑，再加上西魏军主力正在集结，向蒲津渡方向进攻。高欢无奈，只得烧营撤退。

这场仗是高欢起兵以来第一次失败的攻坚战，其艰苦程度给全体东魏军留下了深刻的印象。三十多年后，北齐后主在晋州城下提起攻坚战，大臣高阿那肱心生退意，于是援引玉璧之战的例子，他说："昔攻玉璧，援军来，即退。"足见此战影响之深远。

战后评估，高欢此战打得窝囊，战前没有充分考虑攻城难度是一大原因。但总体来看，高欢的战役安排并没有错。《北齐书》记载："十月己亥，围西魏仪同三司王思政于玉璧城，欲以致敌，西师不敢出。"据此来看，高欢的意图是围敌打援，企图在汾河谷地与西魏主力再打一场。但是从后来的进度看，这场仗失去了打援的意义后，变成了单纯的拔点作战。无论是南夺蒲坂，还是西夺龙门，玉璧城都不能忽视。所以高欢选择强攻也不无道理。

经此一战，双方都认识到了坚壁策略的重大意义。

西魏人马上推广玉璧经验，将王思政调回弘农郡本部，命令他全力修筑已经荒废了几百年的函谷关城。弘农方向是东魏经豫西进攻关中的必由之路，由于此前双方都不重视城防，弘农城在几次拉锯战中被双方反复夺取。王思政主持大修城墙，完善守御战具，并大规模屯田，积累粮食，很快便将弘农城变成一座更甚于玉璧的要塞。这座要塞的出现，为西魏关中防线提供了一个综合性的战役支点，无论是东面的洛阳，还是西北方向的河北诸郡，都得到了有效支撑。此后三十余年，东魏北齐军队再也没有踏进过此城一步。

东魏高欢领教了玉璧城的厉害，短时间内不敢再次进攻此地。但对于高欢来说，要灭西魏，晋南和豫西两条路必须打通。邙山之战后，东魏军兵锋遭遇弘农这个综合性要塞，再也无法西进，而且这条路线相对偏远，不如晋南方便。高欢别无他法，只有硬碰硬地强攻了。

大战玉璧

武定四年（西魏大统十二年，546 年）九月，高欢再次率重兵进攻西魏，一上来便包围了玉璧。吃一堑，长一智，高欢这次没有立即发动攻城作战，而是围住城池，做出持久态势，引诱西魏军队来援，制造围城打援的战机。

西魏早有准备，主力在关中就是不动，任由高欢围城。此时西魏的守城功臣王思政已经调回弘农，不久转到南方荆州担任刺史。临走前，王思政举荐晋州刺史韦孝宽接任玉璧守将。

韦孝宽此前率本部乡兵一直在洛阳、弘农和河东南部作战，是个忠于任事、行事稳重的将军，但始终没有出色的战绩。谁也没想到，这位三十六岁仍在低级军阶徘徊的将军，将在这座小城中发出耀眼的光芒，并一举改变南北朝末期的历史走向。

高欢一直引诱西魏军，宇文泰却一直搞不清楚高欢的意图。进攻玉璧后有两个方向，一是龙门，一是蒲津。如果高欢留下少量兵力，径直从龙门西渡黄河，闪击长安，也存在破防的可能，宇文泰不得不考虑。但最大的可能仍是过玉璧攻蒲坂过河。宇文泰忧心不定，找来一个叫檀特的术士占卜，算算高欢可能从哪里过。檀特得出的结果是"狗岂能至龙门"。宇文泰仍不敢相信，主力始终未出关中。高欢诱敌不成，便开始老老实实地强攻玉璧城。

此战发生在沙苑之战后，西魏军主力遭受重大损失尚未恢复，加上东魏军有备而来，高欢对这次进攻很有信心。

双方兵力对比如何呢？

西魏北周府兵系统正在创建中，府兵与乡兵的分野此时仍然存在，韦孝宽还掌握着自己手中的乡兵。乡兵的规模，由千人至万人不等。例如镇守邵郡的高凉人（今山西绛县）杨标，所统乡兵由最初的两千人发展到鼎盛时的万余人。可以推测，已在汾绛一带作战多年的韦孝宽，兵力当在万人以内。

东魏方面，从战后的统计数字推断，《北齐书·高欢纪》所记阵亡数字为七万，又云"死者十二三"，这个比例可能还算保守。《周书·韦孝宽传》云"伤及病死者十四五"，估算东魏兵力在十五万左右。一比十五，又是一场实力悬殊的战斗。

攻城之前，为避免重蹈第一次玉璧攻城的覆辙，东魏军进行了针对性的战前准备。

首先是抹平高度差。针对玉璧城墙相对较高的实际，东魏军首先在城南和城北堆起了土山，特别是城北，地势尤其险要，东魏军站在与城墙差不多平齐的土山上，有效降低了仰攻的危险系数。

东魏军筑土山的位置现在已不得而知。但有一点可以肯定，土山必然与城墙墙体有一定距离，否则堆积土山的过程中必然会遭到城头的弓箭射击。也就是说，虽然土山高度与城墙拉平，但要从土山上跨上城头，必然还要借助器材，例如云梯之类。所以后来的作战记录中，没有出现东魏士兵直接从土山跳上城头的记录。可以推断，土山的功能，主要在于能使东魏士兵站在同样的高度对城内进行弓箭压制射击。

同样的例子在魏晋时代的其他战役中依稀可以看到。例如官渡之战时，曹军龟缩在坚固的营寨中坚守不出，袁绍"为高橹，起土山，射营中，营中皆蒙楯，众大惧，太祖乃为发石车，击绍楼，皆破。"

西魏守军采取了针对性的反制措施。玉璧城南原有两座敌楼，为了占据制高点，守将韦孝宽下令将敌楼加高，仍然牢牢占据制高权，这样一来，东魏的土山实际上已失去作用。同时，韦孝宽还派兵出城袭击东魏的土山，夺取土山后尽数毁坏，以彻底破坏其制高作用。

高欢命人向韦孝宽喊话："纵尔缚楼至天，我会穿城取尔。"韦孝宽不为所动，派出戴着铁面具的士兵上城，意在宣示守军铁一样的守城意志。东魏军中善射者元盗向城上射箭，屡中铁面士兵的眼睛。

关于土山的具体形式，也有异议。有人认为土山实为紧贴城墙堆砌起来的登城坡道，东魏军可以从坡道直接登上城头。但从记载来看，这一说法殊不可解。玉璧城每面长约两里，周长约八里，西魏守军在城南加固的只有两个制高点，这两座敌楼显然不能完全覆盖长达两里的城墙正面。也就是说，东魏军只要避开两座敌楼，在其他墙段堆砌坡道，即可顺利登上城头。但现有史料中没有证据支持这样的说法，只能存疑了。

堆砌土山的同时，高欢还打起了城内水源的主意。玉璧城因为紧靠汾河，城中人习惯出城到汾河汲水。东魏军遂连夜掘移汾河河道，一夜之间完成作业，使汾河远远离开玉璧城的控制范围。但是这一招似乎没有起到多大作用，四五十天的围城之战中，双方的作战记录中都没有出现西魏守军缺水的记载。大概是因为靠近汾河，城内地下水源丰富，守军能够打井取水。

上面攻不过去，东魏转攻地下，他们在城南大规模开挖地道，企图一举攻入城内。

这种攻城法古已有之，春秋时期墨子概括出的十二种攻城法中的穴攻即是。原理很简单，地道的最大功能在于避开坚固的城墙，直接把兵力投送到城内。

守军要破解此法，一是要及时掌握进攻方的地道方位。一般的方法是在城内挖地，然后放一个大瓮，派听力极佳的士兵听地下传来的挖掘声音，从而判断敌方地道的大致方位，以利己方防御。二是要及时堵截对方的进攻兵力。一般是在城内开挖长堑，或是在敌地道口守株待兔，或是对向作业，找准方向挖通地道，在地道内进行对攻。

韦孝宽基本沿用了这些传统的办法。针对东魏的地道作战，他在城内四面挖开长堑，让士兵守在地道口。东魏士兵一冲过来，立即以短兵器予以杀伤，有效遏制住东魏的攻势。地道内空间狭窄，单位作战只能以一个或几个士兵进行有效攻击，后面援军再多，也只能一个一个上前送死。

进攻不奏效，东魏军就缩在地道内与守军对峙，寻机再冲出来。守军同样不敢冲进地道对攻，否则徒耗兵力，利敌不利己。西魏守军便在地道洞口生起柴火，用皮囊（人力鼓风机）往地道内灌烟，熏得东魏军被迫退出地道。

地道战失效，东魏祭出攻城利器——攻车。魏晋南北朝时期出现的攻车，大概有撞击类、钩扯类和攀缘类三种。撞击类攻车，即采用大型车辆装载巨大的木柱，吊起后撞击城墙或城门，用以打开城门或撞损城墙。钩扯类攻车，在车上安装立柱，柱顶以活动轴支撑长杆，杆顶有扒钩或巨斧，车抵近城墙后，长杆头转向城上，用扒钩或巨斧拉扯破坏雉堞。攀缘类攻车，一般造得很高，车顶有飞楼，即类似梯子可供士兵行走的器具，这类攻车主要用以辅助攻城一方直接攀上城头。

从记载来看，"城外又造攻车，车之所及，莫不摧毁。虽有排楯，莫之能抗。"东魏军主要用的是撞击类攻车。把这么笨重庞大的器械从晋阳带到玉璧，可见高欢准备这次进攻下了很大功夫。

蛮力对抗抵挡不住重型冲车，守军便想了个邪招。韦孝宽命人缝制面积很大的布，从城上向下张设。这一方法的具体形式不可考，想必是用大布遮挡东魏军的视线，抑或是用布缓冲攻车的撞击力。果然，这个办法起了作用，冲车攻击遭到阻滞。东魏军用长竿缚上火炬伸上去烧布，同时还想伸到城楼上引火，西魏军便用长钩绑上利刃，将长竿一一割断。

冲车和火攻术再度失效。东魏军重新用起了地道战，但这次不再是徒送人命的肉搏式进攻，而是技术含量极高的土木作业。

东魏军在城东面摆开架子，动用极大人力开挖地道。为了防止西魏军对向作业挖通放烟，地道只挖到城墙底下，边挖边在地道中支起木柱以防止坍塌，待地道挖成后，放火烧掉木柱，地道轰然塌陷，地面上的城墙也随之垮塌。

久攻不下的城墙终于出现了缺口，东魏军士气大振，潮水一样涌向城墙缺口，兵力占据绝对优势的东魏军，只要人进去，就意味着胜利!

高欢智穷力尽

关键时刻，王思政时代留下的防守理念和韦孝宽的守城准备发挥出巨大作用。面对缺口，守军反应迅速，运来大木栅挡住缺口，再用砖木加固。东魏军无法扩大缺口，还是只能在狭小的空间内进攻，无法发挥兵力优势，一拨攻击后，仍然没打进去。

攻到这里，双方应该都意识到问题了，缺口虽不大，但总比地道里开阔，为什么十几万人就是攻不进去?到底是哪里出问题了?

东魏军的体力问题。

此次作战，东魏军在土工作业上耗费了太多人力。两次地道战，尤其是第二次，开挖了二十一条地道。还有汾河改道工程，作业量也相当大。在当时技术条件极为原始的情况下，这样规模的土工作业是对战斗力的直接消耗。所以不难理解，这支疲惫的军队，即使在玉璧城已经出现致命危险的时候，依然无法把形势上的优势转化为实际胜利。

筋疲力尽的高欢，终于意识到猛攻不尽合理。然事已至此，他又不愿认输撤退。无可奈何之下，他玩起了攻心战。

高欢派仓曹参军祖珽向韦孝宽喊话:"你们坐困玉璧城这么久，从没有任何关中援军的消息，为何还不投降?!"韦孝宽自然对这种小伎俩不屑一顾，他答道:"玉璧城兵力充足，粮秣足够，守军不劳，而东魏却疲劳发困，哪有刚刚打了十几二十天就投降的道理。"

事实上祖珽的攻心术确有其事实依据。玉璧之战打响后，西魏大本营关中迄今没有任何动静。纵观大统十二年九月前后，除了凉州的宇文仲和叛乱外，西魏并没有大规模战争，或是足以影响大局的政治事件，而且，宇文仲和叛乱早在五月已经被独孤信、于谨等柱国级的大将平定。西魏完全具备援救玉璧的条件。

但关中方向一直保持绝对静默。分析原因，大概有二。一是惧怕东魏的主力军团。邙山之战的惨败如在昨日，以刚刚补充汉人豪强力量的西魏新军，恐怕难以抵挡多达十五万的东魏大军。二是对玉璧城有充分的自信。第一次玉璧之战，王思政在那里坚守了四十多天，经过韦孝宽的经营，此次作战，完全有理由相信玉璧城能坚持较长时间，这势必会造成东魏军的巨大伤亡，过早出兵救援，反而正中东魏军围城打援的谋划。

事实如何已不可考。不管韦孝宽心中作何想，他还在硬撑着和东魏人打心理战。祖珽命人向城中射悬赏书："能斩城主降者，拜太尉，封开国郡公，邑万户，赏帛万匹。"韦孝宽不为所动，在悬赏书背面写道："若有斩高欢者，一依此赏。"然后依样射回东魏军营。

情急之下，高欢命人把韦孝宽的侄子韦迁押到城下，声言韦孝宽再不投降，就杀了韦迁。大丈夫顾大节而不惜小义，岂能因为一己之私放弃抵抗，韦孝宽毫不顾惜。他在城头大呼："命韦迁甘愿为国尽忠，绝不能屈服于敌人！"城中士兵被韦孝宽舍家为国的气概感动，士气更加高昂。

硬攻和心理战都不奏效，该怎么办。如果换成一般人，或许会知难而退，尽量减少损失。但偏偏统帅是高欢，一个有着充足信心和智慧的世之枭雄，一个带着倾国之兵意图消灭敌国的伟大统帅，让他在一个小小的玉璧城下止步，这是何等的耻辱！带着枭雄特有的死不罢休式的坚韧与果决，高欢命令全军继续猛攻。东魏军拖着疲惫的身躯，怀着绝望的心情，继续用肉体向玉璧城撞击，直到他们再也打不下去。

东魏主力进攻玉璧的同时，高欢令河南道大行台侯景，率偏师从洛阳攻邵郡。侯景碰上了西魏边境之狐杨标，大概是不熟悉地理，被杨标击败，侯景狼狈逃回。为防杨标追击，侯景命人沿路伐木挡道六十余里，才勉强挡住西魏人的追击。消息传到玉璧城下，东魏军更加沮丧。

至十一月，严寒笼罩了玉璧内外。巍然屹立的玉璧城，肃杀的原野，彻底击溃了东魏军继续进攻的信心。苦战五十多天后，东魏军的灵魂人物高欢智力俱疲，终于坚持不住了。

高欢年已五十二岁，常年征战，无休无止的劳累，一点点耗尽了他的精力。在疲劳和沮丧的双重打击下，曾经强健无比、令西魏人胆战心惊的高欢旧病复发，他终于像一个再普通不过的老人一样，轰然倒在岁月的尘埃里。

高欢之死

武定四年十一月庚子，高欢下令退兵。行前，东魏军挖了一个大坑，集中收敛、埋葬战死及病死者的遗体。清点死者，多达七万人。夜晚，有流星坠入高欢营中，军中汹惧。

韦孝宽望见东魏撤兵，并不敢出城追击，毕竟双方实力差距甚大，而且经过惨烈的守城战斗，西魏军也消耗得差不多了。

玉璧防守战大胜，宇文泰非常高兴，提升韦孝宽为骠骑大将军、开府仪同三司，赐爵为建忠县公。

西魏一片喜洋洋，东魏则尽是哀恸。韦孝宽放出谣言——这是他的拿手好戏，声言高欢被西魏军定功弩射中，伤重身死。东魏国内人心惶惶，不知高欢到底如何。

领袖人物的生命，不仅属于他自己，更与国家统治秩序牢牢捆绑在一起，只要他一天没从高位退下来，就必须保持良好的状态，否则阴谋、动乱都会随之而来。

高欢当然明白这个道理。他强拖着病体，在晋阳大会高官勋贵，借此昭告天下："我高欢还健康地活着。"只是身边亲近的勋贵大将们都知道，脸色蜡黄、动作迟缓的高欢，情况已经不妙了。

高欢让老将斛律金于座间起舞，吟唱《敕勒歌》，高欢随着节奏唱和。想起当年在代北六镇飞马如龙，想起二十多年来驰骋征杀，建立赫赫功业，如今也免不了这一天，高欢忍不住涕泗横流。

武定五年（547年）正月初一，日食，太阳只余弯弯如钩一点亮。太阳一向是帝王的象征，病势沉重的高欢悲从中来，说道："日食其为我邪！死亦何恨！"正月丙午，高欢向东魏皇帝上了份遗表，当日在晋阳去世，享年五十二岁。

高欢之死，标志着东魏、西魏之间的大规模战争告一段落。

高欢是南北朝末期最杰出的政治家、军事家之一，他以寡弱之兵起家，屡摧强敌，在一片乱世中创建出称雄一时的大国，功业实属一流。王夫之曾把高欢与曹操作比，认为高欢的凶恶狡猾比曹操犹有过之。

的确，高欢气度恢宏，城府深沉，极善用人御人，所用之人，基本上都能尽忠事之。他意志坚定，对事业有极高的追求，一旦认定就锲而不舍。终其之世，他的名字像一个魔咒一样始终笼罩在宇文泰的头上。

然而高欢的格局与曹操相比却有很大差距。曹操晚年认清无法彻底消灭吴蜀的形势，便不再强行发动大规模战争，转而用心经营国内，最终奠定并吞两方的国力基本盘。高欢显然缺乏这样的认知，只知道使用蛮力而不愿长远考量，导致国力在几场大战之中急剧消耗。特别是在制度建设上，他远远比不上宇文泰，没有把握住南北朝末期民族融合、汉化已成主流的机遇，为北齐帝国奠定的是一个胡汉杂糅、矛盾丛生的政治形态，北齐二十余年国祚，一直没走上正轨。

亡者已矣。高欢死后，东魏迅速出现剧烈事变，高欢的两个儿子高澄、高洋接过权杖，终于化家为国，建立了高氏北齐帝国。高欢被尊为神武皇帝，九泉之下，这位世之枭雄可以安心了。

第九章

侯景叛乱与三国乱战

高欢死后，东、西魏对峙进入一个新阶段，由大规模互相攻杀，转入平稳对峙。对这一局势转变起主导作用的，既不是东魏新主政者高澄，也不是西魏宇文泰，而是东魏头号大将侯景。此事还要从高欢去世说起。

识破伪信，自立河南

自沙苑之战后，高欢意识到一味强攻不好打开局面，便委任侯景、高敖曹等大将到河南洛阳、荥阳一带练兵，以加强西线前沿军备实力。河桥之战高敖曹阵亡后，河南方向只剩侯景一人主持大局。

侯景以主持局面、维护河南军队的制度为由，实行行台制。因为事涉侯景之乱的基础，我们在这里多说几句关于行台的渊源和现状。

南北朝地方行政体制创新，以行台制度最为典型。所谓行台，最初的制度内涵是中央尚书台派出的行台，也就是临时派出机构，代表尚书台行使中央的权力。后来在北朝逐渐形成固定制度，特别是东魏，非常喜欢使用这种行政制度，行台在东魏就演化成一种凌驾于州之上的一级行政区。

这种行政机构的权力相当大，管辖几个州，辖境内的军队、民政、官员任免，通通由大行台管制。北魏中期行台制度一度被废除。但到了六世纪初，随着各地起义逐渐增多，梁朝不断北侵，以及地方行政区进一步析分变小，北魏中央无法有效统驭各地，因此不得不再次恢复行台制度。

六镇起义主要爆发于代北、河北与陇右，南梁的侵略方向主要集中在淮北和河南南部，因而北魏的行台也主要设置在这几个方向。据不完全统计，北魏自起义爆发至灭亡，共派出过一百四十二次行台，最终划下八个行台区，分别是关西行台、并州北道行台、晋州行台、冀相定行台、荆州行台、豫州行台、徐州行台、梁益山南行台。

其中关西行台的主要功能是绥抚关中和陇右，以及与宿勤明达、万俟丑奴义军作战。贺拔岳兼并了尔朱氏势力后，就曾自行宣布担任关西大行台。并、晋两个行台主要是管理河东，也担负一定安抚流民的职能。冀相定行台处于六镇大起义的核心区。荆、豫、徐、梁益四个行台，则是统管南方诸州郡的机构，兼理对梁战争。

这样的区域划分，与现在的省际区域，其实已经很相近了。可以说，行台制度此时已相对完善，能为中央分担很大一部分管理职能。北魏中央对行台官员的作用，也逐渐由中央尚书派出，转变为地方州郡主官升任。这是行台制度地方化、固定化的一个主要标志。

当然，行台与后世行省不尽相同。比如说行台长官品级不固定，有时其职级尚不如地方州刺史，但行台代表皇帝权威，较低级别的官员可以统管高级别的地方官员。这是后世行省制度的渊源，也是增加地方一级行政区的要旨所在。

北魏分裂为东、西魏后，东魏北齐全盘继承北魏的政治制度，行台区更加成熟和固化，完成了临时派出机构向地方行政区机构的转化。东魏北齐既有因战事临时设置的军事行台，也有辖区稳定的行台区。

其中较为稳定的大致有九个，分别是晋阳行台（驻节晋阳）、幽州东北道行台（驻节蓟城）、朔州北道行台（驻节马邑，今山西朔州）、山东行台（驻节中山）、晋州行台（驻节白马）、河阳道行台（驻节洛阳，属河南道）、豫州行台（驻节悬瓠）、东南道行台（驻节彭城）、扬州道行台（驻节寿阳）。

可以看出，除了晋阳、朔州、晋州三个行台军事色彩相对浓重一些，其他的都是各大地区的行政中心，相当于东魏北齐的一级行政区，担负着管理州一级单位的职能。

侯景在河南主政主兵，高欢任命其为河南大行台，相当于把河阳道、豫州两个行台合并成一个新的强大的行政区。侯景管辖的州，覆盖荥阳、大梁（今河南开封）以南，弘农以西，瑕丘以东，南接梁朝黄河以南的州郡，包括豫、东豫、荆、北荆、兖、南兖、洛、广、郢、襄、济、阳、北扬共十三州。这个区域，对照现在的河南地图，大致相当于抠掉黄河以北的部分和南阳市，另外还要加上安徽西部和山东西南角的一部分，面积几乎等于河南省。

掌握这么大的权力，侯景非常不安，担心高欢对他产生猜忌。侯景一生只害怕高欢一人，得知高欢死讯，侯景倍感轻松。他曾与东魏四贵之一的司马子如说过："高王在，吾不敢有异，王没，吾不能与鲜卑小儿共事。"司马子如吓得连忙捂住他的嘴。

所谓鲜卑小儿，就是高澄。高欢在世时，虽然大力扶持高澄，让他在朝中刷存在感，但高澄的发力点在于清理腐败，惩治不法的鲜卑勋贵，在军事上并没有什么作为。特别是对于河南大行台辖下诸州，以及对西魏作战，高澄基本上没有参与过。

具体政务军务上的疏离，使得侯景越发轻视年轻的高澄。高欢在世时似乎没有注意到这个问题，高澄却意识到了侯景的轻视与威胁。高欢病重将死时，高澄紧急从邺城赶到晋阳，在床前，高欢见高澄脸色不怡（yì），问他神情为何如此，高澄犹豫未答。高欢心中有数，便说："你是担心侯景不服你吧？"

高欢临死前终于向高澄交了底，诸勋贵老将何人可用，何人才智突出，一一做了安排。关于侯景，高欢道出苦衷。侯景虽有不臣之心，但此前正值创业用人之际，因此高欢没有刻意打击他，而且高欢自忖震慑得住，于是一直延续了下去。

高欢也不是没有防备，麾下诸将，只有慕容绍宗能制得住侯景，所以高欢一直没有重用慕容绍宗。高澄上位后，火速提拔慕容绍宗，让他感念新君之恩，全力对付侯景。

高澄继承权位后，立即发使送书，要侯景到晋阳见面。侯景素来只接高欢的书信，乍见有书来，还以为高欢没死，等看了内容，不由得仰天大笑。

原来他曾与高欢约定，为防有人搬弄是非、挑拨离间，高欢与侯景书信来往，会在纸背点一个点作为真伪标记。高欢死前未必没有把这个秘密告诉高澄，高澄也不会蠢到以父亲的名义召侯景回晋阳。虽然高澄对外隐瞒了高欢的死讯，但侯景何等聪明，高欢此前病体难痊，沉疴已久，在这个关头召方面大将回去，肯定情况紧急，这其中的缘由侯景一猜便知。

高欢死，侯景必反，高澄必然能料到这一层。所以加不加点，其实没什么不一样。

史书记载侯景见信后识破关窍，判断高欢已死，遂拥河南十三州造反。一场波及东魏、西魏、南梁三国的大动乱、大混战，就此发动。侯景绝没有想到，他发动的这场混战，竟然使南北朝形势发生根本转变。

大战河南

侯景叛乱的主要基础是他手中掌握的数万军队和河南诸州的土地。关于侯景的军队，《北史》《北齐书》诸传概称总数在十万左右。考虑到东魏的总兵力也就二十万左右，侯景不可能统领国家一半兵力，从后续作战失利丧失兵力的情况来看，侯景的军队人数当在四五万左右。

武定五年正月侯景起兵，当时他能确保绝对控制的只有沿河诸州以及洛阳、荥阳、梁郡等地，对东南、西南诸州尚不托底。于是他设计诱擒豫州刺史高元成、襄州刺史李密、广州刺史暴显。又遣两百精兵，伪装成运送兵器的，偷偷进入西兖州（今山东曹县），欲袭取该州，不料被刺史邢子才发觉，将两百人一网打尽。邢子才赶忙向山东诸州传檄示警，防备侯景偷袭。

侯景一反，东魏朝中大乱，诸勋贵老将纷纷把矛头指向崔暹，指责他改革政风过于激进，大失民心，唯有杀崔暹才能平息侯景之怒。其实侯景并没有打出清君侧的旗号，诸勋贵老将这么说，无非是借题发挥，逼迫高澄杀掉这个触犯了勋贵利益的改革派。

高澄一时间犯了难，平侯景毕竟要倚仗诸将，此时如果站在自己的心腹崔暹这边，恐怕会酿成大祸。但若真杀了崔暹，以后又有谁能担当清除腐败积弊的重任？

好在朝中还有正直之士。中枢重臣陈元康站出来极力反对，并抬出汉朝七国之乱时，汉景帝枉杀晁错的典故，力保崔暹。高澄遂定下决心，将崔暹保护起来，派司空韩轨等人率军出征。

大军分为三个方向：一路是主力，直扑侯景主力；一路由斛律金率领潘乐、薛孤延等进驻河阳，防备西魏乘虚来攻；一路由洛阳北面的慕容俨率领，配合主力进攻河南诸州。

侯景率主力撤至颍川，收缩防线。从军力对比上看，侯景似乎抵挡不住东魏大军的全面进攻，也无法全面守住河南诸州。韩轨率主力对峙，在长社城外的洧（wěi）河筑起大堤，准备水淹城池，不过时值冬季，河水枯竭，水淹之计无法施行。

虽然一时半会儿奈何不了侯景，但牢牢牵制住了侯景主力，慕容俨得以率兵扫荡侯景后方，连连攻下北扬州、南兖州、项城等地，消灭侯景军数千人。侯景深感防守吃力，遣使入关，表示愿意归附西魏，并以割东荆州（今河南泌阳）、北兖州（今河南滑县）、鲁阳、长社四城给西魏为代价，请求西魏出兵救援。

至此，侯景叛乱扩大为国际性事件，东魏要同时应付西魏的骚扰和侯景的抵抗，形势十分严峻。

东魏大乱，河南大战，这是西魏千载难逢的好机会，是乘机杀进河南攻城略地，还是隔岸观火静观其变，西魏陷入了抉择。若是出兵夺地，就要出动主力部队。趁火打劫本是兵家常用之谋，但此时东魏与侯景尚未决战，贸然出兵，很可能代侯景被攻击，过早与东魏军开战。西魏军在河桥、邙山两战后元气未复，此时决战显然不合适。若是静观其变，又显得过于消极。毕竟东魏乱成一团，进攻洛阳、鲁山（今武汉市大军山）、豫州一线，很有可能取得实地。

宇文泰最后采取折中意见，暂时不介入东魏与侯景的大战，只派李弼、赵贵率一万主力，在弘农一带地方驻防部队的配合下，骚扰洛阳西部，伺机抢夺地盘。

侯景为示诚意，亲自与西魏诸路援军将领见面。侯景本意是要勾引西魏主力前来，挑起两国战端；再不济，也能设计擒获西魏几位统军大将，谁知西魏主将赵贵、李弼也存着计擒侯景的心。但赵、李二人并未亲自与侯景见面，毕竟边境上的几路援军实力都很弱，奈何不了侯景。

经过一番试探，双方明白不可能达成合作，就心照不宣地各自散去。侯景致书宇文泰："吾耻与高澄雁行，安能比肩大弟！"面对西魏的算计、东魏的持续逼压，侯景撤出颍川，继续向南进发，企图与前来救援的南梁军队会合。

南梁趁火打劫

相比西魏宇文泰的理智，八十三岁高龄的梁武帝萧衍简直目光短浅。

侯景在起兵之初，就向梁朝紧急递交降书，表示愿意以河南之地归附梁朝。梁武帝在受降之前，做了一个奇怪的梦，梦见中原牧守以其地前来归降。梁武帝平生很少梦见这种事，因此梦醒后很是诧异，与朝臣论及此事，诸臣尽皆称贺，说这是一统天下之兆。没过多久，侯景的使者丁和就到达建康台城，诉以投降之事。梁武帝更觉神奇。

此事白纸黑字地记录于史书，大概确有其事。但此事真的是巧合吗？未必。

作为一个执政多年的政治家，梁武帝不可能不知悉敌国的政治大势。玉璧大战后，北朝屡屡传出高欢死讯。侯景主军河南、侯景与高澄的矛盾等情报，必然也源源不断地送至梁武帝的案头。侯景及其管辖的河南诸州的去向，梁武帝经过长时间的思考与判断，肯定得出过许多种结论。日有所思，夜有所梦，实属寻常。

梁武帝起初并不愿意接受侯景，毕竟东魏与梁是通使盟好状态，多年没有发生战争，接纳侯景无疑会重燃战火。已是风烛残年的梁武帝，并不希望打破安逸平和的状态。

但此时梁朝已不是当年初建时的状况。老臣宿将相继谢世，一批善于钻营的寒门士人逐渐走近梁武帝，靠迎合梁武帝喜谀好颂的心态获取信任，并开始左右朝政。朱异就是典型代表。

朱异是吴郡（今江苏苏州）人，从员外常侍干起，一直做到侍中、中领军，虽有一些小本事，但并非靠真才实学上位，而是靠揣摩上意、溜须拍马才逐渐讨得梁武帝欢心。大司农傅岐在禁省中任职十余年，将朱异的言行看在眼里急在心里。有一次，傅岐劝朱异要以忠节为己任，及时给皇帝提醒、纠偏，不能老是阿谀逢迎。朱异不以为意，声称皇帝圣明，为人臣者只需要落实，不需要面折廷争。

朱异与开国一代老臣最大的区别在于，他的地位没有实实在在的功劳支撑，因此，对国家的前途命运也没有什么担当。趁梁武帝行将就木之际，他要赶紧刷存在感积累政治资本，免得新君即位之后没有他的生存空间。

朱异极力劝说梁武帝受降，并称："如果拒绝侯景来降，必会寒了天下人的心，日后还怎么统一天下？"可叹梁武帝，以盛年开国建朝，与强敌北魏力战数十年未落下风，是何等英明神武，此时步入衰年，昏然不智，居然听从朱异的建议，决定受降，并出兵救应侯景。

武定五年三月，梁军大举向豫州进攻，策应侯景入梁，企图重现当年陈庆之千里入洛的奇迹。当年七月，梁司州（侨置于义阳）刺史羊鸦仁、兖州（侨置于淮阴）刺史桓和、仁州（在今安徽怀远）刺史湛海珍等，各率所部兵会齐于悬瓠城，侯景固请梁军北上支援，羊鸦仁遣其长史邓鸿率军前出至汝水一线，加强豫州的攻势。

国有大事，安静了十几年的梁武帝雄心陡起，企图把这场战争扩大，争夺主动权。

当年陈庆之北伐，之所以虎头蛇尾，不是梁军战斗力不行，而是没有及时派出援兵扩大战争规模，导致河南诸城得而复失。武帝决定，在接应侯景的同时，另派大军出淮北进攻徐州一线，形成东西双线并进之势，牵制东魏主力。梁武帝的筹划是积极的，但这样的筹划，并没有坚实的支撑。

政治层面，梁朝百弊丛生，皇帝年老昏弱，日日生活在阿谀奉承之中，喜好佛事大过军国大事，已经失去对朝局走向的把控力。自太子萧统去世，萧纲上位，嫡长子继承制失序，萧氏的皇子皇孙各怀鬼胎，都在觊觎太子之位，明争暗斗，分割权力。国内腐败横行，奢侈之风蔓延，已不复开国之初的清明。

军事层面，老将相继谢世，十几年无大战，除了从北方逃过来的羊侃等人尚能一战之外，能征善战的将领并不多，完全无法与东、西魏十几年大战锤炼出来的众多骁将匹敌。

梁武帝未掌握一线实情便派大军出征。东线进攻徐州一路是主力，武帝原本派鄱阳王萧范为帅，但朱异与萧范有矛盾，进谗言说萧范为人残暴，不宜做方面之帅，于是武帝改派南康王萧会理挂帅。

但萧会理也不是合格的统帅，到任之后作威作福，将自己所乘之舆装饰得极其华丽，引起梁武帝不悦。梁武帝的侄子萧渊明听说后，乘机钻营，谋得北伐统帅的位置。萧渊明并没有什么军事才能，之所以敢争取这个位置，只不过是因为梁朝上下充满了轻敌的情绪，对北方强敌东魏的力量以及当前形势没有正确的认识，从而把北伐当成必胜之战，人人都想从中捞取实惠。

萧渊明率诸将迅速进至徐州彭城一带。东魏军队主力用于围攻侯景，拿

290

不出足够的力量来对付梁军，暂由徐州刺史王则率驻军应对。

萧渊明按梁武帝的部署，在城外泗水上筑堰，以水代兵进攻彭城。当时正值十月，本是枯水季节，但南朝人惯会水攻，把筑堰地点选在了离彭城十余里的寒山。此处是汴水、泗水合流之处，径流较大，拦河筑堰足以冲垮州城。

为保万无一失，萧渊明派头号大将羊侃率军督造大堰。羊侃本是魏人，魏末大乱，羊侃率宗族南投梁朝，得到梁武帝重用。羊侃文武兼备，骑射功夫和智计都相当在线。

羊侃督造河堰很顺利，花了两旬时间便将泗河成功拦住。彭城边水位慢慢上涨，城池外一片汪洋，水势高的时候，几乎冲上了城头。东魏守军不多，死死躲在城中不出来。

羊侃建议萧渊明趁水势上涨、敌军无法出城，率舟师进攻。水大利于南而不利于北，以南军占绝对优势的水军攻城，北军必然无法招架。但萧渊明拒绝出战，既然武帝定下的是以水代兵之策，那就让水攻能收到最大成效时再进攻。羊侃无话可说，军情紧急，怎么能慢条斯理待敌自毙呢？

梁军初出国门，从淮河打到彭城，一路无人阻挡，自陈庆之北伐以来，再没有比这更顺利的进兵了。全军上下士气高昂，正是一战歼敌的好机会。诸将都找萧渊明请求进攻彭城，萧渊明却一再拒绝。有胆大的将军询问萧渊明到底有什么打算，让他提前给大家透透底，大家也好有所准备。萧渊明的回答让人捧腹："我自有分寸。"都逼问到这份上了，却如此应对，这不就是心里没谱嘛。

指挥是一支部队战斗力的灵魂，现在梁军先垮掉了一大半。诸将见主帅如此无能，不约而同地松弛下来，导致军队失去了约束，甚至有人出去抢劫老百姓的钱、粮、牲畜。

东魏方面不能一直坐视梁军进攻徐州，高澄派大将高岳挂帅，率兵救援徐州。高岳起初请求让潘乐为副将，陈元康向高澄建议起用慕容绍宗。

高澄想起父亲临终前的告诫，之前之所以不重用慕容绍宗，就是留着让自己提拔他，让他出死力。眼下这个局面，确实需要一个有手段、有担当的大将出来支撑局面。高岳的能力自然没得说，但光靠他不一定挡得住梁人和侯景的合力攻击。于是高澄正式下令，调慕容绍宗出军，担任东南道大行台。

慕容绍宗被高欢埋没多年，虽然精通兵法，却一直没有领过兵打过仗。东、西魏五次大战，慕容绍宗基本没有得到施展才能的机会。若换作旁人，十几年不打仗，且不说军事才能被庸碌的生活消折，单是精神上的折磨，就没几个人能承受得住。

慕容绍宗地居下节，东魏朝中贵臣并不知道高欢是刻意不重视，有的人还对慕容绍宗大加排抑，因为他是慕容氏燕国的皇族后裔，又是尔朱兆当年的心腹大将。慕容绍宗到青州当地方官，看到当地形势险要，只不过以一个军人的职业敏感，赞叹占据此地可以成就大业，结果就被有心人告到高欢那里，说慕容绍宗有二心。高欢虽然不介意，但慕容绍宗能怎么办?龙游浅溪，虎落平阳，只能忍着。此时担当方面之任，慕容绍宗心花怒放，终于有一展宏图的机会了！

侯景初反时，根本看不上高澄派来的统军大将，鄙视韩轨是啖猪肠小儿，又笑话高岳兵精人凡。此时听闻慕容绍宗出山，大吃一惊，还以为高王（指高欢）没死！

高岳、慕容绍宗都不是寻常之辈，接受命令后没有浪费一点时间，迅速率军进至彭城一线，驻扎于橐驼岘（今江苏徐州市，橐音 tuó）。

羊侃得知东魏主力大军终于到来，倒也没有多意外，这是迟早的事。羊侃早年在北国，深知北国军队的特点，并不惧怕。他之前屡劝萧渊明出战都没有结果，于是自己率领所部在寒山堰边扎营，以保卫这个水攻的关键据点。

此时双方的形势有了变化。之前敌之关键在城中，以水围城，早晚可胜；但此时东魏十万大军杀来，必须把主要力量用在防御敌方主力上。因此羊侃再次向萧渊明提出建议："趁敌人立足未稳，立即主动攻击。若再拖延时日，对我军不利。"结果仍然被拒绝了。羊侃气得七窍生烟，真不知梁武帝派这样

292

一个废物来当元帅到底是何用意。

正当梁军诸部坐守寨中时，东魏大军发起了进攻。

慕容绍宗一眼就看出取胜的关键在寒山堰，于是发精兵攻击羊侃。尽管羊侃早有准备，却因为兵力单薄，又没有主力来援，一场大战，河堰失守。羊侃对萧渊明绝望，也不向主力靠拢，径自率败兵撤回江南。慕容绍宗下令扒开大堰，解了彭城的水淹之祸。

慕容绍宗又指挥大军进攻萧渊明的主力。萧渊明当时正醉得不省人事，不知羊侃已经撤兵南走。诸将都不是傻子，不肯听令。只有北兖州刺史胡贵孙率本部出战。

慕容绍宗正愁梁军不出，率一万兵马与胡贵孙接战，先头部队佯装败退，待梁军追来，两翼伏兵倒转上来，将梁军包围，胡贵孙措手不及，当场被俘。胡贵孙一败，梁军大部马上崩溃，大将赵伯超等人弃军南逃。萧渊明逃跑不及，被魏军俘虏。梁朝最后一次北伐，就这么戏剧性、耻辱地失败了。

当然，要论戏剧性，自然比不过萧宏北伐。那一次梁军未曾与北魏军队接战，一场暴风雨便摧毁了一支军队。但好在梁朝当时处于上升期，韦睿、曹景宗、昌义之、裴邃等名将尚在，还能及时止损。此时梁朝的政治生命，像梁武帝一样已走到暮年，这场失利之后，国内政治、军事矛盾暴露无遗。可怕的是，梁朝虽然有人发现了问题所在，却没有解决问题的办法。

战败的消息传到建康，梁武帝吓得差点从座上跌下，失魂落魄地说："我们这是要重演当年晋朝被胡人灭亡的悲剧啊！"一次局部战役的失败，对梁朝来说并非什么大不了的事，梁武帝说出这种话，应该是根据自己几十年的政治经验，从敌我双方军事的形势对比中敏锐地嗅出了一丝危险。然而这样的敏锐并没有持续下去，梁武帝很快又恢复一个老年人常有的稀里糊涂的状态，并在这种状态下继续做出关于侯景的错误决策。而这个错误，将会把他和梁国一起送入万劫不复的地狱。

慕容绍宗大战侯景

梁朝在东线的进攻彻底失败，但在西线还有一定实力。从义阳三关北上的梁军，越过汝水一线，到豫州汝南郡一带接应侯景。侯景从颍川郡一退再退，向东南方向寻求梁军的援助。

侯景一向看不起韩轨等领军大将，为何要一退再退呢？其实如果是韩轨等人主持进攻，侯景并无退的必要，关键在于慕容绍宗。

慕容绍宗在彭城一战扬名，随即转兵杀向河南，会剿侯景叛军。侯景还有四万多军队，面对东魏大军的步步紧逼，退守至涡阳，在涡水之南隔河列阵。

侯景悟性超人，当年向慕容绍宗学兵法，没学多久便可与慕容绍宗并驾齐驱。但慕容绍宗擅长的，并非行军布阵之法，而是看不见摸不着的战略思想。客观的东西容易学，徒弟或许能在短时间内赶上老师，甚至青出于蓝。但谋略、思想却是抽象的，不可速成，侯景不可能骤然间全部学会，这也是他畏惧慕容绍宗的根本原因。侯景在战术层面与东魏众将处在同一水平，但在谋略层面可以说超群绝伦。叛乱之始，他就能从容挑动西魏和南梁加入战争，足以证明他具有相当好的战略视野。

然而正是因为侯景有战略视野，所以他对自己的短板也很清楚。他打的是无依托作战，河南诸州郡跟他从开始就不是一条心，绝不可能以河南为基地长久地和东魏对峙，更不要说在河南开基建国，独霸一方。只要有人看破这一层，避其长而击其短，不过分看重具体战役的胜败，而是靠庞大的力量优势压迫侯景，把侯景赶出河南是迟早的事。

侯景最担心的就是慕容绍宗的眼界。而慕容绍宗也没有辜负高欢的信任，他一到河南，就抓住了平叛战争的关键——持重紧逼，不轻易决战。

东魏大军进抵涡阳，在城下列阵。大战之前，慕容绍宗告诫诸将，侯景作战一向喜欢偷袭侧后，一定要仔细提防。

侯景临阵问慕容绍宗："你如此小心，是来送客出境，还是决一死战?!"

慕容绍宗答道："死战。"

侯景沉默无语，转身入营，闭垒不战。一会儿，叛军果然避开正面，从两翼进攻东魏大军。诸将提前有了准备，并不慌张。但打起来之后，诸将发现完全不是想象中的模样——侯景变招了。

东魏军队骑兵比例高，作战向来奉行骑兵冲突战术。侯景率领的叛军也是正牌官军，按理说战术应该一样，照着以往的打法即可。哪知道叛军最先杀上来的居然是步兵。这些步兵穿短甲、持短刀，全然不惧骑兵的长槊重甲，入阵岂不是送死?谁知并非如此。

步兵入阵，不和骑兵交战，而是低头砍斫马蹄，弄得东魏军不知所措，阵形大乱。侯景乘机发出骑兵，猛烈地冲击东魏军大阵。慕容绍宗大败坠马，大将刘丰被击伤，显州（今山西原平北）刺史张遵业被生擒。慕容绍宗收兵退入谯城。

许多人观史至此，大概都会怀疑慕容绍宗的水平——战斗打得太低级，战术上完全被叛军压制。如果单从战术上比较，慕容绍宗确实比不上侯景。但如前文所言，他的长处在于战略，局部战斗只要不影响全局，便不用太过计较。

慕容绍宗退入城中，索性闭门不战。反正叛军攻不进来，只要对方粮食耗尽，自然会退去，这是以不变应万变之法。但一些年轻将领看不下去，如此消极，岂是胜敌之法?斛律光主动请缨出战。

斛律光是老将斛律金的长子，精于骑射，有落雕都督的美誉。改为：论地位，慕容绍宗镇不住这位勋贵之子，便同意出战，但提了一条要求——万万不可渡过涡河。言下之意是，斛律光敌不过侯景，过了涡河极有可能被侯景包饺子。

斛律光年轻气盛，带兵出战，来到河边，望见叛军，心里还是有些害怕。以慕容绍宗的本事，尚且抵挡不住侯景，自己能有这本事吗?他命轻骑兵沿河放箭。侯景隔河对斛律光说:"你不过是为了立功,我却是为了活命。你父亲斛律金与我平辈论交,你又何苦穷追不舍?"

斛律光不为所动,继续射箭。侯景又说:"你不敢过河决战,一定是慕容绍宗教的。"斛律光被说中心事,感觉面上无光。侯景命部将田迁反射斛律光,洞穿斛律光战马的胸口。斛律光换了匹马躲到树后,结果又被田迁射伤战马。斛律光无奈,只得退回士兵丛中躲避。斛律光原本也是射术精奇之人,竟然被压制得全无士气。

侯景趁敌将夺气,发兵过涡水反击,击溃斛律光,生擒斛律光的副将张恃显。斛律光败退入城,慕容绍宗酸溜溜地说:"我说过不可浪战,此番如何?"

斛律光吃了败仗,但仍有人不信邪。大将段韶又率兵出战,这也是个硬茬儿。段韶与高澄是姨表亲,素来受高欢器重,打仗善于用智。他不想与侯景硬碰硬,便在上风纵火,等火至人奔之际再发兵突袭。侯景见有人纵火,便率骑兵下河,然后带着水踏湿河岸的草木,如此一来,大火便烧不过去。段韶没办法,只好退兵。

侯景连胜两阵,士气大涨。但侯景越打越是心惊,慕容绍宗坐拥十万大军,却一直采取守势,面子上固然不太好看,策略方向却准确无误,精准打击侯景的要害。侯景无法向北反攻,也不敢到其他方向攻掠地盘,无法取得补给。时间拖得越长,下场越惨。继续相持下去,恐怕只有死路一条。

果然,相持数月,到了太清二年(548年)正月,侯景粮尽,无法再支持。侯景同党司马世云投降官军,慕容绍宗发五千铁骑迅猛突袭叛军。侯景临阵欺骗士兵们说将士家属都已被朝廷诛杀,慕容绍宗披发立誓否认。

当时,叛军粮尽心散,侯景的战术再高明,在巨大的实力劣势面前也没有作用。叛军都知道这么打下去只有南渡淮河投奔梁朝一条路,北方人都不愿意到南方去,当场便有不少人哗变。叛军部将暴显率本部投降。侯景再也无力约束部队,率残兵匆匆从硖石渡过淮河,逃入南朝。慕容绍宗率兵穷追,侯景遣人送书说:"我若就擒,你还有何用?"慕容绍宗就此止步不追。

296

王思政大战颖川

事情至此还没有结束。东魏前门驱虎，后门又来了狼。西魏趁乱杀进河南，夺了侯景的七州及十二镇。领军大将，乃是西魏怪才将军王思政。当宇文泰决定有限度地趁火打劫时，王思政就极力要求把火烧大，提出全据河南的设想。

这个设想无疑太过狂妄，西魏根本不具备这样的实力。宇文泰很清醒，明确表示不同意，但架不住王思政坚持上书。宇文泰最终同意出兵，但只同意王思政率荆州刺史管下诸郡兵力一万余人出战，西魏主力不动。

王思政在玉璧、弘农两城以小搏大，自信心得到了极大提升，此时未免有些过于激进，因此没有看到东、西魏两国实力上的巨大差距便贸然发起了一场大战。

武定五年六月，侯景主力撤出颖川城，与东魏军大战于豫州东南，河南诸州空虚。王思政率荆州军马万余人，从鲁阳杀出，直扑颖川。

宇文泰虽然不同意全力争夺河南，但很认可王思政积极的态度，任命王思政为太傅、大将军，兼尚书令、河南大行台、都督河南诸军事。王思政不敢太过招摇，再三推辞，最后只接受了都督河南诸军事。同时，他还上书将河南大行台的治所转移到颖川，以便就近控制河南诸州。宇文泰一一同意。

王思政遂分派诸将，扑向被侯景抛弃的河南七州十二镇。他率主力杀进颖川的长社城，两个主要部将权景宣向东南进攻，占据乐口（今河南漯河市郾城区召陵镇），乐口南离悬瓠城两百余里，北据长社城亦两百多里；郭贤则率本部兵镇守鲁阳郡三鸦城（在今鲁山县西南十九里）。所谓七州十二镇，当有颖州、北荆州、东荆州、广州、襄州、豫州、洛州七州之地，除颖州、广州、襄州全部占领，其他各州都只占领了一部分，并未全取。但即使如此，王思政在河南拓展的版图面积也是西魏开国以来没有过的。

自永熙三年以来，西魏数次与东魏大战，几度侵入河南，但都是刚打进去就被打回来，所得土地也仅局限于洛阳附近。而今，他们做梦也不敢妄想的河南之地，竟然大部落入手中。举国的光荣与梦想，全系于王思政一身。这位出身太原王氏的高门子弟，终于凭自己的奋斗建立了不世功业，成为西魏军界绝无仅有的第一人！

由于荆州军力甚弱，王思政前出到河南州郡后，宇文泰加派河南郡守梁昕（西魏河南郡属熊州）从阎韩镇（在今河南渑池）紧急南下，移镇东荆州；原豫州刺史泉仲遵接替王思政任荆州刺史，率本部乡兵镇守荆州；骑将若干惠在侯景之乱前一年曾率军在鲁阳郡与侯景交战，宇文泰遂令他就地镇守广州，以援助王思政。这几部兵的具体数量不详，但西魏单独领兵的将领历来以万余为上限，乡兵则多在三千人左右，以此推测，若干惠加上梁昕、泉仲遵大概在两万以内，加上荆州系统的兵力，总计不超过三万人。面对广阔的河南大地，这就是西魏拿出的实力！力量不大，野心不小，真是人心不足蛇吞象。

王思政向宇文泰放出豪言："日后若遭东魏围攻，如果只是陆上进攻，可支撑三年；如果用水攻，可撑一周（六十天，即干支记日的一个甲子周期）。在此期限内，不用国家派兵来救。"

王思政的兵力基本展开后，东魏也差不多刚好将侯景驱出河南。

武定六年（西魏大统十四年）四月，高澄掉转重心，发重兵收拾河南残局。东魏集结十余万大军，由太尉高岳、行台慕容绍宗、大都督刘丰率领，进攻颍川郡。

高岳率大军进抵长社城外，自恃兵力占优，纵兵直攻城池。东魏兵如潮水一般，遍地铺开。快到城下时，他们惊讶地发现，想象中长社城旌旗飘扬、楼堞整齐、矢注剑拔的场面并未出现，长社城城门大开，城上偃旗息鼓，根本不像是要打仗的样子。难道西魏人不敢交战，已弃城而逃？正当东魏军疑惑之际，突然城中人喊马嘶，一队队精锐军卒从城中杀出，东魏军猝不及防，被打得溃不成军，高岳慌忙引军后退。

这场别开生面的遭遇战，让高岳领教了西魏人的厉害。他不敢再硬攻，在城外安营扎寨，做好长期进攻的打算。

经过两次玉璧之战，东魏军对硬攻坚城这种战术作了检讨：对于坚城，如果一鼓作气、不顾死活地猛攻，效果反倒不如围困。即使兵力充足，也要平心静气地坐下来慢慢打，城中粮食总有吃尽的时候。而且在兵力占绝对优势的情况下，还可以以城为点，围城打援。

高岳众军在长社城周围多修营垒，把城池团团围住。选择城池周围地势高的地方筑起土山，在土山上架设飞梯进攻城头，城下又用火攻车投火烧城上楼堞。王思政根据进攻手段一一应对，他揣准东魏人不敢薄城硬上，令众军多多准备火把和火箭，顺风投射到东魏人的攻城器械上，几乎将其烧得一干二净。

高澄又调驻扎在河阳的斛律金、薛孤延到长社助战。薛孤延率众在城下督造土山，拉平与城墙的水平面。王思政派精兵连夜缒城而下，杀败造土山的东魏兵，将土山毁掉。双方你来我往，打了一年，高岳、慕容绍宗、斛律金三人枉称东魏大将，居然没能攻下区区万人把守的长社孤城。

武定七年（西魏大统十五年，549年）四月，东魏军改变了策略，在洧水上拦河筑堰，引水倒灌长社城。一时间城外大水漫至，几乎与城头相平，许多处城墙被水泡塌，城内的泉眼因地下水位大涨倒溢，长社城中一片泽国。经过一年苦战，守军也快到极限。许多士兵缺乏营养，手、脚开始肿烂，损失了不少人。

此时大水一来，王思政心中骤然一紧。都怪当初他对宇文泰夸的海口太大，以致于朝廷太过放心，苦战一年居然不派援兵。现在已苦战一年，兵疲力尽，哪里还能挡得住六十天。

正当王思政发愁时，情况发生了戏剧性的转变。

眼见大水灌城，不日即可破城，东魏主将们都有些轻敌。慕容绍宗、刘丰和几位将军乘坐大船察看情况，船上的弓箭手还挑衅地向城中射箭。不料船刚刚开出，洧河之北大风暴起，一时间飞沙走石、天色昏暗。大风非常强劲，居然把船缆都刮断了，船顺风飘到城下，没法返回本军了！

西魏城上士兵赶紧拿出来搭钩把大船钩住。东魏军既没法逆风使帆，又来不及摇橹逃跑，只能眼睁睁地被活捉。慕容绍宗无处逃窜，情急之下跳水逃命，然而他是个旱鸭子，挣扎了几下，便在水中淹死，时年四十九岁。可怜一代名将，被高欢埋没十多年，刚刚开始建功立业，竟然就这么意外横死了。

刘丰也跳进水中，好在他还会点水，拼命向本军大营的方向游。谁知风吹水动，刘丰没游多远便被风吹得打旋，西魏军用搭钩拉住他，乱箭齐发，将其射死在水中。刘丰自灵州归诚以来，一直以壮勇善战著称，如此横死，东魏朝野无不惋惜。

船上另一位大将慕容永珍被生擒，王思政亲自召见，涕泗齐下："我军困窘如此，失败已是注定，但你我各为其主，所以我不得不杀你啊！"斩首后，王思政下令以礼安葬慕容绍宗、刘丰、慕容永珍等大将。

东魏军一战送了两个高级将领的性命，虽属意外，但对军心士气的打击也相当严重。高岳不敢硬攻，请求高澄再发援兵。高澄也知道事态的严重性，亲率步骑十一万人杀到长社城下。其实以王思政现下的状况，只需高岳的部队贾其余勇，再攻几次，破城不过是旦夕之间。只不过王思政抵抗得实在太猛烈，给包括高岳在内的东魏围城部队带来极大心理震撼。

高澄本没有亲征颍川的打算。他于武定七年四月接受东魏皇帝册封，改渤海王为齐王，并任职相国，王朝禅代的意味已非常明显。众臣多有劝高澄取东魏而代之，唯有陈元康老成持重，认为在河南尚有大战的情况下仓促禅代不合适，极力谏阻。

良药苦口，忠言逆耳。虽然陈元康说得对，但高澄觉得面子上过不去，毕竟这是他人生最重要的事情，因此高澄对陈元康有了些看法。

此公自高欢创业之初就参典机密，威望逐渐提升，对新主来说不是件好事，高澄便借机任陆元规为大行台郎，以分夺陈元康的权。陈元康提出亲征建议，高澄也有意磨一磨这位老臣的锐气："既然你有这份心意，不妨到前线去看看，是否需要我亲自去？"陈元康还真跑到颍川军中进行实地了解，回去后再次建议："颍川能拿下，大王宜亲自前往。"高澄顺坡下驴，决心好好打一场亲征之战，为改朝换代奠定基础。

此时夏至水涨，洧水水量更大，高澄不改水攻之策，命部队继续加高堤坝，不泡塌长社城誓不罢休。但此时水流较大，施工难度比夏初大多了，东魏军三次起坝都被大水冲垮，高澄严令不许停止，下令把负土的士卒连同土囊一块丢进河里，终于成功堵住了洧河。

如此一月有余，到当年六月，长社城北终于大面积倒塌，筋疲力尽的西魏守军再也组织不起有效的防御。城中原有守军近万人，长达一年的惨烈战斗后只余三千多人，基本都丧失了战斗力。但由于王思政平时私德良好，对待士卒又倾心抚恤，士卒们都愿意效死，故而即使苦战至此，也没有一人出降。

大水冲入城中，王思政率残兵站到高处避水，朝北而拜，大哭道："我担负着国家重任，本指望为国立功。谁料如今智穷力竭，无法继续作战了，只有一死以谢国恩。"左右皆大哭。

高澄对这位创造了奇迹的大将心怀钦佩，不想把他逼死，下了诏令：有能生擒王思政的，封侯，重赏；如果有损伤，左右亲近从人全部处死。

王思政本想自杀，被左右从人劝止。东魏大臣赵彦深入城劝降，王思政力竭而降。面见高澄后，王思政辞气慷慨，陈说力战之事。高澄从内心感到佩服，因此厚待王思政，其部下残余三千军卒也免了死罪，打散后分配到戍边部队中。

宇文泰闻知颍川失陷，急命河南诸军拔回，权景宣、郭贤诸将都率军返回荆州本镇，所得诸州随即复归于东魏。

至此，侯景叛乱在河南造成的扰动归于平静。由于高澄应对得法，西魏、南梁都没有捞到太多好处。而南梁因为介入程度较深，反倒招致更大的祸端。

第十章

西魏吞蜀之战

大统十七年，西魏趁南梁侯景之乱，发动了对汉中、蜀中的战争。宇文泰这次出击，取得了北魏与南朝对峙以来前所未有的重大胜利。以蜀地的易手为标志，南北对峙形势急转直下，从此南朝再也无法与北魏保持均势。

西魏夺东梁州

自北魏宣武帝时代，南北双方对汉中、蜀中的争夺就已开始。北魏名将曾提出一鼓作气攻下梁益诸州的建议，但未被宣武帝采纳。北魏攻到涪城，以王足叛降南朝为标志，就此停止进攻。梁朝发动蜀地的氐、獠等少数民族，利用他们的豪强力量，不断骚扰进攻北魏。

自邢峦退出对西南的经略后，北魏又派名将傅竖眼坐镇汉中南郑城，主持对南朝的反击。直到傅竖眼去世，梁朝始终未能踏入汉中，双方以剑阁为界各据南北。

一直以来，蜀中、汉中互为唇齿，魏梁双方都不甘心两地分开，都想夺取对方手中占据的一部分。然而北魏末年政乱，六镇起义掏空了北魏元气，纵有傅竖眼之能，其在汉中的军事力量也仅能自保而已。

大通三年（北魏永安二年，529 年），梁朝不断策动反击，傅竖眼的儿子傅敬绍趁乱起事，在南郑拥兵割据，结果被州兵杀死。时年六十九岁的傅竖眼一世英名毁于儿子之手，不久后羞愤而死。梁武帝萧衍乘机加紧对汉中诸郡的进攻，终于在大同元年派大将兰钦攻下南郑城，使汉中、蜀中在时隔三十年后重新恢复一体。

当时西魏刚刚立国，正在全力对付东魏的军事紧逼，无暇应付汉中方向。然而汉中与长安的距离实在太近，当年蜀相诸葛亮频频进攻曹魏，正是以汉中为基地，兵锋才能进入关中。如今梁朝跨据荆、益、吴、越，实力远超当年的蜀汉，若是效法诸葛武侯，从汉中进攻长安，与东魏东西并举，那么关中危矣，西魏危矣。

大统三年，西魏朝中曾就汉中问题举行过朝议，会上达成一致意见，汉中问题必须重视，但苦于无兵可派——主力都在东方防备高欢，根本组织不起大的攻势。御史中尉董绍是北魏遗老，素知当年北魏在南郑的军事力量，大概认为梁朝只不过是趁火打劫，其力量根本不足以维持，于是自告奋勇挂帅出征。宇文泰认可他的积极心态，高度赞扬了董绍的军事远见，但并没有给他太多支持，让他率几千人马去打南郑。

结果可想而知。梁朝新得南郑，自然是严加防范，大将兰钦也不好对付。董绍率军历尽艰辛穿越秦岭，刚到南郑外围，便碰上了以逸待劳的兰钦。西魏军一战大败，狼狈退还，被斩俘三千余人，余部退入斜谷。梁将兰钦穷追不舍，西魏军几乎被杀尽。

南郑一败，关中大震，宇文泰不敢扩大战事，低声下气地发使于梁请求停战，并送上两千匹马以贿梁武帝。

按理说，西魏当时正奔命于洛阳潼关一线，只要稍加外力，关中定然无法支持下去，但不知为何，梁武帝没有继续出兵扩大胜利。或许是把主要精力放在安抚梁州少数民族，消化新占领区上；又或许是持续三十余年的汉中争夺战，彻底扭转了梁武帝对北朝的认知。尤其是宇文泰新取得的军事胜利，让人实在太过震撼，梁武帝不得不放缓步子，以更加实际的策略处置汉中。

不管怎么说，以我们现在来看，梁武帝失去了最佳历史机遇。自此之后，他再也无力染指西北方向了。

而到了大宝二年，梁武帝死于侯景之乱，萧氏不肖子孙为争皇位大打出手，梁朝别说向西北经略，就连自保都存在问题。尤其是武陵王萧纪，坐镇益州，与荆州的湘东王萧绎对峙，为了争夺法统，甚至大打出手，根本无暇顾及对北方的战事。

宇文泰敏锐地捕捉到了可乘之机，决定趁东面的北齐暂时停止攻击，发兵攻略梁州，也就是汉中一带。宇文泰分派大将军达奚武、王雄领兵，分两路进攻，达奚武主攻汉中南郑一带，王雄攻上津（今湖北郧西县上津镇）、魏兴（今陕西安康）二郡。

为什么选择这两个方向呢？尤其是王雄一路，距离汉中尚有一段距离，两路分兵并不能在战役上相互支持。这还要从汉中和魏兴郡的地理情况说起。

若不熟悉魏兴郡，可以简单地联想一下三国时代蜀魏对抗的形势。关羽兵败荆州，驻扎于上庸、房陵的刘封、孟达没有及时出兵援助。上庸、房陵就在魏兴郡以东，与魏兴同在汉江流域，是汉中与荆襄之间的交通枢纽。三国时诸葛亮屡出祁山劳师无功，蒋琬秉政后曾计划从汉中沿汉水东出襄阳，直接进攻曹魏腹地，事不果行。但从中可以看出，魏兴一带对于汉中、襄阳意义重大。

王雄出击魏兴、上津郡，就是为了截断汉中与襄阳、江陵的联系。毕竟梁朝在那里还保有一定势力，如果进攻汉中真的让蜀中萧纪与江陵萧绎联手对付西魏，西魏至少可以保护达奚武的侧翼，确保对汉中作战的成功率。

这个出击方向很诡异。萧纪委派的官员注意力都放在汉中，魏兴诸郡县没有加派兵力防守，王雄很顺利地拿下魏兴、上津二郡，并将当地的豪强全部迁到雍州。宇文泰非常高兴，将新拓之地置为东梁州（与汉中所置梁州区分）。

王雄后来被封为庸国公，庸是春秋诸侯国，核心地域就在安康、上庸一带。西魏北周对功臣大将赐爵，一般以其著勋最大的实地赐爵，例如大将军杨忠攻下南梁的随郡，后来爵名便是随。王雄受封此爵，应当也攻下了上庸一带的郡县。

王雄的胜利为达奚武提供了坚强的侧翼保障，达奚武得以放心大胆地发起对汉中的进攻。梁朝安排了重兵驻守此处，达奚武的进兵过程曲折得多。

达奚武攻占汉中

萧梁宗室萧循在南郑城驻守。南郑城第一次史有记载的扩建，是在汉高祖刘邦入汉中时，彼时南郑城周长四十里，是汉王刘邦统管汉中、巴蜀之地的首府，城池相当大。东晋咸康年间（东晋康帝的年号，335—342 年），由于南郑人口较少，军队防守不了太大的城池，因此梁州太守马勋截取城东三分之一，另建小城。跟洛阳的金墉城一样，小城成为南郑新的行政中心和防守重点，后世遂延续为汉中首府。南郑城内又有小城，诸如南凭、北结、环雉、金墉、漆井，城防工事设施非常复杂，是一座综合性要塞。达奚武率三万大军，从散关出发，经褒斜道向汉中进发。

秦岭将关中平原与汉中隔开，连绵千里的大山，有三条较大的孔道贯穿其间，自西向东分别为褒斜道、傥骆道、子午道。

褒斜道全长四百七十华里，北口在斜谷城（今陕西眉县西南方约三十里），南口在褒城（今陕西褒城北十里）。其道路几乎与褒河河谷重合，北高南低，利南下而不利北上。河谷沿线地势崎岖，不利于长途行军，更难以展开大规模军事行动，秦汉之际多凿栈道通行。此道是三道中最易通行的道路，三国时曹操与刘备争夺汉中，即由此道进军。大统三年，董绍战败，退回关中时被梁军追袭，走的也是这条道。

傥骆道全长四百二十华里，南口在傥谷（今陕西洋县北三十里），北口在骆谷（今陕西周至南一百二十里），傥骆道全是山路，终南山的主要峰岭阻挡其间，《读史方舆纪要》云："其中路屈曲八十里，凡八十四盘。"大部队行军极难，绕行路也极远，牛马都能累死，行军之难可想而知。2007 年，秦岭—终南山一线开通隧道，单向通道十八公里，八十码的车速十多分钟就可穿越，现代人已无法体会古人背着沉重的装具和兵器翻越大山的痛苦了。

子午道全长六百六十华里，北口在子口（今陕西西安南百余里），南口在午口（今陕西洋县东一百六十里）。子午道上山水相杂，距离偏远，比褒斜道险，比傥骆道远，历来不是行军的首选。但因其是进长安的捷径，古来亦有兵行险道走子午道的例子，例如三国时魏延曾提出，以奇兵出子午谷进攻长安。但其路途过于险要，极易被敌军扼住通路。

达奚武走的是兵家正途，由褒斜道出军，幸运地穿过秦岭，抵达汉中。梁将萧循并没有采取多少积极措施，放任西魏军进入关中腹地。南郑城北有一个武兴戍，是保卫南郑城的前哨。由于事前没有准备，这个小小的戍城不发一矢、不交一战，在魏军的劝降下，直接投降献城。

由于侧翼有力的保护，达奚武得以心无旁骛地进攻南郑城。达奚武手下京兆郡守王悦建议："攻南郑城的同时，须兼顾白马戍这个要点。此城在南郑城西面一百二十余里，地处沔水谷地，两边都是高山，是蜀中救兵的必经之路。若抢先拿下此戍，则蜀中援兵不足忧矣。"达奚武遂先命王悦率七百轻骑急行军前去抢城。这一招是夺取南郑甚至全取汉中的关键。

白马戍在汉中西南。由于梁军的防御方向是北面，白马戍的防守很薄弱，王悦劝降一番，连哄带吓，没费什么劲儿，守军便缴械投降。卡住这个要点，有两重意义：一是掐断蜀中来援汉中的通路，二是以极快的速度对蜀中造成震慑。

果然，刚拿下城池，蜀中便遣将军纪奇率六千人来救南郑。途经白马戍，见城池易手、魏军严阵以待，纪奇不敢继续前进，也顾不上南郑城，灰溜溜地撤退了。

达奚武率主力围攻南郑城，大概由于准备不够充分，骑兵多、步兵少，攻城技术跟不上，打了很久也没有成效。一个月后，蜀中再派大将杨乾运率万余人马出剑门关救南郑。萧循困守南郑城中，本已打算向达奚武投降，闻知有救兵前来，不顾前期谈好的投降事宜，加强戒备，抵抗到底。

达奚武没有办法，便转移方向，派出三千骑兵到白马戍，与王悦配合，一举击败杨乾运，擒斩数千人。杨乾运久在蜀中，窝里横还行，见到如此生猛的军队，一战吓破了胆，也灰溜溜地逃跑了。

南郑城下打得正酣。魏军故意示弱，诱使梁军出城，再设伏夹击，萧循大败。达奚武再度遣使劝降。萧循欲攻无力，待救无时，只能放下武器投降。达奚武将南郑士民迁到长安，留下王悦继续攻略汉中郡县。

汉中的易主，对梁朝西部形势造成很大影响，此后南北以剑阁为界，蜀中面临的压力更大了。

尉迟迥平蜀

从军事上看，汉中作为蜀中的北部屏障，具有得天独厚的地理优势。这个地方北邻秦岭，南阻大巴山，东接汉沔。如果背靠蜀中，加强军备设施建设，则足以保障蜀中的战略安全。三国时蜀汉诸葛亮便着眼于此，将防守兵力屯驻于汉中外围的各个要塞，严防曹魏渗透，直至诸葛亮去世，曹军都未能越过汉中一步，蜀中因而得以高枕无忧。及至姜维时代，蜀汉放弃了实兵外围拒敌于汉中之外的策略，采取收缩兵力、诱敌深入的方法，导致钟会伐蜀时一举进入汉中，北部的秦岭天险失去了作用，致使蜀军只能退守剑阁，丧失汉中。汉中的丢失，无疑加速了蜀汉的败亡，故而南朝宋、齐、梁三代，无不把保守汉中作为巩固四川形势的首要之举。

从经济上看，汉中盆地土地肥沃，物产丰富，民力也较深厚，是具备综合性军事基地条件的大州，仅次于成都盆地。北方一旦得到汉中，取用汉中的民力资源，建设强大的南下基地，即使蜀中兵力可以暂时抵抗北方的进攻，长期持续下去，对蜀中也绝不是什么好事。

所以说，如果萧纪对汉中足够重视，在西魏动手前加强对汉中诸塞的建设，为萧循增补一定兵力，便可以依托汉中优越的地理条件，以最小的代价将西魏堵在秦岭之外。但是现在这一切都晚了。几近疯狂的萧纪，把所有赌注都押在了攻打荆州上。

萧绎对蜀中的军力也颇为忌惮，何况此时湘州的叛乱还未平息，襄阳的死敌萧察虎视眈眈，北齐也时不时在江北挑起事端，不断蚕食江北梁朝的土地。萧绎自忖没有打败萧纪的把握，彷徨无计的情况下，他选择"饮鸩止渴"——向西魏求救。

宇文泰接到萧绎的求救后，召集群臣商议："蜀可图矣，取蜀制梁，在此一举。"随即发兵进攻蜀中。此次挂帅者是尚书左仆射尉迟迥。

尉迟迥是宇文泰姐姐昌乐大长公主之子，颇受宇文泰重用。宇文泰起兵之初，由于宗族人丁稀少，没有堂兄弟及近枝宗亲，三个哥哥都死于六镇之乱期间，一众侄儿死的死，散的散，只剩下宇文导、宇文护兄弟。故而，宇文泰对姻亲极为重视，尉迟迥一直跟在宇文泰身边，参与了沙苑之战，后来还娶了西魏文帝之女金明公主，成为朝中贵戚集团的一员。

这次伐蜀，宇文泰存心要历练一下外甥，以增加近枝力量。承圣二年（553年）三月，尉迟迥率步兵一万两千，骑兵一万，从散关出发南征蜀中。蜀中现在极为空虚，萧纪率主力东出峡口与萧绎死战，只留很少兵力守备。尉迟迥经过汉中，直抵剑阁关，形势一如当年钟会叩关攻蜀。

剑阁关是成都平原的门户，此地险绝非凡。《水经注》记载："小剑戍西去大剑山三十里，连山绝险，飞阁通衢，谓之剑阁。"三国时诸葛亮认为大剑山至小剑扼守入川要路，于是设立了剑门县，开始有剑阁雄关。钟会攻陷汉中后，与姜维于剑阁对峙，虽然挟破汉中的胜势，但一时间也攻不破这道雄关。因此萧纪只要部署得当，在剑阁配置有力的防守部队，还是能够阻西魏于剑阁之外的。

但此时蜀中的形势连当年蜀汉也不如。剑阁守军隶属于潼州刺史杨乾运，本就与萧纪不和。杨乾运原是魏人，大同元年，梁朝兰钦发兵攻汉中，杨乾运被俘入梁，因其是偃城豪强，故被提拔为大将。萧纪本来待他不薄，但杨乾运贪心不足，想回汉中当刺史，萧纪不同意，杨乾运对此怨念颇深。

尉迟迥奉行宇文泰招降纳叛的政策，未战先劝降。此前攻汉中、魏兴，俘获的梁将一律不杀，仍旧用为将军。这一政策蜀中人尽皆知，尉迟迥使者先到潼州，劝杨乾运等人投降，杨乾运审时度势——或者说是内心对萧纪已失望透顶，当即拱手投降，平白将一座剑阁雄关送给尉迟迥。

蜀中留兵不多，除了剑阁门户和成都，其余各城基本没有多少兵力，剑阁一破，大门等于已经敞开了。承圣二年六月，大军进抵成都城下。尉迟迥故技重施，想未战先劝降，派部下给事黄门侍郎李棠入城劝降。不料，一路屡试不爽的办法，在成都这里竟然不管用了。

留守成都的是梁宗室萧㧑（zǒng），此人是梁武帝之弟安成王萧秀之子，乃是梁朝诸将中较有气节与担当者。西魏大军兵临城下，他手中虽仅有万余人马，却不肯屈服。魏使李棠入城劝降，萧㧑不顾"两国相争，不斩来使"的通例，逮捕李棠，逼问其魏军虚实。李棠拒不回答，惨遭杀害，首级挂到城头，魏军见了人人切齿。

萧㧑想趁魏军立足未稳之际将其击退，派兵出城逆击，结果反被魏军击败，无奈只好闭城死守。成都被围之讯传到峡口前线，萧纪大惧。彼时萧纪正和萧绎相持于峡口，萧绎在峡口江面拦上横江锁链，两岸又屯驻了重兵，萧纪难以前进一步。

以当时的形势而论，萧纪理应迅速回救成都，就算要继续与萧绎对峙，也只应留下部分军队，但恰逢萧绎部下大将陆纳在湘州作乱，萧绎不得不分出兵力去平湘州。萧纪大概想一鼓作气灭了萧绎，只派大将谯淹率三万人马回救成都，自领大军继续进攻萧绎。

谯淹刚到成都近郊，遇上了尉迟迥分出的一部轻骑，魏军以逸待劳，将谯淹击败。谯氏是川中豪强，三国时谯周、刘宋时谯纵皆是其家族代表人物。谯淹败而不乱，率残兵逃入岷州一带，隐藏于当地豪强势力之中。魏军的目的是拿下成都，于是掉头继续打成都。

萧捴被围五十多天，无计可施，也看出萧纪的无能、梁朝气运的衰败，于是又请降于尉迟迥。尉迟迥虽然恼恨他杀了使者李棠，但还是以破城得地为大，与萧捴登坛盟誓，接管了成都。萧捴因为梁朝宗室的身份，加上宇文泰历来不杀降将，后来倒也落了个极好的归宿。

西魏获取成都后，继续攻略蜀中诸郡。由于萧纪败死于峡口，没有一兵一卒回到蜀中，尉迟迥顺风顺水，全取蜀中之地。西魏兵锋东至峡口，从此全据梁、益，版图得到极大扩张。

自北魏以来，北方从未有过如此大的胜利。西魏取蜀，有几重鲜明意义。

其一，极大地提升了综合实力。汉中、蜀中自来号称天府之土，《隋书·地理志》云："其地四塞，山川重阻，水陆所凑，货殖所萃，盖一都之会也。"《周书》云："时益州殷阜，军国所资。"西魏原来立身的关陇之地，只有关中较为富庶，但其空间有限，是以立国十几年，始终没能扭转贫弱的局面。吞下梁、益二州，人口、经济都实现了巨大跃迁。西魏国力自此明显提升，特别是与北齐对峙、作战时，能够派出的军队越来越多，北朝两国形势之高下，在于梁、益二州之易手。

其二，极大地提振了政治自信。西魏攻梁、益二州，总体上分为两步，调动兵力达到六七万，远超当年北魏进攻蜀中的兵力。但由于分为前后两个阶段，单次派兵规模只有三万多（尉迟迥入蜀后又得了一部分援兵，也达到三万），敌国——特别是死敌北齐并没有乘机进攻西魏东线。这两次低调务实的行动，收到了意料之外的战果，过程之顺利，得地之广大，都远超当年与东魏大战，不得不说，西魏上至决策层，下至一线将领，都认识到了自家策略的可行性，从而产生良性循环，越打越自信。

其三，建立了极大的战略优势。蜀中自来号称万里长江之首，就战略形势而言，以水军出川，顺流而下，可对中游和下游构成极大威胁。自西晋灭吴以来，江南诸朝无不把蜀中作为保障国防安全的重要方向来考虑。东晋立国百余年，桓温和刘裕先后两次收复四川，其目的就是巩固长江上游，防范北朝夺取。平心而论，得蜀中与破江南并无直接联系，如果江南国力强盛，以兵塞峡口，蜀中之军也未必能越峡而下江南。得蜀中与破江南的真正关系在于，当北朝国力盛时，蜀中在手，便可成为配合江汉和淮南进攻南朝的一大基地，起到数道并举、泰山压顶的效果。从北论之，伐江南不必得蜀中，然得之更有利。从南论之，保江南必保蜀中，失之必败。

从后面三十年的整体历史来看，西魏打下蜀中，第一，为消灭江陵的萧绎政权提供了极大支援，使萧绎在面对北方的威胁时，不得不时刻在西面保持相当的防守力量。第二，为制衡江南提供了巨大战略支撑，使得后来的北周和隋在广阔的战线上对江南形成全面的战略威压态势，即使后来北周争夺湘州失败，周强陈弱的总体态势也没有变化，更遑论隋对陈了。

总结来看，宇文泰在对梁的攻略上，策略务实，动作有力，时机精准，远胜于北齐对梁的侵略。两相对比，北齐仅在淮肥一带取得了一些实惠，其带有消灭异己性质的萧韶南侵战争，派遣萧渊明去梁争继帝位的政治斗争，显得迟缓而蠢笨。《隋书》说北齐疆土促狭，高洋的原因其实最大。王夫之《读通鉴论》云："夫高氏方与宇文争存亡之命，不能乘衅以窥梁，明矣。其以偏师奉渊明而入，直戏焉耳。邢子才雕虫之士，据长江而待其毙也有余。"虽说有一定道理，但笔者认为，高洋失败最根本的原因是对南北形势的考量失衡，把精力过多地用在了对北方胡族的打击上。在梁末大乱这千载难逢的好时机中，没有把握住北齐的命运，在国运上输给宇文泰一步。

第十一章

周齐风云

自武定六年东、西魏颍川之战后，两国很长一段时间未再发生大战。并非两国不再对峙，而是各自调转了方向，把主要精力用在别的方向上，直到河清二年后，两国之间才再度爆发大战。这十几年间，东、西魏各自完成了王朝嬗变，时势已完全不同了。

北周、北齐之立国

东魏虽说只是高氏家族的傀儡政权，但要完成政权交接，也不是顺风顺水之事。武定七年八月，高澄收复河南失地、驱逐侯景后，专意于内政，开始计划取代东魏元氏。出人意料的是，高澄在邺城竟然意外被家奴兰京伙同奸人刺杀了。

此案是北朝第一谜案。兰京是梁朝大将兰钦之子，战争中被俘入北朝，高澄令其充任庖厨。根据史料看，兰京刺杀高澄似乎是因为受了虐待。但整个案件巧合颇多，不得不令人多想。

其一是刺杀的时机非常敏感。当时恰逢高澄召集陈元康、崔季舒、杨愔等心腹大臣谋划禅让的大事，谋划完就要登位为帝。

其二是高澄的防卫兵力恰巧都不在。高澄当时与东魏琅琊公主私通，不想被外人知道，卫兵都被调开了。兰京等一众刺客上堂刺杀时，四周无人，于是刺杀成功。内堂卫兵的情况，只有极为亲近的人才知道。兰京固然有近身之便，但他一介降虏，出入内外没有那么大自由，又有何本事串联起数名刺客，伺机精准刺杀呢？

其三是案件处置速度过快。高澄被刺杀之后，高澄二弟高洋立即组织京都禁旅包围了东柏堂，当场格杀兰京等刺客，一个活口也没留下。高澄诸子尚幼，于是高洋摄取大权，几个月后接受东魏禅让，建立北齐。

论者有以受益者嫌疑最大的观点，推断高洋实为此次谋刺案的主使。如此论调的确有几分道理，但由于史料缺乏，后世并不能据此作此推定。然而不可否认的是，政权迭代使得北齐的注意力转向内部，不再与西魏大战。

高洋是为北齐文宣帝，在位十年，执政后期逐渐昏暴，杀弟虐臣，不能理事。高洋于天保十年（559 年）去世，长子高殷继位为帝。然高洋之母娄昭君不想让高殷之母李氏当太后掌权，于是扶持儿子常山王高演夺位为帝。高演废杀亲侄高殷，是为孝昭帝。

高演倒是个勤政有为的皇帝，在位期间亲征东北的库莫奚部落，纠正高洋后期的暴政，还一度接受卢叔虎的平西策，企图重开对北周的战事。然而天不假年，在位仅一年零三个月便重病身死。

高演临终之际，自感儿子幼弱不足以继位，便手书下令传位于同母弟长广王高湛，并请求他不要害自己的儿子高百年。高湛顺利入继大统，是为武成帝。高湛文才武略远远不及三位同母兄（高澄、高洋、高演），颇好嬉戏，政事荒疏，就连个人信誉也颇为不堪。即位后不顾兄长的临终哀告，亲手打死毫无政治威胁的高百年，宗人国人无不齿冷。北齐国力在他执政期间逐渐走向衰落，也正是在这个阶段，后来居上的北周帝国，频频发动对北齐的进攻。

西魏立国后也经历了一番曲折。

宇文泰于太平元年（556 年）去世。他一心要做周文王、魏武帝、晋宣帝那样的人，只为儿子铺路，不敢骤然去夺那个皇帝名位。故而死前一直是西魏的丞相、太师，连爵位都很随意，去世前只受封为安定郡公，与高欢在东魏的渤海王爵无法相提并论。

宇文泰去世时嫡子宇文觉年方十四，根本无法担当重任，为保宇文氏法统不失，宇文泰遗命侄子宇文护辅政。正是这个名不见经传的宇文护，引起北周十余年的内政争斗。

闵帝元年（557年），宇文护迫使西魏皇帝逊位，禅位给宇文觉，是为新的北周帝国。宇文护名位不高，虽然宇文泰死前加急晋封其为中山郡公，但开国六大柱国尚存其五（李虎已死），宇文护怕老牌勋贵们联合起来对付自己，便拉拢最有智计的柱国于谨支持新帝。

赵贵、独孤信两个柱国一直郁郁不得志，不服这位新晋的辅政大臣，于是密谋作乱想推翻宇文护。宇文护先下手为强，逮捕并杀了赵贵。独孤信没有立即被处死，大概是顾及他是宇文泰长子宇文毓的岳父，但宇文护也没有饶过他。没过多久，宇文护以皇帝的名义赐独孤信在家中自尽，没有追究子孙，这也算得上是政治恩典了。

宇文护专权霸政，虽然杀了两个柱国，但毕竟根基不牢，还有许多人不服。以司会李植、军司马孙桓等为代表的少壮实力派，密谋诛除宇文护。他们出言蛊惑年少的皇帝宇文觉，在宫中操练武士，企图趁宇文护进宫时刺杀他。无奈宇文护当时一手遮天，势力过于庞大，这次刺杀事件迅速流产。宇文护废杀宇文觉，改立宇文泰的庶长子宇文毓为帝，是为周明帝。

周明帝时年二十三岁，为人英敏明断，很快表现出令宇文护心惊肉跳的见识与胆魄。宇文护表面上归政于皇帝，但仍把持着军政大权。周明帝表面上表现得不怎么着急，暗地里却不断策动朝臣议论朝政，凝聚自己的权威。宇文护毕竟名不正言不顺，不可能长期把持大权不放。逼急了，他索性再次废帝，命庖人李安在饮食中下毒，毒杀了明帝。

武成二年（560年）四月，明帝去世，死前留了遗诏，传位于四弟宇文邕（yōng）。宇文护倒也不敢自立，遵立年十七岁的宇文邕即位，是为周武帝。宇文邕吸取两个哥哥惨死的教训，索性让出所有权力，对宇文护极为尊崇。君臣间相安无事，维持了十几年的和平。宇文护连废两帝，自感说不过去，转而专注于对外战争，以积累威信。

此时南北朝进入周、齐、陈三国对峙阶段，南北、东西之间互有矛盾，战争形势更为复杂。军事并非宇文护的强项，穷兵黩武，反而招致失败。

前哨战：杨忠突袭晋阳

保定三年九月，宇文护主持朝议，讨论对北齐开战的问题。战争是周武帝上台，或者说是宇文护稳定执政后，北周朝廷的主流话题，朝议并没有讨论该不该开战，而是直接讨论先打哪里。

其实这次朝议的由头，就是突厥派遣使者前来商议联兵伐齐，并许诺发十万骑兵相助北周。突厥取代柔然新兴于草原，武力极为强悍，周、齐两国都不敢招惹，争相与之结好，突厥人要打北齐，北周无法拒绝。顺着这个由头，许多人建议将进攻方向定为晋阳，一则离突厥更近，二则可从战略上造成北齐忙乱。

方向好定，但具体怎么打不好说。有人建议打晋阳重地，至少应发兵十万。北周军力自府兵创制以来虽然有所恢复，但要骤然间派出十万大军，这可不是小事，宇文护不敢轻易冒险。

大司空杨忠称，齐人势弱，根本不需要动大军，只需一万骑兵便可攻破晋阳。

又要动兵立威，又不敢发大军冒险，宇文护正愁不知道怎么办，杨忠夸的这个海口，无疑正中他的下怀。于是宇文护马上同意，令杨忠率李穆、杨纂、王杰、尔朱敏、元寿、田弘、慕容延、尉迟运、贺若敦等十余名开府以上的将军出征。

杨忠虽说曾以两千弱兵进攻梁朝随郡、安陆，生擒梁朝大将柳仲礼、斩杀梁邵陵王萧纶，有资格吹牛夸海口。但北齐毕竟不同于南梁，晋阳又是北齐的军事首都，一万骑兵岂敢深入虎穴?他之所以敢夸下这种海口，不过是倚仗突厥人许下的十万铁骑。

不过宇文护还是有点不放心，毕竟这一战关系重大，不能拿一万骑兵当牺牲品。于是他又遣大将达奚武率三万步骑，从南面进攻晋州，以牵制河东齐军的主力。

杨忠率一万骑兵迅速北上，为了和突厥兵会合，行军差不多两千里，到达什贲（今内蒙古乌拉特前旗），留下尔朱敏守卫，然后向西北进军至武川镇。武川镇是宇文泰、独孤信、杨忠等人的故乡。杨忠走访故居，祭祀先人，在周齐边境席卷二十余个军镇，大约在恒州以北攻破齐长城，进入北齐北部。

突厥大军从牙帐南来，需要一定时间。杨忠已经入了敌境，不敢再像在黄河边上一样耽搁时间，他留下老将杨纂在灵丘（今山西灵丘）接应突厥大军，自率主力，以迅雷不及掩耳之势击破雁门关一线的北齐军驻防兵力，沿滹沱河谷地南下攻破显州。十二月底，突厥十万大军果然信守承诺，在木杆可汗的率领下，与杨忠大军会合，并兵南下，直迫晋阳太原城。突厥大军西占风谷山（今山西太原西）、东踞汾河。风谷山口是太原西面大道，汾河河曲在太原东南，是东面大道。突厥军如此布阵，等于掐住了晋阳的喉咙。

以往东西两国大战，大都是东魏进攻、西魏防守，战场多在河南与河东，北齐北部从无后顾之忧，故而晋阳之北兵力配备一直不多，重关险塞简直形同虚设，因此杨忠能以区区一万人迅速击破二十余城。

晋阳自永熙二年（533 年）被高欢占据后，三十年未见烽火，此时乍逢大敌，举国上下无不震惊。武成帝亲自到晋阳部署战事，定下大计；段韶在晋阳太原城迎战突厥与杨忠联军；斛律光南下晋州，阻击达奚武所部。

段韶久在晋阳坐镇，城上守御严密，器甲闪亮，旌旗如云。虽有十余万敌军临城，却并不惧怕。为什么不怕呢?勇气来源于现实。周军虽然席卷千里，突入雁门，却并不能证明实力很强，此时进至晋阳城下，大战才刚刚开始。北齐重兵厚集于此，又有经营三十年的坚城为凭，天时地利皆在北齐，因此并不用害怕。

武成帝亲军大将綦连猛率三百骑出城侦察敌军动静，在城北十五里处与突厥军遭遇，綦连猛见敌众我寡便率军后退。突厥军中一名骑将越队而出单骑格斗，綦连猛亲自出战，一个回合就将突厥骑将刺落马下。

突厥木杆可汗见齐军守御严密，责怪杨忠说："你们口口声声说齐国大乱，所以我领兵和你周家一起来讨伐。如今齐人坚毅如铁，哪能斗得过他们！"于是命诸军屯于风谷山上，不肯下山与北齐军交战。

当时正逢大雪，晋阳城外一片积雪，大军宿营、补给都极为困难。杨忠本打算让突厥人和北齐死拼，自己则带着一万骑兵观敌掠阵。没想到突厥人比他更狡猾，一看条件不成熟，当面毁约不说，反而推说北周情报不准。

事已至此，骑虎难下，杨忠不得不硬着头皮和北齐决战。只是之前夸的海口太大，带来的全是骑兵，没有步兵，器械也不全。此时雪大及膝，骑兵无法冲突，只能下马步战。为了鼓舞士气，杨忠亲率七百人下马开路。

北周军杀至城下两里，北齐军诸将纷纷要求出城逆战。段韶坚持不同意，他说步卒没什么冲击力，不如等敌军顶风冒雪走近，再以精锐击之，必能大胜。果然如段韶所料，北周军走到城下时已疲惫不堪，北齐军主力悉数冲出，两军一交，北周军毫无还手之力，阵亡者十之四五。杨忠部下开府将军权袭庆被齐军包围数百重，手下步卒全部战死，他本人也拼得矢尽弓折，刀和马槊都折断了。权袭庆悲壮地脱下甲胄，向齐军大骂："有种来砍我头！"齐军一拥而上将其杀死。杨忠所部伤亡大半，灰头土脸地撤回长安。

突厥大军见周军战败，立即全军北撤，丝毫不顾同盟的北周军。段韶虽在城下获得大胜，但考虑到突厥大军毫发未损，持重不敢追击。这样一来可苦了代北的百姓，突厥人大肆抢掠，人畜为之一空。突厥人跑到雁门关陉岭，遍地是冰雪，路面打滑，人与马都无法翻越，突厥士兵把毛毡铺在地上才勉强通过。由于天气过于寒冷，战马冻累交加，等到过长城时几乎死光了，突厥士兵不得不截断马槊拄着走路，才撤出了齐境。

达奚武在南线与北齐军相持。达奚武年近花甲，已无当年的锐气，不敢主动进攻晋州，直到杨忠撤退也未出一兵一卒。

这场大战，北周本想向北齐示威，不料却被狠狠收拾了一场。宇文护大怒，将杨忠从大司空降为泾州刺史，总管数州军事。

草率的出兵

晋阳一战，北周军虽然大败，但奇袭北齐副首都，不仅显示出北周在军事上已然赶上了北齐，也检验出北齐国防上的巨大漏洞。在高洋、高演时代，北齐一直保持军事优势，当时北周在黄河沿线的守备很紧张，每到冬季黄河封冻，为防北齐军队踏冰过河来攻，北周军队甚至会把河冰砸开。而到了晋阳之战后，却换作北齐军队沿河砸冰。

北齐头号大将斛律光对此十分气愤，发牢骚说："先前国家一直都存有吞并关陇的志向，如今只剩下声色犬马了。"

战役结束后，武成帝吓得几乎不能自持，抱着斛律光哭得声泪俱下。斛律光常年在西南方向主持作战，对主持晋阳以北防务的段韶很不满意，战后奚落段韶"段婆善为送女客"。论政治地位以及与高氏的姻亲关系，段韶都不比斛律光弱，斛律光竟如此说话，着实反映出北齐军事问题之严重。

大概是突袭晋阳，让突厥人也看到了北齐有机可乘，保定四年八九月间，突厥再次邀请北周出军进攻北齐。宇文护这次犯了难，很不想出兵。既然北齐军事部署上有问题，为何不乘势而出呢？杨忠只损失了几千人，远远没有伤到周军的元气。其间还有一段故事。

晋阳一战，把北齐原本高傲的姿态打没了，武成帝开始惧怕北周。北周方面乘势将原本被扣押在北齐的宇文氏族人接了回来，其中就包括宇文护的母亲阎氏。

当年宇文泰兄弟在六镇之乱中起兵，先后被葛荣、尔朱荣俘虏，尔朱荣杀了宇文泰三哥宇文洛生，把其余家眷扣押在晋阳太原城。后来宇文泰随贺拔岳西征关中，把长兄宇文颢的两个儿子宇文导、宇文护带到身边。高欢招降宇文泰不成，便大杀宇文氏族人，只留下女眷和一些未成年孩子。

宇文护打听到母亲尚在人世，便抱着试试看的心态，派人与北齐沟通索要亲人。若是高澄、高洋诸人在位时，必定二话不说杀之而后快，哪有放的道理。然而晋阳一战实在太过骇人，武成帝担心北周再与突厥联兵进犯，便答应先放宇文护的姑母，若是北周答应不再联合突厥，就释放阎氏。宇文护忙不迭地答应了北齐的条件，终于迎回八十多岁的老母亲。

此时突厥要求出兵，宇文护本不愿食言，但是权衡利弊，践行对北齐的诺言，必然失信于突厥，说不定会招致兵祸，于是断然决定联兵伐齐。

其实在政治层面，诺言算不得什么约束条件，一切唯实力论，打不打仗全看国力和军队。宇文护之所以犹豫，并不是他妇人之仁，而是他在晋阳之战后对敌我军事力量对比还不够有底，因此才会有这样的犹豫。退一万步讲，就算真得顾及脸面，那也没什么好说的，北齐、北周都没有正式通使盟好，阎氏归国，并非通过两国通使，而是通过民间渠道。在这种非正常国际关系下，更没有什么可以约束战争。

保定四年九月，宇文护以周武帝的名义下令，发动四路大军共二十万人进攻北齐。具体兵力分配如下：

第一路，宇文护率北周府兵主力，出弘农攻洛阳，以柱国大将军尉迟迥为主将，率同州刺史达奚武、泾州总管王雄、齐国公宇文宪，领前锋大军十万人前出围攻洛阳。其余参战将领还有河南郡守魏玄、隆州总管陆腾、河州刺史辛威、南夏州刺史梁台、司右中大夫达奚震等。

第二路，少师、邵州刺史杨标率军出轵关（今河南济源），指向邺城方向。轵关距离邺城数百里，中间坚城甚多。北周本意并未让杨标当主力，只是作为侧翼牵制，分散北齐军的注意力。故而无论是主帅宇文护还是杨标本人，都没太把这一路兵当回事，这无疑为后来的失败埋下隐患。

第三路，驻守江陵的权景宣率本部兵马以及西梁兵马，进攻北齐豫州。

第四路，泾州刺史杨忠率本部兵北出雁代，督稽胡部落一同出兵，北上迎接突厥兵。杨忠此年年初才在晋阳大败，此时重走旧路，不免有些露怯。北周集中力量保障中军主力，杨忠这一路兵马少，粮草也不足，注定不会有什么大的成就。

西魏北周立国以来，从未有过如此大规模的出兵。二十万人规模的大军，坚强有力的指挥核心最为关键。宇文护在军事方面只不过中人之资，而有经验的开国老将，于谨年老不能视事，李弼、侯莫陈崇、独孤信都已去世；十二大将军中最善作战的杨忠、达奚武、王雄都被刻意压到中层——中枢缺人，问题十分严重。

宇文护寄希望于尉迟迥。其与宇文护有中表之亲，又有平蜀之功、领军之才，宇文护让他率十万人打洛阳，倒也不失为当时最合理的安排。但宇文护自己不到前线，只坐镇于弘农，这无疑使诸将产生轻慢之心——主帅都缩在后面，自己何必去拼命呢？

实际上东伐北齐之事还在讨论阶段时，朝中就有许多人反对轻易出兵。勋州刺史韦孝宽便是其中的代表人物。

韦孝宽常年镇守勋州玉璧城——该州之命名，就是因为韦孝宽玉璧之战时力抗高欢并致其重病身死，有大勋于此，故称勋州。韦孝宽虽立下如此大功，却因其汉人身份，并未立即进入上层，而是一直被压制在州刺史这个职位。

史书未明言韦孝宽反对出兵的具体意见，但从韦孝宽的经历大概可以推断，他对北齐军队的力量以及北齐河东、河南的防御形势，有着较为客观准确的认识。

举一个例子便可知其大概。韦孝宽想在河东前线筑一座军城，征发了十万役夫，却只用一百士兵警戒。负责监工的开府将军姚岳，因为兵太少，怕北齐军袭击，不敢去。韦孝宽给他算了一笔账："筑城只需要十天；晋州的齐军得知消息要两天，集合军队要两天，筹划计议、各种准备到决策出兵要三天，行军最快也需要两天。等到齐军到来，城已筑好，有什么好怕的？"后来齐军的反应速度，果然全如韦孝宽所料。

织则问女，耕则问夫，战则问将。常年对抗北齐一线的韦孝宽，他的意见无疑是最客观最具参考意义的。可惜宇文护素来不太信任汉人将领，本能地拒绝了他的建议。从庙算上看，宇文护的战争筹划是不充分的。谋不定而动，对战争没有敬畏，胜利的天平又怎么会倾向他呢？

北齐方面闻讯，来不及谴责宇文护不守诺言，立即做出了部署。

武成帝高湛与段韶、斛律光等人商议，周与突厥联兵进犯，该重点防御哪一路？诸将认为洛阳事态紧急，应优先迎战这一路。武成帝随即令斛律光、兰陵王高长恭率五万精兵南下洛阳。为防止北周轵关杨标一路对邺城造成威胁，又令外戚娄睿率军迎击。至于豫州一带，由于北齐主力无法南下，只好由当地驻军自行应对。

斛律光自侯景之乱时开始领兵作战，北齐建国后，长期在西南前线与北周交兵，其间还屡屡出塞，与柔然、突厥作战，战绩胜多败少，已是北齐军界当之无愧的台柱子。韦孝宽在勋州与北齐对峙，常年与斛律光打交道，他之所以上书反对东征，斛律光的因素非常关键。

高长恭是北齐宗室中新近崛起的名将。他是高澄第四子，时年二十三岁，据史籍记载，他第一次参战是晋阳之战。或许是他在晋阳之战中的表现极其骁勇，此次作战又担当重任，在斛律光麾下。

值得关注的是，就在北齐这位宗王将星开始闪耀光芒时，北周也出了一位年龄与之相当的宗王——北周齐国公宇文宪（后封齐王）。宇文宪是宇文泰第五子，时年二十岁，在军中资历甚浅。但一如高长恭，是一位非同一般的军事天才。宇文护有意培养这位年轻的堂弟，让他随军征战，并担任一军大将。

从两家对年轻将领的安排来看，北周显然有些随意。高长恭在晋阳之战中表现突出，武成帝让他参战倒也妥当。宇文护让一位从未有过战争经验的年轻人担当重任，这简直是儿戏！

北周大军的轻敌思想，从宇文护到一线将领都没有清醒的认知，很快，他们就遭到了无情的打击。杨标一路首先出了状况。

杨标自北魏末在邵郡一带起家，镇守本地，力抗东魏北齐三十年，威名素著，当年一度把侯景打得奔退数百里。此次出兵，宇文护没有把他当主力使用，他也不够重视，率兵出境后权当军事示威，根本没有做好与敌恶战的准备，行军毫无防备，给了北齐军可乘之机。

北齐太尉娄睿率一支偏师，突然袭击杨标部，把大剌剌前进的周军打得四散奔逃。杨标被生擒，除了河内名将司马裔死战逃脱，其余军将或死或伤。娄睿此人不学无术，虽有记载称他曾参加过平定高归彦叛乱的战役，但那一场战斗有段韶主持，娄睿想必只是挂名。杨标威镇邵郡三十年，败在娄睿这样的人手中，真乃晚节丧尽。

大战邙山

尉迟迥率军东出洛阳，直抵城下。

北齐洛阳守将是独孤永业，守军两万人。独孤永业作战向来以狡猾著称，此战闭城不出，用坚城消磨周军锐气。尉迟迥率主力围住洛阳城，另以宇文宪、王雄、达奚武等将分别北出至邙山扎营，阻击北齐北面援军。

宇文护此次东伐，兵力之盛，开国以来前所未有，军中弥漫着一股过于乐观的气息，认为大兵一到，必定能顺利攻克洛阳。按照战前制定的方案，洛阳周军应派出一部分兵力前赴河阳掐断黄河渡口，但周军诸将自恃人多势众，不把黄河以北虎视眈眈的北齐军放在眼里，并没有派兵渡河断路，仅派出侦察兵到黄河南岸察看情况。

尉迟迥指挥主力围攻，起土山，挖地道，接连进攻三十多天，仍然不能得手。邙山大营宇文宪、达奚武、王雄等，与北齐斛律光、高长恭对峙，由于连日阴天，兼有大雾，双方没有接触。

北齐武成帝高湛非常焦虑，不清楚洛阳前线的情况，生怕有闪失，于是再与大将段韶商量解决方案。段韶认为，突厥进攻晋阳有年初之败，此次必然不敢尽力；洛阳事急，一旦失守后果不堪设想，应再分出晋阳部分兵力，南下救援洛阳。

武成帝同意分兵南下，但段韶自忖晋阳缺人主持，留守兵力必须雄厚，于是只带了一千精骑南下。段韶急于解围，率骑兵狂奔五昼夜，赶了八百余里抵达邙山，与斛律光和高长恭会合。他来不及歇息，亲自带两百余名骑兵爬上邙山侦察地形，在太和谷与周军遭遇。段韶立即返回大营，通知诸将结阵待敌，与斛律光、高长恭分别主持左、右、中三军。

不得不说，作为名贯北齐的大将，段韶跟与其齐名的斛律光和高长恭相比确实有过人之处。他更善于从全局着眼考虑问题，能在纷乱的局面中理出最关键的要点，而不像斛律光一样急于决战。晋阳之战后斛律光笑话段韶过于软弱，事实上，对于当时的晋阳来说，维持局面稳定、恢复正常秩序是第一要务，如果轻率地追击突厥，晋阳一旦有失，那一切都白搭。此时面对洛阳危局，段韶又展现出他不惧恶战的锐气，急行军数百里后说打就打，而且几乎第一时间就判断出敌我战术上的优劣，这种恐怖的战场统治力，只能用天才、本能之类的字眼来解释了。

周军前锋沿邙山谷地进发，在太和谷发现齐军。后来扬名于隋朝的名将史万岁，当时刚刚十五岁，望见齐军的阵势立感不妙，史万岁劝父亲史静做好退兵的准备。史载史万岁"好读兵书，兼精占候"，换句话说，就是战场嗅觉极其敏锐，他肯定看出齐军准备非常充分，形势利敌而不利己。然而情势紧急，当然不会有人听一个十五岁少年的建议。周军高举黑色的军旗，向周军发起了总攻。

段韶充分利用邙山的地形，本军全部在山顶平坡上结阵，周军以步兵在前，上山进攻。段韶喝问周军带兵将领："你家宇文护已经接回其母，不感念我国的恩德倒也罢了，如今反倒举兵入侵，这怎么说？"

周将回答："上天遣我来，有什么好说的。"

段韶反诘之："天道扬善惩恶，派你们来正好送死！"

齐军骑兵在前与周军步兵交战，慢慢引诱周军步兵向山顶冲来。等周军步卒力气耗得差不多了，齐军骑兵悉数下马步战。这样一来，以备之兵对疲惫之师，齐军大占优势。高长恭率中军冲杀得尤为猛烈，直接击溃周军的阵形，齐军左右两翼迅速发力，在半山坡把周军全部击溃。周军死伤惨重，滚落山下、掉入溪谷而死的数不胜数。

好在达奚武、王雄二人都是积年老将，危急之下尚能维持住局面。特别是王雄，这位年已五十七岁的老将虽然在出征路上患病，此时仍勉力作战，他的左翼兵与齐军右翼混战在一起，打到关键时刻，双方的阵形都乱了。王雄亲自策马冲锋，竟然遇到了斛律光。王雄杀得眼红，接连刺杀三名齐军，接着又向斛律光冲杀过来。

斛律光见王雄势若疯虎，吓得赶紧退走，左右从骑都被周军冲散。王雄亲持马槊追杀斛律光，两人只距一丈左右。王雄边冲边大喊："就算我杀不了你，也得活捉了你献给我们皇帝陛下！"

二十一年前，也是在邙山，贺拔胜单骑追高欢，场景何其相似。只不过王雄虽有勇力，却忘了他追的这人有一个无比传奇的绰号——落雕都督。斛律光手中只剩一箭，危急时刻尽显英雄本色，回手一箭，正射中王雄额头。

王雄血流满面，趴在马背上逃回营中。当夜，这位英雄一世、扬威梁州的老将伤重不治而死，这也是八柱国、十二大将军中唯一一位战死的。

达奚武主持的是右翼军阵，其子达奚震等将军奋力冲杀，也仅能维持一小部分队伍不乱，宇文宪的部下也多被冲散。南夏州刺史梁台望见几个本军士卒被敌军擒去，单枪匹马冲入敌阵，接连射死两敌，齐军一时溃散，梁台救回被俘士卒。

北齐兰陵王高长恭忧心洛阳城，带五百骑兵越过邙山杀到城下。尉迟迥正指挥大军攻城，高长恭众军虽勇，毕竟人数太少，被周军团团围住。由于高长恭长相颇为俊美，他担心威德不足以服众，于是上战场经常戴着铁面具。城上守军不认识高长恭，不敢下城救援。高长恭急得没办法，便摘掉面具大呼求救。城上这才放出弩手，接应高长恭入城。围城周军随后得知邙山部队已被击溃，大惊，连夜撤围而去。

高长恭这一仗打得惊险而刺激，他俊美的长相和勇武的表现为战争平添了几分神奇色彩，北齐士兵还创作出舞乐《兰陵王入阵曲》，成为北齐一大传奇。

宇文宪收合败军，打算等天明再战，但王雄之死，对士气影响太大，达奚武力劝宇文宪不要逞血气之勇，还是全军而返为好。宇文宪听从了达奚武的建议，亲自督励众军结阵而返。饶是如此，在北周三大名将会齐衔尾紧追的情况下，周军还是没讨到好处，从邙山脚下一直到谷河，丢弃的辎重、器甲不可胜数，北周数十年积聚的甲仗物资一时丢了大半。宇文护率诸军狼狈退回关中。

四路大军已败两路，剩余两路情况如何呢？

杨忠北出沃野，由于军粮不济，虽然使尽诡计，诱使稽胡人出兵相助，但始终不敢像上次闪击晋阳一样狂奔突进，而是按辔（pèi）徐行，一意求稳。结果还没接到突厥大军，先传来洛阳兵败的消息，杨忠只好退兵。

突厥军彼时已应约杀入塞内，越过雁门关一线，深入肆州附近。齐军严阵以待，突厥无机可乘，又等不来周军，只好在肆州一带大掠一番后，引军北撤。肆州附近有北齐的军马场，养了数万细马，为防止突厥掠夺，都迁到五台山北的山谷中躲避。后来突厥退走时，几万匹马饿得瘦弱不堪，连远路都走不了。

四路中唯有最南边的权景宣一路勉强有些成绩。权景宣率军杀入豫州，进攻悬瓠城。北齐据守悬瓠城的是豫州道行台王士良。此公时年六十五岁，是个素有贤名的老将，履历非常丰富。他曾在晋阳担任过总知兵马，后又多次在朝中任尚书等高官，武成帝即位初年被外放到豫州，负责西南边境的战区指挥事宜。在他的主持下，豫州守御准备十分严密。

权景宣手中兵力有限，担心进攻豫州不能得手，便想掉头南下，攻略长江以北的郡县。但如此一来，南路军就无法与洛阳中路军构成战役配合，部将郭彦坚决反对，力劝权景宣进攻豫州。权景宣无奈，勉力发动进攻。

北齐豫州城也没有什么底气。北齐的总兵力大概二十万，洛阳及邙山大军有七万，留在太原防守突厥的也有数万（晋阳历来是重兵驻扎地，晋阳战后未见有大的兵力调动，故而推断主力仍在），娄睿所部也有一定兵力，再除去邺城和东南方向的军队，豫州还有多少兵力可供王士良用？由于史料阙如，我们无法推断豫州的兵力，但绝对不会多于权景宣。

在权景宣的进攻下，悬瓠城很快就撑不住了，王士良的妻弟董远秀甘当带路党，派人勾连权景宣入城，王士良举城投降。豫州是北齐西南方向的战区指挥中心，豫州一降，永州（今河南信阳长台关附近）刺史萧世怡也不战而降。

然而刚有所收获，就得知洛阳大败，在怀州生擒杨标的娄睿所部向南急行军，权景宣孤军不敢留驻，便放弃悬瓠城退回江陵。北齐武成帝闻讯大喜，从晋阳驰赴洛阳察看情况，又巡行虎牢、滑台，自黎阳返回邺城。宇文护黯然回师，请求皇帝处分。武帝并不敢真拿这位堂哥怎么样，只慰劳了一番便作罢。

洛阳—邙山大战，是北周首次发动二十万人的大规模进攻作战，虽然失利，但败仗多是击溃战，除了杨标一路偏师被全歼，其余没多少损失。这其中可以看出很多问题。

当年东、西魏时代，高欢、宇文泰大战五次，小关、沙苑、玉璧三战，高欢大军遭到重大打击，河桥、邙山两战宇文泰大军有重大伤亡。可见双方当时的军力，在数字上虽多寡不一，但战斗力不分伯仲，谁也不能奈何谁。

但此次洛阳大战，在北周部署指挥出现较大漏洞的情况下，北齐却无法抓住机会大量歼灭周军，尤其是段韶、斛律光、高长恭三大名将齐集洛阳，竟只能打一个击溃战，可见北齐战斗力之低。

从国防形势上看，北齐从北至南绵延千里的防线上，已经做不到稳固防守。洛阳、晋阳均处于受攻状态，已无力兼顾河南西南部的防线了。尤其是洛阳方向，齐军已不能西跨弘农一步，无法扩大洛阳的防守空间，完全落入被动挨打的境地。以往洛阳与河东南部连为一体，但自韦孝宽成功守住玉璧后，河东的联系也隔断了，洛阳形势越来越危险。斛律光看出了问题，后来发动宜阳、汾北之战，企图向西蚕食北周地盘，向北打通汾河流域，但在崤函山中进展非常缓慢，在河东又奈何不了韦孝宽，无法改变对峙形势。

如此危急的形势，若在高欢、高澄时代，或许北齐尚有破解的良方，但武成帝高湛不过是一个事事无能、只会窝里横的浪荡天子，根本拿不出什么有力的举措。北齐的形势，便这么一天天地恶化下去了。

陈朝易代引发的危机

北周、北齐与南陈三国进入对峙阶段后，北周基本处于两面出击的状态，但北周鲜少被齐、陈两国同时反击。一方面是由于齐、陈二国政治能力低下，不懂也不屑于合纵以抗强敌，另一方面则是由于北周选择的进攻时机往往十分恰当，正好能抓住对手政治上的虚弱关节点。发生于天和二年（南陈光大元年，567 年）的周、陈沌口之战，正是这样一场战争。

军事是政治的延续。沌口之战的最初动因，是陈文帝去世引起的政治洗牌。

陈文帝是旁枝入继大统。武帝陈霸先去世时，只剩一个儿子陈昌，而且还被扣押在北周（原本被扣在江陵梁元帝手中，江陵城破，陈昌被俘至北周）。陈文帝当时与陈霸先血缘最近，遂继承皇位。

陈文帝在位期间为政尚算清简，陈朝国力逐渐恢复。但陈文帝对皇统的稳固性始终不够自信，觉得自己得位不够名正言顺，总怕别人来夺。而最大的威胁，就来自弟弟陈顼（xū）。

陈顼原本没有什么政治根基。当年陈霸先起兵，被迫送子侄给梁元帝作人质，后来江陵城破，陈顼与陈昌一同被俘至北周。陈室宗亲人丁稀少，陈文帝即位后一直致力于与北周改善关系，以迎还宗室子弟。北周为了缓解同时对抗两国的压力，在保定二年（南陈天嘉三年，562 年）把陈顼放回了陈朝。

陈文帝起初对陈顼非常关照，让他担任军政要职，到天康元年（566 年）陈文帝去世前，陈顼已官至尚书令兼扬州刺史，权位渐重。毫无疑问，陈文帝是想培养壮大宗室力量，以巩固陈氏的统治。但陈文帝在扶植弟弟的同时，也暗中提防着陈顼，标志性事件便是始兴改嗣。

陈文帝之父陈道谭是始兴王，陈文帝本是始兴王爵，但由于他在开国战争中立功很大，陈武帝特封其为临川王（有自立门户、超越其父亲的意思），始兴王的爵位改由陈顼继承。由于陈顼当时还被扣押在长安，陈文帝即位后，借口始兴王没有嗣王在家主祀，改封陈顼为安成王，而让自己的儿子陈伯茂继承始兴王爵位。

改嗣之事其实没有必要，陈文帝的真正用意是抬高他几个儿子的法统地位，让陈顼一系更加边缘化。然而改嗣事件的效果后来随着陈顼归国而逐渐淡化，陈顼以皇帝长弟的身份为稳定朝局做出巨大贡献，拥有了远超文帝诸子的威望，改嗣事件反而造成了陈伯茂的人生悲剧。客观来看，陈顼的心胸比较开阔，他即位后只杀了陈伯茂这个对皇权造成直接危害的侄子，陈文帝其他儿子都得到了极大优容，终生都过得非常好，这是陈文帝没有预料到的。

陈文帝遗命太子陈伯宗即位，是为陈废帝。这位年仅十三的小皇帝不能亲政，权力分散在陈顼和吴明彻、韩子高、到仲举、沈恪等文武大臣手中。其中以韩子高、到仲举为甚。

韩子高侍奉陈文帝十四年，深得信任，时任右卫将军，控制着京师一部分禁卫军权。到仲举时任尚书右仆射，虽位居陈顼之下，却常年居于禁中，代替重病的陈文帝执掌大政。安排这两个人执掌军政大权，也有陈文帝预防陈顼夺位的心思。

陈顼哪能不知道陈文帝打的什么算盘。他虽已进位为司徒、录尚书事、都督中外诸军事、骠骑大将军，却受到韩子高、到仲举的严重掣肘。陈文帝一死，陈顼便图谋废黜这两人。

到仲举也忌惮陈顼权位过重，假借废帝之名催陈顼回归扬州刺史之任，实际是想将其驱逐出中枢决策层。不过到仲举过于软弱，没有利用韩子高掌握的军权硬来，而是希望陈顼知难而退。与虎谋皮，当然只能自取其辱。

到仲举和韩子高的职务并不具备号令百官诸将的力量，之前权位重要是倚仗陈文帝的信任。陈文帝死后，权力来源断绝，根本威慑不了陈顼。陈顼在领军将军吴明彻的支持下，带兵入宫逼问废帝及太后沈氏，母子二人惶然，把过错推给到仲举和中书舍人刘师知。陈顼遂发动政变，囚禁并处死到仲举、韩子高，从此独掌大权。

华皎叛乱

韩子高一死，与其交好的湘州刺史华皎兔死狐悲，产生了强烈的危机感。

华皎的政治属性较到仲举、韩子高等人更具偶然性。华皎家世寒微，既不是江南大姓高门，也不是北来的士族余绪，世世都只是小吏。梁末陈初，因为个人勤勉加上遇上了好时机，与处于危难中的陈文帝结成了同盟。陈文帝即位后，屡屡任用华皎担当重任，后来竟做到湘州刺史，执掌一方。

华皎知恩图报，在富庶的湘州大量聚敛财富，为中央提供源源不断的支持。陈文帝一度让他在湘州制造大舰、金翅等两百余艘，以及相应的水上作战器械，以从汉水逆攻三峡，与北周争夺益州，可见其对华皎的信任。

华皎深知只凭功劳很难在朝中立足，于是在寻找靠山上颇下功夫，韩子高便是他在朝中最大的支持者。而韩子高也乐于在地方大州中有一个强劲的外援，两人的关系朝野尽知。

所以陈顼处死韩子高后，下一步必然要除掉华皎这个威胁。

华皎也不想向陈顼屈服。他假意上书，请求兼领广州。湘州已是中游大州，再领广州，地盘太大，与建康分庭抗礼，有功勋的宿将且忠贞不二者方可兼领。华皎此举不外乎是在试探陈顼对他的态度，陈顼自然不会把这两个大州交给先帝的心腹，但为了稳住华皎，表面上还是答应。这种试探与应答聊胜于无，华皎内心早已判定陈顼容不下他，陈顼亦是揣着明白装糊涂。朝廷的任命诏书还未发出去，华皎便公然反叛，遣使至江陵，声称愿意拥梁王萧岿为主（萧察当时已经去世，子萧岿继位为梁王）。又遣使至长安，把儿子华玄响送去当质子，请北周速速出兵支援。

华皎叛乱，对北周和南陈都造成很大震动。

南陈方面，湘州此时是西北国境线的顶端，同时面临北周益州方向与荆州方向的威胁。东晋与刘宋、萧齐、萧梁，均能控制益州和荆州，因此其他方向虽然屡屡丧师失地，长江中游以南始终得保稳固，江南大局不至于崩坏。然而梁朝丧亡之际，大片疆土被北朝夺去，江南已经不能再失去了。如若湘州再失，北周大军便可纵深南下，直取广州，江南只剩扬、江两州，无论如何也无法维持了。

湘州曾遭王琳、陆纳两次割据叛乱，特别是陈朝初建之时，王琳以湘州为基地，连克郢州、江州，大军进逼建康，给陈朝造成极大麻烦。陈霸先至死也没能打败王琳，陈文帝时期南陈方才收复湘州，勉强让江南恢复完整。

华皎本人亲眼见证了湘州自乱归安的过程，若是由着他再次据州作乱，甚至勾连北周向南进攻，后果不堪设想。所以陈顼立即部署大军进攻湘州，大军主将吴明彻以领军将军之职——陈朝军事方面最高负责人，转任湘州刺史，可见其决心之大。

北周方面反应也很强烈。大冢宰宇文护耻于洛阳大战的失利，决心趁此机会挽回影响，执意出兵接受湘州。但朝臣中反对者甚多，理由是洛阳大败，兵力、器甲损失甚多，不宜连连发动大战，且周、陈正好处于盟好时期，擅自撕毁和约，会贻人口实。

宇文护全然不理。北周的既定国策中，对荆州以南一直是积极进攻的姿态，哪能容许随意干扰。在武成二年王琳据湘州割据时，北周就曾命大将贺若敦率万余人马进攻湘州。当时王琳势力正盘踞于郢州、湘州一带，北周抓住王琳主力东下建康、准备与陈朝决战的关键时刻，袭取湘州北部重镇巴陵（今湖南岳阳）、长沙。

江南大震，不顾刚遭兵燹（xiǎn）之困，发倾国之兵，先后遣吴明彻、侯瑱、侯安都、徐度等南朝一流大将出战，与贺若敦苦战半年有余。周军水军力量不足，加之又是客地作战，粮草难以供应补充，最后不得不出退出湘州。

此战北周劳而无功，贺若敦人马损失过半，回去后被降了职。但付出并非全无价值，北周只派出区区万人，南陈就举国出动，名将尽出。一方面可以看出湘州的重要性，双方必欲夺之而后快。另一方面也能看出湘州的杠杆效应，北周出动少量兵力便惊动陈朝出动大规模军队，军队一动，背后是规模浩大的补给消耗、民力调动，每动一次，都是对陈朝国力的重大消耗。有这样的益处，北周输得也算值得。

北周虽然刚在洛阳失利，但一码归一码，南朝没有北齐那样的战斗力，出动军队袭扰湘州，能夺下来最好，即便夺不了，对湘州也是一次重大消耗和破坏，对北周南攻陈朝也极为有利。这一战略思想后来在隋灭南陈时，被名臣高颎（jiǒng）沿用，只不过宇文护经略湘州的战略内涵，被后来的失败掩盖，无人知其踪迹。

历来战略上的真理总掌握在少数人手中，宇文护坚持出兵接应华皎，朝中没几个人理解，但还是在宇文护的权威下强制推动。如果执行层面用对了人，此行想必应当有所收获，然而不幸的是，受领南征任务的，居然是心术不正的卫国公宇文直。

宇文直是周武帝的同母弟，排行第六。此公在宇文泰诸子中原本籍籍无名，毫无争储的可能——既是庶子，排行又靠后，论才能，文不如老七宇文招，武不如老五宇文宪，史书上基本没有见过宇文泰、宇文护乃至周明帝对他的评价。或许是长期的压抑和被忽视，宇文直内心产生了对权力的畸形渴望，其性格变得贪狠浮滑，但凡能和权力挂上钩的，他都极力争取。

宇文护连杀两帝后，周武帝隐忍不言。作为同母弟的宇文直本应助亲兄一臂之力，共同对付宇文护这个鸠占鹊巢的外人，谁料他却主动向宇文护靠拢，顺风承旨，逢迎讨好，以求加官晋爵，嘴脸令人恶心。

在华皎事件上，宇文直仰承宇文护的意志，是为数不多的支持者之一。正好他是襄州总管，负责监视和控制后梁，对南朝湘州方向的战事，也属于他的本职。宇文直便受命为此次出军的总帅，督率大军南进湘州。

天和二年六月，北周诸军发动。其一是荆州系统部队，主要是水军，荆州总管权景宣统领，人数失载，但权景宣长期负责监视后梁军，后梁军主力约两万人，权景宣部下当不会少于此数；其二是后梁水军，总兵力两万；其三是大将军元定所部陆兵，有步骑数千人。总兵力大约为五万。

周军的总体部署是：荆州之众与后梁水军一同进军，由江陵顺江而下至洞庭湖，与华皎军会合，然后再东下扼住郢州，断绝陈军沿江来攻的水道；元定所部陆军分道进军，围攻郢州江夏郡，拒陈军于湘州之外。

从这个部署可以看出，周军的重点是防江，堵住陈军从大江西上的通路。而对长沙本郡，周军似乎并不愿迅速南下，一来距离过远，二来华皎对本郡控制有力，没有必要立即派兵接管。华皎一向被陈文帝委以重任，湘州兵力较强，故而他大旗一举，湘州周边南陈州郡迫于华皎之势，纷纷归附，湘州诸郡和巴州巴陵、岳阳（今湖南平江）皆受他控制。唯有武州刺史陆子隆据守武陵（今湖南常德）一带，拒不归附华皎。

陈朝方面似乎掌握了北周的动向并做出针对性部署。长江水路是进攻湘州最快捷的通道，但陈顼并没有把宝都押在水军上。吴明彻率三万大军作为矛头进攻湘州，陈顼又分派三路大军作为后援。

第一路，大将淳于量率五万水军溯江而上，直指郢州，意在切断北周、后梁与华皎的联系；第二路，江州刺史章昭达率本部兵马西上郢州，与郢州刺史程灵洗会合，聚兵夏口（今湖北汉阳区）对抗周军；第三路，老将徐度都督冠武将军杨文通率步军从安成郡（今江西安福）出茶陵，巴山太守黄法慧从宜阳出醴陵，袭击湘州腹地——这一路尤其出乎敌军意料，后来成为大破北周的奇兵。

果然如宇文护所料，北周只出动了三万人马——后梁军自己负责衣粮补给，就调动了陈朝十余万大军，把全国战略重心压到湘州。不过宇文护料到了开头，却根本没想到会遭遇怎样的失败，以及这场失败给他带来的深远影响。

北周沌口失利

大战首先在沌口打响。沌口是汉江的分支，在今武汉市蔡甸区，汇入长江。宇文护率大军屯驻于鲁山，权景宣所部水军和后梁水军、华皎水军会合，在沌口与陈军水军遭遇。另以元定率数千步骑，从旱路进攻郢州。

周军看起来声势浩大，但内部问题丛生。

首先是协同问题。周军水军名义上的主将是权景宣，他既是江陵防主，又负责监督后梁军队，此次出征两部水军合在一起出战，都受他节度。然而周军与梁军从未协同作战过，无法形成默契。华皎所部更不要谈什么协同，双方之前还是敌人，此刻共同对敌，不互相干扰就不错了。

上述客观层面的问题，倒还能容忍，主观层面的隐患更大。权景宣常年在东南任职，自王思政入河南被擒后，他就成为东南方向首屈一指的将领，对南朝作战少有败绩，这一点和河东边境的杨标有几分相似。不过不幸的是，他在思想上也犯了和杨标一样的错误——轻敌。

起初权景宣颇有名将风范，不论行军打仗还是平时治军，水平都看得过去，除了八柱国、十二大将军，此公数得上名。时间久了，他也慢慢松懈下来，尤其是在军纪方面不甚注意，军中乌烟瘴气，上下离心。此次出军权景宣也是专务纳贿，行军打仗朝令夕改，没有章法，战前准备十分混乱。作为对抗陈军的主将，权景宣如此表现，获胜概率已失大半。

两军合战，周军气势较盛，陈军一时不敢进攻。陈军勇将鲁广达大呼陷阵，率战船向周军发起冲锋。为给将士打气，鲁广达亲自坐在船楼上指挥进攻。北周军、华皎军虽然有诸多缺点，但到了战场上，周军多年开疆拓土积累下的士气和经验也不是闹着玩儿的。鲁广达虽然气势慷慨，但气势毕竟不能当刀子用，百般冲阵未果，运气又不太好，恰好江面刮起大风，将高高坐在楼船上的鲁广达晃进了长江，好不容易才被救上来，差点儿丢了半条老命。

这时老将的好处就显现出来了，吴明彻、淳于量久经沙场，都不是好对付的。初战失利并没有影响到部队的战斗力，这两条老狐狸水战经验丰富，想出来一条妙计。

江面水战，战船是基本平台，摧毁对方的战船是决胜的第一要务。南北朝时没有火炮，打船一靠火烧，二靠暴力击碎。火攻之计对风力要求较高，顺风施火当然容易，如果风向忽变，有可能纵火把自己烧了，当年王琳在芜湖就是这样。比较靠谱的是拍竿。王琳之乱时，章昭达的平虏大舰曾用拍竿把王琳打得没脾气。但是拍竿也有缺点，一则击打敌船后重新把拍竿拉起来费时费力，不能很好地维持连续攻击能力；二则拍竿除了头部有石头，其他都是木质，击打数次之后，拍竿也会造成损伤，甚至断折不能使用。

吴明彻就是针对这个缺点变换的战法。他选取一批小船，以重金赏赐士卒，开小船到敌军的大船下，硬挨敌船的拍竿击打，说白了就是拿小船当肉盾。等到敌船拍竿发完一轮，或是有的经过多次击打出现损耗时，吴明彻再命大船急进，逼近敌船发拍，周军和华皎叛军的舰船顿时被击打得四分五裂。这种以小换大、丢卒保帅的战法，不是常年浸淫于水战的人自然想不出来。

权景宣、华皎、王操三股水军眼看着上当却无计可施。但也不能一直这么挨打，华皎趁着风大，用大船满载柴薪点火去烧陈军。开始倒也有用，但等风向一转，本军的战船也被烧得七七八八。北人骑马，南人乘舟，周军本就不擅长水战，现在被打成这样，加上权景宣早就把军心士气搞成了一盘散沙，士兵们当即溃不成军。后梁水军更不用提，也一哄而散。华皎与心腹戴僧朔乘船逃走，到了洞庭湖口，因为担心被吴明彻追上而不敢进巴陵城，于是径直向北逃往江陵。

陆路方面，元定奉命渡过长江进攻夏口城。沌口水战大败后，形势突然逆转，吴明彻和淳于量率水师向夏口逼来，一直闭城不战的章昭达和程灵洗也迟早会杀出来，必须赶在敌军合围之前跑掉。可是元定发现一个令人绝望的事实——没船了。本军水军的全部家当都被权景宣葬送，卫国公宇文直在江北，这时都没人渡江来援，恐怕也早已北撤。一条大江将南北隔开，怎么办?这位自宇文泰创业时就在西魏的老将，干脆率军反杀向巴陵，目标直指湘州长沙郡，这位老将或许梦想着湘州还有一些华皎的余党在坚守。但很可惜，他的算盘落空了。

在沌口水战开打之前，陈朝步兵已翻越罗霄山，杀进湘州腹地，并成功攻取长沙、衡阳、湘东等郡，华皎留下的部队悉数被击败。此时陈朝大将徐度已基本控制湘州腹地，元定一路杀来，正好自投罗网。

元定率步骑兵狂奔到巴陵，一路砍竹开路，边走边打，这支数量不多的部队居然冲破巴陵陈军的阻击，冲到长沙附近。徐度调集诸郡兵力，把元定一步步挤压到湘州附近。元定走投无路，军中粮草消耗殆尽，在敌境又得不到丝毫补给，无奈之下，只好向徐度投降，数千名步兵悉数被解除武装送到建康。元定虽未被杀，但气性高的他哪受得了破亡之辱，最后气恨交加，病逝于江南。

《周书》对元定投降一事甚不以为然，虽在《卷三十四·元定传》中，勉强把元定投降类比为三国时黄权降魏，但在《卷二十八·贺若敦传》中语气一转，借赞扬贺若敦从湘州全军而返，批评元定"曾粪土之不若也"。令狐德棻（fēn）所著《周书》，文风一向崖岸高峻，虽也有一些饰非之处，但对人物的评价基本比较客观，唯独对元定的评价不是很令人信服。须知时移世异，当年贺若敦进兵湘州，后方极其稳定。权景宣大军坐镇江陵，后梁水军时刻准备袭击陈军，侯瑱攻贺若敦，兵力不分伯仲，不具备后来吴、徐、程、章四大顶级大将水陆合围周军的条件。贺若敦可谓进退有据，不存在被围歼的危险，只不过他应变能力更强，把一支部队的基干力量带回北周，实属难能。可又怎能以同样的标准硬套元定的情形？事实上，元定这种敢战不畏死的作风，是北周将帅群体的典型代表，正是有豪迈之气打底，北周才能以并不十分杰出的将帅群体，硬抗死敌数十年，慢慢扭转劣势走上强大之路。从某种程度上来说，一个国家、一支军队可以没有卫、霍之类的名将，但绝不能没有气节，否则任你名将如云，到头来一样埋名沙尘无所作为。

失败的扩张

陈军在湘州的胜利，极大鼓舞了士气。吴明彻、程灵洗等将领乘胜向北周、后梁发起进攻。

沌口之西有沔州（今湖北汉川东南），沔州州境狭小，实仅一县之地（沔州下治一郡汉川，汉川下治一县甑山），由于地扼沌口冲要，故而置州。沔州守将裴宽到州之后，发现州城低矮，守城器材少，军队数量也不多，一旦发生战事，极不利于防守。且此城靠近沔水，陈军长于水战，如果趁夏秋之际水涨来攻，这样的小城是万万抵挡不住的。因此他向襄州总管府申请加强战备，一方面是增加防守兵力，另一方面是将州城移往北面羊蹄山。羊蹄山即阳台山，在今汉川市南，将州城置于这里，可以有效避开沔水。宇文直败退后为稳定局面，同意增兵守沔州，但不允许向北移城。裴宽没有办法，便在涨水时水能漫到的地方竖上大木，以防船只顺水接近。

正在襄阳总管府的部队增援沔州时，从夏口来的陈将程灵洗已杀到城下。但此时水势还小，程灵洗部下以水军为主，构不成太大威胁。裴宽坚守城池，还有余力出城反击。打了十多天后，天公发威，连日大雨，沔河涨水，居然将裴宽竖的大木都淹没了。程灵洗借助水势开船至城下，用大拍竿猛烈击打城楼，又用弓弩、大石昼夜不停地进攻城头。裴宽坚守三十多天，守城部队死伤过半，终于在女墙崩塌后抵挡不住。陈军杀进城中，生俘裴宽。此公和元定一样，后来也病逝于江南。

吴明彻则从陆路进攻后梁西面，梁军新败，元气大伤，无力救援，只靠几个坚城抵挡。最终吴明彻拿下孤立无援的河东郡（南朝侨置郡，今湖北松滋），生俘后梁大将军许孝敬。与俘获北周将领不同的是，这位后梁首将被斩杀于建康。杀梁将而不杀周将，可见陈朝还存着与周和好的心。次年，或许是看透了后梁军不堪一击的本质，吴明彻再次举兵北攻，一直杀到江陵城下，引江水灌城。梁主萧岿不敢与战，在北周江陵总管田弘的保护下出逃至江陵城北十余里的纪南城，江陵副总管高琳与后梁尚书仆射王操留江陵拒战。好在南陈水军虽利，陆战攻城却非强项，七十一岁的老将高琳率众苦战一百余天，江陵城得保无虞。吴明彻师老兵疲，后又遭到梁将马武、吉彻的袭击，最终引军退去，后梁国才得以保全。

沌口之战的引火者华皎投奔后梁国，被梁主萧岿任命为司空。此公倒是不枉《陈书》《南史》的好评，入梁后颇为忠谨。湘州、巴州被陈夺去后，华皎向北周建言，声称梁国土宇狭小，几乎不能自存，请北周再给一些国土，以示大国公义。北周乐得继续免费享用存亡继绝的美名，"割让"基州（今湖北荆门）、平州（今湖北当阳）、郢州（今湖北钟祥，郢音 ruò）三州给后梁。

北周前线的总负责人卫国公宇文直难辞其咎，一向贪狠无赖的宇文直想把责任推到最初向北周建言的殷亮，于是责令梁主萧岿治殷亮之罪。萧岿虽然知道宇文直是在找替罪羊，但无奈身在屋檐下不得不低头，只能杀了殷亮。对于水军总负责人权景宣，也被宇文直削去一切官职。然而败军大罪，北周朝廷怎么可能这么轻易就翻篇，宇文直虽然百般推赖，最终还是被免去襄州总管的官职。宇文护这位只想揽功不想担罪的皇弟，不但没有深刻检讨自己的过失，反而埋怨宇文护不讲情面，为其后投靠武帝、谋杀宇文护埋下伏笔。

受影响最大的还是宇文护。作为沌口之战的决策者，宇文护事先决策武断，事中作战安排又明显失当，导致国家再遭一场大败。自于谨平江陵以来，多年来固若金汤的后梁国居然被陈军打到首都城下，这无异于打了他一记响亮的耳光。

综合看洛阳之战和沌口之战，宇文护的战争嗅觉和战争天赋，远远不及宇文泰，他不能客观判断敌我优劣，总想用并不成熟的庙算去争取过于远大的战略目标，加之他的性格过于固执，不像宇文泰那样从谏如流，难免遭受失败。威望与事功挂钩，两次大战的失败严重影响了宇文护的威信，周武帝后来谋诛宇文护，没有引起大的政治波动，恐怕也与这两战有关。

周武帝杀宇文护

建德元年（北齐武平三年，572 年），北朝形势由多年对峙状态急转直下，北周对北齐的优势越发明显，历史仿佛进入加速时代，统一战争成为此后数年的主基调。而这一基调的开启，要从宇文护、宇文邕这对冤家说起。

宇文护自太平元年辅政，废杀孝闵帝、明帝两兄弟，扶立周武帝宇文邕，决策权掌握在自己手中，是北周不挂名的皇帝。周武帝吸取两个哥哥惨死的教训，一直小心低调，不敢和宇文护争夺权力，这才得保身家性命。

周武帝自武成二年即位以来，装了长达十二年的孙子，确实使宇文护放松了警惕。宇文护决断军国大事逐渐暴露出短板，特别是在晋阳之战、洛阳—邙山之战、沌口之战等大规模战争中连连失利，造成北周国力损耗，朝野上下对其积怨已深。尤其是军事方面，宇文护指挥决策存在短视与无能的问题，与宇文泰时期存在巨大差距。

其一表现为应变乏术。宇文护执政时期，北齐国内出现政治紊乱的苗头，确实给北周转换攻守策略带来了可乘之机。但要把机会转化成战争胜利，靠的是英敏明断的判断力和稳准快狠的军事行动。宇文泰时代与高欢连年血战，大形势上并无进取之机，但宇文泰硬是找到了机会，夺取洛阳以西、晋南河东的土地，积小胜稳形势，极大地夯实了关中的防御基础。对比宇文泰时代，宇文护时代的机会无疑更多，夺取实利的条件也更加优越，特别是突厥的突然崛起，以及北齐、突厥之间的形势恶化，是前所未有的积极态势。于北周而言，在代北做文章，压迫晋阳周围战略空间，进而袭扰北齐晋阳、河北腹地，可操作性很强。但宇文护显然没有意识到，杨忠袭晋阳打成了浅尝辄止的试探战，无论战略设计还是战役指导都很随意。

其二表现为急功近利。突出体现在对南陈的两次战争上。贺若敦攻湘州、宇文直攻湘州，在南陈国势不稳、内部生乱的情况下出兵进取，竟然没有取得实利，反而被南陈打得灰头土脸。对比宇文泰时代攻灭江陵萧绎、全取益州、打梁州汉中、夺随郡安陆，都是一击得手，干净利落，宇文护无疑逊色太多。

那么背后的原因是什么呢?主要在于时机的选择。宇文泰取益州、灭江陵，都经过了长期而扎实的铺垫。灭益州之前先派大军攻汉中、魏兴和上津，灭江陵前先打随郡安陆稳固襄阳，得手之后迅速退兵，没有招惹益州萧纪和江

342

陵萧绎。这倒不是说宇文泰收放自如，而是量力而为，不冒进致辱。

宇文护进取湘州，南陈看似内部生乱，但陈文帝、陈宣帝对内的威望极高，陈军也在开国之战中得到极大锻炼，战斗力不容小觑。宇文护并没有看到这些深层次的因素，贸然选择进兵。再者，湘州在宇文护看来或许只是进取江南的基地，能得到自然是好，得不到也不可惜。而在陈朝看来却事关生死，必须全力守住。以轻举妄动，对誓死守卫，宇文护失败理所应当，这种政治上的轻佻，使其威信进一步沦丧。

其三表现为胆略缺失。宇文泰时代，历次大战都冲锋在前，尤其是河桥之战、邙山之战，身临锋刃，足为全军楷模。这不仅有利于树立统帅个人威信，也使君臣感情在生死考验中扭结得更为牢固。宇文护在这一点上也远不如宇文泰，历次大战基本都居于幕后，唯一一次前往前线（攻江陵之战），也只不过是刷刷资历。尤其是洛阳大战，前军十余万人在洛阳鏖战，宇文护却只在弘农大后方指挥，既无冲锋陷阵之勇，又无运筹帷幄之智，全靠前线将帅临场发挥。身为统帅却如此表现，在以军事为主导的北周对峙形势中，无疑是不合格的。

试想宇文护若有宇文泰的本事，对北齐或南陈取得压倒性胜利，不要说连废两帝，就是再废了周武帝，朝野也无话可说。其糟糕表现败坏了自己身为统帅的威信，诱发了周武帝政变夺权的野心。

沌口之战失利后，宇文护追究战败之责，卫国公宇文直遭受处罚，宇文直不满，遂到胞兄周武帝处诉苦。宇文直本是宇文护的铁杆支持者，如今他的政治立场发生松动，武帝察觉到机会已至。

站在宇文护对立面的朝臣为数甚多，既有领兵大将如李穆、韦孝宽，也有皇室姻亲重臣如窦炽、于翼，还有一些中层干将如柳庆、令狐整等人。宗室之中，齐国公宇文宪、蔡国公宇文广虽是宇文护阵营的人，但目睹宇文护作威作福，也颇觉不妥。特别是宇文宪，因为才能出众被宇文护任命为大司马掌管军权，经常代替其向皇帝汇报一些军国大事，碰到宇文护办事不合适或是态度不敬的时候，宇文宪便两头说好话，缓解了不少矛盾。然而，宇文护却对这些矛盾视若无睹。忧劳兴国，逸豫亡身，或许正是因为宇文护执掌大权太久，目空一切，自以为高枕无忧，他开始变得昏聩。

周武帝当傀儡皇帝十二年，郁积的怨气早已如地火一般炽烈，如今等到机会，便猛烈燃烧起来。但周武帝与他的两个哥哥不同，越临大事越沉得住气，表面上没有显露分毫，一切都不动声色地推进。

周武帝经过长期观察，选定了内史下大夫王轨、小宗师宇文孝伯、右宫伯宇文神举等人作为同谋，这几位都是皇宫内廷的事务官，长期与周武帝接触；外朝唯一的支持者就是卫国公宇文直。周武帝大胆向宇文直吐露了对付宇文护的想法，这是一步险招，毕竟宇文直不够可靠，如果他反复无常，向宇文护告密，那么闵、明二帝被杀之事恐怕又要重演。但周武帝一旦打定主意，哪怕冒险也一定会下手，这与其父亲宇文泰的性格何其相似。他赌的就是，一旦成功杀掉宇文护，皇帝正位功臣受赏，宇文直将从中获得比投靠宇文护更大的利益，这样的诱惑宇文直应该不会拒绝。

要杀宇文护，公开夺兵权行不通。侯莫陈崇无罪被杀后，军界元老尽丧，已经宣告军权易主。唯一渠道就是宫廷政变，近身刺杀。

建德元年三月十二日，宇文护从同州（今陕西大荔）巡行归来，周武帝突然发动了刺杀计划。

周武帝借口叱奴太后（周武帝的生母）近期嗜酒，请宇文护进宫稍事劝说。十几年来，宇文护与周武帝一家关系非常亲密，周武帝有此请求宇文护并不意外，便肆无忌惮地进了宫。进宫之后，周武帝屏退众人，只留了一个叫何泉的太监服侍在侧，搬来椅子让宇文护坐下宣读《酒诰》。一切都与平时无异，但周武帝已经暗中伏下刺杀之计。

或许是为了避人耳目，此时王轨、宇文孝伯、宇文神举都未进宫，但宫中人事已安排妥当，相关人员都被巧妙地挡在宫外。卫国公宇文直也在宫中，儿子入宫探母，于情于理。不过宇文直并没有出现在叱奴氏寝殿内，而是藏在窗外。

宇文护开诰宣读，周武帝绕到宇文护身后，突然举起手中的玉珽（tǐng）猛砸宇文护后脑，宇文护当即摔倒。太监何泉举刀斫之，谁料何泉过于慌乱，手中无力，竟然没有砍中。卫国公宇文直听见声音冲了进来，举刀乱砍。宇文护血溅五步，死于非命。可叹王图霸业，到此不敌一匹夫！

宇文护威信沦丧的后果到此完全显现出来。这场血腥的政变，没有掀起任何议论与反抗，宇文护的党羽无人敢反，周武帝一夜之间夺回最高权力，并迅速对宇文护的子孙和同党进行有限度的清洗。毕竟宇文氏宗族人丁不旺，周武帝的兄弟们多与宇文护有来往，不能大开杀戒。

之后，周武帝迅速调整权力体系，废除了宇文护一直专任的都督中外诸军事，将军权重新系于大司马府。废止五府总于天官的体制，天、地、春、夏、秋、冬六府各自独立行政，原有的天官府长官大冢宰的威望大大降低（宇文护原任此职）。这等于说，皇帝直接管领六府，事实上也取消了丞相一职，从制度上彻底根除权臣制衡皇帝的隐患。

周武帝雄心勃勃，智识宏远。虽然杀了宇文护，却继续推行对外扩张的政策，特别是致力于发动统一北方的战争。

自建德元年春开始，周武帝便在进行大战前的各项准备。其中最具标志性的便是灭佛。周武帝大集群臣及僧人、道士等，进行激烈的思想辩论，定儒教为第一，道教为第二，佛教为第三。有了思想领域的准备，再进行强硬的执行。建德三年（574年）五月，周武帝下诏彻底禁断佛教，毁掉所有佛经、佛像，僧人强制还俗。起初武帝只想禁佛教，后来发现道教的诸多行迹和佛教差不多，于是一体禁止。寺庙、观宇悉数解散，不得再占有土地。这起灭佛道事件，虽然在一定程度上造成宗教文化的衰退，但在当时具有积极意义，使得北周消灭了佛道不事生产、侵占编户民、逃避赋役的寄生行为，为消灭北齐提供了强大的人力支撑。

北齐后主误国

北齐方面却在不断走下坡路。

北齐武成帝高湛于天统元年（565年）传位太子高纬，是为齐后主，自号太上皇帝。高湛过早传位，一方面是慑于连续发生的叔夺侄位的悲剧，想让儿子提前接班。另一方面，高湛无心政事，耽于享乐，退位之后迅速进入隐退状态。天统四年（568年），高湛因过度沉湎酒色病逝，没什么治国才能的后主高纬全面接管了帝国大权。其即位之后只知淫乐，荒淫昏庸程度远超其父亲，北齐政治局面日趋紊乱。

后主宠信奸臣录尚书事高阿那肱、侍中穆提婆和领军大将军韩长鸾，时人称之为"三贵"。穆提婆是陆令萱之子，陆令萱以后主乳母的身份称霸后宫。当时后主宠幸斛律皇后的婢女穆舍利，陆令萱为巩固自己的地位，便认穆舍利为女，并撺掇后主立其为弘德夫人。后来穆舍利生了高恒（即后来的北齐幼主），母凭子贵，竟然一步步爬到了皇后的位置，陆令萱也随之高升，被尊为太姬。彼时后主之母胡太后因为与胡僧通奸，被后主变相软禁起来，陆令萱成为事实上的皇太后。其子骆提婆也跟着穆皇后改姓穆。陆令萱母子由此权势滔天，生杀予夺皆在掌握之中。

高阿那肱善骑射，此外别无所长，仅在高洋北征柔然时因军功被拔擢。后在武成帝朝一味谄媚皇帝、逢迎和士开，后来因为陪侍东宫，与高纬交好。高阿那肱的器识连和士开都不如，但后主亲政后反而认为高阿那肱这种庸人可用，竟然任其为外朝首脑。

韩长鸾本是行伍出身，有膂力，善骑射。早年作为警卫人员保卫东宫，被高纬相中，由此关系日渐亲近。后主即位后，韩长鸾当上侍中、领军，总知内省机密。这位老兄并没有什么过人之处，不知经史，不懂政务。由于自己的出身，只喜爱武人，讨厌汉人、士人（其人可能是破六韩氏改姓而来，鲜卑人），经常大骂汉人官员："狗汉大不可耐，唯须杀去。"

　　这三个人当轴执政，与陆令萱内外勾连，随心所欲，肆意妄为，忠臣良将渐渐被排斥在外。北齐国政江河日下，北齐后主的荒淫生活却过得更加有声有色。

　　穆舍利因脸肿失宠后，齐后主新纳美人冯小怜为淑妃。齐后主非常宠爱这位妃子，坐则同席，出则并马。齐后主穷奢极欲，大肆修建宫室，穷极壮丽。无度的挥霍引发财政危机，为了尽可能多地捞钱，后主用上了末世王朝惯用的伎俩——卖官鬻爵。原来本是州郡自行辟举的功曹、主簿，都由中央卖出后直接下诏任用，各地州郡的职事人员逐渐被富商大贾占据，这些人一上任便加倍盘剥百姓，毫无遮掩地贪污，各地被祸害得民不聊生。

　　后主却全然不管这些，只顾自己玩乐。他喜欢弹琵琶，创作了一首《无愁曲》，每次弹奏，近侍们竞相唱和，人数多至数百。民间讽刺后主为"无愁天子"。

　　在这样的昏君领导下，朝政一天天腐坏下去。关键要职都被陆令萱、穆提婆母子和韩长鸾等人把持，朝中政务不经过他们的手很难到后主面前。而且即使到了后主面前，他也不爱管，往往撒手让韩长鸾等人去办。权力都集中在这些人手里，形成恶性循环，百官争相向陆令萱等人行贿以求升迁，荒淫、腐败、混乱到了无以复加的境界。这样一个国家，不亡何待？

　　北齐邪气不断上升，正气不断沉沦。北齐三大名将之首段韶，于武平二年（571年）病逝，另外两位名将斛律光、高长恭也相继死于非命。

　　斛律光家门贵重，父子封公封侯，女儿嫁入宫中为后，权势熏天。段韶死后，斛律光成为北齐军界举足轻重的人物。但斛律光不如父亲斛律金低调，又欺负后主年轻，朝中议事从来都说一不二，因此与尚书省大臣祖珽产生了矛盾。

　　穆提婆求娶斛律光的庶女，意在结交权贵，以巩固自身地位。斛律光鄙视他的出身，没有答应。后主赐给穆提婆一处晋阳的官田，这片田本是晋阳饲养军马的地方，斛律光不客气地对后主说："这样做妨碍军务。"祖珽、陆令萱、穆提婆遂与斛律光结怨。

将相失和，对一个国家来说危害甚深。再加上女儿斛律皇后因为穆舍利得势而逐渐失宠，斛律光颇有怨言。北周韦孝宽探听到这个消息，令人在北齐邺城散布谣言，说什么"百升飞上天，明月照长安""高山不推自崩，槲树不扶自竖"。言外之意便是斛律光手握重兵，要取高氏而代之。祖珽获知这些谣言，又加了一把火，添了两句"盲眼老公背上下大斧，饶舌老母不得语"，把陆令萱也拉了进去。

后主闻之，心生疑惧，不由想起斛律光的"前科"。一次斛律光外出征战后带兵返京，后主命令途中解散部队，各还本镇，斛律光认为还没封赏便解散部队，于军心不利，便拒绝了，把部队一直带到邺城西北郊紫陌。大军临京下寨，历来是大忌。后主心虽猜嫌，但当时没有表露出来。此时谣言四起，新账老账一起算，后主不由得动了杀心。

武平三年八月，后主借口让斛律光陪自己出游，召其入宫，刘桃枝率宫中卫士当场勒死斛律光。后主又下令杀死镇守幽州的斛律羡，两兄弟的儿子也多数被处死。

高长恭不久也被毒死。后主延续父辈不容宗室的政策，连杀博陵王高济、赵郡王高睿，宗室人人自危。高长恭在外掌兵威望日增，自感危机临近，于是大肆贪贿，企图以此自污，减少后主猜忌。后主曾问高长恭："你深入敌阵去厮杀，一旦失利，后悔就来不及了。"（指洛阳大战时高长恭入阵破周军。）高长恭一时高兴，脱口而出："都是自家的事，不知不觉就这样了。"不料这句话触了霉头，勾起后主对他的忌讳。后来陈朝北伐，江淮之间骚然，高长恭担心后主再次让他统军出战，忧心忡忡地说："我去年患了脸肿病，怎么到现在还不发作呢？"此后生病也不再治疗，企图避祸。然而他最终还是没逃过厄运，后主派人以毒酒鸩杀高长恭。

后主这种自废武功的愚蠢行为对北齐国防力量造成灾难性的损害。随着老一辈将领的彻底淡出，以斛律羡、高长恭为代表的中生代将领相继死于非命，北齐再无可与周、陈匹敌的大将，继政局崩溃后，北齐军事也逐渐崩溃。周武帝听说斛律光去世后，高兴得进行了一次大赦。

暴病与第一次东征中止

建德四年（北齐武平六年，575 年），北周勋州刺史韦孝宽向周武帝上了一道平齐策，献上中下三计，此策成为北周灭齐的先声。

其第一策曰："今大军若出轵关，方轨而进，兼与陈氏互为掎角；并令广州义旅，出自三鸦；又募山南骁锐，沿河而下；复遣北山稽胡绝其并、晋之路。凡此诸军，仍令各募关、河之外劲勇之士，厚其爵赏，使为前驱。"

其第二策曰："若国家更为后图，未即大举，宜与陈人分其兵势。三鸦以北，万春以南，广事屯田，预为贮积。募其骁悍，立为部伍。彼既东南有敌，戎马相持，我出奇兵，破其疆埸（yì）。彼若兴师赴援，我则坚壁清野，待其去远，还复出师。常以边外之军，引其腹心之众。我无宿春之费，彼有奔命之劳。一二年中，必自离叛。"

其第三策曰："今若更存遵养，且复相时，臣谓宜还崇邻好，申其盟约。安人和众，通商惠工，蓄锐养威，观衅而动。斯则长策远驭，坐自兼并也。"

第一策是上计，从轵关攻邺城方向，从广州攻河南腹地，从山南（即太行以南）沿黄河攻洛阳，从山北（即代北）进攻晋阳。四路大举进攻，乃是相当激进的策略，能够在最短时间内灭掉北齐。当年宇文护决策进攻洛阳，韦孝宽力陈不可，此时却抛出如此激进的策略，当是对北周国力有了充分的自信。

第二策乃是持久之计，在边境屯田驻兵，不断以小股兵力袭扰北齐，彼来则我去，彼去则我来，不断消耗北齐国力。趁其与南陈交战，出奇兵夺其地。韦孝宽虽然预判一两年内便能引发北齐军队大量叛离，但这条计策严重依赖于南陈对北齐的牵制，主动性不够强。

第三策则是下下之计，与北齐修好，待其国内生乱，再行进取。

周武帝看过之后觉得甚是欣慰，但并未明确表态。不过纵观其后灭齐的兵力部署，应当吸取了韦孝宽战略思想的主体部分，把他的上计作为进攻北齐的基本指导。周武帝所谋者大，行动务求一击成功，绝不能重蹈当年宇文护轻率出兵招致惨败的覆辙。史载周武帝先后与多名重臣商量进兵策略，如内史王谊、开府伊娄谦、齐王宇文宪、安州刺史于翼等。君臣意见达成一致，伐齐时机已经成熟。只不过关于进兵方向，朝野看法不同。

周武帝的打算是，以洛阳为主攻方向，其余河东、河南出兵牵制。内史上士宇文弼、民部中大夫赵煚（jiǒng）和遂伯下大夫鲍宏反对如此进兵，认为洛阳是四面受敌之地，河阳屯有北齐重兵，以宇文泰之神勇，尚且不能攻破洛阳，何况现在；应当以大军直指汾、潞，直取晋州、并州，这才是上策。

但周武帝已定下大方向，便不再听其他意见。七月丁丑下诏出师，以陈王宇文纯为前一军总管，荥阳公司马消难为前二军总管，郑国公达奚震为前三军总管，越王宇文盛为后一军总管，周昌公侯莫陈琼为后二军总管，赵王宇文招为后三军总管（以上六军皆是天子自将的中军）。

齐王宇文宪率两万精兵，先行出发，目标是拿下黎阳渡口，将洛阳、虎牢的齐军抑留于黄河沿线，形成关门打狗之势。随国公杨坚、广宁侯薛回率三万水军自渭河入黄河，作为主力支持，有可能还要负责一部分后勤补给工作。梁国公侯莫陈芮率众一万扼守太行山南的道口，老将申国公李穆率众三万守住河阳道口。这两路兵的主要任务是阻断北齐军救援洛阳的通道，为主力攻打洛阳提供侧翼保障。常山公于翼率安州两万余人，进攻豫州汝南郡一带。

二十六天后，八月癸卯，周武帝自将主力六万人，直奔洛阳河阴。周军总计调发兵力十五万人，总体部署与保定四年宇文护东伐洛阳极其相似。不同的是，周武帝灭齐的想法十分坚定，亲自带兵进攻坚城，又捡起当年宇文泰事必躬亲、战必亲临的雄武之风。因宇文护事件颇受武帝猜忌的齐王宇文宪，在出兵前向皇帝进献私财——十六件金宝作为军费。武帝大为赞赏，不仅不要宇文宪的财物，还把他的上表转发给诸大臣，说做臣子的就应该这样，财物倒在其次，对国家一片赤诚的心意最可贵。

再看看北齐的防备工作。齐后主对这场大战根本没有思想预案。当时陈朝正在不断发动北伐，试图攻下彭城，进一步威胁北齐青州，北齐的力量被极大牵制。北周突然发动攻击后，北齐只能依靠晋阳、洛阳两大战略中心进行被动抵抗。

洛阳守将独孤永业倒是个人才，周军大兵压境，他不慌不忙地御守，还高调地置办了两千副马槽，假装大军将至，慑阻周军的攻势。高阿那肱从晋阳率重兵南下，直迫河东，牵制北周主力。但其余方向都无法顾及，只能任由北周大军进攻。

周将李穆一路兵马出轵关进攻河内，拿下轵关陉。于翼一路北出襄城，连克北齐十九座城池。宇文宪则轻兵疾进，越过洛阳金墉城直取河阳南城，拿下黄河以南的两城后，再度向东狂奔直趋洛口（洛河入黄河之河口）。周武帝率主力大军进攻河阴城，拿下此城后，大军继续西进，对洛阳金墉城展开猛攻。

洛阳见证了周齐双方多年互殴，这次并没有本质上的区别，全看哪家兵力更为雄强。此时周强而齐弱，周武帝完全可以打破逢洛阳不胜的怪圈，一雪父亲两番惨败于此的耻辱。但正当周武帝雄心勃勃要饮马洛水时，他突然得了重病。史载周武帝"口不能言，睑垂覆目，不复瞻视；一足短缩，又不得行。"从症状看似乎是轻度中风。名医姚僧垣为他诊疗，先恢复了语言能力。

天子病重，事关社稷安危，核心一乱，仗也就无法打下去了。周武帝命各部立即退兵，齐人不敢出兵穷追。周武帝撤到华州（今陕西华县）时，姚增垣给他治好了病，武帝高兴地任命其为华州刺史。

北周第一次伐齐之战就此结束，北齐所失之地旋即恢复。但经此一战，北齐国防形势的弱点暴露无遗。并无太大损失的北周，再次发动灭国之战只是时间问题了。

第二次东征

建德四年九月，周武帝病愈后，立即紧锣密鼓地展开了第二次伐齐的准备工作。当年十月，周武帝出巡同州。次年正月，再到同州巡视，他亲自到涑川（即涑水，涑音 sù），集结关中和河东的驻军进行大规模校阅。这次巡视和校阅足足持续了两个月，直到建德五年（北齐武平七年，576 年）三月，武帝才返回长安。四月至五月，武帝再度到同州视察军备情况。如此频繁的动作，可以看出北周第二次伐齐已是箭在弦上的事了。

建德五年九月，周武帝在正武殿举行大醮（一种求福消灾的祭祀仪式，醮音 jiào），祈求伐齐能够成功。十月，下诏出师河东，直指晋州。

这次进攻并没有人提醒周武帝该打哪个方向，周武帝放弃了洛阳，选择了打河东。周武帝总的部署是，天子六军主力攻晋州平阳郡，以平阳为中心，分遣诸军扼守四面要害，派偏师牵制洛阳方向，务必确保拿下平阳。

具体行军安排上，周武帝自将六军主力六万人，以越王宇文盛为右一军总管，杞国公宇文亮为右二军总管，随国公杨坚为右三军总管，谯王宇文俭为左一军总管，大将军窦恭为左二军总管，广化公丘崇为左三军总管，内史王谊监诸军，大军直指晋州州治平阳城。

齐王宇文宪、陈王宇文纯率步骑四万人作为全军的"箭头"，攻晋州以北诸城，伺机沿汾河谷地一路北攻，吸引晋阳齐军主力。金州刺史达奚震率兵一万北出介休土军川（山西介休南五十里），少师宇文盛（与越王宇文盛同名，非宇文氏皇族）率步骑一万攻汾水关（今山西灵石），掐断晋州与并州的通道。安州总管于翼仍率本部兵力约两万人，出陕州攻宜阳，目标是牵制洛阳方向的齐军。

大将军韩明率步骑五千出齐子岭，焉氏公尹升率步骑五千守鼓钟镇（今山西垣曲县北六十里），防遏轵关陉齐军援兵。凉城公辛韶率步骑五千守蒲津关，赵王宇文招率步骑一万出勋州攻华谷诸戍，韦孝宽率勋州兵配合出击，扫清晋州以南的北齐军，确保后路通畅。诸路兵力总计十七万有余，与第一次伐齐规模相当。

由于行军安排老到狠辣，北周军一入齐境便迅速占据了主动权。北齐军应接不暇，各个战场的城戍都被北周攻占，平阳城被周军包围。

北齐平阳守军不足一万人，在海昌王、晋州行台仆射尉相贵的率领下殊死抵抗，该城防御设施是晋南之冠，想攻下来没那么容易。北周内史上士宇文弼率三辅子弟数百人随军征战，身上被伤三处，仍奋勇苦战。周武帝每天亲自到城下督战，周军舍命攻城，平阳形势非常危险。

同样是敌国君主攻城，同样是以少敌众，同样是在晋南，北周当年有韦孝宽这样的智勇之士力攻克高欢于坚城之下，北齐却没有这样的人才。

晋州城行台左丞侯子钦、刺史崔景嵩丧失抵抗勇气，私下遣人到周军请降。周将王轨率兵攻城，段文振率数十勇士登上城头，在崔景嵩的接应下直奔尉相贵官衙将其生擒。擒贼先擒王，主将一失，守军顿时大乱，北周军一拥而入，占领平阳。

前军宇文宪节制晋州以北诸军向北进发。相比其他诸路军马，宇文宪打的是无依托作战。虽然后方有天子六军屯驻平阳城下可以支援，可一旦平阳局面不利，宇文宪部将会立即陷入北齐军四面八方的围攻之中。但英雄之所以能成为英雄，就是能为常人所不能。令狐德棻在《周书·卷十二·宇文宪传》中说宇文宪"智勇冠世，攻战如神，比之异姓，则方召韩白，何以加兹?"，此评价的确所言不虚。宇文宪指挥大军连克洪洞、永安等地，兵锋直逼晋阳。齐军退过汾河，烧毁汾河桥，宇文宪无法继续前进，便命宇文椿前出至永安之北的鸡栖原，监视晋阳方向齐军的动静。

平阳发生大战时，北齐后主高纬正带着宠妃冯小怜在天池（在今山西岢岚）射猎，晋州遣使求救，从早上至中午一连来了三拨人。陪侍后主的右丞相高阿那肱斥责使者说："天子难得出来游乐，边境上那点小事能有多急？不要来打扰陛下。"到了晚上，使者又来，报说平阳已经陷落。高阿那肱这才向后主报告实情。

好在后主还没荒淫到丧失基本理智，他立即下令次日发兵南下迎击周军。高阿那肱受命先行，不料掌管晋阳兵马调发大权的尚书令唐邕与高阿那肱有嫌隙，故意克扣部分兵力。冯小怜玩兴正浓，不愿后主马上南下，后主置十万火急的军情于不顾，又陪冯小怜打了一围。唐人李商隐读史至此，作诗两首讽刺后主，其一曰："一笑倾国便相亡，何劳荆棘始堪伤。小怜玉体横陈夜，已报周师入晋阳。"其二曰："巧笑知堪敌万几，倾国尽在着戎衣。晋阳已陷休回顾，更请君王猎一围。"（两首诗中的"晋阳"为误写，实应为晋州平阳。）

后主发大军南下，但因为动作太慢，已失去收复平阳的战机。无奈之下只好迎战周军在汾北一带的兵力。北齐军十多万人进至千里径一线，其前锋被宇文椿击败，屯于鸡栖原。周武帝闻知齐军主力出动，派王谊到前军召宇文宪撤军。撤军前，宇文宪耍了个花招，他令屯驻在鸡栖原的部队不立营帐，而是采伐柏木搭建草庵。齐人见周军采伐动静很大，以为是北周大股兵力在此，于是持重不敢速战。天亮之后齐军才发觉上当，全军再次向南追击。

然而宇文宪的战略目的已经达到。在其牵制之下，北齐援军迟迟不能南下，周军得以有时间休整喘息，大将梁士彦率生力军入守平阳，巩固了附近形势。周武帝认为拿下晋州的目标已经达到，且齐军士气正盛，己方苦战后不宜与其正面交锋，便率六军主力徐徐退入勋州。

齐军主力尾随宇文宪部而来，在汾河高梁桥附近，齐军的先头部队与宇文宪遭遇。宇文宪左右仅有两千骑兵，虽然知道齐军大队随后便到，他仍泰然自若，隔着河与齐军先锋段畅对话。段畅问宇文宪是何人，宇文宪骗他说是虞候大都督（周军低级军官）。段畅见宇文宪所部骑兵军容整齐，又见宇文宪气度非凡，怀疑他言语有假，于是一再逼问他的真实身份。宇文宪见瞒不住，索性言明自己是大周齐王，又一一告知身旁的陈王宇文纯、梁国公侯莫陈芮、内史王谊等人的身份。段畅大惊，连忙回去召兵追击，宇文宪与骁将宇文忻各率百骑殿后，斩杀百余名追击的齐军，然后绝尘而去。

后主率大军至城下，周将梁士彦据城拼死抵抗，城头楼堞都被齐军毁坏，几乎要被攻破。彼时周军主力都已退走，无人来救，众军惊恐不已。梁士彦慷慨自若，对守城将士说："死在今日，我为你们打头阵！"在他的感召下，周军奋力反击，暂时打退齐军的进攻。梁士彦发动妻妾带头上城修复城垣，随军的家属也都上城协助，三天内又将城墙修好。

齐军挖地道陷城，城墙塌陷十余步，众军要一鼓而入，正在这万分紧急的关头，后主突然勒令众军稍停。城下士兵们不解，不知后主意欲何为。原来冯小怜也随军前来，这位美人喜欢看热闹，平阳城马上就要被攻破，后主便想叫她一起欣赏这壮观的破城战斗。

女人出门最麻烦，冯小怜闻召，不慌不忙地梳妆打扮了半天，才施施然到阵前观看。梁士彦利用这宝贵的间隙指挥部队以大木塞住城墙的缺口。等到齐后主下令进攻时，已丧失破城时机，齐军士兵气得火冒三丈。

周武帝打下平阳后便返回长安，走前令宇文宪率六万兵马支援平阳。宇文宪率军驻扎于涑水一带，遣宇文盛、宇文神举和尉迟迥率一万人先到晋州城外，让城中的梁士彦安心。宇文宪主力进至蒙坑，静观齐军攻城。他探知城池尚坚，竟又不顾齐军主力在后，自顾自撤军返回涑水，这是何等的自信！

以坚城挫敌军锐气是周武帝的原意，宇文宪和梁士彦完美地实现了这一意图。周武帝优哉游哉地回了长安一趟，待了三天，便又率大军亲至前线。

双方主力聚集于平阳城下，已是决战的态势。齐军一边围城，一边在城南挖开一条大沟，隔开周军主力。周武帝知道后主就在军中，想马上开战，只是被大沟阻隔，无法合战。周武帝骑马到营中巡视，每到一处都呼喊领兵主将的名字，诸军士气大振。齐王宇文宪观阵后对周武帝说："易于耳，请破之而后食。"武帝听他说了这样的话，心中更有底了。

齐后主问高阿那肱战还是不战。高阿那肱说："没法战，十万大军光伤病和后勤人员就占了三分之一，不如退兵扼守高梁桥，等待时机。"齐将安吐根却说："周军那点儿人马，把他们都杀了丢汾河里去。"诸近臣都说："彼亦天子，我亦天子，彼尚能县军远来，我何为守堑示弱？"后主似乎反应过来了，斥责高阿那肱说："尔富贵足，惜性命邪！"于是主动填平大沟，与周军合战。

双方将近二十万人在一处交战，战况甚是胶着。北齐安德王高延宗为人长大多力，骑射甚精，他带兵深得人心，所部战斗力极高。高延宗率右军猛冲周军，生擒北周开府将军宗挺。齐后主带穆提婆等人在高处观战，突然看到阵上左翼部队纷纷后退，穆提婆以为大军要败，吓得赶紧让后主快跑。

后主不辨是非，带着冯小怜就要逃跑。开府奚长乐和武卫将军张常山劝说："大军交战，一进一退都很正常，现在诸军都在苦战，围城部队也没有问题，如果皇上走了，全军肯定崩溃。"后主判断不清，又停了下来。穆提婆已被吓破了胆，哪敢多留，他拉着后主的手肘说不要相信他们。后主还是更相信穆提婆，当场便弃军而逃。奚长乐和张常山的话瞬间应验，齐军失去主帅，被周军击溃。

齐军解围北逃，平阳城免于灭顶之灾。梁士彦一番死里逃生，见到武帝后不胜感慨，他摸着周武帝的长须泣涕皆下，武帝也感动得流泪，说："朕有晋州，为平齐之基，宜善守之！"后梁的质子萧大圜也随军征战，武帝得意地问他："齐遂克不？"萧大圜答道："高欢昔以晋州肇基伪迹，今本既拔矣，能无亡乎。所谓以此始者必以此终也。"此言虽然不乏逢迎之意，但也鲜明地反映出北齐根基已经朽坏的事实。

因为诸军久战疲累，周武帝本想率军返回长安，部分将领也主张先收兵休整。梁士彦扣马切谏："请趁北齐之败穷追猛打，可收大功。"于是周武帝坚定了继续攻齐的决心，遣齐王宇文宪率军追击齐后主。

可叹平阳之战，齐军本有机会收复州城，主力对决中本也有机会打败周军。可惜主昏于上，臣懦于下，齐军硬是错过两次机会，将坚城拱手让人。最可怕的是，晋阳齐军主力大败于此，溃散奔逃，从此元气大伤，再也无力抵挡周军。北齐之亡，实从平阳而始。

北齐灭亡

武平七年十二月，北齐后主一路逃到晋阳，闻知周军宇文宪所部连克永安、高壁诸城，前锋已入雀鼠谷（在今山西介休市西南、霍州市以北的汾河河谷），周武帝也已率主力进至介休（治今山西省介休市东南），于是召集众臣计议御敌之策。晋阳诸将惶惶不可终日，有说坚守的，有说弃守的，莫衷一是。后主没什么主见，只是惧怕周军声势，想留下安德王高延宗和广宁王高孝珩守晋阳，自己逃到北朔州（今山西朔县）避难。如果晋阳再守不住，那便继续北逃到突厥。这可真是被彻底吓破了胆。

后主对敌人的害怕严重影响了晋阳士气，穆提婆、封辅相、贺拔伏恩、慕容钟葵等三十余名近臣南逃，叛降北周。高延宗泣涕谏阻，可后主还是执意要走，他先是把太后和太子送到北朔州，然后任命高延宗为相国，自己一走了之。后主北逃后，左右从官都不愿跟随，纷纷逃散。后主没办法，在高阿那肱、高孝珩等数十骑的陪同下，仓皇逃回邺城。

彼时晋阳太原城尚有不少部队，高延宗见后主已不可依靠，遂在晋阳诸将的拥戴下即位，改元德昌。北齐军经历了一系列惨败，早已对后主失去信心。高延宗即位后，任用唐邕、莫多娄敬显等能干的忠臣，抄没显贵佞臣千余家，又大开府库，以金宝和后宫美女赏赐将士，诸将一时倾心，形势也大为好转。后主在邺城听说高延宗的所作所为，气得说："我宁使周得并州，不欲安德得之。"

　　周武帝率军杀至太原城下，十余万周军浩浩荡荡而来，声势惊人。北齐军起初屯扎在太原城南，城西太谷另有开府那卢安生率一万兵扼守险要。高延宗率四万人出城合战，他手持大槊，亲自督战，时时突入阵中，所向无前。尚书令史沮山身强力壮，执长刀步行跟随，杀伤周兵甚多。但毕竟双方兵力悬殊，高延宗抵挡不住周军的攻势，率军退入城中固守。太谷守将那卢安生畏敌不敢战，尽率所部向周军投降。

　　周武帝指挥众军围攻太原城，一场惨烈的攻城大战就此打响。

　　高延宗命莫多娄敬显、韩骨胡防守城南，和阿于子、段畅防守城东，自己在城北抵挡攻势最猛的齐王宇文宪。高氏在太原三世经营，城高池深，攻之甚难。在齐军的拼死抵抗下，周军死伤枕藉。周武帝亲自跃马阵前，率兵猛攻东门，士气大振。双方激战良久，城上齐军终于顶不住压力，阿于子、段畅率千骑向周军投降。黄昏时分，周军从东门打进城中，一路放火烧屋，往城内突击。高延宗急忙回救东门，率莫多娄敬显率兵从周军后面发起攻击，杀死两千余人。齐军本想关住东门来个瓮中捉鳖，不料城门洞里死尸太多，城门关不上。周武帝左右护卫兵死伤殆尽，齐兵一拥而上，枪刀齐下，差点儿击中武帝。慌乱中承御上士张寿死命拉着武帝马头，贺拔佛恩在后拼命打马，才勉强从人堆中挤出东门。等到逃回本军营中，已是四更时分。

　　高延宗尽歼城内周兵，以为周武帝也死在乱军中，传令在死人堆里找一个长着长胡子的人——周武帝蓄着长须。虽然最终没有找到，齐军上下也都非常高兴，次日尽皆饮酒醉卧。周武帝逃回营中，被这一仗吓得胆战心惊。一日一夜未睡，武帝饥饿疲惫至极，本想收兵休整，齐王宇文宪和内史王谊力劝不可退，一旦退兵，便给了齐军可乘之机。新投降的齐将段畅极言城内空虚，机不可失，最好立即反攻。

　　于是周武帝整顿兵马，待天亮以后再次发兵攻城。齐兵大部分还醉卧不起，高延宗也没办法整军，只能眼睁睁看着周军再次打破东门和南门。高延宗率众力战，但城池已破，以弱势兵力万难抵抗强大的周军，最终太原落到了周军手中。高延宗被周军生擒，周武帝敬重他的气节与勇猛，亲自下马执手见礼。高延宗惭愧无比："死人手何敢迫至尊。"周武帝以礼待之，没有加害。

消息报至邺城，北齐君臣如丧肝胆，晋阳乃北齐的根本重地，如今名城陷落，大军全军覆没，如何抵挡周兵？唯有广宁王高孝珩壮志仍在，他向后主建议，召任城王高湝（jiē）以幽州之兵攻晋阳，洛州刺史独孤永业攻潼关威胁周军后路，再发京畿大兵出滏口陉（今河北邯郸西），或许可以扳回劣势。后主不以为然。高孝珩又请后主拿出宫中宝物，赏募诸将，以提振军队士气，后主到此时仍然昏聩无比，他声称要给官员封赏，但从来没有真正落实。斛律孝卿劝后主到军中劳慰将士以激励士气，还亲自给他起草了发言词，后主登台忘词，竟哈哈大笑，将士们无不愕然，自此士气离散，无法再聚。

后主听信高元海、宋游道、卢思道、李德林等一班文臣的建议，将帝位禅让给太子高恒，改年号承光，自己退位为太上皇，希望给一蹶不振的国势冲冲喜。

高孝珩认为后主之所以昏庸无计，都是高阿那肱在君侧坏事，便与呼延族、莫多数敬显、尉相愿合谋杀死高阿那肱。不料事情败露，高孝珩避祸出外，率五千人到信都与任城王高湝会合。

周武帝在晋阳商议下一步作战方略，他问高延宗怎么打最好。高延宗推辞不肯说，周武帝再三询问，他才开口道："若任城王据邺，臣不能知。若今主自守，兵不血刃。"周武帝探知任城王高湝并不在邺城，遂遣齐王宇文宪率大军星夜兼程杀向邺城。

高湝是高欢的第十子，其兄弟十五人只剩他一人在世。高湝一直没忘记其父开国创基的光荣与梦想，是宗室诸王中善能用兵的一位。此时他已招募士众达四万人，但后主并不信任他，所以他只能与高孝珩委屈地待在信都。

承光元年（北周建德六年，577年）正月，北齐后主拒绝了大将高劢（mài）据城死战的建议，先送幼主、太后、冯妃等出奔青州。北周大军出太行山进入河北，一路没有遇到像样的抵抗，很快便攻下邺都，后主逃出邺都，出奔青州。周将尉迟勤追到青州，活捉北齐后主、幼主。

首都一破，北齐各地望风瓦解。洛州刺史独孤永业正与周将于翼相持不下，闻知皇帝被擒，顿时丧失斗志，举城投降。于翼乘势率军东下，收取河南九州三十余镇，河南悉平。

周武帝又遣宇文宪、杨坚率兵进攻据守不下的信都，并让齐后主写信招降高湝。后主先前在青州逃命时，才想起让高湝挽回败局，让斛律孝卿捧诏去信都传位，不料这位使臣半道开溜，直接到邺城投降了周军。

高湝知道已经无力回天，但父辈的光荣绝不允许他不战而降。在其感念之下，冀州民众纷纷表示愿意决一死战，连僧人都主动投军作战。宇文宪兵至信都城下，高湝在城南结阵，派其心腹大将尉相愿出阵合战，不料尉相愿临阵倒戈，投降周军。高湝被迫收兵回城，杀了尉相愿一家。高湝明白已到了最后关头，第二天再次出城大战。

宇文宪以精兵与其对阵，一挟灭国之威，一处穷途之窘，胜负在战前就已明确。周军大破高湝军，俘斩达三万人，高湝、高孝珩被生擒。国破见节士，家亡知孝子。宇文宪对高湝忠于故国的情怀很是赞同，他对高湝说："任城王何苦至此？"高湝泣涕皆下，说："我是神武皇帝（高欢的谥号）的儿子，兄弟十五人，到现在只有我一人活着，现在我们齐国灭亡了，我今日以死报国，无愧于社稷和祖宗了。"

广宁王高孝珩是高澄的儿子，面对亡国之恨，辞气慷慨，不卑不亢。宇文宪为之折节，亲自替他裹疮敷药，礼遇甚厚。宇文宪带着二王返回邺城，看着即将到达的城池，四十年基业，如今拱手让人，高湝悲愤难抑，倒撞下马，跌得血流满面，见者无不动容。高孝珩悲叹："李穆叔言齐氏二十八年（高洋于550年称帝，至亡国二十八年），今果然矣。自神武皇帝以外，吾诸父兄弟无一人得至四十者，命也。嗣君无独见之明，宰相非柱石之寄，恨不得握兵符，受庙算，展我心力耳。"

幽州守将潘子晃率突骑数万来救邺城，闻知京师已破，便到冀州信都郡投降了宇文宪。

北齐范阳王高绍义率兵席卷代北两百余城，欲南取晋阳，但兵力寡弱，被周将宇文神举击败，高绍义逃入突厥。北齐所统之地，至此绝大部分被北周攻取，北周共得五十五州，一百六十二郡，三百八十县，三百三十万两千五百二十八户，两千万六千零六十八人。北齐自高欢创业，至后主亡国，历经四十六年，共四世七帝（神武、文襄、文宣、孝昭、武成、后主、幼主）。

灭齐之战，平心而论，在周、齐历次大战中并没有什么可圈可点的地方。大战开打前，北齐弱势在于中央无能，无法有效调度人力，致使能臣勇将不居其位，奸佞小人屡屡干扰、破坏大计。从晋州之战、晋阳大战来看，周军并无十足胜算，对形势看得最清楚的周武帝甚至多次萌生适可而止的想法。然而国之将亡，纵使你有雄兵百万、坚城纵横，又怎能奈何得了政治昏乱、主弱臣奸？

自永熙三年以来，高欢与宇文泰斗智斗勇，大战五次，累世攻伐，上演了无数次经典活剧，让后人叹为观止。我们不搞成王败寇式的片面定论，高欢和他的创业之臣们从无到有，从小到大，从弱到强，开创鼎足而立的强大国家，他们身上折射出的勇武奋进、永不放弃的精神永远值得后世尊敬。而北周宇文氏，偏居关陇一隅，君臣合力同心，神明奋发，高视宇内，以灵活机变的策略、顽强拼搏的精神、恢宏远大的气度、包怀万方的胸怀和奇姿杰出的人才，终于克成伟业，统一北方，他们的成功经验，更值得后人铭记。

第十二章

刘裕开国

　　南朝自永初元年（420 年）刘裕建立宋王朝为起点，开启了一百七十年波澜壮阔的历史。刘裕起自东晋北府军下层军官，人近中年还苦苦挣扎于行伍之间，并没什么大的前途可言。及至东晋末年大乱，皇统失序，维持多年的门阀共治突然打破平衡，桓玄强行代晋，引发天下大乱，刘裕这才乘势而起，开创了刘宋七十年的国祚。

刘裕早年戎马生涯

　　刘裕生于东晋兴宁元年（363 年）三月壬寅，字德舆，小名寄奴。

　　论及东晋人物，在绝大多数语境下都离不开士族、门阀这些概念。东晋当轴执政的是世家大族，大量低级士族和寒门人物普遍被压制，长期无法进入核心决策层，只能沦为大族的部曲、宾客、幕僚。一部分寒门人物不得不走入被士族鄙视的军界，在疆场上靠刀枪博取功名。

　　刘裕自曾祖父刘混时，祖籍便由彭城县南迁至京口，属于北来者。据祝总斌、张金龙等先生考据，将刘裕家族定为低级士族。刘混官至武原县令，刘混之子刘靖官至东安郡太守，刘靖之子刘翘仅做了个功曹。父祖官位都低得可怜，根本无法给刘裕带来什么政治上的益处，这大概是刘裕后来走入行伍的动因之一。

　　刘裕少年时家中贫困，只好去卖履，这一点和汉室先人刘备相似。刘裕生性豁达，不喜读书，只略识文字。这一切都符合历史上枭雄的特点。

时势也给刘裕提供了机会。谢玄在京口招募流民组建军队，京口在京师之北，有北府之称，这支军队因此被称作北府军。所谓流民，主要指流寓京口的从北方来的青、徐诸州民，这些流民有着旺盛的战斗力，经谢玄编练整训后成为东晋朝廷掌握的一支强大军队。刘裕正是在这一时期加入了北府军，并成为冠军将军孙无终的司马。将军府司马职务不高，但已进入北府军将领的行列。

孙恩起义爆发后，北府军大将刘牢之率众镇压，刘裕又转为前将军刘牢之的参军。正是在这次战争中，刘裕展现出惊人的战斗力。北府军到达吴县，刘裕受命率数十人侦察孙恩乱军的情况，猝然与数千乱军遭遇。刘裕不仅没逃，反而挺身而战，其部卒大多战死。刘裕手挺长刀，越战越勇，杀死许多乱军。刘牢之之子刘敬宣随后率援军而至，乱军以百倍之众居然收拾不了刘裕几十人，士气已经大跌，官军大至，乱军军心顿时崩溃，被杀千余人，随后在官军的逼迫下逃入海中。

刘裕军事生涯早期，打的多是这样以寡击众的战斗，而且屡屡面临生命危险。孙恩从海上再入沪渎（今上海市西旧青浦镇附近的古吴淞江），刘裕率数百官军抗击乱军，海盐县令鲍陋派一千吴地士兵配合作战。鲍陋想抢功劳，于是把他的一千士兵放在前面，刘裕认为吴兵战斗力不强，建议把他们放在官军后面作为支援，结果遭到拒绝。刘裕唯恐有失，把部下士兵分为几十处，大张旗鼓，但其实只是虚张声势，每处只有几个人。

交战之时，虽然靠声势吓退了乱军，但鲍陋的吴兵一追击，立即被醒悟过来的乱军全歼，刘裕手头兵力有限，无法抵挡，若不是事先安排得当，恐怕刘裕就得死在这场战斗中了。

早期刘裕地位低，为了博取功名地位，每次作战都是刀口舔血、猛打猛冲，用性命作赌注，然而即便如此，也没能挣得什么高级官位。直到桓玄突然崛起，对东晋司马氏摇摇欲坠的皇权发起挑战，刘裕才遇到了改变命运的重大机遇。

桓玄，东晋大将桓温之子。桓温晚年几乎完成篡晋自立的意图，但在王、谢两大高门的联合抵制下，至死未能取九锡、封王爵。桓温死后，其南郡公的爵位世袭于幼子桓玄。桓氏在荆州经营多年，因此桓玄当时虽然才六岁，仍然在族人、故旧的拥戴下逐渐成长为桓氏新的领军人物。桓玄成年后，朝廷任命桓玄为广州刺史，想把桓氏势力清除出荆州。桓玄固辞不受，仍然留居荆州，在州中呼朋引伴，宛若一方诸侯，正牌荆州刺史殷仲堪也不得不给他面子。

隆安二年（398 年），东晋朝廷与地方实力派发生武力冲突，兖州刺史王恭、豫州刺史庾楷、荆州刺史殷仲堪、南蛮校尉杨佺期联合起兵叛乱，桓玄也发动亲族故旧起兵参与战争。

会稽王司马道子笼络北府军大将刘牢之，派其领兵抵御，杀了王恭，逼降庾楷。殷仲堪、杨佺期本就没什么戎略，不久后被桓玄以诡计袭杀。桓玄遂坐地起价，强迫朝廷让自己都督荆、司、雍、秦、梁、益、宁、江八州，领荆、江两州刺史，完全恢复了桓温时代的势力。此时王、谢、庾诸家都已没有当年士族共治时的能量，桓玄势力一家独大，遂产生了取代司马氏的野心。元兴元年，司马道子发兵讨伐桓玄，桓玄迎战。

此时东晋朝廷能依靠的依然只有北府军，但北府军主将刘牢之跟居中用事的司马道子不是一条心，担心平定桓玄后司马道子会卸磨杀驴，于是筹划再次反叛。所谓再次，是指王恭起兵时，本来和王恭同盟的刘牢之毁盟，反投司马道子、司马元显父子。如今又叛司马父子，信义尽丧，不得人心。刘牢之的外甥何无忌和参军刘裕，都劝刘牢之不要再做不义之事。刘牢之不听，率军投奔桓玄。桓玄不费吹灰之力便杀入建康，诛灭司马道子、司马元显等人，于元兴二年十二月壬辰，废黜东晋安帝司马德宗，建立楚国，年号永始。

桓玄称帝后，迅速任命桓氏子弟为诸州刺史、朝中高官，所有非桓氏的实力派都遭到打击。刘牢之被任命为会稽内史（内史相当于郡守），排除在中枢之外。刘牢之愤愤不平，图谋率兵回到京口，再次武装反抗桓玄。事可一可二，不可再三再四。刘牢之反复无常，在世人面前丧失了最后一点公信力，包括刘裕在内的北府诸将，因而无人支持刘牢之，大多数散走。刘牢之最终众叛亲离，自缢身亡。

桓玄借势控制了北府军，大杀北府将领高素、竺谦之、竺朗之、刘袭、刘季武、孙无终等人，刘牢之之子刘敬宣、冀州刺史刘轨、宁朔将军高雅之等逃奔南燕，北府军基本瓦解。

刘裕与刘牢之分道扬镳后，一直率兵镇压孙恩起义，渐渐被桓玄看重。有人劝桓玄说："刘裕龙行虎步，气宇不凡，不是寻常人，我们要防备这个人。"（《宋书·武帝纪上》）桓玄故作大方地说："我正要荡平中原，刘裕正好可为我所用。待关陇平定后，再考虑对付他的事吧。"

刘裕对桓玄的重视并不在乎，不向其效忠，反而日增厌恶。

京口起事灭桓玄

桓玄本无多高才能，只不过在晋末"比蠢大会"中，勉强胜过司马道子、刘牢之等对手，靠桓氏家族势力余威，偶然窃取大权。夺位建国之后，并无什么新朝气象，反而如穷人暴富一般，穷奢极欲，肆意展示天子的权威。天下有识者，都不归心于桓楚政权。

北府故将大都对桓玄篡权愤愤不平，何无忌劝刘裕在会稽起事。刘裕当时在会稽领兵，手中虽有一部分兵力，但势力寡弱，且居于客地，万难与桓玄抗衡，于是暗中回到京口，联合散在此地的北府军故将谋举大事。

北府旧将受桓氏集团排斥打击，彻底丧失政治前途，都有举事的动机，刘裕在京口首倡大事，立即得到众多旧将的支持。当时与刘裕结盟的，有何无忌、魏咏之、魏欣之、魏顺之、檀凭之、檀韶、檀祗、檀隆、檀道济、檀范之、刘道怜、刘毅、刘藩、孟昶、孟怀玉、向弥、管义之、周安穆、刘蔚、刘珪之、臧熹、臧符、臧穆生、童茂宗、周道民、田演、范清二十七将，连同刘裕共二十八人。

同时准备响应刘裕的，还有诸葛长民、王元德、童厚之等人。诸葛长民时为豫州刺史刁逵左军府参军，计划发兵杀刁逵，在历阳响应刘裕。王元德和童厚之打算在建康起事，企图趁桓玄外出游猎时发动袭击。

刘裕在京口聚集到的人，除了二十七将之外，尚有百余人，力量很弱。所以计划采取偷袭的方式，先杀掉京口的桓修、广陵的桓弘，全面夺取建康以北两大军府的武装。刘裕一伙行事极其机密，密谋的速度也很快，因此没有引起桓修、桓弘的注意。

元兴三年（404 年）二月，何无忌假称传诏，率众冲入桓修府中将其击杀。孟昶、刘道规、刘毅等人袭杀桓弘。刘裕遂公开招引北府兵故旧，聚起一千七百余人，而后便以惊人的勇气向建康进发，公开讨伐桓玄。

当时桓玄兵力占绝对优势，拥有数十倍于刘裕的大军，如果能迅速出兵围攻刘裕，纵使不能速胜，也能将刘裕这点可怜的兵力打散。然而桓玄入主建康不久，始终觉得根基不稳，不敢倾其主力迎击，而是想屯兵于覆舟山（江苏省南京市太平门西侧），按兵不动，深沟高垒，不与其决战。

桓玄有这想法也不稀奇，刘裕近年来威名大盛，把孙恩起义军打得望风而逃，如此战力，谁与其当面作战都不免发怵。但桓玄任命的征讨都督桓谦力主决战，企图趁刘裕实力不强时将其击灭。桓玄不得已听从桓谦建议，派骁将吴甫之、皇甫敷率众迎击。

刘裕率众进至江乘（在今江苏南京），与吴甫之所部遭遇。刘裕作战一向喜欢自己打头阵，此战面对桓楚大军最精锐的部队，于是亲自手执长刀冲杀。桓氏部众自桓温死后几易其主，当年称雄荆州、与北朝诸国抗衡的精兵，已然面目全非，不复当初的战斗力。而北府兵却方兴未艾，虽然被桓氏部分瓦解，但精神士气尚在，又有刘裕这种打仗不要命的主将督率，战斗力十分强悍，桓楚军队根本不能比。吴甫之所部被刘裕一冲，阵势大乱，无法抵挡，吴甫之本人被杀。

江乘之战的同时，京口结盟二十七将之一、高平檀氏的族长檀凭之，率一队人马攻至罗落桥，与皇甫敷所部激战。檀凭之不幸阵亡，部队退散。

关键时刻还得看刘裕。刘裕率众转攻罗落桥，三下五除二歼灭皇甫敷，乘胜向建康台城进攻。桓玄大为震恐，又遣桓谦、卞范之率军两万屯于覆舟山、东陵口抵御刘裕。

当年桓温以滔天之势入居建康，手握军权，无人能与其抗衡，却不敢踏出篡位夺权的最后一步，原因就在于，东晋门阀极其讲究地望根基，一家一姓之基础，与其所在州郡联系极为紧密，而与其他州郡又隔阂极深。桓温固然手握军权，然而扬州向来掌握在天子手上，彼时东晋权威尚在，士庶军民并不拥戴外来方镇大将，故桓温不敢以一世英名做此险事。

桓玄时代固然情况有异，司马道子父子公然挑起皇权与大族的武力冲突，而又不能稳住中枢，给桓氏提供了机会。但民心向背的基本条件，需要一定时间来转化。桓玄若有其父数度北伐的功劳，或有平定孙恩起义的勋绩，也许能震慑得住朝野。两者都无，骤然以武力夺权，自然危机四伏。刘裕义旗一指，桓玄政权一时无法立足。出城防御的兵力虽多，但其中有一部分是原北府兵力，与刘裕有袍泽之谊。在刘裕迅猛的攻势下，还没交战便失了信心。

刘裕在蒋山（即今江苏省南京市中山门外钟山）上遍竖旗帜，数路军队并进，又顺着东北风放火，浓烟漫天，桓玄的侦察兵回来报告，刘裕大军漫山遍野，不知多少。城外诸军见此形势，还没组织起有效的防御便迅速崩溃。桓玄吓得率水军弃城逃跑，奔还荆州老巢。

刘裕进入建康城，骤然间成为建康的最高统治者。但北府诸将素来名位低下，为当轴大族所轻视。刘裕深知形势大乱，绝不可骄傲自满，贸然争夺大权，于是把武陵王司马遵拉出来，作为临时中枢之主。刘裕随后宣布桓玄为伪，在建康宣阳门外公开焚毁桓温的神主，以安士庶之心。在政治上安缉内外的同时，刘裕遣刘毅统率何无忌、刘道规等人率兵追击桓玄。

桓玄的问题随着失败慢慢暴露出来。在建康战败，其实并不代表着彻底失败。除了建康、京口，刘裕并没有掌握别的州郡。桓玄返回荆州时，经过江州，若是停军于此，让荆州兵马东下来援，完全有可能在江州立足，与刘裕对峙。但桓玄虑不及此，一战失败，便丧失了所有信心。

经过江州寻阳（今江西九江），桓玄留下部将何澹之、庾稚祖、郭铨（quán）等人驻守。刘裕大军攻至寻阳，何澹之率水师到江上桑落洲迎战。何澹之完全不了解北府兵善于猛打猛冲的特点，自作聪明地派出一艘空舰，伪装成自己的座船，诱使官军来攻。

何无忌兵少，不利久战，索性将计就计，率兵疾进拿下这艘假旗舰，顺风大呼"已斩何澹之"。何澹之没想到竟有如此转折，他想出来澄清，但为时已晚，部下士兵大乱，被官军迅速击溃，寻阳就此易手。刘毅随后率军西上，进抵荆州。

桓玄回到荆州略感心安，搜罗了两万兵力，裹挟着退位的晋安帝反攻刘裕军。这一举动又显示出桓玄的不智。

荆州与建康全然不同，历来是上流士族力量的根据地，对东晋朝廷并无多少归属感，桓玄在这里拥有的力量远远强于建康。当刘裕大军抱着孤注一掷的心态来攻荆州，桓玄最好的选择是深沟高垒，与其相持，等到积蓄了足够力量后再反攻。这样做或许不一定稳操胜券，但起码能保住荆州地盘，不至于快速崩溃。如今反而舍己之长，迎头决战，可谓不智至极。

桓玄内部在刘裕大军的压力下产生了分裂，桓玄的亲信殷仲文叛逃，还带走了两位东晋的皇后——晋穆帝后永安何皇后、晋安帝皇后王神爱，归降了官军。

桓玄大军人数虽有数万，远远多于只有数千人的官军，却无战心。桓玄身为三军主帅、荆州首脑，也恐惧异常。他不敢乘坐自己的座船，而是躲到座船下的轻舸上，以便形势不利时及时逃跑。部下士兵见此行为，顿时都失了战心。刘毅、何无忌、刘道规等率水军杀至江陵外的峥嵘洲，顺风放火，勇猛冲杀，桓玄大军被杀散。

经此一役，桓玄的势力彻底分崩离析，在荆州已无法立足。桓玄率亲信出江陵城门直奔码头，争船西上，意图投奔梁州刺史桓希。途中遇乱军，交战过程中桓玄险些被刺杀。好不容易上了船，又遇到毛祐之率领的益州刺史毛璩（qú）派回来的两百军兵。毛璩的侄子毛修之时为桓玄的部将，骗桓玄随他们入蜀，桓玄病急乱投医，也不辨真假，随之而去，结果在途中被益州兵杀死。

刘毅、刘道规、何无忌等又陆续荡平桓玄的党羽桓振，益州刺史毛璩率兵入汉中，杀了桓玄任命的梁州刺史桓希，桓玄之乱至此全部平定。

北伐南燕

义熙元年（南燕建平六年，405 年）三月十三日，刘裕迎回晋安帝，东晋改元义熙。刘裕立下扶危定倾的天大功劳，在建康城中的权势一时间无人能匹敌，晋安帝下诏为刘裕加官晋爵，将军、首脑全部封授。

刘裕虽出身武将，不谙政事，但他常年在一线拼杀，积累了丰富的人生经验。世事洞明，人情练达，对当朝大势的看法并不亚于常年盘桓于政局的高官权贵。刘裕只保留了军职，出镇京口，其余各种名高位显的官位固辞不受，拉出高门士族的代表当"花瓶"，自己则躲在幕后经营一切。这无疑是十分高明且务实的政治行动，既不拉仇恨，引起朝野内外的反感，又尽握实权，使人无法轻易撼动其地位。

刘裕明白，当下要务是进一步积累军事权威，逐步巩固唯我独尊的地位。恰好当时北面的南燕帝国不断挑衅，侵犯掳掠东晋淮北边郡，于是刘裕决定出兵北伐，攻击南燕。

南燕是十六国余绪，慕容鲜卑建立的小国。开国皇帝慕容德，是十六国名将、后燕开国之主慕容垂的少弟。当年北魏道武帝龙兴代北，挟雷霆之威消灭后燕，慕容德无可抵御，退入山东，据青州数郡之地，建立起一个幅员狭小的朝廷。

慕容德在位时，着力吸取前燕、后燕穷兵黩武的教训，称帝后既不向北魏报仇，也不向南方发展，只固守青齐，满足于御敌于国门之外。即使后来东晋爆发桓玄之乱，出现可乘之机，慕容德也没有发兵南下。

慕容德平稳地当了五年皇帝，于建平六年年底撒手人寰，享年七十岁（虚岁）。慕容德的儿子们在当年慕容垂复国时，被苻秦全部杀害，因此皇位传给了慕容德哥哥慕容纳的儿子慕容超。

关于慕容超，还有一段颇为传奇的故事。当年慕容德被苻坚派去南征东晋，慕容德离家前，给母亲留了一把金刀。慕容垂起兵后，苻秦把慕容德的哥哥慕容纳，以及两兄弟的儿子们全部杀死。慕容德的母亲公孙氏因为年龄大获免，慕容纳的妻子段氏当时正怀着身孕，被关在狱中。狱掾吏呼延平是慕容德的老部下，曾经犯了死罪被慕容德放免，呼延平感念故主的恩德，于是带着公孙氏和呼延氏逃走，在羌人部落中避难。

段氏后来生了个儿子，就是慕容超。十年后公孙氏病死，死前把金刀拿出来交给段氏，让她找机会返回东方。姚氏后秦建立后，段氏母子成了姚秦要挟后燕的人质。慕容超身材高大、英姿过人，他怕遭秦人忌害，便装疯卖傻，出去乞讨，以此骗过了秦主姚兴。

慕容德听说哥哥尚有遗腹子在后秦，便遣使迎接。慕容超在燕使的协助下，改换名姓，终于逃回南燕，当即被慕容德立为太子。

然而这位经历传奇、仪表出众的慕容超，并未给南燕带来新的希望。慕容超没有任何政治经验，他即位后大肆排挤慕容德留下的旧臣慕容钟、慕容法、段宏等人，任用其祖母公孙氏的外戚公孙五楼。在北魏和东晋内政都相继稳固，开始扩张之际，南燕却连连发生内乱，慕容超虽然依靠公孙五楼铲平了异己势力，但政局日渐混乱，不复慕容德时代的稳定形势。

北方当时处于北魏、后秦、南燕三国鼎立的局面。三国之中，南燕幅员最小，国力最弱，又与北魏关系紧张，作为北伐试刀的对象非常合适。

义熙五年（南燕太上五年）四月，刘裕率大军乘船入淮、泗，到达下邳。大军主力皆为重建的北府军。

鉴于再往北进没有足够宽大的河道可供舟师航行，于是北府军留下船只和辎重，徒步行军进至琅琊（今山东临沂），然后继续北进，目标直指南燕都城广固。琅琊以北是连绵不断的沂蒙山区，道路起伏不平，这样的地理条件，无论是军事支援还是后勤补给都有一定难度。为防范发生当年桓温枋头之战被敌人切断后路那样的失败，刘裕命北府军在沿路重要的地段留兵驻守，并筑起城垒，防止南燕骑兵切断后路。

南燕对如何应对刘裕进攻发生了分歧。尚书公孙五楼认为，从双方形势来看，晋军远道来攻，在丘陵地区作战失去了水军优势，后勤补给是个大问题，晋军必须速战速决。而燕军据守本国，占据了地理优势，以骑兵为主的燕军，既可以据险固守闭门不战把晋军耗死，也可以拒敌于国门之外，以骑兵在大岘山（即今山东沂山）之外与晋军决战。特别是大岘山，山口以南是沂蒙山区的丘陵地带，以北则是临朐（qú）和青州，地形平坦，利于作战，非常关键，如果把晋军放进来，燕军除了后勤保障方面略有优势，在地理条件上就拉平了差距。

基于这样的考虑，公孙五楼提出上中下三条建议。第一是包抄困敌。燕军主力据守大岘山不出，将晋军挡在大岘山外，然后派精锐骑兵沿海边南下，再派驻守兖州的部队沿沂蒙山东下，绕到晋军背后掐断退路，届时前后夹击，消灭晋军。第二是据险不战。以主力部队坚守都城广固，各地防守部队坚壁清野，不让晋军在燕军境内得到物资补充，等到晋军粮食耗尽无以为继时，再乘虚出击将其消灭。第三则是任由晋军通过大岘山，在临朐、广固城下与晋军决战。慕容超不采纳前两条合理的建议，决议不守大岘山，以主力部队和晋军在临朐城下决战。

平心而论，公孙五楼的前两条计策都切中了晋军的要害。如果慕容超照计实施，北府军很可能会陷入当年桓温在枋头的窘境。刘裕决策北伐前，有人曾对刘裕说："如果南燕扼守大岘山，或是坚壁清野，那么北伐将不易取得成绩，甚至还可能全军覆没。"刘裕分析了南燕慕容超的特点后说："南燕一向目光短浅，以往进攻淮北，不重夺地，只在乎掠夺人口和钱财。以他们贪鄙的性格，退守之时必然也不舍得毁掉粮食。"

客观来说，刘裕此举实在有些冒险。然而战场征伐，有时偏偏足够大胆才能出奇制胜，所谓"不入虎穴，焉得虎子"，刘裕赌博式的冒险战略居然收到了奇效。北府军到达大岘山时，发现果然如刘裕所料，燕军并没有凭险据守，他们不费吹灰之力便越过大岘山，大军稍微休整后，直逼临朐城下。

慕容超拒绝公孙五楼的建议后，将近十万燕军主力聚集在临朐城。闻听晋军已迫近临朐，慕容超命公孙五楼率四万骑兵去占据四十里外的巨蔑水（山东境内古弥河，疑在今临朐城南的冶源水库附近）。不料刘裕已先派孟龙符占据了该取水点，公孙五楼与战不敌，退回临朐城。

刘裕敢在战略上冒险，战术部署却十分谨慎，从巨蔑水一战即可看出。针对燕军骑兵多的特点，刘裕下令将四千辆战车放在大军两翼，以防止敌骑冲突；战车上都张挂布幔，以遮挡敌军的弓矢；同时再以轻骑兵在外围游走，作为步兵的支援。

相比刘裕的充分准备，慕容超的战术显得简单粗暴。燕军闻知晋军已到，便倾巢而出，以重甲骑兵猛攻晋军。北府军刘藩、刘道怜、刘敬宣等部合力迎击。北府军以车阻骑的战术布置收到了良好效果，燕军铁骑虽然势大，却不能冲破北府军的步兵方阵。

两军交战半天未分胜负，刘裕看出燕军后方命门所在，命大将檀韶、向弥、胡藩等人率轻骑进攻防守空虚的临朐城。临朐的燕军此时都在城南与晋军大战，城内守军数量少得可怜，檀韶等人一击得手，攻破临朐城，拔掉慕容超的牙旗，俘获慕容超所用御马、步辇、玉玺、豹尾等，慕容超遂逃向城外的段晖部。燕军后院起火，无心恋战，北府军乘势猛攻，遂将燕军击溃，当场斩杀南燕兖州刺史段晖等十名大将。

慕容超率残部逃回都城广固，北府军尾随追击，将广固团团包围，随后轻易攻克其大城。慕容超退回小城固守。小城坚固并且守兵多，北府军一时很难攻下，于是沿城筑起三丈高的围墙，又在墙外挖出三道堑壕，摆出一副长期围困的架势。

南燕都城被围，其余各地守军纷纷投降，北府军因而得以就地获取补给，不再从江南、淮北长途运输后勤物资。在军事进攻的同时，刘裕在南燕境内大规模招降封赏以笼络人心。这一招，不仅使南燕的汉人遗民非常高兴，其官员军将也不再抵抗，大将垣遵、垣苗率众归顺，这无疑极大减轻了北府军的军事压力。

围城之战过程中，北府军意外抓获了南燕的攻城专家张纲。张纲本来受命去后秦求援，在其返回途中被晋军抓获。北府军将张纲升到敌楼上，让张纲对城内说后秦军主力被夏国（赫连勃勃所建）大败，已无力来救。城内燕军大惊，固守的意志开始动摇。

事实上后秦虽然在与夏国的战争中屡屡失利，但并未伤根动本，只是对赫连勃勃的游击战无可奈何而已。南燕派去向后秦求救的除了张纲还有韩范，后秦已派姚强率一万骑兵出关中救南燕，韩范正在姚强军中。不料援军刚到洛阳，后秦军就被赫连勃勃大败，关中形势危急，后秦皇帝姚兴追回姚强的援兵。韩范悲叹天亡南燕，因而归降刘裕。南燕彻底断绝了外援，军心更加散漫。

八个月后，张纲主持制造的冲车、飞楼、云梯等攻城器具都已完成，北府军利用这些精妙的装备加紧攻城，愤怒的慕容超将张纲的母亲肢解。绝望的南燕军掘地道进攻北府军，都被击退。很快北府军攻破城池，慕容超逃跑不成被生擒，不久后被斩于建康。东晋因之收复山东泰山以东的疆土。

镇压孙恩、卢循起义

孙恩、卢循起义爆发于隆安三年，几度被东晋镇压，前后持续十三年，几乎与刘裕开国如影随形。前节只对孙恩、卢循起义有过零星叙述，由于事涉众多，我们在此详细描述。

孙恩、卢循起义是凭借五斗米道来组织和发动百姓的。五斗米道在东汉末年逐渐被农民起义者利用，个别地主阶级野心家甚至借五斗米道割据一方。到东晋时代，五斗米道又在江东大肆传播。

东汉至三国、两晋，社会始终处于大动乱、大分裂之中，南北对抗、民族对抗，江东始终承受着巨大压力。到了东晋末年，赋税繁重，战争频繁，土地兼并、经济剥削愈演愈烈，当轴士族并没有很好地解决这些问题，社会矛盾十分尖锐，这无疑给民间宗教传播提供了温床。

孙恩是琅琊郡人，早年南迁入江东。孙恩的叔父孙泰师从五斗米道道首杜子恭，杜子恭死后，孙泰在三吴传教。孙泰很善于蛊惑人心，百姓争相为他贡献财产子女，奉之为神。东晋政府担心他聚众作乱，于是将他流放到广州。岂料到广州后，孙泰居然凭借所谓的道术说动了广州刺史王怀之，王怀之任命其为郁林太守。孙泰抓住机会继续传教，名声传到了南越。后来通过太子少傅王雅打通关节，孙泰被调回建康，为孝武帝和朝中权贵密授养性之术。

孙泰是个一法通万法通的聪明人，他并不专意于传播五斗米道，而是借助五斗米道谋取政治实惠。接近朝中权贵后，孙泰出任徐州主簿。

王恭发兵武力对抗司马道子、王国宝，孙泰乘机煽动百姓，积聚力量，许多三吴士庶都被他集结起来，此事引起官方高度关注。孙泰的所作所为，早就超出正常范围，此时趁乱聚众，犯了朝廷的大忌，为防后患，司马道子下令杀了孙泰。孙泰一死，三吴百姓对朝廷的怨气立即爆发了。五斗米道的信众追随孙泰的侄子孙恩逃入海中。

　　孙泰的行事作风，对孙恩影响极深。若是一般传教者，遁入海中，待影响过去后，再悄悄上岸继续传教布道，朝廷也不会斩尽杀绝。但孙恩既然已经看到宗教的强大力量，如舔血之狼，怎肯舍弃那股腥味？

　　隆安三年十月，孙恩利用叔父余威，裹挟三吴信众发动起义。当时正逢司马元显下令将三吴免奴为客者集中到建康服兵役，激起广大奴客强烈反对，孙恩利用这一群体心理，竖起大旗招聚人众，旬日之间便聚众数万。

　　义军登岸进攻上虞，破会稽郡，三吴八郡群起响应。当时东晋的地方割据非常严重，荆州、江州、豫州都被桓玄控制，京口以北又被刘牢之的北府军控制，朝廷政令所及，只有三吴地区。

　　三吴八郡一起反叛，如同釜底抽薪，断绝了朝廷的经济来源和人力支撑。朝廷派谢琰率军进攻会稽，结果战败，谢琰被杀。东晋朝廷惊恐万分，隆安五年五月，调刘牢之的北府军来镇压起义。刘裕就是在这一时期参与了对孙恩的镇压。

　　刘裕虽然作战勇敢，屡屡挫败义军，但当时刘裕地位不高，没有发挥什么主导作用，这段往事无甚可论。元兴元年三月，孙恩在进攻临海时受到重大挫折，被临海太守辛景打败，孙恩投海自杀。余众拥立孙恩妹夫卢循为主，继续与朝廷对抗。

　　此时正逢桓玄篡权，卢循利用朝廷与桓玄的矛盾，假称接受桓玄的招抚，接受永嘉太守的任命。实际却继续暗中聚集和招诱被打散的兵马，在三吴不断寇掠。

　　元兴二年正月，卢循率众进攻东阳，当年八月又进攻永嘉，结果被刘裕击败。见无法打败刘裕这个克星，卢循不认死理，率众退入海中，转而南下进攻番禺。

　　元兴三年十月，卢循攻破广州，生俘广州刺史吴隐之，自封平南将军，在广州关起门来做了土皇帝。义熙元年四月，正忙于剿灭桓玄的刘裕，为暂时安抚卢循以便集中力量平定荆州，下令任命其为广州刺史、平虏将军、平越中郎将，承认其对广州的统治。

以上这些史实，是刘裕与卢循义军正面对抗前的背景，刘裕与卢循都处于只闻其名、不知其真实战斗力的状态。直到刘裕铲平反对势力，并开始对外征战时，双方才真正爆发了考验综合实力的大战。

义熙六年二月，卢循从广州起兵北上，反叛东晋。

卢循占据广州后，原有就地割据之意，不愿再起战事。但他的谋主徐道覆极力劝说，此时刘裕的主要精力用于进攻南燕，国内空虚，正是乘势进取的好时机。卢循历来好谋无断，徐道覆反复进言，便依从其言，发兵两路，分别进攻江州和荆州湘川诸郡，远期目标指向建康和江陵。卢循在广州经营数年，实力非常强大，军队已有十万人。

徐道覆甚有才干。大军临发之际，需要伐木造船，他怕走漏风声，便假称伐木到京师贩卖，组织人手在南康郡（今江西赣州）山中砍伐可以造船的大木。一边砍伐，一边又放出消息说财力不够，想就地贱价出卖。当地百姓争相购买，但赣江水流很急，大木一时运不出去，木材和百姓的船板都积压在当地。如此数回，积储了足够的木材，徐道覆又从百姓手中买回来，迅速拼装成大船，十几天便完成了出兵准备。

南康相郭澄之虽然知道徐道覆在伐木，但丝毫不以为意，向江州刺史何无忌报告说是伐木贩卖，所以江州诸郡都未做军事上的准备。待徐道覆造好了船，突然出师，江州诸郡都无力抵御，纷纷投降。义军直指豫章。

何无忌在寻阳听说后，欲率军抵抗。何无忌是北府猛将，其形容与舅父刘牢之酷似，素有英勇之名，是京口起事的核心成员，平定桓玄后，成为刘裕最得力的军事助手。刘裕北征南燕，分派诸心腹大将留守，何无忌担任江州刺史，为建康守卫南大门。

徐道覆兵指豫章，一旦其攻克此地，沿赣江向江州寻阳便一路畅通无阻。所以当时何无忌的主要任务是守住寻阳水道，避免义军从寻阳湖口进入大江。但何无忌多年来东征西讨，胜多败少，尤其对孙恩、卢循，更是掌握绝对的心理优势。何无忌便想率精兵尽出，与义军决一死战，彻底将其击垮。

若以陆战而论，北府兵精锐骁勇，自然能以少胜多。但此时徐道覆所率都是水军，而且常年往来东南沿海，惯于水上行船战斗，其大船都是规制庞大的楼船。水面作战，船大、人多是硬道理。何无忌部众少，船舰又不如义军，贸然决战实在不占优势。

长史邓潜之力谏不可，劝何无忌以坚守为上，决破寻阳城外的南塘大堤，使其水军大船无法进入大江，待其师老兵疲，再伺机攻击。何无忌素来硬冲硬打惯了，不愿坐守穷城受窝囊气，愤然率军登船到豫章迎战，结果正中徐道覆下怀。

徐道覆令一部分士兵携强弩登上西岸小山，向何无忌的水军射箭。何无忌被拦在江中，激战之际，突然刮起一阵猛烈的西风，何无忌的座船较小，被风吹得脱离本军船队，漂向东岸。义军迅速以大船紧逼。官军失去统帅，阵形大乱，抵挡不住义军。何无忌见势窘迫，便高声大呼："取我苏武节来！"

当时何无忌受命持节都督江州军事，节就是代表皇帝的信物，何无忌危难之际拿出皇命节杖，自然是向士兵们显示自己宁死不辱王命的忠节。但此时形势已经到了无法挽回的地步，义军人多势众，大船逼近何无忌。数十名义军士兵冲上何无忌的小船，斩何无忌于乱刀之下。

豫章一战，东晋朝野极度震惊。何无忌这根台柱子一折，建康危矣。消息传到北伐前线，刘裕大惊。当时北伐军正在撤兵，刘裕命令以船只载辎重缓缓前进，步军从陆路快速回撤，要抢在徐道覆进攻建康之前回到建康城中。刘裕亲率数十名亲信倍道兼行，快速赶至建康城。京中军民见刘裕大军回来，不由得精神一振。

刘裕的意图是，迅速调驻京口的诸葛长民入卫京师，兖州刺史刘藩率一部北伐军也赶到京师，再加上驻历阳的豫州刺史刘毅所部，一同防守建康，待北伐军主力回来，再并力击破卢循、徐道覆。

谁知刘毅素来看不上刘裕，认为两人都是京口首义的领袖，自当并驾齐驱，对刘裕的命令不理不睬。刘毅率麾下两万水军，从姑孰（今安徽当涂）出发，迎战寻阳的徐道覆。刘裕闻讯连声叫苦，派刘藩去劝刘毅不要冲动，待大军齐至再决战，事平之日，将长江上游诸镇的大权都让给刘毅。刘毅气得对刘藩说："我以一时之功相推耳，汝便谓我不及刘裕也！"（《晋书·卷八十五·刘毅传》）然后径自率军走了。

当时卢循率军沿湘州北上，击败荆州刺史刘道规，大军驻于巴陵洞庭湖口，即将对荆州江陵发起进攻。徐道覆报书于卢循，要他速速赶到江州寻阳郡，合力击败刘毅大军。卢循便率全军东下，与徐道覆合兵寻阳。刘毅赌着气前来决战，结果以劳对逸，在寻阳桑落洲一战而败，打得只剩几百人，狼狈不堪地撤回建康。刘裕并没有怪罪他，而是好言抚慰。

何无忌、刘毅两人连续战败于江州，其原因一方面是卢循义军经过数年的休养整顿，力量比往年在江东时大大增强，足成劲敌。另一方面，何无忌、刘毅二将过于轻敌，锐于决战，且都是水上作战，没有发挥出北府军的长处。但两人的失败并非毫无意义。寻阳两场大战，迟滞了卢循向建康进攻的速度，使得刘裕有时间调集兵力、整顿防务。

但建康城中的朝野百官并没有意识到形势的细微变化。卢循义军十余万人，旌旗蔽空，楼船百里，吓得一些人心惊胆战，提出要渡江北去，暂时躲避卢循的兵锋。其中以尚书左仆射孟昶的意见最具代表性。孟昶是京口起事的元老之一，在中枢政局中的地位仅次于刘裕的心腹刘穆之，刘裕北伐南燕之初，朝野大多反对，唯有孟昶大力支持。

但孟昶对刘裕也揣着一份私心。当初尚书仆射王谧去世，众官推举刘裕入建康总政，孟昶与刘毅阴谋阻止。表面理由是让刘裕坐镇京口，确保军权不受影响，其实是企图在政治上切割刘裕大权，与刘裕平起平坐。

刘裕对孟昶的算盘自然是洞若观火，此时孟昶公然提出迁天子于江北，和自己的意图相左，刘裕毫不客气地公开斥责。孟昶自感局势危殆，若是建康有失，自己不免一死。纵使刘裕守住建康，击退卢循，秋后算账也免不了被刘裕处罚。思来想去，孟昶居然走了绝路，服毒自杀。

孟昶之死刺激卢循、徐道覆产生更强大的信心，义军进至建康城外淮口（秦淮河入长江的河口），立马要发起攻城作战。

当时北伐诸军刚刚撤回京师，大战之后尚未休整，伤兵满营，而京师兵力（主要是诸葛长民从京口带来的）只有数千人，寡不敌众，形势大危。刘裕登上石头城观察义军，与部下说："若是贼兵从新亭直进，迅速进攻，建康城绝对守不住。"

新亭在今南京市雨花台区，六朝时是建康台城（建康的内城）最重要的军事堡垒，可从江面快速靠近，然后取捷径进攻，可在最短时间内打到台城之下。徐道覆见势极明，建议卢循迅速登岸攻新亭、白石垒。

刘裕在城上望见义军一部分人在新亭岸边驻泊，有的已经准备上岸，相顾左右，都紧张得脸色大变。谁知过了一会儿，义军竟然撤船回到江上，驻扎于江中蔡洲。

原来卢循多谋少断，被刘裕的积威吓住了。而且建康城大，贸然进兵有可能遭到失败，几番思量，为求万全，又把兵都撤回蔡洲驻扎，意图待建康城中大乱崩溃，再徐徐进取。徐道覆苦劝不听，大发牢骚说："我终为卢公所误，事必无成；使我得为英雄驱驰，天下不足定也。"（《晋书·卷一百·卢循传》）

刘裕抓住时机，派兵在淮口放上木栅，截断水军入长江的通道，又在石头城外快速建起三座城垒，拱卫台城。

徐道覆与卢循反复争论，要他尽快出击。卢循观望数日，没等到他预想中的建康崩溃，无奈分兵登岸进攻。卢循为迷惑官军，声称以主力进攻白石垒，而以精兵进攻石头城一带。

刘裕明知卢循这是故布疑阵，但新亭、白石垒距离台城实在太近，如果还在石头城坚守，万一卢循攻破白石垒，那就全局崩溃了。于是刘裕留下徐赤特，以少量兵力扼守石头城，自率精锐到白石垒防御。刘裕令刘敬宣率鲜卑虎班突骑——消灭南燕时俘虏的鲜卑骑兵，在新亭至白石垒一线结阵。鲜卑骑兵威风凛凛，南人很少见到，义军战士很是好奇，聚在对岸观看。见鲜卑骑兵重甲长刀，士气汹汹，义军顿时产生了畏惧之心，卢循只在对岸观望，不敢轻易上岸攻击。

石头城方向发生激战，徐道覆指挥大军焚烧官军放置的木栅，兵分数路发起进攻。刘裕的部将徐赤特率部出战，结果被杀数百人。危急关头，大将朱龄石率一部穿重甲、执长稍的鲜卑兵，迅速加入战斗，抵挡住了义军的攻势。刘裕在白石垒见义军不敢上岸交战，便又秘密驰赴石头城加强防守。

义军百般攻击，始终无法突破官军防线，逐渐师老兵疲。卢循心生怯意，便留下大将范崇民率五千人据守南陵（今安徽南陵），自率大军退回江州寻阳郡，意图转攻荆州，固守广州、江州，与刘裕二分天下。

至此，便可看出卢循义军集团与刘裕的明显差距。

往年孙恩、卢循在江东与官军周旋，时进时退，倒也无可厚非，毕竟寡不敌众。但当卢循在广州经营数年之后，实力大涨，就应改变以往的流寇策略，定下鲜明、唯一的目标——攻克建康，摧毁朝廷的政治心脏。卢循却多谋少决，胜势时胆大包天，谁都不放在眼里，败势时却灰心丧气，政治目标瞬间大打折扣，只想二分天下。可以说，政治上的不成熟不稳重，便是他不敌刘裕的地方。

卢循在寻阳留有兵力，还一度击败了官军檀道济、到彦之的偷袭。到达寻阳后，卢循分兵沿江西上，企图再次进攻荆州。荆州刺史刘道规临危不惧，吸取上次失败的教训，留下大将鲁宗之守荆州大本营，自率主力迎战。徐道覆亲率两万人来战，结果连续败于江津、华容，这路兵马几乎丧失殆尽，这是卢循自广州出兵以来，遭遇的最大失败。

刘裕随后率主力南征，追击卢循。卢循在雷池（今安徽望江）与刘裕血战，此时节奏已完全在刘裕的把控之中。刘裕经过几个月的准备，增加了大量战船，水军力量充实，江面作战完全不怵义军。雷池一战，卢循损兵折将，退守左里（今江西波阳湖口）再战，再败，损失一万余人。

卢循义军此时无论精神上还是物质上都备受打击，已经无法在江州立足，于是退兵广州，企图东山再起。谁知刘裕早已使出战略妙手，当卢循在蔡洲屯驻，建康的危机尚未解除时，便派振武将军孙处率众三千，从海道南下，偷袭卢循的老巢广州城。

这一招着实出乎义军意料，孙处大军进至广州城十里外，城中尚不知晓。当天正好起了大雾，对面不见人。孙处四面攻城，一天就攻下城池，生俘卢循之父卢嘏（gǔ）、长史孙建之、司马虞尪（wāng）夫等人。徐道覆回归始兴，被官军刘藩、孟怀玉等团团围住，义熙七年（411年）二月，城破，徐道覆被杀。

卢循无法进入广州城，南下转攻番禺，又被孙处和沈田子合兵打败。卢循于是西走苍梧（今广西苍梧县）、郁林、宁浦（今广西横县），攻下合浦（今广西合浦县），进攻交州（今越南国北部），被交州刺史杜慧度击败。义熙七年四月，卢循在战斗中中箭，部众几乎全部丧尽，其用毒药灌死妻妾、子女，而后投水自杀。

至此，扰乱东晋十余年的孙恩、卢循起义，彻底被刘裕平灭。

平定谯蜀

平定谯蜀，是刘裕稳定国内势力的一次重要战争。

益州历来是极易反复之地。三国蜀汉被灭后，钟会、邓艾相杀于益州。西晋大乱，成汉李氏雄踞益州四十余年。桓温灭成汉，益州重入东晋版图。

刘裕攻杀桓玄后，桓振在江陵起兵作乱，益州刺史毛璩拥护刘裕，发兵东下进攻江陵。当时蜀地大族人物谯纵，受命与侯晖率领诸县氐人东下。梁州群氐不愿意离乡征战，密谋发动叛乱，拥立谯纵为主。谯纵为人谦和恭谨，故为群氐拥戴。谯纵原本不愿造反，逃走跳水躲避，又被强行拉回，无奈自称梁、秦两州刺史，起兵进攻成都。蜀中突然生变，没有丝毫防备的毛璩当时正驻扎于略城，闻讯匆匆撤回成都。谯纵乱军声势甚大，杀到成都，城内营户李腾开门将谯纵迎入，毛璩全族被杀。谯纵于是自称成都王，分兵占领蜀中各地。

谯纵之乱发生于义熙元年二月。刘裕当时正集中力量消灭桓氏残余力量，断断续续打了两年多才终于告一段落。义熙三年（407 年）八月，刘裕意识到益州问题不能再拖下去，于是派宣城内史刘敬宣率兵进讨益州。

益州问题此时已不是单纯的割据。谯纵遣使向北面的后秦称藩，共同对抗东晋。谯纵与后秦联手，直接威胁到荆雍诸州的安全，因此刘裕在时机并不成熟的情况下，强行发起了征蜀之战。

刘敬宣，北府名将刘牢之之子。刘牢之自杀后，刘敬宣与几位北府旧将逃亡南燕。刘敬宣本打算在南燕拥立司马休之为主，不料事情败露，众人南逃。适逢刘裕起事成功，传信召刘敬宣，于是他重归江东。刘敬宣早年与刘裕交好，刘裕多受其恩，便想让刘敬宣独占平蜀之功。

东晋朝廷对此时伐蜀意见不一，较有代表性的是国子博士周祗的反对意见。周祗认为应先安和上下，再事征战。此时出兵，有三疑："出兵伐蜀，路程太过遥远，单是进兵都需要一年。就算我们一路顺利，直指成都生擒谯氏，但益州荒芜偏远，物产也不见得多么丰厚，从中缴获的物资，恐怕抵不上我们的消耗。况且万里出兵，让三吴子弟远赴三巴三蜀，病死、累死、战死的必不在少数，这是第一疑。从战役角度看，我们行军太远，贼人以逸待劳，我们如何取胜？这是第二疑。我们进兵沿路没有物资储备，全靠后方运输。如果连年相持，后勤补给跟不上，就算有韩信、白起那样的名将，也难以成功。这是第三疑。"（《宋书·卷四十七·刘敬宣传》）

刘裕没有听从他的意见，坚持出兵。

刘敬宣率五千人沿长江进入峡口，与毛修之所率诸部兵马会合。毛修之伯、父全被谯纵残害，一心要找谯纵报仇，之前率兵进讨被谯纵击败。此时与刘敬宣所率江东兵马相会，共有两万余人，声势大振。

刘敬宣分兵两路向成都进兵，两路兵走的都是水道。自荆州方向入蜀，进攻路线历来有三条较为便捷的水路，分别是自东而西的三条长江支流。最东边的涪江称为内水，沿江北上可攻至涪城；中间的沱江称中水，溯江北上，可至广汉；最西边的岷江称外水，沿江北上可以直接打到成都。

走外水过急，需要具备强大的战斗力，敢于和敌军决战，才能走此道，当年桓温灭成汉走的就是外水。内水较缓，适于相持作战。中水则居于两者之间。

刘敬宣自忖不能迅速击溃谯纵，便遣一路两千人的偏师，走外水作为牵制，自率主力由内水前进，一路攻至黄虎（今四川绵阳以南）。

这个打法固然稳健，但黄虎至成都有五百里的距离，给了谯纵足够的预警和准备时间。谯纵遣大将谯道福率军守险，与刘敬宣相持。刘敬宣求战不得，进攻无路，无奈与蜀军相持六十余日，最后粮草告竭，又遇军中发生疾疫，士卒死亡过半。

谯纵也不敢再和官军耗下去，万一再次因为战乱，诱发实力派拥兵作乱，就得不偿失了，毕竟自己就是这么上位的，不得不防。谯纵把毛璩一门的棺木遗骸，和被扣押的妻女等人，以及在益州叛乱中为朝廷死节的官员丧柩，送还官军。刘敬宣有了台阶下，双方心照不宣，都罢兵不战，刘敬宣灰头土脸地班师。

此后刘裕忙于北伐南燕和平定卢循之乱，没能继续进攻蜀中。义熙八年（412年），刘裕再遣大将朱龄石率精兵两万余人进攻谯蜀。此次进兵，刘裕事先对朱龄石百般嘱咐，一定要走外水直攻成都，这是他一向的军事思想，以雷霆万钧之势打主力决战，而不是拖拖拉拉地打拉锯战。

朱龄石，沛郡人，与刘裕同属北来武人。朱龄石父祖世代为将，素习武事。他原本是桓修的部属，京口起事，诸桓被杀，于是转投刘裕帐下。刘裕识人颇有见地，任人唯贤，对朱龄石的武略尤为看重，短短数年，就提拔他为郡守一级的高官。

第二次伐蜀，刘裕任命朱龄石为主帅，出乎朝野意料。方面之帅，历来要么是大族子弟自任，要么是铁杆心腹，要么是功臣宿将。朱龄石一介降官，跃居此任，不符合惯例。但刘裕出身寒微，没有什么门第、阀阅方面的负累，用人只看才能，为此次伐蜀选定了一个极佳的统帅。刘裕也注意到了群臣的反应，这次擢拔，必然有人对朱龄石有看法，也一定会影响到战略决策的执行度。

此次出兵，刘裕预有庙算，针对刘敬宣前次伐蜀失败的教训，准备采取疾进速战的打法。然而大军万里西上，时间迁延较长，沿途若是泄露秘密，势必有人对朱龄石提出不同意见，以朱龄石的威信很难震慑得住。刘裕便使了个花招，提前备下密函，命令朱龄石到白帝城再打开看。

临阵授命，历来是十分庄重正大之事，有的皇帝命将出师，会在极为隆重的场合，公开宣布进兵诏书，用兵方略基本向全体将士公布。即便不如此，也要对诸将开诚布公，说透庙算之谟、用兵目的，绝不会故弄玄虚。

刘裕如此做法，受其常年在底层混迹的行事作风影响，固然失之于轻亵，不过对时下情况来说，却也不失有效。

朱龄石一路进军颇为顺利，义熙九年（413 年）六月，大军溯江抵达白帝城。朱龄石于是开函宣令，其实他出兵之前就已经和刘裕密谋进兵之策，此时开函，只不过装装样子。众将按刘裕的命令，兵分三路，两部弱兵分别从中水、内水进发，以迷惑蜀军。朱龄石自率主力一路沿外水疾进，一直打到彭山，也就是当年桓温伐成汉时的前沿立足点。谯蜀方面战略判断失误，仍以谯道福率主力驻守涪城以防内水一路，却不防朱龄石已率重兵进至蜀郡腹地。谯纵急忙遣尚书谯诜率一万余人在彭山沿外水南北筑城据守。

朱龄石鉴于大军远道而来，不熟地理，又正逢暑热，打算就地休整与蜀军相持，乘隙进兵。这就违背了刘裕速战的既定决策，部将刘钟力谏不可，朱龄石这才改变决心，纵兵奋击。蜀兵抵抗不住，一战而败，大将侯晖、谯诜被斩杀。朱龄石随后舍船登岸，从旱路直取成都。

谯纵城中无兵，不敢拒战，弃成都城跑到涪城投奔谯道福，二谯发生争执。谯道福指责谯纵没有气节，气愤得要把剑掷出去刺谯纵，谯纵羞愤自杀。

谯道福立誓抵抗到底，将官属宾客集中起来，勉励他们死战到底。为示诚意，谯道福大开府库，把金银财帛全部平分，结果众人刚得了财物就一哄而散。谯道福尴尬至极，手下无兵，只能撤退。结果退到广汉，直接被广汉人杜瑾抓获送交朱龄石，谯纵政权至此覆灭，蜀地在东晋垂死之年重归版图。

北伐后秦

收复了益州，国内形势更加巩固。刘裕的目光再次投向北方。北魏刚复国不久，便硬碰硬将后燕击灭，显示出勃勃生机，实在不容小觑。后秦自姚兴死后，诸子才能平庸，在强敌环伺的危境中，不仅没有奋发图强攘敌兴国，反而热衷内斗，北不能拒夏，西不能灭诸凉，南不敢侵东晋。这样一个软柿子，自然逃不过刘裕锐利的眼睛。

义熙十二年，刘裕决定伐秦。

后秦的版图像一个不规则的矩形，陇西地区以兰州为西界，关中地区以延安为北界，山西一带以介休为北界，河南一带则只据有黄河以南的洛阳、郑州、商丘一线，南则以信阳、南阳、商南为界。刘裕的计划是，首先切割河南洛阳以东的矩形地区，然后合兵进攻关中。这个计划比较稳妥且科学，河南东部是后秦力所不及的地方，比较容易攻取；后秦的北界正好有宽阔的黄河水道，利于北府军舟师行进。

具体的行军安排上，第一路由北府军头号大将王镇恶、檀道济率领，出寿阳攻项城、颍川方向，目标是洛阳。这一路是主力，其行军路线斜向切入矩形地带，所经路途最长，面对的后秦部队也最多。第二路是偏师，兵力有万余人，由傅弘之和新兴的吴郡将领沈田子率领，进攻武关方向，目的是牵制关中的后秦军主力。第三路由朱超石、胡藩率领，从新野北攻阳城（今河南登封）。第四路是水军，由沈林子、刘遵考率领，从石门入黄河。以上第三、第四两路部队的战略意图都是确保通向关中的黄河水道的安全。第五路由王仲德率领，从山东后方开巨野泽（在今山东巨野，今已无水泽。）河道入黄河，为前面四路大军提供战役支撑，确保顺利拿下河南，为进攻关中做好准备。同时，刘裕还派遣蜀地方面的偏师姚珍、窦霸率数千兵力分别从子午谷和骆谷进攻汉中方向，一时间后秦国境线四面闻警，局势大坏。

檀道济和王镇恶攻入河南，北府军锐不可当，连克新蔡、项城、颍川，俘虏颍川太守姚坦、大将杨业、新蔡太守董遵等。颍川以北的后秦部队无不望风而降，第一路军成功打到成皋附近。此时沈林子、朱超石两部也打到荥阳、成皋一带，与檀部会合。王仲德的后军也打通了巨野泽进入黄河水道，并在沿河重镇滑台与北魏守军遭遇，不料魏军弃城而逃，王仲德得以继续西进。刘裕切割河南东部的计策此时收到成效，后秦对于河南东南的形势更加没有信心，一度欲将洛阳以东的军民迁入关中以集中兵力、收缩防线。

北府军稍后逼降成皋、荥阳等地的后秦军，大军逼近洛阳。洛阳守将姚洸（guāng）的部下姚禹与檀道济暗通款曲，欲向晋军投降，极力怂恿姚洸出城与北府军决战。忠于后秦的将军赵玄力劝姚洸不要贸然出战，被拒后带兵与檀道济在柏谷坞大战，结果当场被杀，所部全军覆没，姚洸见势不好便举城投降。消息传到后方，本来要去救援洛阳的后秦军纷纷后撤。

面对前线的不利形势，后秦皇室的诸王们不仅没有团结起来对付敌人，反而又翻起当年诸子争位的老账。后秦皇帝姚泓的弟弟姚懿、姚恢先后发动叛乱进攻长安，企图趁乱夺取帝位。正所谓堡垒先从内部攻破，后秦这口大油锅本就被北府军煮得滚沸，二姚之乱则直接点燃了锅里的油。姚泓顾不上潼关外黑云压城的北府军，让叔父姚绍率大军抵挡已经杀到长安城下的叛军。所幸二姚兵力不多，先后被姚绍平定。但是如此一来，后秦不仅又消耗了一部分有生力量，还丧失了打击潼关之外立足未稳的北府军的大好时机。

后秦内乱期间，北府军前锋诸军不顾后面王仲德等军尚未会齐，抓住时机快速西进。王镇恶过洛阳往西拿下宜阳、渑池等地，檀道济分兵进攻晋南的蒲坂，因为地形失利和准备不足，檀部被后秦守将姚成都打败。

姚绍是后秦中唯一一个尚有能力的大将，他平定二姚之乱后，率五万援军疾驰赶到潼关，与檀、王诸部接战。北府军连克要地，士气正盛，沈林子率大军衔枚夜袭，一举击败姚绍军。姚绍力不能支，败退回定城（潼关西三十里）死守不出，分派诸军各扼险要，企图耗尽北府军的粮食后再寻隙出击。檀、王各部从洛阳西攻时携带的粮草本就不多，王仲德的后军又没有跟进，北府军的军粮发生危机。王镇恶亲自到弘农等地劝当地百姓捐献粮食，他本是关中人，在当地甚有号召力，于是百姓竞相捐献军粮，北府军军势复振。

在定城相持时，刘裕主力大军在黄河打了一场以步制骑的传奇之战。

刘裕大军在沿河西上时，出于礼节，遣使向北魏借道伐秦。北魏君臣动起了心思。此前东晋伐后秦，已在北魏中央掀起一场争论，有的认为应该联合后秦抵抗东晋，有的认为不能招惹新兴的刘裕集团。最终在崔浩等大臣的建议下，北魏明元帝拓跋嗣决定坐山观虎斗。此时刘裕下书借道，再次引发了魏帝敏感的神经。虽然截至目前，东晋并未表露出北攻的趋势，但其大军就在国门之外，难保其不会乘势北攻。

出于这样的考虑，明元帝派大将长孙嵩率三万骑兵沿河备御，双方在黄河沿岸畔城附近发生摩擦。刘裕的水军沿河而行，拉纤的士兵有被河水漂到对岸的，都被魏军杀了。刘裕气不过，便派兵上岸攻击，但是北魏军一击则走，不击复来，北府军不胜其扰。

刘裕望着黄河北岸狼一样的鲜卑骑兵，终于忍不住杀气，祭出了却月阵。

刘裕先遣白直队主丁旿率七百步卒上岸，将百余辆战车沿河布设，车阵两头抱河，队形弯成弧形，因为形似新月，故称却月阵。每车上有七名战士，又竖起一根白毦（ěr）。北魏骑兵不知晋军是何用意，暂时按兵不动。刘裕又派猛将朱超石率两千人，每车增加二十人和一张大弩，车外竖起盾牌。北魏骑兵此刻方才明白，原来晋军这是在结阵，于是麾骑进攻。

朱超石命令诸车先以力弱的单兵弓弩射击，北魏骑兵见晋军兵少箭弱，便放心大胆地加速进攻。此时迫近却月阵的北魏骑兵已有三万多骑，朱超石遂令诸车用大弩发箭，魏骑纷纷中箭。但此时魏骑太多，距离又近，大弩近距离的杀伤效果已经不能遏制魏军的进攻。朱超石急中生智，命将士把手中的千余张矟截成三四尺的短矟，"以锤锤之，一矟辄洞贯三四虏，虏众不能当，一时奔溃"。关于这段记载，传统的解释大概是，晋军士兵手握一段矟，后面另有人用大锤锤击，向前突刺贯穿北魏骑兵的身体。

但是此说有很多疑点。第一，晋宋之交时一尺合 24.5 厘米，那么断矟四尺长度为 98 厘米，这长度如何一下洞穿四名北魏骑兵?令人不解。如果是用矟击刺，原有长度更合适，为何还要截而断之?第二，在操作方式上，如果是数人握矟击刺，后面再以大锤凿击，这么机械呆板的操作方式如何能扎中不断运动的骑兵?难道魏军骑兵都像墙一样站着任由晋军扎上去?

笔者倾向于这些断矟是用作大弩的箭矢发射出去的。《太白阴经》记载有一种"木弩"，"可长一丈二尺，中径七寸，两梢三寸，以绞车张之，发如雷吼，以败队卒。"这种弩，弓长 3.6 米，比大型车弩要小，具有架设于兵车进行机动作战的可能。尤其是其运用效果，能够打击排列紧凑的"队卒"。这不得不令人怀疑，却月阵中的断矟，是不是用作弩矢在车弩上发射，起码这种弩的威力足以击穿四五个骑兵的身体。但是史无明证，只能存疑。

不管朱超石是怎么用矟的，这种战术很是有效，魏军死伤惨重，大将阿薄干当场被北府军斩杀。魏军退回畔城，刘裕派朱超石、胡藩追击，再败北魏军。自此北魏不敢再袭击北府军，刘裕得以顺利沿河西上。

却月阵是以步制骑的经典阵形。它凭恃水军优势，以河中舟师保障战车的后方，岸上则以战车阻滞骑兵的冲击速度，又以大型弩箭杀伤敌军，再加上北府军强大的战斗力，因而创造出以少量步兵杀伤数倍之多的骑兵的记录。

这辉煌的战绩使得却月阵名垂千古。

但这个阵形因为条件苛刻，除了北府军使用过一次，竟再也没有别的军队或别的战例使用过。阵形是死的，人是活的，却月阵的成功，是刘裕和北府军灵活的战术思想的一个集中体现。也正是靠着这种优势，北府军才成为历史上的强军。

北府军一战击败北魏部队，随后沿河西上，与定城诸军会合。姚绍抵挡不住北府军的攻势，又忧又气，发病而死。姚绍一死，后秦军失去主心骨，仗打得更加狼狈。沈田子、傅弘之的偏师打进武关，秦主姚泓自引大军要援救定城，见这支晋军偏师攻入，便想先灭沈、傅再救定城。沈田子趁秦军刚到立足未稳，以己部兵力猛冲猛打，后秦军措手不及，大军被杀散，姚泓的御用器物都被北府军缴获。沈田子诸部遂继续进攻关中，郡县多降。

仗打到这个份上，后秦已经没有希望了。姚泓将诸军收合在长安周围，企图做困兽之斗。北府军一时攻不进，王镇恶便以舟师溯渭水而上，北人不习惯坐船，看到王镇恶所部舟师行动迅速，船外看不到驶船的人，以为南军有神明相助，军心更加溃乱。王镇恶到达长安城外，把船都扔到渭河里顺流冲走，他激励将士，事已至此，唯有猛攻长安才能有活路。北府将士奋勇冲杀，打败姚丕的防守部队，突入长安平朔门。长安其他防守部队纷纷来攻，均被北府军击败。姚泓无可奈何，只好率宗族出降。姚泓本人被押送至建康斩首，宗族子弟皆被杀。后秦遂告灭亡。

关中失陷

在长安停留期间，刘裕多次遣人催促东晋中央授九锡、晋封王爵，为代晋称帝铺路。义熙十三年（417年）十一月，刘裕留总后事的头号心腹刘穆之病亡，刘裕自感后方不稳，决意班师。关中父老到营中请求刘裕留住关中，说："我们流落到北方已经百余年了，今天才又看到汉人衣冠，大家都很高兴能回归汉家朝廷。长安汉帝十陵是刘公祖上的坟墓，咸阳宫殿是刘公家的旧宅，难道你肯丢下这里？"

刘裕虽然感慨万分，但仍决意东归。他留下王镇恶、沈田子、王修、毛德祖等人，率万余精兵守关中。为了取信于诸将，他还把年仅十二岁的儿子刘义真留下，让其以安西将军的名义镇守长安。

刘裕北伐虽然取得了辉煌的胜利，但他毕竟摆脱不了国内政局的限制。北伐的终极目的仍然与当年桓温一致，是为了积累代晋称帝的政治资本。刘裕势力的基本盘也都在江东，这注定了他不可能长久地把主要精力放在北伐上。而从现实情况看，刘裕也不具备继续北伐的条件。

第一，南北社会形势已深刻变化。东晋南渡已百余年，漫长的时间已经把北方改造得面目全非，北方遍地胡风炽盛，汉人豪强大族也已归心于胡人国家。民心思静思安，对胡人国家的抵制更多是对战争的反感，而非民族畛域之别。所谓光复中原的旗帜，已不足以号召和引领北方遗民。

事实上，刘裕西进关中时，中原和关、陇的汉人遗民，并没有对晋军表现出多少兴趣。关中士民之所以想留住刘裕，只不过是看重他的声威，刘裕留则关中安，刘裕去则关中乱，仅此而已。北魏司徒崔浩很精准地预测刘裕取关中的形势，"以荆、扬之化施之函、秦，此无异解衣包火，张罗捕虎；虽留兵守之，人情未洽，趋尚不同，适足为寇敌之资耳"。此言可为确论。

第二，晋军久战力疲。自刘裕起兵灭桓玄以来，十三四年间东征西讨，兵力已疲惫至极，虽然成绩斐然，但持续作战终非人力所能为之。远征关中后，诸将士卒都有东归之念，可为明证。以疲惫之兵，远征西北，如果再打下去，晋军有败而无胜。

第三，夏、魏都是劲敌。当时北方两大强敌，一是大夏，一是北魏，这两国都是新兴之势，绝非南燕、后秦这种衰败之敌可比。北魏强在于政制稳、民心安，绝非一战就能灭掉的对手。如果北魏真的不计损失地出兵堵截刘裕的归路，双方在河南激战，就算刘裕能胜，也必然是两败俱伤。这种局面不是刘裕想看到的。大夏之强在于其军队战斗力，赫连勃勃以奇峰突起的游击战术拖垮后秦，对关中虎视眈眈。且其兵种主体为骑兵，在北方作战优势极为明显。纵使刘裕亲自出马，以高明战略弥补战术层面的劣势，估计也只能保持均势。

大概是基于这些因素，所以刘裕才不得不班师。

刘裕刚退走，赫连勃勃立即发三四万兵进攻关中。赫连勃勃的谋主王买德早就料到刘裕志在篡晋，不会死守关中。且留幼子为镇将，只不过是借以安抚诸将。这种镇守模式，必然无法并力固守。

赫连勃勃发挥其骑兵速度优势，兵分四路，一路由赫连昌率领，攻潼关堵塞水陆通道；一路由王买德率领，攻青泥关堵住关中南大门；一路由太子赫连瑰率领攻长安；赫连勃勃自率大军为诸军后援。

外敌逼迫之下，刘裕留幼子于镇的弊端暴露无遗。王镇恶祖居关中，是前秦名相王猛的后人，很得关中人心。沈田子、傅弘之等人因争功与王镇恶不对付，对刘裕说怕王镇恶叛乱。刘裕却说："王修、傅弘之等十几位都是江东人，十几人难道还敌不过一个王镇恶？"

刘裕当时到底有没有怀疑王镇恶，由于史料缺乏不好推断。对沈、傅二人说此话的目的，究竟是缓和诸人矛盾，还是授意他们监视王镇恶，也不好做出定论。

如果刘裕本尊在此，这种话说说也无妨，但他一走，这话传开之后就变了味道。

夏军进逼，沈田子不敢与战，率军退还。王镇恶斥责沈田子故意不战，沈田子大怒，设计邀其入营，在帐中杀了王镇恶，并假称受刘裕之命斩之。刘义真、王修怪沈田子擅杀大将，又将沈田子逮捕处死。转瞬之间晋军两员最能打的大将死于非命，还谈什么抗御敌军。夏军乘势进攻，打到池阳（今陕西三原）。幸亏傅弘之率军拼死迎战，才暂时止住夏军攻势。

但不久刘义真又犯了浑。他不满参军王修处处管束他，于是杀了王修。王修一死，晋军失去了主心骨，军心大乱。刘义真慌忙召集诸军退回长安城，关中郡县也拱手送出。

刘裕闻知关中变乱，马上遣大将朱龄石到长安代替刘义真，但为时已晚。刘义真在长安大掠一番，带着大批珍宝辎重东返，傅弘之苦劝不听，结果被夏军追骑攻破，傅弘之被擒杀，夏军全军覆没，刘义真藏在草丛中侥幸脱身。朱龄石徒有文武之才，可惜长安孤城难守，被迫烧城而退，结果也被夏军追擒。

至此，潼关以西的地盘全部沦丧。刘裕北伐的成果丢了一半。朱龄石、朱超石、王镇恶、沈田子、王修、傅弘之等一大批出类拔萃、久经战阵的将领们命丧关中——这也是对刘裕最大的打击。刘裕忙于完成篡晋的最后程序，虽知关中陷没，一度想要北伐报仇，但经大臣们劝说，只好登城遥望、慨然流涕。

第十三章

刘宋两朝内乱

宋文帝刘义隆末年，突然爆发了太子劭弑父案。刘宋在历经三次元嘉北伐，元气大伤的情况下，经此大案诱引，爆发了一场大规模内战，元嘉盛世自此终结。

刘劭其人

刘劭，字休远，宋文帝刘义隆的长子。刘劭的身份很奇特，历朝历代天子即位后生太子的，除了商朝的帝乙即位后生纣王，其余再无此例。刘义隆很是高兴，在刘劭六岁时册立他为太子。

刘义隆早年对刘劭寄予厚望，希望他能顺利继承皇位，光大自己的事业。刘劭起初确实表现得不错。少年时好读史传，喜欢弓马，颇有其祖父刘裕的遗风。成年后，亲自阅览东宫事务，出面招纳人才，蓄养宾客。

刘义隆非常满意，但凡太子的需求，一概满足。刘义隆还不断给东宫增配兵力，后来一度增加到与皇宫禁兵相等。元嘉二十七年，北魏大军兵临瓜步，建康戒严，刘劭被派出去总领京师水军，镇守石头城，很得军心。

刘劭自幼便当了太子，至元嘉末年已长达二十三年。历来太子居储时间太长，都会与皇帝产生矛盾。如汉武帝戾太子刘据，活了三十八岁，当了三十二年太子，虽然低眉顺首没什么大错，却迷失在汉武帝末年各股政治势力角力的政治漩涡中，落了个自杀的悲剧下场。其中原因，绝非太子个人所能左右，而在于太子储位攸关的利益。各方都想利用太子界定政治位置，有的想附骥尾腾云而上，有的想撺掇太子趁早正位，还有的甚至想扳倒太子取而代之。当太子的时间越长，危险系数就越大。

刘劭在元嘉之末涉及朝政越来越深，自然也受到各种利益的干扰，与不少朝臣发生矛盾。例如第二次元嘉北伐前举行朝议时，群臣大都反对，刘劭也是反对者。但江湛、徐湛之等人非常支持，刘劭因此与江、徐二人发生激烈冲突。刘劭甚至建议宋文帝，杀江、徐二人以谢天下。宋文帝后来刻意缓和刘劭和江湛的矛盾，让刘劭长子刘伟之聘娶江湛第三女，但刘劭并不领情。后来刘劭弑君作乱，杀了江、徐二人泄愤。

与皇帝的两位近臣有如此严重的冲突，说明刘劭与宋文帝的矛盾并非一日之寒。限于史料缺失，现在找不到刘劭与其父产生矛盾的直接证据，刘劭也没有过多失德之举。但可以推测，刘劭日趋焦急的正位之念，与其手中掌握的强大兵力，使其萌生了提前继位的野心。

关于刘劭东宫兵力之事，宋文帝处置得确实不够妥当，这是导致父子生疑的根源。

东宫配兵是政治惯例，不是什么稀奇的事。但宋文帝配给东宫的兵力超出常规，使之与皇宫禁兵相等，这就需要回溯一下宋文帝的上位过程。

当年刘裕去世，长子刘义符继位，但因失德昏暴被四位辅臣废杀。嫡长子死后，皇位按次序当由刘裕第二子刘义真继承，但刘义真也是个无能无德之辈，四辅臣又杀了刘义真，选择素有贤名的第三子刘义隆即位。

这就带来了几个问题：第一，嫡长子继承制被打破，赋予众多庶子庶孙夺取皇位的潜在权力；第二，皇权被大臣威权威胁，开了以臣废君的先例。这都是刘义隆需要重点防范的，绝不能再次发生。

元嘉初年，宋文帝以雷霆手段迅速废杀傅亮、徐羡之，又以武力消灭了谢晦，极大地巩固了皇帝威权。四大辅臣中的檀道济，虽然暂时因为军功得保禄位，还数次领兵作战，但当元嘉十三年宋文帝身患重病久治不愈时，对大臣的忌惮重新激化，檀道济终于被诛杀。

文帝不光杀大臣树权威，对几个弟弟也有提防之心。

刘裕共有七个儿子，长子刘义符、次子刘义真均已被废杀，刘义隆第三，第四子彭城王义康，江夏文献王义恭，南郡王义宣，衡阳文王义季。刘裕当年传下遗训，东晋以来荆州屡屡成为士族的私人领地，借其对抗朝廷，为防此事再现，须以皇子和宗室子弟出镇荆州。

宋文帝杀谢晦后，令四弟刘义康出任荆州刺史。但皇子、宗室出镇，一旦形成自己的利益群体，仍不免和朝廷形成对抗。宋文帝于是又定下规矩，让诸皇弟轮流出镇荆州。刘义康调中央任宰相后，刘义恭、刘义庆、刘义季、刘义宣相继出镇荆州。

刘义康出镇荆州后形成很强大的私人势力，担任宰相后，权势更加膨胀，一度成为宋文帝的代言人。宋文帝病重时，朝野甚至传言刘义康将会弟继兄位，接任皇帝。宋文帝无法容忍宗室力量恶性膨胀，以迅雷不及掩耳之势废杀刘义康的心腹刘湛等十余人，刘义康被迫自请贬官，后被废黜逮捕，于元嘉二十八年赐死。

宋文帝虽然取得了元嘉之治的成绩，但朝野内外、中央与地方，都存在深深的矛盾，用险象环生来形容元嘉之政毫不为过。从这个角度看，宋文帝不断增加东宫兵力，加强太子的权威与力量，是再自然不过之事。但宋文帝对儿子的教育显然缺了位，政治约束与道德约束都没有跟上，过分强大的权力配置激发了刘劭的野心，父子间极为激烈的矛盾终于爆发了。

兵变弑父

矛盾爆发的导火线是巫蛊事件。

吴兴（今浙江湖州）有个女巫叫严道育，自称可以通灵，刘劭的姐姐东阳公主把她带入宫中。刘劭和二弟刘濬便让她祈祷，自己犯的过错不要被文帝知道。后来两人唆使严道育行巫蛊之术，做了个文帝形象的小玉人，埋到含章殿前，诅咒文帝早死。

后来文帝通过临贺公主知晓其事，派人查处此事，在太子东宫和刘浚家中发现大量来往书信，信中对文帝和居中用事的刘义恭很不恭敬，又挖出含章殿前的玉人。文帝大怒，斥责两个儿子不孝不臣，吓得两人连连请罪。

但两人内心深处对文帝仍怀怨恨。盖因太子手中兵权未除，仍然希望早日继承皇位。刘浚因为其母潘淑妃与太子之母袁皇后有矛盾，于是刻意讨好太子。两人虽然表面谢罪，内心却是怙恶不悛。

女巫严道育逃亡，刘浚将其保护起来。文帝当时并没想治两个儿子重罪，希望他们改过自新。但刘浚这个愚蠢的行为，使他们陷入万劫不复之地。

元嘉三十年（453 年）二月，严道育的行踪被人揭发，文帝派人搜捕，抓到严道育的两个婢女，审问出实讯，大怒，打定主意要废太子，杀刘浚。文帝将这个打算告诉潘淑妃（当时袁皇后去世，潘淑妃受宠，在宫中已然是皇后的地位），她闻讯大惊，派人出宫通知刘浚躲避。刘浚随即告知刘劭，刘劭见事紧急，一不做二不休，打算发动兵变，杀掉父亲。

二月二十一日夜，刘劭诈称皇帝有诏，说鲁秀谋反，要太子率兵入卫宫城。于是调平时较为信任的两千人，令心腹将领陈叔儿、詹叔儿、张超之、任建之等人率领。出兵前，刘劭派人请来前中庶子、右军长史萧斌，左卫率袁淑，中舍人殷仲素，左积弩将军王正见，告知他们要行弑君之事。萧斌性格懦弱，当场表态同意。袁淑宁死不从，后来在奉化门外被杀。

那么宋文帝此时在做什么呢？

严道育事发后，宋文帝有了废太子的想法，于是和徐湛之、江湛（与宋文帝是儿女亲家）、王僧绰（文帝长女东阳公主之婿）商议，如果废太子，立哪个皇子为新太子。

宋文帝共有十九个儿子，成年的皇子除长子刘劭、次子刘浚，以下有第三子武陵王刘骏、第四子南平王刘铄、第六子竟陵王刘诞、第七子建平王刘宏。第五子刘绍过继给叔父庐陵王刘义真，其余皆年少。

宋文帝最喜欢的是第七子刘宏，之前亲自下旨为他在鸡笼山建造府第，极尽山水之美，又令建平王的下属官职比其他诸王的高一阶，可见其偏爱。所以当长子、次子都排除后，宋文帝第一个想到的就是刘宏。可问题在于，一下子越过前面的刘骏、刘铄、刘诞三位兄长立刘宏，无疑是对嫡长子继承制更大的破坏。以私情废公法，这可是大忌。所以宋文帝拿不定主意，征求徐、江、王诸位亲近贵戚的意见。

谁料这几位贵戚论私心，比宋文帝厉害得多。徐湛之支持竟陵王刘诞，因为刘诞娶了徐湛之的女儿。江湛则推南平王刘铄，因为刘铄娶了江湛的妹妹。宋文帝很生气，又问王僧绰。王僧绰说此事唯有皇帝自己决断，不可犹豫不决，迟则生变。

宋文帝担心废立过快，世人会议论他没有慈父之道。王僧绰毫不客气地说："臣恐千载之后，言陛下唯能裁弟，不能裁儿。"（《宋书·卷七十一·王僧绰传》）此话说得甚是厉害，指的是宋文帝杀刘义康，宋文帝默然。

讨论太子废立之事本应十分机密才是，但不论是宋文帝本人，还是徐湛之、江湛、王僧绰，警惕性都不够，没有令皇城禁卫兵戒严，也没有对太子东宫的兵力多加防备。

二月二十一日夜里，刘劭率东宫军队进入皇城门。按旧制，东宫兵不能进入皇城，刘劭对守门者称，奉皇帝诏，入皇城逮捕逆臣。门卫见太子穿着红色朝服，又有萧斌等大臣陪同，便不再拦阻，放东宫兵入内。

刘劭径直冲入宋文帝寝宫，当时宫外值勤的卫兵还未起床，只有殿内直卫的左细仗主卜天与还清醒着，闻听宫外人声嘈杂，情知有变，连甲都来不及披上，拿着刀与弓，大呼左右士兵出战。出门正撞上刘劭、张超之等数十人，个个明火执仗，见人就杀。卜天与引弓射之，差点射中刘劭。乱兵一拥而上，砍断卜天与胳膊。最后卜天与死于乱刀之下，被惊醒的卫士张泓之、朱道钦、陈满一同战死于宫门。

乱军杀进宫内，张超之亲手刺死宋文帝，又接连搜杀还在宫内的徐湛之、江湛。刘劭素来痛恨潘淑妃，命人将其杀死。

刘浚闻讯率兵来接应，杀了阻拦他入皇城的一些人。刘劭颇为尴尬，骗刘浚说潘淑妃被乱兵杀害。刘浚为自己的利益考虑，竟然毫不悲伤，灭绝人性地说"下情由来所愿"。潜台词就是说潘淑妃擅宠六宫，受到嫉妒，似乎竟是死有余辜。其无情忤逆，真是令人发指。

刘劭迅速在皇城即位，改元太初，对外宣称说宋文帝死于徐湛之、江湛之手。为了稳定形势，刘劭令东宫卫兵接管皇城防务，将建康禁卫军权交给左卫将军尹弘，文武众事交由萧斌总领。随后，刘劭极力尊崇、拉拢叔父刘义恭和刘义宣，为始兴王刘浚、武陵王刘骏、随王刘诞（刘诞的王爵变了两次，初封广陵王，元嘉中改封随王，刘骏即位后再改为竟陵王）、南平王刘铄等加官，只有独建平王刘宏坐了冷板凳，一无所升。

刘义恭等六位宗王，是当时最有权势的人，刘劭极力拉拢他们想稳定形势，承认自己新君的合法性。但弑父的罪行实在太过恶劣，朝野敢怒不敢言，即使受到刘劭好处的人，也都不愿与他同流合污。很快，外郡掀起了猛烈的讨伐怒潮。

刘骏起兵

最初起兵的是臧质。臧质在盱眙之战中力抗北魏太武帝，威望空前提升。加之他又是宋文帝的舅表兄弟，起初也在被刘劭拉拢之列，由边州雍州刺史（雍州当时是刘宋的西北边境）改任丹阳尹。

臧质接到在京师的家人送来的密报，说宋文帝实为太子刘劭弑杀。臧质随即写信报给南谯王刘义宣、武陵王刘骏，请他们举兵讨伐叛逆。

臧质率兵五千从阳口（今四川奉节县安平乡）进至江陵，与刘义宣相会。

当时武陵王刘骏也已起兵，刘义宣便遣臧质率军东下，与刘骏合兵进攻建康。

宗室与外镇联合讨伐刘劭的战幕就此拉开。

武陵王刘骏素来不受父亲待见，从十四岁时就被屡屡派到外镇，先后在雍州襄阳、徐州彭城、江州寻阳等地领兵，而从未在扬州、建康等要害州郡担任主官，也从未在中央担任过领军将军之类的职务，始终游离于中枢权柄之外。宋文帝议废立之事时，他虽然年龄居长，却没有入皇帝的眼，连大臣都不看好他。与诸位兄弟相比，可谓命运辛酸。

刘骏有失也有得，常年在外镇率兵，甚至在与北魏的战争中经历过生死之危，他的意志与能力无疑得到了极大的锻炼，军中也有一批对他钦服的人。他之所以能起兵讨伐刘劭，资本就是历年来在外统军的经历。

元凶弑逆案爆发前夕，荆州境内的蛮人发动武装骚乱，刘骏率太子步兵校尉沈庆之等出兵镇压。刘劭表面上对刘骏尊崇、拉拢，私下却十分忌惮。刘劭遣使到西阳五洲（今湖北浠水县境内长江中的戴家洲）军中，密令沈庆之杀了刘骏。沈庆之拿着刘劭手令求见刘骏。沈庆之是威望素著的老将（时年六十七岁），刘骏担心他有其他企图，吓得不敢接见。沈庆之便推门闯进去，拿出刘劭手令。刘骏误以为沈庆之要杀他，跪地哭求让自己与母亲诀别。沈庆之解释并非要杀他，而是请他出面领兵，讨伐逆子，为先帝报仇。刘骏这才正色而起，让沈庆之总管军务，誓师讨逆。

元嘉三十年四月，刘骏回到江州寻阳，传檄天下，发兵讨逆。据其檄文称，寻阳大军分为四路，冠军将军柳元景、宁朔将军马文恭率兵三万攻石头城、白下（即白石垒一带）；辅国将军宗悫（què）率兵两万为后继；征虏将军沈庆之又率兵五万为后继；刘骏自率大军十余万，水陆并下，进攻建康。

历来战争檄文，都会夸大己方兵力，以壮声势。按檄文所言，刘骏所统兵力达到二十万，这自然不是实数，估计只有数万之众。

真正令刘劭恐惧的，是刘骏在檄文中提到的一系列联名起兵的人，如南谯王刘义宣、随王刘诞、雍州刺史臧质，其余州镇大员，尚有江夏内史（相当于郡守）朱修之，监豫州刺史刘遵考，徐、兖二州刺史萧思话，司州刺史兼义阳太守鲁爽及其弟鲁秀，冀州刺史王玄谟。这些人都是外镇统兵的大将，尤其是萧思话、王玄谟，还在北方边郡掌握着强大的北伐军（即第三次元嘉北伐后停驻在历城的军队）。也就是说，除了遥远的广州、益州和近在咫尺的扬州，天下诸州都反对自己。刘劭只不过掌握了京师的武力，如何能对付如此多的反对者？

刘劭下令中外戒严，将诸王大臣及其家属，在京的都移入台城（建康城的内城），刘义恭父子都被变相控制在尚书省。刘劭起初想把参与刘骏联盟的大臣诸将家属都杀掉，尚书何尚之大惊，极力劝说刘劭不要再这样自绝于天下，刘劭这才罢手。

刘劭下令为三吴诸郡太守加军号，授权他们置将军府佐吏，领兵作战。三吴地区是当时南朝京师周边的腹心地区，这是刘劭能够依靠的最后力量。

刘劭自以为精通武事，对诸臣吹嘘自己可以率军平定寇乱，就怕逆臣们不敢来送死，诸臣只需辅佐他处理文事即可。刘骏讨逆大军一起，刘劭再也神气不起来了，与众臣商量如何迎战。始兴王刘浚和萧斌建议，率京师水军倾巢而出，在大江上与刘骏大军决战，胜当然好，不胜也能保据梁山。

所谓梁山，是指今安徽芜湖市段长江上的东、西梁山，东梁山又称博望山，西梁山又称梁山。两山夹峙江中，形成一个极为险要的水上隘口。刘浚、萧斌之议是较为主动的策略，京师水军船大械精，再据守这个要点，可以克服兵力不足的劣势，极大迟滞刘骏大军的进攻速度。

但刘义恭反对，若是大军尽出，京师空虚，如果东府（指三吴诸郡）有乱，那麻烦就大了。刘劭听了刘义恭的话，未敢出兵决战，按他所说，坐守建康观望成败。

其实哪有什么成败好观望。在讨伐弑父逆贼的政治大旗的号召下，在刘骏累年征战的威信影响下，讨逆联军各部之间非常团结，矛头一致对外。刘劭唯一的胜机，在于迅速消灭刘骏主力，扭转形势。萧斌说："南中郎将二十年少（刘骏军号为南中郎将，时年二十三岁）就能制造如此大的局面，岂能再以往日少年观之?而且沈庆之、柳元景、宗悫都是屡立战功的良将，守台城，只有死路一条。"刘劭不听，分兵守住建康城外石头城等要点，静待刘骏大军。

柳元景等率大军疾进，起初担心水军船小，敌不过京师大舰，谁知一路畅通，并无一兵一卒阻拦，于是顺利地前进至建康城外，在新亭登岸。新亭是建康外围的要害之处，卡住建康城通向长江的重要通道，从这里向台城进攻很便捷。从这一战役动作看，柳元景的应变能力和眼光，远超刘劭帐下诸将。刘劭几乎是拱手让出了最为紧要的据点，丢失了利用沿江诸戍消耗对方兵力的全部机会。

柳元景接下来的动作也十分精准。当讨逆联军进至新亭时，建康城中许多逃亡者来到营中，说城中大乱，劝柳元景速速进攻。若换作寻常急于邀取功劳的将领，在这番鼓动下，热血上涌发兵攻城，极易招致失败。

柳元景的前锋部队只有数千人，台城、石头城都很坚固，再加上刘劭之众还未经一战，以劳攻逸，万一失败，丢掉新亭，将会影响大局。柳元景不愧为经历过元嘉北伐的宿将，轻兵直进，临险反而更加持重，可以说处处掐中要害，牢牢占据战争的主动权。

但刘劭也不是没有机会。柳元景诸部兵马上岸后，正在加紧修筑营垒，刘劭龙骧将军詹叔儿在城上望见，劝刘劭趁敌人立足未稳时发兵出战。刘劭却犹豫不决，拖了一天才出兵。正是这宝贵的一天，让柳元景得以扎下营垒，设好防御之物，在新亭彻底扎住了根。刘劭派萧斌、褚湛之分统步兵和水军，共万余人，从江面和陆上夹击柳元景，刘劭在朱雀门上擂鼓督战。

刘劭部下其实也不是弱旅，常年驻守京师，习练水上作战，器甲精良，与外镇兵相比并不逊色。刘劭战前对他们重赏，激励死战。故而两军一交，柳元景竟然有点抵挡不住。万幸营垒已经立好，眼见攻势越来越猛，柳元景指挥众军暂时退回，依托营垒抵抗。

柳元景部将程天祚率军别立一垒，交战之时尚未完固，被刘劭军攻破。

柳元景怕一垒被打破，影响全军士气，于是把营中士兵都派出去救援。

就在刘劭大军即将突破营垒时，刘劭部将鲁秀突然擂鼓，命令暂时停止进攻。古时战场指挥官只靠目视观察战况、指挥战斗，鲁秀倒也并非暗助敌军，或许是看到进攻伤亡颇大，想让士兵们暂时休整一下，毕竟柳元景人数不多，休息一下也无妨。

但鲁秀没料到的是，柳元景对战场的感知十分敏锐，也极善于抓住时机。敌军攻势正猛，突然退兵，士气必然极受影响。柳元景不顾士卒疲惫，急令鸣鼓，向敌人发起反击。

酣战之余，双方喘气都来不及，刘劭部队哪料到柳元景会来这招，瞬间被打退，死伤甚重。柳元景明白此时士气是决胜的首要条件，命令士兵们呐喊着追击，仿佛已经取得全胜一般。刘劭部众纷纷败逃，落入秦淮河中淹死者甚多。

刘劭在城上望见，急率城中士兵出来再战。此时柳元景所部已经打出气势，两军交战，刘劭再败，士兵纷纷败退。刘劭亲手执刀斩杀后退者，无奈兵败如山倒，拦也拦不住。刘劭部下骑兵将领刘简之阵亡，萧斌受了重伤，鲁秀、褚湛之，以及檀和之等重要将领见形势不妙，临阵投降。刘劭在朱雀门站不住脚，慌忙逃入台城中。

新亭一战失败，建康城中人心大乱，连基本的秩序都不复存在。江夏王刘义恭不愿与刘劭玉石俱焚，单骑逃出尚书省，向柳元景投降。刘劭气得狂性大发，下令把刘义恭的儿子全部杀死。

刘骏大军全部抵达建康城外，刘义恭便领衔诸王大臣，上表向刘骏劝进。刘骏毫不客气地接受了劝进，于元嘉三十年四月二十八日，在新林浦（今南京市西南）即皇帝位，是为宋孝武帝。

诸路讨逆军先后到达，从北方兖州来的申坦率部攻克京口城，豫州刺史刘遵考所遣部将夏侯献之占领了江北瓜步，新降的将军鲁秀反过头来率众攻打朱雀门外大航（用船只搭建的半固定的浮桥，是当时建康城南最主要的门），刘劭将军王罗汉放下兵器束手就擒。丹阳尹尹弘等文武将吏争相逾城出降。

萧斌此时走投无路，也不愿再为刘劭效忠，令其部下兵士解甲弃兵，举着白幡（即为宋文帝举丧）来降，孝武帝刘骏当即下令于营门将萧斌处斩，以示与弑逆之贼势不两立。

刘劭退居宫城中，关闭六座宫门，强令城内男女都上城防御。

起初被刘劭逼着为其出谋划策，刘义恭俨然是刘劭的忠臣。此时急于洗脱罪责，他在朱雀门耀武扬威地指挥诸将进攻宫城，柳元景、薛安都、宗悫、鲁秀、程天祚等将军都受其节度，一时间好不威风，其实只不过是痛打落水狗。

五月四日，讨逆军突入宫城中，尽杀太子左卫率王正见、队主张超之、殷冲、尹弘等人。刘劭穿宫城西墙，逃到台城武库，避于井中，队副高禽把他从井中拽出来，押给讨逆军。臧质首先见到刘劭，毕竟两家尚有亲情，臧质与刘劭相对痛哭。但哭归哭，元凶已经擒获，自然丝毫不能宽宥，于是臧质把刘劭绑到马上，拉到孝武帝大营。

刘义恭和诸王都来观看，刘义恭切齿大骂刘劭杀了他十二个儿子，一副恨不得要食其肉寝其皮的样子。刘劭在这个时候倒也不失英雄气概，漠然道："杀诸弟，这件事确实有负阿叔。"此外别无他言。刘劭、刘濬及两人的妻小大都被株连杀死，尸体投入长江中。南平王刘铄素来和三哥刘骏关系不睦，刘劭弑父、称帝之乱中，刘铄又一直与其同流合污。平乱之日，刘铄虽然没有立即获罪，但没过多久，便被刘骏派人暗中毒死。

一场子弑父、弟伐兄的大乱就此结束。刘骏靠着宗室之长的资格，以及多年掌兵的功劳，迅速登上皇位。这场大乱，战争烈度虽然不大，但性质十分恶劣，影响范围也十分广大，几乎所有州郡都参与了战争。

刘宋王朝受到最严重的影响，是皇族子弟之间的封建伦理崩坏，子弑父、弟伐兄的事干得眼都不眨，为之后宗室子弟争权夺利甚至互相残杀，开了个极坏的头。作为大乱的胜出者，宋孝武帝也很快遭遇了一场来自宗室的挑战。

义宣之叛

实际上当刘骏即位称帝之时，刘家叔侄兄弟之间矛盾就激化了，逻辑起点就在于，刘劭弑父以后，到底该由谁来主导刘家正义，接过刘义隆扔下的皇权。是该由刘义隆的弟弟——也就是刘义恭、刘义宣来继承大权呢，还是由儿子来继承大权呢？从刘宋立国以来的几次皇位轮换来看，没有一个确定的说法。

武帝嗣位于少帝刘义符，结果刘义符随随便便就被大臣废掉。刘义符无子，按顺序传给弟弟刘义隆。也就是说，嫡长子继承制并不是万不易之理，在人品贤愚面前，前者可以不遵守。

所以当刘骏毫不客气地当了皇帝之后，刘义宣不干了。按先帝法统，弟与子皆可传之，何况你这个儿子的帝位，也不是正儿八经得来的，而是武力夺来的。

一说到武力，刘义宣就更愤愤不平。刘劭作乱时，宗室诸王率先发起讨逆战争的，是他刘义宣，而不是二十来岁的少年王爷刘骏。按刘义宣自己的说法，起兵讨逆，刘骏只是受自己调遣，先从寻阳出兵进攻建康，后来近水楼台，竟然不顾廉耻地先称帝夺位。更令人不堪的是，刘骏称帝后生活作风悖逆人伦，居然与叔父刘义宣的几个女儿淫乱。刘义宣无法忍受，便打算发兵讨伐。

促成刘义宣起兵的主要人物，是时任江州刺史的臧质。臧质自刘劭弑君之时，便有心参与决断国家大事。只不过他并无取刘氏而代之的自信，而是想趁火打劫，效法东晋时士族专制上流，攫取对荆州、江州等大州的控制权，而刘义宣便是最好的合作对象。

据《宋书》记载，刘义宣生来舌短，说话不利索，大概是结巴，显得人非常猥琐。当年宋武帝刘裕定下规矩，荆州位置重要，要由宗室子弟相继出任。刘义恭、刘义庆相继担任荆州刺史后，刘义宣本来以为按次序自己能接任了，不料宋文帝刘义隆对这位弟弟没什么信心，便越过他派幼弟刘义季去了荆州。这无疑使刘义宣对三哥有了怨气，或许后来起兵反对刘骏，根源也出于此。

元嘉二十一年（444年），在大姐会稽长公主刘兴弟的反复说情下，宋文帝勉强同意刘义宣出任荆州刺史。即便如此，宋文帝还专门下了一道诏书，夸奖幼弟刘义季在荆州名声非常好，让刘义宣一定要洁身自好。刘义宣暗暗生气，三哥做人，实在太过偏心。

到荆州后，刘义宣憋着一口气，把荆州治理得政通人和，百事兴旺。宋文帝见他用心，也就没再派人替换。一直到元嘉三十年元凶弑逆，刘义宣在荆州干了十年，渐成尾大不掉之势。所以刘劭一乱，他马上就敢兴兵讨伐。此时刘骏做了皇帝，刘义宣更是忍无可忍。这些情形，臧质都看在眼里。

臧质野心萌发，意图借刘义宣的旗号，把刘骏赶下台，撺掇刘义宣走上台面，他自己再夺取荆州、江州的大权，这是李代桃僵、暗度陈仓的把戏。

臧质亲自跑到荆州和刘义宣见面，口称自己名字，极尽恭谨。他们两人是姑表兄弟，臧质比刘义宣大十五岁，一向以兄弟相称，突然如此，刘义宣惊问其故。臧质便劝刘义宣主持大事，两人各怀鬼胎，相互勾连，就此商定起兵讨伐刘骏的大事。

刘义宣随即发文给兖州刺史徐遗宝、豫州刺史鲁爽、雍州刺史朱修之等，约他们秋天共同起兵，以清君侧的名义共同进攻建康。谁知文书刚送到寿阳，鲁爽酒醉，见文书当即宣布起兵，并发了道类似全国通电的文书，推举刘义宣为天子，臧质为丞相，朱修之为车骑将军，还将私自制造的天子舆服、器物送往江陵，献给刘义宣。

孝建元年（454年）二月二十一日，刘义宣、臧质不得已同时起兵。臧质在东，刘义宣在西，刘义宣便遣参军刘谌之率一万人先顺江东下，到寻阳与臧质会合，一同进攻建康。刘义宣自率十万大军，舳舻数百里，耀武扬威地向东开进。谁知大军开出之日就遭遇不顺，狂暴的大风差点把刘义宣的座船吹翻，刘义宣不得已暂时停泊避风。

雍州刺史朱修之答应出兵，却迟迟不见兵马前来，后来一再逼问，才发现雍州襄阳郡已经紧闭城门，宣布忠于朝廷。刘义宣大怒，留下猛将鲁秀（司州刺史）和朱昙韶，率兵万余人北攻襄阳，以解江陵的后顾之忧。

北路徐遗宝也出了问题。徐遗宝自兖州湖陆城（今山东微山）起兵，先攻徐州城。这可真是蚍蜉撼树——自不量力。徐、冀、青、兖诸州是刘宋北面重镇，屯扎着抵御北魏的重兵，萧思话、张永、垣护之打北魏算不上硬手，但在刘宋国内诸军序列中，却是一等一的精兵。徐遗宝偷鸡不成蚀把米，被冀、徐二州联合击败。徐遗宝狼狈南下，到豫州投奔鲁爽。

宋孝武帝新得天下，虽曾被萧斌夸过南中郎将少年英雄，但毕竟年轻，没有足够的底气驾驭、慑服宗室诸王。登位之后，对叔父刘义宣、表舅臧质这两位大功臣都极其尊敬，让他们继续掌握上流方镇，即使两人对中央颇有不敬，也一直隐忍不言。谁知今日两人公然反叛。孝武帝自忖得天下靠的是武力，对上流两大镇的强大力量产生了本能的恐惧，他甚至想把天子舆服、法物都送给权父，把帝位让出去。好在竟陵王刘诞极力劝阻，劝孝武帝一定要硬抗到底，千万不能把到手的皇位让与他人。

诸君观史须注意，刘宋宗室之争，到此正式产生了枝系冲突，宋文帝一系子孙，与其兄弟从此成了对立面。

孝武帝于是决定武力平乱，派柳元景总督诸军，以王玄谟为前锋，率大军急速前出梁山，卡住上流通往建康的咽喉。遣老将沈庆之率兵渡江进攻寿阳，制住鲁爽，使其无法从西面威胁建康。

孝武帝闻听臧质顺流而来，怕建康有失，诏沈庆之暂时不要过江去打鲁爽，与柳元景、王玄谟并力抵御臧质，历阳方向的战事便由骁将薛安都负责。

寿阳与历阳相距三百余里。鲁爽叛军已经抵达历阳外围的大小岘山（均在今安徽含山县境内）。薛安都与叛军交战了三次。第一次，薛安都的部将宗越和历阳太守程天祚，击杀叛军前锋杨胡。第二次，薛安都另一部将周文恭，袭击叛军梁严所部，将其生擒。第三次则由薛安都本人出马，斩杀魏将鲁爽。

鲁爽本是北魏将领，长于骑射弓马。因为屡屡被官军袭击、斩杀，鲁爽甚是不忿，便派其弟鲁瑜前往小岘山，自率主力屯于大岘山。官军与战不利，稍稍退却。

孝武帝怕历阳有失，加上当时臧质一直不见踪影，便让沈庆之统军过江，与薛安都一起先解决鲁爽。

鲁爽与官军相持一段时间，军粮告竭，想先撤回寿阳补给，再来决战。鲁爽令诸军先退，自率精骑断后。结果被薛安都所部追上，鲁、薛二人都是骑射好手，惯于马上厮杀。当时鲁爽丝毫不把官军放在眼里，临阵前喝得酩酊大醉。薛安都令部将谭金冲过去厮杀，冲不进。薛安都便大呼向前，手持马矟亲自冲入阵中，径直杀到鲁爽面前，一矟把鲁爽刺落马下，砍了首级。

鲁爽，当时人称万人敌，骁勇无敌。若非醉酒，纵使打不过薛都，也绝不会这么容易就被斩杀。官军交口称赞，都说这是关羽斩颜良。鲁爽一死，叛军大败，寿阳一路就此解决。

再来看梁山方向的战斗。刘义宣与臧质于鲁爽败死之后不久即进至梁山，被王玄谟挡住。

历阳、梁山这两处兵马调度极为有力，既使鲁爽、臧质不能合股，又避免让叛军直接打到建康城下，让朝廷得以从容应对。孝武帝能有如此准确的应对策略，与沈庆之、柳元景、王玄谟等一班老将坐镇不无关系。

王玄谟在梁山卡住大江通道，中军主力屯于江中梁山，两岸夹岸各筑一个堰月垒，防守得甚是严密。

臧质击败官军前哨，顺流进至梁山，距离王玄谟一里，也在两岸筑了营垒。五月十九日，趁西南风起，臧质顺风进攻，击破官军西岸营垒。

王玄谟见叛军声势骇人，连连遣使告急。孝武帝派柳元景进至姑孰，准备随时出援。

臧质一战而胜，夺取了梁山江面部分水道，于是建议刘义宣，留下一万人牵制王玄谟，大军主力绕开梁山浮江东下，直接进攻建康。

这确实是一条迅速解决战斗的良策，但参军刘谌之密劝刘义宣，不要把战功都让臧质立了。如果臧质率先攻下建康，岂不是刚灭掉一个刘骏，又生出一个刘骏？刘义宣也是个庸人，看不清梁山战事的关键所在，便听了刘谌之的糊涂话，命令大军乘胜攻打王玄谟，待扫清了这个障碍再去打建康。

王玄谟趁叛军犹豫，再向柳元景告急。柳元景率所有兵马来援，一路上大张旗帜，宛如数万大军，一下子稳定了王玄谟所部军心。

刘义宣、臧质尽出主力来攻东岸官军营垒，王玄谟派出全部兵力迎战。正好薛安都战胜鲁爽后也来到梁山参战，大败叛军，临阵斩杀刘义宣的参军刘谌之，叛军纷纷被赶下水。官军将领垣护之等人顺风放火，把大江上叛军的数百艘战船都点着，一时间风助火势、火壮风威，把叛军烧得七荤八素，连西岸的大营都烧着了。刘义宣、臧质一时止不住败势，各乘小船逃命去了。

臧质率残败人马逃到寻阳，站不住脚，烧了刺史府舍，带着姬妾继续往西跑。跑到武昌（今湖北鄂州），他原有一个妹夫羊冲在武昌郡当太守，但兵败之日，羊冲已被郡丞斩杀。臧质无路可逃，于是潜到武昌南湖中，用荷叶盖着头，只把鼻子露出水面。军将郑俱儿远远望见，一箭射出，正中心口，众兵追上，将臧质乱刀斩杀。

刘义宣逃回江陵，部众仍有万余人，竺超民、鲁秀收合军兵，准备闭城自守，与官军决一死战。可惜刘义宣大败之后，已丧尽胆气，回府后便再不见人。鲁秀早先听兄长鲁爽之言，从司州到江陵会兵起事，见刘义宣为人凡庸，踩脚埋怨兄长误人，怎能听这种人号令？此时果然如其所言。鲁秀一气之下率众出城，北投北魏。

刘义宣在城中左右无计，便也带人出城，要诸将送他去北魏。将士都是南人，当然不肯投去北国，因此一出城门就四散逃亡，只剩下刘义宣和儿子刘愃（tāo）及姬妾、黄门数人。回到城中，刘义宣不知道接下来应该怎么办，这时连竺超民也看不上他，直接把他押入监牢。后来朱修之从雍州襄阳郡率兵到江陵，刘义宣情知断无生机，在狱中自杀。

至此，孝武帝即位初年声势最为浩大的一场叛乱告终，孝武帝终于坐稳了皇位。

昏暴之君前废帝

宋孝武帝即位后，由于传国非正，乃是靠兄弟相残——尽管他杀的刘劭本身也是个禽兽，孝武帝内心充满了不自信。平定刘义宣叛乱后，这种不自信很快转化成对宗室、大臣的横暴，刘义恭、柳元景等大臣个个胆战心惊，唯恐做错了事被处罚。竟陵王刘诞屡屡被猜忌，结果被逼得走投无路，终于举兵反叛。孝武帝这种统治风格，严重影响了儿子刘子业，也就是后来的前废帝。前废帝比其父亲更加暴虐的统治，终于又引发一场大动乱。

宋孝武帝当了十二年皇帝（453—464 年），死后传位于太子刘子业。刘子业出生于元嘉二十六年，即位时才十五岁，无力执政。孝武帝死前命江夏王刘义恭、柳元景、沈庆之、王玄谟、颜师伯五人辅政，当时朝政除了这五人外，还有刘子业当太子时就随侍左右的戴法兴、巢尚之两人。戴法兴替刘子业起草发布诏书，后来逐渐越权管住了尚书省，成了不挂名的宰相。而真宰相刘义恭却逐渐退缩，不管实事。

内乱就是由戴法兴引起。刘宋皇室家族一向比较糟糕，从宋武帝刘裕时代就是如此，皇帝忙于大事，对儿子疏于管教，导致儿子大多不成器，宋孝武帝也没有逃脱这个怪圈。刘子业自幼性格就比较暴躁，不好好学习，时常惹祸。孝武帝没有时间管教，常常委托太子旅贲中郎将戴法兴教训刘子业。久而久之，戴法兴便自然而然地进入亦师亦父的角色，动辄训斥不成器的刘子业。而正是这种不清不楚的状态，害了戴法兴。

刘子业当了皇帝后，骤然间没了束缚，更加为所欲为，戴法兴仍然不改其态度，经常说教刘子业。戴法兴本是好意，但架不住主臣之位发生了变化。戴法兴有一次甚至说："官所为如此，欲作营阳耶?""官"就是当时对皇帝的叫法，"营阳"指的是被徐羡之等人废掉的少帝刘义符。这话说得很是无礼，刘子业异常气愤。

一些不怀好意的小人，乘机向刘子业进言："宫外都流传一个说法，当今有两个皇帝，一个是天子，一个是戴法兴，戴法兴欺负天子年少，与朝中大臣相互勾结，只手遮天，说一不二。"

刘子业还只是个未及弱冠的孩子，这个年纪的人最容易偏听偏信，加上他本人品行不够稳重，听完这话彻底被激怒，下旨削去戴法兴的官职，命他在家自尽。戴法兴本就不是什么揽权的奸臣，皇帝下旨，他就乖乖自尽，一点儿也没有反抗。

此事性质很恶劣，令各位顾命大臣惶惶不可终日。如此擅杀大臣，连个罪名都没有，这样的天子，比当年少帝的昏暴有过之而无不及。几位顾命大臣日夜密谋，打算效法元嘉之初，废昏立明。

前废帝得知消息，抢先发难，率兵包围江夏王刘义恭的府第，将其杀死并肢解其尸体，挖出眼睛，放在蜜汁里浸泡，称为"鬼目粽"。

刘义恭在政治上是一个投机者，向来是谁有势力就倒向谁。元凶弑逆时他受武力胁迫，给刘劭出谋划策。孝武帝夺位后，他又恭谨无比地侍奉。迫于孝武帝严暴的统治，他一再辞让担任的要职，假装自己只是一个游山玩水、挥霍无度的浪荡王爷，这才获得孝武帝信任。

孝武帝遗命让刘义恭担任顾命大臣。他既是宋武帝仅存的儿子，在宗室中辈分最高、威望最重，又挟先帝遗诏，按理说应当在政治上有所作为。他却向前废帝的近臣戴法兴低头，把中枢秉政的权力让渡出来，以换取苟安。但他内心深处又不愿真正舍弃权位，依然盘桓在最高权力周围，试图用消极的行为打造安全空间。如果遇上懂行且成熟的皇帝，如孝武帝，可以大度地把他当作政治花瓶一直供养着。不幸的是，他遇上了蛮不讲理、人品低劣、目光短浅的前废帝。一个过于含蓄，没把无心权位的意思说清楚；一个理解肤浅，错把草包当枭雄，终于制造出一桩宗室相残的惨祸。

刘义恭死后，前废帝狂性大发，接连将元勋宿将柳元景、颜师伯全部处死。王玄谟早就到外镇当了刺史，沈庆之危险之际放弃立场，倒向前废帝，孝武帝临终留下的顾命大臣集团就此崩塌。但沈庆之最终也没能逃过一死，前废帝对他根本不信任，后来派人将这位年届八十的股肱老臣毒死。

除了对执掌重权的老臣们接连动手，前废帝对外镇掌兵的宗室诸王们也不放心，企图逐一削夺，巩固中央大权。

孝武帝时代，出于对诸弟、族弟的不信任，不再派他们出镇荆、江、郢、豫、益、雍这些外州大镇，怕他们再起刀兵，威胁帝位，于是改派年幼的儿子们出掌大州。

孝武帝年纪本就不大，儿子们也都是冲龄之童，像豫章王刘子尚出镇扬州、南兖州时才六岁，晋安王刘子勋出镇江州、雍州时才五岁，其余诸王坐掌大州也都是四五岁。这么小的孩子出去，自己完全做不了主，只能依靠各州的长史、司马等属官来管理。

孝武帝的用意就在于，让一帮名位低下、没有号召力的官员，和幼小的宗王们形成一个整体，他们既能干好事，又没有足够的影响力，以此确保外州的安全。

但在前废帝眼中，这样的安排也不可靠，万一州郡官员们起了野心，谁来制约他们？万一有人打着这些宗王的旗号来反对自己，又有谁能预作防范？因此，前废帝对这些年龄不大的兄弟们也起了杀心。距离建康较近的江州刺史、晋安王刘子勋就遭到了这样的猜忌。前废帝曾派近臣送毒药到江州，企图杀了刘子勋。所幸毒药还没送到，京师便发生政变，前废帝被杀，刘子勋捡回了一条命。

刘子勋幼年患了眼疾，素来不受孝武帝的宠爱，对前废帝构不成什么威胁，而且有兄弟之亲，仍受如此待遇，其他宗室诸王的待遇可想而知。湘东王刘彧就是在这种情况下，被逼上绝路，决定铤而走险。

"猪王"起事

湘东王刘彧，字休炳，宋文帝第十一子。于大明八年（464 年）发动宫廷政变，杀了前废帝，夺位为君，是为宋明帝。

刘彧起初并无夺位称帝的野心。他在文帝诸子中排位并不靠前，就算孝武帝出了意外，也有刘子业可作储贰，轮不到他来当皇帝。

刘彧对自己的期望也不高，精力主要用在平时享乐上。他长得很白净，身材相貌"与圭璧等质"（语出《初学记·卷十九·人部下》）。但刘彧控制不住食欲，喜欢吃蜂蜜浸泡的鱼肠酱，每顿要吃好几升，而且每顿饭还要吃几百块小腊肉。甘食厚味对身体不好，这是古来皆知的饮食之忌。但刘彧抵抗不了美食的诱惑，以致成了个大胖子，可知其自控力很弱。

刘彧喜欢文学、围棋。他独自撰写过《江左以来文章志》，续编晋朝卫瓘的《论语注》，另撰《诗集》四十卷、《赋集》四十卷。他的围棋水平也相当高，当了皇帝后群臣共推他的棋艺为第三品（当时第二品已是冠绝当世的高手，第三品也是很高的水平）。

好吃、好享受、好文学、好玩乐，占其中一项未必说明人胸无大志，但若几项叠加在一起，可以鲜明地看出，刘彧起初并没有什么远大志向，所以精力分散到各种无关紧要的事务上。若非政治形势突变，或许刘彧会像曹植一样，在历史上留下一个雅好众多的文化形象。

前废帝逼杀刘义恭、柳元景等人后，顾命大臣遗留下的中枢重职急需补齐。前废帝便相继提拔叔父建安王刘休仁、湘东王刘彧为领军将军，掌握京师禁兵。但前废帝杀了刘义恭之后，对弟弟刘子勋也动了杀心，放心不下几位年长的叔父。刘休仁、刘彧虽然职掌禁兵，但前废帝依靠右卫将军刘道隆等次一级的将军，绕过挂名的领军将军，直接控制着禁兵。前废帝怕他们联合起来反对自己，于是囚禁、侮虐几位叔父。

刘休仁、刘彧和山阳王刘休祐长得都很胖，前废帝用竹笼把他们装起来称重，刘彧最胖，便称刘彧为"猪王"，刘休仁为"杀王"，刘休祐为"贼王"，东海王刘祎为"驴王"。这几位年纪较长的叔父，差点儿被前废帝毒打致死。

前废帝又在地上挖坑，把刘彧剥光衣服丢进去，用喂猪的木槽盛食物给刘彧吃。刘彧忍辱偷生，在坑里滚来滚去像猪一样吃东西，前废帝和他的仆从乐得哈哈大笑。刘彧心中的怒火可想而知。

还有更灭绝人性的。刘休仁一味讨好前废帝，即使被辱骂了，也打着哈哈和前废帝说话，结果遭到更大的侮辱。前废帝招来刘休仁之母杨氏，让左右强行凌辱，右卫将军刘道隆无耻至极，当众做了不耻之事。刘休仁羞愤欲死。

景和元年十一月，前废帝把三个叔王囚禁在宫中，三人被屡抓屡放，忧惧异常，唯恐哪天遭遇不测，于是都暗自想办法脱困。刘彧指使他的心腹阮佃夫、王道隆、李道儿与直阁将军柳光世、淳于文祖等人设法刺杀前废帝。阮佃夫又联络了被前废帝嫌恶的主衣官寿寂之，并通过他联系上了外监典事朱幼、细铠主姜产之、细铠将王敬则、中书舍人戴明宝等人。当时前废帝将要到湘州巡视，以镇压"湘中出天子"的流言，扬言出发前要先杀掉刘休仁、刘休祐和刘彧。刘彧惊恐异常，让阮佃夫等人抓紧行事。

前废帝滥杀大臣，也怕有人对他不利，于是提拔宗越、谭金、童太一等官职较低的猛将，让他们统领宫中宿卫兵，贴身保护自己。十一月二十九日，宗越等三人受命到宫外整顿兵马，做好出行准备，宫中只留下一个队主樊僧整统领宿卫兵。

柳光世与樊僧整是同乡，便告知樊僧整他们密谋刺杀皇帝，后者甘愿同谋。当夜，毫不知情的前废帝，召集众多宫娥彩女和巫人，在宫中竹林堂举行射鬼活动。阮佃夫、寿寂之、姜产之等十余人拔刀直入，宫中禁兵受樊僧整约束号令，无人上前护卫。前废帝引弓射杀阮佃夫等人，不中，弃弓逃走，被众人赶上乱刀砍死。

刘休仁、刘休祐在宫中听见乱声大作，情知事发，便跑到尚书省，把仍被关押的湘东王刘彧放出来，当场尊其为帝，是为宋明帝。刘彧接着假称太皇太后有旨，奉命废杀暴君，入承大统。前废帝就此结束了他的皇帝生涯，也结束了他短暂的人生，年仅十七岁。

刘彧虽然倍受残害，但称帝显得有些过于急躁。孝武帝在位时，虽然为政严暴，但对诸州镇的长官都比较厚道，放手让他们替自己年幼的儿子们镇守地方。这些州镇长官都很感恩，对孝武帝儿子的法统也比较支持。

刘彧以叔杀侄，将孝武帝一系的法统夺走，并不服众。虽然立即采取了安抚人心的措施，但惠及者不过是宗室诸王，无法从根本上触及方镇利益的藩篱。而且，与孝武帝以弟伐兄不同的是，刘劭杀父在前，成为天下公敌，孝武帝起兵伐之，稳占道德和法理制高点，天下无人不服。而刘彧杀前废帝，于情则顺，于理不合。况且以旁枝夺正统，严重扰乱了皇权继承伦理，好似皇权成了个绣球，谁有本事抢到便是谁的。刘宋江山进行到这个阶段，已非明帝个人的聪明才智所能逆转。唯一能解决问题的，只有战争了。

义嘉之乱

刘彧称帝传达到各州，立即引发剧烈的反对与抵抗，武装叛乱首先在江州发起。

其实宋明帝对刘子勋不服自己有预判。

孝武帝有二十八个儿子，长子刘子业被弑，次子刘子尚在宫廷事变后被杀。剩下的就是年方十岁的第三子晋安王刘子勋。其余都是几岁幼儿，不足为惧。

但刘子勋也才十岁，有什么好怕的呢?宋明帝怕的不是刘子勋，而是刘子勋手下的官员们，他们掌握着江州的军政大权。江州自刘劭弑文帝以来，经历了孝武起兵、臧质起兵，俨然成为外镇对抗中央的策源地，必须防范江州官员以年幼的刘子勋为旗号进行武装反抗。

所以刘彧即位后，立即下诏进封刘子勋车骑将军的军号，加开府仪同三司。这两个官职都是散号，不是实任官，意义在于尊崇。宋明帝拉拢刘子勋和他的官属们，表明他内心对孝武帝诸子十分提防。

江州属官们洞若观火。子勋的长史邓琬当即决定，拥立刘子勋称帝，改元义嘉，传檄各郡共同起兵讨伐弑君的刘彧逆贼。

其实这只不过是个借口。前废帝本来和刘子勋关系不睦，曾遣使毒杀刘子勋，而且建康城中还传出过有人要废皇帝立刘子勋的说法。

当时前废帝将亲姑姑新蔡长公主迎入宫中，让她长期居留宫中与其乱伦，杀了一个宫女假称公主身亡，送回家中。公主的丈夫谘议参军何迈又羞又气，于是流传出他要举兵废掉皇帝，改立刘子勋为帝的说法。前废帝忌惮这位深通武事的姑父，亲率宿卫兵杀了何迈，并借此机会，派遣使者去江州毒杀刘子勋。邓琬当时就已密谋起兵，只是名不正言不顺，一时不敢公然举兵。刘彧杀了前废帝，正给邓琬等人送上起兵称帝的绝佳借口。

邓琬一起兵，立即收到立竿见影的效果。各处州郡纷纷支持义嘉政权，从四面八方起兵对抗中央。计有寻阳内史邓琬所部、豫章内史刘衍所部、武昌太守刘弼所部、西阳太守谢稚所部、晋熙（今安徽潜山）太守阎湛之所部，这部分兵力基本上由刘子勋直辖。

其余诸路兵马，计有郢州刺史安陆王刘子绥、湘州刺史邵陵王刘子元、荆州刺史临海王刘子顼、长沙内史何惠文、雍州刺史袁𫖮（yí）、顺阳（今河南淅川）太守刘道宪、豫州刺史殷琰、青州刺史沈文秀、冀州刺史崔道固、广州刺史袁昙远、益州刺史萧惠开、梁州刺史柳怙。

也就是说，除了扬州和会稽诸郡等京师周边的一小块地方，刘宋王朝其余全部州郡都反对宋明帝的合法性，形势已经严峻到了极点。换句话说，庞大的武装讨伐，宣布了宋明帝的泰始政权为非法政权，真正的皇统还在孝武帝一系。

其中益州刺史萧惠开起兵前的一段话，代表了广大起兵者的心声，他说："景和虽昏（景和是前废帝的年号），本是世祖之嗣；不任社稷，其次犹多。吾荷世祖之眷，当推奉九江。"（《宋书·卷八十七·萧惠开传》）

天下共叛，怎么面对？宋明帝全无退路，只能打！

宋明帝召回老将王玄谟，让他和建安王刘休仁共同率军出击江州，正式展开平叛行动。其实宋明帝内心毫无底气，表面上说的是平叛，可是天下州郡十有九反，究竟谁是顺、谁是逆，谁在平谁呢？他虽然在皇帝宝座上坐着，但刘劭的命运如在昨日，难保哪一天大军失败，叛军就杀到建康，砍了自己的脑袋。骑虎难下，只能继续骑，走一步看一步。

然而就在讨伐军准备出发之际，形势再度恶化，原本比较安静的三吴地区忽然也动了刀兵。吴郡、吴兴、义兴（今江苏宜兴）、晋陵、山阳五郡打着寻阳王刘子房的旗号，一起发兵，响应义嘉政权。三吴与建康距离极近，刚起兵，前锋游兵就已骚扰至延陵（今江苏丹阳延陵镇），京师的气氛空前紧张。

宋明帝惊恐万分，慌忙下令追回王玄谟和刘休仁，要他们先出兵消灭这五个郡的反贼。至此，形势已经进入极乱的境地。那么，义嘉政权的优势到底如何？到底具不具备一举灭亡宋明帝的力量与条件呢？

其实，义嘉政权的兵力虽多——据刘子勋军府发布的檄文，有三十余万，数字虽然有所夸大，不过总兵力必然数倍甚至数十倍于宋明帝手中的兵力。兵力虽然庞大，但各路兵马也存在许多不容忽视的弱点。

其一，政治上并不一心。如前文所述，刘子勋起兵，诸侯响应，打的共同旗号是夺回孝武帝一系的法统。但不可忽视的是，孝武帝法统虽未堕地，却没有年长的宗王来承担。刘子勋几个弟弟都是几岁幼儿，权柄全在属官之手，江州的大权也在邓琬手中。诸州郡起兵的直接目的，大部分是浑水摸鱼，捞取实利。至于夺取皇统，一定程度上只是个名义。

其二，军事上指挥不统一。义嘉政权在政治上好歹还有一个法统旗号，但在军事层面连统一的指挥都没有。邓琬固然给四方州郡传了檄文，还给其他几位宗王加了官号，给几位实力强大的刺史如袁顗封了大官，但江州军府既没有提出有力的战略部署，也无法对诸州进行实际约束。荆州、江州两个较大的方镇，甚至都没有合兵战斗，远远不及当年刘骏起兵讨伐刘劭，好歹荆州还派了强劲的兵力到寻阳会战。

远在淮北的青、冀、徐诸州，是当时刘宋战斗力最强的军队，但以薛安都为代表的淮北诸将，根本就不是受刘子勋号令才起兵，只是单纯反对刘彧称帝。而军事形势最有利的三吴五郡，他们的军事行动与江州方面更是毫无联络。

这样松散的联盟，基本上各自为战，无法形成多点牵制、多方压迫的态势，这就给了刘彧各个击破的战略空间。宋明帝令巴陵王刘休若、老将张永、右将军萧道成等率京师禁兵，相继出发进攻吴郡等五个郡。

五郡之众各有城池，没有统一的指挥，军事行动异常散乱。而刘休若是宗室重戚，张永经历过元嘉北伐，其心志与军事才能，都非吴郡几个地方太守、县令所能比。萧道成更是才能非凡，他历任内外军职，名位虽然不高，但历年征伐，与北魏数度交兵，汝南救陈宪，盱眙战魏太武帝拓跋焘，又领兵讨平江、汉之间的蛮人，论其才能，已是当时军界数一数二的俊才。

刘休若等人所率军队系京师禁兵，其训练水平、战斗力远远超过五郡地方部队，所以一开打，马上呈现出一边倒的形势。刘休若、张永、萧道成先攻破义兴，而后顺利地攻破其余四郡，首尾只用了二十多天，可见五郡叛军战斗力之弱。

以平定义兴战斗为例。义兴军分为庾业和刘延熙两部分。刘延熙据守城郭，庾业在长塘湖口夹岸筑城，与义兴城形成掎角之势，总兵力大概一万多人。官军只有吴喜所部三百余人，以如此悬殊的兵力，义兴军竟然不敢主动向前搏战，短暂接触后，便缩回城中，凭险固守。刘休若得以继续调派兵力，令司徒参军督护任农夫，率精兵一千人助攻义兴。

任农夫得令后速度非常快，到达义兴城只有四百人跟上队伍。然而就是这少得可怜的兵力，到长塘湖口后立即发起进攻，任农夫手执刀楯，带头冲锋，冲垮庾业在城外的城寨。随后阮佃夫又调来数百蜀兵，这些人穿着犀牛皮的甲胄，手执短兵器，看上去宛若野人。交了几阵，叛军胆战心惊，竟然弃城而逃。义兴等五郡的战斗大多如此，官军只要敢于拼杀，就能将数量上居于优势的叛军冲散，大获全胜。

吴地五郡的收复，极大地鼓舞了宋明帝集团的斗志。虚张声势的乱军，只要应对得法，并不是不可战胜。

寻阳败亡

扫平吴郡后，宋明帝迅速把主要兵力调往西线，迎击来自寻阳的兵马。

相比官军在吴郡的雷厉风行，江州寻阳的义嘉叛军指挥中心，决策和行动都非常缓慢。通官军向西线进兵时，叛军才进至赭圻（今安徽芜湖市繁昌区赭圻岭一带，圻音 qí）。

当时官军的统兵将领是从淮北驰援京师的殷孝祖，此人所率兵马常年活动于北境，与北魏军作战，战斗作风极其剽悍。殷孝祖是为数不多的支持宋明帝的地方将领。出军前，宋明帝把京师禁兵的诸葛亮筒袖铠全部拨给殷孝祖，据说这种铠甲非常坚固，二十五石的弩都射不透。宋明帝以此表示厚爱，鼓励他们奋勇死战。

殷孝祖一到赭圻，马上就展开敢死冲锋，一度把叛军营寨冲破。但江州叛军部队非吴郡可比，有一定战斗力。叛军兵力也比殷孝祖多好几倍，大概有万余人马。殷孝祖立功心切，心气又盛，每次出战，都把大将的旗盖带在身边，如此一来，气势倒是足了，但也成了非常显眼的活靶子。当时军中士兵就传言:"殷将军如此战斗,可谓死将。要是敌军派出十个神箭手射他,岂有生还之理?"

果然,交战中殷孝祖自恃有筒袖铠,丝毫不加掩饰,进攻时吸引了叛军箭矢,结果在乱战中被叛军射死。殷孝祖一死,部下兵马人心溃散,五百余人向叛军投降。

宋明帝大骇,没想到叛军战斗力这么强悍。但仗还要打下去,于是命刘休仁统军至虎槛(今安徽芜湖市繁昌区东北五十里),再派宁朔将军江方兴、龙骧将军襄阳刘灵遗各率三千人到赭圻助战,提拔沈攸之为前锋军主将。叛军也再调骁将刘胡率三万多名兵将进至赭圻一带。双方形成对峙之势。

从总体力量上看,宋明帝依然处于弱势。一方面要派出足够的兵力到淮北应对青、徐、冀诸州的薛安都等叛军。一方面还要留下必需的兵力,防备叛军从陆路偷袭历阳、渡江进攻建康。能派到赭圻前线的兵力,实际仅一万多人,可谓是捉襟见肘。而义嘉叛军不断会合各州兵力,即使没有三十万大军,至少也有十余万人,优势非常明显。

占据这么大优势,于义嘉政权来说,应当以迅雷不及掩耳之势,发兵直捣建康城。或者是重兵突击,抑或者是多路分进、合击建康。这种以多打少的对战方式,也是快速解决问题的上佳之策。

也许有人会说,历史上以多打少过于激进而导致失败的,从来不乏其例,要求义嘉政权这样做不尽合理。

不得不承认,诸如王莽昆阳之战、曹操赤壁之战、苻坚淝水之战等,确有欲速则不达的教训。但这些战斗之所以失败,除却主观上急躁求成的因素,地利不熟、水陆异形等因素也不可忽视,甚至是主要原因。

义嘉政权在政治上与宋明帝分庭抗礼,占尽主动。在地利上,地居长江上流,有居高临下、顺流而至的优势。在军力上,兵种以水军为主,与建康官军几乎一样,同根同源。

我们以后见者身份,能够看到历代史家对史实的总结与分析,自然是洞若观火。但当时的人身在局中，不一定能把握住形势。

义嘉政权的核心人物是刘子勋的长史邓琬。此人不是高门士族，也非大富大贵之家出身，既没有传统的家族式政治能力培养，也没有在富贵的生活中浸染出雍容沉稳的气质，底蕴非常浅薄。骤然执掌大权后，立即暴露出短视、贪婪、傲慢等短板。史载这位长史，和儿子合起伙来卖官鬻（yù）爵，让家中婢仆贩卖器物，尽干些损阴德、招骂名、挣快钱的龌龊事。

江州官吏将领到邓琬府中求见，邓琬刻意摆出一副傲慢的架势，动不动就把人拒之门外，让人长久地等待，有时甚至十几天都无法见到他。

邓琬手握大权，又嫌政务琐碎麻烦，就把内政都交给褚灵嗣等三人，还没当上宰相，就养出了一群靠通报消息、掌握内外交通渠道而上下弄权的小人。江州士民议论纷纷，对这样一位中枢权臣很不放心。不难想象，忙着揽权和享乐的邓长史，怎么可能有精力去关注前线军事?又怎能设计出宏大的战略?

反观宋明帝集团，形势危急催生出强大的向心力，宋明帝团结到身边的几位亲王，主要是文帝诸子、明帝的弟弟们，都非常支持他，反对以刘子勋为代表的孝武帝诸子。宋明帝集团虽无十分出色的战略素养，但胜在应对精准有力，每次战役都有所收获。

就以义嘉政权对建康的进攻来说，邓琬派出以孙冲之为主将的部队，进展非常慢，到达赭圻后被沈攸之挡住，此后便一直在赭圻附近缠斗。大战胶着，邓琬身为谋主，前线胶着，他理应亲至一线，指挥大军迅速破关。但他耽于享乐，不肯轻易离开江州，于是派猛将刘胡率三万余人前赴赭圻会战。刘胡分一部分兵力守赭圻城，结果被沈攸之攻破。邓琬又派起事主谋之一、雍州刺史袁顗率两万人马东下，与刘胡等人会合于浓湖。

宋明帝方面也在不断抽调吴郡平叛兵力向赭圻一线增援，双方都打成了添油战术。但官军方面的战略眼光远超叛军，沈攸之派张兴世率一部兵力，越过赭圻，占据了西面的钱溪（今安徽贵池市东北九华河），一举切断了叛军的补给通道。

相持之中，往往谁先使出妙招，谁便能主导战争走向。

孙冲之、刘胡军无粮无资，日夜盼望寻阳发来米船，但张兴世死死卡住钱溪通路，使叛军首尾不得相顾。刘胡向袁顗求借粮米，袁顗虽是大州刺史，却不懂军事，又谙于事机，不知道当务之急是冲破阻碍，反而划地自守，一点粮也不借给刘胡。两家兵马原来是一起共谋大事的，到此却有了嫌隙，这仗注定打不好了。

自泰始二年三月开始交战，双方僵持至八月。孙冲之、刘胡、袁顗被张兴世死死隔断，陆路、水路运粮都不能至。最后一次运粮，邓琬派军队护送，运米三十万斛，希望下游诸军接应，谁知又被张兴世劫杀，三十万斛米被烧掉，叛军几乎绝望。

刘胡前无法突破沈攸之诸军，后不能击退钱溪张兴世，忧惧无计，便骗袁顗说率两万步骑，从陆路进攻钱溪，让袁顗把本部战马全都调出来。袁顗素来不懂军事，在营中连戎服都不穿，平时也不理军务，都交给将吏们处理，自己只谈谈诗赋、讲讲义理。刘胡如此骗他，他一点儿也没察觉，还傻乎乎把战马都交给刘胡。刘胡随即率军烧营而逃，袁顗到晚上才知道，大骂"今年为小子所误"，仓皇率军南逃。沈攸之率军紧追不舍。

袁顗撤至青林，部队崩溃，被部将所杀。刘胡撤到寻阳，骗邓琬说前方军马都已投降，只有自己这两万人回来，当整军固守溢城（今江西九江，溢音 pén）。邓琬相信了他，谁知此公又连夜逃往荆州。后来在竟陵郡被当地守军杀死，首级送往建康。

大部兵马一散，寻阳的义嘉政权立刻崩溃，二号主谋张悦发动政变，杀了邓琬向建康请降。沈攸之、张兴世等诸军沿江追讨，杀了晋安王刘子勋。之前应声从乱的荆、郢、益、广、湘等州，逐渐被官军平定。刘子勋及其他孝武帝儿子，存世的尚有十六人，宋明帝下令全部赐死。至此，孝武帝的二十八个儿子全部身死（十人夭折，两人被前废帝杀死，十六人被宋明帝杀死）。

义嘉之乱对刘宋王朝造成严重伤害，宗室之间丧失了仅存的信任，父子、兄弟、叔侄之间成了赤裸裸的利益对立关系，一旦有外力介入就能引发强烈震动与血腥屠杀。与此同时，宋明帝由于对诸弟、诸侄的猜忌与提防日益加深，不得不提拔寒门将领居于高位，萧道成、沈攸之等掌握了兵权，成为皇权有力的潜在挑战者。

刘宋国势从此开始走下坡路，淮北重镇徐州、冀州、青州未能收复，北魏趁火打劫攻占了诸州，山东半岛从此再无南朝力量。宋明帝在位六年就病死了，他在位期间，一直在舔舐战争、内乱造成的创伤。而宋明帝本身天然的缺陷，又制造出新的矛盾，国运从此堕入无可挽回的逆势。

第十四章

梁武帝灭齐之战

刘宋之后，是短暂的南齐。齐高帝、武帝是南齐较有作为的君主，武帝去世后，齐明帝萧鸾篡夺侄子的皇位，开始大杀宗室，导致南齐政局急剧紊乱。等到明帝病死，太子萧宝卷即位，南齐更是急转直下，南朝历史再次步入大混乱时期。

东昏暴政

东昏侯萧宝卷出身富贵，自幼顽劣。十一岁便被立为太子，父亲不怎么管束他，因此养成了一身坏毛病。齐明帝在位时大杀齐高帝、齐武帝一系的宗室，弄得宗室残缺，人丁稀少。萧宝卷耳濡目染，也变得凶狠暴戾。即位之后，他不放心外朝大臣，任用近臣，又因父亲那句不成熟的"做事不可在人后"的告诫，他居然对大臣们动了杀心。

齐明帝去世时，扬州刺史始安王遥光、尚书令徐孝嗣、右仆射江祏、右将军萧坦之、侍中江祀、卫尉刘暄六位辅政大臣，时人称"六贵"，其中尤其是江祏、江祀兄弟，因是齐明帝的外戚，权势非常大。

东昏侯的所作所为让人大失所望，江祏经常粗暴地制止其胡作非为，君臣之间的矛盾很深。江氏兄弟便与刘暄密谋改立皇帝，双方意见不统一，江祏又找始安王萧遥光商量。萧遥光见有机可乘，便想夺取帝位。

萧遥光是齐明帝大哥萧凤的儿子，无夺位的法统正义性。刘暄不同意，萧遥光怒而派人刺杀刘暄，结果因为刘暄身边兵多没成功。刘暄便告发了江氏兄弟与萧遥光，东昏侯正愁没有借口处置江氏兄弟，便令宫卫士擒杀之。之后萧遥光先下手为强，聚集私兵发动叛乱，被台城禁军剿灭，萧遥光被杀。

这起事件加剧了东昏侯本就紧绷的猜疑之心。在其左右小人茹法珍等人的撺掇下，东昏侯相继杀了中枢重臣萧坦之、刘暄、曹虎。徐孝嗣、沈文季、沈昭等人意图废帝，其谋未发，东昏侯先下手为强，将三人毒死。

短时间内朝廷连续爆发这么多惨烈的屠杀事件，弄得人心惶惶，上下相疑。东昏侯对此毫不在意，继续过着昏庸无度的生活。他像父亲齐明帝一样深居宫中，只倚重宫廷近侍茹法珍、梅虫儿以及直阁骁骑将军徐世标等人。外朝大臣连连被诛杀，大臣们不得不放下脸面，和茹法珍、梅虫儿等人结交，依靠他们打通和东昏侯的关系。

萧子显以时人著史，记录了当时东昏侯很多昏暴之行，如大起宫殿、衣用奢侈华丽、频繁出游扰乱建康百姓、宠溺潘贵妃、对民间横征暴敛等。尤其令人发指的是他对人命的漠视。东昏侯每每外出游玩，都要命士兵用大布把所经之地围起来，居民一律赶走，称之为"屏除"。一次到沈公城，一个临产的孕妇无法走开，东昏侯便令人剖开肚子看婴儿性别。还有一次到定林寺，一个老和尚生病无法及时离开，东昏侯竟让左右士兵将其乱箭射死。这样一个泯灭人性的混蛋，根本不配做皇帝。

东昏侯肆行昏暴之际，南齐国内连续发生了两次武装叛乱。叛乱的发起者，都是南齐的开国老臣。

永元元年十一月，四朝老将陈显达在江州发兵造反。陈显达自齐高帝时代就随军征战，北魏攻陷南齐的沔北五郡，陈显达率兵争夺，在马圈把魏军打得毫无还手之力，要不是北魏孝文帝亲率大军来援，就能恢复五郡。明帝死前大将王敬则造反，也是陈显达率兵平叛，安定了当时的局面。这么一位功高震主的老将，在朝中大臣接连被杀的情况下，自然难以自安。

陈显达时年七十二岁，本已是桑榆晚景，没什么政治野心，到江州任刺史得以远离建康，他还暗自庆幸。不过流言仍然传说东昏侯要杀他，于是愤而举兵。陈显达是久经沙场的老将，满朝无人是其对手。他率兵一度打到建康台城之外。但陈显达屡胜而骄，加之兵力有限，竟然以主帅之尊，手执大槊与台城军队搏斗，结果不幸在鸡鸣山下被台城的骑兵当场刺死，叛军也就这样散了。

陈显达起兵后，镇守寿春的豫州刺史裴叔业也异常恐惧，生怕被东昏侯杀了，索性把寿春当作大礼送给北魏，投降了敌国。寿春是南朝最重要的国防堡垒，东昏侯随即派老将崔慧景和新任豫州刺史萧懿率兵进攻寿春。谁知道崔慧景刚出建康没多远，就在广陵举兵谋反，掉头南渡长江，进攻建康。

崔慧景也是南齐开国老将，他经历了高、武、明三代，当年曾是齐高帝起事时的功臣，齐明帝辅政时他还上书劝进，可以说是值得信赖的老臣。然而遇到东昏侯这样一位不把老臣当老臣的昏君，实在是忍无可忍，于是起兵。

永元二年四月，崔慧景路经广陵，镇守广陵的司马崔恭祖投降，加入叛军。崔慧景率大军过江，在京口又会合了江夏王萧宝玄，于是奉萧宝玄为主，合广陵、京口两镇之力进攻建康。

当时中枢老臣宿将已被诛杀殆尽，既无老臣居中主持局面稳定人心，又无沙场大将能与崔慧景抗衡，东昏侯派出抵抗叛军的将领，都是张佛护、徐元称、左元兴、王莹这种无名之辈。故而崔慧景一路所向无敌，摧毁台城军队构筑的防线后，从蒋山龙尾杀进建康城内，与东昏侯对峙于台城之北。

本来崔慧景趁此时发动猛攻，打进台城、擒获东昏不是难事，但崔慧景自恃年资俱长，骄恣有余而明断不足。他起初诈称奉宣德太后王氏（文惠太子萧长懋的发妻，郁林王在位时尊之为皇太后，居于宣德宫）之令，废萧宝卷为吴王，但并未及时尊立萧宝玄为新帝。当时竟陵王萧子良的儿子萧昭胄逃脱了齐明帝的残杀，隐姓埋名藏在民间，闻听崔慧景起兵，便前来投奔。萧昭胄乃是高、武嫡派子孙，比齐明帝一系更有政治号召力，崔慧景踌躇了，又想立萧昭胄为主。

政治上的糊涂病，使叛军的进攻顿缓。按崔氏的计划，应当趁朝中各股实力派还没反应过来，迅速打下台城，不管是哪个皇子，先立了再说，反正都只是个旗号。但崔慧景犹豫不定，加之此人素来有点名士派头，居然在两军对垒之际，在建康城中悠游度日，与沙门僧人们谈佛论经，置大事于不顾。

他部下的两个得力干将崔觉与崔恭祖因事争功，互不相容，崔慧景也不能协调，导致军中人心不一。豫州刺史萧懿奉诏从历阳渡长江，来援救建康。崔恭祖屡屡建议出兵守住采石矶，以防萧懿过江，崔慧景却拒不采纳。结果萧懿大军杀至建康城南，与台城中官军内外夹击，崔慧景力不能支，部众被击溃，崔慧景逃跑，被渔夫杀害。叛乱即告平定。

这两次叛乱虽然没能成功，但已明确无疑地显示出，南齐的政治法统几乎已被明帝父子杀人杀得元气丧尽，实力派们轻轻松松便能杀到建康城下，随随便便就能打着后宫旗号废帝。齐朝的帷幕，离落下也不远了。

萧衍起兵

时任雍州刺史的萧衍，观望形势后，决定起兵反抗东昏侯的暴政。

萧衍，字叔达，小名练儿。其祖先与南齐皇室萧氏同出一源，都号称是西汉相国萧何的后代。齐高帝萧道成序谱是萧何二十四世孙，萧衍是第二十五世孙，萧衍的父亲萧顺之是萧道成的族弟。

萧衍文武全才，在齐武帝时代就已经很有名，后被竟陵王萧子良招揽，成为著名的"竟陵八友"中的一员（其余七人分别是沈约、谢朓、王融、萧琛、范云、任昉、陆倕），萧衍因此更加有名。

但萧衍的心术非一般人可比。他一直深刻观察齐武帝的为政特点，意识到齐武帝在政治上对文学集团并不感兴趣，所以当太子萧长懋早逝，武帝的皇位继承权由谁承接这个重大政治问题骤然出现时，萧衍毫不犹豫地抛弃了萧子良，在政治上倒向了西昌侯萧鸾。

萧鸾后来连废两个幼主，分别是郁林王萧昭业、海陵王萧昭文，都是齐武帝的孙子、萧长懋的儿子，这等于是以庶废嫡。但萧鸾势力已成，虽非正统，却得到满朝大臣的支持，所以能够顺利登位。萧衍一向支持萧鸾，在这场皇位角逐中得利。萧鸾即位后，任命萧衍为雍州刺史，萧衍从此开始掌握外镇大州的军政重权。

东昏侯滥诛大臣，萧衍早就忍耐不住，遣使到建康与兄长萧懿商量起兵谋反。萧懿在政治上的见识，远不如萧衍深沉高远。萧懿在崔慧景叛乱中，率领大军奋力平叛，立下大功，被提拔为尚书令，弟弟萧畅担任卫尉（皇城禁卫军的长官）。

萧氏兄弟遍布内外，看起来备受信任，并无什么罪名，也不可能做起兵谋反这种事。然而东昏侯此时已经不是个正常的皇帝了，杀功臣不需要什么正当罪名，谁权大功高，就必须死。今天还信任你，明天就可能翻脸杀人。萧懿还没坐稳尚书令的官位，便被东昏侯派人杀死。萧懿之死，给了萧衍更充分的理由，而中枢重臣的遇害，也刺激了其他方镇实力派武力反抗东昏侯。

永元二年十一月，荆州萧颖胄和雍州萧衍相继起兵，拥立南康王萧宝融为主，公然举兵讨伐昏主萧宝卷。萧宝融年方十二，只不过是萧颖胄和萧衍的傀儡。萧颖胄也是萧齐皇室的宗亲，不过已经非常疏远，萧颖胄祖父和齐高帝萧道成是从祖兄弟，造反已经没有任何心理负担。

荆、雍二州历来是南朝重兵驻扎的地方。刘宋、南齐一再分解、弱化荆州，但荆州的地理位置决定了其重要性，不管怎么弱化，它始终是长江中游最关键的大州，是东连吴会、西通巴蜀、南控湘广、北接北朝的核心重镇，必须有足够的兵力才能控制局面。雍州地处汉水流域，是南朝对抗北朝的前哨，连年交战，当地民风剽悍，豪强众多，军队战斗力在南朝算得上顶尖。这两个州联手起兵，东昏侯一下子慌了。

东昏侯原本对萧衍提防很深，但对荆州并不太担心。杀萧懿后，东昏侯派辅国将军刘山阳到巴西郡（今四川阆中）当太守，实则是明修栈道、暗度陈仓，他的真实意图是顺路解决雍州刺史萧衍。

刘山阳带着东昏侯的密令，要萧颖胄一同起兵攻灭萧衍。怕萧颖胄不同意，刘山阳不敢径直入荆州，在巴陵城待了十几天。当时萧衍的使者王天虎恰好也在荆州，劝萧颖胄与雍州共同起兵。

萧颖胄犹豫不定，和弟弟萧颖达、参军席阐文、谘议参军柳忱闭门密议，三人异口同声地劝萧颖胄不要再犹豫，东昏侯残暴无道，哪能再支持他，萧懿血的教训难道还不够？

萧颖胄吃了定心丸，于是杀了王天虎，假装与萧衍决裂，然后把王天虎的首级送到巴陵，哄骗刘山阳到荆州商议大计。刘山阳果然中计，率数百亲兵入荆州江陵城议事。刚进城门，萧颖胄便发兵包围，当场斩杀刘山阳，又把首级送到襄阳给萧衍，当作定盟信物。

萧衍虽然平白折了一位使者，但好歹没白死，人头换人头，便和萧颖胄落实了联盟，再进兵就没有后顾之忧了。

萧衍敢于起兵的一部分底气，来自手下一帮杰出的文武僚吏。

文臣有张弘策、郑绍叔、吕僧珍，武将有韦睿、王茂、柳惔、曹景宗、昌义之等，前三位主要为萧衍出谋划策。柳惔原是齐梁、秦两州刺史（两州合治，治所汉中郡南郑县），萧衍起兵后他将汉中献于萧衍。韦睿是上庸郡太守，此公慧眼识人，虽然常年在郡县任长官，但经历过刘宋义嘉之乱。当初邓琬奉刘子勋起兵，天下沸沸扬扬，都响应义嘉政权，韦睿却不肯从逆，大概是看出诸王幼弱，幕府官员只知谋私利，不愿意蹚浑水。陈显达、崔慧景二将起兵，韦睿一针见血地评价说："陈虽旧将，非命世才；崔颇更事，懦而不武。天下真人，殆兴于吾州矣。"陈显达没有命世之才，崔慧景懦而不武，后来果然都被他言中。在韦睿眼中，天下英雄大概只有雍州刺史萧衍。

萧衍对韦睿也是青眼有加。当义旗一举，韦睿率兵来响应时，萧衍高兴地说："我的大事成了！"英雄间的惺惺相惜，萧衍和韦睿真乃风虎云龙，一时俱会。

郢城大战

永元二年二月，萧衍顺江东下，进围郢州夏口。

萧衍做事，向来眼光独到。在出兵之前，王茂和曹景宗建议先把萧宝融接到襄阳。但萧衍认准了先军事后政治，不想把萧宝融接过来。

当时萧颖胄正在积极谋划推举萧宝融当皇帝，和建康分庭抗礼，荆州方面是先政治后军事。萧衍看得很清楚，如果真把萧宝融迎过来，不仅要供着皇帝，还得事事汇报，事事受监督，相当麻烦。而且萧宝融一直在萧颖胄那里，那是人家挟天子以令诸侯的法宝，若是强抢，两家肯定会闹得不愉快。大事未成，先搞窝里反，高明的政治家才不会干这种傻事。

打到夏口，萧衍遇到了强烈的抵抗。驻守该地的是郢州刺史张冲，此公坚持不降。萧衍也不着急，下令让诸军展开进攻。

这时又有人劝，历来上游诸州进攻建康，都是轻兵疾进，直捣建康，快速解决战斗，不在途中的城池浪费太多时间。萧衍否决了这种建议，理由是："荆、雍二州距离郢州都很近，可以快速调来重兵，打这区区一城不在话下。但若越过坚城而不攻，冒着被人截断后路的风险去攻建康，一旦遇到阻力，那将进退两难，会有全军覆没的危险。"

萧衍的说法很有道理。以往上游大州出兵打建康，基本都是江州为起始点，江州距离建康很近，具备轻兵疾进的条件。而郢州距离建康很远，途中变数很多，有很多预想不到的情况。为将帅者，必须考虑万全。

就在萧衍大军进攻郢州夏口城之际，果然产生了新的变数。朝廷派来薛元嗣带着粮草救援张冲，又令从竟陵郡卸任回京的房僧寄，到夏口附近的鲁山协助张冲防守。雍州诸将无不钦服萧衍的先见之明。

张冲把部队分为两部分，一部分在鲁山，由房僧寄率领，与夏口城形成掎角之势。张冲自率一部分驻守夏口，两城隔江相望，卡住长江江面，使萧衍大军无法越城而过。

萧衍也把部队分为两部分，王茂、曹景宗率众渡江，和荆州兵马一起围住夏口，一兵一卒也不放出来。萧衍则率兵围住鲁山，把房僧寄死死堵在江北。这样一来，两城各自陷入绝地。萧衍还怕隔断不够彻底，让部将张惠绍率水军在江面上游弋，搜杀江面上张冲的散兵，张冲卡住江面的意图也落空了。

张冲率军出城反击，被王茂、曹景宗击退，退入城中继续防守。打了一个月，张冲因忧虑操劳过多，一命呜呼。薛元嗣和张冲的儿子张孜、江夏内史程茂继续坚守城池，拒不投降。其间薛元嗣派出数千人，乘船渡江，意图打通与鲁山城的联系。张惠绍以逸待劳，将其打得全军覆没。

连交几阵后，鲁山、夏口两城守将再也不敢出战，只好继续坚守。如此相持数月，直到五月，还没有分出胜负。东昏侯派宁朔将军吴子阳、军主光子衿等十三军沿江西上，救援夏口，形势走向更加复杂。

萧衍仍然气定神闲，荆州城中的萧颖胄却有点沉不住气了，派席阐文来劳军，再次催促萧衍："要么你合兵进攻夏口，要么就围住两城，派兵东下进攻西阳、武昌，进一步攻取江州。一直这么耗下去，可有些危险。如果真打不过，不如赶紧遣使和魏国（北魏）联合，请他们出兵相救。"

萧衍毫不留情地逐条驳斥了荆州方面提出的意见："第一，你让我合兵打夏口，弃鲁山不攻。要知道，鲁山是控制汉口（汉水入长江的河口）的要地，而我雍州兵马的后方补给全靠汉水，放弃自己的后路去打敌人的坚城，这不是舍本逐末吗？第二，镇军将军（指萧颖胄）想派邓元起率三千人东下，进攻江州。如果江州刺史陈伯之有意弃暗投明，用不着三千人，一个辩士就够了；如果他不降，三千人根本不够。到时进退不得，不知道你们这么干图什么。第三，你让我越过夏口去打西阳、武昌，这两个城远不如夏口重要，就算打下来，至少要留兵两万驻守，如今战事正急，哪来的兵力去守？如果守兵少了，敌军打过来，一旦攻陷，我们的军心必然遭到沉重打击。试问，现在去打这两个小城，有什么必要？第四，起兵讨伐昏君，是我们自家的事，为什么要自取其辱让外人介入？"

434

末了，萧衍夹枪带棒地对席阐文说："大军征战之事，交给我萧衍就行了，我保证打下郢州。至于镇军将军，只需要他镇静一点，不要自乱阵脚。"萧颖胄吃了这一顿钉子，也不好再催促什么。

萧衍说到做到，一边继续围困两城，一边调兵在江上阻击前来救援的吴子阳十三军。吴子阳当时进至加湖，距离夏口城三十里时不敢再进，于是沿江夹岸筑起营垒，与萧衍对峙。萧衍趁夜晚水涨，调众军突然杀出，打得吴子阳猝不及防，歼灭其大部。吴子阳抱头鼠窜，所部士兵大都落于江中，被杀及溺亡者万余人。

王茂将俘虏的士兵带到夏口、鲁山二城下，宣示武功，城中守军又是沮丧又是惊恐。当时鲁山城守将房僧寄也在病困交加中死去，城中推孙乐祖为主。两城主将相继去世，对守军士气又是重大打击。

相持到七月，夏口城已经被围两百多天，粮食吃尽，疾病流行，饿死和病死的人满地都是。城内原有十余万人，死了七八成，许多死尸来不及收葬，竟然塞在床下。城中力尽，终于向萧衍投降。夏口大战至此，以萧衍全胜告终。

入建康杀东昏

这场大战，虽然没有十分激烈的场面，但也反映出许多深层次问题。其一，萧衍是个狠角色，看问题极准，战略制定得非常精准；其二，雍州军队的战斗力十分强悍，水、步两军俱佳，能够精准实现统帅意图，很少甚至没出什么纰漏；其三，萧衍早有反心，大兵一起，自立的意图更加明显。

东昏侯原来命江州刺史陈伯之率兵救援夏口，但陈伯之慑于萧衍的威望没敢去，只派了一部分军队前去助战。萧衍战前就预料陈伯之要么传檄而定、望风归附，要么抵抗，前一种可能性较大。

打完夏口，萧衍立即从战俘中找出一个叫苏隆之的，此人是陈伯之的部将，萧衍派他去江州劝降。陈伯之没有战胜萧衍的信心，决定投降，但还想观望一下形势，请萧衍暂时不要进兵。萧衍得势不让人，一边给诸将做动员，让他们必须树立迅速进兵的信心，一边迅速部署大军出发，进抵江州境内。

至于之前和萧颖胄讨论过的西阳、武昌等郡，果然如萧衍所说，大军一出发，不费吹灰之力便收降了。

萧衍遣邓元起、杨公则先行杀到江州境内，陈伯之本就吓破了胆，此时大军一来更是被吓得魂飞魄散，连忠臣的样子也不做一做，自称有罪，到萧衍大营中投了降。

自刘宋以来，上下游之间爆发战争，除了宋武帝刘裕时代的刘毅灭桓玄，很少见如此干脆利落的行动，萧衍的雄才大略可见一斑。

江州易手的消息传入建康，东昏侯仍然不以为意，经常出去巡游打猎。他任命李居士为江州刺史，冠军将军王珍国为雍州刺史，建安王宝寅为荆州刺史，辅国将军申胄代理郢州刺史，龙骧将军扶风马仙琕代理豫州刺史，骁骑将军徐元称暂摄徐州军事，希望将军们出去给他抵挡叛军。

萧衍打下江州后，留心腹张绍叔据守江州，把守后路，往前运送粮草。而后迅速进至芜湖，前锋已至建康外围。东昏侯临阵磨枪，任命一堆资历年轻的将军当刺史，并没收到什么效果，萧衍大军一来，申胄便放弃姑孰城，逃回建康。

萧衍大军进至建康城外，大军连日作战，军装、兵器都显得很破败，东昏侯的军队见叛军不过如此，出来迎击，结果被王茂、曹景宗、吕僧珍等一帮虎狼之将杀败。守军被迫焚毁城外民居，收兵入台城中固守。

东昏侯此时仍怙恶不悛，既不舍得发散府库赏给士兵，也不暂停寻欢作乐，就连他的亲信茹法珍都看不下去了，劝他开库散金，东昏侯却说："叛军难道只为了打我吗?为何都来找我要钱物!"众人无语。

城中军马屡战不能退敌，形势越来越坏，朝中官员都偷偷遣人出城，向萧衍表示愿意归降。围城至十一月，城中大将王珍国、张稷发动兵变，杀进内宫，东昏侯当时刚刚吹完笙歌《女儿子》，躺下还没睡着，听见动静不对，急忙从北窗跳出，结果先被宦官黄泰平赶上，一刀砍伤膝盖，然后直阁将军张齐赶上，一刀杀了东昏侯。

张稷派人把东昏侯首级送入萧衍营中，萧衍便率军进入台城，假称宣德太后之令，追废萧宝卷为东昏侯。齐明帝所余五子宝源、宝夤、宝攸、宝嵩、宝贞，在建康城破后，除了萧宝夤逃奔北魏，都被萧衍诬以谋反之名杀死，报了兄长萧懿的血仇。

大概萧衍真是天命所归，在攻打建康时，萧颖胄病死了。

萧衍起兵后最大的心病，其实就是荆州萧颖胄。此人率先举起义旗，从道义、法统上说，都比萧衍名望更高，而且萧宝融一直控制在他手中。打完建康后，如果继续尊奉荆州萧宝融为帝，那势必要受制于萧颖胄。从长远来看，荆、雍两州难免还有一战。

萧颖胄死后，在政治上再也没有能与萧衍匹敌的人物了。

天监元年四月，萧衍安定了荆州、建康的政治局面，逼迫小皇帝萧宝融禅位，建立梁朝，是为梁武帝，南朝从此进入一个较为稳定的时代。

第十五章

陈庆之北伐

　　陈庆之北伐是南北朝最富戏剧性的一次战争，此战由梁朝发起，意在趁北魏六镇之乱，攻取河南土地。梁武帝萧衍决心甚大，却只派出陈庆之一支军队北进，用兵规模也远不如以往历次与北魏交战，仅派出七千人。但就是这七千人，一路杀进北魏，如入无人之境，大小战争从未失利。而这场震人心魄的战争，却虎头蛇尾，一夜之间以失败告终。过程之跌宕起伏，实在令人惊讶。

元颢南奔

　　北魏宣武帝死后，由于北魏国力急剧衰退，胡太后乱政，国内矛盾加剧，与梁朝不再有大的战事。六镇起义大规模爆发后，北魏军队主要精力常年投入在镇压起义上，这给梁朝带来可乘之机。

　　梁朝立国数十年间，一直与北魏激战于淮河南北，趁此机会发动对淮河重镇寿阳的反攻，终于在大通元年（527年），即裴叔业献寿阳于北魏二十七年后，将这座事关淮河防线安危的重镇夺了回来。但也许是一直没找到合适的进攻方向，此后梁朝没有再发动更大规模的北伐战争，毕竟与北魏作战，一旦全面开打，就是举国性的大战，梁武帝考虑事情历来比较全面，不想贸然行事。

　　一个偶然因素——北魏北海王元颢南奔梁朝，诱使梁朝北伐。元颢何许人也，竟然能勾起梁武帝北伐意图？这件事不单单是军事上出现可乘之机，还在于元颢的特殊身份。

　　元颢是北魏献文帝之孙、北海王元祥之子，孝文帝元宏的侄子。武泰元年，尔朱荣废杀灵太后胡氏及其所立的小皇帝，改立元子攸为帝，是为北魏孝庄帝。此事让元颢极为愤慨。他既对孝庄帝继承皇位感到不平，又痛恨尔朱荣大杀朝士、宗室并进一步专制朝权。当时元颢正率军镇压葛荣和关西宿勤明达等乱军，孝庄帝即位后，他自感政治上没有出路，便想在邺城联手舅父范遵拥兵割据，不料被相州的地方官发觉，元颢立不住脚，索性南逃梁朝。

元颢南逃进一步刺激了梁武帝北伐的野心。之前北魏也有不少宗室诸王南逃。咸阳王元禧谋反被诛后，他的几个儿子元翼、元昌、元晔、元树，均逃奔梁朝。后东平王元略，元法僧及其子元景隆，元叉的儿子元稚、元善等人也先后南逃。这些人论分量略逊于元颢，在北魏军界、政界的影响力也不够大，特别是元法僧称帝一事，让北魏人充分看到这个远枝宗室的无知与浅薄。梁武帝纵然想借用北魏宗室的招牌，也不能用这些政治上的废物。

元颢则是相对合适的旗号性人物，他本人意志相对坚定，见到梁武帝后，强烈请求率兵打回北魏，消灭尔朱荣。梁武帝被元颢的慷慨陈词打动，当即决定立元颢为魏王，派兵护送元颢回国。具体的任务，就落到了陈庆之头上。

陈庆之，字子云，义兴人，在这次北伐前只是个籍籍无名的小人物，与曹景宗、昌义之、韦睿等名将完全无法相比，但他后来的名声，却远超曹景宗、韦睿等人。不得不说个人命运以及历史真相，往往与人们的认知有巨大差距。

陈庆之原本只是梁武帝帐下一个低级官吏，经常在身边侍从。梁武帝非常喜欢下围棋，有时一下起来就不分昼夜。身边官员都熬不住，唯有陈庆之精力非凡，有召必来，梁武帝对他十分欣赏。

梁武帝起兵灭东昏侯，年轻的陈庆之随军征战，没有立下什么战功。直到普通六年，元法僧从彭城南下投降梁朝，梁武帝派豫章王萧综率军前去接收彭城，陈庆之率两千人护送。正是在这一场战斗中，陈庆之崭露头角。

萧综一直认为自己不是梁武帝的儿子，是东昏侯的遗腹子，素来对梁武帝怀有敌意，因此一到彭城便向北魏投降。这个意外情况完全不在梁军的预想之中，没了主帅，梁军不知道该怎么办，军队四散逃跑。唯有从没当过领军将

440

军的陈庆之临危不乱，尽力约束所部兵马，安全撤回境内。

大通元年，梁军进攻涡阳，梁武帝认为陈庆之在军事上可堪重用，又派他随大将曹仲宗率军出战。北魏派常山王元昭率十五万人救援涡阳城，在城下筑起十三座营垒。梁军百般进攻无效，相持将近一年，师老兵疲，诸将都想撤退。陈庆之坚持不可撤退，率众发动夜袭。当时魏军打了一年，战斗力也已经大打折扣，防备并不严密。陈庆之夜袭完全出乎魏军意料，梁军居然接连攻陷四座营垒。陈庆之让士兵们把砍下的魏兵首级摆在敌营前，魏军见之大骇，没想到梁军居然还有这么强悍的战斗力，纷纷拔营而走。陈庆之乘胜追击，大败魏军，败兵落入涡水中，一时间河水都被堵住不流动了。涡阳城就此被梁军收复。

梁武帝非常高兴，陈庆之既不是将门世家，又不是多年宿将，打仗却丝毫不逊于当今猛将。或许正是涡阳之战的出色表现，让梁武帝把北伐的重任，交给了陈庆之。

陈庆之入洛

大通二年十月，梁武帝任命陈庆之为假节、飙勇将军，护送刚刚被册封为魏王的元颢北返洛阳。陈庆之麾下有七千人马，大多是步兵，由于多穿白袍，时人称之为白袍军。

梁武帝发起的这次军事行动很奇怪。

第一，册封元颢为魏王，却没有征辟魏王国的幕府，尤其是长史、司马等关键属员都没有配备。这样一来，元颢接下来的行动完全没有人能加以约束。

第二，护送的队伍中全是军人，没有梁朝的文臣。陈庆之能力再强，也只是一介武夫，完全不懂政略。如果北伐成功，需要在北魏境内某座大城开牙建府，梁朝将面临无人可用的尴尬。

第三，按惯例，率军出征的大将，一般要授予都督北伐诸军事、带某某州刺史（一般来说是作战区域内的若干个州）等职务，方便他调动作战区内各郡县的人力物力，或者以高官的名义招抚敌境。而陈庆之的军号、官位都非常低，飙勇将军只是个普通的领兵将军的位号，不足以开府置吏，无法行使扩军、占州领府的权力。陈庆之出境时带了七千人，后来一直是这个规模，兵力没办法扩充。

以上这些奇怪的部署，并没有人提出异议。似乎梁武帝只想派少量军队礼送元颢出境，并不想有什么大作为。陈庆之没有从政的经历，也看不出有什么不妥。至于元颢，包藏祸心，只想利用梁朝的力量回国夺权，他固然看出了这支队伍的不妥之处，却绝口不提。

陈庆之迅速出兵攻至北魏边境的铚县（今安徽宿县，铚音 zhì），没费什么力气便拿下此城，然后一直屯于该城，观望形势。

当时魏军主力正在山东镇压青州的邢杲（gǎo）和兖州的羊侃，邢杲听说陈庆之攻入魏境，有意与其保持联系，共同对付魏将元天穆，但陈庆之一直按兵不动。羊侃在兖州抵挡不住魏军进攻，率残兵逃入梁朝。只剩邢杲还在苦苦支撑。

元天穆就先打邢杲还是先打元颢一事向北魏朝廷请示。朝廷合议，认为元颢只不过个搅局者，兵力又少，战斗力也不见得多强，应先集中力量灭了邢杲，再回来解决元颢。元天穆于是倾其主力东进，与邢杲在济南一带展开决战。

大通三年，元颢、陈庆之在铚县休整了五个多月，在四月乘虚而出，迅速打到荥城（今河南宁陵县），攻而克之。随后进至北魏梁国的首府睢阳城（今河南商丘市睢阳区），与魏将丘大千遭遇。

据《梁书·陈庆之》记载，丘大千所部有七万人，兵力是陈庆之的十倍。但令人生疑的是，丘大千在拥有绝对兵力优势的情况下，居然不敢主动出城迎战，而是缩手缩脚地筑了九座小城，摆开一字长蛇阵，被动地防守。

丘大千在边境曾与陈庆之打过仗，虽然败在陈庆之手里，但坐拥强兵，换了谁也不会采取龟缩策略。

更令人惊讶的是，陈庆之居然以劣势兵力，对九座军城发起逐次攻击。这种打法极其消耗兵力，一般都是处于优势的一方才敢采取的打法。陈庆之从早上开打，打到下午申时，攻陷三座敌城。丘大千抵挡不住，向陈庆之投降。

梁军的英勇我们承认，但七万人这么不禁打，而且完全缩在城内被动挨打，这实在有违军事常理。怎么解释呢？

第一种可能，丘大千真正的军队只有几千人，其余全是临时征发准备派往山东前线的民夫，凑巧被陈庆之堵在睢阳。丘大千只好用其所长避其所短，筑城打防守反击。

第二种可能，丘大千根本就没有七万人，梁朝的史官记录这些事件添油加醋，把睢阳城的百姓也算作军队，移花接木写成七万。后来姚察父子作《梁书》，也没有分辨真假，照章全录。

为什么我们要分析这些可能呢？因为后续还有一系列类似的问题，令人无法索解。先抛出这样的假设，方便我们以相对清醒的眼光审视后来的历次战斗。

不管如何，打下睢阳城，这已经是自刘宋元嘉北伐以来最了不起的成绩了，南朝军队出现在阔别百年的黄河流域，足以令包括七千白袍军在内的梁朝人大为振奋。

元颢便在睢阳宣布即位为帝，不承认孝庄帝政权，改元孝基。元颢当了皇帝，立即晋封陈庆之为卫将军、徐州刺史、武都郡公。

元颢的这一任命令陈庆之十分尴尬。本来梁武帝封元颢为魏王，只是将他当作梁朝的藩王，并没有立其为魏国皇帝。但大敌当前，陈庆之没有深究元颢到底安的什么心，只专心指挥作战。

北魏济阴王元晖业率两万京师羽林兵前来增援丘大千，到达时丘大千已经投降，元晖业进不敢进，退不敢退，便在考城（今河南民权）驻扎下来。考城四面环水，守备条件比较好。陈庆之下令在水面上设置营垒——大概是在船上布置简要的攻防设施，四面围攻考城，攻陷该城，元晖业被生擒。

北魏朝廷闻知陈庆之连战连胜，考城失陷，这才紧张起来，遣东南道大都督杨昱率七万人镇守荥阳，尔朱世隆镇守虎牢关，阻挡陈庆之。这七万人大概是洛阳能派出的最后的兵力，其中不少是北魏宗室子弟和羽林仪仗兵。

陈庆之率众进攻荥阳，一时未能攻下。此时元天穆已经消灭邢杲，斩首送于洛阳。元天穆按朝廷事先的命令，掉头进入考城一带，包抄陈庆之后路。梁军士兵大惧，陈庆之在城下进行最后的动员，激励众军死战，在元天穆大军到来前，必须拿下城池，占据有利的防守形势。

士兵们都知道后果，于是誓死登城，将军带头，士兵蚁附，不顾性命地发起猛攻，终于攻克荥阳城，生擒杨昱。梁军在这一场战斗中死伤惨重，单是第一次攻城就伤亡五百余人。诸将切齿痛恨杨昱，到元颢帐下请求杀杨昱泄愤。

元颢正要树立正义旗号，杀杨昱容易与北魏诸将大臣结仇，不杀又无法压服众将，于是下令："只要不杀杨昱，其他随便你们干什么。"诸将便把杨昱部下三十七个将官抓起来，剖腹剜心，烹而食之，以发泄心中的怨气。

元天穆率数十万大军——据陈庆之说有三十余万，来到荥阳城下。陈庆之没有被动防守，而是精选三千骑兵，在城下力战，击溃元天穆。随后进兵虎牢关，尔朱世隆不敢抵挡，弃城而逃。陈庆之缴获大量军粮和物资，白袍军军备得到极大补充。

荥阳一战，白袍军名震天下，洛阳城中遍传童谣："名师大将莫自牢，千兵万马避白袍。"孝庄帝害怕诸军抵挡不住陈庆之，想出逃到关中。中书舍人高道穆力劝不可，说陈庆之只有数千人马，待尔朱荣、元天穆大军皆至，一定能击败陈庆之。若是实在害怕，不如渡河暂避。孝庄帝于是北渡黄河，逃到河内郡。高道穆写了数十道诏书，令四方兵马到河内来勤王护驾。

孝庄帝一走，洛阳城中诸王、百官来不及跑的，怕遭毒手，慌忙出城迎接元颢、陈庆之，用皇帝的仪仗、法驾把元颢迎入城中。元颢志得意满，入主洛阳，再次改元建武，宣布大赦天下。北伐功臣陈庆之加授侍中、车骑将军，增加封邑一万户。

元天穆趁陈庆之入洛，率军进攻大梁、荥阳等地。陈庆之随即率军回救大梁，确保南方后路畅通。元天穆不敢与陈庆之交战，闻风而逃，渡过黄河找孝庄帝去了。元天穆的大将费穆正在进攻虎牢关，想撤已经来不及，干脆就地投降。

陈庆之自北伐以来，从铚县打到洛阳，攻克城池三十二座，大小战役四十七场，攻无不克，战无不胜，创造了空前辉煌的战绩。

虎头蛇尾的北伐

走上顶峰，往往意味着下坡路的开始。

元颢进入洛阳后，终于过了把皇帝的瘾，占了孝庄帝的后宫，日日花天酒地，不再管理政事。元颢的心腹元延明、元彧等人秘密建议，不如趁大胜之际与梁朝断绝关系，自立为大魏天子。元颢也有此心，但碍着陈庆之的这支军马太厉害，暂时还不敢撕破脸。

陈庆之听闻消息，心急如焚，但不知道该怎么做，向元颢建议说："如今兵力太少，一旦尔朱荣等人回过神来，集结重兵来战，我们凶多吉少，不如速速上表，请建康再发大兵前来，先占住河南诸州。"

元颢怕梁军来得多了，自己将永无脱离梁朝的机会，便抢先向梁武帝上表，称河南诸州新近归附，不宜再派大军前来，以免河南百姓产生恐慌心理。梁武帝本来也没打算多派兵马，于是顺坡下驴，诏令诸军不再北进。

元颢稳住陈庆之，在洛阳大肆招募鲜卑人入伍，拼凑起十倍于白袍军的军队。陈庆之的部将马佛念密劝陈庆之杀了元颢，独自占领洛阳。陈庆之不敢，但他又不敢长居洛阳，便找元颢商量，想落实徐州刺史的任命，到该地去镇守。洛阳北面还有劲敌，元颢怕他一去不复返，不肯放他走，于是拒绝了陈庆之。

梁武帝不派心腹大臣约束元颢的坏处，此时全都暴露出来。陈庆之完全被元颢左右，无法独立自主地决定军队行动，完全成了元颢争权夺利的工具。

军事上也陷入绝地，只能在孤城洛阳坐等尔朱荣集结兵力，无法改变被动局面。陈庆之自身并无多深远的政治见识，彷徨无计，不知道该怎么办。

尔朱荣收拢各部兵力，拥孝庄帝南返黄河，准备从河阳渡河进攻洛阳。军事危机面前，还得陈庆之来承担。元颢率一部分兵镇守黄河河桥南端，陈庆之率军渡过黄河，镇守河北面的北中城。

此时尔朱荣的军中，后来北周、北齐的大部分军事领袖都集中在此，如高欢、宇文泰、贺拔岳、贺拔胜、于谨、赵贵、独孤信、李虎、李弼、侯莫陈崇、宇文贵、王雄、达奚武、侯莫陈顺等。这些人常年征战，既有实战经验，战斗作风又十分凶悍，日后东、西魏之间爆发的战争，无论是烈度与强度，还是军事谋略与指挥艺术，都远超同时期的南朝。想想也知道，与这样一伙强横狠暴的军队作战，陈庆之面临的压力有多大。

饶是如此，陈庆之的白袍军依然爆发出惊人的战斗力，双方城外作战，三天之内交了十一阵，尔朱荣所向无敌的契胡骑兵，在付出惨重伤亡的代价后，居然无法击败陈庆之。

元颢又派元延明沿河防守，尽收河上船只，使尔朱荣大军无法渡河。尔朱荣的内应准备在黄河中的沙洲上破坏河桥，也被元颢发觉，内应都被逮捕杀死。

尔朱荣打了退堂鼓。有人推测尔朱荣这是不想管元颢与孝庄帝之间的对立，让他们狗咬狗，自己先去稳定河东、河北以及新占领的山东。然而当时大乱的北魏，全国注意力都在政治中心洛阳，各地大大小小的实力派都在等待两个皇帝决出胜负，自己好跟着表态、站队。

元颢在洛阳的时间越长，他的宗室正统身份就树得越牢，掌握的力量也就越多。尔朱荣并非愚蠢之人，军事上暂时受挫并不会让他就此罢休，之所以表露出退兵的想法，一来想再观察一下陈庆之的作战习惯，二来想继续摆布孝庄帝，让他彻底臣服于自己。孝庄帝的亲信高道穆、杨侃等人慌忙劝说尔朱荣，还请来一个神棍刘灵助，要他借巫卜之言挽留尔朱荣，说什么十天之内元颢必败。尔朱荣这才半推半就地决定继续进攻。

果然，没过几天，尔朱荣便决定全军摆开，沿黄河岸边到处寻找民间船筏。河东人杨标不愿意归附元颢，私藏了几艘船，自告奋勇给尔朱荣当向导。尔朱荣便令贺拔胜跟着杨标，在马渚之西的硖石渡选定渡河点，临时制造了一些简易的渡河筏子，大军趁夜偷渡。

沿河守卫的元延明突然发现尔朱荣已经渡河，吓得当即溃逃。元颢的儿子元冠受被擒，临时拼凑起来的十万大军顿时作鸟兽散。元颢也不管还在河北岸的陈庆之，自率数百亲信骑兵逃跑，后来逃到临颍，被当地人杀死。

陈庆之恼恨元颢如此不顾大局，他临危不乱，收集士兵数千人——大部分还是他的白袍军，结阵东还。然而这次幸运女神不再庇佑陈庆之了，白袍军回军途中，路上遭遇山洪，大军被冲散。尔朱荣亲自率骑兵来追击，要生擒陈庆之，看看这个南朝传奇将军到底长什么样。

部队全部溃散，回天乏术，陈庆之只好从小路逃跑。为防止有人认出，他把头发胡须全剃了，伪装成僧人，一路逃回本国。梁武帝了解了事情的原委，倒也没有怪罪陈庆之，还升任他为右卫将军。

陈庆之北伐至此全部结束。由于梁武帝战略上的不重视，这场规模不算小的北伐打得虎头蛇尾，前功尽弃，梁朝丧失了一次绝佳的拓展疆土的机会。陈庆之和七千白袍军，在梁武帝本就有限的战略蓝图中，打出超出既设目标的战绩，绽放出南朝将领少见的光芒，可谓虽败犹荣。

第十六章

侯景乱梁与梁朝之亡

448

太清三年五月，建康台城的皇宫中，端坐着一位老人。他不顾难耐的暑热，正了正已经有些散乱的衣冠，宣令让孙子萧确觐见。但宫门外那位急得乱了方寸的皇孙，已经顾不上太多虚礼，急急推门而入，带着哭腔报告——侯景已经打进台城了。

老人就是时年八十五岁的梁武帝萧衍，面对这个似乎是梦一样的噩耗，他沉默了许久，问了一句："还能一战吗？"萧确说："人心溃散，无法可想。"

梁武帝心中的最后一丝希望轰然而破，绝望地说："自我得之，自我失之，亦复何恨。"没多久，这位史上年龄第二大的皇帝，带着无尽的悔恨饿死在皇宫中。

引狼入室

台城被攻破的两年前，梁武帝丝毫不会想到，侯景这头丧家之犬，会威胁到自己的江山。

太清元年年底，侯景被东魏击溃，仅剩八百残兵逃入梁朝的淮南。梁武帝开了一张"空头支票"——封侯景为河南王。所谓的河南王，手下无职无权，庞大的梁帝国，并没有他的安身之处。

也许是侯景命不该绝，正在他无路可去之时，梁朝马头戍守将刘神茂跑来勾搭侯景，称豫州寿阳新换了刺史，新刺史萧范未到，老刺史韦黯松懈，可以乘机夺之。

侯景大为心动，遂引残兵八百杀到寿阳。韦黯果然如刘神茂所说，卸任之际无心防守，侯景派人入城劝说，以梁武帝招其入建康为由，请求暂居此城。韦黯事不关己，便开城门放侯景进来。结果侯景一入城便逮捕韦黯，把寿阳城据为己有。

梁朝大难，自此而始。

刘神茂是梁将，与侯景从未谋面，为何甘当带路党呢？原来刘神茂与韦黯素来不和，想借侯景之刀陷害韦黯。谁知借人之刀反被借，若不是这个天赐良机，侯景想迅速在南朝立足并掀起滔天巨浪，根本没有机会。

寿阳兵变的消息传到建康后，并没有引起梁武帝的高度警惕，相反，出于招降纳叛、反攻东魏的考虑，他还承认既有事实，正式任命侯景为豫州刺史。梁武帝真是年老昏庸，忘了当年梁军投入无数兵马、花了二十年才把寿阳从北魏手中夺回，如今轻易地就交给敌国降将，真是令人无语。

若是就此安置下侯景，以梁朝在淮河南北尚不算弱的兵力，控制住侯景问题并不大。后续以较为稳妥的办法，消化和吸纳侯景，使之成为对抗东魏的一把利刃，这个预期也不是不能实现。然而坏就坏在，梁武帝对侯景太过轻视，在随意授之以大城重镇的同时，居然轻率地与东魏议和，并瞒着侯景进行政治交换，只要两国休兵罢战，东魏就放回梁朝战俘萧渊明。

这件事发生在太清二年年初，也就是侯景刚在寿阳城立足的几个月后。这对侯景来说无异于灭顶之灾。两国议和，侯景乃是东魏叛将，会不会像萧渊明一样，被遣返回本国？以高澄的手段，恐怕侯景刚踏入东魏境内，就会被乱刃分尸。

侯景吃不准梁武帝到底手里握着什么牌，截住邺城来的东魏使者，伪造了一封国书，以高澄的名义问梁武帝，如果议和，愿不愿遣返侯景。梁武帝不辨真假，当即同意。

梁大司农傅岐劝阻，认为侯景来投降，既然接受了就不能再把人踢回去，这样很不讲信用。况且侯景百战之余，也不会轻易受人摆布。梁武帝不听，执意议和换俘。

消息传出，举国震惊。朝野群臣和前线将领，都不断上书梁武帝，发出侯景将反的警示。侯景本人也挑衅似的连连向梁武帝求娶王、谢高门的女人，要江南一处大州安身。梁武帝全部予以回绝，轻蔑地对群臣说："侯景若反，我折一根树枝便能打发了他。"

事情到了这个地步，侯景即使不想反，也不得不反了。他假托加强豫州武备之命，频繁向武帝索要物资。武帝为了显示朝廷的诚心，还一直不停地给侯景发送青布、兵器等各类物资。大战在即，双方还在假惺惺地你来我往，实乃一大奇观。只不过一方心怀不轨，另一方则愚人愚己，胜负之数，此时已有其征。

青丝白马寿阳来

太清二年八月，侯景公然造反，在寿阳大会诸将，以"诛奸臣朱异、少府卿徐骥、太子左率陆验、制局监周石珍"为名，宣誓起兵。

不得不说，侯景绝不是纯粹的武将，具备相当的政治眼界。这几个奸臣，都是梁武帝暮年时提拔的佞幸之徒。这些人都是江东本地人士，与王、谢、袁、萧这些传统贵族不同，没有足够的政治根基，只靠讨好皇帝获取政治进步，一言一行没有任何作用，引起朝野的极大厌恶。但偏偏梁武帝信任他们，谁也拿他们没办法。侯景打出清君侧的旗号，巧妙击中政治痛点，一定程度上减少了起兵的阻力。

侯景原本只有八百残兵，起兵之前，侯景在寿阳扩军，短短半年，所部士兵暴增至八千。除寿阳城原有的数千驻军，其余基本从平民中征发。

侯景遣其大将宋子仙攻取木栅戍（在今安徽怀远县荆山之西），自率主力攻下马头戍。这两处都是寿阳西北面的要点，占领便能牢牢锁住淮河的渡口。

可见侯景起兵之初，尚未形成一个清晰的战略计划，不过是想巩固以寿阳为中心的诸郡，暂时求得安稳。至于率兵入京杀奸臣、清君侧，只不过是一个狂妄的口号。

梁武帝接到消息，仍没有给予足够的重视，很随意地部署了一个四路围剿计划，认为梁朝的精锐兵马用不了多长时间便能消灭侯景这个不识时务的"跛子"。

四路兵马都在寿阳周围，分别是：合州（今安徽合肥）刺史萧范，任南道都督，统该州之兵向北进攻；北徐州刺史萧正表为北道都督，统该州之兵攻寿阳；司州刺史柳仲礼为西道都督，统该州之兵向东进攻；通直散骑常侍、雄信将军裴之高为东道都督，率京师部分兵力向北进攻。

梁武帝第六子邵陵王萧纶，作为四路兵马的总帅，都督诸军会剿侯景。

武帝还放出话来，有能斩侯景的，不问南人北人，封两千户，并兼一州刺史；如是北人不愿在南方做官的，也多赠两万匹绢布。

四路兵马杀向寿阳，将形成战略大包围。寿阳周围的战略空间有限，如果被限制在这里打成消耗战，侯景将会被活活耗死。侯景与其智囊王伟商议决定，跳出寿阳一带，渡江直取建康。

从寿阳攻建康，常规来看，应先南下夺取合肥重镇，然后东下攻历阳，渡江直指建康。从武帝部署四州之军的情况来看，梁朝君臣的思路也是如此：司州之军逼侯景后路；淮上羊鸦仁与钟离之军压迫北路空间；京畿之军自历阳渡江，与合肥之军正面迎击，正是为了将渡江的路堵死，将侯景围捕于淮河之南。

但侯景偏偏不按常理出牌。太清二年九月，侯景留下一部分兵力守寿阳，扬声进攻合肥，萧范、裴之高两部迅速集结靠拢，准备迎击侯景于合肥坚城之下。如此一来，历阳左右兵力顿时空虚，侯景迅速抓住战机，改道向东直扑南谯州（今安徽滁州），以迅雷不及掩耳之势攻下南谯州城，生俘驻防将军董绍先和刺史丰城侯萧泰。之后，侯景马不停蹄地急攻历阳。历阳是建康江东岸的门户，隔江与采石矶相望，陆路仅六十余里。一旦拿下历阳，京师便危在旦夕。

防历阳，重在防渡江。只要控制住渡口，侯景插翅也难飞渡。建康方面派出轻车将军王质率三千水师沿采石矶段江面巡视，搜集船只，全部扣押在东岸，让侯景无船可用。

都官尚书羊侃（在北魏兖州起兵作乱后，被北魏击败，只身逃入梁朝）只率一千骑兵出台城，屯于望国门外。羊侃在北朝久经战阵，对时局甚是担忧，没有信心阻挡侯景。

历阳郡守庄铁见侯景来攻，派其弟趁黑夜偷袭侯景营寨，不料侯景有备而来，劫营之军被杀得全军覆没。侯景抓住庄铁之母不愿儿子死于战争的心理，通过其母劝降庄铁，历阳重镇落入侯景手中。

庄铁劝侯景急速渡江，否则朝廷一旦反应过来，以兵扼守，那么纵有百万大军也过不了江。侯景听从庄铁之策，立即派人侦察采石江面的消息。不久，斥候带来一个令人不敢相信的好消息：采石矶空无一人！事情居然顺利到这个程度，侯景瞬间感觉人品爆棚。出于谨慎，侯景再派斥候前去侦察，约定如果对岸无兵，把江东岸的树枝折来一枝作为验证，斥候果然带来树枝。

原来王质巡江时，临川太守陈昕上书说王质的水军过于轻弱，恐怕不能胜任江防之任。梁武帝便命他为云旗将军，率本部兵换防。不料王质不顾江防大事，没等陈昕到位，自己先溜之大吉，天险采石矶顿时成了空门！

在这千钧一发之际，被梁武帝任命为平北将军的临贺王萧正德，派出十艘大船从采石过江，对外宣称载的是荻草，实际上是接应侯景大军。

萧正德为什么要当内奸呢？原来早年梁武帝无子，过继弟弟萧宏的儿子萧正德，以其作为嗣子。但有了自己的儿子后，又把萧正德还了回去。萧正德失去储位，对梁武帝心怀怨恨，这才和侯景暗中勾结。可悲的是，梁武帝和朝野君臣，居然一直被蒙在鼓里。

侯景大军乘坐萧正德的船一举过江，分兵攻下淮南郡姑孰县，然后继续向建康杀去。

太清二年十月辛亥，侯景起兵后两个月，一举杀到建康台城。梁朝举国大震。侯景军至城郊，杀到城南宣阳门外的浮桥朱雀航（用大船搭建的浮桥），守卫浮桥的是建康令庾信。庾信当时正在吃甘蔗，手中甘蔗被对岸叛军的流矢一箭射落，他抬头一看，见叛军个个戴兽面，狰狞可怖，吓得屁滚尿流，三千守军作鸟兽散。

萧正德于是开宣阳门而出，迎接侯景入城。萧正德与侯景"神交"已久，初次见面，于马上作揖。入城后，萧正德北望台城皇宫方向，下拜流涕，假惺惺地做出一副谢罪的模样。不久侯景奉萧正德为梁帝，年号正平。

接着，侯景扫清台城外围的梁军，指挥部队全力进攻台城。叛军皆着青衣、戴铁面、举黑旗，人强马壮，擂鼓呼哨，声音震天，人数虽然不多，却给城内守军以极大心理震撼。侯景叛乱之前，民间谣传"青丝白马寿阳来"，如今果然应验。

鏖战台城

建康城内的兵力都由羊侃负责。羊侃先是按区划分防卫地段，由各个宗室王公分片负责。羊侃杀了几个擅入武库的军士，又告知邵陵王萧纶的援军已杀至建康附近，城内人心逐渐安定下来。

侯景骑马绕城观察了一圈，发现羊侃守御得法，无隙可乘，便命诸军分四面攻城。叛军纵火烧台城大司马门、东华门和西华门，羊侃命人在城门上凿孔放水，浇灭大火，又令士兵从城上射箭，杀叛军数人。梁武帝太子萧纲亲自坐着银鞍马带着黄金五千两、白银一万两赏赐羊侃，羊侃拒而不受，而以私财赏赐他的部曲，激励他们努力杀敌。

叛军又趁夜以长柄大斧劈砍东掖门，守军在城门上凿开洞，斩杀数名叛军。此计不成，侯景令叛军登上台城外的东宫宫墙向城内射箭，萧纲命人乘夜出城烧毁东宫楼阁。侯景一怒之下又纵火烧毁士林馆、太府寺和乘黄厩，可怜繁华的建康城，被烧成一片灰烬。

叛军又造出木驴攻城，城上扔下石头全部砸碎。叛军改制尖顶木驴，这种木驴大概顶部凸起，受力面有限，故而石头砸不碎。羊侃针对尖顶木驴制造雉尾炬，此炬尾上有羽灌油点燃，头部类似箭镞，投下时能扎到木驴上，进而将其焚毁。

叛军还制造出十几丈高的登城楼车，企图登高临射。羊侃看出这种车头重脚轻，一动必倒，便让军士坐而观之，结果正如羊侃所说，楼车一动便倾倒，全然发挥不出作用。

侯景百计进攻而不能得逞，士兵伤亡惨重，便暂停攻城，在台城外筑起长墙，围住城池，作持久之战。

羊侃的儿子羊鷟（zhuó）先前被侯景俘虏，侯景把他押到城下要挟羊侃。羊侃当场表态："我全族人为国而死都不怕，哪会因为我的一个儿子而耽误大事。"过了几天，侯景又把羊鷟押来，羊侃对儿子说："我以为你已经被叛军杀了，原来你还在。我的身家性命已经给了国家，不能再怜惜你的死活。"为了表示决绝，他亲自张弓射子。叛军敬佩羊侃的气节，最终没有杀羊鷟。

侯景攻台城不克，便分兵两千进攻仍然据守的东府城。连攻三天，硬是攻不下来。关键时刻，又有带路党给叛军帮忙。萧纲长子宣城郡王萧大器的部下许伯众负责东北方向城楼的防守，重压之下倒戈投降，招引叛军上城。侯景大军一拥而入，逼令城中文武裸身而出，仅同将军卢晖略率兵持长刀守住城门，城内人出来一个杀一个，死者达三千人。侯景到台城下耀武扬威地说："不投降的下场就是死。"建康城中人心大恐。

侯景让人散布梁武帝已经病死的谣言，城内外闻之莫不耸动。梁武帝宝刀不老，知道其中的利害，亲自登上大司马门检阅众军。军民见皇帝尚在，无不欢呼万岁。

侯景打了两个月，然而台城依然固若金汤。为了激发斗志，侯景祭出最原始同时也是最残忍的办法，纵容军队烧杀抢掠。侯景又将军中从北方逃来的奴隶通通升为平民，补入军队作战，部队很快扩充数万人。

侯景堆起土山攻城。羊侃在城中同样也堆起土山，又让人掘地道至城外，使叛军的土山陷塌，叛军的进攻再次受挫。此时梁朝各地勤王大军都逐渐赶到，建康城似乎就要转危为安，但是关键时刻，老将羊侃因为操劳过度，旧病发作，不治而亡。这真是个晴天霹雳。城中无一人能主持军务，不仅军队的指挥乱了套，连城内民心都开始浮动起来。梁武帝只能指望勤王军来帮忙了。

无用的勤王军

率兵勤王的以武帝诸子、侄、孙为主，还有各个州的军政长官。当时到达城下的有邵陵王萧纶、鄱阳王萧范之子萧嗣、南康王萧会理、临城公萧大连、河东王萧誉，连同司州刺史柳仲礼、荆州王僧辩等，兵力在十二至十五万之间，大大超过侯景的总兵力。

首先到达建康外围的是邵陵王萧纶。十一月，萧纶率所部三万人从京口渡江，西上救台城。萧纶听从赵伯超的建议，不走大路，直趋钟山下。侯景起初不以为意，分兵去迎击援军。萧纶仗着锐气正盛，击退这一小股叛军，然后进军至玄武湖侧列阵。

侯景于是留宋子仙围城，自率精锐主力到覆舟山迎敌。侯景故意命大军后退以待明日再战。梁军不知这是侯景诱敌之计，部将萧骏带队追击，不料被叛军反冲锋，萧纶大军抵挡不住，撤到朱方（今江苏镇江丹徒区），京口囤积的辎重全都被侯景抢走。西丰公萧大春因为身体肥大跑不动，被叛军生擒。

司州刺史柳仲礼原是雍州刺史萧纲的头号大将，其人身长八尺，眉目疏朗，勇武有力，胆气过人。柳部入援，如果迅速发动进攻，与台城守军里应外合，即使不能全歼叛军，解台城之围应该不成问题。然而令人叹惋的是，援军内部出问题了。此时会集起来的勤王军多且杂乱，指挥权不统一，根本无法打仗。

侯景见勤王军不进，便集中兵力再次发动对台城的进攻。叛军吸取之前冲车太高不稳的教训，把车底盘造得更大，一车有二十轮，行走起来稳定性好了许多。为了扫清冲车前进的障碍，叛军又用小车把台城前的堑壕用土填平。台城防守的要点在于居高临下，叛军几次造土山的目的就是为了拉平高度差。这次叛军用大冲车逼近城墙，车上点火焚烧城楼，几乎要攻破城墙。叛军又在降将材官将军宋嶷的建议下掘开玄武湖水灌城，台城顿时漫起大水。不过时值冬季枯水，水患并不严重，台城依然能够坚守。

此时，秦淮河南岸的援军开始试着进军了。在散骑常侍韦粲的倡议下，各路援军公推柳仲礼为统一指挥官，诸军逼近秦淮河下寨。

侯景闻知有援军开近，率精兵进攻韦粲所部，韦粲不懂军事，未立营栅，结果被叛军冲散。柳仲礼当时正在吃早饭，得到消息，立即飞马去救。侯景当时在阵中厮杀，猝然与柳仲礼遭遇，两人都不知道对方是谁。柳仲礼估计是看到了侯景的旌旗，所以直接就与叛军大将进行决战。柳仲礼本人勇猛非凡，直接杀到侯景跟前，他的马稍几乎要扎到侯景身上。不料突然背后一阵剧痛，原来是侯景的裨将支伯仁在后面挥刀砍中他肩膀。柳仲礼痛得无法再战，他的战马也被逼进泥塘中，叛军众矛齐下，眼看就要命丧当场，万幸部将郭山石杀到，把他救回大营。

柳仲礼此前一直以梁朝第一名将自许，意气风发，甚是骄傲，不料青塘战斗打得差点把命丢了，他的锐气自此大减，再也不提打仗的事。侯景此战也险遭不测，他意识到援军并非全是乌合之众，于是敛兵固守秦淮河，不敢再过河交战。

柳仲礼一败，各路援军都不敢再进攻。侯景不急于解决勤王军，掉头来继续打台城。台城被围数月，粮食早已吃尽，连战马都被杀光了吃肉。马没了，又开始吃人。梁武帝父子毫无办法，派人催促勤王军进兵，却总不见消息。

到太清三年三月丁卯，叛军再度发起总攻，玄武湖被掘开，大水冲入台城。负责守卫大阳门的是世子萧坚，此人不理守城事务，天天只知道喝酒，部下将士都愤恨异常，没有固守之心，当天夜里，萧坚的部下董勋、白昙朗招引叛军登城而入。

大阳门失守后，守城军队彻底垮了，残军失去组织各自为战。浏阳县公萧大雅率部死战，萧确也带人拼死抵抗，但已没有意义。

至此，自太清二年十月起被围，到太清三年五月，坚守了五个月的帝国之都台城，终于落入叛军之手。侯景入城布置完防务后，当务之急就是见萧衍——这个自己在北朝时就曾夸下海口要捉来当太平寺主的"吴老儿"。他先命王伟到文德殿见武帝，口称待罪阙下。武帝命侯景到太极东堂觐见。

宫中宿卫兵此时早已作鸟兽散，但武帝五十年积威犹在，侯景不敢大意，带了五百名卫士上殿。典仪人员引侯景到三公之榻坐下，武帝神色一如往常，仍然端严庄重，问："卿久在军中，一定很辛苦吧？"侯景躬身低头，只吓得满头是汗，不知如何作答。武帝又问："卿是哪州之人而敢来此，你妻儿老小还在北方吧？"侯景大将任约在旁应答："河南王的妻子都被东魏杀害，只剩一人来此。"又问："你们渡江时有多少人马？"提到赖以成事的军队，侯景方才缓过神来，答道："千人。"又问："围台城的有多少人马？"答："十万。"武帝似有不信，又问："现在有多少人马？"侯景底气十足地吹嘘："率土之内，都归我所有。"武帝顿时如霜打的茄子，气势弱了下来，低头再不说话。

侯景随后将武帝软禁起来，不给吃穿。太清三年五月，武帝的身体再也支撑不住，渐渐到了将死的地步。弥留之际，武帝在净居殿的床上索要蜜水不成，连呼"嗬、嗬"，气绝而亡。

侯景随即废去萧正德的伪帝位，改立梁武帝太子萧纲为帝，是为简文帝。

皇帝被生俘，城外的勤王军继续进攻也失去了意义。他们本就各怀鬼胎，并不是真心救援台城。侯景便打着简文帝的名义，召勤王军大将入城。萧纶等宗室诸王闻讯远远逃走，柳仲礼、王僧辩等人却入城朝见新君。侯景急于维持建康的统治，并没有和他们撕破脸，而是客客气气地礼送回境。

458

巴陵大战

侯景控制建康后，又分兵进攻四周郡县，南徐州、扬州和三吴诸郡相继落入叛军手中。接着，侯景又遣其大将任约向江州进攻，梁朝各地镇守的宗室王公离心离德，互相牵制。驻守江州的寻阳王萧大连和鄱阳王萧范搞内斗，结果便宜了叛军，江州也落入侯景掌控之中。

大宝元年（550年）八月，任约乘胜向西进兵，目标直指郢州。邵陵王萧纶自建康兵败后，逃到郢州。武帝死后，萧纶矫诏称制，自封为梁朝皇帝的代理人，在郢州建置幕府，俨然以未来天子自居。任约派兵前来，郢州上下一心，防守甚是严密，不可一世的叛军甚至吃了一次败仗。

但没过多久，萧纶的所作所为引起荆州刺史、湘东王萧绎的不安。萧绎是武帝第七子，也想争夺皇位，不愿承认萧纶的承制，于是不顾大敌当前，派兵进攻郢州，声言护送萧纶到江陵去，并协助郢州军抗击叛军。

萧纶实力不如荆州，面对萧绎咄咄逼人的架势，他无力抵抗，只好率军逃出郢州。荆州方面的大将王僧辩率一万部队进驻郢州，萧绎任命儿子萧方诸为郢州刺史，以心腹鲍泉辅佐政事，名士颜之推掌书记，把郢州悉数收入囊中。

政事一乱，军事上也跟着乱。荆州军在西阳江上设置防线，以徐文盛为主将，抵挡侯景叛军。任约屡战不能胜，一直到次年，即大宝二年三月，侯景亲率主力自建康来增援任约。

侯景主力号称二十万，实为两万余人，进至西阳郡后夹长江筑垒，与徐文盛大军对峙。两军甫一相接立即展开大战，徐文盛挟破任约之威，以水师大破叛军，射中叛军将军库狄式和，应弦落水淹死。侯景奔还陆营。

侯景战争嗅觉极为敏锐，眼见水战不是南方军队的敌手，便派大将任约、宋子仙率奇兵从陆路，绕过西阳、武昌诸郡，直奔郢州首府江夏城。

任、宋二将率四百名骑兵在暮色中出发，人不下马，不生火做饭，狂奔一天，顺利到达江夏城外。此时萧方诸正和鲍泉喝酒玩乐，萧方诸坐在鲍泉的大肚子上，用五彩丝线给鲍泉编胡子。城内军民都知道徐文盛大军在东死死挡住了侯景，因此都有恃无恐，城门到了黄昏还大开着，城外也没有派斥候。直到叛军骑兵迫近城池，城上巡逻的士兵远远望见有兵，才慌忙向萧方诸报告有敌情。鲍泉斥责说："徐文盛又没败，怎会有敌军过来，这大概是前方兵马得胜班师了。"过了一会儿，城上来报告的守军越来越多，萧方诸这才慌了神，赶紧下令关闭城门，可惜为时已晚，宋子仙、任约已经杀进城中，一路杀进萧方诸的官衙。萧方诸、鲍泉都被生俘。

这场奇袭出乎所有人意料，给武昌诸军带来毁灭性打击。侯景立即整军，趁江南刮起东南风，乘船沿江面中心强行通过，徐文盛诸军不知虚实，军心大乱，根本组织不起有效的防御，叛军得以顺利抵达江夏。

萧绎先前派王僧辩增援郢州，大军刚行进至巴陵，便得知江夏陷落，王僧辩立即停军不进，在巴陵据城固守。

大宝二年四月，侯景闻知王僧辩大军屯于巴陵，便尽发主力西上进攻。大将宋子仙率一万人直指巴陵，侯景自率主力水陆并行进攻巴陵，任约率一部偏师沿陆路向江陵方向进攻。郢州至巴陵沿江的城戍不敢抵抗，纷纷望风投降。叛军兵锋直抵巴陵城下。

巴陵城在洞庭湖之北八十里附近，是荆江、沅江、湘江三江合口入长江之处，水势浩大，历来是荆、湘之间的要害。因其地扼住长江主要航道，任东来西往之军，都不敢越此而过。

宋子仙先锋骑兵到达城下，探查巴陵城守的虚实。王僧辩命诸军用心戒备，做出一副内紧外松的样子。叛军在城下大呼："城中守将是谁？"城上答曰："是王领军。"王僧辩官授领军将军，故有此称谓。叛军又说："何不早降？"王僧辩亲自上城"调戏"叛军："你们想打江陵只管去，我这个小小的巴陵城不会碍着你们什么。我家老小百口都在湘东王那里当人质，我哪敢随随便便向你们投降。"叛军在江南已经习惯了逮谁灭谁的节奏，自然没把区区巴陵小城放在眼里，二话不说便四面攻城。

　　王僧辩惩于台城攻防战时梁军死气沉沉的教训，令守军擂鼓呐喊自壮声势，煽惑得城中士气大振。城上的滚木、檑石如雨点一样砸下来，叛军远道来攻，没有带够攻城器械，士兵伤亡甚多，只好暂时撤退。

　　王僧辩趁士气正盛，派轻兵出城挑战，侯景亲自到城下指挥战斗。王僧辩则佩戴绶带，坐着乘舆，带上全副鼓吹仪仗，大摇大摆地在城头上巡视，一副满不在乎的样子。这股十足的大将派头极大激发了守军的士气，连侯景这种久经沙场的老狐狸都佩服王僧辩的手段高明，后悔当时在台城接见王僧辩时没杀了他。

　　叛军全力围攻巴陵，苦战持续到大宝二年五月，逐渐进入白热化阶段。叛军粮草枯竭，难以支持。而且随着暑热来临，瘟疫开始流行，叛军减员日渐严重。城中形势也好不到哪去，王僧辩勇则勇矣，可军队里毕竟都是有血有肉的人，经过长达一个月的高强度战斗，守军的精神意志和体力也快到达极限。这种关键时刻，谁能撑得更久，胜利的天平就可能倒向谁。

　　萧绎唯恐王僧辩有失，派大将胡僧祐率军支援王僧辩。荆州作为南朝数百年来最强方镇之一，地大兵强、财帛丰厚的威力此时方才体现出来。萧绎经营荆州二十五年，号令统一，秩序稳定，人力、物力、财力积累得相当可观。在郢州大军遭到重创、主力苦战巴陵之余，尚能派出援军，叛军这仗真是没办法打下去了。

　　大军行前，萧绎反复告诫胡僧祐："中途如果遇到叛军，叛军要水战的话就攻而克之，如果要步战，就避而不战，直奔巴陵。"这番话是针对叛军水军弱而步军强的特点而说，确有一定道理。

　　任约此前被分派率偏师攻江陵，据后来的情况看，任约所部并没有迅速进攻，可能只是部署在巴陵以北，做出攻江陵的架势，实际意图大约只是威慑江陵，使其不敢轻举妄动。荆州援军出发后，侯景命任约率五千精兵阻击。

　　胡僧祐率军行至芊口（今湖北华容），双方遭遇。胡僧祐严格执行萧绎的命令，他避开叛军兵锋，率军沿水路急进。任约则掉头紧紧咬住胡部，一直追到赤沙湖边的赤沙亭（今湖南南县）。

此时荆州辖下另一支军马、信州刺史陆法和的部队，也到达赤沙亭，胡僧祐于是决定在此决战。胡、陆两部兵力合计两千余人，但久在江陵养精蓄锐，况且水战正是其所长，因此部队士气非常旺盛。

同年六月甲辰，胡僧祐指挥部队在赤沙湖水面上展开阵形，以大舰攻任约。

陆法和故作镇定，带了一只轻舟顺流而下，到叛军阵前观察情况，船一直行到任约军前一里才返回。或许是陆法和观察到任约军阵的弱点，回来之后，胡僧祐稍微改变了攻击阵形，大舰前先派出火船，放过去要烧叛军的船只，不料东南风大作，火船到不了敌阵，反而把自己烧了。火攻不成便硬攻，两军交战的具体经过不详，叛军当场被击溃，士兵们争相逃命，很多都掉水里淹死，任约逃得不知去向。军士们四下到湖面寻找，发现湖中水涨淹没的一座寺庙中有蹊跷，任约就抱着寺庙的梁柱藏在水下，只露出鼻子呼吸，于是当场将其擒获。

任约战败的消息传到巴陵时，叛军主力还在拼尽全力进攻，侯景命部下纵火烧巴陵的城栅，结果因为风向不对没起作用。筋疲力尽之际，又听到这个消息，叛军的心理防线一下子崩溃了。侯景如丧肝胆，当夜烧营而退。

王僧辩指挥大军追击侯景，收复郢州诸郡。侯景的大将宋子仙、丁和等人都被生擒，郢州全境的叛军全部肃清。

任约、宋子仙、丁和三将都被送到江陵，萧绎赦免任约并任其为将军，宋子仙、丁和都被杀死。丁和在侯景之乱之初，到建康向梁武帝递交降书，大祸之始，就在此人。为了发泄江南百姓的怨气，萧绎命人用铁钉钉住丁和之舌，然后碎刮处死。

巴陵之战是梁朝平定侯景之乱的一个转折点。侯景丧失两员首将，被歼灭数万精兵，百战百胜的神话也被梁军打破。梁朝大乱终于乱极而治，侯景之亡，指日可待。

462

从江东到广州

梁亡陈兴之际，江南政治军事局面非常复杂，湘东王萧绎消灭兄弟子侄后称帝，陈霸先在平定侯景叛乱之后迅速崛起，王僧辩被火并后引发持续多年的叛乱，西魏和北齐也接连派兵入侵南朝。不论是时间线还是政治线，都非常复杂，绝非三言两语能说清。

不过形势再乱，总有主流，陈霸先毫无疑问是主导南朝形势的大赢家，我们就以陈霸先为叙述对象，再现梁亡陈兴之际纷乱复杂的形势。

陈霸先，吴兴郡长城县（今浙江长兴）人，自称祖上是汉朝名臣陈寔，到底是不是真的无从考查。开国皇帝爱认前朝名人当祖宗，陈霸先既不是第一个，也不是最后一个，没有像曹操、刘裕一样攀到西汉开国元勋上已经算实诚了。

陈霸先的祖上大概是东晋南渡到江东的，没有什么政治名人，比三国蜀汉先主刘备的出身还要低微。磨难出人才，陈霸先少有大志，好读兵书，武艺出众，做事极为果断。他曾在乡里做过小吏，又到建康当过管油库的小官。后来大概因为小有名气，被时任吴兴郡太守的萧映发现，招到手下当了佐吏。后来萧映调任广州刺史，有了开府置官的权力，萧映把陈霸先带到了广州，委任他为刺史府中直兵参军，自此陈霸先开始在广州落地生根。可以说，陈朝的奠基，正是从这里开始。

陈霸先到广州后，天赐良机，交州发生李贲叛乱。梁朝派兵镇压，却连连失利。梁武帝下令诛杀镇压不力的高州刺史孙冏和新州刺史卢子雄，孙、卢二人的兄弟子侄发兵造反，反攻到广州城下。

陈霸先率兵三千与叛军交战，击溃叛军，生擒叛军大将杜僧明、周文育，陈霸先一战成名。区区一个参军，比两个刺史都管用，梁武帝慧眼识人，派画工画了陈霸先的相貌送到建康，看看到底长什么样。

后来陈霸先升任交州司马，考虑到交州之乱尚未彻底平定，朝廷把陈霸先送到交州刺史府，以便肃清李贲的影响。一州之司马，主管州中军队，陈霸先从此成了专职专任的武将。陈霸先是个招降狂魔，杜僧明、周文育这两员大将都在作战中被俘，然后成了陈霸先的亲信部将，这个作风，贯彻了陈霸先军事生涯的始终。毫无疑问，交州司马这个职务，非常对陈霸先的胃口，对他打造私属武力集团有极大的便利。

陈霸先不负众望，率军深入交州，对李贲穷追猛打，终于在太清二年三月己未，将李贲乱军剿杀干净。李贲被陈霸先部下斩杀，首级送到建康。

陈霸先在岭南建功立业的同时，梁朝政局走向深渊。太清二年八月，侯景造反，两个月后便杀到建康城下，江东、梁朝皆是大震。陈霸先立即打算率兵北上勤王，但时任广州刺史的元景仲受侯景拉拢，不愿北上。陈霸先便纠合忠于王室的地方势力，起兵围攻广州城。元景仲无力突围，上吊自杀。

此时的陈霸先四十六岁，智识、眼界、经验都处于巅峰状态。在广州各郡纷纷叛乱、人人都想割据一方的情况下，他抱定入京勤王的政治态度，率兵剿灭始兴等十郡的地方豪强武装，收服始兴猛将侯安都，而后以始兴为基地，招兵买马，准备北上救援建康。

然而好事多磨。

陈霸先干掉元景仲后，请来梁朝宗室、曲江侯萧勃当广州刺史。按理说吃人嘴短、拿人手软，萧勃平白得了一个大州，就算不唯陈霸先之命是从，也应当与陈霸先同心同德。陈霸先甘冒大险北上，萧勃派人劝阻，结果没成功。萧勃便使出阴招，与南康郡的蔡路养勾结，约定共同割据，蔡路养在陈霸先北进道路上截击。

陈霸先知道萧勃不可靠，遣使不远千里到江陵城拜见湘东王萧绎，向他表忠心。陈霸先与萧绎见过面，职务上也不存在隶属关系。陈霸先这么做，无非是取得政治道义上的正确性，对实际局面并没有什么改善。但如此一来，陈霸先就拥有了合理合法的北上名义。

名义虽然是虚的，也没法靠这个招兵买马、屯粮聚饷，但它拥有的法理约束力量却不容小觑。有了合理合法的名义，所做的事都是正道，以正制邪，顺理成章，会无形中消除许多阻力。陈霸先没指望萧绎能助他一兵一卒，他要的只是萧绎这面政治大旗。看事情能够深入一层、由表及里，这正是梁朝衰亡之际，陈霸先能从众多地方实力派中脱颖而出的根本原因。

蔡路养在南野（今江西赣州市南康区西南章江南岸）截击陈霸先，陈霸先大破蔡路养。其后又在大皋口（今江西吉安市南赣江畔）击败高州刺史李迁仕。据《隋书》记载，陈霸先还在这里与岭南著名的女豪杰冼夫人见了一面，冼夫人后来对别人说，这个陈霸先不一般，将来必然能成大事。

蔡路养、李迁仕两人都是萧勃的同盟，这两场战斗，宣告陈霸先与盘踞在广州的缩头乌龟萧勃彻底决裂。从此，陈霸先就只剩下一条路——北上建康，平定侯景。

建康灭侯景

承圣元年（552 年）六月，陈霸先率兵北上，在溢城与王僧辩大军会合。

王僧辩自收复郢州后一路顺江东下，受湘东王萧绎的指派，务必攻克建康，消灭侯景。王僧辩手下有五万大军，但经过长时间征战，军粮一时供应不上。陈霸先军中积累了五十万石粮食，大方地分给王僧辩三十万石。

陈霸先的诚意令王僧辩非常感动，于是打消了对这位陌生的岭南将军的隔阂。两位大将在溢城白茅湾会盟，陈霸先与王僧辩刑牲盟誓，实际上是尊重王僧辩的主导地位，统一两军的指挥权，以便同心协力地进攻侯景。

此时侯景废杀简文帝萧纲，以及萧纲的子孙二十四人，改立昭明太子萧统的孙子、豫章王萧栋为帝。萧栋只是一个过渡式的傀儡，大宝二年十一月，侯景再废萧栋，自己登位为帝，建立伪汉国。这只不过是侯景末日前最后的挣扎，企图通过称帝建国挽回颓势，但王僧辩、陈霸先的八万大军并不给他这个机会。

王僧辩指挥诸军沿江进讨，遣大将侯瑱为先锋，一路连克南陵、鹊头（今安徽铜陵）两城。王僧辩大军继进至大雷戍（今安徽望江），稍事休整后进至鹊头。叛军大将侯子鉴自合肥来救江南郡县，闻知王、陈大军势如破竹，不敢与之对抗，引军退回淮南郡。

王僧辩大军进至芜湖，叛军芜湖守将张黑弃城而逃。侯景大惧，装模作样地下诏赦免湘东王萧绎和王僧辩之罪。接着命将军史安和率军两千到姑孰增援侯子鉴。

王僧辩、陈霸先迅速挥师进占姑孰南洲。侯子鉴不敢放王、陈大军过江，因为退无可退，再退就是建康城了。再放他们过去，王僧辩不杀他，侯景也要杀了他。

侯子鉴指挥部队都乘坐鹋鳙（zhōu yōng）船下河进攻。这种船是吴越地区常见的船只，船两侧各有八十条棹，在水中行进非常快捷。叛军捉来当地水手驾驶，自恃可与江南本地水师一战，气焰非常嚣张。

王僧辩令大船夹岸停泊暂避其锋，只以小船当面退却，引诱叛军来攻。等到叛军全部进入江心，大船全部驶出包抄叛军后路，两军搅成一团在江心大战。叛军将领毕竟以北人居多，如果是陆上被围，可能还不觉得怎样，到了江心之上不免慌了神，何况王僧辩大军数倍于叛军。叛军在江心被击溃，士兵纷纷落水而死，伤亡达数千，基本丧失了战斗力。侯子鉴狼狈地收合残兵逃入东府城。

侯子鉴所部是叛军最后的骨干战斗力量，这一场仗伤亡如此惨重，基本上宣告了叛军败局已定。侯景在台城得知，吓得以被衾蒙面，瘫倒在床上，半天没说出一句话，过了许久，他才丧魂落魄地说："误杀乃公！"

王僧辩大军进逼秦淮河外的张公洲，大军如黑云四合，杀气直透台城。三年前，柳仲礼率诸部勤王军也是停驻在此，但彼时诸军互不服气，人数虽

466

多却是一盘散沙。如今梁军号令严明，将勇兵精，斗志旺盛；而叛军却越打越少，越打越弱，形势逆转，可见天道终不容邪物。侯景登上石头城观望梁军，见王、陈两军阵容严整，不由得灰心丧气，哀叹道："一把子人，何足可打。"

面对绝境，侯景仍不死心，他分派卢晖略守石头城，纥奚斤守捍国城，命诸军在秦淮河口沉下许多大船，以堵塞水路，并且在秦淮河沿岸大规模筑起城栅，防范梁军进攻。

陈霸先与王僧辩商议认为，当年柳仲礼诸军屯驻秦淮南岸导致劳而无功，虽有各部援军互不统属的原因，但地势不利也是相当重要的因素。叛军登北岸诸山，地势低下的南岸情况尽收眼中，现在绝不能重蹈覆辙。于是陈霸先率本部绕过秦淮河口，自石头城西北进军，一路接连筑起城栅，向东威胁台城。

侯景唯恐梁军掐断石头城与台城的联系，便针锋相对地在石头城东北方向也筑起城栅。王僧辩本部兵也相继进到石头城北，企图以此为突破口攻进台城。侯景尽集最后的主力一万余人，在石头城与梁军相对。孤注一掷的侯景感到前景无望，凶残的本性暴露出来，他让人杀掉此前在郢州俘虏的萧方诸和杜幼安，还命人掘开王僧辩父亲王神念的坟墓，剖棺焚尸，以泄胸中之恨。

三月丁亥，最后的决战终于到来。陈霸先与王僧辩把诸部军马分调开，从各个方向牵制叛军，令其处处受敌。

荆州军杜龛、王琳所部精锐骑兵各攻一个方向，陈霸先命将军徐度领两千弩兵横截叛军之后，只留中坚部队当面列阵。侯景指挥叛军集中力量进攻梁军王僧志所部，王僧志稍有退却。徐度率弩兵自阵后射击叛军，侯景处处受牵制，正面进攻又迟迟没能取得突破，在徐度弩兵的袭扰之下被迫引军退走。

陈霸先与杜龛、王琳引铁骑追击，石头城守将卢晖略吓破了胆，开北门投降。侯景复引百余悍勇骑兵，弃槊执刀猛攻陈霸先，这是侯景当年用来大破慕容绍宗的战法，曾经在涡阳倚之取得大胜，但此时大败之余，这种垂死挣扎的打法已经没什么用了。叛军攻阵没有奏效，当场溃散。

侯景逃到台城外，台城现在已成死地，他不敢进城，绕城要走，王伟拉着他的马头说："自古哪有叛天子？"侯景气急败坏地对王伟说："今日之事，恐是天亡，乃好守城，我当复一决耳。"稍后，他用皮囊裹着两个在江南生的儿子，带着数百亲信骑兵弃城逃跑。树倒猢狲散，侯景一逃，王伟、侯子鉴分别弃台城和东府城逃窜，叛军彻底土崩瓦解。

侯瑱率兵穷追侯景，侯景前无去路，后有追兵，在吴郡收合的数千残兵一哄而散，只剩下三艘战船从松江入海，急速向北方逃跑。

梁朝名将羊侃的儿子羊鹍（kūn）也被侯景裹挟而去，羊鹍虽身陷叛军，却一直不忘其父羊侃灭胡贼的遗志，趁侯景睡觉时，密令船工掉头向东驶入江口，直奔京口。侯景醒来后发现方向不对劲，便问是何缘故。羊鹍与三个心腹持刀去杀侯景，侯景逃入船底，抽出小刀企图凿船透水逃命。羊鹍换了一条马槊，刺死侯景。

侯景的尸体被塞上一肚子盐送到台城，王僧辩命人剁掉侯景双手，遣使送给北齐文宣帝高洋，意在炫耀荆州武功。侯景首级被砍掉送到江陵，萧绎下令枭后漆之，在武库中永久保存。其余肢体扔到台城，愤怒的百姓割食而尽，就连骨灰也被抢不到肉吃的人和水而吞，全身上下一点儿也没有浪费。

侯景被扣押在晋阳的家属妻小，起先被东魏渤海王高澄下令处死，妻、子都被剥掉脸皮后扔到大铁锅用油炸，女儿都被罚没到宫为婢，三岁以下的儿子被阉割。后来北齐文宣帝高洋梦见猕猴坐床，又命令把侯景仅存的几个儿子都扔到大铁锅里煮死。

至此，为祸江南三年七个月的侯景之乱终于结束。陈霸先立了大功，隐然成为梁朝强有力的地方实力派。

平乱前，王僧辩、陈霸先志同道合，关系相处得很融洽。然而大乱一平，双方潜在的矛盾立刻显现出来。陈霸先手中的三万大军，对江陵萧绎是个严重的威胁。陈霸先正为难如何自处，局势突然发生剧烈变化，矛盾以他想象不到的方式爆发出来。

火并王僧辩

平侯景后，已经称帝的湘东王萧绎，任命王僧辩为扬州刺史，王僧辩上表请求让陈霸先镇守京口，萧绎同意。

承圣三年十月，西魏发动入侵江陵的战争，旨在灭亡偏居江陵的梁朝政权。由于梁元帝统筹有误，丧失对扬州地区王僧辩、陈霸先两部军队的有效控制，导致江陵城迅速沦陷，落入西魏之手。江陵之战过程中，萧绎屡屡下诏命王僧辩督建康诸军入援，但直到江陵城陷也未等到后者的援军。梁元帝死后，王僧辩与陈霸先在当年年底，共同迎立萧绎之子晋安王萧方智为太宰、承制。

北齐方面想趁火打劫，效仿当年梁武帝扶持元颢入洛阳的做法，立梁朝宗室萧渊明（梁武帝萧衍之侄，太清元年梁军北伐徐州时兵败被俘）为梁主，企图搅乱南朝的局面。北齐政府方面和萧渊明本人都多次致信南朝头号人物王僧辩，请求他接纳萧渊明入梁。

王僧辩本来严词拒绝，但北齐派兵护送，在合肥与梁军大战，击杀梁将裴之高。在武力恫吓面前，王僧辩改变之前的主意，同意接纳萧渊明为主。陈霸先在京口听说，多次致书王僧辩，劝其不要犯糊涂。但王僧辩有别的考虑，执意接纳萧渊明，两人遂生嫌隙。

纳萧渊明之策初看殊不可解。但如果站在王僧辩的角度看，并非全然没有道理。王、陈两人兵力相侔，名望相亚，彼此共处于江东。正所谓一山不容二虎，长远来看，两人发生矛盾是必然。王僧辩要巩固自己的势力，陈霸先正是心腹之患。面对北齐日胜一日的压力，王僧辩内外交困，处境着实不利。与其死扛北齐的压力，不如暂时缓一缓，接纳一个傀儡萧渊明对王僧辩的实力并无实质损害，想来这大概是他的真实想法。

王僧辩不顾众人反对，废掉萧方智的帝位，率龙船和皇帝法架迎接萧渊明入台城，并承认他的皇帝之位。为了安抚梁朝的人心，王僧辩胁迫萧渊明册封晋安王萧方智为皇太子。梁朝向北齐称藩，王僧辩亦送妻妾与子到邺城作为人质，以示诚意。

从表面上看，确实如王僧辩所想，萧渊明和萧方智本质上没有多大区别，都是完全掌控在他手中的傀儡，接纳萧渊明还能换取北齐撤军，让建康的形势一下子稳定下来，倒也不失为一件两全其美的事。

事实上，王僧辩此前迟迟不派兵援救江陵，坐看梁元帝被西魏擒杀，已经在政治上大大减分，此时废萧方智接纳萧氏远枝，在政治上又失一大分。这无疑是送给了手握重兵而又一直位居王僧辩之下的陈霸先一个天大的政治礼包。

承圣四年（北齐天保六年，555 年）八月，江淮之间传言，北齐军再度大规模集结于寿春，似乎要大举入寇，王僧辩遣使告知陈霸先，让他严加戒备。坐观形势的陈霸先敏锐地察觉到时机来临，他决定动手了。

九月壬寅，陈霸先在京口府邸召集心腹部将侯安都、周文育、徐度与杜棱，密谋袭击王僧辩。陈霸先伪称率军备御北齐，水陆并进，直指王僧辩的驻扎地——石头城。

大将侯安都率水师进至石头城北，石头城北城墙临接高冈，侯安都弃舟登岸，带头从城北爬城而入，陈霸先自率步骑兵杀进石头城。王僧辩当时正在升帐议事，左右忽报城南城北有兵，紧接着忽见乱兵自外而入，王僧辩情知不妙，急走而出，左右数十人拒战，但哪里是侯安都众军的对手。情急之下，王僧辩和他三子王颁（wěi）逃上南城楼，这才发现是陈霸先的兵。

石头城的守军在将军程灵洗的带领下与陈霸先激战，但因仓促无备抵挡不住，程灵洗战败投降。

王僧辩在城上苦苦哀求，请饶其一命。陈霸先不为所动，命诸军纵火烧楼，王僧辩急忙下城，束手就擒。

陈霸先大声质问王僧辩："我有何罪，王公你竟要和齐人讨伐我？"稍后又问："既然要对付我，为何石头城没有防备？"王僧辩明知陈霸先这是故意泼脏水，但也不敢辩驳，只好低声下气地说："我把建康的北大门给陈公你守卫，怎能说没有防备？"但多说无益，事变既已发生，王僧辩也就没有生路了。当夜，王僧辩父子二人被绞死。

王僧辩虽死，但他的部队还在。自攻灭侯景后王僧辩在建康经营数年，他的势力散布于三吴地区，较大的有三股，其一是王僧辩之弟王僧智，据守吴郡；其二是王僧辩之婿、猛将杜龛，据守吴兴；其三是张彪，据守会稽。

此外，兵力较盛的还有江州刺史侯瑱所部，以及先前被王僧辩派往岭南征伐广州刺史萧勃的王僧愔。这几部兵力总数应当比陈霸先部队多，但石头城的变故发生得太过突然，王僧辩余众还来不及反应，就迎来了陈霸先的讨伐大军。

一方是仓促应战，一方是预有准备，结果可想而知。杜龛被打得措手不及，部将义兴太守韦载投降，王僧智在吴郡战败，本人逃到吴兴郡。与此同时，陈霸先迅速逼萧渊明退位，复迎晋安王萧方智即皇帝位，是为梁敬帝。侯瑱、张彪各自据守本州，拒不归降。

陈霸先依靠强大的军力和周密的准备，相继平定了王僧辩余部势力，但百密一疏，在他进攻三吴地区时，石头城突然出事了。

谯、秦两州的刺史徐嗣徽本是王僧辩部下，他的从弟徐嗣先是王僧辩的亲外甥。徐嗣先与徐嗣徽的亲弟弟嗣产、嗣宗从建康逃到秦州，说动徐嗣徽起兵。徐嗣徽素来不服陈霸先，便约南豫州刺史任约（侯景旧将，战败后投降萧绎为将，江陵沦陷后逃到南豫州）共同起兵，两人趁陈霸先率兵在外，一举袭占石头城。同时，徐嗣徽投降北齐，勾结北齐军队五千人过江入据姑孰。

石头城与建康台城近在咫尺，陈霸先顾不上打三吴地区，立即率主力撤回建康，集中力量应对这起突如其来的兵变。

新投降陈霸先的韦载为其分析形势，认为最坏的可能莫过于齐军渡江而东，与三吴地区王僧辩旧部混在一起，那样一来建康东西南北四面受敌——江北有齐军，建康西有石头城之逼，东有吴郡、吴兴和会稽的乱兵，南有姑孰的五千齐军，则大事去矣。

但从目前形势来看，齐军的注意力似乎都在石头城，应当抓住这个有利时机，迅速掐断齐军从建康附近渡江的路线，使其不能与三吴地区王僧辩旧部合流。

陈霸先决断如流，立即分派侯安都、周铁虎等人进攻江北各渡口，烧毁齐军大船千余艘，并迅速在秦淮河之南修复侯景当年修建的堡垒（指王僧辩率军进攻建康时，侯景在建康外城之南所筑之垒），保护建康与东府城和南徐州的交通路线，确保本军后勤无虞。

徐嗣徽、任约引军进攻台城，被陈霸先击溃，二将留下柳达摩守石头城，自率兵从采石渡迎接北齐援兵。等到迎来一万多齐军，再想进石头城时，晚了！

石头城的柳达摩不熟地理，被陈霸先打得闭城不敢出来。徐嗣徽、任约到了石头城，被陈霸先拦在城下大战。陈霸先以逸待劳，毫无悬念地击溃远道而来的齐军，徐嗣徽和任约逃走。

太平元年二月，陈霸先暂时稳定建康局势后，调集大军再次进攻三吴地区，王僧辩余部被悉数荡平，杜龛、张彪兵败身亡；王僧愔逃入北齐，次弟王僧智被杀；侯瑱仍然拒命不降。就在陈霸先准备全力进攻江州时，徐嗣徽、任约再次勾连北齐军渡江南侵。

力抗北齐，定鼎开国

北齐军此次出兵规模甚大，总计十万余人。但诡异的是，北齐的主将萧轨和几位主要将领，都是默默无闻之辈，能打仗的宿将一个也没出动。有人推测，这些部队大都是原来的汉人将领高昂旧部，结合北齐文宣帝高洋抑汉尊胡的政治背景，很有可能是借战争之手削弱汉人的军事力量。如能打胜则获利于南朝，不幸失败也不会损伤北齐的核心利益。

萧轨率军渡江，由芜湖沿江北上进攻建康。陈霸先立即派将军黄丛南下，两军在梁山遭遇。北齐军不习水战，吃败仗后，萧轨退保芜湖。

休整了几个月，到当年五月，萧轨改走陆路，从丹杨北上攻打台城。水军则由徐嗣徽、任约带领沿江北上。齐军哨骑已到台城下游弋，京师大震。

北朝与南朝大战一百多年，除了北魏太武帝曾打到瓜步，但也仅仅是隔江遥望台城，此后北方再无一兵一卒杀到江南。北齐的这次军事行动，对南朝的震撼可见其大。

陈霸先知道，当务之急是振奋、稳定人心。陈霸先在大司马门外白虎阙集合宗室大臣和禁军部队，刑白马告天，登坛誓师，谴责北齐违背盟约又来侵犯，鼓励建康城军民齐心抗敌。陈霸先涕泗横流，辞气慷慨，观者莫不感奋。

齐军占领台城之南的秣陵故城后，由于水师力量不足，在城南与梁军对攻不占优势，故而绕道从城东向北进攻，过城东方山（今南京方山风景区附近）、倪塘（大约在今南京江宁区上坊镇泥塘村附近），北进至钟山的龙尾。

梁军大部集结在朱雀航以南抵抗齐军，大将周文育在陈霸先亲自督战下，在湖熟县（今南京江宁区湖熟镇）的白城大破徐嗣徽部。

城北的准备稍显不足。侯安都所部在钟山龙尾与齐军遭遇并激战，虽然梁军击伤齐军大将东方老，但梁军损失更重，军主张纂战死。

北齐军避开梁军城北防守兵力，过钟山向西北前进，占领了幕府山，抵达玄武湖之北。这一战役布置虽然绕了远道，但也有一定道理，建康之北过江就是北齐东南道大行台赵彦深的驻扎地，万一不利，齐军还可依靠江北援军。

至此，北齐军的意图全部暴露出来，陈霸先恍然大悟，并立即做出了天才般的战术布置。按照一般人的理解，敌军压境，应当立即攻而破之，先解决水淹台城的危险，陈霸先没有这样做。他先派部将沈泰以三千精兵北渡长江，奇袭北齐东南道大行台赵彦深于瓜步，俘获大批粮草。又令将军钱明率水师出江乘，截断北齐军粮道。陈霸先自率主力屯驻于覆舟山北，扼守玄武湖南面要道，使北齐军无法掘湖。

陈霸先这一连串行云流水的安排简直令人拍案叫绝。梁军从东面、北面截断齐军退路，台城西面一带大江全是梁军水师的天下，玄武湖以南背靠坚城据险而守。放眼整个建康战场，齐军已被圈进一个大口袋，只待梁军宰杀了。

在后人角度看来，陈霸先的战役安排似乎没什么稀奇。但在战场侦察手段有限、信息获取效率极其低下的年代，统帅很难做到即时掌握敌军动态。陈霸先能够做出这么精准而恰当的安排，大概靠的是他天才般的战场直觉，以及数十年积累的经验。

可叹北齐军诸将自作聪明，无端舍近求远自陷绝地，后路被断的齐军缺少粮秣，只能杀军中马驴为食。更巧的是，天气似乎也和他们作对。

进入六月后，建康附近连日大雨，天降大雨，北齐士兵没遮没挡，只能坐困雨中，士卒手脚都被水泡烂了。相比之下，梁军背靠台城，地势较高，又有建筑物可以避雨，处境好了许多。

为了缓解台城的粮荒，陈霸先的侄子陈蒨（即后来的陈文帝）从吴兴运来大米三千斛、鸭子一千只。梁军有吃有喝，一看城外北齐军的惨状，心理上大占优势。

六月甲寅，大雨稍停，陈霸先觉得时机已差不多，便命人炊米杀鸭，以荷叶裹饭，饭上盖以鸭肉，士卒人手一裹。次日天色未明，士兵们饱餐鸭肉盖饭，士气大振——现代南京人喜食鸭肉，不知是否与此有关。

天色刚亮，陈霸先亲自指挥梁军发起总攻。大将侯安都陷阵极深，被北齐军刺伤，掉落马下，侯安都的部将萧摩诃年方二十岁，素来以勇武著称，单骑杀入阵中救起侯安都，北齐军当者无不披靡。

陈霸先部将沈泰与吴明彻，各率一支军马夹击北齐军的前后阵，杀得北齐军溃不成军。萧轨、东方老等将帅四十六人被生擒，唯有王僧愔、任约两人侥幸逃脱。

建康一战，陈霸先全歼北齐十万大军，这是自天监六年钟离之战以来，南朝对北朝的又一次超级大胜。一时间北齐再也无力南下进攻，建康的局面顿时稳定下来，陈霸先因此在南朝获得压倒性的政治声望，这无疑为他取代梁朝奠定了坚实基础。

然而不论萧轨南侵之战是否有高洋剪除异己的成分，总体来说，进攻南方失败的根由是北齐国策重心不在于此。陈霸先及其代表的集团，得以在这种形势下走上崛起之路。

太平元年，南方终于大体上结束了自侯景之乱以来为期十年纷乱异常的局面，开始出现最强力的核心——陈朝。陈霸先稳定建康附近后，相继出兵平定王僧辩旧将侯瑱、广州刺史萧勃等势力，并对周迪、陈宝应、留异等江南土著豪强大加抚慰，基本上控制了江南。唯有盘踞长沙的原湘州刺史王琳顽抗不从。

此时的陈霸先已五十四岁，在古代已是暮年。数十年戎马倥偬，这位老将的身体似乎已发出了警告。陈霸先不等统一江南、恢复南朝旧疆，便着急地逼迫萧方智退位，匆匆于建康即位，国号大陈，年号永定，陈霸先是为陈武帝。

陈武帝是梁末最杰出的人物之一。南朝四位开国皇帝宋武帝刘裕、齐高帝萧道成、梁武帝萧衍、陈武帝陈霸先，以开国形势而论，最艰难的非陈霸先莫属。其恶首在于南朝内部崩坏的程度最烈，其次在于北朝国力太强。陈霸先能于四面皆敌的形势中奋勇而起，外抗北齐之压，内平诸股敌对势力，苦心经营，收拾起侯景之乱后十余年的残局，也算是顶级人物了。

他生前虽未完成彻底消灭王琳、统一江南的事业，但经历梁陈禅代，局面日趋稳定，梁朝的法统不再是江南唯一的旗帜，江南人心慢慢由梁转向陈，可以说，日后南朝统一的政治基础，自此已逐步建立起来，这是陈武帝对历史、对江南百姓做出的最大贡献。

第十七章

陈朝定鼎

梁末陈初，许多大事并行交织。上节我们以陈霸先为主线，叙述了陈朝兴起的过程。其中，梁朝江陵小朝廷的灭亡，时间线重叠，不及双线并叙，本节插叙回顾梁元帝萧绎政权的灭亡。

宗室内斗

在权力面前，父子相残、兄弟相杀并不少见，南朝宋、齐、梁、陈四代，代代皆有。唯独梁朝皇室之间的残杀尤为剧烈，诸萧氏子弟的表现也特别愚蠢。我们姑且回溯一下诸萧氏子弟无耻而愚蠢的残杀史。

梁的宗室子弟众多，梁武帝萧衍兄弟有十余人，后人多有在武帝朝封王封侯者。萧衍本人有子八人，到其晚年，仅剩三子太子萧纲、六子邵陵王萧纶、七子湘东王萧绎、八子湘东王萧纪。孙子辈已经成年的也有不少，血缘最近的当属已故昭明太子的两个儿子河东王萧誉、岳阳王萧察。

由于梁武帝寿命长，威望高，萧氏宗室虽互有嫌隙，但武帝活着的时候，谁也不敢有异动。侯景之乱突然摧毁梁朝中枢神经系统，在外拥兵的藩王们突然之间失去精神和政治上的双重领袖，宗脉较远的宗室各据州郡观望形势，梁武帝的直系子孙们压抑许久，对权力的渴望一夜之间爆发出来，酿成一场场残酷的骨肉之争。

梁武帝嫡长子昭明太子萧统早有贤名，是梁宗室子弟品行最端正、才能最突出的一位，只可惜天不假年，在普通三年（522年）病逝。所遗诸子尚未成年，梁武帝没有立萧统的儿子为皇太孙，而是立年长的皇子萧纲为太子。立嫡不立长是传统的宗法制度，梁武帝的立储行为有悖传统，虽是出于稳固社稷的考虑，但内心颇觉有愧，因此将昭明太子的诸子都超格封为郡王，并授以大州之任。

萧誉、萧察兄弟对武帝不立其长兄萧欢为皇太孙一直耿耿于怀。武帝晚年朝政逐渐紊乱，时任雍州刺史的萧察在州中积聚财货，招诱勇士，渐渐与中央离心。太清二年，梁武帝似乎对萧察的不臣之迹有所察觉，便进行了一系列人事调整，改授张缵为都督雍梁诸州诸军事，取代萧察，以萧察之兄萧誉接替张缵任湘州刺史。

张缵是当时名士，颇得梁武帝赏识，同时还与荆州刺史萧绎过从甚密，任他为雍州军事长官，有巩固北部边防的用意。张缵虽然文才著称于一时，但品行却不甚高。他看不起年轻的诸王，认为他们无法与自己相提并论。萧誉到湘州接替他时，张缵应接礼仪甚薄，让萧誉十分不快，于是故意留住张缵不让其到雍州上任。

太清三年二月，侯景叛军围攻台城，萧绎、萧察、萧誉和信州刺史、桂阳王萧慥（zào）各率本州军马准备赴援。张缵对萧誉怀恨在心，便跑到江陵骗萧绎说萧誉在长沙整治水师已毕，马上就要乘虚袭击江陵。萧绎大惊失色，他本就不愿意打侯景，于是顺坡下驴，把部队撤回江陵。桂阳王萧慥当时部队还停在江陵未还，萧绎唯恐萧慥与萧誉合谋，便设计把萧慥杀掉，而后立即派兵进攻长沙，意图吞并湘州。

萧绎和萧誉兄弟之间的矛盾实际上是对继承权的争夺。如前节所述，梁武帝为贼所困，中央实际上丧失了安排继承人的话语权，这样一来，在外的皇子皇孙都有可能继承皇位。萧誉兄弟由于是皇嫡长孙，法统地位比庶出的萧纶、萧绎、萧纪更正，因此萧绎迟早与萧誉有一战，张缵的挑拨只不过是一剂催化剂而已。

萧绎长子萧方等率军进攻湘州，被萧誉击败，萧方等落水而死，两家仇越结越深。萧绎又遣鲍泉、王僧辩进攻湘州，王僧辩担心兵力不够，便想等待本部兵马集合完毕后再南下。萧绎气量狭窄，又多疑忌，以为王僧辩有异心，于是拘捕王僧辩审问他。萧绎气极之下执剑乱砍，王僧辩大腿中剑，血流满地，昏晕在地。萧绎仍不解恨，下令将王僧辩的家人全部投入狱中治罪。

鲍泉独自率兵进攻湘州，进军石椁寺，萧誉自恃骁勇率军逆战，结果被鲍泉击败；稍后荆州军进至橘子洲，萧誉再战，又败，遂退守长沙。

与此同时，雍州刺史、岳阳王萧察与萧绎的矛盾也激化起来。此前萧察会兵东下支援建康，先派司马刘方贵出发。刘方贵与萧察有矛盾，与萧绎关系较好，于是倒戈萧绎与萧察对抗。萧察攻灭刘方贵后，去雍州接替萧察的张缵也在萧绎的授意下发动兵变，之后被萧察剿灭。这两起事件令萧察极度痛恨萧绎，等到鲍泉二次进攻湘州时，萧察举兵两万南攻江陵。大难当前，不去救君父之危，自家却先掐了起来，真是丢尽了脸。

萧梁宗室的内讧早有祸根，根本原因就是梁武帝萧衍对宗室子弟的过分放纵。

临川王萧宏是萧衍的弟弟，一向懦弱无能，却被萧衍委以重任。天监四年，萧宏率兵北伐北魏，在初期已经获胜的情况下畏惧不前，深恐遭到失败。他听闻北魏有援军便弃军而逃，诸军找不到主帅也溃乱南逃，梁朝数年积累的粮草器械损失殆尽，导致梁朝规模最大、准备最充分的一次北伐荒唐流产。对此萧衍也没有怪罪，只是象征性地免了萧宏的官职，不久便官复原职。萧衍并非不知道萧宏无能，一次他数落萧宏说：“我的才能强过你百倍，坐这个皇帝的位置仍然战战兢兢，你却这么恣意妄为。我不是不能废你或杀你，只是顾念兄弟情分，不忍对你这个愚笨的人下手。”

萧衍听说萧宏在自家仓库私存武器铠甲，意图谋反，实地查看后发现原来三十余间大仓库装的全是金银财宝。萧衍大笑说：“六弟的生活过得真是好。”后来对萧宏宠信如故，仍然让他担任扬州刺史（京师建康地区的军政长官）这样重要的官职。

这种没有底线的放纵带来的危害相当深远。在开国一代功臣名将相继去世后，萧氏皇族的后辈逐渐走上权力的前台，他们纷纷被委以方镇重任。长期过于宽松的政治环境让这些皇族们更加肆无忌惮，越来越无视法纪约束，他们手中掌握的军政大权成为彼此争权夺利的工具，这与萧衍分封子弟以拱卫中央的初衷完全背道而驰，使得梁朝不可避免地走上了西晋末年八王之乱的老路。

对于这种局势，萧氏皇族中也有比较清醒的人，例如萧衍的第六子萧纶，他是梁武帝诸子中比较有良心的一个。侯景之乱中，当上游各萧氏子弟不肯全力解围之时，他率本部兵马一直浴血奋战与侯景死拼，但因为实力不济，部下兵力损失殆尽。湘东王萧绎与河东王萧誉发生冲突时，他又出面调解矛盾，但因为自身力量弱小，没有起到任何作用。于是萧纶整顿军马准备东下再攻侯景，不料湘东王萧绎丧心病狂地趁乱兼并萧纶，萧纶猝不及防，被打得溃不成军，后来走投无路，在汝阳被西魏大军擒杀。

萧纶有这样的作为难能可贵，但他个人作用有限；萧氏皇族长期积累的恶劣风气已经难以挽回。诸皇子、皇孙之间大打出手，更加刺激了本就处于观望状态的地方实力派的野心。在起兵勤王、讨伐侯景的幌子的遮掩下，各地州郡长官和豪强纷纷招兵买马，各霸一方，进一步把梁朝推向分裂的深渊。

回到荆、雍、湘三州大战上。萧察率军进攻荆州，萧绎前后受敌，想起能征善战的王僧辩，便又厚着脸皮到狱中询问对策。王僧辩详细策划了应对方略，萧绎大喜，当场赦免王僧辩，命他率兵抵御萧察。萧绎这种刻薄的驭下之术，难免令属下寒心。

萧察的部众对内讧本就不赞同，攻江陵时因为萧绎抵抗甚烈，加上天降大雨，萧察远道来攻十分不利，雍州豪强杜氏诸将杜岸、杜幼安、杜龛（后多被萧绎所用）举族叛归萧绎。萧察狼狈败还，尽杀杜氏的家属老小，挑起荆湘祸端的张缵也被萧察下令处死。

约在太清三年十月，萧察自感敌不过荆州，遣使请降于西魏，请求西魏出兵助战，攻打萧绎。宇文泰接纳了萧察之降，但当时颍川之战刚刚结束，西魏在荆州方向（西魏荆州在穰城）的部队遭到东魏毁灭性的打击，一时无力发兵增援。

解除北面的威胁后，萧绎改任王僧辩为征讨都督前赴长沙。为讨好王僧辩，萧绎公开宣称鲍泉有十条大罪，让王僧辩带人抓捕鲍泉回来治罪。事实上，鲍泉率军攻占湘州颇有起色，已把萧誉围困在长沙城，这种做派自然是给王僧辩台阶下。鲍泉因文才颇受萧绎宠信，不久后便被免罪重新起用。

王僧辩免于一死已是万幸，他只管接过军权继续进攻长沙，对萧绎的矫揉造作哪敢置一言。王僧辩本事强过鲍泉何止一星半点，他主持部队进攻长沙，很快便打破城池，生擒萧誉。萧誉后来被斩首处死。

荆益内战

承圣二年六月，萧绎平定湘州之叛后，命诸军相继西上峡口，与益州的萧纪决战。梁武帝诸子，世上仅存两人，可这两人却丝毫不顾血肉之情，彼此都恨不得生吞了对方。继一系列的侄攻叔、叔杀侄的骨肉相残丑剧之后，梁朝顶级的宗室内讧终于上演。

萧纪字世询，梁武帝第八子，与萧绎同父异母。因为是幼子，萧纪极受梁武帝宠爱。天监十三年，萧纪出任扬州刺史，梁武帝亲自修改中书省拟制的任命诏书，足见寄望之深。大同三年，梁朝在南郑击败西魏入侵之军，益州、汉中形势大为改观，萧纪以幼子身份出镇益州这个实力较强的大州，朝野群臣都揣测梁武帝是否会把皇位传给他。

萧纪在益州专制十七年，政绩斐然，史称："开建宁、越巂（xī），西通资陵、吐谷浑。内修耕桑盐铁之功，外通商贾远方之利。贡献方物，十倍前人。"他还养了八千匹马，以加强川中武备。他本人武艺高超，尤善舞矟，每九天带队出去练兵，自己亲领部队操练。梁武帝为嘉奖他的功绩，加授开府仪同三司的荣誉。

侯景围困建康时，萧纪考虑到如果发兵，路途非常遥远，而且要经过萧绎的防区荆州，即使打到建康，也未必打得过侯景，为保存实力，萧纪只遣其子萧圆照率三万兵出峡口，受萧绎统一节度指挥。萧绎为了独揽平定侯景的大功，不让萧圆照东下。蜀中兵马长期处于事实上的自治状态，萧圆照本就对援救建康不感兴趣，于是顺水推舟，在巴东（今重庆奉节）屯驻下来。

梁武帝驾崩的消息传到蜀中后，萧纪打算起蜀中之兵东下讨伐叛军。彼时平叛之战的形势渐渐为萧绎掌握，萧绎不愿萧纪来争功，便又报书给萧纪说："蜀中斗绝，易动难安。弟可镇之，我自灭贼。"萧纪情知萧绎的真实目的在于独揽大功，但对方既已表露出不同意自己出兵，如果硬要举兵东下，势必会提前引发战争，因此不敢发兵。

萧绎对萧纪的图谋洞若观火，他便把平定侯景之乱抓获的战俘给萧纪送过去几个，意思是东边的变乱已经平定，你萧纪如果敢东下，将面对整个江南的抵抗。

萧纪的世子萧圆照镇守巴东，侯景战俘送到巴东，萧圆照为了让父亲下定决心进攻萧绎，把侯景战俘全数扣留并藏起来，而后派人到成都报假信说："侯景之乱还未平定，听说荆州也已经被侯景攻破，请蜀中立即派大军东下，趁乱吞并荆州。"

彼时西魏趁南梁内部散乱，以达奚武、王雄为首将拿下汉中和梁州，川北失去屏障，形势十分危险，但萧纪仍决定东下进攻荆州，不派一兵一卒北上支援。

在梁朝宗室集体癫狂的洪流中，不管是谁都难以独善其身。舍外敌而搞内讧，这是梁宗室最愚蠢、最丑恶的行为。

萧绎初闻萧纪盛兵东下，甚为恐惧，他让人画出萧纪的肖像，在其肢体上钉上钉子以魇镇萧纪。彼时湘州未平，益军又至，萧绎恐慌之下向西魏求救。西魏丞相宇文泰眼光何等敏锐，闻讯立即决策乘虚进攻益州，这直接导致南朝失去益州重镇，使南朝国防形势极为被动。

承圣二年五月，萧纪大军开到巴东，这才知道侯景之乱已经平定，颇为后悔。萧圆照劝其一不做二不休，一鼓作气消灭萧绎。其时西魏大将尉迟迥率大军已破剑阁，蜀中危在旦夕。益州将士无心东下，日夜思归，不少部将都劝萧纪早点班师，回救成都根本之地。

然而大军岂能随便撤还，事已到此，骑虎难下，只能硬着头皮继续攻打荆州，萧纪下令："再敢言退者死！"益州大军进至西陵峡，旌旗千里，舳舻蔽空，声势十分浩大。萧绎部将陆法和在峡口据守，由于荆州军主力都在湘州平乱，守在峡口的兵力十分寡弱，只能依托地利防守。陆法和在江岸两边到处筑城，往江里填上大量土石，还在江面上拦起铁锁，阻止船只通行。

萧纪也在江岸上起连城进逼荆州军，用大船撞断拦江铁锁，陆法和连连向萧绎告急。萧绎情急之下接连起用俘虏的侯景旧将任约、谢答仁为将军，令其率军西上救援陆法和。

萧绎自以势弱，便写信劝萧纪退兵，信中说："甚苦大智，……以兹玉体，辛苦行阵。……吾年为一日之长，属有平乱之功。……傥遣使乎，良所希也。如曰不然，于此投笔。友于兄弟，分形共气，兄肥弟瘦，无复相代之期；让枣推梨，长罢欢愉之日。"写信的口吻仍是兄弟家信，刻意避开了两人当时都已称帝而不能相下的尴尬。但萧纪自恃兵力尚强，希望通过一战消灭萧绎。

同年六月，造反后又归降萧绎的大王琳，也率湘州军也进抵峡口，荆州军兵力大增，双方形势陷入胶着，萧纪无法迅速突破江防，何谈攻灭江陵?荆州军一时间也无法击败萧纪，只能凭险阻击，慢慢扭转劣势。

但是双方后方的形势却有天壤之别。荆州方面刚刚平定湘州叛乱，又与西魏暂时讲和，对江陵威胁最大的襄阳萧察不敢贸然进攻，王僧辩所部军队据史料推断还留在荆州大本营，萧绎可以说几乎没有后顾之忧。

益州方面却越来越糟糕，西魏尉迟迥大军突破剑阁，在带路党杨乾运的引导下攻克潼州（今四川绵竹），西魏军的前哨很可能已经抵达成都城附近，由于萧纪东下时把主力全都带走，成都附近的防守兵力极为薄弱。萧纪如果继续在峡口僵持下去，老巢被西魏端掉是毫无疑问的。无奈之下，他派将军谯淹分一部分主力驰援成都，同时遣度支尚书乐奉业去向萧绎请和。哪知道这个原本被萧纪寄予重望的人，转身便倒向萧绎，一五一十地告诉萧绎，益州军粮草告罄，将士思归，迟早会崩溃，千万不可议和。

萧绎大喜，便回书不和，分命诸将加紧攻势。不久后，益州军在双重压力下终于崩溃。巴东的豪强发动叛乱，杀了峡口守将公孙晃。任约、谢答仁攻破蜀军的陆上营垒，引发益州军沿江两岸十四座城池的一连串投降。

萧纪心中忧虑万分，不知如何是好。他初出益州之时，曾令人把黄金铸成一斤一个的饼子，共铸了一万斤，银饼则铸了五万斤，还有数量极其庞大的绢帛。每次出战前，萧纪都把金银财帛拿出来给将士们看，以鼓励他们死战，但拿出来许多次也不舍得分发一丝一毫，士卒们颇有怨言。宁州刺史陈智祖请萧纪把金银分赏给将士以提振士气，与荆州军做最后一搏，萧纪这个守财奴说什么也不愿意把他的钱发下去。这之后萧纪众军更加离心，有将军请见萧纪商量军情，萧纪通通不见，一个人闷在船里，以手捶床发泄郁闷。

荆州军大将樊猛率三千骁勇之士，乘坐轻便的小船溯江而上，直捣萧纪舟师中军。樊猛出身雍州，与其兄樊毅都是勇悍能战之辈，太清三年台城激战时，樊氏兄弟与叛军血战整日全身而退，足见其勇。

樊猛率军靠近萧纪的中军时，命士卒擂鼓呐喊，乘着威势向益州船舰发起冲击。萧纪军连日进攻峡口、江面，都没有进展，士气很是低迷，被樊猛这么突然一击顿时大乱，诸军不能列阵，被樊猛杀得七零八落，死者多达数千人。

萧纪带着心腹数百人逃命，峡口之西的江面都被荆州军截断，便顺流向东逃命。樊猛穷追不舍，萧纪部众死伤殆尽，樊猛最后带人登上萧纪的座船。萧纪绕床而躲，手持金囊扔给樊猛说："钱送给你，请送我去见见七官。"七官就是萧绎，萧纪毕竟是萧绎在这个世界上最后一个亲兄弟，樊猛不敢造次杀人，便把萧纪看守起来。

萧绎闻知萧纪已被擒获，虽想立刻杀之以绝后患，但矫情尚虚名的他又不愿背上杀弟的恶名，便给樊猛送去密令："生还不成功。"樊猛心领神会，在舟中杀死萧纪。萧纪的儿子萧圆照、萧圆正被囚禁起来，萧绎虽然没下令将其杀了，却不让人给两兄弟送饭，把他们饿得啃自己胳膊充饥，十三天后都饿死在狱中。萧纪一系势力就此全灭。

消灭益州军主力后，荆州军乘机西上略取巴东郡，但也就止步于此。西魏尉迟迥已攻下成都，控制了今重庆以东的广大区域，荆州军不敢绝盟，停军固守已占领的州郡。

荆、益两州互掐，是典型的亲痛仇快的惨剧。西魏付出极其轻微的代价全取蜀汉之地，而梁朝国土大片沦丧，数万军队在内讧中毁灭，再也无法抵抗北朝的威胁，灭亡的丧钟已经敲响。

江陵大战

西魏丞相宇文泰目睹梁朝内战后的惨状，决定趁火打劫，出兵进攻江陵。

梁元帝萧绎虽然是江南名义上的皇帝，但实际只能控制荆州、郢州、巴州等数州，远在扬州的王僧辩实际处于独立状态，湘州、广州都不愿听他的号令，而江陵又在长江北面，处于很不利的态势。

宇文泰对这一形势看得很准，因此，决心也下得很快。承圣三年十月，宇文泰以柱国大将军于谨为统帅，率领宇文护、杨忠、韦孝宽、李穆、郭彦等大将，统步骑五万人从长安出发，征讨江陵。荆州系统的常胜将军权景宣以本部兵协同出击。

宇文泰亲自到青泥谷为大军饯行，临行前长孙俭问主帅于谨："从萧绎的角度考虑，应对我军征讨，你有几种应对策略？"于谨分析道："三种。上策是发兵北攻，拿下汉沔流域的襄阳诸郡，隔汉水对峙，进可威胁关中，退可稳守襄阳。中策是收缩兵力，据守江陵子城，固守待援。下策是在江陵决战。"长孙俭又问："那么萧绎最有可能采取哪种策略。"于谨说："萧绎一方面认为我国受到北齐牵制，不敢调集重兵南下攻梁，另一方面恋土难移，必然会困守江陵。"于谨素来老谋深算，他人未出长安，却已号准了千里之外萧绎的脉。

具体的作战安排上，于谨的总体原则是速战速决，因为襄阳萧察所部其心难测，又兼郢州、湘州、扬州的外军可能援救江陵，所以必须求快。于谨大军经武关至荆州（西魏）、襄阳，会合萧察的部队，继续南进。

为尽可能地压缩战役进程，于谨先派杨忠、宇文护率轻骑两千倍道兼行，直攻江陵城南江津戍，截断萧绎渡江南逃的退路。另以荆州（西魏）军权景宣所部主动进攻郢州，遏阻梁朝郢州方向的救兵。

杨忠、宇文护一边急行军，一边以迅雷不及掩耳之势攻击梁的沿边城戍，并不断捉获梁军的候骑，从而有效隐瞒了其行军信息。仅仅二十天后，西魏前锋军出现在江陵城下！

西魏军未入境时，梁武宁太守宗均探听到消息，急忙向萧绎报告情况，萧绎的心腹大将胡僧祐和大臣黄罗汉都说，魏梁两国通好，西魏不可能违背盟约出兵。萧绎也认为西魏不会大规模出兵，但为保险，他中止了讲经会，派侍中王琛出使西魏，探听消息。王琛走到荆州边境沔水边，没见到魏兵，便驰书报告：边境一派和平景象，根本没有魏兵入侵。萧绎便又放心地开始讲《老子》，只不过为了以防万一，下令内外戒严，提高战备等级，前来听讲的大臣们也都披上甲胄。

直到杨忠、宇文护的旗号打到江陵城下，萧绎终于慌了神，派人迅速征召扬州王僧辩部、广州王琳部两支劲兵入援。同时派兵出城，迎战魏军。

不料杨忠、宇文护并未在城下纠缠，而是越城而过，直扑城东南的江津戍。江津戍距离江陵城约二十里，是长江北岸的重要渡口，与南岸要津马头戍相对，不论是寻陆路南下，还是沿水路东下，江津戍都是必经之地。萧绎明白西魏军这是要掐断他的后路，于是马上派兵追击，并祭出了北人难得一见的陆战神器——大象兵。

南北朝时生态环境大大优于现代，而且气候很温暖，因此大象能够生存于此并能训练成为战兵。所谓象兵，不外乎以人驱之，并在大象身上拴上刀枪，凭借大象的巨力冲破敌阵。杨忠率军与之对战，由于北人从未见过大象，初次与象兵作战难免恐慌。好在杨忠也是西魏宿将，其人素有勇力，曾经跟随宇文泰狩猎，他活捉一头猛兽，左手挟住兽腰，右手兽口拔舌，生猛程度令人叹为观止。杨忠号召士兵不要惧怕大象，他亲自张弓射击大象，大象中箭，返身冲向梁军大阵，扰乱了梁军阵脚，西魏军乘势冲杀，大败梁军。

经此一役，梁军不敢再战，杨忠、宇文护站稳江津戍后也不再主动出击，列营于城下等待于谨大军到来。同时收集所有长江北岸的船只，严密封锁渡口，不让一人一马渡江。

梁郢州刺史陆法和闻知西魏来犯，派兵出击，同时向萧绎报告请求援救江陵。关键时刻萧绎猜忌之心再犯，他自信还能撑到王僧辩、王琳两人来救，生怕陆法和打败西魏军，以大军入据江陵，那他的王位恐怕保不住，于是回复陆法和说："你只需要守好郢州，江陵我自己能应付。"陆法和唯有叹息。

西魏权景宣探知陆法和出兵，便率军到溳水一线迎击。权景宣所部兵力只有几千人，对比郢州的陆法和，力量不免有些单薄。

但这些并不是决定因素，西魏军常年征战，无论是作战经验还是军队士气，都比梁军强不少。更关键的是，权景宣本人的指挥能力实在不容小觑，几年来对阵梁军从无败绩。

对面的梁军却有些底气不足。陆法和受到萧绎严令不得出战，只得龟缩在郢州城中，只派司马羊亮率一部兵力到溳水一线虚张声势。权景宣得知这一情况，迅速抓住战机，自率主力从随郡南下直扑羊亮，同时又令部将率一部兵力攻打鲁山镇。

权景宣分路出击，又故意多设旗帜，营造出兵力雄厚、泰山压顶的假象，梁军越发胆怯。权景宣遂倾其主力而出，在涢水之畔大败羊亮，乘胜追奔至汉阳城下，梁军残部退回郢州，陆法和唯恐郢州有失，不敢派兵救鲁山镇。很快，鲁山镇被西魏军拿下。陆法和把大军收缩到郢州外围，不敢出战，距离江陵最近的一根大动脉，就此被西魏军废掉。

江陵城内此时已乱成了一锅粥。萧绎在津阳门外校阅诸军，意图振奋士气，不料突遇暴风雨，还没阅完便狼狈结束。为鼓舞士气，萧绎又亲自骑马到城外察看城栅，命人进一步加固。回到城中后，命大将胡僧祐、尚书右仆射张绾都督江陵城东防务，尚书左仆射王褒、四厢领直元景亮都督城西防务，其余王公分守诸城门，太子率宫中人员巡行城楼，帮助守城军士搬运木石。

西魏杨忠、宇文护占领江津戍后的第四天夜里，西魏主力大军杀到江陵城北四十里的黄华戍。翌日，西魏军急行军攻至江陵城栅外。梁军设置的城栅类似于鹿角、拒马等设施，但作用比这些大。城栅以大木砍削而成，大约有一人多高，大多因地形而设，既可以阻止骑兵冲击，也可以防止步兵直接攻击城墙。梁军手执长矛在城栅内防守，魏军皆下马步战，纷纷爬上城栅向内攻击，但在梁军长矛挑刺之下死伤不少。西魏军猛将王杰长于骑射，张弓搭箭射死栅内最会使长矛的一名梁军，又督促本部兵向内猛冲，终于打开一个缺口，大队西魏军遂冲入栅内。

眼见城外破围，梁军迅速采取反制措施，开枇杷门（江陵南面的城门之一）出战，仗着一股锐气，杀得西魏军措手不及。这场战斗暂时遏制了西魏军的攻势，但没有进一步扩大战果，西魏军一部在城栅内稳住了阵脚，两边相持下来。于谨命大军再沿着城栅纵火，烧毁大量城边民居及城楼，然后又在城外筑起土墙，防止梁军开城冲击。

西魏军后续部队不断赶来，梁军已无法冲出重围。萧绎心中最盼望的大救星王僧辩迟迟没有消息，他再次给王僧辩发去书信："吾忍死待公，可以至矣！"

那么王僧辩又在干什么?时任扬州东都督（陈霸先是西都督）的王僧辩其实早已接到萧绎的命令，他却一直在不慌不忙地部署军队，去建康下书的主书李膺不停催促王僧辩赶紧出兵，王僧辩说："西魏军骁勇善战，与他们直接对阵显然不太明智，我现在不急着出兵，就是在等待时机，只要魏军和萧察的部队全到了江陵，我便直接渡过汉水攻取襄阳，一举截断他们的后勤补给线，让他们困死在江陵城下。这不就是孙膑克庞涓的故技嘛。"

李膺听了这话不由脊背发冷，多年的主臣猜忌，到关键时刻发作了，当初萧绎几乎把王僧辩活活砍死的时候，不知道有没有想到这一天。

江陵近旁的信州（在今湖北夷陵）刺史徐世谱与晋安王萧方智的联军，已到江陵南岸的马头戍，但北岸的江津戍已被西魏杨忠、宇文护牢牢控制，梁军援兵不敢过江，只得在马头戍就地扎营，遥为声援。城中闻知消息，又派出王褒、胡僧佑、朱买臣、谢答仁冲击，想里应外合，打破西魏的包围，均被阻回城中。

此时萧绎所召另一大将王琳已到达湘州长沙。王琳与王僧辩也只是五十步与百步的区别而已，他没有第一时间过江入援，反而不紧不慢地在长沙屯驻下来。

西魏军主帅于谨久经大敌，他知道夜长梦多，梁人援军越来越多，不能再继续围困，于是立即下令全力攻城。西魏军在数十年中与东魏北齐大战十余次，积累了丰富的攻城与野战经验，用以对付梁人，实在是绰绰有余。

西魏军的攻势相当猛烈，梁军力不能支，发动全城老百姓顶着木板上城支援，萧绎也亲自到枇杷门督战。老将胡僧佑带头冲锋，时不时还带兵开城反冲击。但相比王僧辩，不管是长远的战略眼光还是战役指挥艺术，胡僧佑都远远不及。在城防危急的时刻，这位年过花甲的老人还这么舍命冲在第一线，除了能鼓舞一下士气，实在没什么别的作用了。没过多久，在激烈的战斗中，胡僧佑被流矢射中当场阵亡，梁军失去了唯一一个灵魂式人物，士气大跌，外城的抵抗顿时松懈下来。西城守城士兵丧失了对抗的信心，大开西门迎接西魏军入城，江陵城终于破防！

萧绎命令诸军退入金城（即江陵内城）。当夜，派两名宗室王萧大封、萧大圆到于谨营中讲和，并作为梁朝的人质以显示诚意。于谨不予理睬，把二萧扣押在营中，继续指挥部队攻城。

萧绎感到末日即将来临，不由得悲从中来。他让人把江陵的书籍集中到东合竹殿上，一把火烧了个精光。这些书共有十四万卷，其中很多是古籍、孤本，魏晋、南朝几百年传承下来的文化精粹就此失传，实在是一场不亚于焚书坑儒的文化浩劫。萧绎又拿出自己的佩剑，砍斫庭柱，把剑折毁。人问萧绎这是什么意思，萧绎说："文武之道，今夜尽矣。"

烧完书后，萧绎决意投降，便命御史中丞王孝祀写降书。谢答仁、朱买臣劝萧绎说："如今城中兵力仍然有一定实力，趁着黑夜开城而出，渡江去找徐世谱和任约的部队，我们还有很大胜算。"

萧绎心如死灰，已经丧失继续抵抗的决心，他对谢答仁说："我素来不会骑马，怎么出城冲突？"谢答仁再要劝谏，萧绎拒不见面，谢答仁气得呕血而去。梁军的抵抗到此终于全面停止。

承圣三年十一月甲寅，梁元帝萧绎先派其大臣王褒奉太子萧元良到西魏军营投降。稍后，萧绎下令去掉了皇帝的仪卫，骑着白马，开金城门出降。走到城门下时，这位酸秀才皇帝拔剑击门，叹曰："萧世诚（萧绎字世诚）一至此乎！"

梁元帝被俘，西魏军蜂拥入城，于谨下令全军在江陵城中放开抢掠，可怜萧绎经营了十几年的财富，被西魏军一抢而空。梁室宫中器物如宋浑天仪、梁日晷铜表、魏相风乌、铜蟠螭趺、大玉径四尺围七尺，及诸车辇法物，作为国祚的象征被于谨收缴后上交西魏国库。

江陵城内的士民也跟着遭殃，许多政府官员被俘作奴隶，被掳走的百姓更是不计其数，史载大约有十多万人被掳到关中，成为西魏勋贵重臣的奴隶。这些亡国奴后来的命运很凄惨，他们之中健壮的人被驱往关中，老幼病弱被杀，只有两三百家获免。大多数人以奴隶的身份悲苦地过完了一生，只有极少数人因为年老，在十多年后被北周官方释放。覆巢无完卵，国破民不幸，诚如是也。

于谨下令杀掉萧绎，以及萧绎的太子萧元良、始安王萧方略、桂阳王萧大成。后来王僧辩、陈霸先在建康虽然另立萧氏皇帝，但纯粹是傀儡，梁武帝开创的基业，到此基本灭亡。

王琳其人

陈霸先开基建国之际，荆州系统的大将王琳野心勃勃，以湘州、郢州等地为基地，举兵与陈朝大战，给新生的陈朝政权带来了不小的麻烦。

王琳，字子珩，会稽山阴人。王姓本是自北方来江东的外姓，以太原王氏和琅琊王氏居多，王僧辩就是太原王氏后人。江东王氏经过宋、齐、梁三代摧残，大部分沦落为寻常百姓。王琳不知是哪一枝王氏后人，血缘出身不可考。王琳是军人世家，本身地位比较低下，但因王家的女儿们与梁朝皇室联姻，嫁给萧绎当妻妾，王琳便鸡犬升天，跟着萧绎到荆州，成了显贵之人。王琳自幼习武，为人豪爽，与人结交不分贵贱，一视同仁，因此深得人心。

侯景之乱时建康被围，萧绎派王琳押送米粮一万石到台城给梁武帝。但还没走到，就传来侯景攻陷台城的消息。王琳不是死脑筋的人，立即把粮食沉到江中，返回荆州江陵城。萧绎不但没有怪罪他，还提拔他当了岳阳内史、湘州刺史。

侯景打郢州时，王琳率军击败叛军大将宋子仙并将其生擒，立下大功。萧绎不断为他加官晋爵，增配兵力达到一万多人，其中多数是王琳自己招募的江淮之间的流民、强盗。王琳视这支军队为自己的私产，管理调教非常用心，见人一面，就能记住姓名。军中刑罚从不滥施。所得赏赐之物，全部分给将士，部下对他十分忠心。

　　总的来看，王琳早期的军政生涯，由于萧绎刻意照顾，一直顺风顺水。他性格中倔强剽悍的一面，没有机会展现出来，萧绎也一直未对他加以提防。直到王琳随王僧辩进攻建康、平定侯景，王琳性格中像野马一样狂放不羁的一面才逐步释放出来。

　　建康台城被梁军收复后，各部梁军与叛军苦战多年，都憋着一口恶气，入城后都想劫掠一番。主将王僧辩极力约束部队，毕竟建康是旧京所在，官军打回来要是和侯景叛军一样胡作非为，岂不是失了民心？

　　但王琳不管，为了满足部下，放任他们去抢掠。王僧辩很生气，要治他的罪，无奈他身份特殊，背后有萧绎撑腰。王僧辩便把有关情况写了下来，派人送到江陵，请示萧绎。

　　这件事非常考验萧绎的处事能力。

　　王琳把部队视作私兵，已经显现出军阀习气，东晋南渡以来，每每王朝出现危机，祸乱源头总是士族军阀。宋齐以来，皇帝都不遗余力地打击有军阀苗头的武将，派宗室诸王出镇地方。梁武帝派儿子们到各州当刺史，就是出于这样的考虑。王琳这种毛病断然不能惯着。

　　如果敏感一些，萧绎应当借此机会，让王僧辩在前线就地惩罚王琳，名正言顺，合理合法，谅他王琳也说不出来什么。之后再顺势敲打，彻底驯服，既能帮自己好好带兵，又能杜绝隐患。但萧绎没有这么处置，而是采用了较为激进的办法，让王琳带本部兵马返回荆州。表面上平息了王僧辩的怒火，也遏制了王琳进一步违法犯禁，实际上却引发了另一重危险。

　　建康到江陵跨越了几个州，距离这么遥远，怎能随意调动一支多达万人的部队？兵者，国之重器，哪能说调就调，而且在军队发生问题，主将受到嫌猜的时候调，这在军事上是很大的忌讳。

　　果然王琳接令之后，心里很不痛快，认为萧绎不信任自己。但萧绎的这种处置办法，留有明显的漏洞。一万兵马，千里回防，其间基本处于独立自主的状态，而回到荆州，就将受制于人。

王琳也怕事有万一，率兵返回途中，经过湘州巴陵郡。王琳本来的官职是湘州刺史，他灵机一动，萧绎的命令是叫他撤回来，但没有明确他的部队撤回哪里，去荆州也可，回湘州也行，反正都是自家防地。王琳便令长史陆纳统领军队，留在巴陵郡，自己前去江陵复命。临行前王琳与陆纳约定，如果他到江陵出了意外，陆纳便率大军在巴陵造反。

王琳到了江陵城，觐见萧绎，还没说几句话，廊下就走出一队卫兵当场将他拿下，投入狱中。萧绎随后宣布免去王琳一切官职，任命儿子萧方略为湘州刺史。

廷尉卿黄罗汉、太府卿张载到巴陵城宣布命令，要陆纳率湘州合府官员，迎接萧方略到任。可叹萧绎愚蠢，也不问问情况，任由王琳的一万兵马留在巴陵郡，冒冒失失地就把矛盾骤然激化。王琳从此开启了连年反叛模式，闹得梁亡陈兴之际，江南一再大起兵戈。

湘州叛乱

陆纳心知王琳必然不免于祸，便按约定拒不受命，把黄罗汉和张载扣押在军中。

萧绎闻讯又遣近侍太监陈旻（mín）到军中招抚陆纳，陆纳仍不受命，还当着陈旻的面剖开张载的肚子，把肠子拉出来系到马腿上，马跑起来把肠子全都拉了出来。张载死得惨烈无比。陆纳还不解恨，他让人把张载的肉一片一片割下来，把心挖出来，将残骸烧成灰烬。陈旻吓得面如土色。

张载先前受宠于萧绎，嚣张跋扈，荆州士民痛恨万分，此时终于遭到报应。黄罗汉因为素来为官清廉、待人谨慎，而免于杀身惨祸。

陆纳自知动静闹得越大，王琳就越安全。他一不做二不休，率军南下进占长沙，发兵向东南攻占衡阳郡（治所在今湖南株洲县）。

原本只是两个将领之间的小矛盾，被萧绎这么一番鼓弄，弄得如此狼狈不可收拾。萧绎悔之不及，只能硬着头皮上了。

当时蜀中萧纪的大军正在顺江东下，峡口岌岌可危。萧绎仅靠江陵的兵力，难以迅速解决陆纳叛军，便发檄急调远在建康的王僧辩西返，率军平叛。同时令刚从西魏释放回来的宜丰侯萧循、平北将军裴之横等率军进攻长沙。

陆纳相继攻破湘州以南数个郡县，但他的叛乱行为不得人心，因此附近州县多有举兵对抗者。萧循驻兵巴陵，与衡州刺史丁道贵、营州刺史李洪雅进攻陆纳。

陆纳诡计多端，见诸军合围，自忖兵少地狭打不起消耗战，便遣使请降，萧绎派受降使者到陆纳军中，将士都伏地哭泣，声称只是因为王琳获罪，众军暂时在湘州逃避，并没有其他想法。陆纳还把妻儿老小交给使者作为人质，以示诚意。萧循觉得事情不对劲，认定这是陆纳的缓兵之计，便令诸军严加戒备。陆纳果然派轻兵袭击巴陵城，若不是萧循早有准备，陆纳之计几乎得手。

陆纳进攻巴陵不成，转而攻打李洪雅与丁道贵。王琳的部队本就剽悍善战，经过平侯景之战又得到很大锻炼，李、丁二部根本不是对手，都被陆纳击破，丁道贵被杀，李洪雅被俘。

承圣二年二月，王僧辩率大军西返巴陵，萧循资历、威望都不如王僧辩，便主动让出都督之位，请他统一指挥诸军。王僧辩唯恐威望太盛引起萧绎猜忌，固辞不受。萧绎欲用王僧辩之力，便分任两人为东、西都督，共同率兵攻长沙。

陆纳在长沙大治水师，其中一艘大舰名曰"三王舰"，"三王"意指被萧绎害死的邵陵王萧纶、河东王萧誉、桂阳王萧慥（此说出自《南史·王僧辩传》，不甚准确，萧纶虽被萧绎逼迫，但并非死于萧绎之手，而是被西魏大将军杨忠擒杀），陆纳立三个藩王的木像于船上，每次出战前都祭祀以求福。陆纳造反本就不是什么正义之举，以这种恶心人的做法来给萧绎添堵，正像是两条狗互搏，都不怎么光彩。

王僧辩很熟悉陆纳部队的特点，不急于硬碰硬地对攻，而是慢慢筑连城向长沙城下推进。陆纳同样也知道王僧辩的厉害，不敢出兵进攻，在王僧辩的不断进逼之下退守长沙城。此后虽然发生过一些小的战斗，王僧辩还因为过于轻敌，被陆纳部将吴藏、李贤明偷袭，但总体上是王僧辩占据绝对优势，攻下长沙也是迟早的事。

如果按王僧辩的战略，以绝对优势的兵力活活磨死陆纳是上上之选，但此时荆州的外部形势越来越危险，益州大军即将突破峡口东下，陆法和快抵挡不住了，数次告急于萧绎。如果迟迟拿不下湘州，荆州便有可能陷入腹背受敌的绝境。情急之下，萧绎命王琳到长沙劝陆纳投降，王僧辩把王琳放到攻城楼车上升起来给陆纳看，陆纳众军都感动得掉了眼泪，声称只要放王琳入城就投降。王僧辩原想以武力彻底解决陆纳，但架不住萧绎心急如焚，最终还是把王琳放回了长沙城。湘州叛军果然归正，并接受萧绎的命令，承圣二年六月，全军西上进攻萧纪。

陈朝平定王琳

绍泰元年江陵城破之后，王琳在长沙坐观成败，拒不进兵。待梁元帝被杀后，王琳宛然成了湘州一带的主人，拒不接受建康梁敬帝政权的号令。

王僧辩、陈霸先内讧，更加刺激了王琳的野心。太平元年九月，王琳趁陈霸先无暇西顾，自长沙举兵北上东进，袭击江夏城。据守郢州的梁丰城侯萧泰力不能敌，举州降于王琳。

太平二年三月，建康政权不得不承认王琳占据湘、郢两州的事实，忍气吞声地任命王琳为湘、郢两州刺史。

王琳拒不接受建康的诏命，在湘州大肆准备讨伐陈霸先，其军队规模扩至数万人，号称十万，其中水师尤盛，战船有数千艘之多。因为楼船行进时的嘶吼之声，与野猪叫声有些像，便给楼船命名"野猪"。

太平二年六月，稳定江东环境之后，陈霸先立即着手对上游进行武力征伐，陈朝大将南徐州刺史侯安都、江州刺史周文育、太子左卫率周铁虎、南丹阳太守程灵洗、南兖州刺史吴明彻、徐敬成等，率众两万余，沿江西进，进攻郢州武昌郡。

陈朝大军的这个将领阵容，可以说是陈霸先的顶级配置。侯安都、周文育各为西道和南道都督。侯安都、周文育和吴明彻都是陈霸先的元从老将，资历、才望和功劳都是一流。从这些将领的安排可以推断，陈霸先对进攻王琳是志在必得，然而他无意中犯了一个错误。

侯安都和周文育各统一军，两人在军中名位相当，互不统属，两将手下部队也是各自听命于本部主将，但现在两军一同出兵，打起仗来，谁听谁的？由于陈霸先事先没有考虑到这一层，大军出发后，内部关系一直不太和睦，非常尴尬。行军打仗，指挥权必须统一，元帅之位必须非常明晰。陈霸先过于相信几位大将的人品，并未明确统帅，为这次征伐失败埋下了伏笔。

侯、周两军进抵郢州，武昌郡守将樊猛畏惧侯、周二将声势，弃城而逃。江夏守将潘纯陀则固守不下，侯安都怒而攻之。王琳闻讯自率大军前至沌口，侯、周二将只留一军监视江夏，太平二年十月，主力进至沌口。

两军相持数日后大战，侯安都、周文育两军大败，除吴明彻逃归外，侯安都、周文育、徐敬成、周铁虎等大将都被生擒，王琳亲自接见被生擒的诸将。他们旧日一同平定侯景，都是有交情的老相识，此时作战各为其主，私人之间没有太大仇恨。王琳没有杀侯安都、周文育和徐敬成，唯独周铁虎是王僧辩故将，王琳痛恨其背主降敌，将其处死。

王琳于是尽复郢州失地，又趁江州刺史周文育所部尽丧于沌口，乘势发兵进占江州，声威之盛，一时直压陈霸先。只可惜，恶人自有恶人磨。王琳虽然占领江州，却无意中引爆了江州、闽中一带积压了数十年的大火药桶——江州土豪。

南朝刘宋以来江州辖境大体包括今江西、福建两省，至陈朝变化不大。随着宋末以来南朝政治、军事政策的变化，江左诸朝对江南的开发更加深入，江州地连建康和广州，赣江沿线的江州跟着繁荣起来。早在晋宋之交时，为了满足京师建康的需求，南康郡便经常伐木沿赣江运入京师，导致东晋末年孙恩、卢循起义时，义军竟能以货运南康木材为借口运兵。

经济的发达促使江州一带的豪强迅速崛起，前文已述江州地区有豫章熊昙朗、临川周迪、东阳留异、晋安陈宝应等名著一时的土豪。江州地区，特别是闽越一带，历来政府控制力较弱，故而豪强经常裹挟百姓造反，《梁书·羊侃传》称"闽越欲好反乱，前后太守莫能止息"。大同八年，竟然还发生过安成郡豪强刘敬躬举兵称帝的事件。陈霸先最初自岭南起兵北上参与平定侯景的战争，途经江州时，南康豪强蔡路养唯恐陈霸先假道伐虢，双方还发生了一场激战。彼时陈霸先忙于北上，虽然击灭蔡氏，但对江州其余土豪势力只能置之不理。熊昙朗等人表面上接受梁、陈两朝的诏封，实际上仍趁建康政权无力制裁割据一方。

永定二年（558 年）一月，王琳占领江州首府湓城，北齐闻讯把梁永嘉王萧庄送过江，王琳拥立其为梁帝。得意忘形之下，听从新吴（今江西奉新）豪强余孝顷先南后北的建议，分兵进攻江州势力最大的豪强周迪。当年五月，双方大战于临川，周迪初战不利，表示愿意归降王琳。余孝顷自恃兵强不许，与王琳派来助战的将军樊猛发生严重分歧，结果形势在周迪的援兵到达后逆转，余孝顷兵败被俘。这场战役的失败，不仅削弱了王琳的军力，还激怒了包括周迪在内的一众江州豪强，使得王琳在即将东下进攻建康的关键时刻受到掣肘。

八月，陈霸先遣侄子临川王陈蒨率军五万人，自建康出发，再讨王琳。

为避陈军锐气，刚刚经历临川之败的王琳撤回郢州。建康方面不敢穷追，以刚刚从王琳军中逃归的大将周文育、侯安都等人配合周迪进攻余孝顷余部。直到次年十月，陈朝经历了武帝去世、文帝即位的风波，王琳才乘乱复出郢州，再次进攻建康。

陈武帝于永定三年六月突然去世，仅剩的儿子陈昌被扣在北周当人质（陈昌、陈顼二人原在江陵被梁元帝扣为质子，江陵沦陷后被掳至长安），以侯安都为首的老臣宿将主张立功劳最大、血缘最近、年龄最长的临川王陈蒨为帝，是为陈文帝。建康人心浮动，新即位的陈文帝忙于整理军政，无暇顾外，王琳刚好抓住了这个时机。

永定三年十一月，王琳大军进至大雷戍，进逼石城（今安徽安庆）。陈朝派大将侯安都、侯瑱（另一位大将周文育在进攻余孝顷余部时被豪强熊昙朗害死）从建康出发迎击，另以大将吴明彻绕到王琳后侧，进攻江州溢城，试图端掉王琳在江州的大本营，不料被守将任忠击溃，吴明彻仅以身免。侯瑱、侯安都不敢直犯王琳兵锋，引军退入芜湖。陈将程灵洗引军在南陵阻击王琳，骄横的王琳被得措手不及，程灵洗一击即退，在俘获王琳数艘青龙大船后亦退入芜湖。

北朝两国对此反应不一，王琳扶立的梁朝向北齐称臣，北齐着眼于争夺江东，派人到合肥准备水师，虽被陈军偷袭烧毁了一定数量的船只，但仍虎视江北。此次王琳来攻建康，北齐水陆两边同时派出军队到江上，以支援王琳。北周则毫不犹豫地延续趁火打劫的作风，派荆州刺史史宁进攻郢州。一助一攻，助者有限，攻者凌厉，王琳不敢撤军回救，只能硬着头皮继续向建康进攻。好在郢州留守将军孙玚苦苦支撑，周军一时不能得手，王琳才能勉强继续在芜湖与陈军相持。

天嘉元年二月，王琳军在与侯瑱相持百余日后，利用春至水涨的机会，把合肥的水师通过濡须河引入长江，彼时西南风大起，王琳自以为天公作美，不顾陈军尚在咫尺的实际，沿江向北直进，企图直捣建康，消灭陈朝。侯瑱从芜湖出军进攻其侧后方，湘州和建康军队的大决战终于开打。

两军船只接近，搅在一起混战，王琳命众船向陈军投掷火炬，不料西南风大，王琳在东北，陈军在西南，所投火炬反而烧到自己。侯瑱命诸船靠近敌船，以拍杆捶击敌船。拍杆系以大型木架支在船两侧，木架上放置长木棍，木棍顶端绑缚大石，士兵利用杠杆原理操纵木棍捶打敌船，古代船只都是木制，很容易被撞碎。陈军定州刺史章昭达所部平虏大舰是侯瑱部下的主力，屡屡击毁敌船。陈军又以小船靠近敌船，用熔化的铁汁浇到敌船上。王琳的船队大乱，无法继续战斗，士卒纷纷落水而死，余者弃船上岸。北齐来助战的水师主将刘伯球被生擒，在芜湖西岸驻扎的马军慕容子会部两千人也被冲散。王琳与其心腹部将潘纯陀乘单舴艋船溃围而去，狼狈地逃到湓城。此战，王琳主力几乎被全歼，虽然郢州尚有孙场在坚守，但残部士气已然彻底丧尽。王琳想在江州收合离散继续与陈军对抗，但无人响应，无奈之下，只好逃奔北齐。

陈军随即乘胜进军湘州，江州、郢州、湘州各地的王琳余部纷纷归降，除湘州北部三城被后梁占领，其余变乱州郡都被陈朝拿下。至此，陈朝终于结束梁末十余年大乱，纷争不息的江南再次归于一统。陈文帝陈蒨跟随陈霸先创业，深谙十余年来国家政策失策与百姓所受之苦，一改梁末弊政，采取对外休兵罢战、对内休养生息的政策，使得江南国力慢慢恢复。

打遍陈朝名将者究系何人？

天嘉六年七月，陈文帝陈蒨终于等来了盼望已久的消息，为祸数年的江州豪强周迪被斩首于临川，临川太守骆文牙以最快速度把周迪的首级送到京师建康。陈文帝心中悬着的一块大石头落了地，但这场为时六年的超级叛乱似乎耗尽了他的心血，八个月后陈文帝便溘然长逝。不知临死前的陈文帝是否还能想起，永定三年他刚听说江州豪强叛乱时的心情。

公元六世纪中叶，南朝以侯景之乱为标志，揭开了最后一个朝代——陈朝的序幕。中国历史上第二高寿的皇帝梁武帝萧衍，没有处理好侯景的投降事宜，后者遂以八百残兵起家，一路狂飙突进，挟十万之众打破台城，将南朝撕得粉碎。

在平定侯景之乱的过程中，名位低下的吴兴陈霸先凭借过人的才智和武力，逐渐崛起，并打败梁末第一军神王僧辩，于永定元年十月建立陈朝，改元永定，是为陈武帝。

陈朝建立之后，军事形势极其严峻。在荆、湘一带，前梁朝故将王琳与陈霸先势不两立，宣称要复辟梁室，发兵攻取湘州、郢州等地。王琳是兵家出身，长相奇伟，站直身时头发长垂到地。他本是梁元帝妃子的弟弟，麾下掌握着万余人的兵力。王琳折节下交，对部下非常好，士卒都愿意为他效命。面对这一心腹之患，陈霸先起倾国之兵西上进攻王琳，陈朝开国名臣猛将侯安都、周文育、吴明彻、徐敬成、周铁虎等倾巢出动，不料却在沌口惨败，除吴明彻外，其余四名大将全部被俘。陈文帝陈蒨（时为临川王）临危受命，再发兵五万西上进攻王琳。放眼北方，陈朝与北齐刚刚经历了几次大战，北齐入侵江南的十万大军全军覆没，两国结下死仇。从地方势力一跃成为国家核心，陈武帝和他的陈朝承受着四面八方的压力，陷入风雨飘摇之中。

江州的四姓豪强，便是在这一时期拉开叛乱的序幕。所谓四姓豪强，是指以豫章熊昙朗、临川周迪、东阳留异、晋安陈宝应为代表的四股较大的地方豪强势力。在梁陈易代之际，他们利用陈朝对外战争频繁、无暇顾及地方势力的机会，盘踞一方，彼此勾结，几乎把江州经营成豪强势力的自留地，给陈朝中央带来无穷的祸乱，导致陈朝不得不投入全部兵力，开国名将轮番参战，花费六年时间才扑灭叛乱。那么这四姓豪强究竟是什么状况，且来逐一梳理。

第一个是熊昙朗，豫章郡南昌县的大姓豪强。所谓大姓，即地方宗族势力的代名词。梁陈易代之际，侯景之乱带给江南极大破坏，最突出的表现有两点：其一是中央政权被摧毁，江南几大行政区域呈土崩瓦解之势，荆州、湘州、郢州、扬州、江州、广州、益州各自为政，互相攻伐；其二是士族被大量屠杀，南朝两百余年来士族的衰落从量变完成了质变，他们不仅丧失了对中央政权的影响力，在地方的控制力也遭到毁灭性打击，终于彻底退出了政治舞台。这两个方面的变化直接导致地方豪强势力崛起。熊昙朗状貌奇伟，膂力过人，他利用大姓宗族的影响力，号称保据乡里，不断召聚乡民扩大武装，就连附近啸聚山林的桀黠群盗也往来应和归附。

彼时江南各地都出现了乡民聚党自保的现象。据《陈书·文帝纪》载："侯景之乱，乡人多依山湖寇抄，世祖独保家无所犯。时乱日甚，乃避地临安。……时宣城劫帅纪机、郝仲等各聚众千余人，侵暴郡境……"《陈书·荀朗传》载："侯景之乱，朗招率徒旅，据巢湖间，无所属。……时京师大饥，百姓皆于江外就食，朗更招致部曲，解衣推食，以相赈赡，众至数万人。"《陈书·鲁悉达传》载："侯景之乱，悉达纠合乡人，保新蔡，力田蓄谷。时兵荒饥馑，京都及上川饿死者十八九，有得存者，皆携老幼以归焉。悉达分给粮廪，其所济活者甚众，仍于新蔡置顿以居之。招集晋熙等五郡，尽有其地。"

中央政权为了笼络这些豪强势力，不得不授予他们占据之州的太守职位，好让他们出力进攻侯景。各地豪强力量有大有小，与中央的关系也不尽相同。以荀朗、鲁悉达等为代表的势力与中央保持一致，为陈朝建国立下不少功劳，逐渐被吸收改编为国家武装力量。熊昙朗则是与中央对抗的典型代表。

梁末陈初，岭南实力派萧勃率军北上进攻江州，与中央为敌，战争发生在熊昙朗本乡附近。熊昙朗周旋于两方之间，一边哄骗萧勃的部将欧阳頠，声言帮他进攻陈霸先的大将黄法氍（qú），但需要一些甲杖物资支援，欧阳頠信以为真，便送给他三百领铠甲。另一边，熊昙朗找到黄法氍，约定共同击破欧阳頠。到决战那天，熊昙朗与欧阳頠掎角而前，两军合战时他率军逃跑，欧阳頠被黄法氍打得大败亏输，熊昙朗乘机尽取其军马器械，充实自己的力量。

除了对朝廷虚与委蛇、巧计渔利，对待本乡的小股豪强，熊昙朗也是要尽手段，千方百计扩大自己的势力。巴山豪强陈定拥兵立寨自守一方，熊昙朗假意嫁女于陈氏，又伪称临川的其他豪强不同意两家结亲，可能会以武力干预，要求陈定派兵来接亲。陈定攀上这个大豪强，高兴还来不及，哪会想到其中有诈。他派了三百名甲士和本乡头面人物去接亲，不料被熊昙朗全数扣押。熊昙朗声称，要人可以，一个一个按价赎买。可怜陈定小家小户，部下实力有限，哪经得起这般黑吃黑。虽然史书没有记载他的下场，但估计在熊昙朗面前讨不了好处。据《陈书·熊昙朗本传》记载："兵力稍强，劫掠邻县，缚卖居民，山谷之中，最为巨患。"

第二个是周迪，临川南城（今江西南城）人。侯景之乱时，其宗族首领周续起兵称雄于本郡，梁朝驻本郡太守萧毅畏惧豪强势力，拱手让出临川郡。周续所统诸军大将，都是本郡豪强，一向骄横霸道、不服管辖，周续申明纪律要加以管束，结果众豪强不服，联手杀了周续，推举周迪做了临川郡守。周迪在工塘（江西南城东南四十余里）筑起新城，继续扩大武装规模，实力越来越强。萧勃率军北上进攻江州，与陈军（此时还是梁末敬帝朝，但权柄已转入陈霸先手中，为方便称呼，文中对陈霸先一系势力统称为陈军）展开激战，周迪按兵不动，坐观成败。陈军大将周文育不敢得罪这位地方实力派，只是客客气气地请周迪提供一些必要的援助。周迪没有派兵援助，但给陈军提供了大量粮饷，为消灭萧勃起到了较大作用，周迪因此得到了江州刺史的职位。江州的范围大致包括今天江西、福建大部以及浙南一部分，地盘极其广大。经过东晋南朝两百余年的开发，农业经济水平已相当发达。周迪这个刺史实际上并不能统管江州所有地盘，熊昙朗、陈宝应等豪强仍然各行其是，但能得到这一任命，无疑极大地刺激了他划境自守的政治野心。

第三个是留异，东阳郡（今浙江金华）大姓。他在本乡仗势欺人，连郡县长官都不放在眼里，一直是地方官的心头大患。侯景叛乱爆发后，各地豪强纷纷聚兵勤王，还在外地做县令的留异奔还东阳，大肆招募本乡子弟编成武装力量。大约是这种明目张胆的行动引发了官方的强烈不满，东阳郡的郡丞与留异产生了矛盾，留异凭借手中的武力，公然引兵杀了郡丞全家。东阳太守沈巡要带兵去建康台城勤王，大乱之际，无暇兼顾此事，与临川郡一样，沈巡也把东阳太守之位让与留异。

留异似乎也抱有一定野心，想借平乱之役进一步捞取资望和利益，便让他的侄子留超在东阳临时负责，自己率子弟兵跟随沈巡北上救援台城。只是这位实力派并没有什么长远的见识，他也预料不到侯景之乱到底是什么量级的叛乱。各地的勤王兵马在台城下被侯景击败，于是一哄而散，各还本乡，留异什么好处都没捞到，灰头土脸地跟着梁朝临城公萧大连回到东阳。

侯景攻下台城后，派大将宋子仙率兵追击萧大连至东阳。留异抵挡不住宋子仙，便反戈一击，带领宋子仙擒获了萧大连，并因此被侯景任命为东阳太守。然而他并没有得到侯景的全部信任，其妻小被带到建康作为人质，以控制其行动。

侯景之乱被平定后，留异先后被梁元帝和王僧辩授予官职，得到官方任命的留异愈加公开地扩大私人武装，俨然成为东阳一带的土皇帝。陈霸先收取三吴之地的战争中，留异虽然表面支持，并给陈氏提供粮饷，但实际上陈霸先很明白时下的形势，他不仅不敢征调东阳的兵力参战，还得笼络留异。于是陈霸先把陈蒨的女儿嫁给了留异的儿子，以确保东阳不乱。即使是这样，留异也不肯完全支持陈霸先，还暗中与盘踞在湘州的王琳通使往来。

第四个陈宝应，晋安侯官人，是闽中四大姓之一。陈宝应之父陈羽是本郡豪杰之士，他充分利用梁末晋安郡频繁出现的叛乱，游走于官军和叛军之间，一方面不断煽动大族发动叛乱，另一方面又引导官军袭破之，在这个过程中逐渐扩大自己的武装。《陈书·陈宝应传》甚至说："由是一郡兵权皆自己出。"到了侯景之乱时，梁朝中央完全丧失了对地方政权的控制，陈氏在晋安的影响力更加强大，晋安太守萧云虽是梁朝宗室，也已无法压制陈氏，便主动将官位让与陈羽。

陈羽夺得晋安一郡，自己主持政事，让他的儿子陈宝应管军。陈宝应极有谋略，他趁着三吴地区被侯景搅得天翻地覆之际，不断派兵从海道北上，抄掠浙东临安、永嘉、会稽等郡县。同时他还带着晋安的米粟到会稽等地进行贸易，换来大批玉帛财货。彼时三吴地区天灾人祸横行，饥荒严重，许多饥民都逃到相对富庶的晋安，充实了晋安的人口。陈霸先代梁后，为了安抚江州的形势，允许陈羽将太守之位传给陈宝应。陈文帝即位后，因为要应付湘州的战事，不得不对江州诸豪强表示出更大的诚意，陈宝应被录入陈朝皇族宗籍，家中子女无论大小都被赐予爵位。

连珠炮式的豪强叛乱

永定元年，因为熊昙朗、留异、周迪、陈宝应四人"共相联结，闽中豪帅，往往立砦以自保"，陈武帝遣给事黄门侍郎萧乾入江州，向诸豪强传达招抚的意图。

萧乾是南齐高帝萧道成的曾孙，其人只以书法、经义闻后，并无多大才能，派他去江州反映出陈武帝对江州并无野心。江州诸豪强在形式上表示拥护陈朝，陈武帝顺势任命萧乾为建安（今福建建瓯）太守，但萧乾一介文官，手下并无一兵一卒，未对江州形势产生任何影响。

羁縻（mí）政策终究只是暂时的，一旦形势发生变化，拥有武力的江州豪强必将起兵作乱。永定三年，熊昙朗最先发动叛乱。

事实上陈武帝在经营西、北两面时，已逐步对江州众豪强采取了一些措施。王琳及岭南萧勃与陈朝开战期间，新吴豪强余孝顷屡屡响应二者起兵，陈朝主力大军多次进击余孝顷部。永定三年，为了彻底消灭这一股豪强势力，陈朝开国头号大将周文育率军再次进攻余孝顷的弟弟孝劢与儿子公飏所率残部。熊昙朗与周迪均参与了这场战役，听从周文育的指挥。而当年四月，临川王陈蒨、镇北将军徐度先后率众筑城于南皖口（在今安徽安庆西，皖水入长江之口），这一举动明面上是防备王琳沿江东下进攻，实则不止如此。南皖口与豫章郡距离很近，如果陈军彻底拿下新吴，又有了一座威胁江州的军事要点，那豫章就危险了。不管陈武帝彼时有没有对豫章产生想法，这两个行动都十分敏感，利益所系，熊昙朗从中嗅出了不一样的味道。

周文育率诸军迅速击败余孝顷残部，新吴本来将毫无悬念地被陈军收入囊中，但湘州王琳出于唇亡齿寒的考虑，派兵东下援救新吴，陈军猝不及防，吃了一场败仗。熊昙朗所部万余人似乎并未参与到作战中，周文育率本部人马移就熊昙朗所部，暂避王琳军队的锋芒。

胜负本是兵家常事，周文育对此并不十分在意。他是陈霸先帐下最得力的大将之一，幼时便甚有勇力，能够在水中来回游数里之远，平地能跳起五六尺高，其家人让他读诗书，他说："谁能学此，取富贵但有大槊耳！"因而学习骑射，练就一身武艺。后来他在梁朝名将陈庆之帐下效力，战功卓著。陈霸先平定广州后，周文育归入其麾下，在平定侯景之乱、进攻王琳、抗击北齐等历次大战中立下汗马功劳，深受陈武帝的倚重。

这场小小的败仗并未挫动大军根本，以二十余年戎马生涯的经验，周文育明白只需稍事休整，利用好熊昙朗这支生力军，便能很快击退只有区区两千人的王琳援军。虽然已经有传言说熊昙朗似乎有异动，但周文育考虑到新败之后部队数量处于劣势，如果先发制人造成内讧，势必会导致敌军趁乱进攻；况且熊昙朗如有异动，必会招致陈军主力的反制，对熊昙朗而言，这样的代价未免太大。思之再三，周文育最终放松了对熊昙朗的防备。恰巧在这时，被击溃逃散的周迪派人送来书信，说诸部败残人马都已收拢。周文育见信大喜，随即持信去见熊昙朗，意思是要他效法周迪，一起为国家效力。

然而此时熊昙朗内心已有了变化。一边是陈朝的步步紧逼，一边是王琳的不断招诱，周文育这场败仗最终促使他下定决心——与陈朝分道扬镳！

熊昙朗命人杀死周文育，并迅速分兵制住周文育麾下大小诸将，吞并其所部官军，而后率兵退过浊水，进入新淦县（今江西樟树市），沿赣江列城据守，正式与陈朝为敌。当时江州诸豪帅虽然互相勾结，但并未与中央撕破脸，熊昙朗公然举兵对抗中央，立刻与其余豪帅产生了矛盾，其中尤以与新淦相隔不远的临川为甚。

熊昙朗要想在江州地区生存下来，单靠豫章一郡万万难为，何况豫章郡已被陈军借平叛之机控制了许多地盘。熊昙朗仗着有王琳的声援，悍然举兵侵犯临川郡。据《陈书·周敷传》载，熊昙朗发动万余兵力（熊氏本部不过万余人，又须留兵据守新淦大本营，故笔者认为所用之兵大约不足万人）进攻临川郡原治所（有别于周迪新建的临川工塘）。周敷是临川周氏中比较倾向于归附中央的代表人物，熊氏来攻，周迪主力又新败于外，于公于私，他都必须坚持下来。两家在临川城下大战，熊昙朗既失道义，又是客地作战，被周敷杀得溃不成军，追奔五十余里。熊昙朗本人与军队失散，其人马悉数被周敷吞并，他狼狈地逃归老巢收合余众，才算勉强稳住阵脚。

在周、熊两家大战之时，陈朝一反常态，并未采取行动。原因很简单，王琳的援军还盘踞在江州境内，况且陈武帝彼时已得重病，根本无暇顾及江州豪强的内讧。

作为陈朝数一数二的大将，周文育的死讯对重病中的陈武帝打击非常大。在亲自为周文育举哀的五天后，连病带气的陈武帝不幸驾崩，他死前做的最后一次军事部署，便是令镇北将军侯安都率兵继续进攻王琳的援军。后者不久后终于消灭王琳部将曹庆、常众爱等人，肃清了江州境内的敌军。

武帝驾崩后，侯安都率军北返，护送在南皖口筑城的临川王陈蒨入京即位，是为陈文帝。天嘉元年二月，王琳趁陈朝国丧，举兵再次东下进攻建康，其兵锋迅速深入江州，占领了湓城。陈朝急调临川周迪、巴山黄法氍等部赴援，熊昙朗闻讯，立即在豫章郡沿江列连城，阻挡周、黄两部北上。可叹熊昙朗终究只是一个据地自守的豪强，这次盲目的军事投机，最终葬送了他的性命。

王琳与陈朝大战经年，虽然占据了湘、郢两州，还曾在几次大战中占了

508

上风，然而在政治上王琳死抱着前梁的法统不放，又送款于北齐，接受其封号，事实上已沦落为一个军阀。梁末十余年大乱，人心思稳，而陈朝是维系国家气运、保证生民乐业的希望所在，江南民心已慢慢倒向陈朝，从这个层次来讲，王琳绝不可能战胜陈朝。从军事上讲，经过数次大战，王琳始终无法攻入陈朝的核心区，其没有国家形态的军阀政权已慢慢显出后劲不足的颓势。熊昙朗选择与王琳同盟，实在是不智之至。

恶果很快显现出来。黄、周两部沿赣江北上受阻，于是立即合兵围攻熊昙朗。周氏痛恨熊昙朗去年进攻临川，因而进攻最积极。熊昙朗本来指望得到王琳的援助，谁知道王琳的主力部队在芜湖决战中被精锐尽出的陈军一举消灭，王琳弃军逃入北齐。豫章城内闻知此信无不大惊，士众纷纷离散。周氏俘获熊昙朗部众万余人，熊昙朗本人逃入民间，后被村民斩杀，传首于建康，其全族皆被朝廷杀死。豫章熊氏豪强至此宣告灭亡。

陈朝挟战胜之威，为了彰扬士气，除了对芜湖大战中的诸将进行高规格封赏外，对平灭熊昙朗之乱的诸将也进行了赏赐。其中临川周敷进号为安西将军，受封鼓吹一部。

陈文帝此次行赏，特意忽略了临川周氏的一号人物周迪。从帝王心术的角度理解，似乎是为了培植忠于朝廷的势力。然而周敷和周迪差距实在太大，如此赏赐不一，无异于挑衅周迪。周迪早在永定元年王琳来攻时，便想借势"自据南川，乃总召所部八郡守宰结盟，声言入赴"，陈武帝当时察觉出周迪的异心，不许他带兵入京。心中一直有想法的周迪，此时面对陈文帝的政治挑衅，一下子"炸"了。

熊昙朗擅杀朝廷大将带来的示范效应是灾难性的，周迪左思右想，也产生了造反的念头。但还没等到他有所行动，东阳留异抢先一步发难了。

原来在消灭王琳之前，陈文帝便想解决留异这个心腹之患。东阳与建康地理距离最近，留异的势力相比周迪、陈宝应又最弱小，于是成了陈朝急于处置的对象。陈朝任命左卫将军沈恪为东阳太守，率兵前往东阳进行武力接管。留异不接受朝廷的诏命，率兵自东阳北出，在建德（在今浙江建德东）和下淮（今浙江桐庐东与杭州富阳区交界处）一线击败了沈恪所部。由于彼时陈军与王琳激战正酣，陈朝便没有采取进一步行动，反而降下诏书，良加抚慰，暂时安抚住东阳一郡。

留异随之加紧备战，增派兵力戍守建德至下淮一线河口，防备陈军从钱塘江杀来。天嘉二年（561 年）十二月，陈大将侯安都率军进攻东阳。留异先前与陈宝应联姻，将女儿嫁与陈宝应为妻，陈宝应闻知留异与陈朝开战，迅速遣兵相助。

侯安都是与周文育名位相亚的名将，是陈霸先最初起事讨伐侯景时的元从宿将。他原本也是始兴郡豪强出身，不过与其他质朴无文的豪强迥异，侯安都不仅武艺绝人，还颇通文墨，据《陈书》记载，侯安都"工隶书，能鼓琴，涉猎书传，为五言诗，亦颇清靡"，算是乱世豪强中的一股清流。不过时当乱世，立功最快的途径还是从军。从陈霸先起事到陈朝建国的全部大战他都参与了，不仅能够作为方面之帅统领大军征战，还锐于亲临一线作战。陈朝立国前一年，北齐遣十万大军南渡入侵建康一带，侯安都敢于率十二骑正面冲击敌阵，并一举击溃。他还曾单骑对战北齐猛将东方老，将其刺伤滚落下马。东方老是北朝名将高敖曹的部将，后者是名冠东魏的顶级名将，侯安都能够刺伤东方老，足见其勇猛。

侯安都获悉留异重兵屯塞于钱塘江口，明知再顺江而下先失地利，便兵锋一转，沿会稽、诸暨、乌伤（今浙江义乌）一带旱路，出永康（今浙江永康），直趋东阳；又遣临海太守钱道戢（jí）率军出松阳，两面夹击东阳郡；另以贞毅将军程文季率军出新安郡，进攻留异的部将向文政。为了确保成功，陈文帝不惜派他最信任的将军韩子高出征。韩子高容貌美丽，《陈书》本传称他"状似妇人"，陈文帝非常宠信此人，几乎不离左右。但韩子高并非文弱之人，他颇善骑射，并且轻财下士，统军甚是得力，还一度统领台城禁兵，全权负责陈文帝的安全。

留异闻知陈军出旱路攻其侧背，不由大惊，弃郡不守，退守至桃枝岭，竖大栅以自守。此地在今浙江缙云县桃花岭，从地理方位上看，留异主力本在东阳之北，他弃本郡不顾南逃至此，似乎是想寻求陈宝应的帮助。侯安都大军紧追不舍，将留异堵在桃枝岭。留异被逼到绝路，在岭口与陈军展开殊死搏斗。

陈将韩子高受钦命而来，是陈文帝的脸面，因此作战极为积极。他单马入阵厮杀，颈项、左面受伤，发髻都被削落一半。侯安都亲自到岭下参加战斗，被留军砍伤。南丹阳太守戴僧朔持单刀步行冲入阵中，救侯安都于危急。侯安都又令众军作连城进逼岭上关隘，他亲自在城下指挥作战，不料被流矢射中，血流至踝也不肯撤退。然而桃枝岭过于险峻，陈军进攻全无效果。侯安都便改变了战术，他根据附近地形逼仄的特点，指挥部队筑起大堰。到了天嘉三年夏天，雨季来临，山间大水涨满，侯安都便乘楼船浮水而进，船身涨得与岭上城墙一样高。陈军用楼船上的拍杆击打城墙堞楼，彻底击毁了城上的防守设施，一举攻入城中。留异大败，带着第二子留忠臣趁乱逃跑，到晋安投奔陈宝应。侯安都俘获留氏子女兵甲，东阳留氏又被陈朝消灭。

留异举兵的同时，周、陈两家豪强都开始行动起来。先前陈文帝征周迪去溢城任职，周迪拒不受命，及至留异起兵，周迪遂决心起兵。此时陈宝应又送给周迪兵马钱粮，大力支持周氏起兵。大约在天嘉元年年底，周迪发兵，首先攻向临川郡周敷所部，其弟周方兴被周敷击败。但据《陈书·周迪传》引天嘉三年尚书下符称"屠破述城，虏缚妻息"，可见周迪还派兵袭破了与工塘近在咫尺的述陂。述陂在古临川城之西十五里，如此来看，周迪还是取得了一定战果。

周迪麾下另一部兵奉命北上偷袭溢城。彼时赣江流域水上交通及货运十分发达，周迪企图效法吕蒙白衣渡江取荆州的故技，让部队伪装成赣江上的商贾乘船向溢城进发。孰料事机不密，其计被寻阳太守华皎得知。华皎与韩子高相交甚深，亦是陈文帝的心腹之臣，他以寻阳郡太守的身份兼知江州事，似乎是陈朝预备来替代周迪的江州刺史。华皎对临川方向十分警觉，闻讯立即发兵逆击，周迪的部队被击败，船只、甲仗都被华皎俘获。

东昌县（今江西吉安东南）人修行师响应周迪，率兵攻打本郡郡治庐陵。庐陵古城在吉水县以北，是赣江中流的重镇。庐陵太守陆子隆本是吴地豪帅张彪的部将，陈朝攻灭三吴豪强时，陆子隆归入陈文帝帐下，并受到了充分信任，一度被调入内廷担任皇城宿卫官。后来他被外放到不是很太平的江州诸郡县任职，透露出文帝对江州的一些图谋。陆子隆经历过侯景之乱的残酷战争锤炼，对付修行师这种地方豪强自是不在话下。他把精锐部队调出郡城，然后紧闭城门，把城中部队都藏起来，示之以弱，修行师果然上当，未及认真部署便仓促进攻州城，陆子隆指挥部队内外夹击，将修行师打得全军覆没，其本人被押送至京师，后被叙用为陈将。

艰难平乱

天嘉三年三月，陈军仍在全力进攻留异，但面对周迪的猖狂挑衅，陈文帝毅然做出了消灭周迪的决策，并部署了一次规模空前的军事行动。他任命后来名震南北的大将吴明彻为吴、江两州刺史，作为此次战役的统帅，调发六个方向的军马，合力进剿临川。具体的兵力部署如下：

第一路，吴明彻主力，下辖吴兴太守胡铄、宣城太守钱法成、天门和义阳两郡太守樊毅、合州刺史焦僧度、建州刺史张智达，沿江直下临川工塘，而原隶属吴明彻的吴州刺史陈详自吴州进攻周迪在濡城的别营；

第二路，高州刺史黄法氍节度前安成内史刘士京、巴山太守蔡僧贵、南康内史刘峰、庐陵太守陆子隆、安成内史阙慎，奔临川故郡；

第三路，寻阳太守华皎、巴州刺史潘纯陀、郢州刺史章昭达合兵一路进攻工塘；

第四路，原隶属周迪的镇南将军司马刘广德、隶属章昭达的平西将军司马孙晓，与北新蔡太守鲁广达和安南将军鲁悉达兄弟合兵一路，共约一万人，从旱路出兴口；

第五路，远镇湘州的镇南将军徐度发一部兵，越过罗霄山脉远道来攻临川；

第六路，广州刺史欧阳頠率其弟交州刺史欧阳盛、太子右率欧阳邃、衡州刺史欧阳晓，领兵过南岭，北上进攻临川。

这六路大军虽不知其具体兵力数字，但已是陈朝开国以来最大规模的用兵。所征之兵遍及扬、吴、江、郢、湘、广诸大州，声势之大，远非周迪这个一郡之豪所能比。

吴明彻率主力军最先抵达临川工塘，做连城与周迪对攻。因为周迪占了地利，陈军久攻不下，此时陈军内部的问题暴露出来。吴明彻虽是陈朝名将，但他投靠陈霸先较晚，在陈霸先平灭侯景、入据京口时方才被纳入陈系将领，就资望来说，他远远不如周文育、侯安都、徐度等人。而其余五路军马中，徐度是陈霸先起事时的谋主，地位之高无须赘言；黄法氍是江州豪强出身，历来与建康陈系将领没有什么交集；华皎、章昭达是陈文帝的心腹和故交，论政治资本丝毫不亚于吴明彻；欧阳頠都督广、交、越等十九州诸军事，是岭南天字第一号实力派；鲁悉达、鲁广达和樊毅也都是各自地方的豪强实力派。将如此众多的老将、实力派、豪强揉到一起作战，协调难度可想而知。再加上吴明彻性格刚直，统御部下、协调诸军的过程中激发了许多矛盾，导致诸军无法合力作战。

到当年九月，陈军仍然无法取胜，陈文帝决意换帅，遣其弟安成王陈顼到临川前线总督诸将，吴明彻没有功劳也有苦劳，被准以本号还朝。陈顼以皇弟的身份督战，陈军士气为之一振，诸军的矛盾也被暂时压制下去，进攻立马显出成效。周迪以一郡之力对抗陈朝倾国之兵，终究独力难支，在陈军的持续攻击下败下阵来。天嘉四年正月，工塘城终于被攻破，周迪妻小被擒，他本人逃到晋安陈宝应处。

但这并不意味着周迪彻底失败。

江州豪强之所以能得势，根源在于江州多年来的政治传统。周迪和其他许多豪强一样，在经营当地经济、把控地方军政上下了极大的工夫。在陈朝统治秩序尚未深入到江州时，本地民心实际上更多倾向于周迪。侯景之乱时，周迪起兵保据一方，从不掠夺乡民，还把一些土地分给农民耕种，督促他们恢复生产，使得本郡人民都有一定积储。在此基础上，周迪建立起严密的征调补给体系，使临川一郡粮草丰给，邻郡遇到荒年缺粮的，临川还有能力赈济，这在梁末大乱的大背景下难能可贵。周迪还严格加强政治控制和文化教化，使本郡乡民都服从他。作为一郡之首，周迪也不摆架子，他为人质朴，素怀信义，轻财好施，保持了本乡本色，所以临川郡人都对他十分信服。有这样的民众基础，周迪很快于天嘉四年六月卷土重来。

临川郡民群起响应，拥护周迪复入临川。东兴、永成、南城诸县蜂起响应，一时间临川郡内战火重燃。陈朝遣大将章昭达率军征讨。

章昭达是江东寒人势力的代表人物，其家祖居于吴兴武康（今浙江德清），祖父在南齐出仕为广平太守，父亲在梁朝任职扬州议曹从事，他本人在梁朝也当过东宫直后。章昭达为人倜傥，轻财尚气，结交广泛，是个英杰，美中不足的是他盲了一目，是个"独眼龙"。关于盲眼还有件小小的趣事。章昭达年少时找人看相，相士说他面貌太完美，如果想发达，必须有一些小损伤。后来章昭达醉酒堕马，摔伤了鬓角，他十分高兴，以为这是发达的吉兆，岂料相士却说未必，结果到了侯景之乱时，章昭达率本乡武装援救台城，混战中被流矢射瞎一只眼，相士这才说他不久后便会富贵发达。后来章昭达与陈文帝结为至交，被任以将帅，宠遇超出同辈将帅。

陈朝开国诸将帅，以杜僧明、周文育、侯安都、徐度、吴明彻、章昭达等并为一流。其时杜、周二将已故，侯安都因为过于跋扈被处死，徐度政略强于军事而被派出去镇守湘州，吴明彻能战但刚刚经历了劳师无功的挫折，因此陈文帝派出章昭达领衔进剿周迪。

周迪余部虽然啸聚甚快，但在陈军主力的打击之下毫无招架之力，在临川被迅速击溃，周迪脱身藏匿于山野之间。章昭达在临川展开了大规模搜索，为了获知周迪的下落，甚至杀了一批当地乡民豪强。临川士民心向周氏，无论如何也不肯透露周迪的讯息。章昭达无奈之下放弃寻找周迪，因为他还有更大的任务——消灭陈宝应！

对陈朝来说，是时候解决陈宝应这个江州最后的豪强了。留异、周迪举兵反叛时，背后都有陈宝应送粮送兵，而且他接纳留异，公然反叛朝廷。有了消灭熊、留、周三姓豪强的底气，陈文帝不需要再瞻前顾后了。

同年十二月，陈朝发三路兵进攻闽中诸郡。除章昭达率主力越过东兴岭直趋建安外，另有余孝顷、程文季等率水军自海道南下，直攻陈宝应的老巢晋安；韩子高率禁军一部自陆路南下支援，与章昭达会于建安。据《陈书·陈宝应传》引天嘉四年尚书符，另有义安太守张绍宾、南康内史裴忌、轻车将军刘峰、东衡州刺史钱道戢等合为一路，岭前十九州诸军事欧阳纥为一路，新任江州刺史黄法氍为后援。参照临川之战诸路并举但实际只有主力作战的情况，这几路兵实际上也只是声援。

陈宝应最初与留异结亲时，会稽名士虞寄看出他要造反，数次规劝他不要妄动。虞寄与其兄虞荔都是会稽高士，陈宝应想借他的文名招揽人心，故而一直十分尊重他，但在对待陈朝的态度上，陈宝应内心十分坚决，虞寄劝谏时，陈宝应并没有正面回应。一次陈宝应听到侍人读《汉书》中"蒯彻劝韩信反汉王刘邦"时，说："蒯彻可谓是智士。"虞寄反驳他说："蒯彻之谋，让郦食其丧命于齐，让韩信滋长不臣之心，何智之有？你不如读一读班彪所作《王命论》，这才是知晓顺逆的正论。"《王命论》是东汉初年班彪所写，用来规劝陇西隗（wěi）嚣归顺光武帝刘秀。陈宝应十分不悦。虞寄唯恐祸及自身，便假托脚疾隐居山林。陈宝应百般相请他也不肯出山，陈宝应甚至用上了晋文公请介子推的手段，派人烧虞寄的屋子，虞寄宁可被烧死也不出来。

留异反叛时，陈宝应派兵助战，虞寄又作书劝谏陈宝应，他在信中列了十条所谓"顺逆之理"，都是一些正统所归、人心向背以及形势分析的大话，陈宝应看后大怒，本有心加害，考虑到虞寄深得民心，才放了他。

周迪第一次举兵时，陈宝应便派兵入据建安。陈朝委派的建安太守萧乾是一介文士，手下素无兵卒，陈宝应逼来时，他狼狈地弃郡而去。"独眼龙"将军章昭达与陆子隆一到建安，便与陈宝应展开大战。陈军远道而来，陈宝应军却以逸待劳，两军一交，章昭达部失利，被陈宝应俘获鼓角等物资。幸好陆子隆率部力战，击退陈宝应，陈军暂时稳住战线。

陈军势大，闽中兵少，陈宝应便沿着山水之势竖起许多木栅抵御陈军。陈军数次进击均无法得手，于是章昭达将诸军分布于闽江两岸，伐木造筏，在上面竖起拍杆，并用大索连起来列营。陈宝应屡屡挑战，章昭达只是按兵不动。

章昭达作为三吴地区成长起来的大将，自幼习于水边，是陈军中最擅长水战的大将。天嘉元年，陈军与王琳决战于芜湖，两军水师在江面大战，正是章昭达运用近身拍击战术，击毁、击伤王琳无数大舰，为陈军获胜立下大功。

彼时正遇天降暴雨，水涨之时，章昭达水军大出，抵近陈宝应木栅，以拍杆猛击，尽破其水上寨栅。陈军又发步兵进攻陈宝应陆寨，两军正合战时，自海道攻入晋安侧后的余孝顷、程文季所部也已杀到。陈宝应前后失据，被陈军击溃，闽中诸郡随即逐次铲平，陈宝应和留异都被俘获，送入建康斩首示众。

天嘉五年，不甘心失败的周迪，不顾四姓豪强势力基本已被摧毁的现实，再次招引乡人部众，作乱于临川。刚刚征讨过陈宝应还未归还本郡的宣城太守钱肃，暂驻东兴，在乱军的威逼下投降。吴州刺史陈详率所部兵马进剿，此公在第一次围剿周迪时曾袭破周迪的濡城别营，然而此次他似乎低估了周迪的能量，率部轻进至南城，结果被叛军击败，阵亡。

516

　　原来镇守临川的周敷被调任南豫州任刺史，此时也随军征进。大军行至定川（今江西抚州市临川区），与周迪对峙。周迪见陈军势大，便用计诱骗周敷，声称两人是同宗兄弟，勠力同心效忠陈朝，如今不愿再兵戎相见，希望待罪还朝，并提出要与周敷登坛立誓。周敷轻信了周迪的鬼话，到其营中升坛立誓，不幸当场被杀，年仅三十五岁。

　　这个小小的插曲并未产生多大影响，陈朝再遣中护军程灵洗为都督，发众军从鄱阳别道进剿。程灵洗是海宁人，少有勇力，一日能步行两百余里（南朝时度量衡与现在不一致，大约今一百四五十里），又善骑射。侯景之乱中，此公率乡兵坚决抵抗乱军。陈霸先与王僧辩火并时，程灵洗在台城与陈霸先大战，不敌被俘，后为陈将。程灵洗与其子程文季都是一时勇将，在陈朝历次大战中均有功绩，虽然稍次于侯安都、吴安都、章昭达等一流将帅，仍是名显于当时。

　　可怜周迪被陈朝顶级名将轮番收拾，饶是他颇有民众基础，在陈军主力的打击下，也支持不住。乱军被打得溃不成军，周迪与十余名心腹辗转藏匿于山川洞穴。陈朝严令临川诸郡县加强搜索，追寻周迪的下落。周迪左右从人耐不住逃命的辛苦不断逃散。一天，周迪遣人到临川集市买鱼，被临川太守骆文牙捕获，随即派遣勇士潜入山中，终于抓住周迪，并迅速斩于当场。

　　至此，为祸数年的江州四姓豪强终于全部灰飞烟灭。

第十八章

太建北伐

太建五年（573年）五月，陈朝北伐军元帅吴明彻率军开进秦郡（今江苏六合），这座陷于北齐之手达十七年的江北重镇，再次回到南朝手中。这座江北重镇对吴明彻还有一重意义——秦郡是他的故乡，执掌十万大军，衣锦荣归，是人生中少见的荣耀。陈宣帝玉成其美，专门派人送上太牢（一牛、一猪、一羊，是祭礼中的最高等级），给吴明彻祭祀先祖。秦郡吴氏祖庙前，壮观的文武仪卫场面、超规格的祭礼给吴大元帅撑足了面子。北望中原，吴明彻心中明白，这份祭礼可不只意味着褒奖，离论功行赏的时候还远着呢。

宣帝的雄心

太建元年（569年），陈宣帝改元太建，宣帝即位之初保持了文帝的执政风格，采取与民休息的政策，多次下令减免民间赋税，抚恤历次战争中的伤病残人员，鼓励各地开垦荒地，恢复人口，并赦免和减轻部分罪犯的罪责，陈朝国力得到极大恢复，社会局面更趋稳定。因此其间虽然发生了广州刺史欧阳纥造反事件，但都是刚露苗头就被掐灭，不影响陈朝大局。

此时的陈朝，对内镇压了华皎之乱、江州豪强，对外稳定了长江一线的国防形势，还与北周建立了盟好关系，国内势头蒸蒸日上，具备对外征伐的条件。而北齐自后主亲政以来，政局越来越紊乱，能征善战的名将斛律光、高长恭等人被杀，朝中是一群佞臣小人执政，国势江河日下。

北周磨刀霍霍，对北齐动武的迹象越来越明显。陈宣帝决定乘机北伐，收回江北丢失的土地。

自东晋南渡以来，北伐始终是南朝的一个顶级战略任务。凡是有作为的南朝君主，无不想借北伐拓地树威。其间大概有建武元年（317年）祖逖北伐后赵，咸康五年（339年）庾亮北伐后赵，永和五年（349年）褚裒（póu）北伐后赵，永和九年（353年）殷浩北伐前秦，升平三年（359年）谢万北伐前燕，永和十年（354年）、永和十二年（356年）、太和四年（369年）桓温北伐前燕、前秦，太元八年谢玄北伐前秦，义熙五年刘裕北伐南燕、后秦，元嘉七年、元嘉二十七年、元嘉二十九年元嘉北伐，天监四年萧宏北伐元魏，大通三年陈庆之北伐元魏，太清元年萧渊明北伐东魏，最后一次大规模北伐即太建五年陈朝发动的太建北伐。

南朝北伐，从目的上看，都是为了恢复旧土。东晋时举的是收复旧土的旗号，也就是夺回西晋时的版图。宋文帝以后历次北伐，只为夺取刘裕开国时所占的河南地，对关中河北事实上已无力染指。梁朝北伐的意图进一步缩小，只为在淮河沿线与北魏争衡，战场多在寿阳、钟离一线。到了陈朝，江北之地尽失，陈朝北伐的现实意义，不过是夺取淮河以南的土地，巩固大江沿线的国防形势。

从北伐时机上看，南朝几乎都是选择北朝内乱，或者与其他国家交好之时，陈朝亦然。北齐政局紊乱，自杀大将，内部力量极大削弱；北周世代与北齐相攻，志在灭之，现在主动结盟，这是强有力的外援；再加上陈朝十几年来积蓄国力，内部异己势力全部铲平，北伐各方面条件都已成熟。

陈朝朝议，公卿大臣意见不一，陈宣帝最终决定必须北伐。而后大臣意见的分歧聚焦在北伐统帅上。此时大将章昭达已经去世，开国老将以淳于量、吴明彻、黄法氍名位最重。公卿们大都推荐由淳于量统军，但陈宣帝与淳于量关系似乎并不融洽。

太建三年时，淳于量因为私买梁帝陵中的树木，与江阴王萧季卿都被免官（梁敬帝禅位后被封为江阴王，王爵为萧季卿继承）。以淳于量威望之高，买点前朝帝陵的树木算不上什么大罪，却被免了官，从中可看出陈宣帝的刻意压制。更诡异的是，北伐大军出师前后，淳于量官复原职，同时加授中护军大将军，掌管京畿禁兵。这一升一降，令人费解，但从帝王心术来了解，或可又见一番境界。陈宣帝不如文帝，在陈朝开国过程中并未参与战争，在诸老将面前没有什么威信。如果把淳于量、吴明彻、黄法氍三位宿将都派出去掌兵，万一尾大不掉，三将拥兵反噬，建康没有任何可以抵抗的资本。所以对淳于量一升一降，还委以京畿重任，可以理解为陈宣帝想留一道保险措施。淳于量也心知肚明，他旗帜鲜明地支持陈宣帝的决策，并派自己的儿子随军参战。

太建五年三月壬午，陈宣帝下诏，以侍中、镇南将军吴明彻为都督征讨诸军事，调集十万大军，出师北伐。

吴明彻北伐

陈军共分四路出击，中路吴明彻率主力渡江攻秦郡；西路黄法氍自采石过江，西攻历阳；东路吴兴太守徐敬成率偏师渡江，攻广陵。这三路部队全是建康大军，另外，西阳太守周炅同步从西阳、武昌一带策应主力，进攻北齐罗州（今湖北蕲春北）。

北齐对江北州郡的控制十分不严密，军队力量配置较弱，加之齐人对淮南江北之地很不重视，认为这只是意外得来的边鄙之地，统治十分残暴，科敛极其严重。陈军过江后连战连捷，诸州郡士民终于盼来救星，或是应声归附，或是杀北齐守令而降。

吴明彻大军过江，沿滁河入六合，猛将程文季率水师直逼州城。先前齐人在城外河口竖上大木栅，以防备陈朝水军。程文季率兵拔掉木栅，扫清障碍，进至州城下。由于城墙坚固，一时不能得手。

陈军渡江的消息传到邺城，北齐立即举行朝议商量对策。以散骑常侍王纮为首的众多朝臣反对出兵救淮南，理由是连年对北周作战失利，如果现在重兵战于南方，恐怕突厥和周人再度兴兵入寇，将有更大的失利。

重西北轻东南一向是北齐的国策，高洋时代国力鼎盛尚且不能南北两面同时用兵，此时国力下滑，与北周分庭抗礼的同时，更加无力南下与陈军决战。但后主心有不甘，也不敢坐视陈军北进，便派尉破胡与高景安两路大军数万人，分别救援秦郡和历阳。

当年高洋即位后整军，京师和晋阳的主力骑兵以鲜卑为主，兵员选拔标准非常苛刻，被选中的都勇力绝人，以一敌百，被称作"百保鲜卑"；汉人中的健儿，拣选后作为戍兵分配到沿边诸镇，被称作"勇士"。尉破胡与长孙洪略两将带来的部队装备比较精良，人员多以鲜卑为主，绝大多数来自邺城，其先锋有"大力""犀角""苍头"等队别，皆是身高力大的敢死之士。梁朝降将王琳熟悉南方情况，随尉破胡南征，说陈军轻锐，不宜上来就与之决战，建议以长策制之。尉破胡不听，率军直扑秦郡。

陈军与北齐军的遭遇战首先在秦郡城外打响。北齐军初来乍到，士气正盛，两军一交，大力、苍头、犀角等鲜卑精兵奋勇向前，杀得陈军连连后退。一名来自西域的胡人善射，箭无虚发，连连射倒陈军，陈军士卒甚是忌惮。吴明彻见迟迟打不开局面，便对部下勇将萧摩诃说："如果杀了那个善射的胡人，敌军肯定为之夺气。"萧摩诃让人到阵前指认西域胡，然后饮了吴明彻赐的酒，翻身上马，单人独骑闯敌阵。

萧摩诃十三岁时便在姑夫蔡路养处从军，侯景之乱时蔡路养与陈霸先为敌，萧摩诃单骑出战，陈霸先军中没有一个敢跟他对战。后来蔡路养兵败，萧摩诃归降侯安都，从此成为陈军中头号敢冲阵的勇将。

北齐阵上西域胡见萧摩诃冲过来，也挺身出阵十余步，要射杀这名犯阵的陈将。他抬手正要开弓，说时迟那里快，萧摩诃一边策马急驰，一边掷出一柄铣鋧，正中西域胡额头，西域胡一命呜呼。齐军中十多名大力兵出战，要杀萧摩诃，萧摩诃左挡右刺，斩杀数人。

陈军被萧摩诃勇悍绝伦的表现鼓舞，大呼合战，将齐军击溃，尉破胡与王琳狼狈而逃，长孙洪略阵亡，吴明彻乘胜进攻秦郡城。经此一战，齐人胆寒，秦郡城迅速崩溃，遂为陈军收复。

吴明彻率军乘胜北进，攻克泾州（今安徽天长），直迫淮河一线。北齐败军向寿阳方向逃窜，吴明彻分遣数路偏师，分头攻打盱眙、钟离两个要点，自率主力穷追北齐败军。为防止王琳等人逃到淮北，吴明彻不惜绕路，先北渡淮河打下仁州，阻断寿阳北逃的通路，然后掉头向西，拿下寿阳西面的硖石口（在今安徽凤台），将寿阳城牢牢围在口袋中。

西路陈军渡过长江，进围历阳。北齐历阳王高景安援军来到历阳以西的大岘，黄法氍分遣部将任忠、鲁广达迎击高景安，将其击溃，阵斩北齐敷城王张元范，随后乘胜逐北，拿下濡须河上的重要关隘东关。黄法氍猛攻历阳城，以拍竿猛击城墙，齐军抵挡不住，向陈军投降。随后诸军高歌猛进，相继攻破合肥、庐江、南谯州。

东路陈军以水军为主，沿长江北出运河，过广陵而北，淮泗之间豪强纷纷响应陈军，运河沿线诸城不敢出战，多弃城而降。由于淮泗间水网纵横，利水军而不利步军，加之北齐主力都在淮西，徐敬成得以率军一直沿泗水北进，连克淮阴、山阳、盐城、沭阳等地，兵威直逼下邳。

西线战场，陈军周炅击败北齐陆骞，尽取巴州（今湖北鄂州）、罗州等江北诸城，樊毅部越过大别山，攻下楚子城（今河南息县），西路军黄法氍部与之配合，包举淮河上游。

至太建五年九月，除了齐昌、霍州等为数不多的州郡，陈军北伐夺取淮河以南大部土地，西至于周，东至于海，沿淮要塞，只剩寿阳尚在北齐手中。

收复寿阳

短短四个月，北齐尽失淮南之地，朝野极其震恐。在源文宗和赵彦深的坚持下，北齐让自秦郡败回彭城的王琳再回淮南，任其在江淮招募士卒，以抗陈军。

王琳降齐后，一直汲汲于南伐陈朝。无奈北齐扬州方面负责人卢潜坚决贯彻重西北轻东南的国策，南伐之事被压制下来。卢潜还是个很懂民政的能臣，他竭力修正北齐重敛江淮的政策，减轻百姓负担，倡行良好风气，深受民众拥戴。陈宣帝常常对臣下说："此人不死，北伐便不能成功。"因此卢潜的建议在北齐中央很有分量，王琳屡次上表要求南伐，卢潜随后便上表制止，两人嫌隙越来越大。

早在陈军渡江之初，北齐大司徒赵彦深便与源文宗商量应对陈军之策，源文宗提议让王琳主持淮南防务，他在南朝很有号召力，许多旧将散在江淮，必能有效应对南朝的北伐。无奈当时后主信不过王琳，仍以鲜卑将领统军。直到淮南大部陷落，后主方才同意以王琳为主将守寿阳。

王琳紧急驰赴寿阳。此时形势大坏，陈军主力阻断寿阳北面的通路，西线樊毅所部沿淮河东下，掐住颍口，阻断河南方向的通路。寿阳陷入四面包围，已成死地。

太建五年七月，吴明彻尾随王琳而来，趁其新入寿阳防守未固，指挥大军一举攻克寿阳外城，王琳无法抵挡，率军退入内城固守。当年郢州一战，王琳尽擒陈朝大将，如今却被手下败将围困在这一方城池之中，当真是三十年河东，三十年河西。

吴明彻令大军堰淝河灌寿阳城，城中发了大水，引发传染病，士卒死者十之六七。北齐又遣皮景和率兵数万南下救援，皮景和畏敌如虎，不敢渡淮，在寿阳三十里外屯扎。

吴明彻断定北齐援军不敢冒进，决定先不管皮景和，全力猛攻寿阳城。

吴明彻亲自到城下督战，陈军大受鼓舞，四面攻城，终于打破城池，生俘王琳、卢潜、王贵显、可朱浑孝裕、李骓骝等人，吴明彻派兵押送回建康。皮景和听说寿阳沦陷，再前进已没有意义，便迅速北撤。途中在寿阳西北苍陵，遭到猛将萧摩诃的截击，皮景和尽弃驼马、辎重，轻装北逃。

陈军中有不少王琳的旧将。昔日王琳驭下有恩，交情甚好，现在虽身陷缧绁（léi xiè），来探望慰问的旧将仍然不少，大家回忆旧情，相顾唏嘘，不少人找吴明彻请免王琳一死。昔日枭雄困羁笼中仍有这么大的号召力，吴明彻不免心惊胆战，怕留下王琳徒生变乱，便令人追斩王琳于寿阳城东二十里处，首级送到建康示众，寿阳民众闻者莫不流涕。一个老叟不畏吴明彻责罚，带着酒脯去祭奠王琳，哀声痛哭，然后收起王琳的血，藏在怀中离开。王琳故吏仓曹参军朱玚向当朝用事的尚书仆射徐陵求情，得以将王琳首级带到寿阳八公山下葬，前来会葬的老部下达数千人。一个死人居然能有这么大的影响力，吴明彻的内心受到很大冲击，经常梦到王琳向他索要首级。

王琳生前身后的遭遇着实令人感叹。他为人豪迈大气，待人宽厚，治军有方，是梁陈之际杰出的人才。只是生不逢时，所遇王僧辩、陈霸先都是一时雄杰，江南群雄逐鹿，他无法争得头筹。等到当世英雄人物凋零殆尽，形势却逐渐稳定，他占湘郢、攻建康，因为不得人心而失败，委身北齐更是志气萎靡。他力图掌控命运，却被命运左右，徒负呼呼，无所作为，最后兵败身死，传首千里。

寿阳大捷是太建北伐的一场关键性胜利，从此淮南再无北齐军事存在。陈宣帝极为振奋，他一面重新调配力量，加强对已占领区域的消化，一面对北伐将帅大加封赏。陈宣帝派使者到寿阳亲自册封，授吴明彻豫州刺史，进号车骑大将军，寿阳城南二十万人集结面听皇帝诏命，主帅荣宠，三军振奋。黄法氍授合州刺史，进号征西大将军。

当年年底，陈军主力再度北进，以淮、泗为主攻方向，仍采用分进合击的策略，西路黄法氍以绝对优势兵力扫荡齐昌、霍州等地，中路吴明彻率军过淮河，向东北进攻，扫荡淮河沿线几座仍在负隅顽抗的城池。东路军仍然凭借水路便利，沿泗、沭、沂等水系北进，先后拿下朐山（今江苏灌云）、郁州（今江苏连云港）、北徐州（今山东临沂），形成对重镇彭城的战略夹击之势。

太建六年，陈军诸部的攻势缓慢下来，诸路部队基本处于休整状态，至太建七年方再度北进，但作战规模远远不如太建五年。吴明彻总督诸将进克彭城以南的宿预、潼州（今安徽泗县）、下邳，之后停军淮北，未再北进。

客观地说，太建北伐是南朝比较成功的一次战争，向世人展现出一个弱国的爆发力，展现出一个小国的尊严。如果说宋朝像一轮初升的朝日，那么陈朝便是垂落西山的夕阳。刘宋北伐气吞万里，初升之日霞光万丈，陈朝北伐同样余晖夺目，为南朝数百年历史点缀上灿烂的光辉。

陈宣帝的雄心更加高涨，他的目标似乎并未以夺占淮北为终点，北齐君臣的无能、军队战斗力的低下，让他对继续北伐有了更多底气。然而随着形势的变化，周、齐、陈三国实力此消彼长，陈朝需要认真考虑，真正的敌人到底是谁。

吕梁惨败

太建九年，北周凭借武帝的英明决策，在以宇文宪为首的将帅群的出色发挥下，以微弱的军事优势战胜北齐，统一了北方。对陈朝来说，形势发生了根本性变化，陈宣帝陷入深深的思考。

自太建五年以来，陈朝北伐取得淮河南北大片土地，周、陈互不干涉，战略上还互相配合，太建北伐间接帮助了北周灭齐。但此时南北两国对峙，陈朝与北周成了对手，这对宣帝无疑是个巨大的考验。

天嘉小康给陈朝国力带来一定恢复，但毕竟总体上不如北周，这种情形一如三国时孙吴不如曹魏。然而陈宣帝醉心于太建北伐取得的胜利，却不认真思考齐亡周强之后的新变化。

太建九年十月，陈宣帝欲趁北周在徐兖一带立足未稳，再发大军进攻徐州。战前宣帝询问心腹谋臣毛喜是否可战。毛喜坚决反对，理由有三："一是两淮之地刚刚收复，还没有完全消化巩固，不可贸然北进；二是周军挟灭国锐气，难与争锋；三是徐兖州境渐入北方，河流少而平原多，利北人骑乘而不利南人舟楫。"

宣帝不以为然。多年连胜，这位自信的皇帝已经没有兴趣去研究敌国的情况了，问毛喜也只是听听大臣们的想法，支持自己最好，不支持也不管。十月，吴明彻率大军重出淮北，进攻徐州彭城郡。

北周平齐后，在徐州设置了总管府，让著名的守城将军梁士彦出任徐州总管。吴明彻大军北进，梁士彦率军出城迎战，在吕梁与陈军遭遇。

北周猛将宇文忻率数千骑兵突击陈军，忽见对面阵上冲出十二骑陈兵，为首一员猛将手执大槊锐不可当，杀入己阵，左冲右突，如入无人之境。宇文忻是北周十二大将军之一宇文贵的儿子，出身将门，精于骑射，十二岁就能驰马左右开弓，迅捷如飞。猛将见猛将，自然见猎心喜，他亲率骑兵围攻这十二骑陈军，要活捉这个不怕死的猛将。

此人正是陈军阵中第一个惯冲头阵的猛将萧摩诃。自北伐以来，陈军所向克捷，士气逐渐打得高涨起来，萧摩诃也杀性大发。当年对阵北齐百保鲜卑，他一个人都敢正面冲杀，此时有兵有将，自然更是无所畏惧。

萧摩诃带的骑兵也是万里挑一的勇士，十二骑在北周军阵中来往冲杀，威风凛凛，令人叫绝。然而北周军终究不是北齐军可以比的，鏖战多时，萧摩诃受伤坠马，北周军层层叠叠围裹上来，眼看就要生擒萧摩诃，陈军阵中猛将周罗睺望见，急忙带人冲入垓心。此公是九江人，年少时喜好飞鹰走马，骑射之技冠绝时人，成年后参军，太建北伐以来一直在吴明彻麾下，与齐人作战十分勇猛，虽然一只眼睛被射瞎，仍然随军征战。

周罗睺入阵一顿冲杀，将萧摩诃救出。这两名勇将不顾性命的冲杀，极大地激发了陈军士气，他们一鼓作气，击败北周军。据《陈书·卷十六·蔡景历传》记载，这场战役陈朝俘获北周军万余人。

梁士彦收兵退回彭城，此后数次合战，均被陈军击败。自太建七年伐齐以来，梁士彦也是见识过大场面、打过狠仗恶仗的人，原以为南军质弱，不堪一击，没想到竟然被硬碰硬地杀败，实在令人惊诧。好在梁士彦慌而不乱，眼见不能胜就收兵入州城，着力固守城池，用城墙来消耗陈军的锐气。

太建十年（578年）一月，吴明彻进围彭城，派大将程文季起大堰于泗河上，想水淹城池。堰成后泗水上涨，漫过河堤，淹至城下，吴明彻遂调来水军大船，环列于城下，昼夜不息地展开猛攻。北周担心梁士彦抵挡不住，派大将军王轨率兵来救。

王轨是周武帝亲近的大将，曾参与诛杀宇文护的密谋，深得武帝信任。晋州之战时，王轨率军逼城，里应外合，先登破城立了大功。其人深沉有谋略，是一个有帅才潜质的大将。王轨率一部分救兵到徐州后，有意避开陈军锋锐，不与其正面交战，而是向东绕到吕梁城，在泗河入淮的河口处做手脚。他令人竖大木于河口，再用铁锁联结大木轮沉于水中。内河水位一般都不深，把这些东西沉入水中，以达到阻断河道，不让大船通过的目的。王轨这一行动出人意料，又毒又狠，准确地掐中陈军命门。王轨担心不保险，又在河口两岸筑城，一副不锁住河口绝不罢手的架势。

陈朝的有识之士，已经看出其中奥妙。吕梁之战大胜时，陈宣帝决意让吴明彻继续北进打彭城，言语之中还要继续进图河南。

"边庭流血成海水，汉皇开边意未已。"杜工部虽知边军征战之苦，却不理解皇帝开边的雄心壮志。对陈宣帝来说，前线军队究竟是什么状态他不关心，他关心的只是结果——拓定四海，一统天下，极边穷荒，莫不我有，没有哪位皇帝能拒绝开疆拓土的诱惑。

中书舍人蔡景历苦劝陈宣帝："部队连年北伐，师老将骄，军心已不可用，不能再打下去了。"蔡景历是陈朝三世老臣，早年经历了侯景之乱，后来一路见证陈氏立国，其眼光和见地非一般人能比。但就是这样一位老臣的忠言，利令智昏的陈宣帝根本听不进去，他认为蔡景历这是动摇军心，大怒之余，将蔡景历外放到江州当豫章太守。

在前线的大将萧摩诃也看出形势不对，他向吴明彻建议："王轨截断我们水军的退路，我军前有坚城不克，后路又被掐断，这样下去不是办法。不如趁周军还没建好河口之城，迅速引兵击之，如此才能顺利退兵。"

其实吴明彻又何尝不了解形势的险恶，但是他更了解陈宣帝对他的巨大期望，这份期望随着北伐连战连胜，已成为不可承受之重。如果此时退兵，淮北将再不可争，他日回到建康，如何面对失望的皇帝?这位年已六十六岁的老将焦虑不安，进退失据，急得身上都起了大疮。过了十多天，陈军围攻彭城仍然无法取胜，周军的第二拨援兵又达吕梁，王轨命诸军筑起长围，阻挡陈军，又在交通要道上伏下重兵，静待陈军撤退时截杀。

萧摩诃急得如同热锅上的蚂蚁，他再度冒死向吴明彻进言，建议吴明彻率步兵在前，他率骑兵在后，一鼓冲破王轨大军，还能全军返回淮南。然而此时周军援军既合，哪能说退就退。有人建议说不如破开大堰，步骑兵都上船乘水南撤。吴明彻内外交困，疮病发作，已经没有精力主持大计，语带悲怆地对萧摩诃说："老夫受脤专征，不能战胜攻取，今被围逼蹙，惭置无地。"好在他最终采纳了萧摩诃的建议，命其率精锐骑兵先走，自己则率步兵在后。大军敌前撤兵，怕的就是军心散乱，一乱则极易强敌全歼。当年梁军寒山战败，殷鉴不远，吴明彻能有此胆气，也不失为名将本色。

萧摩诃率骑兵趁夜南走，他带八十名骑兵先发开路，周军虽然一路设伏，仍抵挡不住萧摩诃的冲击，陈军两千余骑兵随后得以侥幸冲破周军防线，萧摩诃、周罗睺、任忠等骑将率军狂奔一夜，第二天拂晓终于逃入淮南，为陈朝保存了宝贵的骑兵力量。

吴明彻命诸军都上大船，破开大堰，顺着大水一路向南。初时水势甚大，行船倒也顺利。吴明彻心都提到了嗓子眼，只要大船一入淮河，就是陈军的天下，周军人再多也拿他们没办法。眼看大船到了清口（即泗河入淮处），突然河水四散，水势剧减，大船被周军所置大木车轮阻住不能继续前进。周军四面合围，陈军惶惧不能战，被打得大溃，残存三万部队及随军辎重、器甲悉数被俘获，吴明彻、程文季被生擒。后来吴明彻被封为怀德公，但他已被北伐消磨得油尽灯枯，到长安不久，便连病带气去世。程文季后来从长安逃跑，意图归陈，不料被周军擒获，最终死于长安狱中。

吕梁之败，陈军丧失了北伐军的大部主力，陈朝开国二十余年，好不容易锻造出一支能战的部队，至此幡然成空。陈宣帝悔恨无及，空望淮北，他不由得想起毛喜和蔡景历的忠言。不久，北周派老将韦孝宽乘胜南征，连连攻陷淮北诸城，打下寿阳，太建北伐的成果丧失了大部分。

陈宣帝一生以重振南朝雄风自期，然而"德不逮文，智不及武"，对南北形势的基本判断出了问题，自不量力，招致大败。后来陈宣帝绝口不言北伐，亦未见有明诏检讨太建北伐的过失，雄心内沮，曾经志向宏远的他意志萎靡，让人叹而怜之。然而北伐失败、壮志成空又岂是陈宣帝一人的悲剧？南北形势至此更加明朗，北强南弱已成定局，南朝气运至此是为衰落的转折，数百年抗衡争斗，数千里大好江山，已经看到末日晚景了。

陈宣帝死后，不成器的儿子陈叔宝即位，随后几年南北朝形势剧变。太建十三年（隋开皇元年，581年），杨坚篡位，灭北周建立隋朝。在隋朝强大的压力下，陈朝逐步丧失了江北所有土地，太建北伐取得的成就全部丧失。又过了八年，隋军五十多万大军南下，势如破竹，攻灭陈朝，南北朝一百七十多年混乱的战争史，终于画上了句号。

参考文献

古史

[1]（北齐）魏收.魏书 [M].北京：中华书局，1974.

[2]（唐）李百药.北齐书 [M].北京：中华书局，1972 年.

[3]（唐）令狐德棻.周书 [M].北京：中华书局，1974 年.

[4]（南朝梁）沈约.宋书 [M].北京：中华书局，1974 年.

[5]（南朝梁）萧子显.南齐书 [M].北京：中华书局，1972 年.

[6]（唐）姚思廉.梁书 [M].北京：中华书局，1973 年.

[7]（唐）姚思廉.陈书 [M].北京：中华书局，1972 年.

[8]（唐）房玄龄.晋书 [M].北京：中华书局，1974 年.

[9]（唐）李延寿.南史 [M].北京：中华书局，1975 年.

[10]（唐）李延寿.北史 [M].北京：中华书局，1975 年.

[11]（唐）杜佑.通典 [M].北京：中华书局，1984 年.

[12]（北宋）司马光.资治通鉴 [M].北京：中华书局，1956 年.

[13]（宋）马端临.文献通考 [M].北京：中华书局，2011 年.

[14]（清）顾祖禹.读史方舆纪要 [M].北京：中华书局，2005 年.

[15]（清）赵翼.廿二史札记 [M].北京：中华书局，2001 年.

今人论著

[1] 陈寅恪.隋唐制度渊源略论稿 [M].北京：三联书店，2001 年.

[2] 张金龙.治乱兴亡：军权与南朝政权演进 [M].北京：商务印书馆，2016 年.

[3] 张金龙.北魏政治史 [M].甘肃：甘肃教育出版社，2008 年.

[4] 蒋福亚.前秦史 [M].北京：北京师范学院出版社，1993 年.

[5] 蒋福亚.管豹集：魏晋南北朝史散论 [M].北京：国家图书馆出版社，2014 年.

[6] 李凭 . 北魏平城时代 [M]. 北京：社会科学文献出版社，2000 年 .

[7] 谭骐骧 . 中国历史地图集 [M]. 北京：地图出版社，1982 年 .

[8] 唐长孺 . 魏晋南北朝史三论 [M]. 北京：中华书局，2011 年 .

[9] 王仲荦 . 北周六典 [M]. 北京：中华书局，1979 年 .

[10] 王仲荦 . 北周地理志 [M]. 北京：中华书局，1980 年 .

[11] 施和金 . 北齐地理志 [M]. 北京：中华书局，2008 年 .

[12] 谷霁光 . 府兵制度考释 [M]. 北京：中华书局，2011 年 .

[13] 田余庆 . 秦汉魏晋史探微 [M]. 北京：中华书局，1993 年 .

[14] 田余庆 . 东晋门阀政治 [M]. 北京：北京大学出版社，2005 年 .

[15] 田余庆 . 拓跋史探 [M]. 北京：三联书店，2019 年 .

[16] 钱穆 . 国史大纲 [M]. 北京：商务印书馆，1994 年 .

[17] 阎步克 . 波峰与波谷：秦汉魏晋南北朝的政治文明 [M]. 北京：北京大学出版社，2017 年 .

[18] 祝总斌 . 两汉魏晋南北朝宰相制度研究 [M]. 北京：中国社会科学出版社，1989 年 .

大事记

公元 386 年，北魏道武帝登国元年

正月，拓跋珪在牛川即代王之位，宣告复国。

公元 387 年，北魏道武帝登国二年

七月，拓跋珪将独孤部驱逐出代北。

公元 391 年，北魏道武帝登国六年

年末，拓跋珪击败铁弗部，独霸代北。

公元 395 年，北魏道武帝登国十年

十一月，魏、燕参合陂之战，后燕主力被歼灭八万余人。

公元 396 年，北魏道武帝皇始元年

三月，后燕皇帝慕容垂亲征北魏，攻陷北魏都城平城，当月病逝。

八月，拓跋珪反攻后燕。

公元 397 年，北魏道武帝皇始二年

十月，北魏攻陷燕都中山城，后燕灭亡。

公元 402 年，北魏道武帝天兴五年

七月，北魏、后秦爆发柴壁之战，魏军歼灭秦军三万余人，大获全胜。

当年，柔然首领社仑自称丘豆伐可汗，正式建立柔然汗国。

公元 403 年，北魏道武帝天兴六年

五月，北魏侵袭东晋淮北，不利退还。

公元 404 年，东晋安帝元兴三年

二月，刘裕京口起事讨伐桓玄。

五月，大将刘毅等进军荆州，击杀桓玄。

公元 409 年，北魏明元帝永兴元年 / 东晋安帝义熙五年

四月，东晋太尉刘裕率兵北伐南燕。

十月，拓跋珪死于宫廷政变，子明元帝拓跋嗣继位。

公元 410 年，北魏明元帝永兴二年 / 东晋安帝义熙六年

二月，刘裕灭南燕，斩南燕主慕容超于建康。

三月，五斗米道徐道覆攻破豫章，刘裕大将何无忌战死。

六月，刘裕在建康击退卢循、徐道覆。

公元 411 年，北魏明元帝永兴三年 / 东晋安帝义熙七年

四月，东晋官军平定广州，杀卢循、徐道覆，五斗米道起义失败。

公元 413 年，北魏明元帝永兴五年，东晋安帝义熙九年

六月，刘裕遣大将朱龄石平蜀，杀谯纵。

公元 416 年，北魏明元帝泰常元年 / 东晋安帝义熙十二年

八月，刘裕亲率大军北伐，进攻后秦。

公元 417 年，北魏明元帝泰常二年 / 东晋安帝义熙十三年

三月，晋将王镇恶进至弘农，大破后秦军。

四月，畔城之战，刘裕以却月阵大破北魏军。

八月，晋军灭后秦，后秦主姚泓投降，被杀。

公元 418 年，北魏明元帝泰常三年 / 东晋安帝义熙十四年

十二月，大夏赫连勃勃攻陷关中，长安留守刘义真单骑奔还。

公元 420 年，北魏明元帝泰常五年 / 宋武帝永初元年

六月，刘裕即皇帝位，建立宋王朝。

公元 422 年，北魏明元帝泰常七年

十月，拓跋嗣发兵南攻刘宋，攻破滑台城。

公元 423 年，北魏明元帝泰常八年

正月，魏军攻占洛阳金墉城。

四月，魏军攻破虎牢关，生擒宋将毛德祖。

公元 424 年，北魏太武帝始光元年

八月，柔然大檀可汗兴兵南攻北魏，遭到强烈抵抗，不利退还。

公元 425 年，北魏太武帝始光二年

十月，拓跋焘发五路大军北击柔然。

公元 426 年，北魏太武帝始光三年

十月，拓跋焘趁大夏内乱，奇袭大夏国都统万城，不克而还。

公元 427 年，北魏太武帝始光四年

五月，拓跋焘第二次奇袭统万城，攻破该城，夏主赫连昌逃往陇西。

公元 428 年，北魏太武帝神䴥元年

二月，魏夏安定之战，魏军生擒夏主赫连昌，赫连定自立为夏帝。

公元 429 年，北魏太武帝神䴥二年

五月，拓跋焘再次北击柔然，大檀可汗惨败，不久病死。

公元 430 年，北魏太武帝神䴥三年 / 宋文帝元嘉七年

三月，刘义隆发兵北伐，史称第一次元嘉北伐，占领碻磝、滑台、虎牢、洛阳。

九月，拓跋焘亲自河西，灭亡大夏，生擒赫连定。

十一月，北魏反击宋军，重夺洛阳、虎牢，到彦之败回彭城。

公元 431 年，北魏太武帝神䴥四年 / 宋文帝元嘉八年

二月，魏军攻陷滑台城，刘宋第一次元嘉北伐失败。

公元 439 年，北魏太武帝太延五年

九月，北魏灭亡北凉，将河西走廊纳入版图。

公元 450 年，北魏太武帝太平真君十一年 / 宋文帝元嘉二十七年

三月，拓跋焘南征，围攻汝南悬瓠城，不克而还。

七月，刘义隆发动第二次元嘉北伐。

十月，诸路宋军相继败退，第二次元嘉北伐失败。

十二月，拓跋焘反攻刘宋，杀到建康江北的瓜步山。

公元 451 年，北魏太武帝正平元年 / 宋文帝元嘉二十八年

二月，拓跋焘班师途中围攻盱眙城，不利退还。

三月，拓跋焘被刺身亡。

公元 452 年，北魏文成帝兴安元年 / 宋文帝元嘉二十九年

五月，刘义隆发动第三次元嘉北伐，不久诸路军马皆败退。

公元 453 年，北魏文成帝兴安二年 / 宋文帝元嘉三十年

二月，刘义隆之子刘劭举兵作乱，弑刘义隆。

五月，刘义隆之子刘骏率讨逆联军攻入建康，杀刘劭夺位称帝，是为孝武帝。

公元 466 年，北魏献文帝天安元年 / 宋明帝泰始二年

八月，宋明帝刘彧平定义嘉之乱，杀尽孝武帝所有子孙。

九月，宋将薛安都据淮北之地投降北魏。

十二月，宋军反击未果，彻底失去淮北。

公元 494 年，北魏孝文帝太和十八年 / 南齐明帝建武元年

十二月，拓跋宏发四路大军南征南齐，义阳、汉中两路进攻失利。

公元 495 年，北魏孝文帝太和十九年 / 南齐明帝建武二年

二月，拓跋宏南征不利，班师回朝。

公元 497 年，北魏孝文帝太和二十一年 / 南齐明帝建武四年

八月，拓跋宏发兵南征。

十月，攻占南齐沔北五郡。

公元 499 年，北魏孝文帝太和二十三年 / 南齐东昏侯永元元年

正月，南齐大将陈显达率兵争夺沔北五郡，大败而还。

四月，拓跋宏驾崩于班师途中。

公元 500 年，北魏宣武帝景明元年 / 南齐东昏侯永元二年

正月，南齐寿春守将裴叔业叛降北魏。

十一月，南齐雍州刺史萧衍趁建康内乱，起兵讨伐东昏侯萧宝卷。

公元 501 年，北魏宣武帝景明二年 / 南齐东昏侯永元三年

五月，萧衍包围郢州两百多天后破城。

十一月，萧衍攻破建康台城，杀东昏侯萧宝卷。

公元 502 年，北魏宣武帝景明三年 / 梁武帝天监元年

四月，梁武帝萧衍废南齐称帝，建立梁朝。

公元 505 年，北魏宣武帝正始二年 / 梁武帝天监四年

十月，萧衍派萧宏领兵北伐，梁将韦睿收复合肥。

公元 506 年，北魏宣武帝正始三年 / 梁武帝天监五年

九月，萧宏迫于魏军压力，不战自退。

十月，魏中山王元英围攻钟离。

公元 507 年，北魏宣武帝正始四年 / 梁武帝天监六年

三月，梁将韦睿、昌义之、曹景宗联手大败元英于钟离，歼灭魏军二十万。

公元 523 年，北魏孝明帝正光四年 / 梁武帝普通四年

六月，破六韩拔陵率众起兵，六镇起义爆发。

公元 528 年，北魏孝庄帝永安元年 / 梁武帝大通二年

三月，河阴之难爆发，尔朱荣夺取北魏实权。

九月，尔朱荣大破六镇葛荣义军，擒杀葛荣。

十月，梁将陈庆之率兵北伐。

公元 529 年，北魏孝庄帝永安二年 / 梁武帝中大通元年

五月，陈庆之连破北魏大军，攻入洛阳，魏北海王元颢称帝。

六月，尔朱荣反攻洛阳，大破陈庆之，陈庆之全军覆没。

公元 530 年，北魏孝庄帝永安三年 / 梁武帝中大通二年

九月，元子攸设计杀尔朱荣，尔朱兆等引兵作乱，杀元子攸另立新君。

公元 532 年，北魏孝武帝太昌元年 / 梁武帝中大通四年

正月，宇文泰接管贺拔岳余部，成为关陇集团的首领。

闰三月，高欢在韩陵之战中击败尔朱兆。

公元 533 年，北魏孝武帝永熙二年 / 梁武帝中大通五年

正月，高欢奇袭秀容川，杀尔朱兆，夺取北魏大权。

公元 534 年，北魏孝武帝永熙三年 / 梁武帝中大通六年

十月，高欢另立元善见为新君，元修逃入长安，北魏分裂为东、西二魏。

公元 537 年，东魏静帝天平四年 / 西魏文帝大统三年

正月，东、西魏小关之战，东魏大将窦泰身死，东魏大败退兵。

十月，东、西魏沙苑之战，宇文泰伏兵击败高欢，东魏损兵十余万。

公元 538 年，东魏静帝元象元年 / 西魏文帝大统四年

八月，东、西魏河桥之战，宇文泰大败，东魏大将高敖曹阵亡。

公元 542 年，东魏静帝兴和四年 / 西魏文帝大统八年

九月，高欢率军进攻西魏玉璧城，不克而还。

公元 543 年，东魏静帝武定元年 / 西魏文帝大统九年

三月，东、西魏邙山之战，宇文泰再次大败。

同年，宇文泰创立府兵制。

公元546年，东魏静帝武定四年 / 西魏文帝大统十二年

九月，高欢第二次围攻玉璧，失利退还。

公元547年，东魏静帝武定五年 / 西魏文帝大统十三年 / 梁武帝太清元年

正月，高欢病死，侯景叛乱。

六月，西魏将王思政攻占东魏颍川，随即被东魏大军包围。

十月，萧衍派萧渊明北伐进攻徐州彭城，大败。

公元548年，东魏静帝武定六年 / 西魏文帝大统十四年 / 梁武帝太清二年

正月，慕容绍宗大破侯景。

八月，侯景袭占梁寿阳城，起兵反梁。

十月，侯景引兵包围建康台城。

公元549年，东魏静帝武定七年 / 西魏文帝大统十五年 / 梁武帝太清三年

五月，侯景攻破台城，萧衍饿死。

六月，持续两年的颍川之战结束，王思政兵败被擒。

公元550年，北齐文宣帝天保元年 / 西魏文帝大统十六年 / 梁简文帝大宝元年

五月，高洋废东魏，建立北齐，是为文宣帝。

公元551年，北齐文宣帝天保二年 / 西魏文帝大统十七年 / 梁简文帝大宝二年

六月，巴陵之战，梁湘东王萧绎的荆州兵大破侯景乱军。

十月，西魏夺取梁朝梁郡、汉中。

公元552年，北齐文宣帝天保三年 / 西魏废帝元年 / 梁元帝承圣元年

三月，王僧辩、陈霸先联手大破侯景，收复建康，侯景不久后被杀。

公元553年，北齐文宣帝天保四年 / 西魏废帝二年 / 梁元帝承圣二年

六月，梁武陵王萧纪、湘东王萧绎大战于峡口。

八月，西魏将尉迟迥乘虚攻破成都，夺取益州，萧纪大军在峡口崩溃。

公元554年，北齐文宣帝天保五年 / 西魏恭帝元年 / 梁元帝承圣三年

十一月，西魏大将于谨攻陷江陵，杀萧绎。

公元556年，北齐文宣帝天保七年 / 西魏恭帝三年 / 梁敬帝太平元年

九月，梁将王琳举兵割据湘州，与陈霸先对抗。

公元 557 年，北齐文宣帝天保八年 / 北周孝闵帝元年 / 陈武帝永定元年

正月，西魏恭帝禅位，宇文觉称帝建立北周。

十月，陈霸先称帝，建立陈朝。

公元 560 年，北齐乾元元年 / 北周明帝武成二年 / 陈文帝天嘉元年

二月，陈军消灭王琳主力，平定王琳之乱。

公元 564 年，北齐武成帝河清三年 / 北周武帝保定四年 / 陈文帝天嘉五年

九月，周大冢宰宇文护率兵伐北齐，在洛阳邙山大败。

公元 565 年，北齐后主天统元年 / 北周武帝保定五年 / 陈文帝天嘉六年

七月，陈朝官军消灭江州豪强，完成江南统一。

公元 567 年，北齐后主天统三年 / 北周武帝天和二年 / 陈废帝光大元年

六月，北周发兵接应陈朝华皎，与陈军大战于沌口，大败。

公元 572 年，北齐后主武平三年 / 北周武帝建德元年 / 陈宣帝太建四年

三月，周武帝宇文邕杀宇文护。

八月，北齐后主高纬杀大将斛律光。

公元 573 年，北齐后主武平四年 / 北周武帝建德二年 / 陈宣帝太建五年

五月，陈将吴明彻率军北伐，进攻北齐淮南地区，连破北齐大军。

公元 575 年，北齐后主武平六年 / 北周武帝建德四年 / 陈宣帝太建七年

八月，宇文邕御驾亲征北齐，因中风退兵。

公元 576 年，北齐后主武平七年 / 北周武帝建德五年 / 陈宣帝太建八年

十月，宇文邕再度发兵攻北齐。

十二月，周军攻克晋阳。

公元 577 年，北周武帝建德六年 / 陈宣帝太建九年

正月，周军灭北齐，生擒高纬父子。

公元 578 年，北周武帝宣政元年 / 陈宣帝太建十年

正月，周将王轨大破陈军，生擒吴明彻，陈朝太建北伐失败。